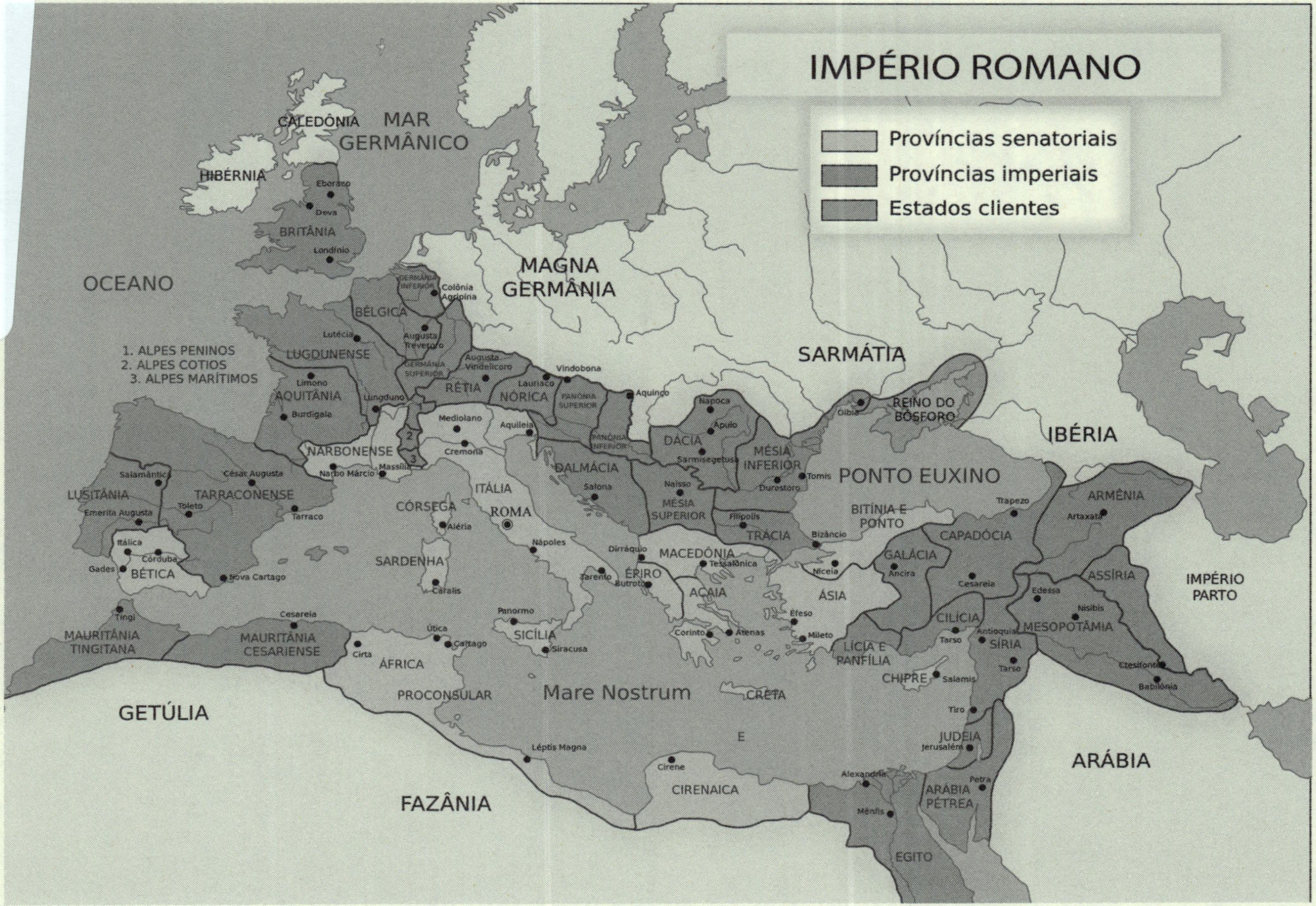
IMPÉRIO ROMANO
Províncias senatoriais
Províncias imperiais
Estados clientes
OCEANO
MAR GERMÂNICO
CALEDÔNIA
HIBÉRNIA
BRITÂNIA
MAGNA GERMÂNIA
SARMÁTIA
IBÉRIA
BÉLGICA
LUGDUNENSE
AQUITÂNIA
NARBONENSE
1. ALPES PENINOS
2. ALPES COTIOS
3. ALPES MARÍTIMOS
LUSITÂNIA
TARRACONENSE
BÉTICA
RÉTIA
NÓRICA
DALMÁCIA
DÁCIA
MÉSIA INFERIOR
MÉSIA SUPERIOR
TRÁCIA
MACEDÔNIA
ÉPIRO
ACAIA
ITÁLIA
ROMA
CÓRSEGA
SARDENHA
SICÍLIA
REINO DO BÓSFORO
PONTO EUXINO
BITÍNIA E PONTO
GALÁCIA
CAPADÓCIA
ARMÊNIA
ÁSIA
LÍCIA E PANFÍLIA
CILÍCIA
SÍRIA
ASSÍRIA
MESOPOTÂMIA
IMPÉRIO PARTO
CHIPRE
CRETA
JUDEIA
ARÁBIA PÉTREA
EGITO
ARÁBIA
CIRENAICA
Mare Nostrum
ÁFRICA PROCONSULAR
MAURITÂNIA TINGITANA
MAURITÂNIA CESARIENSE
GETÚLIA
FAZÂNIA

INTRODUÇÃO AO NOVO TESTAMENTO

HISTÓRIA, LITERATURA E TEOLOGIA

Volume II

CARTAS CATÓLICAS, SINÓTICOS E ESCRITOS JOANINOS

M. EUGENE BORING

INTRODUÇÃO AO NOVO TESTAMENTO

HISTÓRIA, LITERATURA E TEOLOGIA

VOLUME II

CARTAS CATÓLICAS, SINÓTICOS E ESCRITOS JOANINOS

Tradutores:
Adenilton Tavares Aguiar
Darcy Propodolski Pinto
Diego Rafael da Silva Barros

São Paulo- SP
2022

ACADEMIA CRISTÃ

PAULUS

Título do original inglês: An Introduction to the New Testament

Editores:
Paulo Cappelletti
Rico Silva

Diagramação:
Cicero Silva

Revisão:
Darcy Propodolski Pinto

Capa:
James Valdana

Dados Internacionais de Catalogação na Publicação (CIP)
(Câmara Brasileira do Livro, SP, Brasil)

Boring, M. Eugene.
Introdução ao Novo Testamento: história, literatura, teologia / M. Eugene Boring; tradução Adenilton Tavares Aguiar. – Santo André (SP): Academia Cristã; São Paulo: Paulus, 2015.

ISBN 978-85-98481-95-1 (v. 2)

1. Bíblia – N.T. - Introdução. 2. Novo Testamento – Introdução. I. Título.

CDD -225.61

Índices para catálogo sistemático:

1. Bíblia – N.T. - Introdução – 225.61
2. Novo Testamento – Introdução – 225.61

ACADEMIA CRISTÃ

Rua José do Passo Bruques, 181 - Jardim Avelino
03227-070 - São Paulo, SP - Brasil
(11) 3297-5730
editorial@editoraacademiacrista.com.br
www.editoraacademiacrista.com.br

PAULUS

Paulus Editora
Rua Francisco Cruz, 229
04117-091 - São Paulo - SP
Tels.: (11) 5087-3700
editorial@paulus.com.br
www.paulus.com.br

Sumário

LISTA DE ILUSTRAÇÕES

Mapas

Fotos

Lista de Quadros

Prefácio

Este livro foi escrito a partir das seguintes perspectivas e convicções:

O Novo Testamento é um livro de histórias. Não é um livro de ideias, ideais e princípios religiosos, mas narrativas e interpretações de eventos relacionados à vida de Jesus e seus seguidores, os quais se tornaram a comunidade cristã primitiva. O Novo Testamento é mais (e não menos) do que um livro de histórias em que esses eventos são interpretados como revelação dos atos de Deus em favor da salvação do mundo. Em sua interpretação da história, os autores do Novo Testamento usam as ideias de seu mundo (judaico e gentio, religioso e secular). Cada escrito do Novo Testamento está arraigado na história dos próprios autores, a história da igreja primitiva. O Novo Testamento como um todo contém uma história de coleta, transmissão, tradução e interpretação. O Novo Testamento não apenas comunica uma história, ele tem sua própria história. Desse modo, um vislumbre histórico é um elemento necessário para uma compreensão autêntica.

O estudo do Novo Testamento requer um método crítico prático. Como um livro de histórias, o Novo Testamento requer um método crítico. "Quem escreveu o quê, quando, onde, para quem e por quê" são questões inevitáveis à compreensão histórica, ainda que essas questões não possam ser definitivamente respondidas. Este livro não tenta explorar cada ponto seguindo detalhes metodológicos; porém, a partir dos casos analisados pretende fornecer uma base suficiente para ilustrar evidências e argumentos. Em quatro pontos, questões gerais de introdução ao Novo Testamento são tratadas em extensas divagações, explorando evidências e argumentos sobre os quais estão fundamentadas algumas conclusões acadêmicas típicas: a unidade literária de 2 Coríntios, a pseudepigrafia, o problema sinótico e as marcas de paralelos nos evangelhos sinóticos. Em vez de meramente fornecer aos estudantes os resultados do que "os estudiosos pensam", evidência e argumentos são dados de modo a permitir que os estudantes julguem por si mesmos o grau de confiança que podemos ter sobre tais conclusões e que diferença elas fazem teologicamente. Estudantes que seguem os detalhes da evidência e argumento reforçam sua habilidade de navegar e avaliar o oceano da literatura secundária sobre o Novo Testamento, e desenvolver suas próprias aptidões como intérpretes do Novo Testamento.

"Quem começa pelo início vai mais longe". Este livro foi escrito para iniciantes, pressupondo estudantes com grande interesse em explorar o assunto, mas ainda sem a experiência em um estudo detalhado da Bíblia. Trata-se de um livro consideravelmente técnico, o qual reflete muito da história e posição atual da pesquisa em Novo Testamento. Às vezes, conservei citações em grego, como um lembrete de que o engajamento com o Novo Testamento implica um estudo transcultural, e que aqueles que querem compreendê-lo precisam entrar em seu mundo linguístico. O livro é completamente inteligível mesmo para aqueles que não dominam o grego e o hebraico. Tudo está traduzido, e também frequentemente transliterado a fim de facilitar a pronúncia. Tenho em mente o tipo de leitores que encontramos no seminário ou pastorado, muitos dos quais são estudantes de nível secundário, os quais não passaram por uma graduação em estudos de religião ou línguas bíblicas. Embora as pressuposições sejam mínimas, o livro procura levar o estudante a uma compreensão e competência mais profundas como um intérprete do Novo Testamento.

O Novo Testamento é um livro de fé e teologia. Os autores do Novo Testamento expressam sua fé de que Deus agiu na vida de Jesus e nos eventos da igreja primitiva. Quando a fé é expressa conceitual e verbalmente, o resultado é teologia, "fé que busca compreensão", para usar a frase histórica de ANSELMO. Embora fé e teologia não sejam a mesma coisa, não pode haver reflexão sobre a fé, e nem comunicação de fé, à parte da teologia. "Teologia" não se refere apenas ao discurso sistemático e abstrato de segundo ou terceiro nível, mas ao discurso de primeiro nível, a qualquer articulação da fé. O Novo Testamento é, portanto, um livro inteiramente teológico. Isto significa que entender o Novo Testamento em seus próprios termos requer reflexão teológica, quer seus leitores compartilhem sua fé ou teologia, ou não. Uma introdução ao Novo Testamento deve ser, em certo sentido, teológica, ainda que apenas no nível descritivo.

O Novo Testamento é essencialmente composto de Cartas e Evangelhos. O processo histórico que levou à formação do Cânon resultou em um Novo Testamento composto de apenas dois tipos de literatura. Isto ainda se reflete na leitura litúrgica da Escritura, na qual todos os textos do Novo Testamento ou são "Epístola" ou "Evangelho". Essa estrutura genérica bipartida do Novo Testamento tem sido frequentemente percebida. Contudo, até onde eu saiba, este livro representa o primeiro esforço de estruturar uma introdução ao Novo Testamento nesses moldes. Isso está em harmonia com a teologia e a história cristã primitiva; há também uma razão pedagógica. As Cartas são tratadas primeiro, na ordem histórica discutida aqui: 1 Tessalonicenses a 2 Pedro. Somente então nos voltamos para os Evangelhos e os Atos. Na metade do curso, os estudantes começam a perceber que havia uma extensa tradição, completa em si mesma, em expressar a fé inteiramente dentro dos limites do gênero epistolar. Eles se tornam conscientes de que estudaram a maioria dos livros do Novo Testamento sem encontrar sequer uma história sobre Jesus. Eles veem as Epístolas como um gênero paralelo dos Evangelhos, e o enxergam com novos olhos, novas questões, novas ideias. Perto do fim do curso, eles percebem, pela primeira vez, que Epístola e Evangelho estão combinados na comunidade joanina, a prolepse do Cânon do Novo Testamento.

Existe uma subestrutura narrativa do Novo Testamento e suas teologias. Tanto as Cartas quanto os Evangelhos compartilham uma base comum: narrativa. Todos os documentos do Novo Testamento confessam a fé dentro de uma estrutura narrativa. Os evangelhos e Atos são obviamente narrativos. Mas as epístolas são também um gênero narrativo; cada carta funciona projetando um mundo narrativo. Este livro está em harmonia com esse modo narrativo; ele próprio é um tipo de narrativa. Ele conta a história do Novo Testamento, desde o judaísmo pré-cristão, passando por Jesus, a igreja primitiva, Paulo e a tradição das cartas, a tradição de Marcos e o Evangelho, até a combinação de Cartas e Evangelho na comunidade joanina. Isto envolve uma possível (re)construção de histórias. A alternativa é estudar os documentos do Novo Testamento como textos de flutuação livre, não ligados à História. Uma vez que o Novo Testamento é uma história, ou coleção de histórias dentro de uma história maior, este livro é uma narrativa. Ele conta a história do Novo Testamento.

A teologia do Novo Testamento é mais bem feita como exposição diacrônica de textos. Este livro é uma síntese dos gêneros tradicionais *Introdução ao Novo Testamento* e *Teologia do Novo Testamento.* A teologia do Novo Testamento está entrelaçada na descrição narrativa da formação do Novo Testamento. Em vez de atentar para ensaios temáticos sob categorias do tipo "Cristologia" e "Eclesiologia" de cada livro ou do Novo Testamento como um todo, uma síntese exegético-teológica de cada documento do Novo Testamento apresenta sua teologia estruturada ao modo do próprio texto. O próprio ato de teologizar do Novo Testamento está no modo narrativo. O caminho adequado para compreender a teologia de cada livro é processando cada texto em seu próprio gênero e estrutura.

O Novo Testamento é o livro da igreja. Muito do que foi mencionado pode ser resumido nessa frase familiar, a qual, seguramente, não é original.[1] Há cinquenta anos, eu fiquei impressionado com a importância central dessa chave hermenêutica nas palestras de Leander Keck's Vanderbilt. Eu tive outro professor, FRED CRADDOCK (também aluno de KECK), que frequentemente se referia ao diálogo essencial entre Livro e Comunidade. A Comunidade precisa do Livro como norma e ponto de equilíbrio. O Livro precisa da Comunidade como seu contexto para compreensão. Eu devo muito a KECK, CRADDOCK e a todos os meus professores, assim como tenho uma dívida com todos os meus alunos, com quem também aprendi muito. Dedico este livro aos meus alunos das classes de "Introdução ao Novo Testamento", no Seminário da Phillips University (1967-1986), Texas Christian University e Brite Divinity School (1987-2006).

Ao longo dos anos, minha compreensão do Novo Testamento foi alargada e aprofundada pelo diálogo sobre o material deste livro com inúmeros colegas e estudantes. Valorizo especialmente o que aprendi com LEANDER KECK, FRED CRADDOCK, RUSSELL PREGEANT, UDO SCHNELLE, DAVID BALCH e WILLIAM BIRD, tanto em função de seus escritos quanto

---

[1] Cf. e.g. WILLI MARXSEN, *The New Testament as Church's Book?!* Trans. James E. Mignard (Philadelphia: Fortress Press, 1972); SANDRA SCHNEIDERS, *The Revelatory Text: Interpreting the New Testament as Sacred Scripture*, 2nd ed. (Collegeville, MN: Liturgical Press, 1999), chap. 3, "The New Testament as the Church's Book.".

a partir de conversas pessoais. Sou profundamente grato à equipe de edição e produção da Editora Westminter John Knox, que me ofereceu não apenas habilidade profissional, mas também conselhos e encorajamento. Ao concluir esse projeto, ofereço minha sincera gratidão a Jon L. Berquist, que era o Editor Executivo para a área de Estudos Bíblicos na Westminster John Knox, quando fui convidado a escrever este livro, em 1994. Ele me acompanhou ao longo do caminho com muitas e úteis conversas; a Marianne Blickenstaff, Editora da área de Estudos Bíblicos, que dirigiu o processo até sua edição final, e a Julie Tonini, Diretor de Produção. Esses dois manusearam um longo e complexo manuscrito; a Daniel Braden, Editor-Gerente, por seus conselhos. Sou também grato a Jerry L. Coyle, Bobby Wayne Cook e James E. Crouch, pela leitura perspicaz do penúltimo rascunho. Sua diligência resultou em diversas sugestões incorporadas ao texto atual. Um agradecimento especial vai para Victor Paul Furnish, que leu as seções sobre Paulo e a tradição epistolar paulina, oferecendo muitas e valiosas sugestões. Porém, posso afirmar com segurança que nenhum desses nomes mencionados acima deve ser responsabilizado pelas imperfeições deste livro. Quanto a isto, assumo totalmente o ônus.

Abreviaturas

2DH	[Hipótese dos dois Documentos]
2GH	[Hipótese dos dois Evangelhos ou Hipótese de Griesbach]
2SH	[Hipótese das duas Fontes]
AB	Anchor Bible
Abraham	Philo, *On the Life of Abraham*
ABRL	Anchor Bible Reference Library
Ag. Ap.	Josefo, *Contra Apião*
Alleg. Interp.	Philo, *Allegorical Interpretation*
Ant.	Josefo, *Antiguidades Judaicas*
ANTC	Abingdon New Testament Commentaries
Apc.	Apocalipse
Apol.	Justino Martir, *Apologia*
ASNU	Acta seminarii neotestamentici upsaliensis
ASV	American Standard Version
AV	Authorized Version
B	Codex Vaticanus
b.	Babylonian tractate (of the Talmud)
B. Bat.	*Bava Batra*
Bar	Baruch
BETL	Bibliotheca ephemeridum theologicarum lovaniensium
BJ	Bíblia de Jerusalém
BJRL	*Bulletin of the John Rylands University Library of Manchester*
BZNW	Beihefte zur Zeitschrift für die neutestamentliche Wissenschaft
CBQMS	Catholic Biblical Quarterly Monograph Series
CD	Documento de Damasco
CEB	*The Common English Bible*

CJA	Christianity and Judaism in Antiquity
Clem.	*Clemente*
Col	Colossenses
Cor	Coríntios
Cr	Crônicas
D	Bezae Cantabrigiensis
De Princip.	Origen, *De principiis*
Did.	*Didaquê*
Dn	Daniel
Dt	Deuteronômio
Ecl	Eclesiastes
EDNT	*Exegetical Dictionary of the New Testament*. Edited by H. Balz, G. Schneider. ET. Grand Rapids, 1990-1993.
Ef	Efésios
EKKNT	Evangelisch-katholischer Kommentar zum Neuen Testament
Ep.	Sêneca, *Epistulae morales*
Ep. Brut.	Cícero, *Epistulae ad Brutum*
Esd	Esdras
Êx	Êxodo
Exc.	Excursus
Ez	Ezequiel
FGH	Farrer-Goulder Hypothesis
Fl	Filipenses
Fm	Filemom
FRLANT	Forschungen zur Religion und Literatur des Alten und Neuen Testaments
GCS	Die griechische christliche Schriftsteller der ersten [drei] Jahrhunderte
Gl	Gálatas
Gn	Gênesis
GTA	Göttinger theologischer Arbeiten
Hb	Hebreus
Heir	*Philo, Who Is the Heir?*
Hist. eccl.	*Eusebius, História eclesiástica*
HNTC	Harper's New Testament Commentaries
HTS	Harvard Theological Studies
HUT	Hermeneutische Untersuchungen zur Theologie

ICC	International Critical Commentary
Ign. *Eph.*	Inácio *aos Efésios*
Ign. *Phld.*	Inácio *aos Filipenses*
Ign. *Pol.*	Inácio *a Policarpo*
Ign. *Rom.*	Inácio *aos Romanos*
Ign. *Smyrn.*	Inácio *à Esmirna*
Is	Isaías
JBL	*Journal of Biblical Literature*
Jr	Jeremias
Js	Josué
JSNTSup	Journal for the Study of the New Testament: Supplement Series
Jt	Judite
Jub.	*Jubileus*
Jz	Juízes
KEK	Kritisch-exegetischer Kommentar über das Neue Testament (Meyer-Kommentar)
KJV	King James Version [Versão Rei Tiago]
LCL	Loeb Classical Library
Life	*Josephus, The Life*
LJS	Lives of Jesus Series
Lv	Levíticos
LXX	Septuaginta
Mac	Macabeus
Mal	Malaquias
MAs	Minor Agreements
Mq	Miqueias
Mt	Mateus
NAB	*The New American Bible*
NACSBT	New American Commentary Studies in Bible and Theology
NASB	*New American Standard Bible*
NEB	*The New English Bible*
NICNT	New International Commentary on the New Testament
NIGTC	New International Greek Testament Commentary
NIV	*New International Version*
NJB	*The New Jerusalem Bible*
Nm	Números
NovTSup	Novum Testamentum Supplements

NRSV	New Revised Standard Version
NT	Novo Testamento
NTL	New Testament Library
NTS	*New Testament Studies*
Os	Oseias
ÖTK	Ökumenischer Taschenbuch-Kommentar
Pd	Pedro
Pol. *Phil.*	Policarpo *aos Filipenses*
Pv	Provérbios
Q	Fonte *Q*
Rab.	*Rabbah*
REB	The Revised English Bible
Rm	Romanos
RSV	Revised Standard Version
Salm. Sal.	*Salmos de Salomão*
SBLDS	Society of Biblical Literature Dissertation Series
SBLSBL	Society of Biblical Literature Studies in Biblical Literature
SBLSBS	Society of Biblical Literature Sources for Biblical Study
SIG	*Sylloge inscriptionum graecarum.* Edited by W. Dittenberger. 4 vols. 3rd ed. Leipzig, 1915-1924
Sir	Siríaco
Sl(Sls)	Salmo(s)
Sm	Samuel
SNTSMS	Society for New Testament Studies Monograph Series
SP	Sacra página
T. Levi	*Testamento de Levi*
t. Suk.	*Tosefta Sukkah*
TDNT	*Theological Dictionary of the New Testament.* Edited by G. Kittel and G. Friedrich. Translated by G. W. Bromiley. 10 vols. Grand Rapids, 1964-1976.
TEV	Today's English Version
THKNT	Theologischer Handkommentar zum Neuen Testament
Tm	Timóteo
TM	Texto Massorético
TNIV	*Today's New International Version*
TNTC	Tyndale New Testament Commentaries
TOB	Tobias
Ts	Tessalonicenses

TUGAL	Texte und Untersuchungen zur Geschichte der altchristlichen Literatur
War	Josefo, *Guerra Judaica*
WBC	Word Biblical Commentary
Wis	Wisdom of Solomon
WMANT	Wissenschaftliche Monographien zum Alten und Neuen Testament
WUNT	Wissenschaftliche Untersuchungen zum Neuen Testament
Zc	Zacarias
ZNW	*Zeitschrift für die neutestamentliche Wissenschaft und die Kunde der älteren Kirche*

17

Roma e a Consolidação das Tradições

É pelo fato de que Paulo e a tradição paulina fizeram do formato carta o veículo primário da instrução cristã que os primeiros mestres cristãos continuaram a usar essa forma. As cartas da tradição paulina deixaram sua marca na instrução cristã de tal forma que os documentos escritos posteriormente que não eram cartas no sentido comum, mas que foram escritos para ser lidos em voz alta diante de toda a congregação, tendiam a assumir alguns traços do formato carta e a ser classificados como tais. Podemos ver a influência dessa tradição mais claramente em 1 Pedro, e também na influência emergente de Roma como o centro do cultivo e disseminação de cartas didáticas.

17.1 Consolidação Romana das Tradições Paulina e Petrina

Ao final da década de 50 e início da década de 60, tanto Paulo quanto Pedro foram a Roma. Paulo foi como um cidadão romano (At 21,27 – 28,31). Não sabemos como Pedro foi. Os associados e companheiros missionários de Paulo o acompanharam e, depois de sua morte, continuaram a propagar a compreensão paulina sobre a fé, em Roma e em outros lugares. Embora não tenhamos os detalhes, algo similar deve ter acontecido a Pedro. Depois de ambos terem selado seu testemunho com suas próprias vidas, a igreja romana tornou-se herdeira das tradições dos dois grandes apóstolos.

Embora as tradições representadas por Paulo e Pedro fossem diferentes, elas não eram alternativas mutuamente excludentes, e não eram vistas como tais pela igreja de Roma, a qual, ao final do primeiro século, começou a ver a si mesma como mantenedora e instrutora de outras igrejas fora de Roma. As *pseudoclementinas* representam uma tradição petrina que se posiciona ao lado de Pedro e contra Paulo. Marcião foi um líder cristão romano que ficou do lado de Paulo. Mas a igreja romana tradicional via Pedro e Paulo juntos. *Primeira Clemente* é o testemunho mais claro de que a igreja romana adotou tanto Pedro quanto Paulo como santos patronos, e se via como a líder mundial tanto do cristianismo judaico quanto gentílico na mesma igreja. Que esse desenvolvimento não precisa ser visto numa perspectiva ameaçadora, como um apego ao poder, é visível a partir de Ignácio, o qual, já em 110 d.C., de sua perspectiva antioquena, considera "Pedro e Paulo" simplesmente como *os* apóstolos *(IgnRm 4,1)*. Tanto Clemente quanto Ignácio sempre citam o par apostólico nessa ordem; Pedro se tornou a figura maior, que incorpora Paulo. Ignácio congratula a igreja romana como tendo "ensinado a outros" (*IgnRm* 3,1). Vinte anos depois, *HermVis* 2,4.3 se refere à igreja romana como tendo previamente enviado escritos a outras igrejas. Assim, ao final do primeiro século, houve uma amalgamação das tradições paulina e petrina em Roma, a qual é reconhecida na geração seguinte ao 2 Pedro mencionar Paulo como um apóstolo irmão, cujo ensino, contudo, deve ser entendido dentro da perspectiva da tradição petrina (2 Pd 3,14-16). A consolidação das tradições paulina e petrina em um todo é representada de outra forma pelo autor de Lucas-Atos, o qual, na primeira parte do segundo século d.C. (também em Roma?), recontou a história da igreja primitiva de tal forma que Pedro e Paulo são dois representantes de uma só tradição. Atos é um documento claro de que na terceira geração, em alguns círculos do cristianismo primitivo, havia um interesse profundo em apresentar a mensagem cristã sobre os dois pilares da tradição petrina e paulina. Primeira Pedro também se encaixa nessa trajetória da tradição petrina em desenvolvimento.

17.1.1 A forma carta (paulina) de expressar a fé se torna comum fora do círculo paulino.

Não se deve tomar como certo que a literatura cristã secundária assumiria a estrutura de carta. Havia outras formas de literatura no rastro de Paulo (romances, apocalipses, Atos e variações não canônicas posteriores do gênero). Foi Paulo quem estabeleceu a forma carta como o meio primário da instrução cristã. Aqui, podemos antecipar as conclusões sugeridas abaixo em relação às epístolas do Novo Testamento. De fato, Paulo influenciou não apenas a escola paulina, mas a literatura cristã primitiva em geral. Este é obviamente o caso das deuteropaulinas (Colossenses, Efésios e as Pastorais). Hebreus é um exemplo marginal da forma de carta paulina, mas foi finalmente aceita no corpus paulino como uma carta.

A tradição de que as cartas eram uma forma apropriada de instrução cristã a serem lidas ao lado da Escritura, no culto congregacional, foi uma influência formativa sobre os documentos não paulinos que, posteriormente, foram reunidos como Epístolas Católicas. Tiago e Judas refletem a circulação das cartas de Paulo, e as imitam com aberturas epistolares, mas sem outras formas epistolares no corpo e conclusão de seus respectivos documentos. Primeira Pedro é bastante paulina; 2 Pedro conhece Judas, bem como 1 e 2 Pedro, e escreve sob sua influência. A escola joanina conhecia tanto os Evangelhos quanto as Cartas; 1-3 João foram escritas em Éfeso, onde as cartas paulinas foram divulgadas e a tradição paulina foi cultivada. Apocalipse reflete diretamente a forma de carta paulina. Podemos ver a influência dessa tradição mais claramente em 1 Pedro, e também a influência emergente de Roma como um centro para o cultivo e disseminação de tais cartas didáticas.

17.2 Interpretando 1 Pedro

17.2.1 Pedro e a tradição petrina na igreja primitiva

Depois de Jesus e Paulo, Simão Pedro é a figura mais conhecida no cristianismo primitivo. Ele é mencionado nas cartas de Paulo, nos quatro Evangelhos e Atos, nas duas cartas canônicas atribuídas a ele, e num longo corpo de literatura não canônica associada a seu nome, muita da qual reivindica sua autoria: *O Evangelho de Pedro, A Carta de Pedro a Tiago, o Kerygma de Pedro, Os Kerygmas de Pedro, Os Atos de Pedro, as Pseudoclementinas, O Apocalipse de Pedro, A Paixão de Pedro e Paulo, Os Atos de Pedro e os Doze Apóstolos, Os Atos de Pedro, O Martírio de Pedro, A Paixão de Pedro.*[1] Muito desse material é de gerações ou mesmo séculos depois do Simão Pedro histórico, com quem possui uma conexão apenas nominal. Depois de a igreja ter se tornado uma instituição de alcance mundial, dentro da qual Pedro era uma figura de autoridade aceita, materiais que não tinham qualquer conexão com a vida e missão de Simão Pedro foram associados com ele ou mesmo a ele atribuídos. Contudo, há sólida evidência canônica e patrística de que o ministério do apóstolo Pedro continuou entre os discípulos influenciados por ele e numa corrente de tradição que emanou dele, de algum modo análoga à escola paulina que continuou reinterpretando a mensagem de Paulo depois de sua morte.[2] Como no caso de Paulo, detalhes da vida e obra de Pedro são controversos, mas há acordo amplo sobre o seguinte esboço.

Simão antes de Jesus

Houve, obviamente, uma pessoa real chamada Simão, que recebeu o nome de "Pedro" (Mt 16,16-18; Jo 1,41-42; do aramaico *Kepha* (כֵּיפָא), transliterado ao grego como *Cephas* (Κηφᾶς), e traduzido como *Petros*, "Rocha"). O nome do pai de Simão era Jonas (Mt 16,17) ou João (Jo 1,41; 21,15) – dois nomes diferentes são representados em aramaico e grego. O nome de sua mãe é desconhecido. Como um

---

[1] Para textos e material introdutório, ver especialmente EDGAR HENNECKE and WILHELM SCHNEEMELCHER, eds., *New Testament Apocrypha* (2 vols.; Philadelphia: Westminster, 1963, 1964) e artigos individuais em *ABD*.

[2] Cf. OSCAR CULLMANN, *Peter: Disciple, Apostle, Martyr* (Rev. ed.; Cleveland: World, 1958), 70-154; Brown and Meier, *Antioch and Rome*; Pheme Perkins, *Peter: Apostle for the Whole Church* (Columbia, SC: University of South Carolina Press, 1994); RAYMOND E. BROWN, KARL P. DONFRIED and JOHN REUMANN, eds., *Peter in the New Testament* (Minneapolis: Augsburg, 1973); sobre a existência de um "grupo", "círculo" ou "escola" petrina, ver LUTZ DOERING, "First Peter as an Early Christian Diaspora Letter," in *The Catholic Epistles and Apostolic Tradition*, ed. Karl-Wilhelm Niebuhr and Robert W. Wall (Waco: Baylor University Press, 2009), 233, 455 n117, e bibliografia ali citada.

contemporâneo de Jesus, Simão nasceu em algum momento no período entre 10 a.C. – 10 d.C., talvez na bilíngue e multicultural Betsaida (cf. Jo 1,44; 12,21). A língua nativa de Pedro era o aramaico, mas é provável que, como muitas pessoas da Galileia, Pedro também podia falar e entender grego até certo ponto. Simão era casado (Mc 1,30-31), e esteve acompanhado de sua esposa posteriormente nas viagens missionárias (1 Co 9,5). Juntamente com seu irmão André, estava no comércio de peixes, pertencendo à classe social média baixa de pequenos comerciantes e artesãos. A tradição preservada em Jo 1,35-42 sugere que tanto André quanto Simão podem ter sido discípulos de João Batista antes de serem chamados para seguir a Jesus, i.e., eles já estavam orientados para a corrente apocalíptica do judaísmo.

Simão com Jesus

Em algum momento durante sua missão, Jesus de Nazaré chamou Simão para ser seu discípulo, e Simão atendeu ao chamado. As três versões desse encontro no Novo Testamento (Mc 1,16-20 = Mt 4,18-22; Lc 5,1-11; Jo 1,35-42) variam em detalhes, nos principais elementos cronológicos, e em sua compreensão do significado do evento (e.g., Simão foi chamado primeiro, conforme Marcos e Mateus, ou não, conforme aponta João?). Além disso, as similaridades entre Lucas 5,1-11 e João 21,1-19 demonstram que a perspectiva pós-pascal da igreja influenciou a recontagem de todas as histórias.

Quando Simão se tornou um discípulo de Jesus, sua vida foi completamente reorientada. Ele deixou casa, família e negócios, e se tornou um participante do movimento de Jesus e sua missão. Não apenas isso, mas está claro que ele se tornou o membro principal do grupo de discípulos. Ele é retratado como pertencendo ao círculo mais íntimo (e.g., Mc 9,2; 13,3; 14,33), o porta-voz para os demais discípulos (e.g., Mc 8,29; 9,5), o representante dos discípulos a quem Jesus fala e com quem Jesus lida (e.g., Mc 8,33), e membro representante do grupo a quem outros abordam (e.g., Mt 17,24). Embora outras interpretações estejam em questão nessas histórias, também está claro que, já durante a missão de Jesus, Simão era o líder dos Doze, cujo nome sempre aparece primeiro em várias listas (Mt 10,2; Mc 3,16; Lc 6,14; At 1,13).

Pedro na Igreja Primitiva

O encontro com o Senhor ressurreto habilitou Pedro para se tornar o líder principal do reagrupamento dos discípulos e da formação do que devia se tornar a igreja. O Jesus ressurreto apareceu a Simão e o (re-)constituiu para ser a "Rocha" sobre a qual a nova comunidade cristã está estabelecida (1 Co 1-5; Lc 24,34; Mc 16,7). Por ocasião da primeira Carta de Paulo aos Coríntios, Pedro já é uma figura bem conhecida no cristianismo gentio distante da Palestina (1 Co 9,5). Se Pedro visitou ou não visitou Corinto pessoalmente, um grupo que apelava estritamente à autoridade petrina existia no interior da congregação coríntia (1 Co 1,12). Paulo já podia ter achado necessário polemizar sutilmente contra o que ele considera uma falta de compreensão do papel de Pedro como a "Rocha" sobre a qual a igreja está fundamentada (1 Co 3,11; cf. Mt 16,18). Ao escrever aos Gálatas, mesmo enfatizando os contatos mínimos que eventualmente teria tido com os apóstolos originais, Paulo, contudo, indica que ele foi a Jerusalém "para visitar Cefas" (Gl 1,18), e que quatorze anos depois, Pedro (juntamente com Tiago e João) ainda era um dos três "Pilares" da igreja em Jerusalém (Gl 2,7-8).

Claramente, Pedro era o líder principal da primeira comunidade cristã em Jerusalém, a qual era composta de "Hebreus" e "Helenistas", i.e., cristãos de cultura palestina e língua aramaica, e cristãos de cultura helenística e língua grega (cf. §§7.4, 9.2 Vol. I, At 6,1-6). At 2 – 6 retrata Pedro como ponte entre os dois grupos, e não apenas como líder de um. Bem cedo no desenvolvimento da igreja, a influência de Pedro havia se estendido para a comunidade gentílica. O quadro escrito posteriormente de At 2 – 12, 15, embora escrito de uma perspectiva lucana, ainda está essencialmente correto em suas linhas gerais: Pedro era desde o início tanto o líder principal quanto o agente de unidade em uma igreja que já começava a enfrentar tensões internas. A liderança de Pedro na igreja de Jerusalém retrocedeu em função de Tiago, irmão de Jesus, mas isso não necessita ser atribuído a conflito teológico. Pedro defendia uma posição moderadamente mais próxima a Paulo do que a Tiago. Mesmo assim, Pedro era claramente o oponente de um cristianismo orientado mais para a lei e a teologia e prática das novas raízes da fé no judaísmo do que Paulo.

Nas cartas de Paulo, Pedro aparece primeiramente como a figura principal da igreja de Jerusalém (Gl 1,18), e diversos anos depois como um dos três "Pilares" (Gl 2,9), e finalmente como um líder influente na igreja de Antioquia (Gl 2,11-14). Nós perdemos Pedro de vista depois do incidente em Antioquia (ca. 50 d.C.), embora aparentemente ele continuasse várias viagens missionárias (1 Co 9,5) – as quais, contudo, não incluíam as províncias às quais 1 Pedro se dirige (1 Pd 1,1). Em Atos, Pedro desaparece abruptamente da narrativa em 12,17, partindo de Jerusalém rumo a "outro lugar" e reaparecendo apenas no Concílio de Jerusalém (ca. 48 d.C.). Embora em algumas interpretações antigas, o "outro lugar" seja Roma, parece que Pedro não chegou a Roma até depois de Paulo ter escrito Romanos (ca. 56 d.C.). De acordo com uma confiável tradição protocristã, Pedro morreu como um mártir por volta da metade da década de 60.

17.2.2 Autoria

O espectro de possibilidades pode ser delineado como segue:

1. Pedro escreveu a carta pessoalmente, quando estava em Roma. Toda sua educação grega nos anos 60 e experiência fizeram com que ele fosse capaz de escrever a carta sem ajuda de Silvano ou qualquer outra pessoa.[3]
2. Pedro forneceu as ideias, mas o vocabulário, sintaxe e estilo pertencem a Silvano, que de fato escreveu a carta, a pedido de Pedro. Pedro então a aprovou e a autorizou. Essa visão frequentemente coloca 1 Pedro na década de 60, conforme foi comentado acima, mas J. Ramsey Michaels trouxe de volta a visão anterior de A. M. Ramsey, de que Pedro viveu até a década de 80, quando ele escreveu a carta com a ajuda de Silvano.[4]
3. Silvano escreveu a carta representando Pedro, que lhe autorizou. Pedro é a autoridade por trás da carta, mas Silvano é seu compositor de fato, que deu sua "própria contribuição para o seu material não menos do que para a linguagem" da mesma.[5]

---

[3] Essa posição é defendida por e.g. Wayne Grudem, *1 Peter* (TNTC; Grand Rapids: Eerdmans, 1988), 21-32.

[4] J. Ramsey Michaels, *1 Peter* (WBC 49; Waco: Word, 1988), lxii.

[5] Ver Edward Gordon Selwyn, *The First Epistle of St. Peter. The Greek Text with Introduction, Notes and Essays* (London: Macmillan, 1964), 11 and Peter H. Davids, *The First Epistle of Peter* (NICNT; Grand Rapids: Eerdmans, 1990), 30.

4. Silvano escreveu em nome de Pedro, depois de sua morte, usando a tradição petrina. Silvano é de fato o autor da carta.[6]
5. Um membro anônimo do "círculo petrino" em Roma escreveu em nome de Pedro, depois de sua morte. "Pedro" é uma figura fictícia, mas "Silvano", "Marcos" e a "irmã eleita" são pessoas reais, que são membros do grupo petrino.[7]
6. Um cristão romano anônimo escreveu com base na tradição petrina.[8]
7. Um *paulinista* escreveu em nome de Pedro, fundamentalmente com base na tradição *paulina*.[9]

As considerações discutidas abaixo indicam que o item 5 ou 6 deve ser a solução mais provável. A questão de autoria para 1 Pedro é um tipo diferente de questão do que, por exemplo, a autoria das Pastorais, no sentido de que temos diversas cartas não disputadas de Paulo e não temos de especular quanto ao que Paulo teria escrito. Mas 1 Pedro é a única possibilidade de termos algo no Novo Testamento escrito pelo próprio Pedro, ou por qualquer um dos discípulos originais de Jesus. As razões seguintes são convincentes para a maioria dos estudiosos contemporâneos de que 1 Pedro não foi escrita pelo próprio Pedro, mas por um discípulo anônimo em nome de Pedro.

(1) À exceção da primeira palavra, a carta em si não faz qualquer alegação, direta ou indireta, de uma autoria apostólica, mas especificamente indica que a carta foi escrita por um ancião que é um co-ancião com outros líderes nas igrejas da Ásia (5,1).

(2) Talvez, a razão mais forte para atribuir 1 Pedro a um discípulo da segunda geração em vez de ao próprio Simão Pedro seja a

[6] J. N. D. KELLY, *A Commentary on the Epistles of Peter and of Jude* (HNTC; New York: Harper & Row, 1969), 33, aceita essa questão com reservas.

[7] JOHN H. ELLIOTT, *1 Peter. A New Translation with Introduction and Commentary* (AB 37B; New York: Doubleday, 2000), 270-280.

[8] LEONHARD GOPPELT, *A Commentary on 1 Peter* (trans. John E. Alsup; Grand Rapids: Eerdmans, 1993), 51-52, embora também tenha simpatia pelo item 4 acima; Paul J. Achtemeier, *1 Peter: A Commentary on First Peter* (Hermeneia; Minneapolis: Fortress Press, 1996), 199.

[9] FRANCIS WRIGHT BEARE, *The First Epistle of Peter. The Greek Text with Introduction and Notes* (2nd rev. ed.; Oxford: Blackwell, 1961), 24-30; HELMUT KOESTER, *Introduction to the New Testament. Volume Two. History and Literature of Early Christianity* (Foundations and Facets; Philadelphia: Fortress, 1982), 2.292-295.

falta do tipo de material que se poderia esperar de um companheiro pessoal de Jesus e testemunhas oculares de seu ministério. À exceção do nome em 1,1, a carta não faz alegação de que é oriunda de uma testemunha ocular das palavras e ações de Jesus. O contraste em 1.8 não é entre o autor, que viu Jesus, e os leitores, que não o viram, mas é uma declaração sobre a vida cristã como tal. Os cristãos, incluindo o autor, amam, confiam e obedecem a Cristo, a quem eles não viram, com base na fé que lhes alcançou através da pregação cristã e do poder do Espírito Santo (1,12). A alegação do autor de que é uma testemunha dos sofrimentos de Cristo (5,1) não é uma alegação de que esteve presente na crucifixão – o que, em todo caso, não se aplicaria a Simão Pedro (Mc 14,50-72) – mas que ele, juntamente com seus companheiros anciãos, dá testemunho para outros do significado salvífico do sofrimento de Jesus. O autor não se refere a palavras de Jesus ou relatos sobre ele, mesmo quando elas se acomodam seu propósito. Assim, por exemplo, a citação de Mc 12,17 apoiaria o ponto discutido em 1 Pd 2,13-17. Em 1 Pd 3,9, onde uma fala de Jesus contra a retaliação seria mais apropriada (Mt 5,38-42), o autor cita o Sl 34,13-17. Essas tradições jesuânicas, conforme incluídas pela carta, não são mencionadas como palavras de Jesus, mas uma parênese cristã que já tinha sido afetada pelas tradições jesuânicas em circulação no cristianismo primitivo.

(3) Ainda mais importante, a cristologia de 1 Pedro não é expressada ou ilustrada pelas histórias de vida do Jesus histórico, mas pela incorporação da vida de Jesus dentro de um cenário cósmico no qual a fraqueza do Jesus terreno se torna parte do ato salvífico de Deus. A vitória de Deus sobre os poderes demoníacos que ameaçam a vida humana não são vistos em termos dos exorcismos do Jesus terreno como no Evangelho de Marcos (também associados com Pedro na tradição protocristã). Antes, o ato salvífico de Deus no evento-Cristo é retratado como a vitória cósmica alcançada pela ressurreição/ascensão, como na cristologia kenótica paulina, que retrata o Jesus terreno na fraqueza de uma vida verdadeiramente humana (e.g., Fp 2,5-11; 2 Co 13,4). Alguém poderia esperar que uma carta vinda de uma testemunha ocular da vida de Jesus deveria, ao menos, fazer contato com o tipo de cristologia encontrada nos evangelhos, mas em vez disso, a carta trabalha completamente dentro da estrutura da tradição cristológica epistolar orientada para Paulo.

(4) A carta reflete conhecimento e apropriação da tradição paulina em uma forma difícil de imaginar o Pedro histórico, contemporâneo de Paulo e que algumas vezes se opôs a ele, (Gl 2,11-21, ver abaixo).

(5) Primeira Pedro é escrita com um alto nível de competência literária e retórica por alguém que se sentia completamente à vontade na língua e cultura grega, e que estava intimamente familiarizado com a LXX. Primeira Pedro exibe um nível melhor de grego do que o de Paulo, um judeu helenístico bem educado, que cresceu em Tarso, e melhor do que 2 Pedro, que não deve ter sido escrita pela mesma pessoa que escreveu 1 Pedro.[10] Esse argumento não pressupõe que o Pedro histórico fosse um pescador iletrado que conhecia grego, visto que provavelmente não era este o caso. Pedro pode ter sido um letrado, e pode ter conhecido grego o suficiente para atuar numa sociedade multilíngue. A dificuldade, contudo, está em crer que um pescador palestino fosse capaz de escrever o grego elegante e sofisticado de 1 Pedro, com suas diversas alusões à cultura clássica e helenística, e que um judeu palestino não apenas citasse a LXX – o que é suficientemente digno de crédito numa situação missionária – mas não demonstrasse conhecimento dos textos hebraicos originais e aludisse quase inconscientemente à fraseologia septuagíntica. Isso indica que o próprio imaginário do autor é representado pela literatura grega e a LXX. Primeira Pedro, às vezes chega a melhorar a gramática e sintaxe grosseira quando cita a LXX (como em 3,10-12).

A autoria petrina não pode ser salva pela teoria de um secretário, como se as ideias básicas retornassem a Pedro, mas a linguagem sofisticada, a habilidade retórica, e a teologia particular vêm de Silvano. Tal teoria falha em entender a relação entre pensamento e linguagem – a carta é composta por, e representa o pensamento de, alguém que o expressou na linguagem. Os "pensamentos básicos" de 1 Pedro não existem na subtração de sua expressão linguística particular. Se Silvano desempenhou, de fato, tal papel na composição da carta, seu nome deveria aparecer pelo menos como coautor em 1,1, onde notavelmente não aparece (contrastar 1 Co 1,1; 2 Co 1,1; Fp 1,1; 1 Ts 1,1; Fm 1).

---

[10] Detalhes e listas em ACHTEMEIER, *1 Peter*, 3-9; MARION L. SOARDS, "1 Peter, 2 Peter, and Jude as Evidence for a Petrine School," in *Aufstieg und Niedergang der römischen Welt*, ed. Joseph Vogt, Hildegard Temporini, and Wolfgang Haase (Berlin: de Gruyter, 1988), 3833; Selwyn, *First Epistle of St. Peter*, 489-501.

Em todo caso, a frase em 5,12 (διὰ Σιλουανοῦ, *dia Silouanou*, frequentemente traduzida como "através de Silvano"), não se refere à composição da carta, mas à sua expedição (cf. At 15,27; *IgnRom* 10,1, *IgnFld* 11,2; *IgnSmyrn* 12,1; *PolFil* 14,1). No entanto, mesmo que a hipótese de um secretário ainda seja mantida, o resultado ainda é que a carta é composta não pelo próprio Pedro, mas por um discípulo fiel, e que a autoridade de Pedro permanece subjacente de alguma forma – o que é precisamente o que a teoria da autoria pseudônima alega!

(6) Toda a evidência de que a carta foi escrita perto do fim do primeiro século (ver abaixo), significa que ela não pode ter sido escrita por Pedro, que, quase seguramente, morreu por volta de 64 d.C., em conexão com a prisão dos cristãos romanos sob Nero.

Assim, é melhor interpretar 1 Pedro como não tendo sido escrita por Simão Pedro, mas escrita em seu nome como uma expressão da autoridade apostólica de sua mensagem e continuação da tradição petrina romana por seus discípulos. Essa conclusão é fortalecida pelas considerações da situação dos leitores envolvidos, data e ocasião da carta, a procedência do autor, fontes e o gênero de sua composição.

17.2.3 Os leitores e sua localização

Primeira Pedro é dirigida a cristãos de uma ampla área geográfica, as cinco províncias romanas que formavam praticamente toda a Ásia Menor, ao norte das montanhas Taurus, cujo território combinado era maior do que 320 mil quilômetros quadrados, maior do que a área combinada de Ohio, Pensilvânia, Nova York, e os seis estados da Nova Inglaterra. Uma vez que a Bitínia e o Ponto foram combinadas em uma província dupla, é estranho que o Ponto, a parte mais oriental seja mencionada primeiro, com a Bitínia separada e mencionada por último. Isso é provavelmente mais bem explicado como refletindo a rota a ser tomada pelo mensageiro que expediu a carta às igrejas dispersas, que, na vinda de Roma, teria desembarcado no Ponto, e seguido pela Galácia e Capadócia, e então retornado pela Ásia, finalizando na Bitínia. Essa é uma evidência adicional de que estamos lidando com uma carta real (ver abaixo). Essa área ampla representa uma combinação do território da missão paulina (Galácia e Ásia) e áreas que ao final do primeiro século estavam associadas à pregação petrina (cf. At 2,9). A carta não sugere que Pedro ou o autor pseudônimo tivesse evangelizado a área ou fosse pessoalmente conhecido das igrejas locais. Embora houvesse provavelmente alguns judeus cristãos entre os destinatários, a carta indica que os leitores eram primariamente gentios que não tinham conhecido anteriormente o Deus verdadeiro, e que tinham vivido a pecaminosa e idolátrica vida pagã (1,14.18.21; 2,1.9-11.25; 4,3). De fato, a razão principal para sua marginalização social e aflições, as quais motivaram a carta, devia-se à abstenção de algumas ações próprias de sua vida pregressa, mas que agora consideravam pecaminosas (4,4).

As expressões "forasteiros da Dispersão" (1,1) e "peregrinos" que "vivem no exílio" (1,1.17; 2,11) não têm uma intenção literal. Embora a expressão "leitores" possa incluir alguns judeus cristãos refugiados, que se estabeleceram na Ásia Menor durante e depois da guerra palestina de 66-70, esses leitores não são literalmente estrangeiros. Eles são principalmente gentios que anteriormente participaram da sociedade que agora os rejeita. O autor aplica à comunidade cristã a imagem bíblica dos patriarcas e Israel como o povo de Deus em peregrinação, que vivem como estrangeiros, sem direitos nas terras dominadas por outros.[11]

Inicialmente, pensava-se que os sofrimentos enfrentados pelos leitores (1,6; 2,12; 3,8-17; 4,12-19; 5,8-10) refletiam o período da perseguição oficial romana, quer sob Nero, na metade da década de 60; Domiciano, na metade da década de 90; ou Trajano, na segunda década do segundo século. Um estudo mais recente convenceu a maioria dos eruditos de que 1 Pedro reflete um tempo de sofrimentos e perseguição social, mas não uma perseguição oficial iniciada pelo governo. Em todo caso, não houve uma perseguição romana em todo o império até o tempo de Décio, no terceiro século. Contudo, os leitores sofrem por serem nomeados de cristãos (4,16), e o tipo de rejeição e perseguição social que eles experimentavam podia facilmente coloca-los diante da antipatia dos magistrados e governadores locais, onde eles podiam enfrentar decisões de vida ou de morte. A carta de Plínio, governador do Ponto ao imperador Trajano (ca. 112), não apenas detalha a situação

---

[11] Cf. o tema similar em Hebreus e *1 Clemente*, também oriunda da igreja de Roma do mesmo período. Sobre o uso que 1 Pedro faz dos patriarcas bíblicos como modelos para a igreja como forasteiros no próprio país, ver especialmente REINHARD FELDMEIER, *Die Christen als Fremde* (WUNT 64; Tübingen: Mohr, 1992) e REINHARD FELDMEIER, *The First Letter of Peter: A Commentary on the Greek Text* (trans. Peter H. Davids; Waco, Tex.: Baylor University Press, 2008), 53 e passim.

perigosa dos cristãos em seu tempo e lugar, mas indica que nos incidentes ocorridos, vinte anos antes, alguns cristãos foram perseguidos a ponto de serrm repudiados em face de sua nova religião. Este seria o tempo de 1 Pedro (Plínio *Cartas* 10,97; ver texto em §26.1, Vol. II).

17.2.4 Data e ocasião

A alusão mais antiga a 1 Pedro provavelmente seja 2 Pedro 3,1, mas a data de 2 Pedro não é clara. Parece haver alusões claras em *Polfp* (ca. 135; 1,3=1 Pd 1,8; 2,1=1 Pd 1,13.21; 4,5; 2,2 =1 Pd 3,9; 10,1= 1 Pd 3,8; 10,2=1 Pd 2,12; 5,5; 14,1=1 Pd 5,12). De acordo com a *História Eclesiástica* de Eusébio, 3.39.17, Papias (no início do segundo século) citou 1 Pedro. Irineu (ca. 185 d.C.) é o primeiro autor cristão a citar 1 Pedro diretamente e a designar Pedro como o autor (*Contra Heresias.* 4,9.2, 16,5; 5,7.2). O *terminus a quo* é fornecido pelas referências ou claras alusões internas da própria carta. A referência metafórica a Roma como "Babilônia" em 5,12, um uso que não se originou antes da destruição de Jerusalém, em 70 d.C., parece colocar a carta depois de 70. Entre 70 – 135 d.C., a data mais provável para 1 Pedro é aproximadamente 90. Essa é a opinião da maioria dos eruditos críticos, baseada nas seguintes evidências:

- Primeira Pedro pressupõe que a fé cristã se espalhou pelo território das cinco províncias. Não há evidência de congregações cristãs no Ponto, Bitínia e Capadócia na primeira geração. Uma tradição mais antiga indica que Paulo foi explicitamente proibido pelo Espírito Santo de pregar na Bitínia (At 16,7). Mas Plínio indica que havia muitos cristãos no Ponto, por volta de 92.
- As abundantes similaridades no vocabulário e visão de mundo compartilhadas por 1 Pedro e *1 Clemente* (escritas em Roma por volta do fim do primeiro século), embora não apontem para dependência literária em qualquer direção, indicam que ambas derivam da mesma situação, e fazem uso de uma tradição comum.
- A combinação das tradições paulina e petrina sugere um período de muitos anos depois da morte dos dois grandes apóstolos (ca. 64 d.C.), período durante o qual suas tradições foram fundidas.
- Embora os leitores, e talvez o autor, sejam cristãos gentios, a relação da igreja com o judaísmo, o papel da lei na salvação e o status de Israel na história da salvação não são problemáticas. As Escrituras Judaicas são vistas

como pertencendo e falando diretamente à igreja. Esses traços apontam para um tempo em que essas batalhas teológicas da primeira geração estavam no passado.

- Embora não haja dependência literária direta das cartas paulinas não disputadas, o autor foi amplamente influenciado por elas, e provavelmente por Efésios também (mas não pelas Pastorais). Isso aponta para um tempo em que as cartas de Paulo haviam sido coletadas e circulavam como um corpus.
- Anciãos como líderes locais (5,1) são desconhecidos às cartas não disputadas de Paulo, mas são a forma padrão da liderança eclesiástica congregacional que apareceu na tradição paulina/petrina no cristianismo da segunda geração, que é documentada em Atos, na terceira geração (At 11,30; 14,23; 15,2.4.6.22; 16,4; 20,17.18; ver discussão sobre as Pastorais, §16 Vol. I).

Assim, a carta parece se encaixar melhor na situação da igreja romana próximo do fim do primeiro século. Tendo sofrido perseguição sob Nero, entendendo a si mesmo como o depositário dos dois pilares apostólicos, Pedro e Paulo, e respondendo aos desafios de Hb 5,12 – ou seja, de que era necessário ensinar a outros os princípios elementares dos oráculos de Deus –, um líder congregacional escreve com autoridade apostólica a fim de encorajar as congregações-irmãs perseguidas da Ásia Menor.

17.2.5 Procedência

A carta alega ter sido escrita na "Babilônia" (5,13). Isso não pode ser tomado literalmente. Não há evidência de que Pedro estivesse na Babilônia ou que a tradição petrina estivesse localizada ali. A grande cidade, que incluía uma significativa população judaica, era, na metade do primeiro século, uma pequena e insignificante cidade que havia sido deixada pela comunidade judaica, e estava praticamente desabitada na ocasião em que 1 Pedro foi escrita (*Diodorus* Sic. 2,9.9; Strabo *Geog*. 16,1.5). Assim, "Babilônia" deve ser entendida como um criptograma para Roma. Depois do ano 70 d.C., isso se tornou muito comum nos documentos apocalípticos judaicos (2 *ApoBar* 11,1-2; 67,7; *2 Esdr* 3,1-2, 28; *OrSib* 5.143, 155-161, 434, 440). Portanto, nossa conclusão é de que 1 Pedro foi realmente escrita em Roma, ou que Roma = Babilônia é parte do mundo literário fictício projetado pela carta, através da pseudonímia.

Se as figuras de Marcos e Silvano (5,12-13) são tomadas como elementos fictícios pertencentes à estrutura pseudoepigráfica, então entender Roma como o cenário pretendido podia fazer parte desse mesmo mundo fictício.[12] Contudo, pode ser que tanto Marcos quanto Silvano sejam pessoas reais que trabalharam com Paulo e Pedro, e que continuaram ativos na igreja romana depois de os dois apóstolos terem sido mortos. Os diversos pontos de contato entre 1 Pedro, Hebreus e *1 Clemente* parecem localizar 1 Pedro em Roma, conforme se vê na tradição mais antiga.

17.2.6 Fontes

Primeira Pedro não é uma colcha de retalhos artificial de fontes, mas uma carta de fato (ver abaixo). Isso não significa, contudo, que ela foi composta *ad hoc*. O autor fez extrações de um profundo poço de materiais tradicionais que abrangiam a Escritura Judaica e a tradição cristã.

Escritura Judaica: o autor usa o Antigo Testamento como um livro cristão no qual o que foi dito uma vez "a" e "sobre" Israel é transferido sem problema ou polêmica também para a igreja. O Espírito que inspirou os profetas bíblicos foi o Espírito do Cristo pré-existente (1,11), o mesmo Espírito que inspirou a pregação cristã (1,12). Quando o tamanho relativo dos documentos é considerado, 1 Pedro torna mais extenso o uso do Antigo Testamento do que qualquer outro autor do Novo Testamento, à exceção de Apocalipse. Seu pensamento oriunda da LXX, da qual as únicas citações diretas ou alusões são tomadas. A montagem do imaginário bíblico em 2,1-10 é uma das mais densas do Novo Testamento, embora apenas 2,6 seja uma citação direta. Embora o autor conheça o Antigo Testamento, a escolha e combinação das citações não são feitas independentemente, mas refletem a tradição da igreja. Ele cita alguns dos mesmos textos obscuros mencionados por outros autores do Novo Testamento (e.g., Pv 3,34 em 5,5)

---

[12] Ver, e.g. Schnelle, *New Testament Writings*, que localiza 1 Pedro na Ásia Menor. Doering, "Diaspora Letter," 233, and Hunzinger, C. H. Hunzinger, "Babylon als Deckname für Rom und die Datierung des 1Petrusbriefes," in *Gottes Wort und Gottes Land*, ed. Henning Reventlow (Göttingen: Vandenhoeck & Ruprecht, 1965), 77, sugere que a carta se originou na Síria ou Ásia Menor.

e as mesmas combinações de textos (e.g,. Is 28,16 e 8,14 e 2,6-8; cf. Rm 9,33). Isso deve ser mais do que coincidência, mas não precisa ser dependência literária direta. Uma tradição de seleção textual e interpretação que havia se desenvolvido emerge em Paulo, Tiago, 1 Pedro e outros. A procedência romana dessa tradição hermenêutica é sugerida pelo uso comum do Salmo 34 (LXX, Sl 33) em Hebreus, 1 Pedro e *1 Clemente*. Os contatos entre 1 Pedro e Tiago (usando alguns dos mesmos textos obscuros) podem sugerir sua dependência literária da tradição comum, que está enraizada no cristianismo de Jerusalém. Essa possibilidade é reforçada pelo caráter judaico geral da primeira e segunda geração do cristianismo romano.[13]

Tradição Cristã: Primeira Pedro é uma formulação distintivamente petrina de uma corrente da tradição cristã que era amplamente influente no cristianismo primitivo. Essa corrente de tradição incluía crenças e materiais hínicos, litúrgicos e catequéticos (e.g. 1,18-20; 2,21-25; 3,18-19; 2,13-3,7). A existência e conteúdos dessa corrente de tradição foi persuasivamente documentada por gráficos detalhados que catalogam o conteúdo, forma, fraseologia e padrões idênticos e similares que representam os resultados da análise comparativa de 1 Pedro e outros documentos do Novo Testamento.[14] Uma comparação de 1 Pd 5,5-9 com Tg 4,6-10 indica diversos contatos nos quais mesmo o leitor casual pode detectar uma tradição subjacente comum.

Cartas paulinas: Não apenas o autor adota a forma epistolar sob a influência da tradição paulina, mas a utilização de diversos traços particulares da forma epistolar paulina vem direta ou indiretamente de Paulo. Isso é ilustrado por uma saudação que é sua marca registrada χάρις ὑμῖν καὶ εἰρήνη (*charis humin kai eirēnē*, graça a vós e paz, 1,2), e pelo vocabulário distintivo paulino, como as palavras χάρισμα (*charisma*, dom, 4,10) e ἐν Χριστῷ (*en Christō*, em Cristo, 3,16; 5,10.14). O termo peculiar de Paulo para desejos pecaminosos "carnais" (σαρκικός, *sarkikos*) não é encontrado na LXX nem em qualquer outra parte do Novo Testamento, exceto nas cartas paulinas (5 vezes) e 1 Pd 2,11. A terminologia dos "anjos, principados e potestades" é encontra fora do corpus paulino apenas em 1 Pd 3,22. O autor deriva de Paulo a visão de que a vida do crente "em Cristo" significa participação (κοινωνία, *koinōnia*)

[13] BROWN and MEIER, *Antioch and Rome*, 92-158. See below, §18.4.
[14] SELWYN, *First Epistle of St. Peter*, 365-466. Cf. also Elliott, *1 Peter*, 20-40.

nos sofrimentos de Cristo de modo a ir além da ideia de imitar a Cristo como um modelo (cf. e.g., Fp 2,1; 3,10; 2 Co 1,5; 1 Pd 1,11; 5,1). Alguns eruditos têm compilado extensas listas de traços linguísticos, estilísticos, formais e teológicos distintivos de Paulo e encontrado em 1 Pedro (às vezes apenas em Paulo e 1 Pedro). A visão mais antiga que considerava 1 Pedro como meramente um paulinismo tem sido adequadamente rejeitada, mas intérpretes deveriam guardar-se contra uma super-reação que minimize a influência das cartas paulinas sobre 1 Pedro. Tais dados não necessariamente indicam uma conexão literária direta entre 1 Pedro e as cartas paulinas no sentido de que o autor de 1 Pedro tivesse cartas paulinas abertas a sua frente à medida que escrevia. Ele as ouviu sendo lidas frequentemente como parte do culto e instrução da igreja em Roma, onde provavelmente ele fosse um presbítero atuando no ensino, e assume que essas cartas circularam nas igrejas da Ásia Menor às quais ele escreve, e, assim, pressupõe que seus leitores também estão familiarizados com elas. Assim, a incorporação dos associados de Paulo, Marcos e Silvano (Silas) no mundo literário fictício projetado pelo documento (5,12-13) ilustra a co-opção do autor da tradição paulina. Isso representa uma fundição secundária das tradições paulina e petrina, e não uma estratégia do Simão Pedro histórico. É difícil conceber que o Pedro histórico em Roma, em uma carta dirigida ao território da missão paulina da Ásia e Galácia, faria alusão a Marcos e Silas, mas não ao próprio Paulo (contrastar 2 Pd 3,14-16, onde mesmo a pseudoepígrafa 2 Pedro é constrangida a fazer isto). O autor assume a forma epistolar paulina, muito conteúdo e teologia paulina, e mesmo os associados de Paulo – mas apresenta-os sob o nome de *Pedro*.

Tradição petrina distintiva. A fonte primária da qual 1 Pedro tira seu material, conceitos e linguagem é uma corrente da tradição cristã, elementos que estão, em última análise, enraizados no cristianismo primitivo palestino . A tradição de 1 Pedro é frequentemente tradição judaico-cristã associada a Jerusalém, conforme documentado pelos contatos com Tiago. Essa corrente de tradição tem sido reinterpretada e argumentada por um intenso engajamento com o mundo das religiões helenísticas, e recebeu uma forma estável na igreja romana durante a geração de 60-90 d.C. Embora essa tradição tenha raízes profundamente judaicas, não há indicação de que o autor tenha absorvido o tipo de tradições judaicas cultivadas nas academias rabínicas que, posteriormente, receberam depósito escrito na Mishnah, Midrashim e o Talmude. Não há contato literário direto entre 1 Pedro e os Manuscritos do Mar Morto, mas a combinação das similaridades temáticas tais como eleição, purificação por um ritual com água, a comunidade como casa escatológica de Deus, interpretação escatológica da Escritura, a identificação da própria comunidade como o povo de Deus, e o chamado à santidade pode apontar para o estágio primitivo da tradição agora encontrada em 1 Pedro, como tendo se originado na mesma linha de pensamento daquela de Qumran, ou seja, às margens do judaísmo palestino, na tensão com as autoridades religiosas dominantes.

Incluído como parte do depósito da tradição protocristã palestina está o kerygma primitivo do evento salvífico da morte e ressurreição de Jesus, e alguma reflexão das palavras de Jesus. Não há citações diretas do ensino de Jesus em 1 Pedro. A variedade de alusões às palavras de Jesus é controversa, mas tentativas de detectar um grande número delas não tem sido convincente para a maioria dos estudiosos.[15] Quaisquer que sejam os reflexos das palavras de Jesus em 1 Pedro, eles carregam os traços não de uma memória pessoal, mas de algo já incorporado à tradição parenética da igreja.

17.2.7 Gênero

Ao final do século dezenove e primeira parte do século vinte, muitos eruditos argumentavam que a maior parte de 1 Pedro não foi composta originalmente como uma carta. Já em 1887, ADOLF HARNACK confiantemente declarou que 1 Pedro era "um sermão e não uma carta", que uma homilia batismal (1,3 – 5,11) havia sido inserida posteriormente numa estrutura de carta.[16] Em 1911, E. R. PERDELWITZ refinou a teoria a fim de argumentar que 1,3 – 4,11 era um sermão batismal para os novos conversos, incorporado posteriormente a uma carta que

[15] Cf. ROBERT H. GUNDRY, "'Verba Christi' in I Peter: Their Implications Concerning the Authorship of I Peter and the Authenticity of the Gospels Tradition," *NTS* 13 (1967), 336-350, e a resposta de ERNEST BEST, "I Peter and the Gospel Tradition," *NTS* 16, no. 2 (1970), 95-113.

[16] ADOLF VON HARNACK, *Die Geschichte der altchristlichen Literatur bis Eusebius* (2 vols.; Leipzig: Hinrichs, 1897, 1904), 451-65.

adicionou exortações para uma nova situação de perseguição. Essa visão da composição do documento foi amplamente adotada. Contudo, pesquisas posteriores demonstraram a unidade da carta, convencendo a maioria dos acadêmicos contemporâneos.[17] Primeira Pedro foi escrita do início ao fim como uma carta, de fato, mas ela inclui uma larga proporção de materiais tradicionais parenéticos, incluindo imagens do batismo e alusões a ele, as quais ofereceram ocasião para outras hipóteses.

A forma carta não faz parte do fictício mundo literário projetado pelo documento pseudônimo; 1 Pedro é uma carta real para igrejas reais. Primeira Pedro não é uma carta para igrejas individuais, mas também não é uma carta católica endereçada à igreja como um todo; trata-se de uma carta circular a todos os cristãos de uma área ampla, correspondendo ao distintivo tipo literário da "carta da diáspora".[18] Ela é, portanto, uma transição da particularidade das cartas de Paulo, que abordaram uma situação específica, para as cartas católicas, endereçadas à igreja universal. Diferente das cartas paulinas autênticas, ela não reflete qualquer consciência de eventos particulares na vida das congregações específicas. O autor petrino sabe da situação dos destinatários apenas o que ele conhece teologicamente dos cristãos como tais (cf. 2 Tm 3,12). Como as cartas paulinas, ela foi escrita para ser lida no culto e adoração das congregações, e não para o estudo privado. Ela contém, portanto, pregação e material de ensino apropriado à instrução e edificação das congregações. Não se trata essencialmente de uma carta catequética, preocupada com a doutrina cristã, mas uma carta parenética elaborada para encorajar certo tipo de conduta em uma situação de prova e adversidade (5,12).

17.2.8 Estrutura e esboço

1,1-2 Saudação
1,3-12 Ação de graças

[17] WILLIAM JOSEPH DALTON, *Christ's Proclamation to the Spirits: A Study of 1 Peter 3.18-4.6* (Rome: Pontifical Biblical Institute, 1965), 62-87; diversos comentários e estudos oferecem a história do surgimento e queda de tais hipóteses (e.g. Achtemeier, *1 Peter*, 58-64; Soards, "Petrine School," 3834).

[18] Ver, e.g. FELDMEIER, *Peter*, 30-33. Cf. Jr 29,4-23; 2 Bar 78-87; 2 Mc 1,1-2,18. Cf. DOERING, "Diaspora Letter," 215-237.

1,13-5,11 Corpo da carta
1,13-2,10 A nova identidade do povo de Deus, eleito e santo
2,11-3,12 A existência e a conduta cristãs nas estruturas da sociedade
3,13-5,11 Sofrimento responsável diante da hostilidade
5,12-14 Conclusão Epistolar

17.2.9 Síntese exegético-teológica

1,1-2 Saudação

A introdução adota e adapta a fórmula de saudação que se tornou padrão nas cartas paulinas, mas apresenta o autor como o apóstolo Pedro. A carta aborda seus leitores como "exilados da Dispersão", aplicando o imaginário bíblico e judaico para o povo de Deus a seus leitores cristãos. O autor escreve a partir da igreja irmã em "Babilônia" (5,13), i.e., ela mesma é uma parte da Diáspora, esperando a restauração final e a reunião do povo de Deus (ver discussão sobre Tg 1,1). Ser exilado e forasteiro é algo que pertence ao caráter essencial da existência cristã. Os que são da Diáspora pertencem ao contínuo povo de Deus, separados e aspergidos com o sangue da aliança. Eles não são voluntários, mas foram escolhidos e destinados por Deus, retratados em termos prototrinitarianos.

1,3-12 Ação de graças

A seção de ação de graças, que normalmente aparece após a abertura, está presente aqui na forma de uma longa bênção (como em 2 Co 1,3-11 e Ef 1,3-14), tipicamente assinalando os temas a ser desenvolvidos na carta: a nova vida e a esperança que vem da ressurreição de Jesus Cristo, as duras provas que os leitores estão enfrentando em face de sua nova fé, e seu lugar como povo Deus dentro do plano maior de Deus, anunciado pelos profetas bíblicos. O Cristo em quem eles creem não é meramente o homem de Nazaré crucificado, mas aquele conhecido antes da fundação do mundo (1,20), que falou por meio dos profetas (1,11), que apareceu no fim das eras, dividindo a história em "então" (ποτέ, *pote*, 2,10; 3,5.20) e "agora" (νῦν *nun*, 1,12; 2,10.25; 3,21). Esse "agora" estende a aparição de Cristo na história, onde ele sofreu, morreu e ressuscitou, até a manifestação final, ao fim da história, que está para ocorrer. A "primeira" e a "segunda" vinda de Cristo são vistas como consistindo de um evento, o "fim de todas as coisas" (τέλος πάντων, *telos pantōn*, 4,7). O autor e seus leitores vivem neste "agora", o tempo da revelação de Cristo entre sua aparição na história e seu advento final. Os leitores se integraram nessa história contínua dos atos poderosos de Deus através da iniciativa do próprio Deus. Eles são eleitos, chamados, regenerados e guardados pelo poder de Deus. Nenhuma dessas grandes afirmações é mera teologia especulativa. Elas servem para encorajar os leitores a manter sua fé a despeito das duras provas que estão enfrentando.

1,13-5,11 Corpo da Carta

O corpo da carta trata com a nova identidade dos leitores como o povo de Deus, eleito e santo (1,13 – 2,10), como devem se portar dentro das estruturas dadas da sociedade (2,11 - 3,12), e com um chamado para seguir o modelo de Cristo ao enfrentar o sofrimento injusto ao qual eles estão se sujeitando (3,13 – 5,11).

1,13-2,10 A nova identidade do povo de Deus, eleito e santo

A nova identidade dos leitores é explicada com linguagem e imagens bíblicas que originalmente se referem a Israel, com numerosos ecos da linguagem do êxodo. Jesus é seu cordeiro pascal imaculado (1,19). Os leitores precisam preparar-se, ou seja, derrubar suas barreiras mentais para poderem envolver-se no difícil pensamento a ser seguido, imitando os hebreus originais do êxodo que "cingiram os seus lombos", preparandos-se para sua partida da escravidão do Egito (Êx 12,11). Como Israel jurou obediência a Deus ao aceitar a aliança de Deus no Sinai, assim também os leitores cristãos de Pedro se tornaram obedientes e receberam a aspersão do sangue da aliança sobre eles (Êx 24,7-8; 1 Pd 1,2). Os peregrinos desalojados do êxodo foram tentados a olhar para trás, para sua vida anterior, assim como os atribulados cristãos da Ásia Menor (e.g., Êx 16,2-3; 1 Pd 4,3-4). No Sinai, Israel foi chamado por Deus, com a ordem "Sede santos porque eu sou santo" (Lv 11,44), palavras que o autor aplica diretamente a seus leitores cristãos. Essa primeira seção alcança seu clímax ao abordar seus leitores em termos de sete imagens bíblicas para o povo de Deus:[19]

(1) A igreja é retratada como o *templo de Deus*, um edifício de cristãos, que são "pedras vivas" (2,5). A imagem da "pedra" é aplicada a Cristo e aos cristãos (não a Pedro), e "rocha" é usada como um sinônimo de "pedra", em 2,8, sem uma sugestão de um papel eclesiológico petrino indicado pelo seu nome. A experiência de rejeição social dos leitores é interpretada cristologicamente. Ser rejeitado e crucificado não foi um episódio na carreira de Jesus deixado para trás pela sua ressurreição. Cristo continua através da história como o Rejeitado, modelando o status presente de seus discípulos, que esperam a vindicação futura.

(2) Como Israel no Sinai, os leitores são abordados como um *sacerdócio santo* ou sacerdócio real (2,5.9). A imagem de Êx 19,6, usada por Israel, é aqui aplicada à igreja. Assim como Israel como um todo era uma comunidade sacerdotal, mediando entre o Deus único e a humanidade, assim também a igreja é a comunidade que medeia a graça e o propósito de Deus a todos os povos. A questão do sacerdócio de todos os crentes, individualmente, não é considerada aqui. O ponto central é que a comunidade cristã como um todo desempenha o papel de continuar o povo de Deus na história, que inclui ser uma comunidade de sacerdotes em favor do mundo.

(3) Como herdeiros de Israel, os leitores são mencionados como uma *raça eleita* (2,9).

(4) Como herdeiros de Israel, os leitores são mencionados como uma *nação santa* (2,9; cf. Êx 19,6; Sab 17,2).

(5) Como herdeiros de Israel, os leitores são mencionados como *propriedade de Deus* (2,9). A lista de títulos de honra é resumida e concluída pela aplicação de duas designações tomadas de Os 1,6.9-10; 2,23 (também usadas em um contexto similar por Paulo em Rm 9,25).

(6 e 7) Como herdeiros de Israel, os leitores são mencionados como *povo de Deus* e como *aqueles que receberam misericórdia* (2,10). Embora os leitores sejam em sua maioria, ou inteiramente, gentios étnicos (cf. 1,14.18), como povo santo de Deus eles são contrastados com os gentios (2,12).

---

[19] Embora 1 Pedro nunca use o termo "igreja", a carta apresenta pelo menos 46 imagens da comunidade de fé. Esta seção inclui uma das constelações mais densas do imaginário eclesiológico do Novo Testamento.

2,11 – 3,12 A existência e a conduta cristã nas estruturas da sociedade

A seção anterior lidou com a autocompreensão da comunidade cristã. Nessa base teológica, a próxima seção da carta se volta para a relação da igreja com o mundo, apresentando instrução específica sobre como a comunidade deve se conduzir nas estruturas da sociedade. Era um mundo em que a norma imperial, a escravidão institucionalizada e a família patriarcal eram assumidas não somente como "o modo como as coisas são", mas eram consideradas essenciais para uma sociedade ordenada e legitimada pelos deuses e mantida pela adesão leal à religião cultural. Aqueles que se comprometeram com a nova fé não podiam participar da vida normal da comunidade, que envolvia a mistura da religião tradicional (i.e., pagã) e o patriotismo. Desse modo, eles eram vistos como seguidores de um culto novo e perigoso, uma ameaça aos valores de um mundo ordenado. Como deviam eles responder? Retirando-se? Resistindo? A resposta do autor inclui tradições dos códigos domésticos helenísticos e cristãos (ver discussão sobre Cl 3,18 – 4,1, Vol. I), mas não é meramente uma reversão da liberdade e igualdade cristãs para uma complacência com padrões mais convencionais. O governo deve ser respeitado como o penhor da ordem, mas não legitimado em termos religiosos. O imperador e os governadores são parte do mundo de Deus, mas eles são "instituições humanas" (2,13). César deve receber o mesmo respeito que todas as pessoas recebem – mas somente Deus deve ser adorado (2,17). A ordem básica é viver entre os "gentios"[20] de tal maneira que os cristãos não sejam vistos como malfeitores ou perturbadores, como seus compatriotas supõem, de modo que seus desconfiados vizinhos vejam suas boas obras e finalmente glorifiquem a Deus (2,11-12,15). Nessa situação, em que os cristãos são suspeitos de atividade destrutiva e criminal, fazer o bem significa aceitar a autoridade de toda instituição humana, incluindo o imperador e seus oficiais (2,13-17). Portanto, duas classes de pessoas são dadas como exemplos para toda a

[20] Os próprios leitores são gentios étnicos, mas aqui a palavra é usada para significar "aqueles que não pertencem ao povo da aliança", outro exemplo do autor e leitores assumindo inconscientemente a identidade do Israel bíblico. Tal linguagem pode ser entendida como uma espécie de suspensão da Escritura e da identidade do Israel étnico e empírico, mas essa questão parece não ser levantada pelo próprio autor.

comunidade: os escravos cristãos em famílias não cristãs (2,18-25) e esposas cristãs de maridos não cristãos (3,1-7). Eles, como a comunidade como um todo, são chamados a se encaixar na hierarquia social como parte de sua missão cristã, a qual possui uma prioridade maior do que seus direitos individuais (ver discussão sobre Cl 3,18 – 4,1, Vol. I).

3,13-5,11 Sofrimento responsável diante da hostilidade

Viver dessa forma pode resultar em sofrimento injusto, e, se for este o caso, deve-se suportá-lo com paciência. Cristo é o exemplo. Ele sofreu injustamente, mas foi vindicado por Deus. Esse é o padrão para os cristãos também. O sofrimento e morte de Cristo pareciam significar derrota. Essa é a maneira como os vizinhos dos leitores interpretaram a morte de Jesus, que foi executado pelo governo como um inimigo da sociedade. Mas essa derrota era apenas aparente. Na realidade, Deus ressuscitou Jesus, que efetivou a vitória divina não apenas sobre os podres da terra, mas sobre todo o cosmos. Essa afirmação é desenvolvida ao citar um fragmento de uma tradição que não é muito clara para nós (3,18-22). Essa falta de clareza permitiu que ela se tornasse parte de uma interpretação posterior encontrada no Evangelho de Pedro, e finalmente inserida na sentença "desceu ao inferno", do credo apostólico. Essa explicação é geralmente abandonada agora.

5,12-14 Conclusão Epistolar

Mais do que uma formalidade, essa conclusão breve dá seu próprio sumário da mensagem da carta. Os leitores são chamados a enfrentar sofrimento injusto por amor de Cristo e como um testemunho para outros a respeito da verdade do evangelho. O sofrimento envolvido na vida cristã não é meramente um passar pela prova que deve ser enfrentada a fim de se receber a salvação futura, mas deve ser recebido como um dom, a graça de Deus na qual eles devem resistir.

17.3 Interpretando Hebreus

"A esse respeito temos muitas coisas que dizer e difíceis de explicar" – essas amáveis palavras de advertência são do próprio autor, depois de atrair os leitores para o documento (5,11). "Belamente escritas, poderosamente defendidas e teologicamente profundas... Seu autor anônimo conclama os leitores para uma visão da realidade e um compromisso de fé que são, ao mesmo tempo, distintivos, atrativos e perturbadores". Essas são palavras de abertura útil e detalhado de um recente comentário.[21] Hebreus é, de fato, um desafio *histórico* para o leitor moderno, visto que esse texto continua resistindo aos métodos a partir dos quais nos acostumamos a abordar [e tornar familiares] textos antigos. As questões principais do criticismo histórico continuam apresentado resistência a respostas definidas – quem o escreveu, quando, onde, para quem e por quê. Hebreus é *teologicamente* desafiador para leitores modernos não apenas porque sua confissão de fé é escrita a partir de uma visão de mundo muito diferente da nossa, mas porque ele projeta uma visão da realidade, centrada na ação de Deus em Cristo, que é intelectualmente exigente e existencialmente perturbadora para o nosso confortável senso comum.

Hebreus aparece pela primeira vez em nossa tela histórica no códice $\mathfrak{P}^{46}$, nossa coleção mais antiga das cartas paulinas. Nessa coleção, Hebreus se encontra imediatamente depois de Romanos e antes de 1 Coríntios. Isso significa que, pelo menos por volta do ano 200 d.C., uma importante corrente do Cristianismo Oriental considerava Hebreus como (1) uma carta (2) escrita por Paulo (3) aos "Hebreus". Essa identificação do gênero literário, autor e audiência pretendida, crucial para compreender o significado do documento, já era desafiadora no mundo antigo. A erudição moderna é praticamente unânime quanto ao fato de que (1) Hebreus não é uma carta, (2) Paulo não é o autor, e (3) o documento não foi endereçado aos "Hebreus". Essas conclusões podem parecer negativas inicialmente, mas elas passam a ser uma base positiva para conhecer a mensagem do livro.

17.3.1 Hebreus não é uma carta

Hebreus está incluída no códice $\mathfrak{P}^{46}$, bem como em todas as coleções posteriores, como uma carta. Contudo, Hebreus não se lê como uma carta. O documento não começa com a abertura de uma carta convencional, e não apresenta características epistolares até o fim,

---

[21] Luke Timothy Johnson, *Hebrews: A Commentary* (NTL; Louisville: Westminster John Knox, 2006), 1.

quando, *depois* da bênção final, uma conclusão epistolar ao modo paulino é acrescentada (13,22-25).[22] Assim, alguns eruditos têm defendido que Hebreus foi originalmente composta como um tratado, e que o final epistolar é uma adição que pretendeu tornar Hebreus parecido com uma carta paulina e, desse modo, encaixá-la na tradição em desenvolvimento de documentos autoritativos.[23] Neste caso, Hebreus seria considerado um quase-pseudoepígrafo, adotando traços menores de uma carta paulina e do mundo fictício de Paulo, emprestando a figura de Timóteo, conhecida das cartas paulinas, com uma indicação de que ele está indo visitar os destinatários, como ocorre em 1 Co 4,17; 16,10; Fp 2,19; 1 Ts 3,2. Contudo, análises recentes têm demonstrado que a conclusão epistolar é parte integrante de seu contexto e muito provavelmente foi composta pelo autor original.[24]

No entanto, a composição em si claramente não é uma carta, e foi adaptada para o formato carta através do final epistolar. Mas Hebreus não é um tratado ou ensaio. Ele aborda diretamente os leitores na segunda pessoa (51vezes; e 10 vezes fazendo uso da primeira pessoa em subjuntivos parenéticos), como a comunicação de alguém que conhece a história e as circunstâncias concretas deles, mas também é conhecido deles (e.g., 5,12; 6,9-10; 12,4-13,25). O autor se refere a essa composição como uma λόγος τῆς παρακλήσεως (*logos tēs paraclesis,* palavra de exortação, 13,22), a mesma frase usada em At 13,15 para um sermão pregado no contexto do culto. O autor parece ser um pregador com algum status na comunidade que ele aborda, alguém que está ausente e preso a alguma situação que lhe impede de pregar diretamente a uma congregação reunida. Ele compõe seu sermão para ser lido em sua ausência, anexa uma breve conclusão epistolar,

[22] Comparar Tiago, que começa como uma carta, mas continua como uma oração sem características epistolares. A "carta" de 1 João nem começa nem termina como uma carta, mas manifesta qualidades de carta (discurso direto em segunda pessoa; lidando com uma situação específica conhecida dos leitores).

[23] WILLIAM WREDE, *Das literarische Rätsel des Hebräerbriefs: mit einem Anhang über den literarischen Charakter des Barnabasbriefes* (FRLANT 8; Göttingen: Vandenhoeck und Ruprecht, 1906), 39, seguido por uns poucos eruditos, incluindo o importante trabalho de ERICH GRÄSSER, *An die Hebräer* (3 vols.; EKKNT 17; Neukirchen-Vluyn: Neukirchener Verlag, 1990-1997) (cf. 1.22; 3.413-416).

[24] E.g. HAROLD W. ATTRIDGE, *The Epistle to the Hebrews* (Hermeneia; Philadelphia: Fortress, 1989), 404-405; Craig R. Koester, *Hebrews* (AB 36; New York: Doubleday, 2001), 580-584.

e envia o documento através de um associado. O sermão é lido na íntegra para a(s) congregação(ões) reunida(s) em sua ausência. Modernos especialistas em homilética e retórica consideram Hebreus como uma obra-prima da pregação protocristã.[25] Afirmar que Hebreus é um sermão é algo que suscita perguntas no leitor moderno: quão típico da pregação do primeiro século é esse sermão? As igrejas domésticas às quais supostamente o documento se dirige estavam acostumadas a essas extensas e profundamente teológicas pressuposições sobre seus próprios interesses e conhecimentos bíblicos e teológicos, ou estavam hesitantes em relação às suas expectativas? Os pregadores, incluindo o autor, regularmente compunham esse tipo de sermão, ou seria Hebreus um caso especial? A congregação "o compreendeu" na primeira e única vez que o ouviram, ou ele foi composto para repetidas leituras e reflexão? Hebreus é claramente não "católico" no sentido de que não foi composto para a igreja universal, sendo dirigido a uma congregação apenas, ou a várias congregações que se encontravam na mesma área e viviam a mesma situação?

Hebreus é um sermão com um final epistolar. Contudo, o final não foi acrescentado apenas porque o autor estava ausente. Hebreus, juntamente com as deuteropaulinas e as Epístolas Católicas, são o que são por causa da tradição das cartas paulinas. O autor pensa em termos de um culto de adoração no qual a Escritura é lida. Às vezes, isso incluía a leitura das cartas paulinas no mesmo cenário litúrgico, tendendo a dar-lhes o mesmo status normativo de Escritura (ver comentário sobre 2 Pd 3,15-16). Tais cartas não circulavam de maneira privada e individual como documentos escritos, mas no interior da vida cultual da comunidade. Elas são documentos que visam o ensino, e não estão lidando meramente com determinadas questões locais, mas interpretando a Escritura e a tradição cristã na vida contínua da igreja.

17.3.2 Paulo não é o autor

No códice 𝔓[46], assume-se que Hebreus é uma carta paulina, e foi considerada como tal nas igrejas orientais (e.g., Clemente de Alexandria).

---

[25] Cf. Fred B. Craddock, "The Letter to the Hebrews: Introduction, Commentary, Reflections," in *The New Interpreter's Bible*, ed. Leander Keck (Nashville: Abingdon, 1998), 4, 21 et passim; Thomas G. Long, *Hebrews* (Interpretation; Louisville: Westminster, 1997), x et passim.

Essa pressuposição foi amplamente questionada na igreja antiga, e não foi aceita em geral pelas igrejas ocidentais até o quarto século. No início do terceiro século, Tertuliano de Cartago reconhecia a autoridade de Hebreus e o citava contra Hermas de Roma (*On Modesty*, 20), mas o atribuía a Barnabé – o que se demonstrou uma hipótese razoável, uma vez que Barnabé era um levita e companheiro de Paulo. Orígenes também aceitava o documento como canônico, e às vezes citava-o como "Paulo" e "Escritura", mas finalmente concluiu que o autor era desconhecido. Outros candidatos foram propostos, incluindo Apolo, Priscila, Lucas, Epafras e Maria, a mãe de Jesus. A possibilidade histórica de que alguma dessas propostas esteja correta varia do mínimo para o zero, de modo que a maioria dos eruditos reafirmam a conclusão de Orígenes, a qual se tornou parte da tradição universalmente citada na discussão sobre a autoria de Hebreus: "Somente Deus sabe" (citada primeiro por Eusébio, *HE* 6.25.11-14).

Embora não saibamos quem escreveu Hebreus, a opinião quase unânime da erudição contemporânea é que o documento não foi escrito por Paulo, e, de fato, dificilmente teria sido escrito por ele.[26] Não apenas fatores linguísticos, retóricos, históricos e teológicos, detalhados abaixo, tornam isso impossível, como também é difícil imaginar que o autor de Gálatas, que insiste que seu evangelho e apostolado vieram diretamente do Senhor ressurreto, calmamente se coloque na mesma categoria de seus destinatários, os quais receberam a fé como tradição cristã dos primeiros crentes que ouviram o próprio Senhor (2,3).[27]

O que podemos saber sobre o autor de Hebreus está limitado ao que podemos aprender do próprio documento. Assim, torna-se muito pouco.

1. O autor (e seus destinatários) têm contato substancial com a tradição paulina. Isso é indicado pela "pressão epistolar" geral, que fez com que o sermão fosse adaptado para a forma de uma carta paulina (ver Vol. I §§1.4, 10.2). O fato de a carta ter sido recebida inicialmente dentro de uma coleção paulina ($\mathfrak{P}^{46}$) mostra que ela era concebida

---

[26] Os poucos defensores restantes da autoria paulina são revisados e rejeitados por DAVID LEWIS ALLEN, *Lukan Authorship of Hebrews* (NACSBT 8; Nashville: B&H Academic, 2010), 46-77.

[27] Deve-se lembrar, é claro, que, na própria teologia do autor, essas testemunhas mais antigas lhes anunciaram a palavra de Deus, de modo que foi o próprio Deus que os chamou à fé (13,7; cf. a teologia similar em 1 Pd 1,12.25).

dentro da tradição paulina. Embora "Timóteo" fosse um nome comum, provavelmente o Timóteo de 13,23 seja o companheiro de Paulo. Apesar de haver diferenças teológicas marcantes entre as cartas de Paulo e Hebreus, as linhas gerais da cristologia do autor, a qual, ele assume, é compartilhada por seus leitores e representa a tradição paulina. O foco está quase exclusivamente na morte e ressurreição do Jesus terreno, e não em sua vida, obras miraculosas e ensinos representados por suas palavras. Alguns temas tratados brevemente em Paulo são extensivamente desenvolvidos em Hebreus. Entre esses, podemos mencionar o "acesso a Deus" por meio de Cristo (Rm 5,1; cf. Hb 4,16; 10,19-22); a imagem de Cristo como o "primogênito entre muitos irmãos" (Rm 8,29; cf. Hb 2,10-12), a interpretação da morte de Jesus em termos sacrificiais, usando imagens associadas à aspersão de sangue sobre o propiciatório no dia da expiação (Rm 3.21-26; cf. Hb 7,1-10,18), a nova aliança (2 Co 3,1-11; Hb 7,22-10,16) e, especialmente, o Cristo celestial como intercessor e a extensa elaboração da imagem de Cristo como Sumo Sacerdote celestial (Rm 8,34; Hb 6,19-10,22). Alguns eruditos têm catalogado diversos pontos de contato com as cartas de Paulo.[28] Embora alguns desses pontos de contato representem a tradição cristã comum, outros são traços paulinos distintivos refletidos em Hebreus. Tanto o autor quanto os leitores parecem pertencer à comunidade na qual as cartas de Paulo são lidas e as tradições paulinas estão vivas. A circulação das cartas de Paulo aqui pressuposta aponta para um tempo posterior à morte de Paulo.

Tais pontos de contato não significam que Hebreus pertence a uma tradição da "escola paulina" no sentido de Efésios, Colossenses e as Pastorais. O autor é influenciado por Paulo, mas não é seu discípulo, e, para ele, Paulo não é *o* apóstolo. Assim, no contexto romano Hebreus é uma voz diferente da de 1 Pedro, com a qual possui muitos pontos de contato. O autor não está tentando fundir correntes divergentes da tradição ou harmonizar reivindicações apostólicas conflitantes. Ele não adota o nome de um apóstolo da geração anterior, mas

[28] Ver especialmente CESLAS SPICQ, *L' Épître aux Hébreux* (2 vols.; EtB 8; Paris1952), 155-156; KOESTER, *Hebrews*, 54-56. Contatos com cartas específicas são exploradas em ensaios como os de BEN WITHERINGTON, "The Influence of Galatians on Hebrews," *NTS* 37, no. 1 (1991) 258-266. Não há indicações de influência das pastorais, outra indicação de sua data tardia.

escreve em sua própria voz, a quão é tão familiar para sua audiência que ele não se identifica (cf. 13,22-25). Hebreus é um caso particular no Novo Testamento, mas não isolado ou independente. Também não é uma interpretação da tradição paulina, nem tampouco um desenvolvimento teológico independente de Paulo, mas representa um teólogo romano na última parte do primeiro século, incorporando as tradições paulinas, bem como outras tradições correntes em seu tempo, interpretando todas elas de uma forma independente e criativa.

2. O autor e seus leitores estão familiarizados com as composições/tradições cristãs mais antigas. O autor não manifesta consciência de algum Evangelho, canônico ou extracanônico, nem há qualquer indicação de que ele ou seus leitores estejam familiarizados com as palavras de Jesus ou as histórias sobre ele. O Jesus citado é o Cristo transcendente que fala através das palavras da Escritura (2,11-13; 10,5-7). Há uma alusão ao Jesus cuja dilacerante oração em face da morte foi ouvida, ainda que ele tenha morrido (5,7), mas não há reflexão explícita da cena no Getsêmani, apresentada nos sinóticos (Mc 14,32-26). Autor e leitores experimentaram o poder miraculoso de Deus em sua própria história, à medida que o Espírito Santo operava sinais e maravilhas a fim de confirmar a mensagem cristã (2,4), mas eles não conhecem histórias do próprio poder miraculoso de Jesus (2,1-9). Assim, o autor escreve para uma comunidade cristã que não conhece, ou não aceita o modo "Evangelho" de comunicar a fé. Contudo, ele e seus leitores são influenciados por outras tradições e textos. Percebemos as conexões com *1 Clemente*. Os contatos mais próximos de Hebreus são com 1 Pedro.[29] Cada um dos dois documentos descreve a si mesmo como uma "exortação" (Hb 13,22; 1 Pd 5,12). Ambos têm consciência das tradições paulinas (ver acima). Ambos dirigem seu foco sobre o evento salvífico da morte de Cristo, relacionando-o à "aspersão de sangue" (Hb 10,22; 12,24; 1 Pd 1,2), "purificação" e batismo (Hb 6,2-4; 10,22; 1 Pd 3.20-21), "consciência" (Hb 9,9.14; 10,2.22; 1 Pd 2,19; 3,16.21) e "santidade/santificação" (Hb 10.10,29; 1 Pd 1.2; 2.22). Tanto Hebreus quanto 1 Pedro retratam os cristãos como "estrangeiros e peregrinos" do êxodo, a vida cristã como uma peregrinação (Hb 11,8-16; 12,22; 13,14; 1 Pd 1,1; 2,11), e Cristo como o "supremo pastor" (1 Pd 5,4;

---

[29] Ver análise em ALLEN, *Authorship*, 82.

cf. Hb 13,20).[30] Portanto, embora a maneira do autor abordar a fé cristã seja independente no sentido de que ele não é meramente o intérprete dessa corrente de antigas tradições, ele não é idiossincrático, mas leva sua "palavra de exortação" para um cenário onde há um intercâmbio fraternal e energético das tradições cristãs.

3. O autor é um mestre da linguagem e retórica grega. Em geral, concorda-se que Hebreus é o melhor grego do Novo Testamento. O escritor tem vocabulário vasto e sofisticado. Seus treze capítulos contêm 150 palavras não encontradas em nenhum outro lugar do Novo Testamento, sem levar em conta os nomes próprios. Dez dessas palavras não ocorrem em nenhum outro lugar da literatura grega que chegou até nós. O autor utiliza recursos fonéticos com grande habilidade retórica. Ele começa com uma extensa e elegante sentença (1,1-4) que estabelece o tom de todo o documento, e utiliza uma ampla variedade de recursos retóricos a fim de manter o engajamento dos ouvintes e persuadi-los à ação. Um dos muitos exemplos está em 5.8, em que o autor faz uso efetivo de trocadilhos comuns no discurso moral helenístico, μαθεῖν παθεῖν (*mathein, pathein*), "aprender é sofrer; sofrer é aprender" (cf. a expressão em Português "sem dor, não há resultados", oriunda do campo semântico de treinamento atlético).

4. O autor é bem educado na cultura Greco-romana, especialmente no popular Platonismo Médio do primeiro século. A Bíblia do escritor é a LXX. Às vezes, o ponto-chave está ausente do texto hebraico e é dependente da tradução grega (ver abaixo discussão sobre 2,5-9). O autor parece estar especialmente inclinado a relacionar a compreensão vertical da fé, refletida em categorias platônicas, à compreensão horizontal e histórica da fé, fundamental às Escrituras Hebraicas e à tradição judaica. A esse respeito, ele é como o filósofo judeu alexandrino, Filo (ver Vol. I, §§5.1, 9.2), e completamente diferente de Paulo. Embora ele beba da mesma fonte filosófica de Filo, o autor de Hebreus não é diretamente influenciado por ele, e não adota seu método alegórico de interpretação bíblica.[31]

---

[30] Para paralelos e pontes de contato, ver Spicq, *Hébreux*, 139-144; Attridge, *Hebrews*, 30-31.

[31] Sobre Hebreus e Filo, ver especialmente James Thompson, *Hebrews* (Paideia; Grand Rapids: Baker Academic, 2008), 23-25 et passim, e James Thompson, *The Beginnings of Christian Philosophy: The Epistle to the Hebrews* (CBQmanuscript 13; Washington: Catholic Biblical Association of America, 1982).

5. O autor parece escrever para uma situação posterior à destruição do templo. O autor de *1 Clemente*, escrevendo por volta do fim do primeiro século, claramente faz uso de Hebreus (e.g. *1 Clem* 36,1-4 inconfundivelmente reflete Hb 1,1-7.13; 2,18), de modo que Hebreus deve ter sido escrito em algum momento antes de 100 d.C. Se foi antes é uma questão que continua em disputa. Um importante argumento para uma data pré-70 tem sido a falta de qualquer referência à destruição do templo e o uso do tempo presente para o sacerdócio e o sacrifício, como se o sacerdócio em Jerusalém ainda estivesse funcionando no tempo da composição (cf. 8,4; 9,25; 10,1.11).[32] Alguns alegam que, se a destruição do templo já houvesse ocorrido, apontar isso seria fixar o argumento do autor de que o sacerdócio e sacrifícios da antiga aliança não mais eram válidos. Contudo, Josefo, *1 Clemente* e outros escritos, algumas décadas depois da destruição do templo, continuam usando o tempo presente em relação às funções do templo. Além disso, o autor de Hebreus não se refere ao *templo* de fato, mas ao *tabernáculo*, à tenda sagrada retratada na narrativa de Êxodo. Por que isso? Alguns eruditos conjecturaram que o autor foi influenciado pela corrente do judaísmo helenístico que era anti-templo, representada pelos "helenistas" de Atos 6 (ver §7.4.2, Vol. I). O templo estava, de fato, exposto a considerável crítica por parte dos profetas do Antigo Testamento, que tendiam a idealizar o tempo de Israel no deserto. Ademais, Êxodo relata, e Hebreus enfatiza, que Deus instruiu Moisés quanto à construção do tabernáculo, e revelou a ele o arquétipo celestial divino (Êx 25-26; Hb 8,5). Mas o Antigo Testamento não tem nada a dizer sobre Deus fornecer instruções para a construção do templo. Toda a discussão de Hebreus a respeito do sacerdócio e sacrifícios é conduzida dentro da estrutura do mundo bíblico do Pentateuco, e não do mundo empírico da história de seu tempo. Os leitores conhecem o tabernáculo porque conhecem a Bíblia, mas não conhecem o templo a partir de sua própria experiência. O modo como ele discute tais assuntos encaixa-se no tempo posterior à destruição do templo

---

[32] L. T. JOHNSON defende que alguma data entre 45 e 70 é possível; assume uma data pré-50 em sua exegese, e declara que "Hebreus pode muito bem estar entre os escritos cristãos mais antigos". (JOHNSON, *Hebrews*, 38, 50, 68. Contudo, JOHNSON ocasionalmente esquece sua alegação, e.g., encontrando "ecos da linguagem paulina em 1 Co 12,11" em Hb 2.1-4 [p. 89]).

(ver abaixo). Uma data pós-70 também é apoiada pelos reflexos de um corpus paulino e outras tradições cristãs posteriores, tais como 1 Pedro, o que coloca Hebreus mais próximo de um período pós-70 em vez de antes dessa data. O autor se volta para um período anterior ao início da tradição cristã (2,3), e pressupõe a morte da primeira geração de líderes cristãos (13,7).

17.3.3 Os destinatários não eram "Hebreus"

O editor do $\mathfrak{P}^{46}$ (ou alguém antes dele) anexou o título "Aos Hebreus" a um documento anônimo quando este se tornou parte de uma coleção de cartas paulinas, alinhando-o aos títulos atribuídos para outras cartas como "Aos Romanos", "Aos Gálatas", etc. Presumivelmente, o título "Hebreus", que não ocorre no próprio documento, foi sugerido por seu conteúdo, que tem muito a dizer sobre aliança, sacerdócio e sacrifício. Com base nesse imaginário judaico, supõe-se que o documento estava dirigido a judeus ou judeus cristãos. Embora esteja claro que os destinatários são cristãos falantes de grego no mundo helenístico, e não judeus que não confessam a fé cristã, alguns eruditos continuam considerando que o documento foi destinado a judeus cristãos helenísticos.[33]

Já vimos, contudo, que pressupor total familiaridade com as Escrituras e instituições judaicas não significa, automaticamente, que os leitores sejam judeus cristãos. Por exemplo, considera-se que as congregações cristãs predominantemente gentias abordadas pelas cartas aos Coríntios, Romanos e 1 Pedro conhecem as tradições bíblicas e judaicas que foram a base do argumento e do universo simbólico no qual a comunicação ocorre. Também vimos que a distinção clara entre "judeus cristãos" e "cristãos gentios" não é útil (ver Vol. I §10.1). Hebreus parece ter sido endereçada a uma ou mais congregações no mesmo cenário geral em que se encontram cristãos tanto de *pano de fundo* judaico quanto gentio, em um contexto altamente influenciado pela história e tradições judaicas.

---

[33] Portanto, e.g. Craddock, "Hebreus", 10, assume que os leitores são "cristãos judeus helenísticos", e Hagner descreve-os como "judeus cristãos que parecem ter sido atraídos de *volta* ao judaísmo", Donald A. Hagner, *Encountering the Book of Hebrews: An Exposition* (EBT; Grand Rapids: Baker Academic, 2002), 23, 87 (ênfase minha).

Uma visão tradicional, ainda mantida por alguns eruditos, é que Hebreus foi escrita para cristãos conversos do judaísmo, que estavam se sentindo tentados a retornar ao judaísmo do qual vieram. Hebreus enfatiza a superioridade do cristianismo sobre o judaísmo a fim de desencorajar seu retorno ao judaísmo. Os avanços em nossa compreensão de que Hebreus argumenta que os leitores já têm uma melhor aliança, bem como a falta de supersessionismo em Hebreus, tornaram essa compreensão muito questionável (ver abaixo discussão sobre 1,1-2,18; 4,1-13; 8,1-10,18).

Em vez disso, os dados textuais sugerem uma comunidade assediada, vivendo sob a ameaça de sofrimento e prisão por causa de sua fé. O falso ensino é apenas um pequeno problema (mencionado apenas em 13,9); o retorno ao judaísmo não é mencionado. A tentação não é aceitar uma falsa teologia ou retornar ao judaísmo, mas não chamar atenção, evitando a vergonha e o abuso envolvidos na profissão cristã. Os dados textuais parecem convergir sobre as congregações de Roma, na década de 80, no calor da perseguição de Nero aos cristãos, em 64, e a destruição de Jerusalém e o culto, em 66-70 d.C., sob Roma. Claramente, Hebreus tem uma conexão romana (italiana). A conclusão epistolar inclui saudações "dos da Itália", uma das poucas indicações específicas da procedência do documento. Mesmo essa frase é ambígua. Ela pode se referir tanto a cristãos italianos enviando saudações da Itália para igrejas em outros lugares (cf. Rm 16,16), ou a membros da igreja oriundos da Itália, que emigraram ou estão temporariamente ausentes e então enviam saudações para casa. Que a última situação é a mais provável é algo perceptível a partir do uso de uma mesma ou similar fraseologia para pessoas de Roma que estavam vivendo temporariamente no exterior (cf. At 2,5.10; 6,9; 18,2). A compreensão mais natural é de que a carta foi dirigida a congregações de cristãos romanos e seus arredores, de um mestre romano que está temporariamente ausente, talvez detido ou encarcerado, o qual está em contato com cristãos italianos em seu cenário, e que enviam saudações (13,22-25). O autor é de Roma e conhece a situação local; ele escreve de outro lugar, de modo que Hebreus tem uma procedência romana em duplo sentido, sendo tanto "de" quanto "para" Roma. Há indicações particulares de uma procedência romana:

- O judaísmo de Hebreus é particularmente adequado ao cristianismo romano, que teve uma origem Judaica, e mantinha seu etos judaico-cristão e seu relacionamento com Jerusalém e a igreja-mãe, mesmo depois de se tornar uma igreja predominantemente gentia (ver Vol. I §13.2).
- A última e mais longa carta de Paulo foi escrita a igreja de Roma. Ele morreu ali como um mártir e foi honrado pela igreja, incluindo aqueles que não permaneceram diretamente na tradição paulina. Não apenas Romanos, mas outras cartas de Paulo e tradições associadas com ele estavam circulando em Roma nas décadas depois de sua morte. Romanos é a carta paulina mais parecida com Hebreus em vocabulário, estilo e teologia. Hebreus deve ser entendido como tendo sido escrita a partir de um contexto no qual Romanos e outras cartas paulinas eram regularmente lidas.
- As conexões literárias e de material com 1 Pedro, *1 Clemente* e Hermas, todas de origem romana, conectam Hebreus a Roma (ver §17.3.2).
- O termo genérico para "líderes" em 13,7.17.24 (particípio de ἡγέομαι, *hēgeomai*/ guiar) é particularmente apropriado à igreja romana, a qual não desenvolveu uma estrutura de liderança firme e uniforme na primeira geração após a morte de Paulo. Essa terminologia também é usada em *1 Clemente* e Hermas.
- As imagens de 12,21-22 contrastam o Monte Sião com o Sinai. Em sua jornada do Sinai à cidade de Deus, os cristãos não vêm a Sião/Jerusalém terrena, mas celestial. Esse contraste é particularmente apropriado a Roma, na década de 80. A Bíblia, algumas tradições judaicas e alguns judeus contemporâneos do autor esperavam pela restauração da cidade terrestre, mas Hebreus não mais procura um templo ou cidade de Deus neste mundo, mas foca sobre o templo ou cidade celestial, a "cidade com fundamentos" (Gl 4,26; *2Bar 4,2-6*; 2 Esdras 7,26).
- Muitos dos cristãos romanos seriam imigrantes de outras partes do império. Eles não eram bem-vindos, quer como cristãos quer como imigrantes, e estariam sujeitos a abusos e perturbações. "Muitas pessoas do primeiro século buscavam oportunidades em Roma, uma cidade com fundamentos antigos. Para a multidão de recém-chegados, 'dificilmente havia acomodações; a maioria era composta de estrangeiros' que vieram das cidades interioranas da Itália; de fato, do mundo todo... Roma, a maior e mais amada cidade do mundo – mas não deles" (Seneca, *Ad Helviam* 6,2-3). Assim, "os da Itália" de 13,24, embora "romanos", eram também "forasteiros, procurando uma cidade que tem fundamentos".[34]

---

[34] Cf. KOESTER, *Hebrews*, 496-497, que descreve o respectivo status de cidadão, residente estrangeiro, visitante estrangeiro.

- A referência a um tempo passado de perseguição, a qual é lembrado pela geração atual, mas não enfrentada pessoalmente (10,32-34), aplica-se mais apropriadamente a Roma, na geração após a morte de Paulo.
- Pode ser que a posição de Hebreus imediatamente depois de Romanos, no $\mathfrak{P}^{46}$, seja o mesmo caso de 1 e 2 Coríntios e 1 e 2 Tessalonicenses, i.e., que Romanos e Hebreus estivessem colocadas juntas porque ambas foram escritas a Roma.
- Somente Hebreus e Hermas (de origem romana) se interessam pela possibilidade de um segundo arrependimento.
- Hebreus se refere a seus leitores como membros de uma ou mais comunidades no mesmo local, mas é hesitante em usar o termo *igreja* (ἐκκλησία, *ekklēsia*). Ἐκκλησία ocorre apenas duas vezes (2,12; 22,23), mas em nenhum dos casos se trata de uma designação da comunidade cristã em Roma. Do mesmo modo, a carta de Paulo aos cristãos de Roma não se refere a eles como uma igreja ou igrejas. Mesmo 1 Pedro, a despeito da tradição de Mt 16,16-18 e seu abundante vocabulário eclesiológico, não usa o termo "igreja".
- Inscrições evidenciam a existência de uma "sinagoga dos Hebreus" em Roma, cujos membros podem ter vindo da Palestina ou de famílias conservadoras da Diáspora, as quais falavam o hebraico ou aramaico em casa, ou que designavam sua sinagoga como um lugar onde o hebraico era a língua litúrgica (em vez do grego de outras sinagogas da Diáspora; cf. os "Helenistas" e "Hebreus" de Atos 6).
- A advertência solitária contra a doutrina perigosa de 13,9-10 pode muito bem ser lida no contexto da igreja romana da década de 80: não ser levado por doutrinas estranhas que têm a ver com regras relacionadas à alimentação. Isso se encaixa no contexto dos cristãos romanos com um *pano de fundo* judaico, discutindo a validade permanente das leis dietéticas após a destruição do templo.

A data e procedência de Hebreus ainda está longe de uma resposta definitiva. Contudo, fazer uma leitura do documento com a hipótese de uma origem romana na década de 80 lança luz sobre algumas questões problemáticas e determinados textos (ver a abaixo, *a síntese exegético-teológica*). Segundo essa hipótese, por volta da década de 80, algumas igrejas domésticas em Roma, sem uma liderança central forte, experimentaram uma variada e turbulenta história. Grupos cristãos se desenvolveram dentro das sinagogas, e foram separados dela por decreto de Cláudio, em 49 d.C., e especialmente pelos terríveis eventos da perseguição de Nero, em 64 d.C. (ver Vol. I §§6.2, 9.2).

Etnicamente, as congregações eram primariamente gentias, muitas das quais eram tementes-a-Deus antes de se tornarem cristãs, e com um significativo grupo de cristãos etnicamente judeus.

O pensamento difundido para toda a comunidade lidava com as Escrituras Judaicas e a tradição judaica da qual vieram suas congregações. As congregações romanas olhavam para Jerusalém como o lugar da igreja-mãe, com muito respeito pelo tipo de cristianismo representado por Tiago (ver abaixo §§18.1, 18.4). Assim, a guerra na Judeia que destruiu a cidade santa e seu templo foi outro golpe devastador. Embora a comunidade enfrentasse questões importantes sobre como responder às pressões sociais enquanto permanecesse fiel à sua fé e missão, uma importante questão teológica-chave lidava com uma reavaliação da fé à luz da destruição do templo. O judaísmo da Diáspora, ao longo de todo o mundo helenístico, estava discutindo e debatendo como seguir adiante sem o templo e o sacerdócio. "Agora que o templo, sacrifícios e o sacerdócio se foram, o que isso significa para a fé?". Esta não era uma questão abstrata para judeus fiéis, incluindo judeus cristãos de diversas classes e cristãos gentios que assumiram seriamente seu status como filhos de Abraão incorporados a Israel.

Mestres cristãos, como o autor de Hebreus, voltaram-se para as Escrituras, e as releram com a convicção de que Deus ressuscitou o Jesus crucificado e o exaltou aos lugares celestiais, onde foi estabelecido como o sumo sacerdote que torna todo o sistema sacerdotal terreno desnecessário. O "judaísmo" de Hebreus é *bíblico*, e não étnico ou empírico. O autor baseia-se no mundo bíblico do Êxodo e do tabernáculo, de Moisés e do Monte Sinai, e não no mundo empírico de Jerusalém e o templo. Ele entende a vida de fé como uma jornada que culmina no cumprimento escatológico do propósito de Deus. Crentes cristãos são como os israelitas no deserto, a caminho para o cumprimento das promessas de Deus. Esse universo simbólico se encaixa na imagem do tabernáculo do povo de Deus em peregrinação, ainda buscando uma cidade que tem fundamentos, e não no tempo do templo de Jerusalém após Israel ter "chegado".

A imagem do caminho entre o Egito e o descanso prometido, buscando uma cidade, e deixando o acampamento, projeta o mundo narrativo bíblico do qual os leitores fazem parte. O autor e seus leitores entram no mundo narrativo do texto, onde os sacerdotes oferecem sacrifícios, e encontra ali um sacerdócio superior exercido por Jesus, em um santuário que nunca pode ser destruído. Esse sumo sacerdote já finalizou sua jornada terrena e está entronizado no mundo eterno de Deus. Os leitores devem seguir a jornada delineada por Jesus.

17.3.4 Estrutura e esboço

Todos concordam que Hebreus não é uma composição evasiva, mas um argumento sustentado do começo ao fim – o mais longo argumento desse tipo no Novo Testamento. Todos concordam que Hebreus é cuidadosamente estruturada, mas há pouco acordo sobre como representar melhor a estrutura do autor. O autor faz uso de estruturas quiásticas e retóricas, alternância de seções didáticas e parenéticas, e um argumento linear, cumulativo, que o leva à conclusão. Um bom autor não deixa óbvio o seu esboço, mas subordina-o ao fluxo do argumento. Os tópicos estão habilmente segmentados, mas sobrepostos e entrelaçados. Diferentemente da organização típica e bipartida que comumente encontramos no corpo das cartas de Paulo, o autor de Hebreus não espera até o fim da seção teológica para dar suas instruções parenéticas, mas insere diversas seções exortatórias no argumento teológico em curso. Como um auxílio à compreensão do leitor moderno acerca do conteúdo do documento como um todo, o seguinte esboço tenta representar as seções principais do texto e variações do argumento.

1,1-4 Declaração de fé e introdução do argumento
1,5-2,18 Cristo é superior aos anjos
  2,1-4 *Exortação*: Não vos desvieis, não vos descuideis.
  2,5-9 O drama cristológico cósmico como modelo
  2,10-18 "Perfeição"
3,1-6 Cristo é superior a Moisés.
3,7-19 *Exortação*: não endureçais vossos corações em infidelidade.
4,1-13 "Ainda resta um descanso sabático para o povo de Deus".
4,14-16 *Exortação*: Retenhais vossa confissão.
5,1-10 Introdução do tema central: Cristo é o sumo sacerdote superior.
5,11-6,20 (Uma digressão prepara os ouvintes para a "discussão difícil")
  6,1-12 *Exortação*: Não vos torneis indolentes, antes avanceis para concluir a carreira.
  6,13-20 A esperança cristã está ancorada em Cristo.

7,1-10,18	Desenvolvimento do tema central: Cristo é o sumo sacerdote superior, e mediador de uma aliança superior.
7,1-28	Melquisedeque
8,1-10,18	A nova aliança
10,19-39	*Exortação*: retenhamos a nossa confissão sem vacilar
11,1-40	A persistência do povo de Deus pela fé
12,1-17	*Exortação*: Corramos com paciência a carreira que está diante de nós
12,18-24	A superioridade do status presente do crente
12,25-13,17	*Exortações finais*
13,20-21	Bênção
13,22-25	Conclusão epistolar

17.3.5 Síntese Exegético-Teológica

1,1-4 Declaração de Fé e Introdução do Argumento

Hebreus começa com uma magnificente, elegante e compacta declaração da identidade de Jesus Cristo, a qual antecipa os pontos principais do livro e serve como a base para a "palavra de exortação". Embora profundamente cristológica, a introdução está a serviço do propósito exortatório do livro como um todo: fortalecer os crentes tentados a relaxar ou abandonar a corrida que iniciaram. A abrangente metáfora da jornada ou corrida se torna explícita apenas posteriormente, mas ela está sempre presente. O objetivo de Deus para a humanidade e o mundo *já* foi definitivamente revelado e realizado em Jesus, mas esse objetivo ("perfeição", "completude") *ainda não* foi alcançado pela humanidade e o mundo. A questão central para o autor de Hebreus é o que Deus finalmente está "realizando" na história, e se Deus será capaz de "executar a tarefa" (trazendo-a à "perfeição"). A resposta é clara em relação a *Jesus*, que é tanto arquétipo quanto exemplo. Aquele através de quem os mundos foram feitos e são mantidos veio a este mundo, finalizou sua carreira ao morrer de uma forma que efetuou a purificação dos pecados, e está agora entronizado à destra de Deus. A questão é se *os leitores cristãos* para quem esse livro se dirige o seguirão e completarão sua própria carreira. Quatro traços dessas imponentes palavras de abertura devem ser enfatizados, todos eles elaborados no denso argumento do próprio livro:

1. *Deus é o sujeito.* A subestrutura dessa complexa sentença de abertura é absolutamente simples: "Deus" é o sujeito, "falou" é o verbo: "Deus nos falou através do Filho". Assim como Deus é o sujeito dessa sentença de abertura, assim também o sujeito da ação nesse drama escatológico, da criação ao eschaton, é Deus.

2. *Continuidade e descontinuidade.* Embora haja tensões e descontinuidades entre a antiga e a nova revelação, é o mesmo Deus que falou a Israel através dos profetas que agora falou definitivamente através do Filho. Uma revelação anterior é afirmada, não repudiada, e não suplantada.

3. *Jesus como supremo sacerdote.* Que Jesus "se sentou à destra da Majestade nas Alturas" demonstra a função de Jesus como sumo sacerdote celestial, elaborada pelo autor com base em Sl 110,1-4. Interpretando os textos bíblicos de maneira cristológica, ele descobre o significado do evento-Cristo no ministério sumo sacerdotal de Jesus, o qual liga a vida terrestre de Jesus, o atual ministério celestial, e a relação dos crentes com ele.

4. *"Melhor" como linguagem relativa para uma alegação absoluta.* O autor conclui seu hino introdutório com uma alegação que modula para a seção de abertura seguinte: Jesus herdou um nome mais excelente do que os anjos. Essa alegação inicial de que Cristo efetuou algo "melhor" perpassa o livro de Hebreus:[35] Jesus é digno de mais glória do que Moisés (3,3). Cristo é mediador de uma esperança melhor do que aquela fornecida pela lei (7,19). Jesus provê uma melhor aliança, com promessas melhores (7,22; 8,6). Jesus ministra em um tabernáculo melhor do que a tenda do sacerdócio terrestre (9,11), e que é purificado por um sacrifício melhor (9,23). Os crentes cristãos têm uma melhor e mais durável possessão em relação às coisas que perderam deste mundo (10,34), assim como desejam um país celestial que é melhor do que a terra prometida terrena ou os tesouros do Egito (11,26). Essa linguagem do "melhor" não deve ser entendida como alegações da relativa superioridade da religião cristã em comparação com outras religiões. A distinção não é em grau, mas em tipo. O autor necessariamente usa a linguagem da relatividade, mas está consciente de

[35] Das 19 ocorrências do comparativo κρείττων (*kreittōn*, melhor) no Novo Testamento, 13 vezes são encontradas em Hebreus, que manifesta uma preponderância similar dos outros comparativos (maior, mais).

que o evento-Cristo é mediador de uma realidade que não é melhor meramente em relação ao mesmo plano ontológico, mas pertence a outra ordem de realidade, suprema. Ele fará uso da linguagem e conceito do Platonismo Médio corrente em seu tempo, a fim de comunicar a supremacia do ato revelador de Deus em Cristo (ver comentário adicional sobre 8,1 abaixo).

1,5 – 2,18 Cristo é superior aos anjos

O uso que o autor faz de "melhor" num sentido absoluto, em vez de num sentido relativo, é visto imediatamente em sua declaração de que Cristo é superior aos anjos. O autor, como seus leitores, tem uma elevada consideração pelos anjos. Eles foram agentes de Deus na concessão da revelação do Antigo Testamento (2,2), eles têm uma validade e ministério contínuos no serviço ao povo de Deus (1,14), e eles farão parte da celebração escatológica na cidade celestial (12,22). Diferente de Paulo, o autor não sente necessidade de denegrir os anjos ou reservar-lhes um papel negativo, a fim de fazer com que Jesus e a fé cristã brilhem. Cristo não "suplanta" os anjos, como se ele fosse uma figura superior na mesma série. A superioridade de Cristo é que ele pertence a outra categoria. Ele é o Filho de Deus, e eles são servos de Deus. Essa superioridade é demonstrada por uma série de sete citações das Escrituras interpretadas cristologicamente, em que Cristo é contrastado com os anjos não apenas no sentido de que ele é o Filho unigênito, mas no sentido de que ele é abordado como "Deus" e "Senhor". Aqui, encontramos alguns dos materiais rústicos a ser formulados em Niceia.

Por que essa insistência inicial sobre a superioridade de Jesus em relação aos anjos? Postulou-se algumas vezes que o autor está combatendo uma "cristologia do anjo" ou a "veneração aos anjos" (cf. comentário sobre Cl 2,18; Ap 19,10; 22,8-9). A categoria de "anjo", quer explicitamente trabalhada ou não, tem sido, desde tempos remotos, uma tentativa de categorização através da qual os crentes podiam interpretar a pessoa e função de Jesus. Anjos são mais do que humanos, porém menos que o divino. Podia-se afirmar que Jesus pertencesse a essa categoria de seres celestiais sem comprometer o monoteísmo. Uma "cristologia do anjo", assim, parece oferecer uma forma de pensar sobre Jesus na qual ele não é "apenas um homem", mas ainda não é "Deus", e *nem* "verdadeiramente humano" nem "verdadeiramente divino". A igreja posteriormente (Calcedônia) rejeitou tal Cristologia. O autor de Hebreus, embora não pensando nos mesmos termos, certamente também a teria rejeitado. Contudo, não há evidência de que ele esteja combatendo uma explícita "cristologia do anjo" entre seus leitores. Ele usa os anjos de uma forma positiva, assim como vai usar Moisés, Arão, a aliança com Israel e o tabernáculo. Contudo, todos esses são finalmente superados por Jesus Cristo, que representa um domínio diferente do domínio desses.

2,1-4 Exortação: não vos desvieis, não vos descuideis

Nessa Cristologia impetuosa, o autor interpõe um lembrete de que seu propósito primário não é ensinar doutrina, mas motivar seus ouvintes a manter-se na fé a qual estavam em perigo de negligenciar.

2,5-9 O drama cristológico cósmico como modelo

Intérpretes que veem o autor estruturando seu discurso através de um modelo retórico, regularmente identificam este parágrafo como a *proposição*. Sl 8,5-7 é citado, o qual contrasta os anjos e o "filho do homem". O salmo originalmente compara os seres humanos como criaturas de Deus com seres celestiais na corte divina. A humanidade é glorificada como o ápice e herdeira da criação de Deus. O autor de Hebreus lê o salmo de maneira cristológica, retratando a trajetória cósmica de Jesus Cristo. O texto hebraico declara que os seres humanos foram feitos apenas um "pouco" menores do que os seres celestiais. A LXX foi traduzida de tal forma que esta frase podia ser entendida temporalmente ("por um pouco tempo" em vez de "um pouco"). O "filho do homem", no paralelismo hebraico é um sinônimo para "ser humano", e pode ser lido em termos da vida terrena de Jesus. Na leitura escatológica do autor, o Cristo divino se torna um ser verdadeiramente humano, por "um pouco tempo" menor do que os anjos, o qual sofre e morre, e é exaltado ao mundo celestial, onde é coroado com glória e honra, tornando-se herdeiro de toda a criação. Em termos calcedônios, o autor apresenta a Cristo como "verdadeiramente divino", abordado como Deus e participante da criação do universo, despindo-se da divindade e tornando-se "verdadeiramente humano", por "pouco tempo", sendo então exaltado a seu status divino outra vez e para sempre. Durante sua vida terrena, embora fosse "menor do que os anjos", Jesus é incapaz de realizar os feitos milagrosos reservados à divindade. Não há sugestão, aqui ou em outro lugar nas epístolas do Novo Testamento, que a vida terrena de Jesus foi caracterizada pelo poder divino. O padrão, mas não a linguagem e conceito, é similar à cristologia quenótica de Paulo, em Fp 2,5-11.

2,10-18 "Perfeição"

O ponto central ao retratar o drama cósmico não é explicar algo sobre Jesus, mas expor o propósito de Deus na história. "Deus, para quem e através de quem todas as coisas existem", está "trazendo muitos filhos à glória". Jesus é o precursor e exemplo do propósito de Deus para a humanidade. Ele já se fez "perfeito", o que se refere não à perfeição moral, mas ao fato de ter concluído sua trajetória, de modo que a completude da intenção de Deus para a humanidade já está manifesta e realizada em Cristo. No vocabulário do Salmo 8, escolhido pelo autor, a intenção de Deus para o ἄνθρωπος (*anthrōpos*, homem, humanidade) já está completa no exemplar, o υἱὸς τοῦ ἀνθρώπου (*huios tou anthrōpou*, Filho do Homem, exemplar da humanidade). O Filho do Homem é a prolepse do que a humanidade deve se tornar. Jesus completou sua carreira; os cristãos são estimulados a permanecer nela.

O autor de Hebreus usa o grupo de palavras derivadas de τέλος (*telos*, completo; perfeito) a fim de expressar esse padrão-chave de sua teologia.[36] Esse vocabulário não é unívoco, mas tem uma gama ampla de significados relacionados. O autor usa-o de uma maneira complexa e sutil. A imagem básica e abrangente é o cumprimento do propósito de Deus para o mundo e a humanidade no reino transcendente, futuro e escatológico. Trata-se do cumprimento de algo já em andamento, já alcançado na carreira completada por Jesus Cristo, algo de que os crentes cristãos *já* participam, mas que *ainda não* completaram. "Perfeição" não se refere à perfeição moral no caso de Jesus ou seus seguidores, embora uma seriedade ética e crescimento moral sejam um aspecto indispensável de inclusão no programa de Deus em favor

---

[36] Palavras desse grupo são encontradas 21 vezes em Hebreus, muito mais do que em qualquer outro livro do Novo Testamento: τελειόω, *teleioō*, finalizar, tornar perfeito = 9; τέλειος, *teleios* completo, perfeito = 2; τέλος, *telos* fim, objetivo = 4; ἐπιτελέω, *epiteleō* completar, realizar = 2; συντέλεια, *synteleia*, consumação, completude, perfeição, fim = 1; συντελέω, *synteleō* finalizar, terminar = 1; τελειότης, *teleiotēs*, inteireza = 1; τελείωσις, *teleiōsis*, conclusão, cumprimento = 1.

do mundo e da história. Isto se transforma num chamado para que os crentes apresentem compromisso e paciência, porém não se trata de algo individual ou comum, mas transcendente e cósmico. Jesus não "se tornou perfeito" ao aumentar os níveis de excelência interna, individual e moral, mas ao completar sua carreira – o que inclui "aprender a obediência por meio das coisas que ele sofreu". Nisso, ele é exemplo e paradigma para seus seguidores abordados nesse documento.

3,1-6 Cristo é superior a Moisés

Como os anjos, Moisés era um servo fiel de Deus, mas Jesus é superior a Moisés assim como é superior aos anjos, e pela mesma razão: ele é Filho, e eles (Moisés e os anjos) são servos.

3,7-19 Exortação: Não endureçais vossos corações em infidelidade

Para o propósito do autor, os israelitas da geração do deserto fornecem o exemplo-chave negativo. Eles também estavam numa jornada para o "descanso" da terra prometida, mas eles não mantiveram sua "primeira confiança firme até o fim" e, portanto, "foram incapazes de entrar por causa de sua infidelidade". "Ainda resta um descanso sabático para o povo de Deus".

4,1-13 "Ainda resta um descanso sabático para o povo de Deus"

O autor inclui a nós (crentes cristãos) e "a eles" (os israelitas na jornada do deserto), em um só povo de Deus. É a palavra de Deus que chama o povo de Deus à existência. As boas novas de Deus vieram a eles em sua jornada, assim como vieram a nós (4,2). A discussão pressupõe a riqueza da tradição judaica do sábado, em que o sábado é sinal e símbolo supremo da salvação.[37] A complexa combinação da Escritura e lógica demonstra, da perspectiva do autor, que

[37] O sábado foi instituído por Deus na criação, e o próprio Deus o observou (Gn 2,2), assim como os anjos no céu e os patriarcas mesmo antes de a lei ter sido dada (*Jub.* 2,18-23; *Gen. Rab.* 11 [8c]). O sábado é, portanto, um antegozo na terra da alegria escatológica, retratada como uma celebração perpétua do sábado (Esd 7,31; 2 *En.* 33,1-2), e mesmo agora o sábado é observado no céu, enquanto os ímpios em tormento no *Geena* recebem uma suspensão temporária de seus sofrimentos a cada sábado.

a promessa do "descanso" nunca foi a Terra Prometida deste mundo, mas a própria existência de Deus, o próprio "descanso sabático" de Deus, após a criação do universo (4,4). Embora Josué/Jesus[38] finalmente tenha trazido Israel a Canaã, esse não foi o objetivo final do povo de Deus. O autor ilustra essa questão ao apontar o fato de que muito depois do tempo de Josué, Davi ainda conclama o povo de Deus a entrar nesse descanso "hoje" (Sl 95,7-11). O "hoje" bíblico do tempo de Davi cai em colapso no "hoje" do próprio tempo do autor – se Davi ainda estava fazendo um apelo para que o povo de Deus entrasse no descanso de Deus gerações depois da entrada de Israel em Canaã, esse repouso sabático deve se referir a algo além de Canaã, ou seja, o mundo transcendente de Deus para o qual Jesus traz o seu povo, e "um descanso sabático ainda resta para o povo de Deus" (4,9).

4,14-16 Exortação: Retenhais vossa confissão

O "Josué" cristão já entrou no "descanso" celestial. Os crentes são novamente estimulados a manter firme sua confissão e segui-lo no caminho que ele preparou. A imagem agora se volta de Josué/Jesus guiando seu povo para o verdadeiro "descanso" em Jesus, o verdadeiro sumo sacerdote, que entrou no santuário celestial em favor de seu povo. Esse papel sacerdotal de Jesus evocado no início (1,3; 2,17; 3,1) é agora desenvolvido totalmente.

5,1-10 Introdução do Tema Central: Cristo é o Sumo Sacerdote Superior

O autor introduz o assunto com uma série de afirmações: (1) Nosso sumo sacerdote tornou-se um de nós, compartilhando nossa fragilidade humana, foi tentado e provado como nós, em todos os aspectos, exceto um – ele não cometeu pecado; foi totalmente obediente a Deus (2,7; 4,14-15). Essa obediência incluía veemente clamor, lágrimas e morte, dos quais suas orações não o livraram. (2) Cristo não "aspirou" a esse papel ou "ateve-se" a ele, mas foi nomeado por Deus.

---

38 O nome hebraico Josué (יְהוֹשֻׁעַ *Yehoshua*) foi transliterado na LXX como Jesus (Ἰησοῦς), de modo que os leitores cristãos da LXX encontraram numerosas referências a "Jesus".

Assim como ocorre na confissão fundamental cristã de que Jesus é o Cristo, assim também com a confissão de que Jesus é nosso grande sumo sacerdote: Deus é o agente, e a afirmação expressa algo sobre quem Deus é e o que Deus fez. (3) O sacerdócio de Cristo é "segundo a ordem de Melquisedeque". O autor reconhece que essa alegação, tão enigmática para o leitor moderno e aparentemente estranha para os leitores originais, é difícil de entender, e requer ampla explicação. Antes de explicar o significado desse profundo tema, o autor insere uma longa advertência.

5,11 – 6,20 Uma digressão prepara os ouvintes para a "discussão difícil"

O autor censura os leitores pela falta de compreensão de sua própria maturidade. Desde quando se tornaram cristãos, já havia passado tempo suficiente para serem seus próprios mestres, mas ainda estão necessitando de instrução básica.

6,1-12 Exortação: não vos torneis indolentes, antes avanceis para concluir a carreira

A falta de visão espiritual dos leitores não é uma questão de menos importância. Sua "inclinação" passiva não é benigna (cf. 2,1), mas pode alcançar um ponto em que não há retorno; um ponto no qual a fé foi abandonada e não há caminho de volta. As palavras sobre a impossibilidade de arrependimento após a apostasia não são um dogma teorético sobre um "pecado imperdoável", mas uma advertência prática de que eles devem avançar no caminho do discipulado, em vez de declinar passivamente. O autor assegura-lhes que eles ainda não estão nessa situação desesperadora, mas que essa perspectiva ameaçadora lhes foi apresentada como uma advertência.

6,13-20 A esperança cristã está ancorada em Cristo

A metáfora aparece mesclada, mas o ponto central é claro. A realidade, a qual Deus jurou por si mesmo, de que a promessa seria cumprida, e que, de fato, ela já se cumpriu na pessoa de Cristo, é a base da esperança cristã. O cortejo de Jesus até o santuário celestial é como uma âncora lançada no futuro transcendente a qual firma a carreira dos crentes à medida que eles o seguem até o mundo celestial.

Sua esperança não é uma teoria sobre a vida após a morte, mas está baseada em algo que já aconteceu: Deus ressuscitou Jesus dos mortos.

7,1 – 10,18 Desenvolvimento do tema central: Cristo é o sumo sacerdote superior, e mediador de uma aliança superior

O autor quer usar o modelo sacerdotal como a metáfora abrangente da obra salvífica de Deus no evento-Cristo. O problema humano é pecado/impureza. Deus agiu em Cristo a fim de vencer esse problema. A morte de Jesus foi o sacrifício que eliminou os pecados e restaurou os seres humanos a um status aceitável diante de Deus. Embora a morte de Jesus seja um evento não repetível, de uma vez por todas, seus seguidores humanos continuam como seres pecadores que necessitam de perdão. Como o grande sumo sacerdote, Jesus continua a fazer intercessão no mundo celestial em favor de seus imperfeitos seguidores, e a mantê-los em comunhão com Deus. Esse Cristo transcendente é o sacerdote perfeito, visto que ele compartilhou nossa existência humana e conhece nossas necessidades, e ele agora compartilha o próprio ser de Deus, de modo que ele não é uma terceira parte intercedendo entre a humanidade pecadora e o Deus santo. Jesus representa o próprio Deus que transpôs o abismo.[39] Isto não se trata de especulação filosófica, mas a razão do interesse do autor na "divindade de Cristo".

7,1-28 Melquisedeque

Vimos que toda a linha do argumento de Hebreus é muito apropriada à situação em Roma, nas décadas imediatamente posteriores à destruição do templo, quando a questão "E agora?" estava no ar. "Como as funções sacerdotais podem ser mantidas se o sacerdote se foi?" Resposta: havia dois sacerdócios no Antigo Testamento, o temporal e o eterno. O autor pensa em termos do cenário cúltico do altar, sacrifício e sacerdote, como a maneira usada por Deus para se relacionar com o mundo. Contudo, ele não pode usar o sacerdócio levítico do Antigo Testamento como a categoria para interpretar a pessoa e obra

[39] Note-se que pontífice, a palavra latina para "sacerdote", está relacionada a *pons, pontis*, palavras para "ponte".

de Jesus, por duas razões: (1) o antigo sacerdócio estava inevitavelmente neste mundo. Embora ordenado por Deus, era uma instituição humana formada por seres humanos imperfeitos com necessidade de purificação, os quais podiam mediar apenas imperfeitamente. (2) De acordo com as próprias Escrituras, Jesus não estava qualificado para esse sacerdócio. Ele era um descendente de Davi, da tribo de Judá; os sacerdotes deviam ser da tribo de Levi.

O autor (ou um predecessor) busca na Escritura e encontra outro sacerdote, superior ao sacerdócio levítico em cada um dessas duas proposições. Melquisedeque aparece apenas em duas passagens do Antigo Testamento. Em Gn 14, repentinamente ele se materializa, interrompendo o contexto, abençoa Abraão e recebe dízimos dele – claramente demonstrando, à mente do autor, que ele era superior a Abraão. Melquisedeque é o primeiro sacerdote mencionado na Bíblia; ele é anterior ao sacerdócio levítico. Os sacerdotes que descenderam de Abraão estavam, portanto, subordinados ao sacerdócio de Melquisedeque. Em Sl 110,4, aquele que está instalado à destra de Deus é declarado como "um sacerdote para sempre segundo a ordem de Melquisedeque". Ele não pertence à tribo de Levi; o culto sobre o qual ele preside não é uma tarefa deste mundo. Ele aparece neste mundo sem genealogia humana, e está instalado no mundo celestial como um sacerdote eterno. Ele não é apenas sacerdote, mas rei – de fato, rei de Jerusalém ("Salém", termo interpretado tanto como o nome de uma cidade quanto como a essência da salvação: "paz"). Ele é o modelo perfeito para Jesus, o sumo sacerdote real.

8,1 – 10,18 A nova aliança

Os seguintes pontos são importantes a fim de compreender o pensamento do autor:

A linguagem da "nova aliança" não foi delineada pelos primeiros cristãos, mas foi tomada a partir das Escrituras Judaicas e da história Judaica. O autor de Hebreus considera em conjunto esta seção com citações de Jr 31,31-34 – a mais longa citação do Antigo Testamento no Novo Testamento (8,8-12; 10,16-17). Jeremias prometeu que o próprio Deus finalmente assumiria a responsabilidade de renovar a aliança de tal forma que o relacionamento entre Deus e o povo seria o que Deus sempre planejou. Essa esperança pela nova e escatológica aliança estava viva no judaísmo dos tempos do Novo Testamento.

A comunidade Judaica de Qumran acreditava que eles estavam vivendo no tempo do cumprimento dessa promessa escatológica, e que eram o povo da nova aliança. A comunidade protocristã, crendo que o Messias havia chegado, às vezes expressava sua fé na linguagem da "nova aliança", a qual pode, de fato, referir-se a Jesus (Mc 14,24; Lc 1,72; Rm 11,27; 1 Co 11,25; 2 Co 3,6.14). Hebreus traz a mais extensa elaboração teológica da "aliança" como um termo-chave da teologia do Novo Testamento.

"Novo" é um termo absoluto, categórico e escatológico. Nesse contexto, "novo" não significa relativamente novo, mas absolutamente, a prometida renovação escatológica da aliança única que Deus fez com Israel (ver Vol. I, §1.2 sobre 2 Co 3). Portanto, a linguagem de uma "primeira" e "segunda" aliança (8,7; 9,15; 10,9) não denota exemplos de uma série sobre o mesmo plano, no qual uma pode ser relativamente melhor do que a outra, e então substituída por uma ainda melhor (ver discussão sobre 1 Co 15,47 e Rm 5,12-21 Vol. I). A "primeira" é a aliança histórica e terrena de Deus com Israel. A "segunda" não é uma sucessão ou substituição dessa aliança, mas seu cumprimento no mundo transcendente da própria realidade de Deus (cf. a discussão sobre o "descanso" em Hb 4 acima). Não se trata de uma versão mais nova da primeira aliança, a melhor de uma série, mas é única, pertencendo à categoria de uma só. Na linguagem de Søren Kierkegaard e de Karl Barth, a diferença entre a antiga e a nova aliança representa a *infinita distinção qualitativa* entre o tempo e a eternidade.[40]

Portanto, "melhor" é um termo relativo com uma alegação absoluta (ver acima, sobre 1,4). O comparativo "melhor", como o superlativo "o melhor", ordinariamente alega que um item em dada categoria é melhor que outro, ou melhor do que qualquer outro (= o melhor). Entretanto, está claro que o autor de Hebreus (e todos nós) deve usar a linguagem da relatividade deste mundo a fim de expressar as alegações absolutas do mundo transcendente de Deus e da realidade divina. Novamente, os mestres da Escritura Judaica e da tradição já fizeram uso da linguagem da relatividade – a única linguagem que nós temos – para expressar alegações absolutas. Tais afirmações como "o Senhor é maior do que todos os deuses" (Êx 18,11)

---

[40] Karl Barth, *The Epistle to the Romans* (trad. Edwyn C. Hoskyns; London: Oxford University Press, 1933), 10.

e "Deus é maior do que qualquer mortal" (Jó 33,12), embora expressas como comparações, são declarações categóricas, e não relativas. A fé monoteísta de Israel e da igreja não considera YHWH, o Deus de Abraão, Isaque, Jacó e Jesus, como os melhores exemplos da divindade em uma série de outras divindades, mas numa categoria diferente, toda-abrangente. Os apologistas de Israel não defendem a fé judaica como relativamente melhor do que outras religiões, ou YHWH como relativamente melhor do que Zeus. Sobre essa base, é difícil criar um caso em que o Deus de Deuteronômio e Josué seja um deus "melhor" do que os deuses gregos e romanos. De fato, a diferença é categórica, e não relativa. Embora a linguagem da comparação seja usada, a alegação é que apenas um, o Deus de Israel, é o único Deus *verdadeiro* (cf. também Êx 15,11; 1 Cr 16,26; 2 Cr 2,5; 32,19; Sl 86,8; 95,3; 135,5).[41]

O autor de Hebreus se posiciona nessa tradição ao alegar que a "nova" aliança é "melhor", e repetidamente usa "melhor" para descrever as realidades da fé cristã. Ele não está sugerindo um caso em que compradores no mercado das religiões deveriam comparar religiões, e então escolher o cristianismo porque é "melhor" do que outras, mas que o ato escatológico de Deus em Cristo transcende todas as religiões humanas.

O autor combina as abordagens da ontologia platônica e da história bíblica para comunicar esse ponto. Uma forma popularizada da filosofia de Platão, agora chamada de Platonismo Médio, estava bastante difundida no mundo helenístico do primeiro século. Ela é representada, por exemplo, por Filo, o prolífico filósofo judeu, que interpretou a fé tradicional judaica em termos do Platonismo Médio (ver Vol. I §§5.1, 9.2.2). Conforme se sabe, essa visão platônica conceitualiza a realidade numa escala vertical, considerando o mundo real de ideias como acima do mundo material. Os objetos do mundo material têm apenas uma realidade secundária derivada de seus protótipos ideais no mundo transcendente.

O autor de Hebreus usa esse conceito e linguagem a fim de comunicar seu ponto de vista. Assim, o verdadeiro tabernáculo está no

---

[41] Ainda que, como é provável, algumas dessas declarações do Antigo Testamento originalmente tivessem assumido a existência de outros deuses, por volta do tempo em que Hebreus foi escrito elas eram entendidas em termos do monoteísmo absoluto da fé de Israel.

mundo transcendente (Hb 8,2), o tabernáculo terreno é apenas um esboço e sombra do celestial (Hb 8,5). No Monte Sinai, Deus permitiu que Moisés visse o arquétipo celestial; e o tabernáculo terrestre dirigido pelo sacerdócio levítico era necessariamente apenas uma cópia, uma imitação. Isto também se relaciona com as seguintes categorias filosóficas: ser e vir a ser, unidade e pluralidade, transitório e eterno, invisível e visível, tipo e antítipo, substância e sombra. Nesse quadro de referência, o verdadeiro tabernáculo é aquele estabelecido por Deus, e seu oposto não é um tabernáculo falso, mas aquele que foi estabelecido por mortais neste mundo (8,2). O ponto central de Hebreus é que a nova aliança pertence a esse mundo transcendente, no qual o verdadeiro tabernáculo e o verdadeiro sacerdócio de Cristo representa o verdadeiro, a realidade divina. Nesse quadro de referência, fé é a apreensão da realidade desse mundo eterno, a qual permite que alguém enfrente as provas da existência temporal.

Nada disso significa que o autor de Hebreus reduz a compreensão bíblica do Deus que age no plano horizontal da história (tempo diacrônico) para uma compreensão vertical platônica, e atemporal, das ideias eternas (espaço sincrônico). O autor de Hebreus combina esses dois conceitos, de modo que o mundo transcendente de Deus é tanto sincrônico quanto diacrônico, tanto espacialmente "além", no mundo celestial, quanto temporalmente "aquém", na história diante de nós. Ele olha não apenas para a realidade do mundo transcendente presente; ele olha para a consumação futura do plano de Deus para a história. Isso é descrito pelo vocabulário da "perfeição" usado pelo autor, i.e., a completude escatológica do plano de Deus no futuro mundo transcendente ao final da história deste mundo. Isso não significa meramente que o autor esteja interessado numa hermenêutica abstrata. Como o autor de Apocalipse, ele vê uma grande crise no futuro próximo, a qual os cristãos devem enfrentar (12,4; 13,3). Embora a comunidade tenha sofrido perseguição no passado, isto não ocorreu com a geração presente, que não manteve o mesmo crescimento (5,11; 12,12-13; 10,25). Eles precisam de uma visão do futuro que se desdobra diante de si, πίστις (*pistis*, fé que se apega ao mundo transcendente e torna-o real no presente) e ὑπομονή (*hupomonē*, firme paciência, ver discussão sobre Tg 5,7-11; Ap 2; §26.1) para esperar pacientemente até o aparecimento do novo mundo de Deus, a vir em breve. O autor de Hebreus é o único no Novo Testamento a expressar a fé cristã através dessa fusão entre o platônico/grego e o apocalíptico/hebraico para explicar sua compreensão da realidade, e faz isso por um propósito prático: fortalecer a fé da comunidade, expressa no amor e boas obras (10,24; 13,1).

A compreensão de hebreus da nova aliança compartilha a tensão do já/ainda não da teologia do Novo Testamento em geral. A nova aliança já existe e os crentes participam dela. Mas a velha aliança também continua existindo, e os crentes participam dela também. A nova época veio com a vinda de Cristo, e os crentes já experimentaram seus poderes (6,5); de fato, eles foram "aperfeiçoados" pelo sacrifício perfeito de Cristo (10,4). Cristo já completou a carreira e se tornou "perfeito para sempre" (5,9; 7,28), mas os crentes devem "avançar para a perfeição" que ocorrerá na consumação futura (6,1). Embora já participantes da aliança eterna, eles ainda vivem no tempo. Perfeição de fato, a completude do plano de Deus, ainda pertence ao futuro. A participação presente dos crentes na nova aliança ainda tem a reserva escatológica. Eles ainda não experimentaram a realidade plena da nova aliança, na qual não haverá a necessidade de se ensinar um ao outro, porque todos conhecem a Deus diretamente (8,11), conforme evidenciado por este próprio documento didático.

Nós encontramos supersessionismo ou antijudaísmo em hebreus? Diversos elementos na teologia do Novo Testamento, mas especialmente a linguagem de Hebreus de uma nova aliança que tornou a antiga aliança "obsoleta" (8,13; 10,9 NRSV), encorajaram alguns cristãos ao longo da história a alegar que a nova aliança substitui a antiga.[42] Às vezes, isso tem sido compreendido como significando que o cristianismo suplanta o judaísmo. Especialmente depois do Holocausto, muitos cristãos se tornaram conscientes do papel de um tipo de teologia cristã que, intencionalmente ou não, deu suporte à opressão aos judeus

---

[42] Assim, e.g. B. W. WESCOTT: "A Nova aliança não é apenas melhor, e está fundamentada em promessas melhores do que as da Antiga; mais que isso, ela supera a Antiga". Mais recentemente, F. F. BRUCE declarou: Hebreus "proclama a substituição da antiga aliança, e o sacerdócio de Cristo é exercitado sob esta nova e melhor aliança". F. F. BRUCE, "'To the Hebrews': A Document of Roman Christianity?," in *Aufstieg und Niedergang der römischen Welt*, ed. Joseph Vogt, Hildegard Temporini, and Wolfgang Haase (Berlin: De Gruyter, 1987), 3503. Richard B. Hays, *Echoes of Scripture in the Letters of Paul* (New Haven: Yale University Press, 1989), 98: "De fato, a estratégia tipológica da Carta aos Hebreus é invariavelmente cristocêntrica e invariavelmente supersessionista".

em muitos países ao longo da história, tragicamente culminando no movimento que levou ao morticínio em massa de judeus europeus. Tal crescente sensibilidade fez com que muitos teólogos cristãos tentassem discernir que elementos de antijudaísmo ou supersessionismo podiam existir no próprio Novo Testamento. Embora isso possa levar, às vezes, a uma retroação das visões e questões contemporâneas do primeiro século e a uma exacerbada reação defensiva, um estudo do Novo Testamento dessa perspectiva é necessário, e Hebreus, com sua linguagem de uma "melhor aliança", parece oferecer um primeiro exemplo. Se supersessionismo deve ser encontrado em qualquer lugar do Novo Testamento, então aqui seguramente.

As considerações acima, contudo, mostram que Hebreus, entendido em seu próprio contexto, não oferece apoio para a visão de que Deus substituiu Israel pela igreja. A alegação de Hebreus é como a dos apologistas da aliança na comunidade de Qumran, que também se viam como o povo de Deus da nova aliança. Eles eram um grupo sectário *dentro de Israel*, e seguramente não podiam alegar que Deus havia substituído Israel por seu grupo. Embora sua alegação fosse sectária e exclusiva, não era supersessionista. O supersessionismo só pôde existir depois de o cristianismo se considerar uma religião separada. O autor de Hebreus continua entendendo a nova aliança de Jr 31,31 como "com a casa de Israel e a casa de Judá" (Hb 8,8). Ele é mal entendido quando interpretado como querendo dizer algo como "a primeira aliança estava com o judaísmo, mas a nova aliança está com a igreja". Enquanto os cristãos foram um grupo dentro da tradição judaica, eles podem ter sido exclusivos e sectários, mas não alegaram que sua religião suplantou o judaísmo.

Para o autor de Hebreus, a questão não é se o cristianismo é melhor do que o judaísmo, mas se seus ouvintes cristãos manterão a fé de que o Messias chegou, inaugurou o governo de Deus, e se eles iriam perseverar em segui-lo no novo mundo de Deus, o qual, em parte, já experimentam.[43] A primeira aliança e todas as suas instituições não irão durar até a era vindoura, i.e., ela durará na era vindoura como

[43] Uma erudita judia do Novo Testamento conclui sua discussão desse ponto do seguinte modo: "em síntese, o autor não se engaja em qualquer polêmica antijudaica". (Pamela Michelle Eisenbaum, *The Jewish Heroes of Christian History* (SBLDS 156; Atlanta: Scholars Press, 1997) 8).

a prometida aliança escatologicamente renovada. Essa nova aliança irrompeu neste mundo com a vinda de Cristo. As duas eras e as duas alianças se sobrepõem. Elas não existem lado a lado, como se fosse possível compará-las e escolher entre ambas. Nem existem em uma série, como se a segunda substituísse a primeira.[44]

10,19-39 Exortação: retenhamos a nossa confissão sem vacilar

Concluída a "discussão difícil", o autor uma vez mais apela a seus leitores a que permaneçam firmes. Essa resoluta organização não é meramente pessoal e individualista. Os crentes devem estimular uns aos outros para as boas obras, e resistir à tentação de não se expor, negligenciando congregar-se regularmente com outros crentes para adoração, instrução, apoio mútuo e missão, a fim de evitar atrair a atenção de uma cultura hostil. Paulo tornou o texto de Hb 2,4 corrente no círculo do autor. Ele agora interpreta esse texto num sentido diferente do de Paulo, contrastando "viver pela fé" não com "obras da lei", mas com "abstinência".

11,1-40 A persistência do povo de Deus pela fé

O autor de Hebreus define fé não como a aceitação de algo como verdadeiro, mas como o ato de experimentar a realidade de algo não visto, e viver a vida com base nisso. A fé vê o invisível e o supera. Esse mundo invisível é ao mesmo tempo o mundo transcendente de Deus ("coisas não vistas) e o futuro mundo invisível por vir ("coisas que se esperam"). A metáfora abrangente da corrida é continuada, e envolve uma perspectiva ascendente e para frente. Os crentes não estão correndo uma maratona, mas um revezamento. Os leitores estão na última volta de uma corrida a qual são estimulados a completar, mas eles não estavam lá no início. Eles receberam a tocha da fé de seus predecessores – sem serem notificados de que os heróis da fé de Israel pertenceram a uma religião que agora foi "suplantada".

O próprio autor estabelece a agenda para sua chamada dos fiéis. Ele não dá uma olhada geral em sua Bíblia a fim de encontrar todas as

[44] Para discussão adicional, ver JOHNSON, *Hebrews*, 33-34, e a literatura que ele oferece, especialmente CLARK M. WILLIAMSON, "Anti-Judaism in Hebrews?," *Int* 57, no. 3 (2003), 266-279.

ocorrências de palavras tais como "fé" ou "crença". De seus dezoito exemplos, a terminologia "fé" é mencionada apenas com referência a Abraão, e mesmo aqui, o autor não cita textos que se referem à fé de Abraão. De fato, o autor tem uma compreensão particular da fé, e reúne ilustrações bíblicas a fim de representá-la. A fé não é mencionada de fato nas narrativas de Noé ou Moisés, por exemplo, mas suas histórias servem como ilustrações para a compreensão da fé que o autor de Hebreus quer transmitir. Os heróis da fé resistem "como vendo o invisível" (11,27). Moisés é um excelente exemplo dessa fé, tendo em vista que ele não tomou suas decisões baseado na observação empírica – ele foi adotado pela casa de Faraó e estava vivendo sua vida no contexto da riqueza e poder. Contudo, ele abandonou tudo isso e escolheu sofrer maus tratos com o povo de Deus a desfrutar os prazeres da liberdade da vida no palácio. Ele fez isso tanto em face de ter "visto o invisível" (a dimensão sincrônica ascendente da fé) quanto em face de ter "olhado para a recompensa" (a dimensão diacrônica da fé). A fé torna real tanto o mundo transcendente de cima quanto o mundo escatológico por vir, e capacita os crentes a viver contra a natureza da cultura dominante, a qual está baseada no modo como as coisas se mostram em uma observação superficial. Essas dimensões presente e futura da fé estão entrelaçadas ao longo do catálogo do povo fiel do passado de Israel, que se tornou transparente às demandas da fé cristã no presente.

Assim como os crentes cristãos são desafiados a ter a mesma fé encontrada nos heróis da Bíblia, assim também esses antigos heróis são vistos como tendo a mesma fé dos crentes cristãos do presente. Moisés preferiu sofrer maltratos "por amor a Cristo" (11,26). Há uma continuidade incólume de fé desde as páginas da Bíblia até o próprio tempo do crente. Assim como os antigos heróis podiam ser retratados como cristãos pré-Jesus, assim também as antigas palavras da Escritura podem ser ouvidas pelos cristãos do próprio tempo do autor como a voz de Cristo (cf. e.g., 10,5-9, onde o Sl 40,6-8 é citado como palavras de Cristo).

12,1-17 Exortação: corramos com paciência a carreira que está diante de nós

O "portanto" de 12,1 introduz outra seção exortatória baseada no ensino anterior. Os ouvintes são retratados como ainda na corrida, mas em perigo de abandoná-la. Eles são estimulados a resistir até a linha de chegada, porém não apenas pelos exemplos da paciente fidelidade das figuras do passado. Os primeiros crentes, que permaneceram fiéis e completaram a corrida, estão agora nas tribunas principais, a "nuvem de testemunhas," animando os corredores a cruzar a linha de chegada. Outra vez, o Jesus Cristo exaltado é o exemplo supremo de tal paciência. Pela terceira vez, a absoluta seriedade de abandonar a corrida é enfatizada. Esaú é o exemplo dos que não demonstraram fé, que julgaram a vida apenas pelo que podiam ver, e cuja rejeição era final (ver 6,4-6; 10,26-31).

12,18-24 A superioridade do status presente do crente

Este parágrafo contrasta a experiência do Israel bíblico no Sinai com a presente experiência dos leitores. O Sinai bíblico era uma questão de experiência sensorial deste mundo, algo absolutamente real porque podia ser visto, tocado e ouvido. Os ouvintes são trazidos a uma montanha diferente – o Monte Sião, mas não o monte terreno na Judeia. Sião se refere a Jerusalém, a cidade do Deus vivo, a cidade com fundamentos desejada pelos ancestrais, com anjos inumeráveis em uma festa, a assembleia dos salvos, registrados como cidadãos da cidade celestial, na própria presença de Deus e do Jesus ressuscitado e exaltado. Essa cidade, embora não possa ser tocada, é a verdadeira cidade de Deus, real para aqueles que têm os olhos da fé. Aqui, a tensão do já/ainda não alcança seu ponto mais intenso. Essa cidade, o objetivo da peregrinação cristã, ainda não foi manifesta a todos, embora sua realidade já perpasse e molde a vida dos crentes.

Há um triplo contraste aqui. Não apenas o Monte Sião transcendente é superior ao Monte Sinai deste mundo, a cidadania dos leitores está na cidade escatológica de Deus, a qual está longe de pertencer à "cidade eterna" Roma ou à Jerusalém terrestre. Se, conforme sugerido aqui, Hebreus se dirige a cristãos romanos dos anos 80, essa é uma visão final particularmente significativa. Em Roma, os leitores são proscritos, e não podem participar da assembleia como cidadãos, e há juízes que os condenam. Contudo, eles já pertencem à assembleia da cidade santa, onde Deus, o juiz de todas as coisas, os vindicou. Nos anos 80, a Jerusalém terrena está em ruínas, mas o verdadeiro sumo sacerdote preside no santuário celestial, e os santos de todos os tempos, os "espíritos dos justos aperfeiçoados", completaram sua carreira e esperam a chegada da fustigada comunidade cristã à qual Hebreus se dirige.

12,25 – 13,17 Exortações finais

Com base nessa grande visão, os leitores são chamados a ouvir não apenas a instrução desse documento, mas àquele que lhes fala desde o céu. Hebreus começa com a afirmação do Deus que fala, que falou sua palavra definitiva em Jesus, e conclui com o chamado para ouvir a palavra de Deus, que ainda lhes fala ao coração. Ouvir essa voz significa amor mútuo e hospitalidade no interior da comunidade, mantendo na memória e ajudando aqueles membros da igreja presos e torturados (em vez da tentativa de evitar chamar a atenção das autoridades por não se identificar como um membro do grupo cristão), ética sexual responsável, obediência aos líderes da igreja, e continuidade no culto por meio da adoração, a qual confessa o nome de Cristo.

13,20-21 Bênção

A bênção litúrgica finaliza o sermão, e também é apropriada ao final de uma carta na tradição paulina, composta para ser lida no serviço regular de adoração.

13,22-25 Conclusão Epistolar

Esta conclusão pode ter sido acrescentada posteriormente para ajustar o sermão ao estilo epistolar, o qual se tornou tradicional, porém é mais provável que seja uma nota anexada pelo autor original. O Timóteo aqui mencionado pode ser o companheiro de Paulo, que veio a Roma, e se tornou conhecido ali, ou alguma outra pessoa conhecida por este nome comum.

17.4 Para leitura adicional

ACHTEMEIER, P. J. *1 Peter: A Commentary on First Peter*. Hermeneia–A Critical and Historical Commentary on the Bible. Minneapolis: Fortress Press, 1996.

ATTRIDGE, H. W. *The Epistle to the Hebrews*. Hermeneia. Philadelphia: Fortress, 1989.

BAUER, W., G. Strecker, R. A. Kraft, and G. Krodel, eds. *Orthodoxy and Heresy in Earliest Christianity*. 2nd ed. Philadelphia: Fortress, 1971.

BORING, M. Eugene. *1 Peter*. Abingdon New Testament Commentaries. Nashville: Abingdon, 1999.

CRADDOCK, Fred B. "The Letter to the Hebrews: Introduction, Commentary, Reflections." In *The New Interpreter's Bible*, edited by Leander Keck. Nashville: Abingdon, 1998, 12.3-173

DONFRIED, K. P., and P. Richardson, eds. *Judaism and Christianity in First-century Rome*. Grand Rapids: Eerdmans, 1998.

ELLIOTT, J. H. *1 Peter. A New Translation with Introduction and Commentary*. Anchor Bible. Vol. 37B, New York: Doubleday, 2000.

FELDMEIER, R. *The First Letter of Peter: A Commentary on the Greek Text*. Translated by Davids, Peter H. Waco, Tex.: Baylor University Press, 2008.

GOPPELT, L. *A Commentary on 1 Peter*. Translated by Alsup, John E. Grand Rapids: Eerdmans, 1993.

JOHNSON, L. T. *Hebrews: A Commentary*. New Testament Library. Louisville: Westminster John Knox, 2006.

KOESTER, C. R. *Hebrews*. Anchor Bible. Vol. 36, New York: Doubleday, 2001.

LAMPE, P. *From Paul to Valentinus: Christians at Rome in the First Two Centuries*. Translated by Steinhauser; edited by Marshall D. Johnson, Michael. Minneapolis: Fortress Press, 2003.

LONG, T. G. *Hebrews*. Interpretation: A Bible Commentary for Teaching and Preaching. Louisville: Westminster, 1997.

MICHAELS, J. R. *1 Peter*. Word Biblical Commentary. Vol. 49, Waco: Word, 1988.

NIEBUHR, K.-W., and R. W. Wall, eds. *The Catholic Epistles and Apostolic Tradition*. Waco: Baylor University Press, 2009.

THOMPSON, James. *Hebrews*. Paideia = Paideia. Grand Rapids: Baker Academic, 2008.

18

Tiago, Judas e 2 Pedro

18.1 Interpretando Tiago

18.1.1 O Autor implícito: Tiago o Justo o Irmão de Jesus

"Tiago" é a versão latina do nome hebraico יַעֲקֹב (*Ya'aqob*, Jacó), que foi para a LXX como Ἰακώβ e para o grego do Novo Testamento como Ἰάκωβος (*Iakob*, Jacó). O nome "Tiago" no Novo Testamento, portanto, é o mesmo Jacó do Antigo Testamento. Jacó foi o pai dos doze filhos cujos descendentes se tornaram as doze tribos de Israel (Gn 25-50). Seu nome se tornou comum no judaísmo do segundo templo, de modo que há diversos Jacós/Tiagos no Novo Testamento. Dois dos doze discípulos chamados por Jesus possuem esse nome: Tiago, o irmão de João, o filho de Zebedeu (Mc 1,19), e Tiago, o filho de Alfeu, tradicionalmente chamado de "Tiago, o menor" (Mc 3,18). Um dos quatro irmãos de Jesus era chamado de Tiago (Mc 6,3). Embora já houvesse confusão na igreja primitiva quanto à identidade dos vários Tiagos, a única figura a ser tomada em importante consideração como o autor implícito da Carta é Tiago, o irmão de Jesus. Interesses teológicos posteriores obscureceram aspectos do Tiago histórico, mas o seguinte esboço representa uma visão amplamente aceita.

Nascimento. No Novo Testamento, Tiago aparece como o filho de Maria e irmão de Jesus (Mt 13,55 [27,56?]; Mc 6,3 [15,40?], 16,1; [Lc 24,10?]; Gl 1,19; cf. 1 Co 9,5; At 1,14). Se tivéssemos apenas o Novo Testamento, assumiríamos que Tiago foi o filho de José e Maria, nascido depois de Jesus, uma visão reconhecida por importantes eruditos católicos romanos.[1] As histórias do Novo Testamento relacionadas à concepção virginal de Jesus, nesse caso, significam que Tiago era o meio irmão biológico de Jesus. O dogma da virgindade perpétua de Maria aparece em tradições posteriores promovendo compreensões ascéticas da vida cristã. Os irmãos de Jesus eram vistos, portanto, como meio-irmãos, os filhos de José de um primeiro casamento, como relatado no *Protevangelium de Tiago*, do segundo século. Posteriormente, defendeu-se que o termo bíblico "irmão" tem um significado mais amplo, que inclui outros familiares, de modo que os "irmãos" de Jesus eram de fato primos, os filhos da irmã de Maria (conforme Jerônimo, ca. 400 d.C.).

Primeiros anos e educação. Presumivelmente, Tiago experimentou o mesmo tipo de infância e vida familiar de Jesus (ver Vol. I §8.3), crescendo na vila de Nazaré, e talvez frequentando uma escola local, aprendendo uma profissão através de seu pai, o qual também lhe ensinou a Escritura e as tradições judaicas.

Um discípulo pré-pascal de Jesus? Quando Jesus deixou Nazaré para ser batizado por João Batista, para começar seu ministério itinerante de pregação, e cura, Tiago permaneceu em casa. Ele não chegou a ser nem discípulo de João nem discípulo de Jesus. Ele não estava entre os Doze chamados por Jesus para deixar lar e família a fim de segui-lo. Não há indicação de que Tiago tenha ouvido a pregação ou o ensino de Jesus, ou que tenha sido uma testemunha ocular das obras maravilhosas de cura e exorcismo realizadas por Jesus. Ele não seguiu Jesus para Jerusalém na jornada que resultou na sua execução, não estava presente na morte de Jesus, e também não tentou reivindicar o corpo para sepultamento. Os evangelhos preservam apenas duas vinhetas incidentais nas quais Tiago aparece. Em Mc 3,20-24, as pessoas estavam dizendo que Jesus estava perturbado, e sua família, presumivelmente incluindo Tiago, veio para levá-lo para casa. Jesus não os recebe nem vai com eles, mas declara que seus irmãos e irmãs, de fato, são aqueles que fazem a vontade de Deus. Em Jo 7,2-5, os irmãos de Jesus são contrastados com seus discípulos, e dizem que não creem nele. Os evangelhos, contudo, estão interessados em deixar claro que ninguém

---

[1] E.g. RAYMOND E. BROWN, *An Introduction to the New Testament* (ABRL; New York: Doubleday, 1997), 725.

pode desenvolver uma fé autêntica em Jesus antes dos eventos fundamentais da crucifixão e ressurreição, de modo que a família de Jesus é retratada nos mesmos termos de outras pessoas – incluindo os discípulos. Não é necessário entender o Tiago histórico (e a família de Jesus em geral) como desapontada, constrangida ou ativamente hostil a Jesus durante seu ministério; para eles, como para outras pessoas, o evento decisivo para que se tornassem seguidores de Jesus não foi sua conexão familiar, mas o desenvolvimento da fé em Jesus como o Senhor ressurreto.

A manifestação do Ressurreto a Tiago. O mais antigo documento que se refere a Tiago é a primeira carta de Paulo aos Coríntios. Em 1 Co 15,3-7, Paulo cita a tradição que lista uma aparição do Jesus ressurreto a Tiago, que estabelece-o como um dos fundadores do movimento cristão. Como foi o caso de Pedro e Paulo, assim também o de Tiago, seu lugar como um líder autorizado na igreja primitiva foi garantido diretamente pelo Senhor ressurreto. A referência a essa aparição não é incidental; sua inclusão na tradição primitiva que foi amplamente divulgada entre as igrejas é uma reivindicação à paridade, ou mesmo primazia, entre a liderança inicial.

Tiago como líder da igreja de Jerusalém. A história mais antiga do cristianismo em Jerusalém é obscurecida pela nossa falta de fontes (ver Vol. I §9.2). Depois do relatório da aparição a Tiago, ele aparece em seguida em Gl 1,19, escrita ca. 56, mas referindo-se à primeira visita de Paulo a Jerusalém depois de seu chamado, ca. 35. Paulo foi a Jerusalém visitar Pedro; o único outro líder da igreja que ele menciona ver é Tiago, o irmão do Senhor. Aos olhos de Paulo, pelo menos, Pedro parece ter a liderança primária em Jerusalém, mas Tiago não devia ser ignorado. Embora os "irmãos do Senhor" sejam mencionados como tendo se engajado em viagens missionárias (1 Co 9,5), isso parece não ter incluído Tiago, que permaneceu em Jerusalém – e não em sua cidade natal, Nazaré.

Quando Paulo fez sua segunda visita a Jerusalém, catorze anos depois, ele relata que consultou os pilares reconhecidos: Tiago, Cefas e João (no Concílio de Jerusalém, cf. Gl 2,1-10; At 15,1-29, e §10.1 Vol. I). Tiago é mencionado primeiro e agora parece ser o líder principal. Todos os pilares concordam que os gentios podem ser aceitos na igreja sem a circuncisão. O status dos cristãos gentios perante o povo de Israel, e a mesa da comunhão entre os judeus cristãos e os cristãos gentios na mesma congregação eram questões não esclarecidas pelo Concílio, ou pelo menos compreendidas de maneiras diferentes pelas partes envolvidas.

Tiago parece ter sido mais conservador do que o próprio Pedro ou Paulo nessa questão. Algum tempo depois do Concílio, "certas pessoas da parte de Tiago" vieram a Antioquia insistindo que os judeus cristãos se afastassem da mesa da comunhão com os cristãos gentios. Pedro cedeu ao clamor do povo para que representasse Tiago, resultando em uma acentuada disputa entre Paulo e Pedro. Em decorrência disso, Paulo partiu para fundar uma missão independente, e a igreja de Antioquia continuou sob a direção de Pedro, aparentemente reconhecendo a autoridade de Tiago em Jerusalém. Não está claro se, ou em que medida, "os de Tiago" acuradamente representaram a própria posição de Tiago.

Em tudo isso, Tiago aparece como defensor da fé tradicional judaica, defensor da Torá, desejando aceitar os gentios dentro da comunidade cristã, mas insistindo que os judeus cristãos continuassem cumprindo a lei e a tradição judaica. (Deve-se manter em mente que Tiago nunca é retratado no Novo Testamento como defendendo que os cristãos *gentios* fossem circuncidados a fim de que fossem totalmente aceitos no povo de Deus). Esse quadro é sustentado pelo retrato final que Atos faz dele (At 21,17-26). Claramente Tiago é o líder da igreja de Jerusalém. Paulo relata que ele está na presença dos anciãos, e eles estimulam Paulo a realizar um ritual no templo para ilustrar a sua própria fidelidade à lei e dissipar as suspeitas de judeus cristãos a respeito dele.

A morte de Tiago. A estatura e reputação de Tiago entre judeus cristãos são evidentes no relatório de Josefo sobre a morte de Tiago. O sumo sacerdote judeu Anano tomou vantagem do ínterim entre a morte de um governador romano e a chegada de outra pessoa para descartar alguns de seus inimigos (62 d.C.):

> Anano pensou que teve uma oportunidade favorável porque Festo estava morto e Albino ainda estava a caminho. E assim ele convocou os juízes do Sinédrio e pôs diante deles um homem chamado Tiago, o irmão de Jesus chamado o Cristo, e outros. Ele os acusou de ter transgredido a lei e os condenou a pena de apedrejamento. Os habitantes da cidade que eram considerados os mais justos e que obedeciam estritamente à lei ficaram ofendidos com isso. Secretamente, portanto, foram ao Rei

> Agripa, argumentando que Anano não havia sido correto em seu primeiro passo, e esperando que lhe fosse ordenado desistir de quaisquer ações adicionais. Alguns deles foram ao encontro de Albino, que estava a caminho de Alexandria, e foi informado de que Anano não tinha autoridade de convocar o Sinédrio sem seu consentimento. Convencido por essas palavras, Albino enfurecido escreveu a Anano, ameaçando-o de tomar vingança contra ele. O Rei Agripa, em face da ação de Anano, removeu-o do sumo sacerdócio o qual ele empreendera por três meses, e o substituiu por Jesus, o filho de Damneo. (Josefo, *Ant* 20.200-203)

É importante notar que Tiago não é culpado de ser um cristão ou de ter uma fé falsa, mas de "quebrar a lei". A declaração de Josefo de que aqueles "que eram mais justos e estritos na observância da lei" ficaram ofendidos pela ação do sumo sacerdote sugere que os sumo sacerdotes saduceus consideravam Tiago como um aliado dos fariseus, os quais se queixaram de sua ação contra Tiago e outros. Tiago é retratado como um mártir por sua fé estrita e prática judaica, e não por confessar Jesus como o Messias.

O desenvolvimento da lenda sobre Tiago. A determinada e muito admirada piedade de Tiago praticada durante sua vida foi confirmada e selada por sua morte. Nada sobre sua morte ou sua posterior veneração em alguns círculos cristãos e judaicos é encontrado no Novo Testamento, que é moldado primariamente por um amplo espectro do cristianismo gentio. Se tivéssemos apenas os documentos canônicos, Tiago apareceria como o representante do cristianismo judaico, rapidamente superado pelo crescimento do cristianismo gentio sob a liderança unida de Paulo e Pedro. Historicamente, contudo, é claro que Tiago não era uma figura menor no cristianismo primitivo. Ele desempenhou um papel de liderança não apenas na igreja-mãe em Jerusalém, mas foi uma figura considerada em toda a igreja primitiva. Nas décadas após sua morte, Tiago se tornou um herói lendário do rigoroso cristianismo judaico, o fundador principal e líder da igreja. Vários elementos desse considerável corpo de cristãos acreditavam que Tiago esteve com Jesus na última ceia, e que ele foi a primeira pessoa a quem o Senhor ressurreto apareceu no primeiro Domingo de Páscoa. Ele foi apontado pelo Cristo ressurreto (ou pelos apóstolos) como o primeiro bispo de Jerusalém. Ele veio a ser chamado de "Tiago, o Justo", em face de sua estrita observância da Torá, e em face de sua constante oração no templo pelo povo judeu. Ele passou tanto tempo de joelhos que eles se tornaram encaliçados e ásperos como os joelhos de um camelo. Ele é retratado como um nazireu estritamente ascético, que fez um voto vitalício, de modo que nunca se banhava, ungia seu corpo com óleo, cortava o cabelo, bebia vinho ou comia carne. Ele era tão admirado por seu povo que os líderes judeus o persuadiam a falar às multidões a partir do parapeito do templo, a fim de adverti-los a não se tornarem discípulos de Jesus e se desviarem da lei. Na narrativa lendária, Tiago subiu os degraus do templo até o ponto mais alto e proclamou às multidões que Jesus é o Filho do Homem celestial que virá como juiz. Isso irritou tanto os escribas e fariseus que eles lançaram Tiago do parapeito. Ele sobreviveu à queda, mas foi morto por um lavadeiro com a clava que usava em seu trabalho.

Depois da destruição de Jerusalém e o templo na guerra de 66-70, a dizimação da população da Judeia, e a migração de muitos judeus cristãos para Pella, Ásia Menor, e outros lugares, o cristianismo judaico desempenhou um papel apenas marginal na corrente em desenvolvimento do cristianismo gentio que se tornou a igreja protocatólica do segundo século. Afastados e fora de alcance do que devia se tornar a corrente católica, alguns elementos do cristianismo jacobita[2] foram influenciados pelo gnosticismo emergente. Em algumas dessas correntes, Tiago assumiu o papel de revelador Gnóstico cujo asceticismo, originalmente uma questão de estrita pureza da Torá, foi reinterpretado em termos do dualismo gnóstico imaterial. Ele recebe a tradição autêntica secreta do Senhor ressurreto, que é desconhecida do cristianismo católico emergente. O Paulo que se tornou o herói do cristianismo atual se torna o vilão; a imagem de Tiago é ampliada e adornada não apenas em contraste com Paulo, mas mesmo Pedro relega um papel secundário a Tiago:

> Os discípulos disseram a Jesus: "Nós sabemos que o Senhor nos deixará. Quem deve ser nosso líder?".
>
> Jesus lhes disse: "Onde quer que estiverdes, deveis ir a Tiago, o Justo, por amor de quem o céu e terra vieram à existência" (*Evangelho de Tomé*, 12).

---

[2] "Jacobita" refere-se à Tiago e à corrente do cristianismo sob seu nome. O termo *jacobita* deriva do nome Ἰάκωβος (*Iakob*, Jacó), que é a versão grega do nome como aparece no Novo Testamento. N. do T.

Esse exemplo do *Evangelho de Tomé* é a ponta de um grande iceberg. As descobertas de Nag Hammadi confirmaram que havia grandes segmentos do cristianismo primitivo que olhavam para Tiago – e não para Paulo ou Pedro e os Doze – como sua base, modelo e autoridade, e que produziam uma extensa literatura expressando sua fé.[3]

18.1.2 A carta

Como a *Carta de Tiago* se encaixa nesse extenso cenário? A primeira palavra do texto inquestionavelmente pretende atribuir o documento a Tiago, o irmão de Jesus, e não a outro Tiago. O autor se dirige às "doze tribos da Dispersão", implicando que ele escreve da Judeia ou Jerusalém. O documento em si não dá qualquer informação adicional direta sobre escritor ou leitores. A carta está profundamente enraizada na tradição e Escritura Judaica, incluindo o ensino de Jesus, mas foi escrita na linguagem e estilo do sofisticado grego helenístico. O fato de que a carta não é dirigida a uma congregação específica e é composta principalmente de materiais aforísticos e de sabedoria que podem encaixar-se numa variedade de cenários históricos, tem dado vazão a inúmeras teorias quanto a seu verdadeiro autor, data, origem, gênero e propósito.

1. Um documento judeu cristianizado

O nome de Jesus ou o título Cristo ocorre apenas duas vezes (1,1; 2,1). O documento nunca se refere à morte ou ressurreição de Jesus, o Espírito Santo, ou especificamente aos líderes ou eventos cristãos. A maioria do conteúdo se encaixa sem problemas na estrutura do judaísmo helenizado. Alguns eruditos nos primeiros tempos do estudo crítico do Novo Testamento consideravam Tiago como um documento da instrução de sabedoria judaica similar a Ben Sirac, adotado por um mestre cristão que inseriu as duas referências a Jesus e, talvez, algumas outras qualidades cristãs a fim de torná-lo um texto para a

---

[3] Essa literatura inclui não apenas o *Evangelho de Tomé*, mas o *Apócrifo de Tiago*, o *Primeiro Apocalipse de Tiago*, o *Segundo Apocalipse de Tiago*, a *Epístola Apócrifa de Tiago*, o *Evangelho dos Egípcios*, e elementos das *Homilias Pseudoclementinas* e as *Recognições Pseudoclementinas*.

instrução moral cristã. Embora seja verdade que dificilmente Tiago esteja em débito com a tradição judaica, os elementos e perspectivas cristãs substanciais (ver abaixo) convenceram a maioria dos eruditos de que o documento foi composto originalmente por um mestre cristão.

2. Tiago, o irmão de Jesus aos judeus cristãos fora de Jerusalém

A partir do quarto século, a Carta de Tiago foi considerada como tendo sido escrita pelo irmão de Jesus e combinava indiscutivelmente com o ensino de Paulo. Isso mudou na Reforma. No Prefácio à sua tradução do Novo Testamento de 1522, LUTERO sustentou que Tiago não entende o evangelho cristão centrado na doutrina de Paulo sobre a justificação pela fé. Comparada a Paulo e João, ela é uma "epístola de palha", que não pode ter sido escrita pelo irmão de Jesus, e pertence ao Novo Testamento apenas em um sentido marginal. LUTERO imprimiu-a apenas como um apêndice aos livros verdadeiramente canônicos, análoga à sua redução dos livros deuterocanônicos do Antigo Testamento ao status de apócrifos. Em contraste com o destino dos Apócrifos na tradição protestante, Tiago continuou a ser incluída no cânon – mas foi marginalizada na prática. Tiago foi pesada na balança paulina, e achada em falta. Essa perspectiva dogmática sobre o conteúdo de Tiago como fora do centro teológico e superficial, combinada com a visão de que foi quase inteiramente composta de dizeres aforísticos de sabedoria desconexos, relegou Tiago às margens da erudição do Novo Testamento e à quase unânime visão de que se tratava de um documento pseudoepígrafo tardio. A erudição mais recente, no entanto, rejeitou a abordagem tradicional que lê Tiago apenas através das lentes paulinas, e insistiu que Tiago fosse lida em seus próprios termos, com resultados positivos e esclarecedores.[4] Para alguns eruditos, essa reação incluiu uma reafirmação da alegação de que a carta foi realmente escrita pelo irmão de Jesus a cristãos judeus fora de Jerusalém, abordando uma situação real do conflito entre os ricos e os

---

[4] Ver especialmente a coleção de ensaios sobre Tiago em ROBERT L. WEBB & JOHN S. KLOPPENBORG, eds., *Reading James with New Eyes: Methodological Reassessments of the Letter of James* (LNTS 342; Edinburgh: T & T Clark, 2007) e Karl-Wilhelm Niebuhr & Robert W. Wall, eds., *The Catholic Epistles and Apostolic Tradition* (Waco: Baylor University Press, 2009), 43-202.

pobres.[5] Nessa visão, Tiago, o Justo, escreveu a carta antes do tempo em que a teologia paulina se tornou um problema para ele, ou mesmo antes de ter se encontrado com Paulo.[6]

3. Tiago como uma pseudoepígrafa pós-70

Pelas razões seguintes, a maioria dos eruditos continua considerando a Carta de Tiago como um documento escrito depois de 70 d.C. para a igreja como um todo, no nome do líder respeitado dos judeus cristãos.

Testemunho. A evidência positiva mais antiga para a existência da Carta de Tiago é sua citação por Orígenes ca. 227 d.C. Há similaridades entre Tiago e a literatura mais antiga (Mateus, 1 Pedro, *1 Clemente, Pastor de Hermas*) que podem ser consideradas ecos de Tiago, mas mesmo nesses casos, não há dependência literária clara. Nos poucos casos em que se podem considerar contatos literários antes de Orígenes, a sustentação de dependência ainda seria ambígua. As pontes de contato com Paulo e a escola paulina, por exemplo, são claramente um reflexo dos escritos protocristãos, e não o contrário. A maioria dos escritos patrísticos do segundo século não dão indicação de fato de que a Carta de Tiago existia. O segundo século dá ampla evidência de interesse literário em Tiago (*Protevangelium de Tiago, Evangelho de Tomé, Memórias de Hegesippus*, elementos das *Constituições* Clementinas), mas pouca ou nenhuma consciência da canônica Carta de Tiago. A existência obscura, ou não existência, de Tiago até o terceiro século é difícil de explicar se, por acaso, ela foi escrita pelo irmão de Jesus de Nazaré.

História no Cânon. Igualmente, a história canônica de Tiago é difícil de explicar se escrita no primeiro século por Tiago, o Justo. Durante

---

5 Principais proponentes contemporâneos: Luke Timothy Johnson, *The Letter of James* (AB 37A; New York: Doubleday, 1995); Richard Bauckham, *James: Wisdom of James, Disciple of Jesus the Sage* (London: Routledge, 1999); Douglas J. Moo, *The Letter of James* (PNTC; Grand Rapids: Eerdmans, 2000).

6 Assim, Moo, que argumenta que Tiago escreveu antes do Concílio de Jerusalém, sugere a data de 48 d.C., quando Tiago primeiramente se tornou familiarizado com a pregação de Paulo. "Tivesse ele tomado conhecimento do que Paulo verdadeiramente pregou (como deve ter feito depois de 48 d.C.), ele teria colocado as questões de maneira diferente do que fez". (Moo, *Letter of James*, 26).

os três primeiros séculos da vida da igreja, nenhuma lista de livros canônicos incluía a Carta de Tiago, e nenhum escritor cristão cita ou claramente faz alusão a ela. A *História Eclesiástica* de Eusébio (*HE* 3,25, ca. 325 d.C.) coloca Tiago na categoria de "ainda disputada". Mesmo Judas, menor e mais obscura do que Tiago, e apresentando-se como escrita pelo "irmão de Tiago", foi geralmente aceita antes de Tiago; Judas, mas não Tiago, é mencionada no *Cânon Muratoriano* (ver Vol. I, §2.2. Por volta de 350 d.C., Tiago é incluída no Códice Sinaítico (ao lado da *Epístola de Barnabé* e o *Pastor de Hermas*) com os vinte e sete livros que finalmente se tornaram canônicos. A primeira lista completa dos livros canônicos do Novo Testamento é a Trigésima Quinta Carta de Atanásio, em 367 d.C. Se escrita pelo irmão de Jesus e líder da igreja em Jerusalém no primeiro século, deve-se perguntar por que muitos da igreja não apenas estavam inconscientes de sua existência, mas hesitantes em aceitá-la como ensino autoritativo até o quarto século.

Linguagem e Cultura. Tiago é composta em um nível de grego mais elevado que o de Paulo, que cresceu na Diáspora e tinha o grego como sua língua materna. Quando Tiago cita a Bíblia, ele o faz a partir da LXX, mesmo quando esta difere do Hebraico (Pv 3,34/Tg 4,6). Embora curto, o texto contém 65 palavras únicas no Novo Testamento, 45 das quais vêm da LXX. Tiago manifesta familiaridade com a cultura grega e suas formas de argumentação. Ele faz alusão à terminologia científica que deve ter sido familiar e atrativa a pessoas com uma educação grega (e.g., Tg 3,6). Jesus e sua família, incluindo Tiago, falavam aramaico como sua língua nativa. De fato, a Palestina, incluindo a Galileia e Jerusalém, foi totalmente helenizada, e é provável que Jesus e Tiago soubessem falar e compreender um pouco de grego. Contudo, esta é uma questão inteiramente diferente de alegar que alguém com a formação educacional de Tiago pudesse compor o tipo de grego sofisticado representado pela Carta de Tiago.

18.1.3 Lugar no cristianismo primitivo

Relação com o cristianismo jacobita

Que Tiago é um documento *Cristão* está claro não apenas a partir das referências a Jesus como o Cristo e Senhor ressurreto em 1,1 e 2,1, mas também pelos seguintes traços: a abordagem aos leitores como irmãos e irmãs (1,2; 2,1, etc.) que nasceram outra vez pela palavra da verdade (1,18), a expectativa da parousia (5,7-9), a base da fé no evento-Cristo (1,12-25), o "bom nome que sobre vós foi invocado" (2,7), o engajamento com (e incompreensão da) a doutrina paulina de justificação pela fé (2,14-26), as referências aos mestres cristãos (3,1) e anciãos da igreja (5,14), os ecos das palavras de Jesus e outras tradições e documentos cristãos (ver abaixo).

Tiago representa uma corrente *particular* do cristianismo judaico. Embora isso represente uma fé cristã, ela é teocêntrica antes que cristocêntrica, representando agora como se fizesse originalmente uma ponte entre os cristãos e todos aqueles que creem no único Deus, tais como os judeus e muçulmanos. Quando Tiago sintetiza o conteúdo da fé, é o Shemá Judaico "Deus é um" que aparece, e não "Jesus é o Cristo" (2,19). Que Tiago é escrita a partir de, e para um contexto de judeus cristãos, está claro a partir da abordagem das "doze tribos da Dispersão" (1,1), suas similaridades com a literatura sapiencial judaico-helenística, sua compreensão de que a lei é uma autoridade permanente para os cristãos (1,25; 2,8-13; 4,11), e sua apresentação de Tiago como um mestre normativo da comunidade (1,1). Contudo, a carta não encaixa o Tiago que aparece em outros lugares do Novo Testamento como o defensor da validade contínua da circuncisão e as leis rituais para judeus cristãos (Gl 2,1-14; At 15,1-29; 21,17-26). Não há referência à lei ritual, nem qualquer indicação de que a circuncisão, sábado ou leis dietéticas foram um problema para as igrejas. Não há sugestão de que judeus e gentios se engajaram ou estavam se engajando em disputas sobre o papel da lei nas comunidades cristãs. Pureza é necessária para se dirigir a Deus, mas é pureza expressa pela fé em ação, e não pureza ritual (1,27; 4,8). Como em Jesus e Paulo, a lei se resume no mandamento de amar o próximo como a si mesmo, afirmada como a "lei da liberdade", a "lei real" (1,25; 2,8). Tampouco Tiago aparece como o revelador gnóstico da sabedoria secreta ou o defensor do asceticismo rígido, como em algumas literaturas jacobitas posteriores. A inclusão de Tiago no cânon, na abertura das Epístolas Católicas (ver abaixo), indica que ela não foi entendida como representando uma igreja diferente, mas como um complemento e suplemento ao cristianismo paulino dominante do cristianismo católico em desenvolvimento, e é assim que o autor parece ter entendido a si mesmo.

Relação com Jesus e a tradição de Jesus

Ainda que não escrita pelo irmão de Jesus, ou alguém que tenha conhecido a Jesus pessoalmente e lhe ouvido pregar, a Carta de Tiago tem uma relação distintiva com a tradição em desenvolvimento de e sobre Jesus. Por um lado, não há registros dos eventos da vida de Jesus, ou mesmo alusões a eles. As referências às práticas de cura implementadas na vida da igreja (5,14-15) não possui ponte de contato com os relatos de cura dos Evangelhos. A promessa de perdão não está relacionada à morte de Jesus (que não é mencionada) nem aos incidentes da vida de Jesus nos quais ele pronunciou perdão aos pecadores.

Por outro lado, Tiago está em íntima ligação com a tradição em desenvolvimento dos ditos de Jesus. Embora o autor nunca cite Jesus diretamente nem atribua a ele qualquer conteúdo de sua carta, há algumas reflexões óbvias dos dizeres de Jesus, e.g., Tg 5,12 / Mt 5,34-37:

Quadro 16: Tiago e a Tradição de Jesus

Mt 5,34 – Eu, porém, vos digo: de modo algum jureis; nem pelo céu, por ser o trono de Deus; nem pela terra, por ser estrado de seus pés; nem por Jerusalém, por ser cidade do grande Rei; nem jures pela tua cabeça, porque não podes tornar um cabelo branco ou preto. Seja, porém, a tua palavra: Sim, sim; não, não. O que disso passar vem do maligno.	Tiago 5,12 – Acima de tudo, porém, meus irmãos, não jureis nem pelo céu, nem pela terra, nem por qualquer outro voto; antes, seja o vosso sim sim, e o vosso não não, para não cairdes em juízo.

A maioria das pontes de contato com as tradições dos ditos de Jesus, contudo, são evasivas e evocativas em vez de citações explícitas. Assim, há uma grande variedade de opiniões sobre sua identificação e quantidade. A maioria dos eruditos considera ao menos a lista seguinte como refletindo a tradição dos ditos de Jesus: Tg 1,1-2.12 (Q 6,22-23); Tg 1,5 (Q 11,9); Tg 1,6 (Mt 21,21, Mc 11,23); Tg 1,22-25 (Q 6,47-49); Tg 2,5 (Q 6,20); Tg 2,8 (Mt 22,39; Mc 12,31; Lc 10,27); Tg 3,12 (Q 6,44);

Tg 4,9 (Lc 6,21.25b); Tg 4,10 (Q 14,11; 18,14); Tg 4,11-12 (Q 6,37); Tg 5,2 (Q 12,33b).[7] É claro que Tiago está enraizado e parte do ensino de Jesus, especialmente a corrente de tradição dos ditos de Jesus que estava conservada no Grande Sermão de Q, agora encontrada em Mt 5-7 e Lc 6,20-49, e nas tradições especiais de Mateus (sobre Q, ver abaixo Excurso 3.5, p. 897). A conjunção da sabedoria, profecia e escatologia tanto em Q quanto em Tiago é particularmente surpreendente. Reflete ela o cenário no qual Tiago foi composta, ou algum lugar ao longo da linha na tradição que chegou a Tiago? Em todo caso, a ética de Tiago está enraizada nos ditos de Jesus, compreendidos como a interpretação definitiva da lei de Deus, em vez de um esquema indicativo/imperativo do drama cósmico encontrado na tradição paulina.

Relação com Paulo, suas cartas e teologia

A "carta" de Tiago não se encaixa no gênero carta; não se trata de uma carta de fato. Então, como e por que ela recebeu o prescrito epistolar, e por que foi recebida no cânon como uma carta? Como 1 João, Hebreus e Apocalipse, Tiago é modelada pela tradição estabelecida pela carta paulina (ver §§10.2 Vol. I, 17.1). Embora Tiago não possa mais ser interpretada como meramente uma resposta a Paulo (ver acima), seria um erro sério supor que a carta pode ser entendida à parte da tradição paulina. A carta parece ter sido composta com Paulo em vista, e com a expectativa de que seus leitores a veriam em relação com a tradição paulina, i.e., depois de o corpus paulino estar circulando amplamente. A seção 2,14-26 não apenas parece se dirigir àqueles que, na compreensão do autor, interpretaram mal a Paulo, mas há pontes de contato diretas. O tema da "fé e obras", a terminologia da justificação pela fé, o uso de Abraão como o exemplo-chave, e a citação de Gn 15,6, tudo aponta para a consciência de Tiago do texto de Romanos. A harmonia verbal parece colocar esse ponto fora de disputa:

---

[7] Cf. PATRICK J. HARTIN, "James and the Jesus Tradition," e especialmente John S. Kloppenborg, "The Reception of the Jesus Tradition in James," in Niebuhr and Wall, eds., *Catholic Epistles*, 55-70, 71-100, que oferecem análise detalhada da questão, examinam os tipos de soluções e extensiva bibliografia.

Quadro 17: Comparação entre Romanos e Tiago

Sublinhado = exato ou quase exato paralelo de palavras

Sublinhado pontilhado = fraseologia similar

Romanos 3,28-4,3	Tiago 2,20-23
"Concluímos, pois, que o homem é justificado pela fé, independentemente das obras da lei... Que, pois, diremos ter alcançado Abraão, nosso pai segundo a carne? Porque, se Abraão foi justificado por obras, tem de que se gloriar, porém não diante de Deus. Pois que diz a Escritura? Abraão creu em Deus, e isso lhe foi imputado para justiça."	"Queres, pois, ficar certo, ó homem insensato, de que a fé sem as obras é inoperante? Não foi por obras que Abraão, o nosso pai, foi justificado, quando ofereceu sobre o altar o próprio filho, Isaque?... e se cumpriu a Escritura, a qual diz: Ora, Abraão creu em Deus, e isso lhe foi imputado como justiça; e: Foi chamado amigo de Deus".

A citação de Gn 15,6 está precisamente de acordo com o texto de Romanos, o qual tem pequenas variações do próprio texto da LXX. Os acordos não são meramente coincidências, visto que a sequência do argumento é precisamente o mesmo em Romanos e Tiago:[8]

a. A questão é posta em termos de fé e obras	Rm 3,27-28 / Tg 2,14-18
b. Significado da alegação "Deus é um"	Rm 3,29-30 / Tg 2,19
c. Apelo ao pai Abraão como caso de prova	Rm 4,1-2 / Tg 2,20-22
d. Citação de texto-prova, Gn 15.6	Rm 4,3 / Tg 2,20-22
e. Interpretações conflitantes do texto-prova	Rm 4,4-21 / Tg 2,23
f. Conclusão do argumento	Rm 4,22 / Tg 2,24

Nem há paralelos entre Paulo e Tiago limitados à seção de "fé e obras" de Tg 2,14-26, ou entre Tiago e Romanos. Há áreas relativamente grandes de acordos formais no assunto e tema que se estendem

[8] Esses datos são coletados de DAVID R. NIENHUIS, "The Letter of James as Cânon-Conscious Pseudepigraph," in *The Catholic Epistles and Apostolic Tradition*, ed. Karl-Wilhelm Niebuhr and Robert W. Wall (Waco: Baylor University Press, 2009), 186-189, que dá maiores detalhes.

por toda a carta de Tiago, assim como pontos de contato entre Tiago, 1-2 Coríntios e Gálatas (e.g. Rm 2,11/Tg 2,1; Rm 2,13/ Tg 1,22-25; Tg 1,8; 3,8.16/ 1 Co 14,33; 2 Co 6,5; 12,20). "Rm 3,28, Gl 2,16 e Tg 2,24 são os únicos versos em toda a Escritura Cristã onde πίστις (*pistis*, fé) e ἔργον (*ergon*, obra) são emparelhadas com o verbo δικαιόω (*dikaioō*, justificar]".[9] O argumento de Tiago reflete a estrutura das sentenças de Paulo:

Quadro 18: Fé e Obras

Gl 2,16 Sabendo, contudo, que o homem não é justificado por obras da lei, e sim mediante a fé em Cristo Jesus	Tg 2,24 Verificais que uma pessoa é justificada por obras e não por fé somente.

O autor não escreve explicitamente em oposição a Paulo, a quem nunca menciona. Ele conhece as cartas paulinas, assume que seus leitores as conhecem, e quer estar seguro de que eles não interpretarão mal o ensino de Paulo.

Relação com outra literaturas cristãs

O autor de Tiago parece ter conhecido uma coleção das cartas paulinas, e manifesta pontos de contato com a tradição dos ditos dos Evangelhos Sinóticos. Contudo, não há reflexos da forma final dos próprios evangelhos. Os contatos mais próximos e mais numerosos são com 1 Pedro, *1 Clemente*, Hebreus e os *Mandatos* de Hermas – as quais têm uma procedência romana por volta do fim do primeiro século e início do segundo.[10] Alguns exemplos ilustrativos de dezenas de tais contatos são: apenas Tiago, 1 Pedro e *1 Clemente* usam o vocabulário da "diáspora" para a igreja primitiva; o uso raro da palavra

---

[9] *Ibid.*, 186.

[10] Esses pontos de contato têm sido analisados e tabulados muito cuidadosamente. Para detalhes e tabelas, ver MATTHIAS KONRADT, "The Historical Context of the Letter of James in Light of Its Traditio-Historical Relations with First Peter," in Niebuhr and Wall, eds., *Catholic Epistles*, 101-126; C. Freeman Sleeper, *James* (ANTC; Nashville: Abingdon, 1998), 27-28.

δίψυχος (*dipsychos*, mente dupla) ocorre apenas em Tiago e em *Mandatos* de Hermas; o vocabulário e imagens de Tg 1,2-3e 1 Pd 1,6-7 são perceptivelmente similares; Raabe é usada como exemplo (de fé) em Hb 11,31 e em Tg 2,25 (de obras, e em nenhum outro lugar do Novo Testamento. A discussão como um todo entende a fé da mesma forma que em Hebreus. Assim como Tg 2,21-24 toma o exemplo paulino de Abraão como um exemplo de fé, e torna-o um exemplo de obras, assim também Tg 2,25 toma o exemplo de Raabe como um modelo de fé, encontrado em Hebreus, e a torna um paradigma de obras. A combinação Abraão/Raabe também é encontrada em Hebreus e *1 Clemente*, ambos de procedência romana. A citação final de Pv 10,12, "o amor cobre uma multidão de pecados", une Tg 5,20, 1 Pd 4,8 e *1 Clem* 49,5.

18.1.4 Data e Procedência

A carta não contém indicações internas diretas de seu tempo de escrita, e suas evidências externas não são claras até o terceiro século (ver acima). Essa ambiguidade tornou possível considerar Tiago como o escrito mais antigo do Novo Testamento, bem como o último.[11] As considerações discutidas acima defendem que a Carta foi composta depois de as cartas do corpus paulino estar em circulação. Os contatos de Tiago com 1 Pedro, Hebreus, *1 Clemente* e Hermas (ver acima) sugerem que todas elas derivam do mesmo ambiente. De modo que os leitores podiam ser arrastados para o tribunal porque "o nome" provavelmente apontava para um tempo em que ser cristão era considerado um crime, o que não aconteceu até a última parte do primeiro século de nossa Era (ver sobre 1 Pd 4,14). Diversas localizações têm sido sugeridas (Jerusalém, Alexandria, Síria, Ásia, Roma). Os contatos com outra literatura de procedência romana, bem como as raízes judaicas e a orientação do cristianismo romano, indicam Roma como o lugar mais provável. O fato de que Tiago é relativamente tardia, mas conhece apenas os anciãos como líderes de igreja,

[11] Mais antigo: THEODOR ZAHN, *Introduction to the New Testament* (trans. John Moore Trout, et al.; 3 vols.; Edinburgh: T&T Clark, 1909), 91-93, que data a carta na década de 40, antes da missão de Paulo aos gentios. Ver também, e.g., MOO, *Letter of James*, 25-26. Latest: Nienhuis, "Pseudepigraph," 183-202, que defende que a carta foi composta para introduzir a coleção das Epístolas Católicas no final do segundo século.

sem referência ao ofício episcopal em desenvolvimento, também argumenta em favor de Roma – onde a igreja continuou sendo administrada por anciãos tempo depois de o ofício episcopal ser aceitado em outros lugares. Essa possibilidade de uma origem romana para Tiago é fortalecida se o corpus das Epístolas Católicas foi reunido em Roma, e/ou se Atos foi composto em Roma (ver abaixo, §§18.4; 24.2).

Sumário e Conclusão

A Carta de Tiago parece ter sido composta no nome de Tiago o Justo, irmão de Jesus, em um cenário no qual ele era a autoridade reconhecida e estimada da igreja-mãe em Jerusalém, provavelmente em Roma, por volta do fim do primeiro século. Na carta, vemos a interação com a tradição dos ditos de Jesus, mas sem incorporá-los em uma estrutura narrativa. Vemos a influência da forma de uma carta paulina, embora Tiago não tenha sido escrita como uma continuação ou extensão das cartas paulinas ou deuteropaulinas. Assim, tanto o Evangelho em desenvolvimento quanto o modo epistolar da confissão cristã influenciaram a composição de Tiago. A carta está na tradição epistolar dominante, mas consciente da tradição dos ditos de Jesus e influenciada por ela.

18.1.5 Estrutura e Esboço

O influente comentário de Martin Dibelius interpretou Tiago como o exemplo supremo de parênese, a qual ele entendia como a compilação e encadeamento de aforismos originalmente sem relação. O "único traço consistente de Tiago" é que "falta continuidade de pensamento ao documento como um todo".[12] Segundo essa visão, cada frase deve ser interpretada em si mesma, sem atenção ao seu atual contexto literário. Estudos recentes de Tiago tendem a rejeitar essa visão, e talvez tenham reagido de maneira exacerbada a essa visão ao afirmar que "longe de ser uma aglomeração casual de temas de sabedoria, Tiago é uma composição cuidadosamente elaborada".[13]

---

[12] Martin Dibelius e Heinrich Greeven, *A Commentary on the Epistle of James* (trans. Michael Williams; Hermeneia; Philadelphia: Fortress, 1976), 2.

[13] Johnson, *James*, 80.

Parece ter se tornado claro que Tiago não é uma compilação aleatória de máximas proverbiais não relacionadas entre si, que o autor compôs criativamente seus materiais dentro de uma organização repleta de significado, e que a primeira seção 1,2-27 fornece um "prelúdio", "epítome" ou "lista de conteúdos" para o restante do documento, resultando no seguinte esboço:

1,1	Saudação
1,2-27	A exortação no esboço
1,2-4	O teste da perseverança (cf. 1,12; 5,7-11)
1,5-8	A oração da fé (cf. 4,3; 5,13-18)
1,9-11	A inversão dos papéis entre ricos e pobres (cf. 2,1-7; 4,13-5,6)
1,12-18	Desejo mau vs. o dom de Deus (cf. 3,13-4,10)
1,19-20	Controlando a língua (cf. 3,1-12)
1,21-27	Palavras e obras (cf. 2,14-26)
2,1-27	As obras da fé
2,1-13	Princípios cristãos e a lei
2,14-26	Fé e obras
3,1-12	Fala responsável
3,13-4,12	Conversão e conflito
3,13-18	Sabedoria e conduta
4,1-12	Conflito entre crentes
4,13-5,6	Riqueza e arrogância
5,7-20	A vida na comunidade de fé
5,7-11	Sobre paciência e resistência
5,12-20	Discurso na assembleia de fé

18.1.6 Síntese exegético-teológica

1.1 Saudação

A saudação epistolar é a forma helenística padrão (At 15,23; 23,26). A instrução do autor é, portanto, inicialmente emitida na forma de carta, mas (talvez intencionalmente) sem a elaboração paulina. A identidade do autor como Tiago o Justo, irmão de Jesus é assumida. As "doze tribos da Dispersão" teoricamente podem se referir a todos os judeus fora da Palestina, e simbolicamente a todos os cristãos, ou – e toma-se aqui como o mais provável – a judeus cristãos ao longo do mundo Mediterrâneo. "Diáspora" é aqui um termo teologicamente repleto de significado. É uma lembrança, comum no judaísmo do segundo templo, de que a dispersão do povo de Deus foi um castigo divino em face da violação da aliança, mas não se configurou na situação definitiva do povo de Deus. Um traço maior da esperança escatológica de Israel foi a restauração e retorno, o ajuntamento de Israel como parte do plano de Deus para a consumação da história. Embora não interessado nos esquemas escatológicos especulativos, Tiago compartilha e comunica essa existência intervalada de crentes que estão convencidos de que o Messias já veio, mas que ainda esperam a consumação do propósito de Deus. A carta como um todo não é um conselho prático e proverbial para indivíduos, mas uma carta para comunidades cristãs judaicas dispersas, para ser lida na adoração congregacional ao lado das Escrituras e outros textos cristãos.

1,2-27 A exortação no esboço

Depois de 1,1, a forma epistolar é abandonada, e o documento assume o modo da instrução de sabedoria judaico-helenística, que começa imediatamente sem a ação de graças habitual.

1,2-4 O teste da perseverança (cf. 1,12; 5,7-11)

Fé é central na primeira sentença da carta, bem como em todo o restante, e é tratada nos próprios termos de Tiago, e não meramente em resposta ao paulinismo. Enfrentar tentações ou provas (πειρασμός, *peirasmos* pode significar um ou ambos) foi um assunto padrão da instrução de sabedoria. O contexto maior de Tiago coloca tal teste em uma perspectiva escatológica, de modo que ele pode se referir ao esforço pessoal contra o mal e/ou o tempo de prova que imediatamente precede o Fim.

1,5-8 A oração da fé (cf. 4,3; 5,13-18)

A fé é expressa na oração por sabedoria divina. Tiago não faz referência ao Espírito Santo; o papel na tradição paulina desempenhado pelo Espírito, ou a presença de Cristo no crente, é assumido pela sabedoria como o dom de Deus que guia e capacita a vida do crente. O oposto da fé deve ser a δίψυχος, *dipsychos*, (literalmente a mente-dupla/duvidosa), i.e., sem um centro pessoal, mas vacilando entre Deus e o mundo.

1,9-11 Inversão de papéis entre ricos e pobres (cf. 2,1-7; 4,13 – 5,6)

Tiago considera a comunidade cristã como um companheirismo de iguais, na qual o grande e poderoso é trazido para baixo e o pequeno e fraco é erguido. Ambos devem celebrar seu novo status, seu denominador comum é seu amor a Deus e ao próximo (1,12; 2,8).

1,12-18 O desejo mau vs. o dom de Deus (cf. 3,13 – 4,10)

O esforço contra o mal não é uma questão de ser provado por Deus, nem de estar sob o domínio do poder esmagador do pecado. De acordo com a boa tradição bíblica e judaica, o mal se origina na vontade humana, e os seres humanos são capazes de vencê-lo. O eu humano inclui tanto impulsos bons quanto maus, e os crentes são capazes de escolher o bem e fazê-lo. Isso é diferente da compreensão paulina do pecado como um poder transcendente vencido pela ação de Deus na cruz de Jesus, a ressurreição e o dom do Espírito. Embora a visão de Paulo não seja diretamente confrontada e resistida, não há nada aqui como o grito de desespero de Paulo: "Miserável homem que sou! Quem me livrará do corpo desta morte?" (Rm 7,24). Para Tiago, a graça e a fidelidade de Deus na criação implicam uma visão otimista do potencial humano, uma habilidade inata de viver de acordo com a vontade revelada de Deus. Contudo, Tiago não vê a comunidade cristã como aqueles que simplesmente tentam duramente fazer o que é certo, e obtiveram êxito. Sua existência como crentes é o resultado do renascimento, serem gerados e nascidos pelo evangelho, a palavra da verdade (1,18).

1,19-20 Controlando a língua (cf. 3,1-12)

Refletindo a tradição dos ditos de Jesus também usada por Mateus (Mt 5,22.37; 12,32-37), Tiago relaciona a fala à ira, e demonstra o tema da importância e poder das palavras, o qual ele desenvolverá na sequência. Tiago se dirige a crentes que devem seu status salvífico ao poder salvador da palavra de Deus que eles receberam. Eles devem ser cuidadosos com suas próprias palavras, as quais podem romper e arruinar a vida da comunidade de fé.

1,21-27 Palavras e obras (cf. 2,14-26)

As palavras más contra as quais o autor adverte não são palavras que propagam um falso ensino, mas palavras que não estão relacionadas à ação. As viúvas e os órfãos são os mais vulneráveis da sociedade, aqueles sem a proteção normal de pertencer a uma íntima unidade familiar. A palavra "visitar", preservada em algumas traduções modernas, é mais bem traduzida como "cuidar de". Ela não se refere ao pagamento de pensões sociais, mas ao atendimento das necessidades sociais. Esta é a verdadeira observância religiosa, a verdadeira pureza.

2,1-27 As obras da fé

Esta seção tem um tema comum, dividido em duas seções pela abordagem de 2.1: "meus irmãos e irmãs", renovada em 2,14.

2,1-13 Princípios cristãos e a lei

A ênfase anterior sobre como a fé é expressa no companheirismo de iguais é ilustrada na advertência contra a parcialidade. A comunidade cristã, aqueles que carregam "o nome" (2,7), deve expressar sua fé e seu amor pelo próximo – tanto ricos quanto pobres – pela maneira imparcial com que eles saúdam as pessoas nas assembleias. A frase νόμος βασιλικός NRSV (*nomos basilikos / lei real, REB "Lei soberana", NJB "Lei suprema"*) se refere a Lv 19,18: "Amarás o teu próximo como a ti mesmo", a qual Jesus designou (ao lado do mandamento do amor a Deus) como o grande mandamento, e Paulo a chama de síntese da lei (Gl 5,14). Contudo, Tiago não está se referindo a Jesus nem a Paulo, mas assume que tanto ele quanto seus leitores reconhecem a validade contínua e a autoridade da lei em si. Ele toma como certo que os crentes olham cuidadosa e persistentemente para a lei em busca de direção e instrução para cumprir a vontade de Deus, referindo-se a tal engajamento com a lei seis vezes nesse contexto (1,25; 2,8.9.10.11.12). A coisa má não é que se olha para a lei em busca de direção, mas que se olha para ela apenas superficialmente, e rapidamente se esquece da própria imagem que se vê lá (1,23-25). A lei em si, conforme interpretada por Jesus, é considerada a boa dádiva de Deus como o guia para fazer a vontade de Deus. Em tudo isso, nenhuma menção é feita dos marcadores de fronteira principais ordenados pela lei para o povo de Deus: circuncisão, sábado, leis dietéticas, observância dos festivais. Não está claro se se pressupõe simplesmente que eles têm validade contínua para judeus cristãos, ou se as controvérsias acerca deles pertenciam a uma geração anterior e não são mais relevantes. Em todo caso, a questão para Tiago não é a compreensão teológica da lei, mas o fato de que a lei revela a justiça e misericórdia como a vontade de Deus a ser *feita*. Esse tema continua na seção seguinte.

2,14-26 Fé e obras

Esses versos não representam uma nova seção na qual o autor agora se volta para abordar um tema novo, visto que ele tem falado da fé desde o início, e tem enfatizado repetidamente que a fé deve ser uma questão do que se faz, e não meramente do que se diz. Tampouco esta seção é meramente uma resposta à doutrina de Paulo da justificação pela fé. Tiago está seguindo sua própria agenda, e não reagindo à de Paulo. Contudo, a maneira como ele faz isto, refletindo as categorias de Paulo, bem como seu vocabulário e escolha de ilustrações, indica que ele está consciente dos escritos de Paulo e não quer que seus próprios leitores sejam desencaminhados por uma compreensão superficial de uma doutrina paulina da salvação pela "fé apenas" (uma frase que não ocorre em Paulo). A questão de Paulo era soteriológica e eclesiológica: seres humanos não podem ser justificados diante de Deus por realizar "obras da lei" (uma frase que não ocorre em Tiago), i.e., os requisitos rituais da Torá que identificavam os israelitas como o verdadeiro e fiel povo de Deus. A questão de Tiago não é soteriológica, mas ética: a fé deve ser suplementada por obras. Para Tiago, fé sem obras é incompleta. Para Paulo, fé sem obras é inconcebível. Ambos concordam que Deus pede uma resposta de cada pessoa em confiança, amor e obediência, e que mero assentimento intelectual ao convencional sistema de crenças monoteísta é inadequado. Mas eles expressam isso de maneiras diferentes, e o jeito de Paulo de afirmar salvação pela graça por meio da fé era assunto de desentendimento, conforme demonstrado em suas próprias cartas (cf. Rm 3,1-8; 6,1-23). Paulo e Tiago são de fato diferentes, e não devem ser harmonizados tão rapidamente. Contudo, Paulo também pode falar positivamente das boas obras cristãs (e.g. 2 Co 9,8), e seus últimos discípulos não hesitaram em usar a linguagem das "boas obras" para caracterizar a vida cristã (cf. Cl 1,10; 2 Ts 2,17; 2 Tm 3,17; 1 Pd 3,11.13.16; 4,19).

Tiago expressa a validade permanente da exigência de Deus por justiça e misericórdia expressas nas obras de alguém, conforme encontradas na Lei e nos Profetas de Israel, culminando na proclamação de Jesus (especialmente conforme representado no Evangelho de Mateus). Tiago deixa claro o que de fato ele *combate* (2,14-17), e não é uma doutrina de justificação defeituosa. Ele é contra o tipo de vida religiosa que tem as crenças corretas, pronuncia palavras de bênção sobre as pessoas necessitadas que precisam de alimento e roupas, porém sem fazer nada para ajudá-las.

3,1-12 Fala responsável

Os leitores podem esperar que a perspectiva "prática" de Tiago, interessada em obras, e não meramente em palavras, levaria a exortações do tipo "menos conversa e mais ação". Mas Tiago, como a tradição sapiencial em geral e a Bíblia como um todo, considera as palavras como ações poderosas. A discussão da fala disciplinada começa com aqueles para quem falar é uma vocação: os mestres, entre os quais o autor se coloca (cf. o "nós" de 3,1). Se o autor é o irmão de Jesus ou o primeiro bispo de Jerusalém, aqui ele perde modestamente uma oportunidade de revelá-lo. Os mestres já não são um grupo espontâneo e inspirado, informalmente gerado pela obra do Espírito na vida da igreja, como em Paulo (Rm 12,7; 1 Co 12,28-29), mas são uma espécie de grupo oficial com status, ao qual se pode aspirar (cf. anciãos de 1 Tm 3,1). O autor os adverte contra as aspirações superficiais, visto que o ensino é uma tarefa responsável, na qual não se deve entrar de maneira leviana ou inadvertida. Em tudo isso, o autor parece despreocupado com o falso ensino no sentido de doutrina enganosa. A preocupação do autor é o perigo inerente das palavras, no poder da língua, de prejudicar as pessoas e desestruturar a comunidade. Assim, a exortação que começa com uma abordagem aos mestres resulta em um desafio para toda a comunidade. Aqui, também, Tiago se posiciona na tradição do Jesus mateano (Mt 5,33-37; 12,32-37). A despeito daqueles que pensam o contrário, o autor acredita que as pessoas podem ser justificadas ou condenadas não apenas por suas obras, mas por suas palavras.

3,13-4,12 Conversão e conflito

3,13-18 Sabedoria e conduta

A sabedoria que vem do alto fornece uma orientação totalmente diferente para vida em relação a sabedoria do mundo. (Isso se compara à direção do Espírito dada à comunidade de fé na teologia de Paulo). No caminho humano convencional de observar as coisas, existe um suprimento limitado de bens, de modo que quanto mais uma pessoa tem, menos a outra tem. A competição é, portanto, a lei da vida, e uma pessoa se beneficia apenas à custa dos outros. Na perspectiva da sabedoria dada em Tiago, tal visão do mundo em termos de si mesmo é substituída pela visão do mundo em termos do Deus Criador fiel, o Deus que dá todas as dádivas de modo generoso e incansavelmente a todas as pessoas (1,5). A fé em um Deus assim significa que os crentes são libertos da mentalidade competitiva natural, de modo que eles amam os outros e expressam seus cuidados por eles. O conflito e o espírito de facção retrocedem. O "dualismo" da ética de Tiago não é o dualismo grego corpo/mente ou matéria/espírito, no qual o corpo e o mundo são inerentemente maus. Tiago defende a alternativa apresentada pela Bíblia Hebraica e por Jesus: a fé no Criador e Deus da aliança se opõe ao sistema de valores do mundo, como ele mesmo se vê separado de Deus. Assim, a perspectiva de Tiago, expressa em conceito e vocabulário diferentes, é próxima da perspectiva de Paulo "segundo a carne"/"segundo o Espírito" (ver Vol. I a discussão sobre Gl 4,21-5,1a).

4,1-12 Conflito entre crentes

O espírito de facção, baseado no egoísmo competitivo, inseguro e determinado, também invade a comunidade de fé. Quando isso acontece, membros da comunidade estão sendo infiéis à aliança na qual Deus os abraçou como seu próprio povo, e estão de fato adorando outros deuses. Essa era a constante tentação do Israel bíblico, constantemente denunciada pelos profetas. Eles chamavam tal infidelidade de "adultério", violação de sua aliança com Deus (cf. Os 2; Jr 3,20; Ez 16,15-52). Tiago não apenas se posiciona na tradição sapiencial, mas compartilha a herança dos profetas, e sua preocupação por justiça social. Este é provavelmente o significado de abordar seus leitores como "adúlteros" (fem. plural, 4,4), retratando-os como a esposa infiel do Deus único da aliança. Assim como os profetas e os sábios de Israel, Tiago declara que "mãos limpas e corações puros", originalmente uma questão de pureza ritual cúltica, são manifestadas em arrependimento, conversão e humildade, expressos em palavras e obras autênticas de amor pelo próximo (e.g. Jó 17,9; Is 1,16; Sl 24,4; 73,13; Sir 38,10). Assim também, a linguagem extrema da guerra e homicídio não está literalmente implicada, embora tal linguagem possa estar enraizada nos primeiros conflitos, quando os primeiros seguidores de Jesus tiveram de decidir se se envolveriam ou não com o movimento Zelota contra Roma. A "sabedoria do alto" livra os crentes da tentação de pensar que o que eles desejam pode ser obtido pela violência, quer na comunidade cristã quanto na sociedade em geral.

4,13-5,6 Riqueza e arrogância

O discurso contra o rico reflete tanto a tradição dos profetas hebreus (e.g., Am 2,6-8; 8,4) quanto a situação social das igrejas a quem Tiago se dirige, nas quais a maioria dos membros era de origem pobre e se via como vítima dos ricos. Desse modo, Tiago compartilha uma perspectiva comum com as bem-aventuranças e os ais de Lc 6,20-26 (Q), que também se vê na sucessão dos profetas bíblicos. Contudo, esta não é apenas uma descompostura conveniente dos adversários ausentes; a carta aborda os de dentro da comunidade cristã, os quais são tentados a invejar a riqueza dos ricos e adotar sua perspectiva no mundo e na vida. Aqui, o problema principal não é a riqueza em si, mas a arrogância em face da suficiência de dinheiro, quando a vida está sob o controle de outra pessoa, e a insensibilidade ao fato de que a riqueza de alguém está baseada no trabalho pesado de outros. Não se deve esquecer que, da perspectiva de Tiago, o ato de reter o salário dos trabalhadores é uma violação da Torá (cf. Lv 19,13, de um capítulo que Tiago já citou; Dt 24,15; Jr 22,13; Ml 3,5).

5,7-20 A vida na comunidade de fé

5,7-11 Sobre a paciência e resistência

Diferente da maioria da instrução de sabedoria, o ensino de Tiago reflete um forte tom apocalíptico. Tiago claramente afirma a "breve vinda do Senhor" e que seus leitores estão vivendo "nos últimos dias". Não se trata de uma repetição superficial do que se tornou um slogan teológico vazio. Ele toma sua escatologia com seriedade ética. Contudo, ele não mostra interesse em horários apocalípticos, não relata eventos correntes para um programa escatológico, nem elabora sua perspectiva apocalíptica com imagens específicas. Tiago mostra que a ética da justiça social dos profetas do Antigo Testamento pode continuar na ética da igreja, e não é uma alternativa para uma perspectiva escatológica sobre a ação de Deus na história. Portanto, ele lamenta que, mesmo nos últimos dias, os ricos estejam acumulando riquezas produzidas pelo trabalho árduo dos trabalhadores. Mas o dia da inversão de papéis e acerto de contas se aproxima rapidamente. Os leitores são chamados a uma paciente espera (verbo ὑπομένω, *hupomenē*; cognato do substantivo ὑπομονή, *hypomenē*), uma virtude proeminente na literatura cristã perto do fim do primeiro século, especialmente em Hebreus, as Cartas Católicas e Apocalipse (6 vezes em Hebreus, 5 vezes em Tiago, 2 vezes em 1 Pedro, 2 vezes em 2 Pedro e 7 vezes em Apocalipse). Tal "paciência" não é passividade ou resignação, mas uma vida orientada para a confiança inabalável de que a ordem atual das coisas não é definitiva, e deve ser vivida na esperança segura da vinda do reino de Deus. Tiago tira seu exemplo-chave da Escritura; Jó, e não Jesus, representa a fiel resistência no sofrimento. Outra vez, isso é surpreendente, caso tenha sido escrito por Tiago, o irmão de Jesus, mas concorda com a orientação teológica do autor que temos observado até aqui.

5,12-20 Discurso na Assembleia de fé

Não deve surpreender que Tiago, que enfatizou o discurso autêntico durante toda sua carta, conclua sua instrução com exortação sobre o uso correto da linguagem. "Acima de tudo... não jureis" não é o horror piedoso do "juramento" no sentido de impropérios e linguagem baixa, mas a prioridade de alguém que, na tradição bíblica, respeita a validade e poder da linguagem. Portanto, um simples "sim" deve ser um "sim" de fato, e um "não", um "não" de fato, sem a necessidade de confirmação por votos. Deste modo, a oração, linguagem falada diante de Deus e para Deus, carrega o poder de cura e perdão.

A ilustração de encerramento de Tiago sobre a oração poderosa de Elias é outro exemplo daquele tipo de linguagem confessional que está concentrada no ponto em discussão, em contraste com a linguagem objetiva a partir da qual inferências adicionais podem ser feitas. O fato de que Deus respondeu a oração de Elias com uma seca por três anos e meio afirma o poder da oração, mas o leitor não deve inquirir sobre o efeito devastador da seca sobre os camponeses famintos e suas famílias, que estavam orando por chuva, mas sem êxito.

18.2 Interpretando Judas

18.2.1 Judas e Tiago

Nome e identidade. Nas Escrituras Judaicas, Judá era o quarto filho de Jacó e o antepassado da tribo de Judá de onde derivam os nomes Judeia, Judaico, Judaísmo e Judeus. Em grego, Judá (יְהוּדָה *yehudah*) tornou-se Judas (Ἰούδας), um fenômeno análogo ao modo como Jacó tornou-se Tiago. Do tempo dos macabeus em diante, *Judas* se tornou um nome judeu bastante comum. Embora em grego o nome de Judas derive da mesma palavra, algumas traduções inglesas da Bíblia frequentemente diferenciam o Judas que traiu Jesus de outras pessoas que levam o mesmo nome, a partir dos nomes *Judas* e *Jude*. Além de um dos ancestrais de Jesus (Lc 3,30), o Novo Testamento sabe de seis pessoas com esse nome: (1) Judas Iscariotes; (2) outro apóstolo chamado Judas (Lc 6,16; Jo 14,22; At 1,13); (3) um galileu que dirigiu uma rebelião contra Roma (At 5,37); (4) um cristão em Damasco com quem Paulo residiu; Judas Barsabás, um líder do protocristianismo palestino (At 15,22.27.32); (6) um irmão de Jesus (Mt 13,55; Mc 6,3). Não pode haver dúvida de que o autor pretende representar a carta como escrita pelo irmão de Jesus.

Representante do cristianismo judaico. A identidade primária do autor é sua relação com Tiago. Como o autor de Tiago, o autor de Judas se identifica não como um irmão de Jesus, mas como um escravo/servo/representante (δοῦλος, *doulos*) do Senhor Jesus Cristo – com a identificação adicional de que é "irmão de Tiago" (v. 1). Não é usual identificar-se como o *irmão* de alguém. A questão aqui é associar o autor com *o* Tiago, o líder do cristianismo judaico (ver introdução a Tiago). É importante para o escritor identificar-se com os líderes reconhecidos do cristianismo judaico palestino. Esta é a razão por que ele não se refere a si mesmo como o "irmão de Jesus". Não se trata de uma questão de humildade, como se o autor modestamente declinasse de mencionar que é o irmão do próprio Jesus, mas uma questão de autoridade: o autor pretende falar com autoridade derivada do líder da igreja-mãe em Jerusalém.

Como Tiago, Judas representa o cristianismo judaico, como se pode perceber pelo uso massivo da Escritura e tradição judaica. O autor escreve com autoridade, mas é uma autoridade derivada: ele cita textos autoritativos e tradições, interpretados para o seu significado presente por alguém relacionado a Tiago. Ele cita as Escrituras Judaicas, mas não como alguém que dispõe da LXX. Ele conhece tanto os textos originais quanto as tradições judaicas que suplementam os textos da Escritura. Gn 6 está elaborado sobre a base de *1 Enoque*, Caim, Coré e Balaão, e a disputa de Miguel com o demônio representa uma corrente ampla da tradição judaica à parte da Escritura (Jd 5-11). O autor está situado em um contexto onde a tradição judaica, e não a Escritura apenas, é assumida tanto pelo autor quanto pelos leitores. Esse cristianismo judaico, contudo, não é do tipo dos rigorosos defensores da Torá, que se opuseram a Paulo na primeira geração. Como na Carta de Tiago, esses debates foram resolvidos há tempo, e não há referência ao sábado, circuncisão ou leis dietéticas. Νόμος (*nomos*, lei) está inteiramente ausente em Judas.

Pseudônima? Como no caso de Tiago, a tradição protocristã corretamente via que a carta não alega ter sido escrito por um apóstolo; o autor fala dos "apóstolos" como um grupo anterior ao qual ele não pertence (v. 17). Embora a carta de Judas tenha desempenhado um papel mínimo na história e na teologia da igreja posterior, a visão tradicional de que ela, assim como Tiago, é de fato o escrito de um dos irmãos de Jesus prevaleceu até o surgimento do estudo crítico moderno da Bíblia. A visão prevalecente do criticismo histórico veio a ser que Judas era um escrito pseudoepígrafo da igreja protocatólica emergente ao final do primeiro século ou início do segundo. As razões para isso eram que a linguagem e cultura representadas por Judas transcendem a de um camponês galileu, e que a carta reflete o período pós-apostólico, e que ela foi aceita no cânon apenas tardiamente e com hesitação, o que não seria o caso se ela tivesse sido escrita por um irmão de Jesus.

Reafirmação da tradição. Alguns eruditos defenderam recentemente que a tradição primitiva estava correta em atribuir o documento a Judas, o irmão de Jesus. Esse renascimento da visão tradicional não está baseado de maneira meramente dogmática, mas é apoiado com argumentos críticos. Um importante expoente dessa visão não se opõe à pseudonímia como tal, ou por razões teológicas, e considera Judas como pseudepígra, mas argumenta que a evidência crítica é melhor entendida como apoiando a visão tradicional: Judas, o irmão de Jesus, escreveu para um grupo das igrejas da palestina na década de 50, o qual estava ameaçado de um desvio do ensino de Paulo.[14]

A visão da maioria na atualidade. A maioria dos eruditos críticos permanece não convencida pela ressurgência do apoio à visão tradicional. Há um amplo, mas não unânime, apoio à visão de que a Carta de Judas, análoga à de Tiago, é um tratado pseudoepígrafo escrito na forma epistolar, no nome de um irmão de Jesus, representando o cristianismo judaico na última parte do segundo século d.C., opondo-se às incompreensões do ensino paulino dominante que eram uma ameaça ao cristianismo católico em desenvolvimento. Essa visão é apoiada e iluminada pelo exame da relação entre Judas e a tradição paulina.

18.2.2 Judas e Paulo

Há sólida evidência de que Judas é pós-paulina. Em primeiro lugar, a forma um tanto forçada de carta adotada pelo autor para a sua composição. Em termos de gênero, o documento é um tratado homilético com uma introdução epistolar. Ela se parece com Hebreus, Tiago e 1 João em ser uma forma essencialmente não epistolar sobre a qual a forma epistolar foi imposta (cf. §§10.2.4, 17.1.1 Vol. I).

Não apenas a forma epistolar geral, mas os itens particulares do conteúdo e vocabulário das cartas de Paulo são refletidos em Judas. Se alguém lê Judas cuidadosamente com a hipótese de que o autor e os leitores pretendidos estão familiarizados com as cartas paulinas, diversos itens emergem para apoiar a hipótese. Alguns exemplos:

- Judas 1 A saudação binitariana (de Deus e de Cristo) é da tradição paulina. Ἐν θεῷ πατρί (*en theō patri*, em Deus, o Pai) é encontrado no Novo Testamento apenas aqui e em 1-2 Ts 1,1.
- Judas 1 A abordagem dos ouvintes como "os chamados" (κλητοῖς, *klētois*) é encontrada apenas aqui e na tradição paulina. "Chamados" é usado no sentido eficaz como em Paulo, e não no sentido de "convidado", quer o indivíduo atenda ou não ao chamado, como em e.g. Mt 22,14.

---

[14] RICHARD BAUCKHAM, *Jude, 2 Peter* (WBC Waco: Word, 1983), 3-127. Mais hesitantemente, DAUNE F. WATSON, "The Letter of Jude," in *The New Interpreter's Bible*, ed. Leander Keck (Nashville: Abingdon, 1998), 12.471-500.

- Judas 3 O plural ἅγιοι (*hagioi*, santos) é usado para cristãos apenas aqui e em textos que exibem contato com a tradição paulina (porém, não com Tiago, 1-3 João e os Evangelhos).
- Judas 4, 15, 18 A palavra favorita de Judas, ἀσεβής (*asebēs*, ímpio) e as formas relacionadas, a qual ele usa cinco vezes nessa breve carta, é encontrada onze vezes no Novo Testamento à exceção de Judas, sempre em Paulo ou na tradição paulina.
- Judas 4 Παρεισέδυσαν (*pareisedysan*, intrusos "se infiltraram entre vós") é uma reminiscência da situação e vocabulário similares de Gl 2,4 παρεισάκτους (*pareisaktous*, os falsos irmãos que "se introduziram"), sendo que cada um desses termos é único no Novo Testamento. Em geral, Judas é como Gálatas em opôr-se àqueles que alegam experiências espirituais, mas distorcem a lei. Embora representando uma teologia diferente da de Paulo, Judas se parece com Gálatas, e reflete um pouco de seu vocabulário (cf. também referência a "anjos" abaixo).
- Judas 5 "Desejo lembrar-vos" é similar a Rm 1,3; 1 Co 10,1; 1 Ts 4,3, embora o vocabulário não seja idêntico.
- Judas 6 Ἀΐδιος (*aīdīos*, eterno) é encontrado apenas aqui e em Rm 1,20; οἰκητήριον (*oikētērion*, domicílio) é encontrado apenas aqui e em 2 Co 5,2.
- Judas 20-21 A tríade fé/esperança/amor é encontrada frequentemente na tradição paulina, e em nenhum outro lugar (1 Co 13,4-7.13; Ef 1,15-19; 4,1-6; Cl 1,3-8; 1 Ts 1,2-10; Hb 10,19-25). Esta e outras similaridades tais como a saudação são frequentemente atribuídas à "tradição comum do Novo Testamento", sem mencionar que isso é especificamente paulino.[15]
- A caracterização que Judas faz dos intrusos parece ser influenciada pela própria compreensão deles como carismáticos na tradição paulina. Aparentemente, eles se veem falando pelo poder do Espírito, e se consideram como πνευματικοί (*pneumatikois*, espirituais; cf. 1 Co 2,12.15; 12,1; 14,37; Gl 6,1) e profetas. Judas considera-os "sonhadores" em vez de profetas (Jd 8), e ψυχικοί (*psychikoi*, meramente sensuais/físicos, Jd 19), em vez de espirituais.
- Do mesmo modo, o desprezo dos intrusos em relação aos anjos (Jd 8-11) provavelmente representa a extensão do próprio desdém de Paulo para com seres transcendentes hostis (ver, Vol. I, sobre Rm 8,38-39; 1 Co 15,20; Gl 4,1-11; Fp 2,5-11). Em Gálatas, Paulo se limita a alegar que a lei não foi dada diretamente por Deus, mas por anjos (Gl 1,8; 3,19). A rejeição das autoridades por parte dos oponentes (Jd 8) deve ser entendida nesse contexto, em vez de sua objeção às estruturas emergentes do protocatolicismo.

[15] E.g. STEVEN J. KRAFTCHICK, *Jude and 2 Peter* (ANTC; Nashville: Abingdon, 2002), 63. BAUCKHAM, *Jude, 2 Peter*, 33-34, 50, cita Judas como dependente da "tradição cristã em geral", mas os únicos exemplos que ele dá são de Paulo.

Judas parece entender que os intrusos alegam que rejeitaram a lei de Deus, assim como Paulo, porque ela foi dada por anjos, de modo que não é necessário obedecer-lhe. Eles desdenham tanto dos anjos quanto da lei. Judas respeita a ambos, e culpa os intrusos de blasfemarem de coisas que não entendem.

Tudo isso não é para sugerir que Judas usa as cartas paulinas como uma "fonte", mas que Judas é escrita em um contexto em que tanto o autor quanto os leitores estão conscientes de que as cartas de Paulo são frequentemente lidas como documentos autoritativos no contexto do culto e instrução cristãs, e onde a tradição paulina está sendo entendida de uma forma que Judas considera uma grave distorção. Os oponentes de Judas parecem apelar a Paulo e ver a si mesmos como herdeiros seus. Judas não rejeita Paulo, mas apela a *Tiago*.

18.2.3 Relação com outros documentos protocristãos

Uma análise similar à realizada acima indica uma variedade de tipos de contatos entre Judas e outras literaturas cristãs primitivas. Detalhes não podem ser dados aqui, mas os resultados podem ser sintetizados:

- Pontes literárias de contato com Hebreus, 1 Pedro e Atos incluem similaridades formais, materiais e teológicas, e sugerem algum tipo de inter-relação entre os documentos. Judas não usa qualquer um desses documentos como uma fonte, nem repercutem do mesmo modo que a tradição paulina. Judas volta o olhar para Paulo, e reflete textos paulinos em circulação em seu próprio contexto. Os contatos com Hebreus, 1 Pedro e Atos parecem indicar que todos esses textos foram compostos no mesmo ambiente geral.
- Há diversas e óbvias pontes de contato entre Judas e 2 Pedro, mas isso é porque 2 Pedro utiliza Judas como fonte, fazendo copioso uso do texto de Judas em 2 Pd 2,1-3,4 (ver abaixo).
- Não há indicação clara de que o autor de Judas conheceu ou utilizou a Carta de Tiago. Ele respeita a figura de Tiago como uma autoridade, mas aparentemente não conhece o livro canônico de Tiago, que podia ainda não ter sido escrito (ver acima, introdução a Tiago).
- O cânon muratoriano, (provavelmente) do fim do segundo século, lista Judas (mas não Tiago) como um documento autoritativo. Judas ainda é considerado como estando entre os livros disputados em Clemente de Alexandria, Orígenes e Eusébio, mesmo sendo eles posteriores ao cânon Muratoriano.

18.2.4 Data e Procedência

Em Judas 17-18, os "apóstolos" são representados como tendo predito os escarnecedores dos últimos dias, i.e., do próprio tempo de Judas. Como em 1 Tm 4,1; 2 Tm 3.1,6 e At 20.29-30, a era apostólica é vista como uma era de ouro livre de heresia na qual os apóstolos predisseram as heresias dos últimos tempos. Não somente os apóstolos são considerados como um corpo e vistos a partir de alguma distância (análogo aos profetas do Antigo Testamento), eles não estão mais presentes para falar diretamente. Judas pode ser datada em qualquer tempo depois da primeira geração e antes de seu uso por 2 Pedro (ca. 125-150).

Não há dados externos diretamente úteis para localizar o cenário no qual Judas foi escrita. As interconexões entre outros escritos de origem provavelmente romana (1-2 Pedro, Hebreus, [Atos?]) sugerem que Judas, também, foi composta dentro da órbita da igreja romana. Judas pode, plausivelmente, ser localizada dentro da corrente judaico-cristã do cristianismo da segunda e terceira gerações em Roma, onde ele se opõe a uma mudança radical na tradição paulina e invoca Tiago como uma contraparte a Paulo dentro do pluralismo limitado da emergente igreja protocatólica. Se não originalmente composta nesse cenário, a Carta de Judas encontrou posteriormente um cenário adequado dentro do corpus das Cartas Católicas, representando o cristianismo romano.

18.2.5 Estrutura e Esboço

Depois da saudação inicial, o corpo da carta é organizado de maneira quiástica:

3	Dever: lutar pela fé	A
4	Identificação dos intrusos	B
5-19	Advertência elaborada contra os intrusos	B′
20-23	Dever: Responsabilidade da igreja	A′

Essa organização está estruturada pela saudação de 1-2 e a bênção dos versos 24-25. A seção central iniciada no v. 5, o alicerce da estrutura retórica da carta, é elaborada por dois conjuntos de três exemplos de advertência das Escrituras, pela profecia de Enoque e a predição dos apóstolos, em cada caso aplicado aos intrusos, resultando no seguinte esboço:

1-2	Saudação	
3-4	Ocasião e Tema	
3	Responsabilidade da igreja: luta pela fé	A
4	Identificação dos intrusos	B
5-23	Corpo da carta	
5-19	Advertência contra os intrusos	B′
5-13	Prefigurada nas Escrituras	
5-7	Três exemplos: Israel, anjos e Sodoma	
8-10	Aplicada aos intrusos	
11	Três exemplos: Caim, Balaão e Coré	
12-13	Aplicada aos intrusos	
14-16	Profetizado por Enoque	
14-15	Profecia de Enoque	
16	Aplicada aos intrusos	
17-19	Predita pelos apóstolos	
17-18	A predição dos apóstolos	
19	Aplicada aos intrusos	
20-23	Responsabilidade da igreja	A′
24-25	Doxologia	

18.2.6 Síntese exegético-teológica

1,1-2 Saudação

O autor adota e apenas levemente adapta o padrão paulino de saudação que se tornou convencional, identificando-se não como um apóstolo ou irmão de Jesus, mas como Judas, servo de Jesus Cristo e irmão de Tiago. A saudação continua no estilo paulino de abordar os leitores como chamados (por Deus), amados por Deus e mantidos seguros por Jesus Cristo, i.e., mantidos sob os cuidados de Deus até a parousia. Enquanto Paulo usa "graça e paz", Judas usa "misericórdia, paz e amor", na fórmula "sejam multiplicados(as)" (πληθυνθείη, *plēthuntheiē*), encontrada fora de Judas apenas em 1 Pd 1,1 e 2 Pd 1,1.

1,3-4 Ocasião e tema

Como em Gálatas (e apenas em Gálatas dentro do corpus paulino), a seção convencional de ação de graças, que normalmente segue a saudação, está ausente. Em Gálatas, a transição abrupta para o corpo da carta reflete a exasperação e ira de Paulo em face de que as igrejas da Galácia, as quais ele fundara, estão começando a seguir novos mestres, considerados por Paulo como pervertedores do Evangelho. Embora Judas não dê indicação de que o autor é pessoalmente conhecido de seus destinatários, a mesma situação urgente molda a sua carta. Judas pretendia escrever uma carta mais extensa no tema da salvação compartilhado por todos os cristãos – o leitor poderia pensar em algo como a carta de Paulo aos romanos. Esse projeto, pelo menos até onde sabemos, jamais foi realizado, sendo protelado em face da urgência da situação, resultando na carta breve atual. Os intrusos se infiltraram na igreja, mas isso não deveria surpreender os leitores, uma vez que eles foram preditos (literalmente "programados para isso") há muito tempo. Os intrusos transformaram a graça de Deus em licenciosidade, i.e., as boas-novas da salvação pela graça conforme proclamada por Paulo em Romanos foi interpretada como uma licença para uma vida imoral. Os leitores são desafiados a rejeitar a doutrina dos intrusos e a lutar pela fé uma vez por todas confiada aos santos.

5-23 Corpo da Carta

Aquilo que, à primeira vista, parece ser um discurso agressivo e incoerente contra os intrusos torna-se em uma investigação mais profunda para um argumento mais bem estruturado. O parágrafo de abertura, versos 3-4, é composto de dois elementos. O corpo da carta expande cada um deles, porém em uma ordem inversa, oferecendo uma estrutura quiástica para o todo. A descrição dos falsos mestres é elaborada (B', versos 5-19), e então concluída com uma elaboração da responsabilidade com a qual os leitores são encarregados (A', versos 20-3).

5-19 Advertência contra os intrusos

Os leitores não deveriam desanimar nem ficar surpresos pela intrusão de falsos mestres, visto que eles foram prefiguradas nas Escrituras (5-13), profetizado por Enoque (14-16) e preditos pelos apóstolos (17-19).

5-13 Prefigurada nas Escrituras

Lendo sua Escritura tipologicamente, o autor vê os perturbadores de seu próprio dia tipificados nos israelitas infiéis, que, embora tenham sido libertados do Egito, falharam em continuar tendo fé no deserto, e foram destruídos. Igualmente, os "anjos" não mantiveram seu lugar, mas se juntaram às mulheres da terra, e foram aprisionados e confinados por Deus até o grande dia do juízo. Aqui, Judas adota a elaboração do mito de Gn 6,1-4, encontrado em *1 Enoque* 6-19. Os "filhos de Deus" (seres divinos, membros da corte celestial) das Escrituras Judaicas frequentemente eram entendidos como "anjos" na LXX e no judaísmo tardio. Eles deixaram sua própria morada celestial e cobiçaram as mulheres humanas, violando, por meio disso, a ordem divina da criação. Deus não os puniu imediatamente, mas os aprisionou debaixo da terra, onde eles aguardam o juízo final escatológico. A questão de Judas não é ensinar doutrinas especulativas sobre anjos, as quais ele adota, mas usar a história dos anjos como uma ilustração daqueles que violam a ordem divina das coisas e recebem o juízo de Deus. Desse modo, eles se tornam uma prefiguração dos intrusos nas igrejas do tempo de Judas, e de seu certo julgamento futuro. Assim também Sodoma e Gomorra são ilustrações daqueles que violam a ordem divina (Gn 19,4-11). Assim como os anjos sentiram desejo pelos seres humanos, os homens e mulheres de Sodoma sentiram desejo pelos "seres" celestes, nos dois casos, saindo dos limites estabelecidos por Deus. Embora esta forma de pensar possa ser estranha ao leitor moderno, o ponto central de Judas não é ensinar algo sobre homossexualidade, mas usar as duas histórias da interação anjo/homem para deixar claro seu pensamento de que aqueles que violam essas ordens da criação receberão o juízo de Deus.

Os intrusos são culpados precisamente desse pecado. Eles injuriam os anjos (as "dignidades") e rejeitam autoridade. Judas cita outro escrito pseudoepígrafo judaico, a *Assunção de Moisés* ou o *Testamento de Moisés*,[16] em que Satanás, o advogado de acusação celestial (cf. Jó 1), que agora está atuando como o príncipe demoníaco deste mundo, reclama o corpo de Moisés. A história da morte de Moisés em

[16] A incerteza se deve ao fato de que esse episódio se perdeu nos manuscritos existentes desse documento, e tomamos conhecimento dele apenas a partir das citações patrísticas.

Dt 34 foi elaborada em obras apócrifas judaicas. Na história em questão, o arcanjo Miguel está prestes a tomar o corpo de Moisés, mas Satanás intervém, alegando o corpo como seu, uma vez que Moisés foi um assassino, e porque, como Satanás, ele é o "senhor da matéria", i.e., o corpo material de Moisés. Miguel não presume condenar o próprio Satanás, mas cita a Escritura "o Senhor te repreenda". Isso reflete Zc 3,2, de uma seção de Zacarias que provê muitos temas para a Carta de Judas, a qual concentra textos bíblicos sobre a ameaça dos intrusos em sua própria situação. Seu ponto principal é que os intrusos insolentemente caluniam o mundo angélico, o qual eles não entendem de fato.

A primeira tríade de exemplos é seguida por uma segunda: Caim, Balaão e Coré, os quais são vistos como rebeldes e hereges condenados por Deus. Assim também é com os intrusos: eles fazem muitas reivindicações, participam da ceia eucarística (ἀγάπαι, *agapai*, festas de fraternidade) da igreja, onde são manchas (ou perigosos recifes submersos; σπιλάδες, *spilades* pode ser traduzido de ambas as formas).

14-16 Profetizado por Enoque

Como Judas indicou conhecimento e respeito por *1 Enoque* anteriormente, ele então explicitamente cita *1 Enoque* 1,9, o qual ele entende como uma profecia dos intrusos de seu próprio tempo. Esta é uma parte comum do cenário apocalíptico. Se escrita pelo irmão de Jesus, o autor aqui perde uma boa oportunidade de citar o próprio Jesus (e.g., Mc 13,5-6,21-23), e em vez disso cita um escrito apocalíptico judaico pseudoepígrafo.

17-19 Predito pelos Apóstolos

Assim como a Escritura e *Enoque* predisseram os problemas atuais, assim também os apóstolos cristãos que fundaram a igreja e que lhe ensinaram o núcleo original da fé também predisseram os maus e falsos mestres divisionistas assolando as congregações dos leitores.

20-23 Responsabilidade da Igreja

Judas não é apenas uma condenação dos falsos mestres, mas um chamado à responsabilidade. Os leitores devem continuar na fé que lhes foi transmitida, mas também responder com cuidado pastoral àqueles que estão vacilando sob a influência dos intrusos. A exortação final inclui um breve sumário da teologia cristã, expressa em termos prototrinitarianos, e um esboço da vida cristã incluindo a fé, a oração, o amor e a esperança (20-21). Aqueles membros da igreja que estão tentados a seguir os novos mestres, ou já o fizeram, devem ser ministrados com misericórdia e urgência (22-23).

24-25 Doxologia

Embora a carta chame seus leitores a um estado de alerta e responsabilidade, ela é concluída com uma bênção que é dirigida ao Deus, que é capaz de trazê-los finalmente à sua presença. Essa graciosa bênção, os versos mais conhecidos do livro, provavelmente não foi composta *ad hoc* apenas para esta carta, mas adotada a partir da rica vida litúrgica da igreja. Judas foi composta para ser lida na igreja. Ela começa como carta, continua como sermão exortatório, e conclui como liturgia.

18.3 Interpretando 2 Pedro

Ao contrário de 1 Pedro, que logo após 1,1 afrouxa a afirmação da autoria apostólica e a identifica como escrita por um ancião da Igreja Romana (5,1.13), 2 Pedro mantém a autoria fictícia de Simão Pedro do começo ao fim. Em 1,16-18, o autor apresenta-se como, juntamente com os outros apóstolos, receptor de uma revelação celestial a respeito da filiação de Jesus. Pessoalmente, Jesus revelou a morte iminente do apóstolo (1,14); o autor atual já escreveu uma carta aos leitores (3,1, referindo-se a 1 Pedro); ele fala de "nosso amado irmão Paulo" como um conhecido pessoal, e coloca-se no mesmo nível de Paulo; a carta se apresenta como escrita pelo apóstolo Pedro histórico para advertir os líderes atuais dos falsos mestres que estavam por vir, de modo que eles não deviam ficar surpresos quando de fato eles aparecessem, mas considerá-los como um sinal do Fim vindouro (2,1-3) e, assim, aprender como eles deviam dirigir suas vidas (3,11.14.17). Seria esse, de fato, Simão Pedro?

O reformador do século dezesseis, João Calvino, competente erudito clássico, revisou as dúvidas levantadas por Eusébio no quarto século, e a conclusão de Jerônimo no quinto século, de que o apóstolo Pedro não podia ter escrito esse livro tão diferente em linguagem e estilo do que podia se esperar de um pescador Galileu. Com base nisso,

Calvino ficou inclinado a concordar com Jerônimo, mas finalmente decidiu que

> Se recebida como canônica, devemos permitir que Pedro seja o autor, uma vez que seu nome está inscrito na carta, e de fato ele testifica que viveu com Cristo: e seria uma ficção indigna de um ministro de Cristo ter personificado outro indivíduo.[17]

Calvino foi capaz de manter sua integridade acadêmica e sua teoria de inspiração e autoridade bíblicas (Deus não permitiria escritos pseudoepígrafos no cânon) ao atribuir a composição verdadeira da carta a um habilidoso secretário. Embora Calvino acreditasse que 2 Pedro fosse realmente de Pedro, isso significa que "não necessariamente ele a escreveu, mas que algum dos seus discípulos escreveu por ordem sua, aquelas coisas que a necessidade do tempo requeria".[18] Hoje quase todos os eruditos consideram 2 Pedro como pseudoepígrafa, e provavelmente o último documento do Novo Testamento a ser escrito, à exceção daqueles cuja teologia requer autoria apostólica como pré-requisito para a canonicidade.

Nós agora consideraremos as características principais de 2 Pedro para decidirmos sobre autoria, data, contexto histórico, e, por conseguinte, significado e significância:

18.3.1 Linguagem e cultura

Essa foi a questão principal de Calvino, e permanece um obstáculo para todas as tentativas de atribuir a carta a Simão Pedro. O livro foi obviamente escrito por um autor diferente do compositor de 1 Pedro, conforme indicado pelo vocabulário, estilo e conteúdo contrastantes. O autor se sente completamente à vontade com o grego, o qual é sua língua materna. Não há semitismos. A LXX é sua Bíblia. Geralmente se coloca o seu grego ao lado de Tiago, 1 Pedro, Hebreus e as Pastorais, e superior não apenas a Apocalipse e Marcos, mas mesmo a Paulo. Sua composição tem a mais alta proporção de *hapax legomena*

---

[17] JEAN CALVIN, DAVID W. TORRANCE, and THOMAS FORSYTH TORRANCE, *Calvin's Commentaries* (12 vols.; Grand Rapids: Eerdmans, 1959), 12.228.

[18] Ibid.

no Novo Testamento. Muitas das 57 palavras encontradas apenas nessa carta no de todo o Novo Testamento são encontradas nos Pais Apostólicos, Filo, Josefo e outros autores judeus helenísticos. Sua proficiente linguagem inclui habilidades retóricas (aliteração, assonância, estruturas quiásticas), e um conhecimento do grego clássico. Ele parece, de fato, pressupor as narrativas clássicas gregas e encaixa nelas seu conhecimento bíblico, e não o inverso.

Como os Titãs, na mitologia grega, os anjos maus de Gn 6 são lançados no Tártaro (2,4).[19] Aqui, e em outros lugares, 2 Pedro é mais helenística do que Judas, uma de suas principais fontes. Assim, o autor conhecia as histórias gregas de sua educação primária, e entendeu as histórias bíblicas nessas categorias quando se tornou um cristão.

18.3.2 Gênero

Segunda Pedro combina dois gêneros literários, o testamento e a carta. O testamento era um gênero familiar: em face de sua morte iminente, o patriarca ou líder recebe uma visão do futuro que ele compartilha com seus seguidores, advertindo-os quanto às coisas que estão por vir e encorajando-os a ser fiéis (cf. e.g., Gn 47,29-49,28; Dt 28-31; Js 23-24; Jo 13-16; At 20,18-35; 2 Tm 3-4; Tob 14,3-11; 2 Esd 14,28-36; *Jubileus* 21-22, 35,1-36,18; *Testamento de Moisés, Testamento de Jó,* o *Testamentos dos Doze Patriarcas*). Segunda Pedro tem o caráter de tais testamentos (1,12-15), mas se encaixa dentro da estrutura epistolar que, no rastro de Paulo, tornou-se o gênero normativo da instrução cristã (ver §§10.2, 17.1 Vol. I).

18.3.3 Perspectiva temporal

A estrutura testamentária requer a perspectiva futura do ponto de vista do autor pretendido, o qual já está olhando para o tempo dos leitores a quem se dirige. Em grande parte, 2 Pedro, de fato, exibe essa perspectiva temporal (observar os tempos futuros de 1,12.15; 2,1-3; 3,3). Mas em 2,14-19 e 3,5, os falsos mestres que foram preditos já estão presentes, e "Pedro" fala diretamente aos ouvintes/leitores da carta. Como nas Pastorais (1 Tm 4,1-5; 2 Tm 3,1-9) e At 20,29-30,

---

[19] Para mais exemplos, ver e.g. EARL RICHARD, "Peter, Second Letter of," in *NIDB*, 4.471.

a perspectiva futura do mundo fictício testamentário modula para o mundo real do leitor (que, obviamente, é também o mundo real do autor).

18.3.4 Relação com a tradição de Jesus

Como no caso de 1 Pedro e Judas, se 2 Pedro foi escrita por uma testemunha ocular e discípulo do Jesus terreno, esperar-se-ia alguma indicação disso no próprio texto. Segunda Pedro, contudo, não dá qualquer indicação de conhecimento dos ditos e eventos da vida do Jesus terreno. A suposta referência à transfiguração não é uma exceção a esta regra; (veja sobre 1,17-18 abaixo). As autoridades sobre as quais a fé e a vida cristãs estão fundamentadas são os profetas bíblicos e os mandamentos de Jesus Cristo expressos através dos apóstolos, e não o ensino e exemplo de Jesus (3,2). Nisso, 2 Pedro segue o padrão estabelecido pelas cartas paulinas e em outras cartas do Novo Testamento.

18.3.5 Uso de Judas

O leitor moderno que chega a 2 Pedro a partir de uma cuidadosa leitura de Judas é imediatamente afetado por numerosas, óbvias e íntimas ligações entre Judas e 2 Pedro (cf. tabela abaixo). Claramente, Judas e 2 Pedro têm algum tipo de ligação literária. Há quatro teorias possíveis; cada uma com seus defensores:[20] (1) Os dois documentos foram escritos pelo mesmo autor; (2) eles têm uma fonte comum, quer literária quer oral; (3) 2 Pedro foi escrita primeiro e foi utilizada pelo autor de Judas; (4) Judas foi escrita primeiro, e foi utilizada pelo autor de 2 Pedro. Depois de examinar cada possibilidade, o estudo recente da questão conclui que o consenso da erudição atual está correto, que 2 Pedro utiliza Judas.

---

[20] Para detalhes, ver LAURI THURÉN, "The Relationship between 2 Peter and Jude: A Classical Problem Resolved?," in *The Catholic Epistles and the Tradition*, ed. Jacques Schlosser, *Bibliotheca Ephemeridum theologicarum Lovaniensium* (Leuven: Leuven University Press, 2004), 451-460.

Quadro 19: Paralelos entre Judas/ 2 Pedro[21]

Negrito = comum a Judas e 2 Pedro.
Sublinhado = fraseologia exata ou quase exata.
Pontilhado = fraseologia similar.
Itálicos = alusões claras e citações de documentos judaicos não canônicos em Judas, e omitidos em 2 Pedro.

Judas	2 Pedro
4. Pois certos indivíduos se introduziram com dissimulação, os quais, desde muito, foram antecipadamente pronunciados para esta condenação, homens ímpios, que transformam em **libertinagem** a graça de nosso Deus **e negam** o nosso único **Soberano** e Senhor, Jesus Cristo.	2,1 ..., **os quais introduzirão, dissimuladamente**, heresias destruidoras, **até ao ponto de renegarem** o **Soberano** Senhor que os resgatou, trazendo sobre si mesmos repentina destruição. 2 E muitos seguirão as suas **práticas libertinas**, e, por causa deles, será infamado o caminho da verdade; 3 ... para eles o juízo lavrado há longo tempo não tarda, e a sua destruição não dorme.
5 Quero, pois, lembrar-vos, embora já estejais cientes de tudo uma vez por todas, que o Senhor, tendo libertado um povo, tirando-o da terra do Egito, **destruiu**, depois, os que não creram; 6. e a anjos, os que não **guardaram** o seu estado original, mas abandonaram o seu próprio domicílio, ele tem **guardado** sob **trevas, em algemas eternas**, para o juízo do grande Dia; 7. como **Sodoma, e Gomorra**, e as cidades circunvizinhas, que, havendo-se **entregado** à prostituição como aqueles, **seguindo após outra carne**, são postas para exemplo do fogo eterno, sofrendo **punição**.	2,4 Ora, se Deus não poupou anjos quando pecaram, antes, precipitando-os no inferno, os entregou a **abismos de trevas**, reservando-os para juízo; 5 e não poupou o mundo antigo, mas preservou a Noé, pregador da justiça, e mais sete pessoas, quando fez vir o dilúvio sobre o mundo de ímpios; 6 e, reduzindo a cinzas as cidades de **Sodoma e Gomorra**, **ordenou**-as à ruína completa, tendo-as posto como **exemplo** a quantos venham a viver impiamente; ... 9 é porque o Senhor sabe livrar da provação os piedosos e **reservar**, sob castigo, os injustos **para o Dia de Juízo**, 10 – especialmente aqueles que, **seguindo a carne**, andam em **imundas paixões** e menosprezam qualquer **governo**.
8. Ora, estes, da mesma sorte, quais sonhadores alucinados, não só contaminam a carne, como também rejeitam **governo** e **difamam autoridades superiores**. 9. Contudo, o arcanjo *Miguel, quando contendia*	

[21] N. do T. Na versão utilizada nesta edição em português, algumas correspondências se perdem. Para observar de maneira mais precisa as correspondências propostas pelo autor, ver alguma edição crítica do Novo Testamento Grego, e.g., KURT ALAND. The Greek New Testament. 27ª ed.

com o diabo e disputava a respeito do corpo de Moisés, [Testamento de Moisés] não se atreveu a proferir juízo infamatório contra ele; pelo contrário, disse: O Senhor te repreenda! 10. Estes, porém, quanto a tudo o que não entendem, difamam; e, quanto a tudo o que compreendem por instinto natural, como brutos sem razão, até nessas coisas se corrompem. 11. Ai deles! Porque prosseguiram pelo caminho de Caim, e, movidos de ganância, se precipitaram no erro de Balaão, e pereceram na revolta de Coré. 12. Estes homens são como rochas submersas, em vossas festas de fraternidade, banqueteando-se juntos sem qualquer recato, pastores que a si mesmos se apascentam; nuvens sem água impelidas pelos ventos; árvores em plena estação dos frutos, destes desprovidas, duplamente mortas, desarraigadas; 13. ondas bravias do mar, que espumam as suas próprias sujidades; *estrelas errantes*, [1 Enoque 18.15-16; 21,5-6] para as quais tem sido guardada a negridão das trevas, para sempre.

14. Quanto a estes foi que também profetizou Enoque, o sétimo depois de Adão, dizendo: *Eis que veio o Senhor entre suas santas miríades, 15. para exercer juízo contra todos e para fazer convictos todos os ímpios, acerca de todas as obras ímpias que impiamente praticaram e acerca de todas as palavras insolentes que ímpios pecadores proferiram contra ele.* [1 Enoque 1,9-10].

16. Os tais são murmuradores, são descontentes, andando segundo as suas paixões. A sua boca vive propalando grandes arrogâncias; são aduladores dos outros, por motivos interesseiros.

17. Vós, porém, amados, lembrai-vos das palavras anteriormente proferidas pelos apóstolos de nosso Senhor Jesus Cristo; 18. os quais vos diziam: No último tempo, haverá escarnecedores, andando segundo as suas ímpias paixões.

Atrevidos, arrogantes, não temem difamar autoridades superiores, 11 ao passo que anjos, embora maiores em força e poder, não proferem contra elas juízo infamante na presença do Senhor. 12 Esses, todavia, como brutos irracionais, naturalmente feitos para presa e destruição, falando mal daquilo em que são ignorantes, na sua destruição também hão de ser destruídos, 13 recebendo injustiça por salário da injustiça que praticam. Considerando como prazer a sua luxúria carnal em pleno dia, quais nódoas e deformidades, eles se regalam nas suas próprias mistificações, enquanto banqueteiam junto convosco. 14 tendo os olhos cheios de adultério e insaciáveis no pecado, engodando almas inconstantes, tendo coração exercitado na avareza, filhos malditos! 15 abandonando o reto caminho, se extraviaram, seguindo pelo caminho de Balaão, filho de Beor, que amou o prêmio da injustiça...

2,17 Esses tais são como fonte sem água, como névoas impelidas por temporal. Para eles está reservada a negridão das trevas. 18 porquanto, proferindo palavras jactanciosas de vaidade, engodam com paixões carnais, por suas libertinagens, aqueles que estavam prestes a fugir dos que andam no erro.

3,2 ... para que vos recordeis das palavras que, anteriormente, foram ditas pelos santos profetas, bem como do mandamento do Senhor e Salvador, ensinado pelos vossos apóstolos. 3 tendo em conta, antes de tudo, que, nos últimos dias, virão escarnecedores com os seus escárnios, andando segundo as próprias paixões 4 e dizendo: Onde está a promessa da sua vinda? Porque, desde que os pais dormiram, todas as coisas permanecem como desde o princípio da criação.

Não apenas há verbos enfáticos similares, conforme indicados na tabela acima, há exemplos onde o texto de 2 Pedro não pode ser compreendido a menos que o leitor esteja consciente do texto sublinhado de Judas. Por exemplo, é necessário conhecer a história do confronto entre o arcanjo Miguel e o demônio, em Judas 9, a fim de entender a questão de 2 Pd 2,11. O autor escreve para uma audiência que já estava completamente consciente de Judas. (ver abaixo os exemplos de sua representação de Judas). Como Judas, 2 Pedro não conclui como uma carta, mas com uma doxologia apropriada para textos de instrução a ser lidos no cenário da adoração congregacional.

18.3.6 Relação com Paulo e as "outras escrituras"

O autor e os leitores estão conscientes de que as cartas de Paulo estavam em circulação, e eram lidas na adoração cristã ao lado das Escrituras, i.e., elas mesmas já eram consideradas Escrituras (3,15-16; cf. também 2 *Clem* 14,2, onde os documentos autoritativos são "os livros [da Escritura] e os apóstolos"). Os falsos mestres também reconheciam as cartas de Paulo como autoritativas para a comunidade cristã, mas do ponto de vista do autor eles desvirtuavam Paulo de maneira obstinada, o qual, em todo caso, é difícil de entender. Isso não faz com que o autor rejeite Paulo, entregando-o aos falsos mestres. "Nosso amado irmão Paulo" escreveu pela sabedoria a ele dada por Deus. Assim como as Escrituras Judaicas, que se tornaram a Bíblia Cristã, a questão não é autoridade, mas interpretação. Assim como os falsos mestres interpretaram Paulo equivocadamente, do mesmo modo, em geral, eles interpretavam equivocadamente a Escritura. As profecias da Escritura não são de interpretação particular, mas são entendidas corretamente apenas por aqueles a quem foi dada a chave apostólica pelo Cristo ressurreto (1,20). Paulo e as Escrituras devem ser interpretados apenas em termos da autêntica tradição apostólica conforme representada por Pedro.

18.3.7 Relação com outros documentos protocristãos de proveniência romana

O autor de 2 Pedro intencionalmente toma esse ponto na tradição de 1 Pedro (3,1), e assume que seus leitores conhecem a carta. Há, assim, uma conexão entre 1 e 2 Pedro, mas não se trata do mesmo tipo de conexão como, por exemplo, entre 1 e 2 Coríntios. Em 2 Pedro, temos um autor diferente, uma geração diferente, uma situação diferente. Linguagem, estilo e conteúdo são todos diferentes. Segunda Pedro não representa uma escola petrina no sentido de um grupo de discípulos do mesmo mestre, que continua e desenvolve seu pensamento em linhas teológicas similares, visto que 1 e 2 Pedro são muito diferentes teologicamente. Se "escola" pode ser definida mais amplamente, como na discussão de uma "escola paulina" 1 e 2 Pedro podem ser vistas como pertencendo à mesma tradição escolar (no mesmo sentido em que Efésios e as Pastorais, diferentes como são, representam a "escola paulina"). Alguns preferem não falar de uma "escola", mas de um "círculo" ou "grupo" petrino, uma associação não oficial de mestres cristãos que olhavam para Pedro como sua autoridade comum.[22] Primeira Pedro é dependente da tradição paulina, mas 2 Pedro é dependente de *Judas*, e dificilmente exibe qualquer contato com outros documentos canônicos. Há, contudo, contatos íntimos entre 2 Pedro e *1 Clemente, 2 Clemente* e o *Pastor* de Hermas. "Estes três são as obras da igreja cristã que mais apresentam correspondência com 2 Pedro", cujas similaridades "provavelmente indicam sua dívida comum a uma tradição do cristianismo romano".[23] Especialmente significativa é a íntima relação entre as ideias apostólicas de 2 Pd 3,4 e aquelas de *1 Clem* 23,3 e *2 Clem* 11,2.

18.3.8 Testemunho, canonicidade e data

Na opinião de muitos eruditos, 2 Pedro é o último escrito incluído no Novo Testamento. Pode haver ecos dele em *Apocalipse de Pedro*, um documento do segundo século, mas o primeiro autor a mencionar especificamente Pedro como autor foi Orígenes, ca. 225 d.C. – que não a considera autêntica (cf. Eusébio *HE* 6,27.1). A carta ainda era listada por Eusébio entre os livros disputados, ca. 325 d.C. (*HE* 3,1-4; cf. 25,3),

---

[22] Sobre uma "escola", "círculo" ou "grupo" petrino, ver DOERING, "Diaspora Letter," 233 and n.117; BAUCKHAM, *Jude, 2 Peter*, 146, e Soards, "Petrine School," 3828-3849 para mais discussão e bibliografia.

[23] BAUCKHAM, *Jude, 2 Peter*, 150-151, 284, 304, que oferece detalhes sobre um "ambiente de linguagem comum" e "tradições compartilhadas". Ver também KRAFTCHICK, *Jude and 2 Peter*, 76. Se, como é provável, Hebreus e Atos são de Roma, os pontos de contato com esses dois documentos fortalecem ainda mais a probabilidade de uma origem romana para 2 Pedro.

e geralmente não era incluída nas listas canônicas até o fim do quarto século. Quando finalmente foi aceita no cânon por muitas igrejas, isso se deu em face de seu conteúdo apostólico, e não em virtude de qualquer evidência confiável de autoria apostólica. A própria carta indica que foi composta em uma situação posterior à existência de Simão Pedro. O autor se volta para o tempo dos primeiros profetas e apóstolos (3,2), o tempo dos "pais" (οἱ πατέρες, *hoi pateres*), os líderes da primeira geração cristã. A referência à carta anterior do autor indica que se assumia que 1 Pedro também devia ser provavelmente conhecida. Segunda Pedro é de uma data posterior à compilação e circulação das cartas de Paulo, e posterior ao fato de terem sido consideradas como Escritura (3,15-16); é posterior à composição e circulação de 1 Pedro (3,1); posterior à composição e circulação de Judas (2,1 – 3,4), algum tempo depois da morte da geração dos pais-fundadores, cujo mundo continuava seu curso normal (3,4); posterior ao fato de a demora da parousia ser usada como evidência contra as expectativas escatológicas tradicionais (3,3-4); posterior à circulação de uma tradição segundo a qual Jesus prediz a morte de Pedro (1,14; atestada primeiro no último estrato do Evangelho de João, 21,18-19); e também veio depois de a ação de citar textos não canônicos como autoridade (como em Judas 9,14-16) se tornou problemática. A evidência parece convergir para o período de 120-150 d.C. como o cenário para a composição de 2 Pedro.

18.3.9 Heresia e ortodoxia

Os oponentes parecem representar uma forma extrema do desenvolvimento da carta na escola paulina representada por Colossenses e Efésios. Da perspectiva de 2 Pedro (e Judas), os hereges perverteram em licenciosidade a doutrina da graça ensinada por Paulo, e sua ênfase na experiência do Espírito e a realidade presente da salvação tornam a escatologia futurística desnecessária. A ênfase na "realidade", cultivada em Colossenses e Efésios, levou a uma rejeição da dimensão do "não ainda" da salvação.

Sumário e transição

Segunda Pedro chega ao clímax de um extenso desenvolvimento do cristianismo ecumênico em Roma que se volta para Pedro como seu guia e modelo. Escrita em algum momento na primeira metade do segundo século, o autor quer evitar os perigos dos elementos mais radicais do cristianismo paulino não rejeitando Paulo, mas incorporando-o. A igreja não deve ser dividida entre paulinistas e judeus cristãos. Paulo deve ser incluído numa corrente mais ampla em desenvolvimento, a qual inclui o cristianismo judaico de Judas (e consequentemente Tiago), mas o paulinismo não é a norma com a qual tudo deve estar em conformidade. Assim como 1 Pedro incluiu Paulo, ao adotar a forma paulina de carta, elementos da tradição e teologia paulinas, e mesmo os cooperadores de Paulo, Marcos e Silvano, assim também o autor de 2 Pedro deve ser avaliado e interpretado dentro *desta* moldura (petrina) de referência. Os elementos-chave do que deve se tornar o cânon bíblico já estão afirmados como uma defesa contra a heresia: (1) As Escrituras Judaicas são adotadas e afirmadas, mas (em contraste com Judas), "purificadas" de livros que vieram a ser considerados não canônicos. A insistência em que os escritores da Bíblia foram inspirados pelo Espírito Santo (1,21) não está no interesse de uma doutrina de inspiração bíblica *per se*, mas é colocada contra as reivindicações dos oponentes, os quais alegam falar sob inspiração divina. Contra essas alegações da revelação presente, o autor aponta a Escritura divinamente inspirada: a igreja é, de fato, guiada pelo Espírito Santo, mas o Espírito guia a igreja através das Escrituras, e não através de revelações contemporâneas. (2) As Escrituras incluem os escritos de Paulo (3,16). Os escritos de Paulo e de 2 Pedro são (ambos!) afirmados como autoritativos, mas ambos devem ser interpretados dentro da diretriz da tradição da igreja. (3) Não há referência a Evangelhos escritos, embora os sinóticos estejam se difundindo em alguns círculos da igreja por décadas. Embora os Evangelhos ainda não estejam afirmados como textos sagrados, a referência à cena na qual a voz celestial veio sobre a montanha representa a tradição do Evangelho (1,16-18). O Antigo Testamento, Cartas e Evangelhos deviam se tornar o cânon do cristianismo corrente. Esses já são implantados em 2 Pedro na luta da igreja para guardar a fé de perversões heréticas. Nesse sentido, 2 Pedro é, de fato, uma representante do cristianismo protocatólico. Mas 2 Pedro é uma extensão da tradição epistolar iniciada por Paulo, com contato mínimo apenas com a tradição da vida de Jesus representada pelos Evangelhos. Na próxima seção deste livro, nos dedicaremos à outra principal corrente da Teologia do Novo Testamento que gerou os Evangelhos.

18.3.10 Estrutura e esboço

1,1-2	Saudação
1,3-11	Sumário Temático: Os atos de Deus e a resposta dos crentes
1,12-3,13	Corpo da Carta: O testamento de Pedro, respondendo antecipadamente aos falsos mestres
1,12-2,22	Profecia verdadeira e falsa
1,12-21	Pedro, os apóstolos e a verdadeira profecia
2,1-22	Falsos profetas, naquele tempo e agora
3,1-13	Existência Escatológica
3,14-18	Exortação Final e Doxologia

18.3.11 Síntese exegético-teológica

1,1-2 Saudação

As palavras de abertura assinalam a perspectiva ecumênica e inclusiva da carta, combinando os nomes grego e judaico pretendidos pelo autor, à medida que eles combinam as autodesignações de Judas do autor ("servo") e 1 Pedro ("apóstolo"). Usando a forma judaica de seu nome (cf. At 15,14), *Simão, o servo*, fala como alguém que era discípulo de Jesus e pertencia a igreja primitiva, declarando que os leitores de uma geração posterior compartilham a mesma fé. *Pedro, o apóstolo* igualmente garante a validade da tradição como apostólica. Uma voz apostólica autoritativa do passado aborda leitores de uma geração posterior. A carta não é dirigida a uma congregação ou congregações específicas, mas especificamente a todos aqueles que compartilham a fé comum. Aqui, como em Judas 2, *fé* refere-se não apenas à confiança pessoal com a qual se crê, mas ao conteúdo da fé em si. Aqueles que vêm depois da primeira geração não recebem algo usado, uma fé de segunda mão, mas uma fé igual à da primeira geração. "Nosso Deus e Salvador Jesus Cristo" já tende para o uso posterior da linguagem-de-Deus para Cristo. Em contraste com as Pastorais, onde γνῶσις (*gnōsis*, conhecimento) é usado apenas em sentido negativo, aqui a fé cristã dá verdadeiro conhecimento ao crente.

1,3-11 Sumário temático: os atos de Deus e a resposta dos crentes

1,3-4 O influente ensaio de ERNST KÄSEMANN tornou popular a visão de que 2 Pedro é principalmente uma defesa da escatologia protocristã.[24] Ele estava errado, contudo, em supor que isso era apenas uma indicação do declínio da fé cristã de sua vitalidade existencial inicial para um insípido "catolicismo primitivo" (ver Vol. I §16.1). O autor de 2 Pedro não está preocupado com a escatologia como um dogma, mas com a vida cristã como existência escatológica – vivendo "entre os tempos" do ato definitivo de Deus em Cristo e a futura consumação do reino de Deus na parousia. Deus atuou no passado não apenas no salvador evento-Cristo, mas chamando os leitores para a comunidade de fé. Deus agirá no futuro – esta é a implicação de "suas preciosas e grandes promessas" que são negadas pelos falsos mestres. Viver a vida entre os atos de Deus em Cristo e a vinda final do reino de Deus tem consequências éticas. Para o autor, esse desenvolvimento conjunto da fé e da vida é crucial. Uma ética má resulta de uma má teologia; uma boa teologia deve produzir um viver ético.

1,5-11 Esta combinação de fé e ética é imediatamente ilustrada na adaptação de uma lista de virtudes a fim de representar a essência distintiva da vida cristã. Há diversos catálogos como esse na literatura helenística e rabínica. Tipicamente, tais listas começavam com *conhecimento*, e a compreensão correta era considerada a base para a boa vida. Em contraste, Pedro começa com *fé*, a qual nesse contexto se refere não ao conteúdo do que se crê, mas à confiança pessoal no Deus revelado em Cristo. As convencionais virtudes helenísticas se seguem, mas o todo é temperado pelo conteúdo cristão. Característico é o uso do grupo de palavras εὐσέβεια/*eusebeia* (pio, piedoso, piedade), encontrado apenas nos escritos posteriores do Novo Testamento (4 vezes em Atos, 13 vezes nas Pastorais e 5 vezes em 2 Pedro). A lista não é um catálogo de ideais os quais devem ser seriamente buscados, mas o perfil da vida daqueles que veem suas vidas como determinadas pelo ato de Deus em Cristo – passado, presente e futuro. A existência

[24] ERNST KÄSEMANN, "An Apology for Primitive Christian Eschatology," in *Essays on New Testament Themes, Studies in Biblical Theology* (London: SCM Press, 1964), 169-195.

escatológica, e não virtudes idealistas, é o motor que dirige a vida do crente. A lista que começa com a fé conclui com amor, expresso pela palavra ἀγάπη (*agapē*). O amor não é aqui uma virtude entre outras, mas a síntese e o objetivo de todas as éticas.

1,12-3,13 Corpo da carta: O testamento de Pedro, respondendo antecipadamente aos falsos mestres

1,12-22 Verdadeira e falsa profecia

1,12-21 Pedro, os apóstolos e a verdadeira profecia

1,12-15 Aqui, o autor torna explícito o caráter testamentário de seu escrito. A tradição que Jesus informou Simão Pedro de seu martírio iminente é também encontrado em Jo 21,18-19. Embora o próprio autor esteja reinterpretando o que eles já conhecem, i.e., sua fé tradicional herdada, que não se torna algo novo por ser reinterpretada em nova linguagem e conceitos.

1,16-21 O autor não acusa seus oponentes de propagar "mitos inteligentemente concebidos" (contrastar 1 Tm 1,4; 4,7; 2 Tm 4,4; Tt 1,14). Antes, os falsos mestres acusam os cristãos tradicionais que afirmam a parousia escatológica de crer em mitos, fabricados para manipular pessoas imaturas. O autor responde que a base da fé não é mitologia fora da especulação imaginativa, mas testemunho apostólico autêntico dos eventos reais (1,16-18) e a palavra profética da Escritura (1,19-21). Uma vez que o evento descrito "no monte santo" é similar à cena da Transfiguração retratada nos Evangelhos Sinóticos (Mc 9,2-8; Mt 17,1-8; Lc 9,28-36), tradicionalmente esse texto tem sido compreendido como a alegação de "Pedro" de que esteve presente na Transfiguração. É difícil ver a conexão entre essa alegação e as referências seguintes de confirmação da palavra profética da Escritura. É igualmente difícil entender por que o autor apela para um evento da vida de Jesus em vez de sua exaltação na ressurreição. É provável, contudo, que o autor, de fato, pretende se referir à revelação da glória do Cristo ressurreto. A referência não é à história da Transfiguração no cenário pré-pascal dos Evangelhos Sinóticos. As palavras vindas do céu em 2 Pedro não correspondem verbalmente a nenhuma das narrativas dos Evangelhos Sinóticos. Não há indicação de que o autor esteja familiarizado com algum dos Evangelhos ou que veja a cena no "monte santo" como a cena da transfiguração pré-pascal da narrativa do Evangelho. Foi Marcos quem primeiro localizou a história ali, onde o Jesus terreno tornou transparente sua futura glória celestial, i.e., uma *transfiguração* de sua aparência humana que rapidamente se desvaneceu. Mateus e Lucas seguem Marcos nisso (a história não aparece em João). Como no caso de Tiago, o autor está consciente das tradições de e sobre Jesus, mas não as incorpora no cenário da vida terrena de Jesus. O modo narrativo do Evangelho de confessar a fé parece ser desconhecido ou rejeitado (ver §18.4.1 abaixo). O "monte santo" não se refere a uma montanha desconhecida da Galileia. O termo é usado vinte vezes na LXX, sempre com referência a Jerusalém, Monte Sião, o cenário das aparições do Cristo ressurreto em Lucas e João. Isso é o que significaria no cristianismo romano, com seu *pano de fundo* e história judaico-cristão. O autor de 2 Pedro, portanto, parece apelar à revelação da glória pós-pascal de Cristo, concedida aos apóstolos em Jerusalém (e não apenas aos três discípulos na Galileia, como nos Sinóticos).[25] Isso corresponde à única outra referência ao material narrativo agora incluído nos Evangelhos, a predição de Jesus em relação à morte de Simão, a qual é claramente uma cena pós-pascal (Jo 21,18-19). A linha de pensamento do autor parece ser a seguinte. Ele e outros mestres cristãos apelaram às Escrituras a fim de apoiar sua visão da parousia escatológica de Cristo. Os falsos mestres disputam essa interpretação da Escritura, alegando que o grupo petrino segue "mitos inteligentemente inventados". O autor responde que essa interpretação não é meramente uma questão de interpretação particular e idiossincrática, mas é confirmada por uma experiência reveladora que revelou Jesus como Filho de Deus entronizado na glória celestial, aquele que virá como juiz e salvador escatológico. A igreja pode estar segura de ver a glória de Cristo no futuro, porque a glória do Cristo exaltado já foi vista no passado. Nessa leitura, "Pedro" não

[25] O posterior *Apocalipse de Pedro* também entende essa cena como pós-pascal, sugerindo que esta era a visão comum de algumas correntes da tradição petrina. É difícil para o leitor moderno ouvir essas palavras no cenário dado por 2 Pedro, sem inserir a perspectiva da estrutura narrativa dos Evangelhos, mas esta não é a maneira como 2 Pedro pretende que a cena seja entendida.

está apelando a uma transfiguração pré-pascal, mas a uma revelação pós-pascal que confirma sua leitura das Escrituras proféticas (cf. Mt 28,18-20; 1 Ts 4,15-17). Nem a Escritura nem a interpretação é uma questão de arbítrio humano, mas revelação divina e profética.

2,1-2,22 Falsos profetas, naquele tempo e agora

Além dos profetas verdadeiros havia falsos profetas. Isso, também, corresponde à situação dos leitores. Esta extensa seção central é um ataque aos falsos mestres, respondendo suas objeções e culpando-os de teologia deficiente, rejeição da autoridade divina e imoralidade pessoal. O autor confia profundamente em Judas, e adapta o material primitivo ao fazer algumas mudanças significativas: (1) Enquanto Judas simplesmente condena os intrusos, 2 Pedro especifica e refuta suas crenças. (2) Ele ajusta a cronologia para conformar-se com a da narrativa bíblica. A tríade de Judas *Israel/anjos pecadores/Sodoma e Gomora* se torna *anjos pecadores/Noé/Ló*, na ordem encontrada em Gn 6-19. (3) Ele inclui exemplos positivos da libertação de Deus (Noé, Ló), contrastando com os exemplos negativos do juízo de Deus. O papel de Noé é estendido de modo que ele se torna um pregador de justiça, e Ló, cuja alma dócil fica perturbada com a conduta de seus vizinhos pagãos, é retratado em cores mais piedosas do que em Gênesis. (4) Ele omite as citações de Judas da literatura não canônica (*1 Enoque, Testamento de Moisés*), baseando seu argumento inteiramente no material considerado bíblico. A questão central não é converter os falsos mestres, os quais não são abordados, mas advertir as igrejas desavisadas a respeito da terrível ameaça em seu meio.

3,1-13 Existência escatológica

Correntes amplas do cristianismo da primeira geração esperavam que Cristo retornasse em breve para completar sua obra salvífica ao estabelecer a justiça de Deus e trazer o reino de Deus (e.g., Mc 9,1; Mt 10,23; 16,28). Os falsos mestres do tempo do autor argumentam que toda a ideia da segunda vinda de Cristo era falsa e devia ser abandonada, usando três argumentos principais: (1) Uma vez que Jesus não retornou dentro do tempo esperado, a história demonstrou que esta é uma falsa expectativa. (2) A constância e consistência da ordem do mundo, a qual continua funcionando como sempre ocorreu, mostra que a história continuará sem intervenção divina – consequentemente não há um juízo final a ser temido. (3) Em todo caso, Cristo nos libertou da lei, não seremos chamados para um acerto de contas e, portanto, o juízo é desnecessário. O autor não está respondendo a uma crise de fé causada pela demora da parousia. Sua preocupação não é apenas refutar os falsos mestres, mas apontar a importância de uma compreensão escatológica da história para a vida cristã. O autor entende a rejeição dos falsos mestres em relação à escatologia como uma desculpa para promover frouxidão moral. Seu interesse em escatologia não é especulativo, mas ético. O clímax de sua discussão escatológica não é um calendário escatológico exato, mas uma declaração de "que tipo de pessoas devemos ser" (3,11-12).

O autor se opõe ao falso ensino apelando à constância do ato de Deus como é visto na Escritura. O padrão bíblico de criação, juízo e recriação será repetido ao final. A demora da parousia não significa que ela não ocorrerá. Apelando ao Sl 90,4, o autor argumenta que como um dia (para o homem) é como mil anos para Deus, e mil anos (para o homem) são como um dia para Deus, assim também as promessas de Deus não estão limitadas pelas concepções humanas de tempo. Há diversos paralelos a esta ideia na literatura judaica. Para o autor de 2 Pedro, a "demora" na perspectiva humana é, na verdade, uma expressão da paciência de Deus, que quer que todos se arrependam, e lhes dá tempo para isto. A convicção do autor é que a parousia é certa, quando quer que aconteça, porque ela não é uma questão de especulação humana, mas de promessa divina.

3,14-18 Exortação final e doxologia

Os escritos de Paulo foram aparentemente explorados pelos falsos mestres, os quais interpretaram a ênfase de Paulo sobre a liberdade cristã e a presença da salvação como significando que não haveria julgamento futuro. O autor sustenta que Paulo faz emergir a corrente do cristianismo católico. Essa afirmação "petrina" do cristianismo "paulino" é uma extensão da teologia unificadora de 1 Pedro (ver introdução a 1 Pedro).

A breve doxologia final enfatiza a constante permanência na fé tradicional até o retorno de Cristo, o dia da eternidade.

18.4 A Igreja em Roma: a segunda e terceira gerações

As discussões dos livros individuais acima sugerem que Roma era o cenário onde *diferentes tradições epistolares* se fundiram, sob a influência dominante da forma de carta paulina. Hebreus, 1 e 2 Pedro, Tiago e Judas, todas parecem ter conexões romanas (ver a introdução aos livros individuais acima). No segundo século, Roma também parece ter sido o lugar onde as categorias *Evangelho* e *Epístola* formaram a base do que devia ser o Novo Testamento, depois de esse modelo ter emergido na comunidade joanina.

Para as origens da igreja romana e o cristianismo romano da primeira geração, (ver *Romanos*, Vol. I.) Para a segunda geração, *1 Clemente* é a evidência mais clara, uma vez que seguramente foi escrita de Roma, por volta da virada do século. Usando *1 Clemente* como a base, e suplementando com o Novo Testamento e outros documentos que parecem ter uma conexão romana desse período, podemos construir o seguinte esboço:[26]

Os cristãos romanos assumem alguma responsabilidade de ensino pela grande igreja. *1 Clemente* é claramente uma expressão dessa responsabilidade ecumênica, escrevendo em nome da igreja romana a fim de auxiliar a problemática igreja de Corinto. Um pouco antes, como o primeiro escrito cristão do ocidente para o oriente, 1 Pedro é a primeira evidência de que Roma está se tornando um, ou o centro da fé cristã. Primeira Pedro simplesmente assume que a fusão da fé paulina/petrina que ela representa é normativa para as igrejas, e é compartilhada por elas em praticamente toda a extensão das províncias da Ásia Menor.

O cristianismo romano desse período representou uma expressão ecumênica de uma variedade limitada, uma unidade sem uniformidade. Refletindo a estrutura mais frouxa do judaísmo romano que formou seu cenário, o cristianismo romano mostra que as tradições paulina, jacobita e petrina (incluindo Judas) podiam todas se abrigar sob um mesmo guarda-chuva ecumênico, com uma tradição central, mas sem uma autoridade central. Mesmo a expulsão de Marcião (144 d.C., ver Vol. I §2.2.1) foi realizada por "anciãos e mestres" representativos.

---

[26] Ver detalhes em Lampe, *Paul to Valentinus*, 67-152.

Etnicamente gentio, com fortes raízes judaicas. Os cristãos romanos desse período eram, em sua maioria, gentios pobres, sem cidadania romana. Depois da virada do século, Hermas indica que havia muitos ricos e membros secularizados na comunidade cristã. Embora predominantemente gentio, seu cristianismo cultivou a consciência de sua origem e tradição judaicas, e apreciação por elas. Embora a perseguição de Nero, em 64 d.C., fosse capaz de identificar cristãos como um grupo distinto, as raízes judaicas e orientação da comunidade cristã em Roma continuaram caracterizando a igreja ali. Não apenas ou primeiramente Paulo, mas Pedro e Tiago foram as figuras fundadoras simbólicas do cristianismo romano. Tiago, 1 Pedro, Judas e, de certo modo, 2 Pedro, todas representam o cristianismo judaico centrado em Jerusalém, falando a pessoas cujo universo simbólico é visto a partir do interior da linha histórica do Antigo Testamento como o povo de Deus, a despeito da Diáspora do exílio.

O cristianismo romano representava o kerygma da ação de Deus no evento-Cristo, com atenção mínima à "vida e ensino de Jesus" como o conteúdo da fé cristã. Nenhum dos documentos romanos desse período reflete o modo Evangelho de confessar a fé pela narrativa de palavras e obras de Jesus. A tradição epistolar em Roma se tornou a base para o Credo dos Apóstolos, o que vai diretamente do "nasceu da Virgem Maria" ao "crucificado sob Pôncio Pilatos". A estrutura dessa tradição já é encontrada em 1 Pedro, a qual possui quase todos os elementos do Credo dos Apóstolos, mais compactamente reunido do que qualquer outro documento do Novo Testamento. Elementos individuais da tradição de Jesus circulavam em Roma nesse período. Os contatos entre Tiago, 1 Pedro e a tradição dos ditos (talvez Q ou uma coleção semelhante a Q; ver abaixo) indicam uma fonte/ambiente comum para suas alusões aos ditos de Jesus, mas não há indicação de uma narrativa conectada da vida de Jesus depois disto.

18.4.1 Sumário: As epístolas e a formação do cristianismo primitivo

Antes de nos voltarmos para um estudo dos Evangelhos e Atos, podemos reunir duas importantes facetas do papel crucial das cartas na formação do cristianismo primitivo.

Coleções de cartas canônicas preliminares e as "epístolas católicas"

Já discutimos (1) as coleções preliminares que posteriormente adentraram no cânon do Novo Testamento (ver Vol. I §§ 2.2; 2.3)[27]. Aqui é importante perceber que (2) as Epístolas Católicas não eram uma miscelânea ou coleção aleatória de todas as cartas não paulinas disponíveis, mas tinham um foco específico nos pilares da igreja de Jerusalém e na família de Jesus. (3) A coleção de sete cartas (número simbólico!) representa uma resposta e um complemento (não uma alternativa) a uma coleção oficial de quatorze cartas paulinas. (4) Elas não são dirigidas a congregações ou indivíduos específicos, como Paulo fez, mas à igreja como um todo. (5) Tiago introduz a coleção e Judas a conclui – os irmãos de Jesus organizam as cartas, indicando continuidade com a vida de Jesus e enfatizando o papel da igreja de Jerusalém de uma forma que não ocorre nas cartas de Paulo. (6) Em algumas correntes de tradição, o livro de Atos foi posicionado antes das cartas como o cenário narrativo para interpretá-las. Essa combinação entre Atos e as Cartas Católicas se tornou um arranjo comum, circulando como uma coleção separada em diversos manuscritos do Novo Testamento. (7) Por volta de 225, Orígenes já podia designar 1 Pedro e 1 João como "cartas católicas." Um século mais tarde, Eusébio (*HE 2,23.24-25*) fala das "conhecidas cartas católicas", incluindo Tiago e a "conhecida" carta de Judas. Nesse contexto, no Ocidente, "católico" era geralmente entendido em termos de destinatários – em contraste com as cartas paulinas, destinadas a congregações específicas, as "epístolas católicas" eram destinadas à igreja universal. Assim entendida, tal designação é apenas parcialmente apropriada, já que 1 Pedro e 1 João são destinadas a um grupo específico de igrejas, 2 João a uma única congregação e 3 João a um indivíduo no contexto da igreja. No Ocidente, a frase "Epístolas Católicas" não era entendida em termos de destinatário, mas em termos de aceitação geral: as Epístolas Católicas eram aquelas geralmente aceitas pela igreja universal. (8) Não devemos imaginar que a coleção de cartas paulinas ou católicas sempre foi usada juntamente com uma coleção dos Evangelhos. Para as principais correntes do cristianismo, por várias gerações, os textos originais lidos na

---

[27] Ver a importante coleção de ensaios em Niebuhr and Wall, eds., *Catholic Epistles*.

igreja juntamente com as Escrituras (Antigo Testamento) eram esses documentos normativos da fé cristã na forma epistolar.

O modo epistolar de confissão da fé cristã

A história do ato salvífico de Deus em Jesus é uma história cósmica. As epístolas são representativas de uma forma narrativa que pressupõe uma história. O ato salvífico ocorre em um cenário cósmico. Os inimigos derrotados pelo ato salvífico são inimigos cósmicos. A salvação ocorre pela realidade da ação de Deus no homem Jesus, e não é explicada por histórias ou citações específicas de sua vida.

Essa teologia querigmática acerca de Jesus inclui dados mínimos de sua vida. Exceto pelo seu nascimento, verdadeira humanidade e morte vergonhosa, seu ministério terreno raramente é mencionado. Carta alguma cita frases de Jesus ou conta histórias de milagres sobre Ele. Paulo se refere quatro vezes ao "mandamento" ou à "palavra" do Senhor (1 Ts 4,15-17; 1 Co 7,10.25; 9,14). Em nenhuma dessas frases ele deixa claro que se refere a uma citação do Jesus histórico pré-pascal. Provavelmente todas elas são entendidas como mandamentos do Senhor Jesus ressurreto, mesmo contendo elementos da tradição pré-pascal. Paulo também pode estar se referindo à sua própria instrução como "mandamento do Senhor". Ainda que essas quatro ocorrências sejam tomadas como citações do Jesus histórico, ou que Paulo tenha pretendido que fossem compreendidas dessa maneira, esse ainda é um número muito pequeno. A única citação real de um evento da vida pré-pascal de Jesus têm a ver com as "palavras da instituição" eucarística, em 1 Co 11,23-25. Mesmo isso não é citado como um dado biográfico da vida de Jesus, mas como parte da liturgia da igreja.

A questão não é se Paulo e os outros autores epistolares "podiam" ter conhecido a tradição de Jesus e sobre Jesus. Apesar de ter se convertido após a morte de Jesus, seguramente Paulo teve oportunidade de aprender sobre relatos e palavras de Jesus. Ele passou quinze dias com Pedro (Gl 1,18), conheceu e conversou com Tiago, irmão de Jesus (Gl 1,19; 2,9), e passou alguns anos como missionário da igreja de Antioquia, a qual conservou a tradição de Jesus e sobre Jesus (ver abaixo discussão sobre os Evangelhos de Marcos e Mateus). Contudo, suas cartas refletem quase nada dos detalhes da vida e ensinamento de Jesus. Estudiosos que insistem que Paulo "deve" ter tido um conhecimento razoável sobre a vida e ensinamento de Jesus podem documentar apenas um pouco desses itens refletidos em suas cartas, mesmo em uma interpretação generosa da evidência.[28] Ainda que tenham sido escritas pelos autores a elas vinculados pela tradição, as próprias cartas nunca citam a Jesus diretamente ou contam alguma história de sua vida.

A ética cristã das epístolas não é uma ética de seguir o exemplo ou o ensinamento do Jesus histórico. Para Paulo, a vida cristã está baseada na existência do crente incorporada ao evento-Cristo, recebimento do Espírito Santo e discernimento da vontade de Deus, conforme ensinado na comunidade de fé. É o drama cósmico, e não as histórias de Jesus na Galileia e Judeia, que provê um guia para a vida cristã. Quando o apelo é feito ao exemplo de Jesus, é à sua fraqueza, sofrimento e morte, e não aos seus milagres, ensinos da lei ou conduta em situações específicas (cf. e.g., Fp 2,5-11, o exemplo paradigmático; 1 Pd 2,21-25; Hb 2,5-11; 12,1-3). Portanto, textos como 1 Ts 4,1-2 não significam que Paulo ensinou a seus novos conversos os elementos da "vida e ensinamento de Jesus" como parte da instrução cristã básica. Exceto pelo kerigma fundamental da morte e ressurreição de Jesus, não há nada disso em 1 Tessalonicenses. Também devemos notar que Paulo indica que suas instruções anteriores sobre a vida cristã consistiam de instruções *no* e *através do* Senhor Jesus (4,1.2), i.e., como eles devem viver à luz da ação de Deus em Cristo e da breve volta do Senhor, dada no poder e Espírito do Cristo ressurreto. Da mesma forma,

---

[28] A. M. HUNTER, *Paul and His Predecessors* (Philadelphia: Westminster, 1961), 10-11, ansioso por traçar a maior quantidade de tradição de Jesus em Paulo, lista o seguinte como a soma total do conhecimento de Paulo a respeito do Jesus terreno, que pode ser adquirida a partir de suas cartas: Jesus foi um homem (Rm 5.15), um judeu (Rm 9,5), nascido de mulher e sob a lei (Gl 4,4), um descendente de Abraão e da linhagem de Davi (Gl 3,16; Rm 1,3). Ele teve irmãos (1 Co 9,5), um dos quais se chamava Tiago (Gl 1,19). Ele ministrou entre judeus (Rm 15,8). Ele teve um grupo de doze discípulos (1 Co 15,5). Ele era manso e bondoso (2 Co 10,1), obediente a Deus (2 Co 5,19), possuía persistência "paciência" (2 Ts 3,5) e graça (2 Co 8,9). Ele foi entregue (o que Hunter usa como referência à traição de Judas). Ele celebrou uma última ceia com seus discípulos. Foi crucificado e sepultado. HUNTER é capaz de listar apenas quatro declarações mencionadas acima, e não incidentes específicos da vida de Jesus. DUNN, embora compartilhando o otimismo de HUNTER sobre quanto Paulo conhecia acerca do Jesus histórico, precavidamente admite que "em síntese, Paulo nos diz quase nada sobre a vida e ministério de Jesus. Se tivéssemos apenas as cartas de Paulo, seria impossível dizer muito sobre Jesus de Nazaré" (DUNN, *Theology of Paul*, 184).

a afirmação de que os cristãos de Tessalônica se tornaram "imitadores de Deus", não significa que Paulo pegou incidentes da vida de Jesus como um modelo ético a ser imitado – ele se refere especificamente ao sofrimento de Jesus, ao lado do sofrimento do seu próprio sofrimento, como o modelo da vida cristã.

18.5 Para leitura adicional

BAUCKHAM, R. *James: Wisdom of James, Disciple of Jesus the Sage*. London: Routledge, 1999.

__________. *Jude, 2 Peter*. Word Biblical Commentary. Waco: Word, 1983.

DIBELIUS, M., and H. Greeven. *A Commentary on the Epistle of James*. Translated by Williams, Michael. Hermeneia–A Critical and Historical Commentary on the Bible. Philadelphia: Fortress, 1976.

JOHNSON, L. T. *The Letter of James*. Anchor Bible. Vol. 37A, New York: Doubleday, 1995.

KELLY, J. N. D. *A Commentary on the Epistles of Peter and of Jude*. Harper's New Testament Commentaries. New York: Harper & Row, 1969.

KRAFTCHICK, S. J. *Jude and 2 Peter*. Abingdon New Testament Commentaries. Nashville: Abingdon, 2002.

MOO, D. J. *The Letter of James*. Pillar New Testament Commentary. Grand Rapids: Eerdmans, 2000.

PAINTER, J. *Just James: The Brothers of Jesus in History and Tradition*. Minneapolis: Fortress, 1997/ 1999.

SLEEPER, C. F. *James*. Abingdon New Testament Commentaries. Nashville: Abingdon, 1998.

WEBB, R. L., and J. S. Kloppenborg, eds. *Reading James with New Eyes: Methodological Reassessments of the Letter of James*. Vol. 342, Library of New Testament Studies. Edinburgh: T & T Clark, 2007.

19

De Jesus aos Evangelhos

Qual é a ligação entre os acontecimentos da vida de Jesus e os textos escritos nos Evangelhos? Basicamente três respostas foram dadas na história cristã a esta questão: (1) inspiração divina, (2) memória individual, (3) tradição da comunidade. Estas respostas não são necessariamente excludentes.

19.1 Inspiração divina

Especialmente nos primeiros séculos da história da igreja, e em algumas vertentes do fundamentalismo moderno, intérpretes têm apelado para o milagre da inspiração verbal como a fonte dos materiais contidos nos Evangelhos – o Espírito Santo milagrosamente dirigiu as mentes ou as penas dos evangelistas. Esta não era a visão dos próprios escritores dos Evangelhos[1] ou do cristianismo primitivo que os aceitou como canônicos (cf. § 2.2.2, Vol. I). Embora a igreja sempre tenha acreditado em que o Espírito de Deus trabalhou no processo de formação da Bíblia, o apelo a uma teoria particular de inspiração não tem provado ser um meio satisfatório de explicar os fenômenos do texto.

---

[1] Lucas é o único escritor de Evangelho a dizer algo sobre seu processo de composição, referindo-se aos eventos originais, à tradição da igreja e à fontes escritas (Lc 1,1-4). Alguns escribas posteriormente consideraram isso inadequado, e adicionaram ao "Pareceu-me bem", de Lucas, a frase "e ao Espírito Santo" em Lc 1,3 (nos antigos manuscritos latinos b, q, e alguns manuscritos da Vulgata).

19.2 Memória individual

Os materiais de e sobre Jesus foram entregues oralmente por cerca de uma geração entre a morte de Jesus e o primeiro Evangelho escrito. O mundo antigo, a partir do qual a Bíblia surgiu, foi principalmente uma cultura oral. Desse modo, assim como hoje, era possível que pessoas memorizassem e transmitissem longas histórias oralmente. Por exemplo, épicos gregos, como a *Ilíada* e a *Odisseia* de Homero e extensas coleções da tradição judaica (Mishná) foram transmitidas oralmente por gerações antes de serem escritas.

Alguns estudiosos têm defendido um determinado tipo de transmissão oral como a chave para a formação dos Evangelhos.[2] Jesus é retratado como um rabino, e seus discípulos como estudantes rabínicos. Segundo essa visão, Jesus obrigou seus discípulos a memorizar suas palavras, e essa tradição memorizada agora está contida nos Evangelhos. Poucos estudiosos aceitaram esse ponto de vista, o qual tem sido duramente criticado pelas seguintes razões: (1) o quadro é anacrônico, derivado de materiais judaicos posteriores e impostos ao judaísmo do primeiro século, que foi o cenário para a missão de Jesus. (2) Jesus não era um rabino no sentido talmúdico posterior, e os seus discípulos não eram estudantes rabínicos. (3) O modelo rabínico é mais apropriado para materiais legais e ditos, mas dificilmente se adapta aos materiais narrativos dos Evangelhos. Rabinos treinavam seus discípulos a memorizar materiais legais, e não histórias sobre si mesmos. (4) A forma existente dos textos não representa o produto desse tipo de processo de transmissão, o que não pode explicar a extensão e tipo de variações encontradas nos Evangelhos.

Jesus tinha discípulos que viram e ouviram o que ele disse e fez. Não pode haver dúvida razoável de que algumas de suas memórias foram incluídas na presente forma dos Evangelhos.[3] Mas os fenômenos

---

[2] Cf. especialmente HARALD RIESENFELD, *The Gospel Tradition and its Beginnings. A Study in the Limits of 'Formgeschichte.'* (London: Mowbray, 1961); HARALD RIESENFELD, *The Gospel Tradition: Essays* (trans. Margaret E. Rowley and Robert A. Kraft; Philadelphia: Fortress, 1970); BIRGER GERHARDSSON, *Memory and Manuscript: Oral Tradition and Written Transmission in Rabbinic Judaism and Early Christianity* (trans. Eric J. Sharpe; ASNU 22; Uppsala: Uppsala University Press, 1961); RAINER RIESNER, *Jesus als Lehrer* (3rd ed.; Tübingen: Mohr, 1988).

[3] Para uma vigorosa reafirmação disso, ver RICHARD BAUCKHAM, *Jesus and the Eyewitnesses: The Gospels as Eyewitness Testimony* (Grand Rapids: Eerdmans, 2006).

textuais de seleção, ordem e concordância verbal apresentados abaixo não podem ser explicados apenas com base na memória individual.

19.3 Tradição da comunidade

O esboço a seguir representa a forma como grande parte da dominante erudição contemporânea do Novo Testamento tem entendido a tradição oral como sendo a ponte entre Jesus e os documentos mais antigos do Novo Testamento. Os Evangelhos representam uma seleção dos materiais produzidos na igreja, em sua pregação, ensino, culto e missão. Esta visão não nega que os Evangelhos contenham materiais que, em última análise, derivam de testemunhas oculares (um julgamento a ser feito em termos históricos), ou que o Espírito Santo estava ativo no processo de formação do Evangelho (uma questão de fé e teologia). Este ponto de vista não começa com uma teoria e então tenta conformar os textos a si, mas está baseado em um estudo indutivo dos próprios Evangelhos, questionando que tipo de processo teria resultado nos textos bíblicos existentes. A ligação entre Jesus e os Evangelhos é a comunidade cristã que coletou, preservou e interpretou esses materiais como a expressão de uma fé vital.

A *crítica das formas* nos tem permitido ver os vários contextos nos quais a tradição oral dos primeiros cristãos funcionava quanto ao culto, instrução e conflitos. Formas específicas se desenvolveram para preservar, interpretar e transmitir cada forma da tradição em seu contexto vital (*Sitz im Leben*) na missão da igreja. A comunidade que transmitiu essa tradição não via Jesus como apenas uma grande pessoa cujas palavras e ações devem ser cuidadosamente preservadas como um modelo para as gerações futuras, mas como aquele através de quem Deus tinha agido definitivamente para a salvação do mundo. Esse ato revelatório chamou à existência uma nova comunidade. Foi a esta comunidade, guiada pelo Espírito Santo, que Deus confiou a transmissão e a interpretação deste ato salvífico e revelatório. Este foi o entendimento teológico na obra da preservação e transmissão dos materiais de e sobre Jesus, no início do cristianismo.

Isso está em contraste com a forma como a vida e os ensinamentos de vários mestres pagãos foram preservados. Assim, Clyde Votaw demonstra como isso resultou em maior conhecimento sobre Epíteto

(50-130 d.C.) e Apolônio (10-97 d.C.) do que sobre Jesus. Flávio Arriano discípulo de Epicteto, tomou notas, e as publicou cerca de cinco anos após a morte de seu mestre. Damis, companheiro de viagem e discípulo de Apolônio por 40 anos, manteve um diário registrando cuidadosamente ditos e feitos de seu mestre. O ensino preservado de Epíteto é mais do que o dobro do tamanho comparando-se com os quatro Evangelhos. A obra *Vida de Apolônio*, escrita por Filostrato, é muito maior do que os Evangelhos.[4] Assim, também, biograficamente falando, sabemos mais sobre Paulo do que sobre Jesus. Os historiadores podem lamentar pelo fato de que não temos registros comparáveis da vida e dos ensinamentos de Jesus, mas os primeiros cristãos viam a questão de maneira diferente.

19.3.1 Tipos de materiais de, e sobre Jesus

Um estudo sobre as linhas gerais dos Evangelhos revela que as mesmas histórias e ditos aparecem em diferentes pontos dos Evangelhos, e que os elos que os conectam não eram originais, mas fornecidos pela tradição e pelos redatores dos Evangelhos. Primeiramente, as histórias individuais e os ditos circularam como unidades separadas, que foram então combinadas de diversas formas no processo de tradição e redação. O processo tem sido comparado a um colar de pérolas: as pérolas são as unidades individuais da tradição; os fios foram fornecidos por coletores posteriores, editores e os escritores do Evangelho. Isso não necessariamente implica um encadeamento aleatório; isso pode ser feito com intenção e arte. Talvez o trabalho de tecer em uma tapeçaria seja uma analogia mais apropriada.

Identificação de unidades pré-evangelho de tradição

Em nossa discussão de elementos tradicionais incluídos nas epístolas paulinas e outras cartas, já exploramos como essas unidades podem às vezes ser identificadas por sua estrutura formal (ver Vol. I § 9.2). Métodos análogos são utilizados, com maior ou menor probabilidade, para identificar a forma, a função e o *Sitz im Leben* de unidades pré-evangelhos de tradição incorporada, adaptada e interpretada

[4] CLYDE WEBER VOTAW, *The Gospels and Contemporary Biographies in the Greco-Roman World* (FBBS 27; Philadelphia: Fortress, 1970), 13-14.

pelos evangelistas.[5] Embora a sociedade ocidental moderna seja uma cultura muito mais orientada para o texto do que o mundo mediterrâneo do primeiro século, ainda podemos identificar algumas fórmulas fixas da tradição oral e seu *Sitz im Leben* em nossa própria cultura. Assim, quando se ouve ou se lê "queridos amigos, estamos aqui reunidos na presença de Deus...", "a história contada é de um homem que..." ou "o grande estado X orgulhosamente nomeia Y como o próximo presidente dos Estados Unidos", imediatamente se reconhece que o narrador ou escritor não está compondo *ad hoc*, mas está utilizando uma fórmula fixa, em determinado lugar social de nossa cultura. Nós identificamos imediatamente o gênero e a função de uma unidade que começa com um "Era uma vez" e termina com um "e eles viveram felizes para sempre". Sabemos que o falante ou escritor não está inventando essa fraseologia no local, mas utilizando uma forma tradicional; e sabe-se que ela só funciona em ambientes específicos – e não, por exemplo, em registros de tribunais ou em determinados contratos de negócios.

Embora a distinção não seja absoluta, para fins de análise, os *críticos das formas* dos Evangelhos têm dividido a tradição em duas categorias principais: ditos e narrativas. Cada um inclui uma variedade de tipos e subtipos. Dentro da tradição narrativa, os seguintes tipos principais têm sido identificados, cada um dos quais tem seus subtipos (todas as ilustrações são do Evangelho mais antigo, Marcos, mas exemplos são encontrados em todos os Evangelhos):

Tradições narrativas

Histórias de milagres: Alguns exemplos: Mc 1,2-28; 4,37-41; 7,31-37. Formas estereotipadas já existiam no mundo helênico para narrar

---

[5] O trabalho pioneiro neste campo é ainda valioso: Rudolf Bultmann, *The History of the Synoptic Tradition* (trans. John Marsh; New York: Harper & Row, 1963), originalmente publicado em 1921; que teve sua última revisão e atualização na tradução inglesa de 1976; Karl Ludwig Schmidt, *Der Rahmen Der Geschichte Jesu. Literarkritische Untersuchungen zur ältesten Jesusüberlieferung*(Darmstadt: Wissenschaftliche Buchgesellschaft, 1969); Martin Dibelius, *From Tradition to Gospel* (New York: Scribner, 1935); Vincent Taylor, *The Formation of the Gospel Tradition* (London: Macmillan, 1953). De grande ajuda, os mais recentes tratamentos incluem Edgar V. McKnight, "Form and Redaction Criticism," in *The New Testament and its Modern Interpreters*, ed. Eldon J. Epp and George W. MacRae (Atlanta: Scholars Press, 1989), 149-74.

histórias sobre as obras maravilhosas dos taumaturgos.[6] Alguns dos primeiros cristãos adotaram e adaptaram esta forma de comunicar a boa-nova do que Deus havia feito no evento-Cristo. A forma típica (que pode ser elaborada com detalhes estereotipados) retrata uma situação humana de ameaça à vida, da qual os seres humanos comuns não são capazes de livrar-se – doença, possessão demoníaca, fome, morte. O taumaturgo intervém e resolve o problema através do poder sobrenatural. O espanto dos espectadores valida o milagre, que muitas vezes termina com uma "resposta em coro". Grande parte da tradição do Evangelho está na forma de tais histórias.

Histórias reais e lendas. Alguns exemplos: Mc 1,16-20; 2,13-14; 8,27-30; 14,1-2, 10-11; 14,3-9. As histórias do nascimento em Mt 1-2 e Lc 1-2 podem ser incluídas nesta categoria. Eles retratam acontecimentos significativos na história de Jesus que são importantes para que a comunidade cristã seguinte entendesse sua fé, com ou sem acréscimos lendários.

A história da paixão. Em cada Evangelho, a mais longa narrativa conectada é a história da prisão de Jesus, seu sofrimento e morte (Mc 14,26-15,47; Mt 26,30-27,66; Lc 22,39-23,56; Jo 18,1-19,42). O núcleo comum da narrativa parece ter sido composto muito cedo, e pode ter sido regularmente recitado durante o culto eucarístico da Igreja primitiva de Jerusalém.

Tradições dos ditos

Histórias de declarações, também chamadas apotegmas; paradigmas, chreiai. A forma é uma breve configuração narrativa que culmina em um "arremate" de Jesus, o que faz da palavra de Jesus o ponto central da história. Alguns exemplos: Mc 2,1-12; 2,15-17; 2,18-22; 2,23-28; 3,1-6. Uma vez que estas palavras envolvem uma breve definição de narrativa, alguns críticos das formas as classificam como narrativas.

Logia, ditos sapienciais, provérbios; máximas, chreiai. Alguns exemplos: Mc 2,19b-22; 4,21-25; 10,31. Tanto Jesus quanto a igreja primitiva criaram e adaptaram ditos sapienciais da tradição e do contexto cultural mais amplo, preenchendo-os com novos conteúdos escatológicos.

---

6 Ver os numerosos exemplos em BORING, BERGER, and COLPE, eds., *Hellenistic Commentary*.

Ditos proféticos e apocalípticos. Alguns exemplos: Mc 1,15; 3,28-29; 10,29-30; 13,4-31. O próprio Jesus atuava como um profeta, e diversas vezes expressou sua mensagem em típicas formas proféticas. Profetas cristãos também apareceram na igreja primitiva, falando em nome do Senhor exaltado. Assim como os profetas de Israel usaram formas proféticas identificáveis de discurso (por exemplo, "Assim diz o Senhor..."), assim também fizeram Jesus e os profetas cristãos.

Ditos legais e normas da igreja. Alguns exemplos: Mc 3,28; 7,15; 11,25. Os primeiros cristãos procuraram orientação para tomar decisões sobre sua vida em comum na comunidade cristã, e preservaram, interpretaram e ampliaram os ditos de Jesus para atender a essa necessidade.

Similitudes e parábolas. Alguns exemplos: Mc 4,3-8; 12,1-9. O Jesus histórico certamente comunicou boa parte de sua mensagem em forma de parábolas. A igreja primitiva preservou essas histórias surpreendentes e inquietantes, às vezes contemporizando-as a fim de lidar com a situação pós-pascal.

I – Ditos, alguns exemplos. Mc 2,17; 10,45. Algumas palavras servem como autoidentificação de Jesus. Já que os profetas cristãos falaram em nome *e na pessoa* do Senhor ressuscitado, assim como os profetas de Israel tinham falado na primeira pessoa como YHWH, alguns dos ditos "Eu sou..." podem ter sido gerados ou reformulados por porta-vozes proféticos do Jesus ressuscitado.

19.3.2 Uma comunidade fiel e criativa: preservação, expansão e interpretação da tradição

Com base no estudo crítico dos Evangelhos, nenhum erudito duvida de que os Evangelhos contenham histórias e ditos dos discípulos originais de Jesus, que o viram e ouviram. Baseado no mesmo tipo de estudo, nenhum erudito crítico acredita que qualquer dos Evangelhos seja apenas uma transcrição de tais depoimentos de testemunhas oculares. Todos os materiais, ainda que com exatidão literal, foram transmitidos no interior da comunidade de fé, e vistos na perspectiva do Senhor ressuscitado. No decurso da transmissão e interpretação, essa tradição foi modificada e ampliada. Uma vez que a nossa cultura moderna nos condiciona a pensar acerca da verdade do Evangelho em termos de relatos precisos que desaprovam editoração, expansão, ou outra forma de interpretar o material, pode ser útil para o leitor moderno considerar os fatores em ação na criatividade literária evidente no estudo dos textos dos Evangelhos.[7]

- *Falta dos recursos de citação no mundo antigo.* Os documentos antigos não fazem uso de aspas, parênteses ou notas de rodapé. No texto grego, muitas vezes é difícil distinguir citação direta de indireta, ou dizer onde a citação direta termina e o próprio autor começa a falar. Um exemplo claro é fornecido por 1 Co 15,3-8. Paulo começa citando textualmente um primitivo credo cristão. A citação inicia claramente em 15,3b, e em 15,8, o próprio Paulo está falando, mas onde a citação acaba? Assim também, em João 3,10-21, Jesus começa a falar a Nicodemos, mas onde é que o personagem Jesus cessa de falar com Nicodemos e o próprio narrador começa a falar para o leitor? Se alguém está fazendo uma edição do Novo Testamento com palavras vermelhas, ou colocando discurso direto entre aspas, como na [NRSV], onde a citação direta das palavras de Jesus termina? No v. 13, v. 15 ou v. 21? Tudo isso, é claro, não se deve à incapacidade dos antigos escritores para tornar tais coisas claras. Ao invés disso, tais fenômenos ilustram sua mentalidade e perspectiva diferentes. Se tivessem se interessado por uma verdade do tipo reportagem, eles poderiam facilmente ter planejado os meios para expressá-la. O grego moderno, influenciado pela ideia ocidental moderna da verdade como relato factual, adotou aspas.
- *Escrita histórica e biográfica no mundo antigo.* Nem os biógrafos nem os historiadores do mundo antigo hesitaram em criar discursos e colocá-los na boca de seus heróis. Isso é diferente, é claro, do método biográfico e histórico moderno, mas era muito praticado e aceito como normal entre os escritores antigos (cf. § 23.3.1).
- *Criatividade literária do contador de histórias.* O autor de uma narrativa deve escolher que tipo de narrador contará a história. Os escritores dos Evangelhos e, presumivelmente, os seus antecessores, os pregadores e contadores de histórias sobre Jesus, no período pré-evangelho da tradição oral, todos escolheram o "narrador onisciente". Esse narrador pode estar em toda parte, sabe de tudo, é o observador silencioso e ouvinte de cada conversa, e permite que o leitor faça o mesmo. Assim, por exemplo, o narrador deixa o leitor ouvir a conversa privada entre os magos e o rei Herodes (Mt 2,7-12)

[7] Aqui o uso de uma sinopse que facilite a comparação dos relatos paralelos é indispensável. Pode-se começar pela comparação entre os diferentes tipos de textos conhecidos, como as bem-aventuranças, a oração do Senhor, a confissão de Pedro, e o discurso escatológico §§51, 62, 158, 287-295 (Barbara Aland, Kurt Aland, J. Karavidopoulos et al., *Novum Testamentum Graece* (27th rev. ed.; Stuttgart: Deutsche Bibelgesellschaft, 2001).

e a oração de Jesus no Getsêmani, quando os discípulos estavam dormindo (Mc 14,32-42). No modelo repórter, o leitor deve perguntar onde os autores do Evangelho colheram a informação para esses "relatórios" literais. A mesma questão se coloca em relação ao intercâmbio entre Jesus e o diabo em Mt 4,1-11, e diversas outras passagens, mas é um problema só para a mentalidade repórter. Para o escritor e o leitor antigos, as convenções do contador de histórias tornaram desnecessária a pergunta.

- *Midrásh e tradição judaica.* Os mestres de Israel passaram adiante a tradição amplificada e interpretada a fim de facilitar a sua fala para as gerações seguintes. Por exemplo, no *Gênesis Apócrifo* de Qumran, no livro dos *Jubileus* dos pseudoepígrafos, e nos Midrashim rabínicos, bem como no Êxodo *Rabá*, as histórias do Antigo Testamento foram recontadas e ampliadas, incluindo eventos lendários, extensos diálogos e discursos não encontrados nos textos bíblicos originais. A história de Moisés, tirando água da rocha para os israelitas sedentos, foi expandida pelo relato de que a rocha seguiu-os de lugar para lugar e repetidamente lhes fornecia água (cf. Targum palestino de Nm 20,7-13; 21,16-18). Esta expansão *midráshica* é aceita por Paulo e incluída na sua exortação aos Coríntios (1 Co 10,4). As Escrituras judaicas já tinham afirmado e incorporado tais elaborações *midráshicas* dos textos originais. O autor de 1-2 Crônicas, as quais foram escritas séculos depois de Samuel-Reis, apresenta inúmeros discursos, diálogos e acontecimentos não narrados nos textos originais, e refere-se explicitamente a essas expansões midráshicas como estando entre as suas fontes (2 Cr 13,22).
- *A fé em Jesus como o ressuscitado e vivente, que está presente na vida e ministério da igreja.* O mais importante, para os primeiros cristãos e os autores dos Evangelhos é que Jesus não era apenas um mestre que viveu e morreu "tempos atrás" na história, cujos dizeres podem ser lembrados e passados adiante, como Sócrates, Platão, Gamaliel ou Rabino Akiba. Ele era o Senhor vivo, tanto "lá em cima" no mundo transcendente, quanto "aqui embaixo", na igreja e no mundo, o presente e ativo Senhor cuja própria voz foi ouvida na tradição da igreja e na proclamação de evangelistas e mestres cristãos (cf. por exemplo, 1 Co 11,23-26; Mt 10,40; 28,16-20, Lc 10,16).

Profetas carismáticos cristãos. O fenômeno geral da presença do Cristo ressuscitado na vida da igreja estava focado de um modo particular nas figuras dos profetas cristãos, que continuaram a falar "a palavra do Senhor", que nem sempre se distinguiu dos ditos do Jesus histórico.[8] Uma vez que havia profetas de ambos os gêneros na igreja

[8] Cf. Boring, *Sayings of the Risen Jesus*; and *The Continuing Voice of Jesus*.

primitiva (ver, e.g., 1 Co 11,5; Atos 21,9), isto significa que alguns ditos preservados nos Evangelhos como palavras de Jesus podem representar oráculos de profetisas que falaram em nome de Jesus.

Coleções pré-evangelho. Embora a maioria dos materiais tradicionais tenha surgido como palavras individuais ou histórias que foram transmitidas oralmente, os mestres cristãos e os escribas reuniram algumas delas em coleções temáticas para usá-las na liturgia e na catequese, entre outros usos. Algumas delas foram escritas. Por exemplo, alguns estudiosos têm visto coleções de *parábolas* refletidas em Mc 4,1-33, coleções de *histórias de pronunciamento* refletidas em Mc 2,1 – 3,6 e 11,27 – 12,37, e coleções de *histórias de milagres* refletidas em Mc 4,34 – 6,56 e Jo 2-11. A coleção pré-evangelho de histórias de milagres às vezes tem sido considerada como uma espécie de protoevangelho, retratando Jesus como θεῖος ἀνήρ (*theios anēr*, homem divino). Em grande parte, o mais convincente de tais argumentos é que alguns mestres da comunidade palestinense dos discípulos de Jesus compuseram uma coleção, agora perdida, de dizeres de Jesus, mas que se tornou conhecida como uma fonte comum (Q, *Quelle*), posteriormente usada por Mateus e Lucas na composição de seus Evangelhos.

19.4 Qual foi o primeiro Evangelho?

A visão mais aceita é que Marcos é a mais antiga narrativa abrangente da vida, morte e ressurreição de Jesus, uma obra teológica inovadora e criativa, conhecida e interpretada por Mateus e Lucas, e talvez por João também. Uma minoria significativa argumenta que Mateus foi o primeiro Evangelho, e só um estudioso ocasional afirma que Lucas ou João foi o primeiro.

Será que a questão realmente importa? Sim. Qualquer compreensão histórica do texto bíblico requer localização dos documentos em sua configuração particular no tempo e no espaço. Pode-se ter absoluta certeza se alguém tem a resposta certa? Não. Todo o estudo histórico é uma questão de probabilidade, que envolve o risco de que o intérprete esteja equivocado. Essa incerteza significa que o esforço deve ser abandonado? Não. A alternativa é a fuga para o subjetivismo ou uma fé anti-histórica. O evangelho, e os Evangelhos, são questões da História. Algumas dessas questões podem ser resolvidas com um alto grau de confiança, e algumas são praticamente certas, mas a verdade histórica está em uma esfera diferente de certeza absoluta. Tais questões, no entanto, não são questões de autoridade bíblica. Mateus possui a mesma autoridade se escrito antes ou depois de Marcos, e/ou se o autor usou uma fonte perdida agora chamada de "Q". João é tão Escritura Sagrada, quer tenha sido escrito na dependência dos Sinópticos ou na ignorância deles, e se foi escrito primeiro ou por último. Mas cada um dos Evangelhos será *compreendido* de forma diferente, dependendo das decisões tomadas sobre estas questões históricas, e assim também será em relação ao desenvolvimento da história protocristã.

Seguramente, quando a Bíblia é lida de maneira devocional e para a edificação pessoal, as questões de análise de fonte não são e não devem ocupar o primeiro plano da atenção. Cada Evangelho é precisamente lido no âmbito da narrativa imaginativa que o mundo cria para o leitor. A comparação detalhada com os outros Evangelhos não é necessária e pode até ser um obstáculo para tal leitura. No entanto, se alguém estiver interessado em compreensão histórica dos Evangelhos, o que significa compreendê-los em seus próprios termos e seus contextos, a questão sobre qual é o primeiro e qual é segundo é uma importante questão hermenêutica. Somente uma abordagem não histórica ou anti-histórica do Novo Testamento pode estar desinteressada na questão de quem primeiro concebeu a forma Evangelho.

Dos quatro evangelhos canônicos, os três primeiros estão relacionados uns com os outros de uma maneira que é diferente da relação de qualquer um deles para com o Evangelho de João. Mesmo uma leitura casual dos Evangelhos deixa isso claro, mas isso é mais bem visto através da comparação dos quatro Evangelhos em uma sinopse. Grande parte do material nos primeiros três Evangelhos pode ser organizada em colunas paralelas na mesma página, de modo que eles podem ser "vistos em conjunto" e comparados (sinóticos: *sin* = "em conjunto" + ótico = "visto"). Um livro que os imprima em tais colunas para facilitar a comparação é chamado de sinopse; e os Evangelhos, que podem ser assim impressos, são chamados Evangelhos Sinóticos. O Evangelho de João se sobrepõe aos Sinóticos em apenas relativamente poucos pontos. Os três primeiros Evangelhos se assemelham muito estreitamente, enquanto o Quarto Evangelho é distintivo no conteúdo e na forma. É geralmente aceito que o Quarto Evangelho é posterior aos Sinóticos; não há consenso quanto ao fato de o Quarto Evangelho conhecer e/ou utilizar os Sinóticos (ver § 27.3).

A questão das relações literárias entre os Evangelhos sinóticos, especialmente a questão de qual foi o primeiro e se eles são dependentes de uma hipotética fonte perdida agora tradicionalmente chamada de 'Q', é um dos temas mais minuciosamente estudados e debatidos no estudo do Novo Testamento. A conclusão adotada pela maioria dos estudiosos e a pressuposição de muitos livros e artigos é que Marcos foi o primeiro Evangelho, e que nem Mateus nem Lucas sabiam que o outro existia, mas que cada um usou Marcos de forma independente como uma fonte, e de maneira independente usaram a fonte perdida Q para o material não marcano que eles compartilham. Cada Evangelho inclui materiais peculiares. Esse é agora o ponto de vista "padrão", mas não universalmente aceito. Muitos estudiosos simplesmente aceitam essa teoria como o consenso ou "resultados garantidos" da crítica histórica, sem pensar sobre o problema e as soluções propostas por eles mesmos. Será proveitoso, no entanto, para estudantes sérios, atentar para a seção seguinte sobre o problema sinótico, não só por causa da importância do tema para a compreensão dos Evangelhos e para a introspecção de vários textos e temas do Evangelho, mas também como um exercício de metodologia crítica. Ao explorar em profundidade um assunto crítico, os estudantes podem tanto aperfeiçoar suas próprias habilidades de interpretação envolvendo essas questões, bem como obter uma melhor noção do quão confiante – e quão hesitante – alguém pode estar em relação aos resultados da maioria dos estudos críticos.

EXCURSO 3

O Problema Sinótico

Compreender a natureza de qualquer documento antigo, incluindo os Evangelhos, está fundamentado em dois tipos de evidências, de dados externos para a escrita, e os fenômenos internos ao próprio documento.

Excurso 3.1 Dados externos: Tradição da igreja

Os dados externos relevantes para a compreensão da autoria dos Evangelhos, sua ordem relativa, e sua possível relação literária com outro evangelho é fornecida pelas citações dos Pais da Igreja. O espaço proíbe a citação e discussão de cada um dos próprios textos. Os originais em grego e latim de todos os textos relevantes podem ser encontrados no apêndice da *Sinopse* de Aland. Traduções em inglês também estão disponíveis.[9]

O estudante principiante poderia naturalmente supor que, uma vez que os Pais da Igreja estiveram muito mais perto do momento da composição dos Evangelhos, eles teriam informações mais confiáveis do que aquelas que podem ser adquiridas a partir dos próprios textos pelos estudiosos trabalhando séculos mais tarde. As seguintes observações resumidas são motivos de reflexão:

(1) Os dados patrísticos relevantes são mínimos. Os Pais não estavam interessados no problema sinótico no sentido moderno. Sua preocupação consistia em associar cada Evangelho canônico à autoridade apostólica, e mostrar que, apesar de suas discrepâncias cronológicas, entre outras coisas, cada Evangelho canônico foi um testemunho autêntico da verdade da fé cristã.

(2) O testemunho patrístico não representa uma série de testemunhos históricos independentes. Os Pais da Igreja não tinham informações em primeira mão sobre a escrita dos Evangelhos. A partir do início do segundo século em diante, seu testemunho é a própria reinterpretação interdependente da tradição anterior. Eusébio no IV século, Agostinho e Jerônimo, no século V, não têm tradições primitivas independentes, mas apenas o que tinha sido entregue anteriormente pela tradição da igreja. Mesmo Irineu e Clemente de Alexandria, ao final do segundo século, já não estavam em contato direto com as primeiras testemunhas, mas são eles próprios dependentes da cadeia da tradição. Papias, em particular, projeta uma longa sombra.

(3) O conteúdo e o significado do testemunho de Papias *já era contestado quando emergiu*. Irineu, no final do século II, já usa o testemunho de Papias oriundo de uma geração anterior de forma acrítica, assegurando que Papias afirmou ter conversado com o apóstolo João. Eusébio, no século IV, corretamente rejeita essa ideia como sendo a visão de Papias.

---

[9] Kurt Aland, ed. *Synopsis Quattuor Evangeliorum: Locis parallelis evangeliorum apocryphorum et patrum adhibitis* (15th rev. ed.; Stuttgart: Württembergische Bibelanstalt, 1997), 531-548; Eusebius, *The Ecclesiastical History* (trans. Kirsopp Lake; 2 vols.; LCL Cambridge: Harvard University Press, 1973); Bart D. Ehrman, *The Apostolic Fathers* (trans. Bart D. Ehrman; LCL 24-25; Cambridge: Harvard University Press, 2003); Holmes, *Apostolic Fathers*; Alexander Roberts, James Donaldson, and A. Cleveland Coxe, eds., *The Ante-Nicene Fathers; Translations of the Writings of the Fathers down to A. D. 325* (American reprint of the Edinburgh ed.; 10 vols.; Grand Rapids: Eerdmans, 1950).

(4) O testemunho patrístico é inconsistente. Alguns textos retratam que Marcos obteve seu material diretamente da pregação oral de Pedro (Papias, Irineu, Clemente de Alexandria, Jerônimo), enquanto Agostinho entende Marcos como sendo o abreviador do texto escrito de Mateus. Alguns Pais afirmam que Marcos foi escrito enquanto Pedro ainda estava vivo, e outros que ele escreveu depois da morte de Pedro. Alguns afirmam que Pedro viu e aprovou o Evangelho de Marcos, enquanto outros afirmam que Marcos foi escrito e circulou sem o conhecimento de Pedro. Quando a prioridade cronológica é explicitamente mencionada ou pode ser inferida (Irineu, Clemente de Alexandria, Agostinho), Mateus é considerado o primeiro Evangelho. Supunha-se que os não apóstolos Marcos e Lucas não poderiam ter prioridade sobre o apóstolo Mateus. Dos autores antigos que consideram Mateus como o primeiro Evangelho, só Agostinho pensa em Marcos como dependente de Mateus. O ponto de vista de Agostinho, no entanto, não é a dependência literária, mas a autoridade apostólica. Assim também, Clemente de Alexandria, que parece considerar tanto Mateus quanto Lucas como sendo anteriores a Marcos, refere-se a Marcos como derivando seu material diretamente de Pedro, e não de Mateus. A interpretação de vários textos patrísticos é controversa.

(5) No segundo século, como inúmeros Evangelhos circularam por toda a igreja, pontos de contato com a tradição de testemunhas oculares foram procurados para os Evangelhos anônimos pelo fluxo emergente da tradição cristã que iria se tornar a principal corrente da ortodoxia protocatólica, em parte como uma defesa contra o desenvolvimento do gnosticismo e outros movimentos cristãos, posteriormente considerados heréticos. Observamos esse interesse na legitimação por testemunhas oculares em outros documentos cristãos na virada do século e posteriormente (cf., ex., 1 Jo 1,1-3; Lc 1,1-4; At 1,1-2; 21-22). Em tudo isso, é claro que o interesse da igreja estava na legitimação teológica dos Evangelhos como representando a fé apostólica, e não na exatidão histórica das tradições sobre autoria, embora as primeiras gerações da igreja não tenham distinguido entre esses dois aspectos: a pretensão de autoria apostólica representou a pretensão de legitimidade teológica.

Os dados externos terminam sendo minimamente úteis para esclarecer a autoria e a ordem relativa dos Evangelhos. O intérprete deve contar com os dados internos dos próprios textos.

Excurso 3.2 Dados internos: O fenômeno do texto

Uma comparação cuidadosa dos Evangelhos Sinóticos revela três fenômenos padrões que exigem explicação: (1) *seleção* de materiais, (2) *ordem* das perícopes e (3) *paralelos literais* ou quase literais em redação.

Seleção e proporção

Jesus viveu cerca de trinta anos (cf. Lc 3,23). Sua missão pública ocupou vários meses de acordo com os sinóticos, cerca de dois anos e meio de acordo com João. Apenas um número relativamente pequeno de incidentes e de dias é selecionado pelos escritores dos Evangelhos, (ca. 65 dias separados, combinando a sua segmentação cronológica). No entanto, os sinóticos concordam em selecionar essencialmente os mesmos elementos desta grande quantidade de material.

Nos sinóticos, os incidentes dos últimos cinco dias da vida de Jesus são narrados de maneira muito mais completa do que em qualquer segmento anterior. No texto grego padrão, o Evangelho de Marcos ocupa 61 páginas. A última semana da vida de Jesus requer 23 páginas, trinta e oito por cento da narrativa. Mc 11,20-13,37 narra os acontecimentos da terça-feira da "Semana Santa". Esse único dia requer um sétimo, quatorze por cento do texto de Marcos. Tanto Mateus quanto Lucas incluem cada incidente do relato de Marcos desse dia, e em grande parte com a mesma redação (Lucas omite a maldição problemática da figueira), com os eventos de terça-feira ocupando a mesma quantidade desproporcional de espaço na estrutura de cada Evangelho. Em sua seleção de material, os sinóticos são muito semelhantes entre si, e todos são contundentemente diferentes de João.

O fenômeno da seleção pode ser focado ainda mais acentuadamente, como ilustrado no caso do material sobre João Batista. Sua missão de pregação se estendeu por alguns meses ou anos (mais uma vez os sinóticos e João discordam). No entanto, os Evangelhos concordam em selecionar uma pequena fração de sua pregação. A pregação de João é registrada em Mt 3,7-12 / Mc 1,7-8 / Lc 3,7-17 / Jo 1,26-27. Marcos relata duas frases da mensagem de João na mesma redação, como Mateus (alguns manuscritos têm uma palavra não encontrada em Mateus); a expansão de Mateus dedica 122 palavras para apresentar a mensagem de João, o que leva cerca de um minuto para ler em voz alta. Lucas é idêntico na seleção e na redação, com o acréscimo do diálogo em 3,10-14. Em outras palavras, Mateus e Lucas concordam em escolher do ministério de João o mesmo um minuto de sua proclamação total, e relatá-lo em palavras gregas idênticas.

Estes não são exemplos isolados. Quase tudo de Marcos tem paralelo em Mateus ou Lucas, com a maior parte sendo encontrada em ambos (a tradição tripla).[10] Dos 661 versículos de Marcos, pelo menos oitenta por cento são encontrados em Mateus e pelo menos sessenta e cinco por cento em Lucas. Cada perícope de Marcos tem paralelos em Mateus e /ou Lucas exceto §§116, 152 e 156 *sinopse de* ALAND (Mc 3,20-21; 7,31-37 e 8,22-26).[11] Quando versos individuais espalhados que não têm paralelo em Mateus ou Lucas são adicionados à tabulação, o resultado é que dos 661 versículos de Marcos, todos, exceto 45 têm paralelos em Mateus e/ou Lucas (93,2%).[12] Além disso, Mateus e Lucas compartilham cerca de 235 versos que não se encontram em Marcos (a dupla tradição, a base para a hipótese Q). Tanto Mateus quanto Lucas têm um elemento substancial de material especial e único para cada Evangelho.

Ordem

Os Evangelhos sinóticos têm a mesma ordem geral: o batismo e a tentação de Jesus, sua missão na Galileia, sua viagem a Jerusalém, a sua missão em Jerusalém, sua prisão, julgamento, morte e ressurreição. Pode parecer óbvio que todos os Evangelhos devam seguir este esquema cronológico geral como simplesmente "relatando a forma como isso aconteceu", até que se reflita sobre os fatos de que (1) João tem uma ordem completamente diferente, (2) pode-se facilmente imaginar uma série de outras maneiras de narrar a mesma história – por exemplo, voltando rapidamente ao passado, uma técnica literária conhecida pelos evangelistas (Mc 6,14-29 / Mt 14,1-12). Que Mateus apresenta exatamente o mesmo tipo de retrospecto, no mesmo local,

---

[10] O material encontrado nos três sinóticos é costumeiramente designado de tradição tripla; o que é encontrado em Mateus e Lucas, mas não em Marcos, de dupla tradição; e o material encontrado apenas em um Evangelho é chamado de Material Especial (*Sondergut*). Das 11.242 palavras de Marcos, cerca de noventa e quatro por cento são encontradas em Mateus ou em Lucas, e cerca de setenta e dois por cento em ambos. Para uma análise detalhada, cf. BRUNO DE SOLAGES, *La Composition des Évangiles de Luc et de Matthieu et leurs Sources* (Leiden: Brill, 1973) and ROBERT MORGENTHALER, *Statistik des Neutestamentlichen Wortschatzes* (Stuttgart: Gotthelf-Verlag, 1958).

[11] Os números das perícopes em de ALAND, ed. *Synopsis Quattuor Evangeliorum* são usados ao longo de todo o documento. §126 (Mc 4,26-29), frequentemente listados nesta categoria, na verdade, são paralelos verbais com Mt 13,24-30 em cada verso.

[12] Marcos 1,33; 2,2.19.27; **3,20-21**; 5,5; 6,22.27.31; 5,5; 6,22.27.31.52; 7,3-5.9.24-26, **33-36**; **8,22-26**; 9,10.15-16.21.23-24; 10,10.24.50; 11,16; 12,29.32-34; 14,51-52; 15,8.44-45. Os que estão em negrito representam perícopes inteiras.

na narrativa, e que a técnica só ocorre aqui nos dois Evangelhos, é em si um fenômeno marcante da ordem, que exige uma explicação.

Esta concordância geral quanto à ordem estende-se para uma concordância detalhada. Consultar a sinopse dos paralelos do Evangelho na sinopse padrão[13] é uma forma conveniente de observar a estrutura de cada Evangelho como um todo e ver as concordâncias e as variações na ordem de perícopes num ápice. Algumas características marcantes que exigem explicação são: os três sinóticos têm basicamente o mesmo fim, mas sempre que Mateus tem uma ordem diferente da de Marcos, Lucas quase sempre concorda com Marcos; sempre que Lucas tem uma ordem diferente de Marcos, Mateus quase sempre concorda com a ordem de Marcos. Praticamente não existem divergências entre o fim de perícopes em Mateus e Lucas, quando eles têm paralelos em Marcos, mas eles muitas vezes discordam entre si em passagens não marcanas.[14] Das 115 perícopes em Marcos (conforme organizadas na Sinopse de Aland), embora cada um dos evangelistas tenha ocasionalmente variado a ordem para seu próprio propósito teológico, apenas Mc 3,31-35 ocorre em um diferente local cronológico em cada um dos sinóticos. A ordem de Mateus varia consideravelmente de Marcos, em Mt 4,23-11, mas nunca se desvia da ordem marcana das perícopes a partir de Mt 12,22/ Mc 3,22 em diante até o fim do Evangelho.

Redação

Talvez a semelhança literária mais notável entre os Evangelhos sinóticos seja a sua concordância verbal ao narrar os mesmos eventos ou relatar as mesmas palavras. A semelhança na redação é impressionante, mesmo para o leitor casual, mas o impacto total das semelhanças e diferenças não pode ser experimentado até que se marquem cuidadosamente os paralelos verbais

---

[13] ALAND, ed. *Synopsis Quattuor Evangeliorum*, 551-575 e páginas correspondentes nas edições inglesa e grego-inglês. Este mesmo arranjo, sem os números de ALAND, podem também ser encontrados em *The HarperCollins Study Bible* (San Francisco: HarperSanFrancisco, 2006), 1653-1663. Cf. também o gráfico útil de ALAN BARR, *A Diagram of Synoptic Relationships* (Edinburgh: T & T Clark, 1938, reprinted 2000).

[14] As possíveis exceções a esta generalização (7 de 367 perícopes!) são discutidas por JOSEPH A. FITZMYER, S.J., *The Gospel According to Luke (I-IX)* (AB 28; Garden City: Doubleday, 1981), 1.68-69. Para uma discussão mais detalhada do fenômeno da ordem, cf. FRANS NEIRYNCK, "Synoptic Problem," in *The New Jerome Biblical Commentary*, ed. Raymond E. Brown, Joseph A. Fitzmyer, S.J., and Roland E. Murphy (Englewood Cliffs, N.J.: Prentice-Hall, 1990), 588-90; JOHN S. KLOPPENBORG VERBIN, *Excavating Q: The Historical Setting of the Sayings Gospel* (Minneapolis: Fortress, 2000), 18-32.

do texto completo dos Evangelhos em uma sinopse.[15] Alguns exemplos de vários tipos e graus de concordância podem ser encontrados nas tríades Mt 9,1-9/Mc 2,1-12/Lc 5,17-26; Mt 9,9/Mc 2,13-14/Lc 5,27-28.

Quadro 20: Paralelos Verbais (Aland *Synopse* §43)

Sublinhado = paralelo exato ou quase exato quanto à fraseologia
Sublinhado pontilhado = fraseologia similar
Sublinhado em negrito = paralelos marcanos idênticos tanto em Mateus quanto em Lucas

Mt 9,1-9	Mc 2,1-12	Lc 5,17-26
1 E depois de entrar num barco ele cruzou o mar e veio para sua cidade.	2,1 ¶ Quando ele retornou a Cafarnaum depois de alguns dias, correu a notícia de que ele estava em casa.	17 ¶ Um dia, enquanto ele estava ensinando, Fariseus e mestres da lei estavam sentados próximos (eles vieram das vilas da Galileia e Judeia e de Jerusalém); e o poder do Senhor para curar estava sobre ele.
2 ¶ E *logo* então algumas pessoas estavam trazendo um paralítico *em uma cama*.* Vendo-lhes a fé, Jesus *disse* ao paralítico, "Acalme-se, filho; Teus pecados estão perdoados."	2 Afluiu tanta gente que não havia mais lugar para eles, nem mesmo em frente à porta; e ele lhes falava.	
	3 Então algumas pessoas vieram, trazendo-lhe um paralítico, carregado por quatro deles.	18 *Logo* então alguns homens vieram, carregando um paralítico *sobre uma cama*. Eles estavam tentando trazê-lo para colocá-lo diante de Jesus.
3 *Então* alguns dos escribas diziam consigo, "Este homem está blasfemando."	4 E como não puderam trazê-lo a Jesus por causa da multidão, removeram o telhado; e depois de passarem por ele, desceram a esteira onde estava o paralítico.	
4 Mas Jesus, percebendo *seus* pensamentos, *disse*,		

15 As análises aqui apresentadas são feitas com base no texto grego. Alguns detalhes nem sempre são traduzidos com precisão literal em traduções para o inglês, bem como para o português. Para sugestões na marcação de sua sinopse para fazer a sua própria análise, consultar o Excurso 4 em 19.5. (A obra original adotou a versão NRSV, pelo fato de o autor acreditar que ela torna mais próximos os paralelos com o texto grego. Na obra original em inglês, a tabela segue o texto da versão informada acima. Porém, empreendeu-se aqui uma tradução livre, pelo fato de não existir em português uma versão que mantenha a mesma correspondência linguística que se percebe na versão bíblica utilizada em inglês. N. do T.).

"Por que pensam o mal em seus corações?
5 Porque o que é mais fácil, dizer,

'Teus pecados estão perdoados,' ou dizer, 'Levanta e anda'?

6 Mas para que saibam que o Filho do Homem tem autoridade sobre a terra para perdoar pecados" – ele então disse ao paralítico —

"Levante-se, toma tua *cama* e vá para sua casa."

7 E ele se levantou e *foi para sua casa.*

8 Quando as multidões viram isto, ficaram repletos de *temor*, e glorificaram a Deus, que deu tal autoridade aos seres humanos.

* Tenho observado alguns lugares nesta perícope onde Mateus e Lucas concordam *contra* Marcos, palavras em itálico. Uma análise cuidadosa também vai notar casos em que Mateus e Lucas concordam em "omitindo", ou seja, em não ter, palavras e frases de Marcos, como "e toma o teu leito" em Marcos 2.9. Estes são exemplos de "Acordos menos importantes" (ver Exc. 3.5)

5 Quando Jesus viu a fé deles, ele disse ao paralítico, "Filho,
teus pecados são perdoados."

6 Alguns dos escribas estavam sentados, questionando em seus corações,

7 "Por que este homem fala desta maneira? É blasfêmia! Quem pode perdoar pecados senão Deus apenas?"

8 Imediatamente Jesus percebeu em seu espírito que eles estavam discutindo essas questões entre si; e ele disse a eles, "Por que vocês levantam essas questões em seus corações?

9 O que é mais fácil, dizer ao paralítico,
'Teus pecados estão perdoados,' ou dizer, 'Levante-se e tome a tua esteira e ande'?

10 Mas para que saibam que o Filho do Homem tem autoridade sobre a terra para perdoar pecados"
"— disse ao paralítico –

11 "Digo a ti, levanter-se, tome tua esteira e vá para sua casa."

12 E ele se levantou, e imediatamente tomou a esteira e saiu antes de todos eles; de modo que eles ficaram maravilhados e glorificaram a Deus, dizendo, "Nunca vimos algo como isto!"

19 mas não encontrando uma forma de trazê-lo por causa da multidão, eles subiram o telhado e baixaram sua cama através das telhas no meio da multidão, diante de Jesus.

20 Quando ele viu a fé deles, ele *disse*,
"Amigo,
teus pecados estão perdoados"
21 *Então* os escribas e os Fariseus começaram a questionar,
"Quem é este que está falando blasfêmias? Quem pode perdoar pecados senão somente Deus?"

22 Quando Jesus percebeu *seus* questionamentos, ele *lhes respondeu*,
"Por que levantam tais questões em seus corações?

23 O que é mais fácil, dizer,

'Teus pecados estão perdoados,' ou dizer, 'Levante-se e ande'?

24 Mas para que saibam que o Filho do Homem tem autoridade sobre a terra para perdoar pecados" – ele disse ao homem que estava paralítico —

"Digo a ti, levanter-se e tome sua *cama* e vá para sua casa."

25 Imediatamente ele se levantou diante deles, tomou as suas coisas, e foi *para sua casa*, glorificando a Deus.

26 Assombro tomou conta de todos, e eles glorificaram a Deus e ficaram repletos de *temor*, dizendo, "Vimos coisas estranhas hoje."

Quadro 21: Paralelos Verbais (Aland *Synopse* §44)

Mt 9,9	Mc 2,13-14	Lc 5,27-28
9 ¶ Andando Jesus por ali, ele viu um homem chamado Mateus sentado na coletoria; e lhe disse, "Siga-me." E ele se levantou e o seguiu	13 ¶ Jesus saiu novamente para o mar; toda a multidão se reuniu em torno dele, e ele lhes ensinava. 14 Andando ele por ali, ele viu a Levi filho de Alfeu sentado na coletoria, e lhe disse, "Siga-me." E ele se levantou e o seguiu.	27 ¶ Depois disto ele foi e viu um coletor de impostos chamado Levi, sentado na coletoria; e disse a ele, "Siga-me." 28 E ele se levantou, deixou tudo, e o seguiu.

Observe-se primeiro a sequência comum. Há duas histórias independentes: a cura do paralítico e o chamado de um cobrador de impostos para ser um discípulo ("Levi", em Marcos e Lucas; "Mateus", em Mateus). Os dois incidentes não estão diretamente ligados em Marcos ou Mateus (apenas Lucas tem "depois disso"). Não há nenhuma razão lógica ou histórica específica por que elas devem ser conectadas nesta ordem, sem nada entre elas, mas todos os três têm a mesma sequência. Os exemplos são abundantes.

Quanto à redação: Mateus tem 147 palavras; Marcos tem 233 palavras; Lucas tem 238 palavras. Algumas similaridades entre os textos aparecem como se segue: (estatísticas com base no texto grego):

Quadro 22: Estatísticas de Concordância Verbal nos Sinóticos

Concordância verbal de 69 por cento entre Mateus e Marcos:	
Concordância exata	91 = 62%
Mesmas palavras com variações*	10 = 7%
Concordância verbal de 53% entre Lucas e Marcos:	
Concordância exata	99 = 42%
Mesmas palavras com variações	25 = 11%
Concordância verbal de 38% entre Mateus, Marcos e Lucas:	
Concordância exata	68 = 30%
Mesmas palavras com variações	18 = 8%

* Substantivos, pronomes, adjetivos e artigos que são da mesma classe lexical, mas com variações de caso ou número; verbos que são da mesma classe lexical com variações de tempo, modo, voz, pessoa ou número. Cognatos nominais e verbais também são contados nesta categoria.

Além disso, várias sequências de palavras idênticas em ordem idêntica são partilhadas por cada par de Evangelhos e por todos os três. O parêntese em que o narrador interrompe as palavras de Jesus é encontrado no mesmo local nos três Evangelhos (Mt 9,6 / Mc 2,10 / Lc 5,24).[16]

Mateus e Lucas têm oitenta e seis por cento de concordância verbal. A maior parte das variações ocorre nas linhas introdutórias. O próprio discurso de João Batista é verbalmente idêntico em 64 palavras gregas, exceto para "fruto" (Mateus) e "frutos" (Lucas) e o verbo auxiliar "presumir" (Mateus) e "começar" (Lucas). *As similaridades estão no texto grego, embora João pregasse em aramaico.* Qualquer um que já tenha trabalhado na tradução de uma língua para outra sabe que é praticamente impossível que dois tradutores tenham escolhido de maneira independente exatamente as mesmas palavras gregas, e exatamente na mesma ordem. Isso é possível para algumas frases, mas não para uma frase ou uma passagem prolongada.

No § 43 [Quadro 20, p. 870], as concordâncias são partilhadas por Mateus e Lucas com Marcos (tradição tripla); no § 14 [Quadro 23, p. 874], Mateus e Lucas concordam com a redação de um texto não existente em Marcos (tradição dupla). Para exemplos de padrões mais complexos de acordo e desacordo, ver também § 13 (Aland) (Mt 3,1-6 / Mc 1,2-6 / Lc 3,1-6) §§ 117-118 (Aland) (Mt 12,22-37 / Mc 3,22-30 / Lc 11,14-23; 12,10; 6,43-45), em que há uma mistura de conformidades: Mateus / Marcos, Lucas / Marcos e Mateus / Lucas. cf. § 279 (Aland) (Mt 22,1-14 / Lc 14,15-24), como um exemplo de perícopes paralelas que parecem ter alguma relação, mas com um mínimo de concordância verbal.

As três perícopes apresentadas acima são apenas uma pequena fração dos fenômenos exibidos pelos textos dos Evangelhos, mas ilustram os fenômenos típicos de concordância verbal que permeiam os sinópticos como um todo.

Excurso 3.3 Possíveis explicações[17]

Como esses fenômenos de seleção, ordem e concordância verbal apresentados acima podem ser explicados? Foi proposta uma série de diferentes explicações,

---

[16] Exemplos adicionais de comentários parentéticos, do narrador ao leitor: Mc 13,14/ Mt 24,15 "quem lê entenda"; Mc 5,8 / Lc 8,29 "pois ele lhe dissera"; Mt 27,18 / Mc 15,10 "ele sabia que por inveja"; Robert Stein, *The Synoptic Problem: An Introduction* (Grand Rapids: Baker, 1987), 37-42, dá outros exemplos.

[17] Apenas um esboço de um debate amplo e complexo pode ser apresentado aqui. Para mais detalhes, consultar William R. Farmer, *The Synoptic Problem. A Critical Analysis* (New York: Macmillan, 1964), 1-198 (da perspectiva de 2GH) e Kloppenborg Verbin, *Excavating Q*, 11-54 (da perspectiva de 2DH).

Quadro 23: Paralelos Verbais (Aland *Synopse* §14)

Mt 3,7-10	(Mc)	Lc 3,7-9
7 Mas quando ele viu muitos Fariseus e Saduceus vindo ao batismo, disse-lhes, "Raça de bíboras! Quem os advertiu a fugir da ira vindoura?		7 João disse às multidões que viessem para que fossem batizadas por ele, "Raça de víboras! Quem os advertiu a fugir da ira vindoura?
8 Produzam fruto digno de arrependimento.		8 Produzam frutos dignos de arrependimento.
9 Não comeceis a dizer entre vocês, 'Temos a Abraão como nosso ancestral'; porque digo a vocês, Deus é capaz de dessas pedras suscitar filhos a Abraão.		Não comecem a dizer entre vocês, 'Temos a Abraão como nosso ancestral'; porque digo a vocês, Deus é capaz de dessas pedras suscitar filhos a Abraão.
10 Mesmo agora o machado está colocado na raiz das árvores; toda árvore portanto que não der fruto é cortada e lançada ao fogo.		9 Mesmo agora o machado está posto à raiz das árvores; toda árvore portanto que não der bom fruto é cortada e lançada ao fogo."

nem todas mutuamente excludentes, de modo que alguns intérpretes têm combinado aspectos de mais de uma abordagem.

Tradição oral

Embora quase ninguém duvide da importância da tradição oral como formadora de um elo entre o primeiro período e os documentos escritos, alguns estudiosos têm tentado explicar as semelhanças e diferenças entre os Evangelhos inteiramente ou principalmente em função de seu uso independente da tradição oral, sem qualquer dos evangelistas ter usado o outro como fonte.[18] Seguramente, uma tradição oral viva influenciou o desenvolvimento

[18] J. G. HERDER (1797) iniciou esta abordagem, que foi logo vista como insatisfatória e deu lugar a várias teorias de fontes escritas. A importância contínua da tradição oral é vista, no entanto, no fato de que alguns estudiosos modernos terem continuado a defender a tradição oral como a principal solução para o problema sinótico.

da tradição do Evangelho, e continuou paralela aos Evangelhos depois que eles foram escritos. No entanto, os autores dos Evangelhos não são recitadores ou meros transcritores da tradição oral; antes, eles são escritores, compositores que indicam que estão utilizando fontes escritas e esperam que suas composições sejam lidas em voz alta a partir do seu texto escrito (Mc 13,14, Lc 1,1-4; Jo 20,30-31; 21,24-25). Os textos dos Evangelhos manifestam características de transmissão oral em um estágio anterior aos textos escritos, mas os fenômenos dos próprios textos (seleção, sequência, redação) não podem ser explicados apenas em termos de tradição oral popular. Depois de mais de um século de estudo intenso, o consenso da erudição é que praticamente os fenômenos do texto discutidos acima não podem ser explicados à parte das inter-relações entre os textos escritos.

Fragmentos escritos

Em 1832, FRIEDRICH SCHLEIERMACHER argumentou, principalmente com base em testemunho patrístico e em Lc 1,1-4, que, logo após o início da igreja, coleções escritas dos ditos e feitos de Jesus (a história da paixão, coleções de milagres de Jesus, parábolas, etc.) estavam em circulação, e que os evangelistas utilizaram de maneira independente essas coleções para compor os Evangelhos posteriormente escritos. Segundo esse ponto de vista, nenhum dos evangelistas estava ciente do trabalho dos outros, mas todos eram dependentes das mesmas coleções de fontes escritas sobrepostas. Este ponto de vista foi um passo em direção da interdependência literária dos Evangelhos, mas por si só não pode explicar os fenômenos do texto, especialmente o complexo fenômeno da seleção, ordem e a sobreposição e entrelaçamento da ordem de cada um dos sinóticos.

Interdependência literária

Os intérpretes foram levados à inevitável conclusão de que os fenômenos da seleção, proporção, ordem e redação descritos acima são extraordinárias, não podem ser coincidência, não podem ser explicados com base na memória individual ou na tradição oral e apelam para algum tipo de inter-relação literária.

Cf. JOHN M. RIST, *On the Independence of Mateus and Mark* (SNTSmanuscript 32; Cambridge: Cambridge University Press, 1978); BO IVAR REICKE, *The Roots of the Synoptic Gospels* (Philadelphia: Fortress, 1986).

Esta não é uma solução moderna. No século V, Agostinho argumentou que cada um dos Evangelhos que foram escritos posteriormente, utilizaram os Evangelhos escritos anteriormente como fontes.[19] O fenômeno não pode ser explicado como meramente similaridade coincidente quanto ao texto ou ordem por autores que estão escrevendo de forma independente sobre o mesmo assunto. Por exemplo, no caso de várias biografias de uma mesma pessoa, os fenômenos da seleção, ordem e redação manifestados nos Evangelhos não estão presentes, exceto quando eles estão claramente citando as mesmas fontes.

Era comum no mundo antigo que os escritores incorporassem grandes blocos de material de outros escritores. Para sua história dos tempos romanos, Josefo adotou e reescreveu grande parte da narrativa de Nicolau de Damasco, historiador da corte e amigo de Herodes, o Grande.[20] O autor de 2 Macabeus indica, em seu prefácio, que seu livro é um reescrito da história de cinco volumes de Jason de Cirene (2 Mc 2,23), mas no próprio documento não há qualquer indicação de qual parte do material e redação oriunda de sua fonte e qual parte pertence ao próprio autor anônimo. O autor de 1-2 Crônicas incorpora e modifica diversas fontes, algumas das quais se tornaram canônicas posteriormente, algumas das quais ele especifica e outras que são utilizadas sem que se perceba incorporação ou modificação.[21] Is 2,2-4 é

---

[19] Agostinho acreditava que os Evangelhos foram compostos em sua ordem canônica, e, consequentemente que Mateus foi o primeiro, Marcos abreviou Mateus e Lucas utilizou tanto Mateus como Marcos como fontes. Veja Agostinho, "Harmony of the Gospels," in *Saint Augustine: Sermon on the Mount, Harmony of the Gospels, and Homilies on the Gospels*, ed. PHILIP SCHAFF, *A Select Library of the Nicene and Post-Nicene Fathers of The Christian Church* (Grand Rapids: Eerdmans, 1888, 1979), 1.2. Embora esta tenha sido a visão padrão nas relações sinóticas até o século XIX, ela foi completamente abandonada; seu principal e maior defensor é BASIL CHRISTOPHER BUTLER, *The Originality of St. Mateus: A Critique of the Two-document Hypothesis* (Cambridge: Cambridge University Press, 1951).

[20] E.g., Josefo, *Ant.* 15-17 é tomado da obra de Nicolau sem documentar sua cópia ou estar preocupado que alguém iria notar ou se importar com tal padrão de procedimento.

[21] 1 Cr 29,29 menciona "os registros de Samuel, o vidente, ... os registros do profeta Natan, e ... os registros de Gade, o vidente", e 2 Cr 9,29 lista como fontes "os atos de Salomão ... escritos na história do profeta Natã, e na profecia de Aías... e as visões de Ido, o vidente", mas a própria narrativa não indica que elementos foram derivados de qual fonte. As listas genealógicas de 1 Cr 1-9 são derivadas das genealogias de Gênesis, Êxodo, Números, Josué, Samuel e Rute, e/ou de fontes usadas por estes livros. 1 Cr 16 é composto de uma combinação dos Sl 105, 95, 106 sem nenhuma indicação de que o autor está usando os escritos do Saltério como uma fonte.

idêntico a Mq 4,1-3, sem indicação por um ou outro escritor de que esteja usando o outro como uma fonte (ou que estejam usando uma fonte comum). O processo editorial pelo qual o Saltério foi formado resultou na duplicação de vários salmos (e.g., Sl 14 e 53 são idênticos), indicando que alguns salmos estavam em mais de um dos documentos da fonte do editor final. O Sl 18 é idêntico a 2 Sm 22, indicando que um usou o outro como fonte, ou que ambos foram usados a partir de uma fonte comum. As ilustrações poderiam ser multiplicadas, mas estas são suficientes para indicar que quando os evangelistas fizeram uso de fontes escritas, incluindo outros documentos que mais tarde se tornaram canônicos, eles estavam em sintonia com a prática literária de seu tempo, bem como com a sua Bíblia. Assim, praticamente todos os estudiosos contemporâneos de quase todos os campos teológicos abordam a tarefa da interpretação convencidos de que a análise da fonte é um elemento legítimo e valioso no empreendimento hermenêutico.

Número de possibilidades

Se três documentos são literariamente interdependentes, há dezoito possíveis formas pelas quais eles podem estar relacionados. Se dois ou mais usaram uma ou mais fontes perdidas em comum, o número de possibilidades é aumentado a uma quantidade impressionante. De fato, entretanto, apenas um pequeno número de possibilidades tem sido proposto e defendido como opções viáveis. Um esboço de sua história é esclarecedor para a presente discussão.

Agostinho

A justaposição dos Evangelhos em termos de material paralelo e redação foi reconhecida desde cedo. Amônio de Alexandria, um mestre do terceiro século, publicou uma edição do Evangelho de Mateus com seções paralelas dos outros Evangelhos ao lado do texto mateano. Eusébio, bispo de Cesareia do século IV e principal figura no Concílio de Niceia, desenvolveu tabelas de referências cruzadas que facilitaram a comparação de qualquer parágrafo no Evangelho com seus paralelos nos outros Evangelhos. Estes ainda são úteis, e ainda são impressos em notas introdutórias e margens das edições Nestle-Aland do Novo Testamento grego. Agostinho viu que os fenômenos textuais dos Evangelhos requeriam algum tipo de dependência literária, e argumentou que os Evangelhos foram escritos em ordem canônica, com cada um dos evangelistas predecessores conscientemente e utilizando seus antecessores. Segundo esse raciocínio, Marcos é visto como o "abreviador de Mateus", e Lucas, como tendo usado Mateus e Marcos.

Esta solução para o problema sinótico foi refutada por J. B. KOPPE, um erudito do Novo Testamento de Göttingen em sua *Marcus non epitomator Matthaei* (Marcos não abreviou Mateus), de 1782. Agostinho não tinha uma sinopse que lhe permitiu comparar os Evangelhos em colunas paralelas. KOPPE, usando a nova sinopse de GRIESBACH para estudos do Evangelho, viu imediatamente que, embora Marcos seja mais curto do que Mateus de modo geral, de perícope a perícope Marcos é frequentemente mais longo. Cf. e.g., a *Sinopse* de ALAND § 137 (Mc 5,1-20 / Mt 8,28-34), em que Mateus usa apenas 134 palavras para contar a mesma história para a qual Marcos usa 325.

J. J. Griesbach 1774, 1776, 1783

Em 1774, J. J. GRIESBACH publicou a primeira edição de sua *Sinopse*, ligado com sua nova edição do Novo Testamento grego. Em 1776, sua sinopse foi publicada separadamente, seguida em 1783 por sua própria solução para o problema sinótico. GRIESBACH manteve a primazia de Mateus, mas argumentou que Marcos foi o último dos sinóticos a ser escrito, usando Mateus e Lucas como fontes. Esta proposta, que não era absolutamente original, tornou-se bastante popular, e foi adotada pelos principais estudiosos do Novo Testamento da Europa. Em meados do século XIX, esta era a principal teoria. F. C. BAUR e o círculo de estudiosos conhecidos como a "Escola de Tübingen" defendiam esse ponto de vista, que era especialmente adequado à sua compreensão dialética do curso da história protocristã (ver Vol. I § 9.2). Segundo essa visão, o cristianismo judaico conservador original ("tese" = Mateus) gerou um cristianismo liberal gentio como sua reação ("antítese" = Lucas); os elementos comuns de duas sínteses foram então combinados na igreja protocatólica do século II ("síntese"= Marcos).

Um "evangelho original"? Lessing 1778

Uma nova era foi inaugurada com os estudos do Novo Testamento de G. E. LESSING, um filósofo alemão que, juntamente com GRIESBACH, trouxe o fim à harmonização como a forma acadêmica de lidar com as discrepâncias dos Evangelhos. Sua composição de 1778 introduziu a teoria das origens do evangelho conhecida como a teoria do "Evangelho Original", de acordo com a qual, os nossos três sinóticos utilizaram um Evangelho original chamado de "Evangelho dos Nazarenos". Este documento está perdido, mas os Pais da Igreja o conheciam como o "Evangelho dos Apóstolos", o "Evangelho dos Hebreus", o "Evangelho dos Nazarenos" ou o "Evangelho de Mateus". Esta teoria foi elaborada no século seguinte pelo erudito de Göttingen,

J. G. EICHHORN, mas a hipótese de um "Evangelho original" perdido não poderia estabelecer-se pela explanação dos dados, e foi abandonada.

A primazia de Marcos: C. H. WEISSE, 1838

Alguns estudiosos propuseram anteriormente que Marcos é o mais antigo Evangelho. O primeiro a defender uma causa sistemática para este ponto de vista é geralmente considerado como o filósofo de Leipzig, C. H. WEISSE. Uma vez aceita a primazia de Marcos, o material comum em Mateus e Lucas não encontrado em Marcos deve ser explicado. As três possibilidades são: (1) Mateus usou Lucas como fonte, (2) Lucas usou Mateus como fonte, ou (3) ambos usaram uma ou mais fontes comuns agora perdidas. O fato de que Mateus e Lucas usaram de forma independente tanto Marcos quanto Q veio a ser chamada de Hipótese das Duas Fontes (2SH – sigla em inglês) ou Hipótese dos Dois Documentos (2DH – sigla em inglês). O orientalista H. G. A. EWALD de Göttingen foi o primeiro estudioso a fazer deste ponto de vista a base exegética para um comentário. Seu estudo dos sinóticos em 1850 imprimiu as fontes em caracteres tipográficos diferentes.

A hipótese dos dois documentos: HOLTZMANN (1863) e STREETER (1924)

O final do século XIX e início do século XX foi um período de debate vigoroso e profundo sobre o problema sinótico. Inicialmente, a visão de que Mateus foi o primeiro Evangelho continuou firme. Esse ponto de vista foi apoiado tanto pelo ensino oficial da Igreja Católica Romana (na forma da solução agostiniana: Mateus → Marcos → Lucas) e pelo grupo influente de protestantes de esquerda da Escola de Tübingen (na forma da solução GRIESBACH: Mateus → Lucas → Marcos).

A 2DH continuou a ganhar terreno, contudo. A publicação de *Die synoptischen Evangelien* (Os Evangelhos Sinóticos), em 1863, por HEINRICH JULIUS HOLTZMANN de Heidelberg, resumiu a erudição até aquele momento, e estabeleceu a 2DH de uma forma que esta se tornou convincente para a maioria dos estudiosos. Os resultados de um seminário contínuo em Oxford, 1894-1909, foram publicados em um volume significativo em 1911.[22] Em 1924, quando *The Four Gospels*, de B. H. STREETER se tornou a declaração clássica em língua inglesa para esse ponto de vista, a 2DH já era o paradigma dominante para os estudos dos Evangelhos, muitas vezes considerados os "resultados garantidos" da crítica bíblica. A 2DH, que nunca tinha sido

---

[22] WILLIAM SANDAY, ed. *Studies in the Synoptic Problem: By Members of the University of Oxford* (Oxford: Clarendon Press, 1911).

aceita unanimemente, enfrentou sérios desafios na última parte do século XX, os quais forçaram os seus defensores a reexaminar toda a questão. A 2DH continua como a teoria dominante, com a Hipótese de FARRER-GOULDER (FGH – sigla em inglês) e a Hipótese dos Dois Evangelhos (2GH – sigla em inglês, ainda conhecida como a hipótese de GRIESBACH) como as outras principais candidatas.[23]

Excurso 3.4 A primazia de Marcos

Uma combinação de tipos de evidência convenceu a maioria dos estudiosos de que Marcos foi o primeiro Evangelho. Embora as categorias sejam justapostas, para os propósitos de discussão que evidenciam, essas provas podem ser classificadas da seguinte forma:

Oralidade

O mais antigo Evangelho escrito, qualquer que seja, terá necessariamente usado fontes orais, primariamente. É amplamente reconhecido que, de todos os Evangelhos, Marcos está mais próximo do estilo oral. Marcos parece estar apenas a um passo da tradição oral, preservando muitas das características de estilo oral, incluindo aramaismos e parataxe (veja abaixo), uso frequente do presente histórico, o ritmo vivaz da narrativa (εὐθύς, *euthus*, imediatamente, diretamente, próximo) 42 vezes, vs. 3 vezes em Lucas, 6 vezes em Mateus, 3 vezes João), detalhes vívidos ("na popa, dormindo sobre a almofada", 4.38; "grama verde", 6,39, a história ampliada com seus detalhes sangrentos da morte de João, 6,14-29), o provocantemente abrupto e instigante final, 16.8. Marcos não parece ser uma fusão literária de Mateus e Lucas, o resultado final de um processo literário tedioso de combinar textos, mas uma composição original diretamente relacionada à tradição oral.

Conteúdo: omissões de Marcos ou adições de Mateus/Lucas?

Marcos é significativa e integralmente mais curto que Mateus e Lucas, que são aproximadamente do mesmo tamanho (Marcos: 115 perícopes, 11.242 palavras; Mateus: 178 perícopes, 18.305 palavras; Lucas: 185 perícopes: 19.228 palavras). Mateus e Lucas expandiram Marcos, ou Marcos abreviou

[23] FGH = primazia de Marcos, Lucas usou Mateus, e não Q. 2GH = Primazia de Mateus, Lucas usou Mateus, Marcos usou tanto Mateus quanto Lucas, não Q.

um dos (Agostinho) ou ambos (Griesbach) os Evangelhos? A maioria dos eruditos considera a relativa brevidade de Marcos como sendo sinal da originalidade de Marcos.

Isso não ocorre em face de uma presunção geral de que o relato mais curto é sempre mais antigo. Em histórias particulares nas passagens da tripla-tradição, Marcos é normalmente mais longo. Preferencialmente, o argumento é que ele parece mais convincente que Mateus, e Lucas teria expandido Marcos, adicionando histórias do nascimento e ressurreição e materiais de ditos adicionais que Marcos teria omitido de sua(s) fonte(s). Depois de suas diferentes e independentes histórias de nascimento (magos ricos, por exemplo, em Mateus, e pastores pobres, em Lucas), Mateus e Lucas começam a concordar entre si em Mt 3,1 e Lc 3,1, respectivamente, ou seja, no ponto em que se tornam paralelos com Marcos. Eles seguem Marcos até Mc 16,8. Em seguida, deixam de concordar com o outro em suas histórias da ressurreição independentes e diferentes. Marcos não tem relatos de aparição. Em Mateus, Jesus aparece aos discípulos apenas na Galileia, enquanto que em Lucas há aparições apenas na Judeia. Da mesma forma, histórias contadas por Marcos, como a família de Jesus considerando-o mentalmente desequilibrado (Mc 3,30-31), ou Jesus precisando de duas tentativas para curar um homem cego (Mc 8,22-26), compreensivelmente podem ter sido omitidas por Mateus e Lucas em face de sua dificuldade. Mas é difícil pensar em Marcos trazendo dificuldades para si e para os seus leitores, adicionando essas histórias depois de omitir tantas outras coisas que Mateus e Lucas têm em comum.

Marcos retrata Jesus como um mestre, referindo-se a sua atividade de ensino 34 vezes. A 2GH [primazia de Marcos] particularmente se esforça para explicar por que Marcos dá apenas uma pequena amostra dos ensinamentos de Jesus, omitindo, por exemplo, o material do Sermão da Montanha de Mateus (Mt 5-7) e o "Sermão da Montanha" de Lucas (Lc 6,20-49). Parece compreensível para a maioria dos intérpretes que Mateus e Lucas expandiriam o ensino de Jesus em Marcos, acrescentando Q e outros materiais, mas não que Marcos, depois de enfatizar o papel de Jesus como mestre, iria reduzir sistematicamente o ensino de Jesus que estava à sua disposição em Mateus e Lucas. Por outro lado, uma explicação mais satisfatória pode ser dada para o fato de, relativamente, Mateus e Lucas apresentarem poucas omissões de Marcos (cf. dados acima).

Ordem

Os fenômenos de ordem descritos acima indicam claramente algum tipo de relacionamento literário entre os Evangelhos sinóticos. O fenômeno em si é impressionante, mas ele provaria a primazia de Marcos? Sempre que a ordem de Mateus difere de Marcos, a ordem de Marcos concorda com Lucas; e sempre que a ordem de Lucas difere de Marcos, Mateus concorda com Marcos.

Quando afirmado abstratamente, o argumento parece provar apenas que Marcos é o "meio termo" entre Mateus e Lucas, i.e., que Marcos fica entre Mateus e Lucas, e se relaciona com ambos, em primeiro (como na 2DH) ou em último (como na 2GH). Como se vê, o fenômeno da ordem depende, em grande medida, da forma como as perícopes são divididas e organizadas em uma sinopse.

No entanto, o que é necessário é um exame caso a caso, em que os três evangelhos não têm a mesma ordem, para determinar como e por que cada evangelista mudou a ordem da sua suposta fonte (veja abaixo). Às vezes, por exemplo, Mateus localizou um incidente em um lugar cronológico diferente do que está na ordem de Marcos, mas, incidentalmente, deixou pistas de que é Mateus que está alterando Marcos e não vice-versa. Assim, em Mt 8,16 a frase "e chegada a tarde", concorda na íntegra com Mc 1,32. No contexto de Marcos, a função da frase é para indicar que as pessoas só vieram para a cura após o término do sábado (ver Mc 1,21; em Mc 1,21-34 todos os incidentes ocorrem no mesmo dia de sábado). Em Mateus, a cena foi relocada em outro contexto, não mais em um sábado. No entanto, a frase de Marcos é mantida, embora não mais servindo a qualquer finalidade. Tais dados indicam que é Mateus que está reorganizando a sua fonte de Marcos e não vice-versa. Assim também, Lc 4,23 faria sentido cronológico em Mc 6,1-6, onde Jesus já fez milagres em Cafarnaum, mas não em Lc 4, onde Jesus não visita Cafarnaum após esse episódio em Nazaré (Lc 4,31 é a primeira referência a Cafarnaum, em Lucas). Aqui Lucas parece pressupor Marcos. Outro exemplo: Lucas menciona Simão em 4.38, porém seu chamado só é narrado em 5,1-11. Em Marcos, o apelo a Simão já havia ocorrido em 1,16-20. Quando Lucas moveu esse relato para outro cenário, a fim de fornecer uma base para si nos milagres de Jesus, isso resultou em uma referência prematura a Simão na narrativa, como se ele já fosse conhecido. Esses dados indicam que foi Lucas que reorganizou a ordem de Marcos, e não vice-versa. Um exame de todos os casos em que Mateus ou Lucas têm um incidente marcano em um local diferente de Marcos convenceu a maioria dos estudiosos de que as explicações mais plausíveis podem ser dadas em função da primazia de Marcos.

Linguagem e estilo

Outra categoria de material em que parece que Mateus e Lucas editaram Marcos, e não vice-versa, é fornecida através do exame respectivo do uso da língua grega. Os seguintes tipos de fenômenos indicam a primazia de Marcos:

Nível geral do grego de Marcos

Numerosos estudos têm mostrado em detalhes que o texto de Marcos, em termos do nível do grego em que está escrito, reflete a composição sem sofisticação de uma pessoa sem educação mais elevada.[24] Marcos é um teólogo profundo e escritor talentoso, mas sua história é composta em um grego simples, desajeitado, e, às vezes, incorreto. Mateus é mais hábil em grego do que Marcos, e Lucas ainda mais. Alguns exemplos (muito disso certamente não vem nas traduções ao português, que necessariamente suavizam as diferenças):

O presente histórico. Marcos tem 151 exemplos. Embora não seja incorreto, o uso do presente histórico foi considerado estilo vernacular, não literário. Ao longo do texto de Mateus existem apenas 78 casos, modificando a maioria das ocorrências na narrativa de Marcos, embora mantendo e até aumentando aqueles com a fórmula "Jesus diz..."; Lucas elimina todos, exceto um dos presentes históricos de Marcos (Mc 5,35 = Lc 8,39).

Parataxe. Marcos tende a encadear suas frases com a conjunção coordenativa καί (*kai*, e). Dos 115 parágrafos de Marcos, 92 começam com "e". Enquanto isso possa refletir o fundo aramaico da tradição de Marcos (veja abaixo), que era pobre em conjunções e usava o estilo paratático regularmente como no Antigo Testamento, isso também reflete o estilo vernacular não refinado. Em todo caso, tanto Mateus quanto Lucas normalmente unem suas cláusulas com uma variedade de conjunções e particípios. É improvável que este uso mais elegante da língua grega seja intencionalmente desconstruído por Marcos.

Repetitivos "imediatamente" e "para": Marcos usa o advérbio εὐθύς (*euthus*, imediatamente, em seguida) 42 vezes. Quando traduzida como "imediatamente", o termo tem sido usado por vezes como prova para o Jesus "dinâmico" de Marcos, que age sem hesitação e parece correr de um lado para o outro. Mas no uso marcano da palavra, muitas vezes seu significado

---

[24] Cf. pesquisa em E. J. PRYKE, *Redactional Style in the Marcan Gospel. A Study of Syntax and Vocabulary as Guides to Redaction in Mark* (SNTSmanuscript 33; Cambridge: Cambridge University Press, 1978), "Markan linguistic studies since Hawkins and Turner," 25-31 que fornece uma bibliografia anotada. Para uma pesquisa útil acerca dos recursos linguísticos marcanos, veja VINCENT TAYLOR, *The Gospel According to St. Mark* (New York: Macmillan, 1959), 44-54.

tem sido enfraquecido ("em seguida"), e serve para aliviar a monotonia do καί (e) discutido acima, servindo apenas como uma conjunção incolor para vincular ações em conjunto. Mateus mantém a palavra apenas cinco vezes, e nunca fora dos paralelos com Marcos. Lucas elimina a palavra por completo. Não só parece mais provável que Mateus e Lucas tenham eliminado ou reduzido drasticamente uma expressão não refinada de Marcos (em vez de Marcos ter pulverizado suas narrativas com a palavra), os cinco casos em Mateus oferecem mais uma prova da prioridade de Marcos: a palavra, obviamente, não uma das favoritas de Mateus, ocorre em Mateus só em passagens paralelas a Marcos. Se Mateus veio primeiro, alguma "mão invisível" deve tê-lo guiado para usá-la apenas em passagens que Marcos viria a optar por incorporar depois.[25]

Vocabulário grosseiro, vulgar: Marcos às vezes usa uma terminologia rude que é alterada por Mateus e/ou Lucas. Por exemplo, em 2,11, a palavra para "leito" (κράβαττος, *krabbatos*, como "maca" ou "esteira", que soa um tanto como um jargão para "cama") é substituída por uma palavra mais elegante tanto em Mateus quanto em Lucas, que diferem não só de Marcos, como também um do outro.

Pleonástico ἄρχομαι (*archomai*, começar): A palavra grega para "começar" é usada 26 vezes por Marcos não como um verdadeiro verbo que significa iniciar algo, mas como um verbo auxiliar, como no coloquial "ele foi e fez isso" para "ele fez isso" em partes do sul dos Estados Unidos, onde "foi" não descreve uma ação, mas serve como um auxiliar idiomático.[26] Mateus e Lucas ficam claramente apreensivos com esse uso: Mateus adota apenas 6 e Lucas apenas 2 das 26 ocorrências de Marcos.

Uso coloquial de diminutivos: Marcos é particularmente um apreciador das palavras com o final diminutivo "*-ion*". Uma vez que em grego tais palavras

---

[25] Veja STEIN, *Synoptic Problem*, 82, que elabora o argumento, e aponta um fenômeno análogo. Marcos tem 66 cláusulas γάρ (*gar*, para), 34 das quais não são parte do diálogo interno da narrativa, mas comentários editoriais direcionados ao leitor. Mateus tem 123 cláusulas γάρ, mas apenas 11 são explanatórias para o leitor. Destas 11, dez estão em paralelo com o material de Marcos. Novamente, se Mateus veio primeiro, ele deve ter conhecido dez seções em que Marcos incorporaria e usaria esta construção apenas ali, enquanto que na hipótese da primazia de Marcos, uma das construções favoritas de Marcos é incluída por Mateus quando este segue Marcos, mas é dificilmente utilizada por ele em qualquer outro lugar.

[26] Um caso semelhante na língua portuguesa pode ser notado em expressões do tipo "eu vou ajudar você" em vez de "eu o ajudarei". N. do T.

são usadas como um elemento de linguagem coloquial, diferentemente do português (em que elas são predominantemente palavras usadas por crianças), nem sempre elas são traduzidas por diminutivos nas versões portuguesas. Marcos não está aderindo a uma linguagem infantil, mas ao usar estas palavras, ele é mais coloquial do que os escritores literários: θυγάτριον (*thugatrion,* 5,23; 7,25, filhinha, "garotinha"); κοράσιον (*korasion,* 5,41; 6,22,28, menininha); ἰχθύδιον (*ichthydion,* 8,7, peixinhos); κυνάριον (*kunarion,* 7,27.28 cachorrinho, filhote de cachorro); σανδάλιον (*Sandalion,* 6,9, "sandalinha"); ψιχίον (*psichion,* 7,28, "migalhinhas"); ὠτάριον (*ōtarion,* 14,47, "orelhinha" para a orelha). Nenhuma dessas palavras é encontrada em Lucas; Mateus nunca as usa, exceto em passagens paralelas a Marcos, e até nesses lugares as elimina ou as modifica em sua maioria. Tanto Mateus quanto Lucas parecem ter reconhecido tais expressões como coloquialismos, e não verdadeiros diminutivos; ambos atualizaram o grego de Marcos.

Aramaico e hebraico

O aramaico, que pertence à mesma família linguística do hebraico bíblico, era a língua materna de Jesus e da igreja primitiva. Marcos contém sete expressões aramaicas diretas de Jesus: *Boanerges* (3,17, Filhos do Trovão); *Talitha cum* (5,41, Menina, levanta-te); *Corban* (7,11, uma oferta para Deus); *Ephphatha* (7,34, ser aberto); *Abba* (pai 14,36); *Golgotha* (15,22, Gólgota); *Eloi, Eloi, lema sabachthani* (Mc 15,34, Deus meu, Deus meu, por que me abandonaste).

Lucas tem paralelos com cinco destes sete textos, mas o aramaico não é encontrado em cada caso. Mateus tem paralelos com todas as sete passagens de Marcos, mas não tem nenhuma das palavras em aramaico, exceto "*Golgotha*" em Mt 27,33 = Mc 15,22. A forma aramaica do grito de abandono de Jesus em Mc 15,34 já havia sido acomodada ao texto da Bíblia Hebraica (Sl 22,1); Mateus vai mais além, dando o grito de uma forma mais hebraica do que em Marcos.

Além disso, Marcos apresenta a palavra hebraica comum "Amém", mas usada de uma maneira incomum: no início de uma declaração, ao invés de usá-la no final (Mc 14 vezes, Lc 6 vezes; Mt 31 vezes). A maneira marcante com que Jesus introduz expressões do tipo "'Amém' vos digo que..." (normalmente traduzidas como "verdadeiramente..." ou "em verdade...") foi adotada no início do cristianismo e formou uma característica dos ditos de Jesus, sendo adicionada aos ditos tradicionais onde não eram originais. O uso de Marcos é ampliado em Mateus, conforme o desenvolvimento geral da tradição, mas diminuído em Lucas, que achou a expressão desajustada para seus leitores gentios mais cultos.

Em todos esses casos, o fluxo é mais facilmente compreendido a partir de Marcos para Mateus e Lucas, e não em outra direção. A alternativa seria dizer que Marcos, escrevendo para a igreja gentia, tinha inserido palavras em aramaico em seu texto. O mesmo vale para a linguagem de Marcos, em geral, o que reflete mais influência do aramaico no vocabulário, gramática e sintaxe do que em Mateus ou Lucas.

Intercalações

Em pelo menos seis passagens, Marcos tem uma combinação de duas histórias, em que uma delas é inserida na outra, produzindo uma forma $A_1/B/A_2$: 3,20-30; 5,21-43; 6,7-30; 11,12-25; 14,1-11; 14,53-72.[27] Isso parece ser uma formulação redacional marcana – estas seis histórias não viajaram na tradição oral já combinadas dessa forma. Mateus mantém três (Mc 5,21-43 par; 14,1-11 par; 14,53-72) e Lucas mantém duas (Mc 5,21-43 par, 6,7-30 par). Nenhum autor parece apreciar a sutileza, ironia e poder literário dramático com que Marcos dotou a forma; nem Mateus nem Lucas usam-no, exceto nas passagens citadas de Marcos. Uma vez perdendo o raciocínio, Mateus se esquece de que a história inserida é um *retrospecto*, e continua o elemento do meio sem retornar ao quadro em que ela foi inserida (Mt 14,1-13; cf. Mc 6,1-32).

Duplicações

Duplicações são repetições das mesmas ou de histórias muito semelhantes, ou ainda ditos no mesmo Evangelho. O quadro a seguir, adaptado de JOEL MARCUS,[28] apresenta claramente os dados:

[27] Outros exemplos frequentemente mencionados são: 1,21-28; 2,1-12; 13,5-27. Com a inclusão de textos em que a forma não é tão completa, muitas das 26 passagens foram identificadas como intercalações de Marcos. Cf. TOM SHEPHERD, *Markan Sandwich Stories: Narration, Definition, and Function* (AUSDDS 18; Berrien Springs, MI: Andrews University, 1993); TOM SHEPHERD, "The Narrative Function of Markan Intercalation," *NTS* 41 (1995), 522-540.

[28] JOEL MARCUS, *Mark: A New Translation with Introduction and Commentary* (2 vols.; AB 27, 27a; New York: Doubleday, 2000). Esta listagem é cautelosa; 22 duplicações e tradições duplas são listadas em JOHN C. HAWKINS, *Horae Synopticae. Contributions to the Study of the Synoptic Problem* (2ed.; Oxford: Clarendon Press, 1968). A lista poderia ser expandida pela inclusão, por exemplo, de várias versões das narrativas das multiplicações e das predições da paixão.

Quadro 24: Duplicações

Item	Marcos	Mateus	Lucas
Em Marcos e Lucas			
1. Os primeiros serão os últimos	9,35		9,38b
	10,43-44	20,26-27	18,26
Em Mateus e Lucas			
2. Àquele que tem	4,25	13,12	8,18
		25,29	19,26
3. Tome a sua cruz	8,34	16,24; 10,38	9,23; 14,27
4. Perderá a vida	8,35	16,25	9,24
		10,39	17,33
5. Receber Jesus como uma criança	9,37	18,5	9,48
		10,40	10,16
Em Mateus			
6. Acusação de Belzebu	3,22	9,34	
	12,24	11,15	
7. Sinal de Jonas	8,11-12	16,1-2a	
	12,38-42	11,29-32	
8. Divórcio	10,11-12	19,9	
		5,32	16,18
9. Os primeiros serão os últimos	10,31	19,30	
		20,16	13,30
10. A fé move montanhas	11,22-32	21,21	
		17,19-20	17,5-6
Em Lucas			
11. A lâmpada	4,21		8,16
		5,15	11,33
12. Encoberto e revelado	4,22		8,17
		10,26	12,2
13. Vergonha de Jesus	8,38		9,26
	10,32-33		12,9
14. A ajuda do Espírito	13,9-11		21,12-15
		10,19	12,11-12

Embora seja possível para um autor usar uma história ou dito que ele encontrou na tradição oral ou em uma única fonte escrita mais de uma vez (como Marcos parece ter feito em 9,35/ 10,43-44 e Mateus em 9,27-31/ 20,29-34 = Mc 10,46-52), o padrão de duplicações sugere fortemente que tanto Mateus como Lucas tiveram Marcos como uma fonte, e depois também incluíram uma variação do dito ou história encontrada em outra fonte não marcana que eles têm em comum: Marcos tem apenas uma duplicação, mas Mateus tem dez e Lucas tem oito; em cada caso, eles tomam uma de Marcos e a outra a partir de sua fonte comum. Outras teorias de fonte têm dificuldade em explicar esse fenômeno.

Redundância ("expressões dualísticas")

Repetidamente, Marcos usa prolixas expressões duplas; às vezes parte da expressão é encontrada em Mateus e parte em Lucas. Um claro exemplo é provido por Mc 1,32, e paralelos:

Quadro 25: Redundância

Mt 8,16	Mc 1,32	Lc 4,40
Ao anoitecer foram trazidos a ele muitos endemoninhados, e ele expulsou os espíritos com uma palavra e curou todos os doentes.	Ao anoitecer, *depois do pôr do sol*, o povo levou a Jesus todos os doentes e os endemoninhados.	*Ao pôr do sol*, o povo trouxe a Jesus todos os que tinham vários tipos de doenças; e ele os curou, impondo as mãos sobre cada um deles.

Uma vez que este padrão é encontrado frequentemente, e uma vez que tem sido apontado como evidência de que Marcos é o último Evangelho, misturando Mateus e Lucas, isso tem sido estudado com muito cuidado.[29] Há 213 exemplos de tais expressões dualistas, mas a grande maioria não parece ser uma combinação marcana de Mateus e Lucas. Dos 213 exemplos:

- Mateus tem metade, Lucas tem a outra metade 17 vezes.
- Mateus tem metade, Lucas tem ambas as metades 11 vezes.

[29] THOMAS R. W. LONGSTAFF, *Evidence of Conflation in Mark? A Study in the Synoptic Problem* (SBLDS Missoula, Mont.: Scholars Press, 1977); FRANS NEIRYNCK, *Duality in Mark: Contributions to the Study of the Markan Redaction* (Peeters: Leuven University Press, 1988); C. M. TUCKETT, *The Revival of the Griesbach Hypothesis. An Analysis and Appraisal* (SNTSmanuscript Cambridge: Cambridge University Press, 1983), 16-21.

– Mateus tem metade, Lucas não tem paralelo 46 vezes.
– Lucas tem metade, Mateus tem ambas as metades 17 vezes.
– Lucas tem metade, Mateus não tem paralelo 25 vezes.
– Ambos omitem a mesma metade 39 vezes.
– Ambos têm expressões duplicadas de Marcos 6 vezes.
– Mateus tem ambas as metades, Lucas não tem paralelo 14 vezes.
– Lucas tem ambas as metades, Mateus não tem paralelo 1 vez.
– Ambos, Mateus e Lucas, não têm paralelo 37 vezes.[30]

A evidência acaba por apoiar a primazia de Marcos. Tais expressões duplas não são evidência de fusão, mas uma característica do estilo de Marcos, algo como o paralelismo frequentemente encontrado no Antigo Testamento. Mas nem Mateus nem Lucas tinham muito apreço por esse recurso estilístico, e lidaram com isso a partir das diversas formas mostradas acima.

Leituras mais difíceis de Marcos

Existem inúmeros textos que Mateus e/ou Lucas eliminaram ou alteraram características desagradáveis no texto de Marcos:

– Mt 8,16 / Mc 1,32-34 / Lc 4,40 – Em Marcos, as pessoas trazem todos os doentes e Jesus cura a muitos. Em Mateus e Lucas, as pessoas trazem muitos e Jesus cura a todos.
– Mt 4,24 / Mc 3,9-10 / Lc 6,17-19 – de novo, os muitos de Marcos tornam-se todos em Mateus e Lucas.
– Mt 13,58 / Mc 6,5-6 / Lc 4,16-30 – Em Marcos, Jesus não poderia fazer milagres em sua cidade natal (com algumas exceções); em Mateus, Jesus não fez (muitos) milagres, e a culpa recai sobre a incredulidade do povo. Lucas elimina toda a referência.
– Mt 19,16-17 / Mc 10,17-18 – Em Marcos, Jesus se recusa a ser chamado de "bom", pois só Deus é bom, mas Mateus remove o problema: Jesus não é mencionado como "bom", e sua resposta não nega que ele é bom (embora o texto de Mateus continue pressupondo o texto como está em Marcos).
– Mt 3,1.15-16 / Mc 1,4.9 – Da mesma forma, em Mc 1,4 João batiza para o perdão dos pecados, e em Mc 1,9 Jesus é batizado por João, sem objeção ou explicação. Em Mateus, no entanto, "o perdão dos pecados" é removido da pregação de João, e em 3,14-15 a explicação é dada por Jesus sendo batizado por João. Lc 3,3 mantém o perdão como ingrediente para o batismo de

[30] Tuckett, *Griesbach Hypothesis*, 20.

João, mas Lucas nunca narra o batismo de Jesus, ficando João fora do palco narrativo antes de Jesus voltar (cf. Lc 3,19-20).

- Mc 1,2 – A citação é incorretamente atribuída a Isaías. Este erro é omitido por Mateus e Lucas.
- Mc 2,26 – Abiatar é o sumo sacerdote, mas em 1 Sm 21, o sumo sacerdote é Aimeleque. Este erro é omitido por Mateus e Lucas.

Para a maioria dos estudiosos faz mais sentido entender estes e outros textos semelhantes como Mateus e Lucas interpretando e suavizando as dificuldades de Marcos, ao invés de ver Marcos como tendo introduzido dificuldades nos textos de Mateus e Lucas.

Texto marcano pressuposto por Mateus e Lucas

Outra categoria do fenômeno que indica a primazia marcana é provida por numerosos textos em que Mateus e/ou Lucas tenham inadvertidamente incorporado elementos marcanos em seus textos que fazem sentido em seu cenário marcano, mas não cabem em seu novo contexto. Uma seleção:[31]

- Mt 9,2/Mc 2,1-5 – Em Marcos: "Vendo-lhes a fé" refere-se à evidência dramática da fé deles em fazer uma abertura no teto e por ela baixar o homem paralítico de modo que ele pudesse ser curado por Jesus. A abreviação da história por Mateus eliminou este colorido incidente, mas, no entanto, mantém o trecho marcano "Vendo-lhes a fé".
- Mt 9,18-26 / Mc 5,21-43 – Em Marcos, Jairo vem para pedir a cura para sua filha doente, que morre enquanto Jesus está a caminho para curá-la, mas ao contrário de todas as esperanças ele a restaura à vida. Em Mateus, a menina morreu no início da história, e Jairo chega a Jesus pedindo-lhe para ressuscitá-la. No início da história, o Jairo mateano já tem a fé para a qual a história de Marcos apela no final. No entanto, resquícios da história de Marcos permanecem em Mateus. Em Marcos, a intercalação da mulher com a hemorragia interrompe a narrativa e cria um suspense, pois se sente urgentemente a necessidade de que Jesus vá até lá, antes que a menina morra. Assim também, quando Jesus e Jairo chegam à casa, o funeral já

[31] Para outros, cf. e.g., *Introduction*, 61; Stein, *Synoptic Problem*, 70-76. MARK GOODACRE, *The Synoptic Problem: A Way through the Maze* (London: Sheffield Academic Press, 2001), 71-76, chama isso de "fadiga editorial" ou "erros de continuidade", e considera-os como o "indicador mais decisivo" da primazia de Marcos (76), dando vários exemplos.

está em andamento, como em Marcos, embora este já não se encaixe à história de Mateus.

- Mc 15,6-13 / Lc 23,18-21 – Lucas tem o clamor da multidão pela libertação do prisioneiro Barrabás, embora tenha omitido a explicação de Marcos, que fornece a base para o seu clamor.
- Mt 20,20-23 / Mc 10,35-40 – Marcos tem Tiago e João fazendo um pedido a Jesus, ilustrando a sua incompreensão do seu ensinamento sobre o reino de Deus. Mateus remove o embaraço, por ter a mãe deles fazendo o pedido, mas depois continua com Jesus, não respondendo a mãe, mas aos discípulos, como em Marcos.

O peso cumulativo de tais casos é importante para a questão da análise da fonte. Esta categoria de evidências aponta para a primazia de Marcos.

Situação histórica pressuposta

Em alguns casos, a situação histórica proposta em Mateus e/ou Lucas é posterior à de Marcos. No discurso apocalíptico de Mc 13,5-37, a destruição de Jerusalém e do templo parece ser iminente, em andamento ou ter acabado de ocorrer. Tanto Mateus quanto Lucas parecem se voltar para trás, a certa distância, para a destruição de Jerusalém, e reescrever suas fontes a partir dessa perspectiva (cf. Mt 22,4-8; Lc 21,20-24).

Os conflitos entre Jesus e os fariseus em Mateus, especialmente as denúncias de Jesus sobre os fariseus, refletem um cenário histórico de algumas décadas mais tarde do que é o caso de Marcos (ver introdução a Mateus).

Crítica da redação e teologia

Tem havido uma enorme quantidade de estudos dos Evangelhos relevante para a abordagem da crítica da redação.[32] Alguns exemplos, todos relacionados com questões cristológicas, ilustrarão o poder explicativo dessa hipótese. É instrutivo trabalhar através de uma sinopse observando as afirmações cristológicas, diretas e indiretas, em cada um dos Evangelhos, perguntando, em cada caso, qual parece ser primária e qual secundária, e

[32] Ver as bibliografias em Sherman E. Johnson, *The Griesbach Hypothesis And Redaction Criticism* (Atlanta: Scholars Press, 1991) e Peter M. Head, *Christology and the Synoptic Problem: An Argument for Markan Priority* (SNTSmanuscript 94; Cambridge: Cambridge University Press, 1997).

que direção da corrente de interpretação cristológica parece fluir. Esta não é meramente uma questão de ir do "simples" para o "avançado". Especificamente, não é uma questão de uma cristologia "adocionista" "avançando" para uma "alta" cristologia. A questão é, o que mais provavelmente é a base da outra, o que mais provavelmente é a interpretação da outra, o que pressupõe o quê?

"Isso foi para cumprir..." – A convicção básica de Marcos é que o evento-Cristo é o cumprimento do plano de Deus conforme revelado nas Escrituras (cf. e.g., 1,1-4,15; 4,12; 7,67; 8,18, 11,9-10,17; 12,10-11,36; 13,24-25; 14,27). Apenas uma vez, ele tem os rudimentos de uma fórmula de citação: "... para que se cumpram as Escrituras" (14,49). Mateus e Lucas também têm essa convicção de que a vida e a missão de Jesus são o cumprimento das Escrituras, que Mateus expressa de forma mais desenvolvida, incluindo dez "fórmulas de citação" (1,22-23; 2,15; 2,17-18; 2,23; 4,14b-16; 8,17; 12,18-21; 13,35; 21,4-5; 27,9-10). Na 2DH, Mateus desenvolve as fontes de Marcos de uma forma mais elaborada e sistemática, elaborando de dez maneiras diferentes a única citação de Marcos de uma forma programática. Na 2GH, Mateus começou com esse esquema elaborado, que Lucas eliminou sistematicamente, apesar de concordar com a teologia, e Marcos seguiu Lucas, exceto para preservar um eco de Mateus, em Mc 14,49. Para a maioria dos intérpretes é mais plausível que Mateus e Lucas tenham elaborado as fontes de Marcos[33].

O tema do segredo "messiânico" – Em Marcos, a identidade de Jesus não é reconhecida pelos personagens da narrativa até o fim da história. Este é um elemento-chave na estratégia narrativa de Marcos, uma forma de preservar imagens cristológicas conflitantes de Jesus em uma história (cf. §20.1). Elementos mínimos do tema do segredo também são encontrados em Mateus e Lucas, mas estes estão em tensão com suas respectivas maneiras de contar

[33] A análise detalhada de KRISTER STENDAHL da interpretação de Mateus do Antigo Testamento conclui que ele segue Marcos e Q no uso da LXX em passagens que ele assume a partir destas, mas Mateus e sua escola têm feito sua própria tradução para as citações de fórmulas. Isso significa que Mateus deve ter vindo depois de Marcos e que Mateus e Lucas devem ser independentes. O fenômeno das citações "corrobora com o que tem sido por muito tempo a visão mais aceita" [a 2DH]. (KRISTER STENDAHL, *The School of St. Matthew and Its Use of the Old Testament* (Philadelphia: Fortress, 1968), 151). Cf. também ROBERT HORTON GUNDRY, *The Use of th Old Testament in St. Matthew's Gospel: With Special Reference to the Messianic Hope* (NovTSup 18; Leiden: Brill, 1967), que argumenta convincentemente que Marcos não passa por Mateus e seleciona apenas aquelas citações com os tipos de texto da LXX, mas a dependência vai para outro rumo. GUNDRY inicia seu estudo aceitando a primazia de Mateus, e torna-se convencido da hipótese 2DH no curso de seu estudo.

a história, em que os pais de Jesus, os discípulos e todos os inimigos reconhecem quem ele diz ser. Os elementos do segredo incluídos em Mateus e Lucas são difíceis de explicar, exceto como resquícios da teologia de Marcos tomados de sua fonte (e.g., Mt 16,13-20 vs. Mc 8,27-30). Da mesma forma, os lugares onde o tema do segredo está presente em Marcos, mas ausente nos paralelos de Mateus ou Lucas, são difíceis de explicar como sendo inserções de Marcos (cf. Mc 6,51-52 vs. Mt 14,32-33, Mc 5,43 vs. Mt 9,26).

A incompreensão dos discípulos – Era importante para Marcos que nem mesmo os discípulos compreendessem a verdadeira identidade de Jesus antes de sua morte, visto que a autêntica fé cristã deve incluir a cruz e ressurreição. Mateus e Lucas têm outros meios teológicos e narrativos para expressar isso, que inclui uma imagem mais positiva dos discípulos e da sua compreensão. Mateus omite, modifica, ou oferece uma correção suplementar para cada passagem de Marcos, que retrata os discípulos como compreendendo equivocadamente ou não compreendendo (cf. e.g., Mt 16,13 / Mc 14,33; Mt 13,10.18.51-52 / Mc 4,10.13).[34] O que se aplica à incompreensão dos discípulos também se aplica às descrições geralmente negativas de Pedro e dos discípulos em Marcos, que são melhoradas em Mateus e Lucas (cf. e.g., Mc 8,27-33 / Mt 16,13-23 / Lc 9,18-22; Mc 10,35-37 / Mt 20,20-21). A visão de que Marcos desenvolveu pela primeira vez os temas do segredo messiânico e da incompreensão dos discípulos, os quais foram posteriormente interpretados por Mateus e Lucas, parece mais plausível para a maioria dos estudiosos do que imposição de Marcos desses temas nas narrativas anteriores de Mateus e/ou Lucas.

"Senhor" como um título cristológico – Enquanto o título "Senhor" (κύριος, *kyrios*) foi usado às vezes simplesmente como uma forma honorária de deferência, correspondente ao português "Sr." (como em Mt 27,63, dirigida pelos judeus a Pilatos; cf. alemão *Herr*, Espanhol *Señor*, Francês *Seigneur*), no judaísmo e no mundo religioso gentílico foi usado como um termo para divindade. Os judeus o adotaram como um termo para Deus em lugar do sagrado Tetragrama YHWH, e os gregos e romanos utilizaram-no para os seus deuses, incluindo-o no culto do imperador como um título para o divino César. Em um período inicial, pelo menos, algumas correntes de tradição cristã adotaram a palavra como um título cristológico para Jesus (cf. e.g., At 2,36; Rm 1,7; 10,9; Fl 2,9-11). Os Evangelhos Sinóticos manifestam o seguinte uso de "Senhor" como um título para Jesus:

---

[34] Cf. Gerhard Barth, "Matthew's Understanding of the Law," in *Tradition and Interpretation in Matthew*, ed. Günther Bornkamm, Gerhard Barth, and Heinz Joachim Held, *New Testament Library* (Philadelphia: Westminster John Knox, 1963), 105-12.

Marcos usa o termo seis vezes, mas nunca de forma inequívoca para o Jesus terreno (cf. 1,3; 5,19; 7,28; 11,3; 12,36-37; [2,28]). O autor entende claramente "Senhor" como um título apropriado para o Cristo exaltado (a voz de Deus por trás dos bastidores aborda-o em 1,3 e cf. 12,36-37). No entanto, ninguém na narrativa chama Jesus de "Senhor",[35] tampouco o narrador se refere a ele dessa maneira. Mateus aplica este termo a Jesus trinta e quatro vezes, tanto em suas próprias composições quanto o inserindo em contextos de Q e Marcos. Em Marcos, os discípulos nunca usam "Senhor" quando falam de Jesus (e.g., Mc 9,5 / Mt 17,4), mas em Mateus os discípulos regularmente se referem a ele como "Senhor", e somente os descrentes usam "mestre". Assim, também, Lucas usa "Senhor" muitas vezes (104 vezes, em diversos contextos), referindo-se tanto a Deus (1,68) quanto a Jesus (e.g., 2,11). O narrador aplica o termo a Jesus (e.g., 7,13), e as pessoas na narrativa, tanto os discípulos quanto os não discípulos, dirigem-se a Jesus como "Senhor" (e.g., 9,59, 10,17). Para a maioria dos intérpretes, faz mais sentido ver Mateus e Lucas ampliando o uso desse título cristológico e relegando a visão pós-pascal da igreja à sua narrativa da vida de Jesus, do que alegar que Marcos tenha eliminado esse uso depois.

"Filho de Davi" como um título cristológico – Similarmente, Marcos parece ter profundas reservas acerca de "Filho de Davi" como um título cristológico, usando-o apenas duas vezes, nunca em um sentido claramente positivo. Aparentemente, ele rejeitou sua conotação violenta é militarista. Em 12,35 o Jesus marcano usa a Escritura contra os escribas para mostrar o problema com esse título, e em 10,47 uma pessoa cega aborda Jesus com este título, mas apenas antes de sua cegueira ser curada. As multidões, que, como se vê, não compreendem Jesus e sua missão, referem-se à vinda do reino de Davi, trazido por ele (11,10). Isso é diferente de Mateus e Lucas, que usam a linguagem davídica de Jesus muitas vezes de forma positiva (Mt 15 vezes, Lc, 11 vezes), incluindo a inserção do título nos contextos de Marcos (cf. e.g., Mt 21,9.15 / Mc 11,9-11; Lc 1,27.32.69; 2,4.11). Mais uma vez, a maioria dos intérpretes acredita que é mais fácil entender Mateus e Lucas como ampliando e reinterpretando o uso marcano, do que Marcos filtrando o uso mateano e lucano do termo, e reinterpretando, em um sentido negativo, as poucas referências que ele mantém.

"Filho de Deus" como um título cristológico – "Filho de Deus" é um título cristológico-chave para Marcos (1,1.11; 3,11; 5,7; 9,7; [13,32], 14,62; 15,39 [cf. 12,6]).

---

[35] A fala da mulher gentia em 7,28 é provavelmente mais bem compreendida no nível narrativo como "Sr.", embora o leitor pós-pascal saiba compreendê-lo em um nível mais profundo.

No entanto, durante o curso da narrativa este título é conhecido apenas pelo próprio Jesus, Deus e os demônios [e pelo leitor pós-pascal], com os personagens da história nunca reconhecendo Jesus como Filho de Deus. É apenas no final da história, à sombra da cruz, que Jesus é reconhecido como Filho de Deus (14,62). Então o Jesus crucificado é confessado por um gentio como sendo o Filho de Deus (15,39). Que a verdadeira identidade de Jesus é conhecida apenas em retrospecto, à luz da crucificação e ressurreição, é um elemento central da cristologia de Marcos (ver sobre em §20.1 abaixo). Novamente, Mateus e Lucas reinterpretam Marcos ao recontar a história de tal forma que Jesus é conhecido como Filho de Deus pelos personagens da história, durante a sua vida terrena (cf. e.g., Mt 1,18-25; 3,17 [contrastar o "este é" de Mateus com o "tu és" de Marcos 1,11]; 14,33 [contrastar com Mc 6,52], Lc 1,35).

Distribuição dos títulos cristológicos – O padrão segundo o qual os títulos cristológicos são distribuídos entre os três primeiros Evangelhos também é uma evidência da primazia de Marcos e da 2DH. Isso pode ser visto notando a distribuição de uma variedade de títulos na tradição tripla, na tradição dupla, e em cada uma das categorias de Marcos e materiais especiais de Lucas. Dois exemplos no que se refere à dupla tradição são evidentes na página 896 no quadro 26:

(1) Filho do homem é praticamente o único título cristológico na dupla tradição (veja abaixo). Isso significa que, dos inúmeros títulos cristológicos nos sinóticos como um todo, o material comum a Mateus e Lucas, mas não a Marcos, manifesta a sua cristologia exclusivamente em termos de um título. Isso é facilmente explicável se os materiais de Q usaram somente Filho do Homem, e mantiveram essa característica quando Mateus e Lucas os acrescentaram ao seu esquema de Marcos. É difícil explicar se Mateus tinha uma visão completa dos títulos cristológicos (mas com seções totalizando cerca de 230 versículos, em que Filho do Homem era usado exclusivamente), e se Lucas adotou todas elas sem misturar outros títulos nas seções de dupla tradição, e Marcos finalmente excluiu apenas as seções em que Filho do Homem foi o título exclusivo. Os proponentes da primazia de Mateus ou Lucas afirmam que algo como uma "mão invisível" guiou o uso de tais materiais dos evangelistas. A menos que uma explicação convincente seja dada para esse fenômeno, a distribuição da terminologia *Filho do Homem* parece ser uma forte evidência para a 2DH.

Quadro 26: O Filho do Homem nos Evangelhos Sinóticos

p = presente

s = sofrimento, morte e ressurreição*

v = vinda

			Mt	Mc	Lc
1.	Q	p	8,20		9,58
2.	Mc	p	9,6	2,10	5,24
3.	M	v	10,23		
4.	L	p, v?			6,22
5.	Q	p	11,19		7,34
6.	Mc	p	12,8	2,28	6,5
7.	Q	p	12,32	[3,28]	12,10
8.	Q	v	12,40		11,30
9.	M	p	13,37		
10.	M	v	13,41		
11.	M	p	16,13		
*12.	Mc	S		8,31	9,22
13.	Q, Mc	v	16,27	8,38	9,26 12,8
14.	M	v	16,28		
15.	L	P			[9,56]p v. l.
*16.	Mc	S	17,9	9,9	
*17.	Mc	S	17,12	9,12	
*18.	Mc	S	17,22	9,31	9,44
19.	L	P	[18,1]		
20.	M	V	19,28		
21.	L	v			18,8
*22.	Mc	S	20,18	10,33	18,31
23.	Mc	P	20,28	10,45	
24.	Q	V	24,27	17,24	
25.	M	V	24,30a		
26.	Mc	V	24,30b	13,26	21,27
27.	L	V			17,22
28.	Q	V	24,37		17,26
29.	Q	V	24,39		17,30
30.	Q	V	24,44		12,40
31.	M	V	25,31		
*32.	M	S	26,2		
33.	L	V			21,36
*34.	Mc	S	26,24a	14,21a	22,22a
*35.	Mc	S	26,24b	14,21b	22,22b
*36.	Mc	S	26,45	14,41	
*37.	L	S			22,48 (cf. 14,45)
38.	Mc	V	26,64	14,62	22,69
*39.	L	S			24,7

(2) Existem três categorias de ditos do *Filho do Homem*: os que falam da vida presente e da autoridade do Filho do Homem durante a época de Jesus; aqueles que falam da *parousia* futura do Filho do Homem na glória; e os que falam do sofrimento, morte e ressurreição do Filho do Homem.

Essas categorias não se misturam. Por exemplo, das 39 ocorrências de Filho do homem nos sinóticos, sem contar paralelos, não há nenhuma que fale tanto de sua autoridade presente quanto do sofrimento, morte e ressurreição, ou do sofrimento, morte e ressurreição e da *parousia* futura. Os ditos parecem ter sido transmitidos a partir de diferentes canais tradicionais. Vale ressaltar que a tradição dupla tem apenas o presente e o futuro, mas não há ditos do sofrimento. Nem os materiais "M" ou "L" possuem os ditos de sofrimento de forma independente. Parece, assim, que todos os ditos do sofrimento estão em Marcos ou em passagens paralelas de Mateus ou Lucas ou oriundas de Marcos. A dupla tradição tem o Filho do Homem como praticamente o único título cristológico, mas nenhuma das referências ao sofrimento do Filho do Homem aparece na tradição dupla. Isso pode ser explicado com base em que Mateus e Lucas combinaram Marcos e Q e seus respectivos tipos de ditos, mas não qualquer uma das outras principais teorias de interdependência sinótica.

Excurso 3.5 Os ditos da fonte Q

A hipótese de que tanto Mateus quanto Lucas usaram uma segunda fonte, além de Marcos, agora perdida, é um desdobramento da aceitação da primazia de Marcos. Nesta hipótese, quando Mateus e/ou Lucas concordam com Marcos, este é um resultado do uso de Marcos como uma de suas fontes. Quando os paralelos de Marcos com Mateus e Lucas são levados em conta, permanece um corpo substancial de material (ca. 235 versos, mais ou menos o tamanho de 2 Coríntios), em que Mateus e Lucas são paralelos em trechos não marcanos (= a dupla tradição). A maioria dos estudiosos está convencida de que a explicação mais adequada dos dados é que Mateus e Lucas usaram, além de Marcos, uma fonte que consiste principalmente de ditos de Jesus, chamada às vezes de "logia" ou "Fonte dos ditos".[36] Desde o século

[36] Alguns eruditos têm promovido recentemente a prática de chamar esta fonte de "Evangelho dos Ditos", mas em termos de gênero literário o documento não era um Evangelho.

XIX, essa fonte perdida tem sido chamada de "Q" (a abreviatura da palavra alemã para "fonte" *Quelle*).

A alcance de Q

É relativamente fácil construir uma estimativa aproximada dessa fonte perdida ao folhear uma sinopse e coletar esses textos nos quais Mateus e Lucas estão em paralelo nos contextos não marcanos. Esse procedimento, então, precisa ser refinado, (1) eliminando algumas passagens impressas como paralelas em algumas sinopses, por causa da conveniência de comparação, embora não haja, obviamente, dependência literária, tal como §19 (ALAND); Mt 1,2-17 / Lc 3,23-28, "A genealogia de Jesus"; (2) adicionando perícopes em que Mateus e Lucas concordam em ter o mesmo material adicional nas perícopes marcanas, a "sobreposição de Marcos/Q" (por exemplo §191 (ALAND), 8,11-12 / Mt 12,38-42 / 11,29-32, "o sinal de Jonas"); (3) Parte do material de Q foi inserida por Mateus *ou* Lucas dentro de um contexto de Marcos, localizado pelo outro em um contexto diferente. Por exemplo, em Mt 13,16-18, Mateus inseriu material nos discursos das parábolas marcanas, as quais Lucas localiza em um contexto diferente, 10,23-24;[37] (4) Algumas passagens podem ter estado em Q, embora ou Mateus ou Lucas omitiu-as, de modo que elas aparecem apenas como material especial de Mateus ou Lucas, e não como um paralelo Mateus/Lucas. Uma vez que existe um grau de subjetividade no que diz respeito a estas quatro categorias, o que afeta uma porcentagem relativamente pequena do material, a reconstrução de Q não é um processo mecânico. Há um consenso substancial, entretanto, sobre os conteúdos de Q listados abaixo (ver Quadro 27), embora o texto de determinadas passagens deva ser reconstruído a partir das diferentes redações de Mateus e Lucas. A reconstrução é de "Q mínima" em termos de perícopes, com passagens questionáveis destacadas em **cinza**.

---

[37] Que Mateus e Lucas nunca inseriram material de Q dentro do *mesmo* contexto marcano é parte do argumento para a existência de Q – ver abaixo.

Quadro 27: Reconstrução das perícopes de "Q mínima" (com passagens questionáveis destacadas de cinza*)

Aland§§	*Lucas*	*Mateus*	*Título da Perícope*
14	3,3.7-9	3,7-10	A pregação de arrependimento de João
16	3,16-17	3,11-12	A pregação messiânica de João
*18	3,21-22	3,13-17	O batismo de Jesus
20	4,1-13	4,1-11	A tentação
78	6,20-23	5,3.4.6.11.12	As Bem-aventuranças
*79	6,24-26	5,4.6.11	Os infortúnios
80	6,27-36	5,39-42.44-8; 7,12	Sobre o amor aos inimigos
81	6,37-42	7,1-5; 15,14; 10,24	Sobre o julgamento
82	6,43-45	7,16-20; 12,33-35	"Pelos seus frutos..."
83	6,46-49	7,21; 7,24-27	A casa construída sobre a rocha
85	7,1-10	8,5-10	O centurião de Cafarnaum
106	7,18-23	11,2-6	A pergunta de João Batista e a resposta de Jesus
107a	7,24-28	11,7-11	Jesus dá testemunho de João
107b	7,31-35	11,16-19	Analogia das crianças tocando
176	9,57-60 *(61-62)	8,19-22	Sobre seguir Jesus
177-179	10,2-16	9,37-38; 10,7-16; 11,21-24	O envio dos setenta (e dois)
181a	10,21-22	11,25-27	Jesus dá graças ao Pai
181b	10,23-24	13,16-17	A cegueira dos discípulos
*182	10,25-28	22,34-40	A questão do mestre da Lei (O Grande Mandamento)
185	11,2-4	6,9-13	A oração do Senhor
187	11,9-13	7,7-11	Encorajamento para orar
188	11,14-23	12,22-30	A controvérsia de Belzebu
189	11,24-26	12,43-45	O retorno do espírito mau
191	11,29-32	12,38-42	O sinal de Jonas
192-193	11,33-36	5,15; 6,22-23	Acerca da luz; o olho são
194	11,39-52	23 passim	Sobre os fariseus e mestres da Lei
196-198	12,2-12	10,26-33; 12,32	Exortação à confissão destemida
201-202	12,22-34	6,25-33; 6,19-21	Ansiedade acerca de coisas terrenas
203a	12,39-40	24,43-44	Vigilância e Fidelidade. O ladrão

Aland§§	*Lucas*	*Mateus*	*Título da Perícope*
203b	12,42-46	24,45-51	Vigilância e Fidelidade. O retorno do Senhor
204-205	12,51-56	10,34-36; 16,2-3	Divisão nas famílias
206	12,57-59	5,25-26	Acordo com o acusador
209-210	13,18-21	13,31-33	Parábolas do grão de mostarda e do fermento
211	13,23-30	7,13-14, 22-23; 8,11-12; 19,30; 20,16; 25,10-12	Exclusão do Reino
213	13,34-35	23,37-39	O lamento sobre Jerusalém
215	14,11; 18,14	23,12; 18,4	Ensino sobre humildade
216	14,16-24	22,2-10	Parábola da grande ceia
217	14,25-27	10,37-38	As condições do discipulado
218	14,34-35	5,13	A parábola do Sal
219	15,4-7	18,12-14	A parábola da ovelha perdida
224	16,13	6,24	Sobre servir a dois senhores
226a	16,16	11,12	O Reino sofre violência
226b	16,17	5,18	Acerca da lei
227	16,18	5,32	Acerca do divórcio
229	17,1-2	18,6-7	Advertência contra ofensas
230	17,3-4	18,15.21-22	Sobre o perdão
231	17,5-6	17,20	Sobre a fé
235	17,22-37	24,26-28.37.41; 10,39	O dia do Filho do Homem
266	19,12-27	25,14-30	A parábola dos talentos
313	22,28-30	19,28	Precedência entre os discípulos e a recompensa do discipulado (=12 Tronos)

A Existência de Q

As concordâncias entre Mateus e Lucas em passagens não marcanas poderiam, teoricamente, ser explicadas de três maneiras: (1) Mateus conhecia Lucas e o utilizou; (2) Lucas conhecia Mateus e o utilizou; (3) ambos utilizaram uma fonte comum.

Mateus conhecia Lucas e o utilizou?

Esta hipótese tem a vantagem de não exigir que Lucas tenha desarranjado os longos e cuidadosamente compostos discursos de Mateus e dispersado os materiais em diversos contextos (por exemplo, examinar os paralelos ao sermão do Monte de Mateus, Mt 5-7, em uma sinopse, e notar em quantos diferentes contextos lucanos esses materiais aparecem). Se Mateus ou Lucas sabiam da existência um do outro, ao que parece, *a priori*, é mais provável que Mateus tenha recolhido ditos dispersos do que Lucas ter desconstruído os discursos de Mateus. Além disso, Mateus, por vezes, parece ter uma interpretação diferente de uma forma mais antiga encontrada em Lucas (cf. e.g., Lc 6,20 – "pobre" vs. Mt 5,3 – "pobres de espírito"; Lc 6,21 – "fome" contra Mt 5,6 – "fome e sede de justiça"; a forma abreviada da oração do Senhor, em Lc 11,2-4, parece ser elaborada em Mt 6,9-13). A principal objeção a essa visão, considerada atraente pela maioria dos estudiosos, é que o fluxo geral da tradição é de uma forma judaica anterior a uma forma gentílica posterior. Uma vez que Lucas é tipicamente mais gentílico que Mateus, se Mateus usou Lucas como fonte, ele teria "re-judaizado" os materiais do gentio Lucas. Assim, poucos estudiosos têm defendido que Mateus teria usado Lucas, e o ponto de vista não tem grandes defensores hoje.[38]

Lucas conhecia Mateus e o utilizou?

Por outro lado, que Lucas conhecia Mateus e o teria usado tem sido algo repetidamente defendido, e é o principal oponente da 2DH[39]. Os principais argumentos para a visão de que Lucas utilizou Mateus são os seguintes:

---

[38] Cf. Martin Hengel, *The Four Gospels and the One Gospel of Jesus Christ: An Investigation of the Collection and Origin of the Canonical Gospels* (Harrisburg: Trinity Press International, 2000), 169-185, que argumenta que Mateus usou Q e Lucas, mas principalmente com base em sua teoria de títulos do Evangelho e cronologia, e sem oferecer uma análise detalhada dos textos.

[39] Oposição recente à hipótese de Q frequentemente cita o ensaio de Austin Farrer, "On Dispensing with Q," in *Studies in the Gospels: Essays in Memory of R. H. Lightfoot*, ed. D. E. Nineham (Oxford: Blackwell, 1955), reimpresso em Arthur Bellinzoni, Joseph B. Tyson, and William O. Jr Walker, eds., *The Two-Source Hypothesis. A Critical Appraisal* (Macon, Ga., GA: Mercer University Press, 1985), 321-356. A causa foi defendida pelo seu aluno, Michael D. Goulder, e é discutida com precisão e vigor em Michael D. Goulder, *Luke: A New Paradigm* (JSNTSup 20; Sheffield: Sheffield Academic, 1989) e outras publicações. Por sua vez, as perspectivas de Goulder são revisadas com simpatia (com algumas críticas), desenvolvidas e defendidas por Mark Goodacre, *Goulder and the Gospels: An Examination of a New Paradigm* (JSNTSup 133; Sheffield: Sheffield Academic, 1996), Goodacre, *Synoptic Problem*, and Goodacre, *The Case Against Q: Studies in Markan Priority and the Synoptic Problem* (Harrisburg: Trinity Press International, 2002).

(1) *Economia.* A bem conhecida lei da lógica parece opor-se à hipótese Q. A "Navalha de Occam", assim chamada em homenagem ao filósofo escolástico do século XIV, é o rótulo popularmente dado à "lei da economia" ou "lei da parcimônia", segundo a qual as hipóteses não devem ser multiplicadas além da necessidade. Aplicada à questão da existência de Q, a questão é: "Q é uma hipótese *necessária*?" Esta foi a abordagem de FARRER, continuada por GOULDER e outros: se os dados podem ser explicados sem recorrer a Q, eles *devem* ser explicados sem recorrer a Q. "Ela [a hipótese Q] não precisa de refutação, exceto a demonstração de que a sua alternativa [Lucas usou Mateus] seja *possível*".[40] Embora seja verdade que as hipóteses não devem ser inventadas arbitrariamente e sem necessidade, e que toda a solução proposta deve fazer sentido lógico, o problema sinótico não é um problema de lógica, mas de história. O problema não é o que é logicamente possível, mas sim, a explicação mais provável dos dados.[41] Ainda assim, "dispensar Q" tem sido atraente porque parece evitar documentos hipotéticos. No entanto, toda a história é uma questão de construção de hipóteses (veja Vol. I §9.2). E todas as teorias da formação dos Evangelhos (e outros escritos do Novo Testamento) supõem matérias-primas que já não possuímos. Qualquer que tenha sido o primeiro Evangelho escrito, ele dependeu de fontes perdidas. Grande parte dos escritos cristãos a que nos referimos ou assumimos na nossa literatura, foi perdida (cf. e.g., 1 Co 5,9; Cl 4,16, e, até recentemente, o *Evangelho de Tomé*). A força do argumento da economia é apenas aparente, pois o preço de dispensar Q é a postulação de uma série de outras fontes perdidas para dar conta do material mateano e lucano que não estão em Marcos, ou (como no caso de GOULDER) a argumentação de que todo o material não-marcano em Mateus e Lucas foi inventado pelos próprios autores finais.

---

40 FARRER, "Dispensing with Q," 62. Ênfase minha.

41 Quando o assunto é transferido da sala de aula o "tribunal", que lida com eventos históricos, sem nitidez lógica, a questão não é "*Poderia* o acusado ter feito isso", mas a questão é completamente diferente, "Qual é a evidência de que ele de fato *fez* isso?" Se a evidência é convincente de que o acusado poderia ter feito isso, a questão de saber se ele realmente fez isso continua a ser respondida com base em evidências históricas, e não possibilidade lógica. Mais pertinente ao problema sinótico: quando se olha para uma casa completa (ou documento), a questão não é se um carpinteiro (ou autor) *poderia* ter construído / composto, mas, de fato, como muitos o fizeram. O problema sinótico não é um quebra-cabeça abstrato para ser atacado com a lógica pura, mas um problema concreto difícil de lidar com um fenômeno histórico concreto.

(2) *As concordâncias menores.* Se Mateus e Lucas usaram Marcos e Q de forma independente, eles devem geralmente concordar uns com os outros, tanto em Marcos quanto em passagens Q, mas só devem raramente concordar um com o outro *contra Marcos em passagens em que eles estão em paralelo a Marcos.* Ambos utilizaram Marcos, mas também não sabiam o que o outro estava fazendo com Marcos, então, as concordâncias contra Marcos devem ser apenas raras e coincidentes. De fato, no entanto, há um número relativamente grande de tais "concordâncias Menores" (CMs).[42]Exemplos disso são os inúmeros casos em que Mateus e Lucas concordam em ter δέ (*de*, mas) ou outra conjunção para a repetição do καί (*kai*, e) de Marcos, e mais substanciais (porém menos numerosas) concordâncias menores, tais como πᾶσαν τὴν περίχωρον τοῦ Ἰορδάνου (*pasan tēn perichōron tou Iordanou*/ toda a região do Jordão – Mt 3,5/Lc 3,3; não encontrada em Mc 1,5), e a mais famosa de todas, τίς ἐστιν ὁ παίσας σε (*tis estin ho paisas se*/quem é que te bateu? – Mt 26,68 / Lc 22,64; não encontrada em Mc 14,65).

As concordâncias menores constituem a mais forte oposição para a versão simples da 2DH, cujos defensores têm trabalhado poderosamente para explicá-la sem modificar a teoria.[43] Dentro da estrutura da 2DH, proposições para explicar as concordâncias menores têm apelado para (1) a redação independente de Marcos por Mateus e Lucas (por exemplo, as muitas mudanças do "e" de Marcos para alguma outra conjunção), (2) assimilação textual de

[42] Frequentemente se leem "cerca de 1000" na literatura sobre o problema, mas o número depende de como elas são definidas, e que manuscritos gregos constituem a base da análise. A análise mais detalhada é dada por FRANS NEIRYNCK, *The Minor Agreements of Matthew and Luke against Mark with a Cumulative List* (Leuven: Leuven University Press, 1974). Sobre os problemas desta questão em geral, com um exame detalhado de um teste de caso (concluindo que a 2DH oferece a melhor explicação dos dados), veja M. EUGENE BORING, "The Synoptic Problem, 'Minor' Agreements and the Beelzebul Pericope," in *The Four Gospels 1992-Festschrift Frans Neirynck*, ed. Frans van Segbroeck, et al., *Bibliotheca Ephemeridum Theologicarum Lovaniensium* (Leuven: Leuven University Press, 1992), 1.586-620 and M. Eugene Boring, "The 'Minor Agreements' and the Synoptic Problem," in *New Oxford Studies in the Synoptic Problem*, ed. Andrew Gregory, et al. (Oxford: Oxford University Press, 2010), 227-252.

[43] E.g. BURNETT HILLMAN STREETER, *The Four Gospels: A Study of Origins* (rev. ed.; London: Macmillan, 1930), 293-331, e os ensaios de Tuckett and Neirynck in Georg Strecker, ed. *Minor Agreements: Symposium Göttingen 1991* (GTA 50; Göttingen: Vandenhoeck & Ruprecht, 1993).

Lucas por Mateus, ou vice-versa, (3) influência contínua da tradição oral pré-Evangelho (4), o uso lucano de Mateus, além de Marcos e Q, e/ou (5) o uso de Mateus e Lucas de uma edição de Marcos um pouco mais antiga (Protomarcos) ou posterior (Deuteromarcos) à edição canônica.[44] A maioria dos eruditos está convencida de que a combinação destas razões oferecem uma solução satisfatória para as concordâncias menores com base na 2DH, mas o problema não está completamente resolvido.

Os argumentos que apoiam a ideia de que Lucas teria usado Mateus não são muito persuasivos para a maioria dos estudiosos, que também encontram argumentos contrários a sua plausibilidade:

(1) *Omissões lucanas.* Se Lucas sabia da existência de Mateus, explicações devem ser dadas para a omissão de Lucas da enorme quantidade de material de Mateus que ele não assimilou, ou para os quais ele substitui por outros relatos (e.g., Mt 1-2: árvore genealógica, história do nascimento, fuga para o Egito e retorno; várias histórias de Mateus e ensinamentos seriam vistos como convenientes para Lucas, como as aparições da ressurreição antes da Galileia, Lc 25,31-46; Mt 28,8b-10). Em particular, *a ausência em Lucas das modificações que Mateus fez em Marcos* deve ser contabilizada. Mateus edita Marcos repetidamente, modificando o texto de Marcos (e.g., a voz celestial no batismo de Jesus: Mc 1,11 – "Tu és o meu Filho amado", dirigida a Jesus, torna-se "Este é o meu Filho amado", dirigida a João e/ou às multidões, em Mt 3,17). Existem dezenas de tais modificações redacionais em Mateus, mas Lucas sempre tem a forma de Marcos, sem as alterações de Mateus (além das Concordâncias Menores). Assim também, Mateus frequentemente adiciona material ao seu texto marcano, como a bênção de Jesus a Pedro em Mt 16,17-19 (cf. Mc 8,29-30) e a série de "citações de cumprimento", acrescentada a contextos marcanos como em Mt 4,14; 8,17; 12,17-21; 13,35; 21,4-5; 26,56. Lucas nunca incorpora ou reflete qualquer conhecimento dessas adições de Mateus. Ao incorporar os textos de Marcos em seu evangelho, Lucas parece ter conhecido apenas Marcos, e não as revisões que Mateus fez a Marcos.

[44] Para discussão e avaliação de Deuteromarcos como um significante fator de explicação às CMs, ver FOLKERT FENDLER, *Studien zum Markusevangelium* (Göttingen: Vandenhoeck & Ruprecht, 1991), "Deuteromarkus—die erste Bearbeitung des Markusevangeliums? Eine Analyse der minor agreements in den synoptischen Evangelien," 147-194.

Da mesma forma, na FGH (Hipótese de FARRER-GOULDER), as omissões lucanas de elementos distintamente mateanos em seus materiais não marcanos, são difíceis de explicar. Um exemplo: δίκαιος (*dikaios*, justo) e palavras relacionadas (justiça, justificar, reto, retamente) são palavras importantes e comuns, tanto em Mateus (26 vezes) quanto em Lucas (Lucas 19 vezes + 12 vezes Atos). Lucas adota esta palavra quando ela ocorre em Marcos, assim como fez Mateus (Mc 2,17 / Mt 9,13 / Lc 5,32). No entanto, nos trechos não marcanos de Mateus, que contêm o grupo de palavras δίκαιος, a palavra é quase sempre ausente do paralelo em Lucas, incluindo todos os seis casos no Sermão do Monte de Mateus. Além disso, Lucas omite a terminologia δίκαιος a partir dos textos da dupla tradição de Mt 13,17 e 23,35. Mesmo nos textos de tradição tripla como Mt 27,19, onde Mateus adicionou a sua palavra favorita δίκαιος como uma caracterização de Jesus, a palavra está ausente de Lucas, embora δίκαιος seja a expressão favorita de Lucas para Jesus como o justo sofredor. Lucas acrescentou δίκαιος aos contextos marcanos ou mateanos em Lucas 10,29; 12,57; 14,14; 15,7; 16,15; 18,20 e três vezes na cena da crucificação (23,41.47.50). Estas supostas omissões de uma palavra favorita lucana, encontradas em Mateus, são facilmente explicáveis na visão segundo a qual Mateus teria adicionado palavras de Q ou Marcos, e Lucas não as teria; elas são difíceis de explicar como omissões que Lucas fez de Mateus.

(2) *Modificações lucanas.* Se Lucas sabia da existência de Mateus, explicações devem ser dadas para o rearranjo diligente de Lucas, ou seja, a desconstrução das grandes composições de Mateus, como o Sermão da Montanha. Os materiais em Mt 5-7 aparecem nos seguintes locais e ordem em Lucas: 6,20-23; 14,34-35; 8,16; 16,16-17; 12,57-59; 16,18; 6,29-30; 6,27-28; 11,1-4; 12,33-34; 11,34-36; 16,13; 12,22-32; 6,37-42; 11,9-13; 6,31; 13,23-24; 6,43-49. Dispersão semelhante de coleções coerentes prolongadas de Mateus em uma variedade de contextos teria que ser postulada para o discurso da missão de Mateus (9,36-10,42), o discurso em parábola (13,1-58), o discurso sobre a natureza da igreja (18,3-35), e o discurso escatológico (23,1-25,46). O processo editorial e composicional que Lucas teria usado, omitindo e modificando o material de Mateus, parece incompreensível para a maioria dos estudiosos.[45]

---

[45] Seguramente, se alguém já está convencido de que Lucas usou Mateus, então as explicações podem ser dadas para o motivo que ele poderia ter feito isso, como nos extensivos argumentos de ALLAN J. MCNICOL, DAVID L. DUNGAN, and DAVID PEABODY, *Beyond the Q Impasse: Luke's Use of Matthew. A Demonstration by the Research Team*

Evidência para a existência de Q

A força da hipótese Q é parcialmente uma questão de evidência negativa, i.e., as dificuldades em ver que ou Mateus ou Lucas teria usado o outro como uma fonte. Há também evidência positiva de que Mateus e Lucas usaram uma segunda fonte comum, além de Marcos:

(1) *Os argumentos de ordem e coerência.* O material não marcano em Mateus e Lucas é apresentado acima, na ordem de Lucas. Pesquisadores de Q concordam que, em geral, Lucas preservou a ordem original de Q mais estritamente que Mateus, que a reformulou consideravelmente. Assim, os textos Q agora são comumente designados pela sua localização em Lucas, por exemplo, Q 11,2-4 = Lucas 11,2-4 / Mt 6,9-13. Isso não significa que os materiais que foram apresentados no gráfico acima [páginas 899/900] representam a estrutura original de Q, mas apenas uma aproximação grosseira. Mesmo assim, um documento coerente que começa com a pregação de João o batismo e a tentação de Jesus, é seguido pelo Grande Sermão de Q 6,20-49, e então por outros grupos de ditos, e conclui de forma adequada com um discurso escatológico. Outros argumentos convincentes que têm sido levantados dizem respeito ao fato de que outras estruturas mais sutis e precisas podem ser detectadas dentro do esquema geral.[46] No entanto, mesmo que o esboço ainda apresentado na ordem de Lucas mostre que os materiais de Q não eram uma coleção aleatória de palavras, mas uma composição coerente – mais do que a coleção um tanto análoga no *Evangelho de Tomé*, que agora sabemos ter existido.

Dois outros fenômenos de ordem também apontam para a existência de Q. Mateus e Lucas concordam naturalmente na colocação inicial dos materiais de Q em relação à pregação de João, o batismo e a tentação de Jesus. Mas depois da história da tentação, Mateus e Lucas nunca concordam em colocar uma seção de material de Q no mesmo contexto de Marcos. Este é um fato surpreendente, em qualquer teoria, e um forte apoio para a visão de que Mateus e Lucas fazem uso independente dos materiais de Q. Isso é difícil de explicar tanto na 2GH ou na FGH, sendo que

of the International Institute for Gospel Studies (Valley Forge: Trinity Press International, 1996) and Goodacre, *Case Against Q*, 81-104; Goodacre, *Synoptic Problem*, 123-128. Tais discussões não constituem argumentos de que Lucas efetivamente usou Mateus.

[46] Cf. e.g., ARLAND D. JACOBSON, *The First Gospel: An Introduction to Q* (Sonoma, Calif.: Polebridge, 1992), Chapter 4, "The Literary Unity of Q: Form Critical and Thematic Coherence."

ambas devem responder por que Lucas passou por Mateus e extraiu cada seção de Q do seu contexto mateano, onde muitas vezes se encaixa muito bem, e colocou-o em um contexto diferente em relação a Marcos, onde sua adequação não é tão evidente. Boas explicações podem ser dadas, no entanto, para o procedimento editorial de Mateus e Lucas, caso estivessem usando independentemente Marcos e Q (ver introduções para Mateus e Lucas, respectivamente).

(2) *A forma mais antiga*. Uma aplicação estrita da 2DH ou FGH significaria que na tradição dupla de Mateus deve conter sempre a forma mais antiga, e que o intérprete deve ser capaz de dar razões redacionais para as alterações de Mateus por Lucas. Na prática, 2DH frequentemente argumenta que em alguns lugares Lucas parece ter a forma mais antiga e, portanto, "deve ter" tido outra fonte ao lado de Mateus, ou seja, algo muito parecido com a hipótese de Q, o que a teoria supostamente rejeita.[47] A defesa da utilização de Mateus por Lucas, feita por Goulder, defende que Lucas tinha apenas Marcos e Mateus, e, desse modo, a forma de Lucas deve necessariamente ser sempre a forma mais tardia. Para a maioria dos estudiosos, parece que na tradição dupla às vezes é Mateus, e às vezes é Lucas, que tem a forma mais antiga – que apela para sua redação independente de uma fonte comum. Alguns textos onde Lucas parece ter a forma mais antiga são: as bem-aventuranças – Lc 6,20-23 / Mt 5,3-12; a oração do Senhor – Lc 11,2-4 / Mt 6,9-13; os ditos escatológicos – Lc 17,26-30 / Mt 24,37-39.

(3) *Duplicações*. Veja acima excurso 3.4, p. 880. A existência de duplicações e sua distribuição (pelo menos 9 em Mateus, no mínimo, 8, em Lucas, e apenas uma em Marcos) não é apenas um argumento para a primazia de Marcos, mas uma evidência da existência de Q. Na 2DH, Marcos e Q, por vezes, apresentavam várias versões do mesmo dito ou incidente, chamadas de "sobreposição de Marcos/Q". Mateus e Lucas fizeram várias opções ou combinações destes dois documentos, resultando nos fenômenos textuais complexos de nossos textos atuais. Os exemplos mais conhecidos são os relatos de *João Batista e o batismo de Jesus* (e.g., § 13, Mt 3,1-6/Mc 1,2-6/Lc 3,1-6[48] + Mt 11,10/Lc 7,27) e a *controvérsia sobre*

---

[47] Cf. por exemplo, William R. Farmer, "Reply to Michael Goulder," in *Synoptic Studies. The Ampleforth Conferences of 1982 and 1983*, ed. Christopher Tuckett, *Journal for the Study of the New Testament: Supplement Series* (Sheffield: Sheffield Academic, 1984), 107.

[48] O problema na ordem da numeração ocorre na obra original. N. do T.

Belzebu (ALAND §§117-118, Mateus 12,22-37/Mc 3,22-30/Lc 11,14-15; 17-23; 12,10; 6,43-45).[49]

(4) *Os gêneros análogos: sabedoria e profecia.* Já se considerou estranho postular um documento de circulação no início do cristianismo, como se supõe de Q. Foi considerado particularmente difícil pensar em um documento composto principalmente de ditos de Jesus e um mínimo de narrativa. No entanto, após a redescoberta do *Evangelho de Tomé*, entre os códices de Nag Hammadi, em 1945, temos evidências sólidas de tais coleções de ditos. A semelhança é real, mas não deve ser exagerada, pois também há diferenças importantes. Tanto *Tomé* quanto Q são principalmente materiais de ditos, entretanto, Q, ao contrário de *Tomé*, não é um conjunto aleatório de palavras individuais. O material de Q é disposto em grandes e complexos discursos, e tem um pouco de narrativa, com o conjunto disposto numa composição coerente. Alguns estudiosos veem Q como análogo às coleções de ditos da sabedoria judaica.[50] Outros veem um paralelo ainda mais próximo dos livros proféticos do Antigo Testamento: um documento que começa com uma breve narrativa de chamado e prova do profeta, e continua com ditos típicos de oráculos escatológicos, com uma pequena quantidade de narrativa.[51] Sabemos que o cristianismo primitivo experimentou um renascimento da profecia. Figuras proféticas, inspiradas pelo Espírito, falaram em nome do Senhor ressuscitado, não apenas criando novas palavras do Jesus ressuscitado, mas também reapresentando e modificando ditos tradicionais, como o discurso contemporâneo de Jesus à sua Igreja (cf. e.g., Mt 23,34; Mc 13,11; 28,16-20; Jo 16,12-15; At 11,27; 13,1; 15,32; 21,9-10; Rm 12,6; 1 Co 11,4-5; 12,28-29; 14,1-39; 1 Tm 1,18; 4,14; Ap 2-3 e *passim*). Q pode muito bem representar o depositário de tal corrente do cristianismo primitivo. De qualquer modo, não é mais problemático

---

[49] Para uma análise deste texto como evidência para a sobreposição de Marcos/Q, cf. M. EUGENE BORING, "The Unforgivable Sin Logion Mark 3.28-29/ Matt 12.31-32/ Luke 12.10: Formal Analysis and History of the Tradition," *NovT* 17 (1976), 258-79.

[50] Assim, especialmente JAMES M. ROBINSON, "LOGOI SOPHON: On the Gattung of Q," in *Trajectories through Early Christianity*, ed. James M. Robinson and Helmut Koester (Philadelphia: Fortress, 1971), 71-113 e JOHN S. KLOPPENBORG, *The Formation of Q: Trajectories in Ancient Wisdom Collections* (SAC; Philadelphia: Fortress, 1987).

[51] STREETER, *Four Gospels*, 291-292; RICHARD A. EDWARDS, *A Theology of Q: Eschatology, Prophecy, and Wisdom* (Philadelphia: Fortress, 1976); BORING, *Sayings of the Risen Jesus*, 137-182; Migaku Sato, *Q und Prophetie* (Tübingen: Mohr, 1988); RICHARD A. HORSLEY and JONATHAN A. DRAPER, *Whoever Hears You Hears Me: Prophets, Performance, and Tradition in Q* (Harrisburg: Trinity Press International, 1999).

localizar um documento como Q, a respeito do qual se supõe ter estado dentro da vida dos primeiros seguidores de Jesus, ou imaginar um documento que combinava sabedoria e profecia.

Q e o Cristianismo Primitivo Palestinense

A despeito de incertezas e ambiguidades relacionadas ao uso de Q como uma fonte para o cristianismo primitivo, o que se segue pode ser dito com um grau razoável de confiança:

- A existência de Q como uma composição literária estruturada demonstra que o cristianismo palestinense primitivo já tinha profetas mestres que preservaram, reformularam e expandiram a mensagem de Jesus como a palavra do Senhor exaltado a uma nova situação após a morte de Jesus.
- Q parece ter sido composto em *grego*, demonstrando que parte da transmissão do cristianismo palestinense usava a língua grega como seu meio primário de comunicação (cf. *Os Helenistas*, §7.4 Vol. I).
- Os discípulos de Q compreendiam a si mesmos como estando em continuidade tanto com João Batista quanto com Jesus (cf. Q 7,27).[52] Embora houvesse um grande respeito por João como o último e maior profeta da antiga era, Jesus foi entendido como o exaltado, transcendente *Filho do Homem*, praticamente o único título cristológico em Q (10 vezes).[53] Como Filho do Homem, Jesus estava na terra sendo representante de Deus, ensinando e vivendo a verdadeira vontade de Deus; ele sofreu e morreu, foi levado para o mundo celestial, e logo viria em glória como o juiz escatológico. A morte de Jesus é vista como parte integrante de sua missão, como na visão deuteronomista dos profetas, mas não é dada importância soteriológica. Embora a terminologia da ressurreição não seja usada especificamente, Deus vindicou Jesus após a sua morte, levando-o para o mundo celestial, talvez segundo o modelo de Enoque, Elias, ou do justo sofredor de Sabedoria 5,1-8.

---

52 Eu uso "discípulos de Q" para representar o grupo que compôs e utilizou Q, sem o prejuízo de verificar se "a Comunidade Q" era ou não um grupo distinto, interno e alienado ou mesmo oposto do que se tornou o cristianismo principal. Os mestres escribas cristãos que compuseram Q usaram μαθηταί (*mathētai*, discípulos) como sua autodesignação (cf. Q 6,20.40; 10,2 [Mt]; 11,39 [Mt]; 14,26.27).

53 "Cristo" e "Senhor", não são utilizados para Jesus. Apenas o diabo chama Jesus de "Filho de Deus" (Q 4,3). "Filho", no sentido absoluto, é utilizado pela voz do céu em Q 3,21, no batismo de Jesus, e pelo próprio Jesus em Q 10,21-22. Em Q 7,19-23, Jesus é implicitamente identificado como "aquele que está para vir".

- A comunidade de Q compreendia a si mesma como chamada a confessar a sua fé em Jesus como Filho do Homem, e como perseguida por causa de sua confissão.
- Os discípulos em Q afirmaram a Torá como revelação de Deus, considerando o dízimo e a purificação ritual como expressões válidas de fé quando não feitas superficialmente (Q 11,39-42; 13,34-35), mas compreenderam que Jesus era o intérprete soberano da Torá. Os transmissores de Q estavam assim em tensão e conflito com o entendimento da lei, defendido pelos líderes e mestres judeus (Q 16,16; uma nova era em relação à Torá começou com Jesus). Pureza era uma questão de disposição interna, e não externa (Q 10,41). O templo tinha sido abandonado; já não era o lugar da presença divina e da expiação (Q 13,34-35).
- Os discípulos em Q compreenderam a si mesmos como enviados por Deus, como os profetas de Israel, João Batista e o próprio Jesus (Q 6,23; 10,2; 12,2-9), e, como eles, receberam o poder pelo Espírito Santo escatológico (Q 12,10-12). Como Jesus tinha operado milagres e realizado exorcismos, assim fizeram seus discípulos, operando em seu poder e autoridade. Como Jesus tinha falado pelo poder do Espírito Santo, então seus discípulos-profetas continuaram a falar sua palavra no poder do Espírito.
- Como João e Jesus, os discípulos de Q tinham uma missão para com Israel, proclamando a sua compreensão de Jesus, da lei e do templo, e, assim como eles, haviam sido rejeitados. Seus oponentes consideravam suas reivindicações para a capacitação pelo Espírito Santo como uma blasfêmia, uma expressão de poder satânico (Q 11,14-23 [lendo o *Espírito* de Lucas como em Q]). Eles pronunciaram desgraças nas cidades da Galileia que os haviam rejeitado (Q 10,12-15).
- A rejeição por parte "desta geração" de Israel, a nova interpretação da lei e do templo, e o uso da língua grega, indicam uma abertura radical para os gentios. Líderes judeus são criticados (Q 11,37-54); a fé do centurião é elogiada como superando qualquer um em Israel (Q 7,1-9; 13,23-29).
- A fé dos discípulos de Q em Jesus como o Filho do Homem tinha causado divisões dentro das famílias (Q 12,49-53; 14,26-27), e gerou conflitos não apenas entre eles e os líderes religiosos judeus que os levaram à acusação e condenação nos tribunais, levando ao sofrimento e até a morte (Q 11,47-51; 12,11-12; cf. Jo 9,1-41). Q nos dá uma janela para a oposição e os conflitos enfrentados por alguns dos discípulos de Jesus, nas primeiras décadas após a sua morte e ressurreição.

Questões atuais no estudo de Q

A grande maioria dos estudiosos acredita que Mateus e Lucas usaram Q na composição de seus respectivos evangelhos. Porém, uma vez que se pressupõe a existência de Q, ela está sujeita às mesmas questões críticas dos outros documentos cristãos. Um livro introdutório como este não pode discutir todas as questões, mas apenas listá-las. Entre as questões que continuam a ser controversas são:[54]

Escrito? Q foi um único documento coerente ou representa um estrato da tradição oral? Opinião da maioria: escrito.

Um documento, ou vários? Havia um único "Q" coerente ou apenas um número de 'q's' menores? Opinião da maioria: documento único, embora Mateus e Lucas, provavelmente, tivessem um pouco de diferentes recensões.

Língua original? Opinião da maioria: grego.

Conteúdo? Existem diferenças relativamente pequenas entre as inúmeras reconstruções de Q (cf. Quadro 27, pp. 899/900, representando a opinião da maioria), mas uma concordância substancial sobre o seu conteúdo principal.

Individualmente atestado? Há materiais encontrados apenas em Mateus ou Lucas, que também devem ser atribuídos a Q? Opinião da maioria: sim, mas não com frequência.

Sequência e fraseologia? Quando Mateus e Lucas discordam no texto ou sequência de textos Q, deve-se preferir a qual? Opinião da maioria: a ordem original de Q é normalmente mais bem preservada em Lucas. A fraseologia original muitas vezes é mais bem preservada em Mateus, mas o conteúdo, ordem e redação de Q devem ser decididos caso a caso, com base em vários critérios.

Marcos se sobrepõe? Marcos se sobrepõe a Q em alguns pontos? Opinião da maioria: sim, mas não com frequência.

Gênero? Supondo que Q foi um documento, a que gênero literário ele pertence? Opinião da maioria na América do Norte: "provérbios dos sábios", ou "Evangelho de provérbios", ver p. 501, i.e., coleções de ditos de sabedoria; opinião da maioria na Europa: texto profético-apocalíptico, embora a distinção entre sabedoria e profecia não seja absoluta.

---

54 Para discussões detalhadas, cf. Kloppenborg Verbin, *Excavating Q*, que apresenta não apenas sua própria visão, examinando o debate e proporcionando ampla bibliografia. Ao arriscar designar a visão da "maioria", estou simplesmente fornecendo minha própria impressão, dando mais peso às vozes dominantes na discussão, não tabulando uma maioria numérica, e sem qualquer presunção de que a maioria tenha sempre razão.

"Evangelho?" Q foi um "Evangelho?" Isso depende da definição; em termos de gênero literário, Q pertence a um gênero diferente dos evangelhos canônicos.

Autoria? Opinião da maioria: não oriunda de um único autor, mas representa o trabalho de copistas/profetas cristãos.

Data? Opinião da maioria: Em algum momento antes de Mateus e Lucas, ou seja, 50-70. Uma vez que Q não era aparentemente um documento estável, mas uma coleção de expansão de materiais, pode ter havido versões pré-50 e pós-70.

Procedência? Opinião da maioria: Galileia ou sul da Síria, embora alguns o vejam como representando o cristianismo de Jerusalém ou de algum outro lugar.

Estratificação? Opinião da maioria: há camadas tanto primitivas quanto tardias da tradição em Q, mas questiona-se se elas podem ser identificadas com alguma confiança.[55] Postular a existência de Q não representa necessariamente uma reivindicação para traçar a pré-história do documento. Esforços para identificar a história da composição do Evangelho de João proporcionam uma nota de advertência na tentativa de delinear os estratos anteriores de Q (ver abaixo §27.3). No quarto Evangelho, temos um texto acabado. Embora exista um consenso generalizado de que o presente texto de João foi desenvolvido em etapas redacionais, há pouco consenso em identificá-las. O problema é agravado em relação a Q, em que o texto propriamente dito deve primeiro ser reconstruído.

Contexto social? Será que os discípulos de Q ("Comunidade Q" / "Grupo Q") podem ser construídos a partir do texto Q? Opinião da maioria: Q representa uma tradição ou grupo em particular dentro da diversificada

---

[55] KLOPPENBORG, ROBINSON, e outros falam de duas principais camadas redacionais; a primeira é uma sabedoria primariamente do tipo cínica, a segunda é profética e escatológica, com uma pequena camada final composta pela (batismo e) história da tentação. Outros eruditos, como ATHANASIUS POLAG, *Die Christologie der Logienquelle* (1. Aufl. ed.; WUNT 45; Neukirchen-Vluyn: Neukirchener-Verlag, 1977) também veem duas etapas principais no desenvolvimento redacional de Q, mas revertem a ordem: a profética, o estrato apocalíptico veio primeiro, com o escribal, a camada da sabedoria vindo no final. HEINRICH SCHÜRMANN, "Zur Kompositionsgeschichte der Redenquelle: Beobachtungen an der lukanischen Q-Vorlage," in *Der treue Gottes trauen: Beiträge zum Werk des Lukas: Für Gerhard Schneider*, ed. Claus Bussmann and Walter Radl (Freiburg: Herder, 1991), 325-342, tem um processo de composição em quatro estágios de Q; BURTON L. MACK, *The Lost Gospel: The Book of Q & Christian Origins* (San Francisco: HarperSanFrancisco, 1993), 203-204, lista cinco estágios.

história do cristianismo palestinense da primeira geração (ver Vol. I, §9.2). A relação deste grupo com o que se tornou o cristianismo tradicional não é clara. Para alguns estudiosos, Q representa o movimento original de Jesus, que continuou com o estilo de vida de Jesus e crítica social após sua morte, pelos discípulos de Jesus que não afirmaram a ressurreição e não viam significado salvífico em sua morte, e que estavam alienados do que se tornou a igreja cristã. Outros estudiosos consideram Q como uma expressão da fé cristã, dentro da emergente igreja primitiva, que tinha outros documentos – kerigmáticos, e mais cristológicos e eclesiológicos – de modo que construir uma "comunidade Q" com base em um documento hipotético é uma aventura histórica. Alguns argumentam que a história e o caráter da "comunidade Q" podem ser correlacionados com as camadas presumidas em Q, de modo que a história da comunidade que o produziu pode ser construída em pormenores. Outros estudiosos concordam que o grupo ou os grupos por trás de Q estavam provavelmente em desenvolvimento, mudando a comunidade, mas que os detalhes desta história não podem ser construídos. Assim, embora a maioria concorde que Q lança luz sobre o cristianismo palestinense/movimento de Jesus pré-70, a metodologia e os resultados são muito controversos.

Teologia? Podemos falar de uma "teologia de Q"? Opinião da maioria: podemos, mas os numerosos estudos chegam a conclusões divergentes, especialmente quanto ao fato de que Q pressupunha a teologia kerigmática da morte / ressurreição de Jesus, que se torna dominante ou representa uma alternativa a essa teologia. Parece estar claro, porém, que os mestres que compilaram/compuseram Q, consideraram Jesus como o Filho do Homem, que tinha exercido a autoridade divina durante seu tempo na terra, que tinha apresentado a interpretação definitiva da vontade de Deus por sua exposição da Torá, que tinha sido elevado até o céu e que voltaria em breve para julgar o mundo, por esta norma.

Contatos literários? Qual a relação de Q com outras literaturas, dentro e fora do cânon? Visão da maioria: Q era conhecido por Mateus e Lucas, mas não por Marcos (caso contrário, argumenta-se, ele teria preservado mais do mesmo). Para uma visão alternativa, ver a introdução de Marcos abaixo (§21.3). Eram os ditos de Q conhecidos nas igrejas paulinas ou em outras igrejas gentílicas fora da Palestina? Opinião da maioria: não.

Valor histórico? Quão historicamente exatos são os materiais que Q transmite – qual é a relação de Q com o Jesus histórico? Visão da maioria: a primeira camada de Q preserva elementos da própria pregação de Jesus, o que é difícil de construir.

Destino? O que aconteceu com Q? Opinião da maioria: "perdido", ou seja, caiu em desuso depois de ser incorporado em Mateus e Lucas. Talvez, o mais provável é que tenha sido "reprimido", ou seja, considerado perigoso e/ou inadequado, no desenvolvimento da principal corrente do cristianismo (como o *Evangelho de Tomé*).

Importância? Postula-se a existência de questões Q? Opinião da maioria: sim – questões relacionadas à construção da mensagem original de Jesus, à visão sobre o desenvolvimento do cristianismo primitivo e à interpretação dos Evangelhos.

Está resolvido o problema sinótico?

Cada solução proposta para o problema sinótico fica aquém (e sempre ficará aquém) da absoluta certeza. Aqui, há alguns fatores históricos que impedem que estudiosos igualmente competentes, de mente aberta e de boa vontade cheguem aos mesmos resultados:

1. Não temos textos absolutamente precisos para trabalhar. Nossos textos dos Evangelhos Sinóticos são reconstruções dos manuscritos antigos, nenhum dos quais é igual a outro. Esta reconstrução é inevitavelmente repleta de teorias. Assim, é verdade que não temos Q, mas apenas os nossos melhores esforços para reconstruí-lo. Também não temos Mateus, Marcos ou Lucas, em qualquer sentido absoluto, mas apenas nossas reconstruções de seu texto a partir da multiplicidade de manuscritos disponíveis (cf. Vol. I §3). Não há um texto de Mateus, Marcos ou Lucas com o qual trabalhar, e as diferenças (relativamente pequenas) entre os manuscritos disponíveis de cada um dos Evangelhos tornam-se importantes quando semelhanças e diferenças são minuciosamente comparadas (cf. "Concordâncias Menores", na discussão acima).

   No mundo antigo, os textos dos evangelhos eram basicamente estáveis, mas nem sempre. É certo, por exemplo, que o Evangelho de Lucas e o Livro de Atos passaram pelo menos por uma revisão menor, pois temos duas formas distintas atestadas em nossos manuscritos (ver introdução a Lucas-Atos). Isso significa que a cópia de Marcos usada por Mateus não era exatamente a mesma usada por Lucas, e nem a mesma do nosso (reconstruído) texto de Marcos. Seguramente, existe uma grande diferença entre a tarefa de reconstruir o documento perdido Q de Mateus e Lucas, bem como reconstruir o texto original perdido de Mateus e Lucas a partir do exorbitante número de diferentes manuscritos, mas há uma analogia significativa entre os dois projetos.

2. A tradição oral, e suas variações, não evaporaram quando a tradição foi escrita pelos evangelistas e suas fontes, mas continuou a interagir com os textos escritos. Em qualquer perícope, dados contidos em suas fontes, tanto em Mateus como em Lucas, podem ter tido uma ou mais versões da tradição oral que influenciaram um ou ambos mais do que as formas escritas de Marcos e Q à sua disposição.[56]
3. Tudo isso significa que o complexo processo histórico deve ser levado em consideração na discussão do problema sinótico (e todos os outros problemas de introdução do Novo Testamento). Nossos Evangelhos são o produto de uma comunidade, não só de alguns autores/editores individuais que trabalharam com textos precisamente definidos.

Assim, a visão aceita e representada neste livro é que a 2DH [hipótese dos dois documentos] é a nossa melhor hipótese de trabalho, mas deve ser vista num contexto em que os documentos e os autores/editores estavam utilizando versões um pouco instáveis e edições de Marcos e Q, enquanto interagiam com a continuação da tradição por via oral. Alguns documentos não podem ter sido compostos na sua forma atual de uma só vez, mas podem ter passado por mais de uma edição. Tal visão confere mais sentido dos dados, e é a abordagem mais útil para entender o significado teológico dos textos em si, mas estará sempre aberta para objeção e refinamentos. O esquema padrão apresentado nos livros didáticos introdutórios é, portanto, útil na representação das principais linhas da formação dos Evangelhos, mas é muito *simples*, não devendo ser pensado em termos de "recortar e colar".

[56] Embora nenhum texto moderno da Bíblia em inglês traga a leitura "perdoa-nos as nossas ofensas assim como nós perdoamos a quem nos tem ofendido", muitas pessoas têm esta formulação tradicional em sua memória como resultado da tradição oral repassada na liturgia, e se fossem solicitadas para copiar Mateus 6 ou Lucas 11, poderia muito bem – intencionalmente ou não – inserir a forma oral em sua cópia, embora todos os seus textos escritos tivessem outra forma.

Este é um diagrama típico, com toda a sua rigidez e clareza:

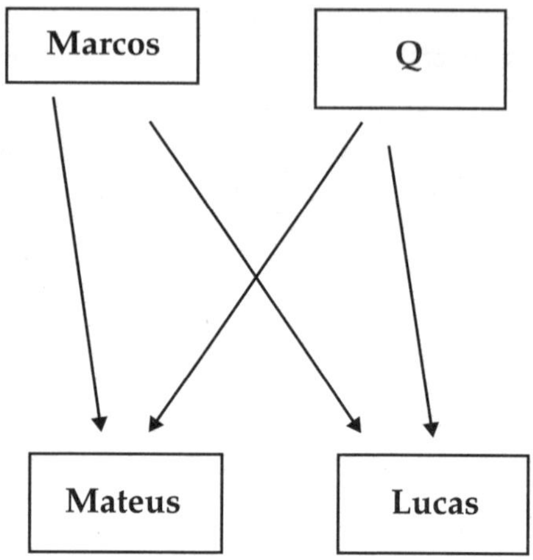

Em vez disso, deve-se pensar em um diagrama flexível e dinâmico, com linhas de ligação curvas e entrelaçadas, tudo flutuando em um mar de tradição oral:

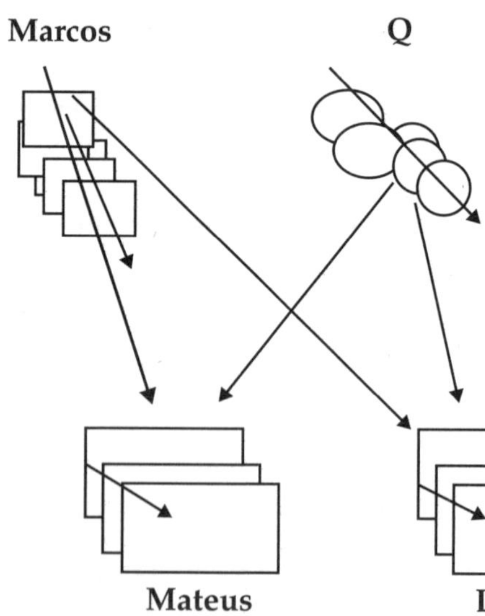

Tal perspectiva vislumbraria a formação dos Evangelhos não como trabalho de recorte e colagem em uma mesa, mas a reinterpretação contínua do evangelho na vida da igreja.

Excurso 3.6: Um proposta de procedimento para marcar os paralelos nos evangelhos sinóticos numa sinopse dos quatro evangelhos[57]

O esquema básico tricolor: Mc/Mt = azul; Mc/Lc = preto; Mt/Lc = vermelho

1. Destaque em azul os paralelos entre Mateus e Marcos. Destaque tanto em Mateus quanto em Marcos. Uso de linhas inteiras, onde os paralelos são exatos, palavra por palavra, e as palavras estão em ordem idêntica.
2. Quando a mesma palavra é usada em ambos os Evangelhos, mas em diferentes formas (por exemplo, se tem presente, outro tem passado, ou, se tem singular, outro tem plural, ou se tem substantivo, outro tem verbo de mesma palavra), destaque em linhas quebradas em "traços".
3. Quando as mesmas palavras são usadas, mas não na mesma ordem, destaque as palavras relevantes, mas não conecte as linhas, deixando espaços entre as palavras que não estejam na mesma ordem.
4. Tenha o cuidado de observar transposições de material. Ou seja, Mateus pode ter algumas das mesmas palavras de Marcos, mas não exatamente no mesmo lugar dentro da perícope. Estas também devem ser destacadas e anotadas.
5. Quando você terminar de marcar todos os paralelos Mt/Mc, faça exatamente o mesmo com os paralelos Lc/Mc, usando o preto. Alguns lugares em Marcos serão sublinhados duas vezes, uma em azul para os paralelos Mt/Mc, e outra vez em preto para os paralelos Mt/Lc. Os lugares com sublinhado duplo em Marcos irão representar a *tradição tripla*.
6. Nas perícopes não marcanas, por exemplo, Aland § 14, Aland, marque todos os paralelos Mt/Lc, em vermelho, a *dupla tradição*.
7. Depois de ter completado todos os paralelos Mt/Mc e Lc/Mc, volte para a perícope e veja se existem quaisquer concordâncias de Mateus e Lucas que não vêm de Marcos (as "Concordâncias Menores"). Marque estas

---

[57] Ver também o método de seis cores de Mark Goodacre, que embora seja mais complexo, é também mais objetivo (Goodacre, *Synoptic Problem*, 33-34). Seu esquema sugestivo é: Mt: *azul;* Mc: *vermelho;* Lc: *amarelo;* Mt + Mc: *roxo;* Mt+Lc: *verde;* Mc+Lc: *laranja.* Para estudantes que desejem estudar, sobretudo, o problema sinótico e querem a máxima clareza em visualizar o fenômeno do texto não visto através das lentes de uma teoria em particular, o método de Goodacre é um procedimento útil. O esquema tricolor simples sugerido acima permite ao intérprete ver todos os dados do texto à luz da teoria dominante, sem excluir a visibilidade dos dados que desafiam a teoria.

concordâncias Mt/Lc em vermelho. Note adições comuns, e lugares onde Mateus e Lucas têm uma forma diferente da mesma palavra em Marcos, tendo Mateus e Lucas a mesma forma. Estas poderão ser anotadas com parênteses vermelhos em torno das palavras em questão, uma vez que já terão sido sublinhadas nos passos 1-5 acima.

Quando concluída, você deve ser capaz de ler a coluna Mateus e ver exatamente onde Mateus é idêntico a Marcos (sublinhado azul) e onde ele é idêntico a Lucas (sublinhado vermelho).

Você deve ser capaz de ler a coluna Lucas e dizer exatamente onde ele é idêntico a Marcos (preto) e onde é idêntico a Mateus (vermelho, *dupla tradição*).

Você também deve poder dizer, lendo a coluna de Marcos, que material é usado por Mateus (azul), qual por Lucas (preto), e qual por ambos (tanto azul quanto preto = *tripla tradição*).

Em todo caso, o material peculiar para cada Evangelho permanece sem sublinhado.

A análise pode agora ser transferida para uma Bíblia em português ou Novo Testamento Grego, deixando claras, à primeira vista, as conexões literárias de cada palavra nos Evangelhos.

19.5 Para leitura adicional

Estudos gerais dos evangelhos

BORING, M. Eugene. *Sayings of the Risen Jesus: Christian Prophecy in the Synoptic Tradition*. Society of New Testament Studies Monograph Series. Vol. 46, Cambridge: Cambridge University Press, 1982.

____________. *The Continuing Voice of Jesus: Christian Prophecy and the Gospel Tradition*. Louisville: Westminster John Knox, 1991.

BULTMANN, Rudolf. *The History of the Synoptic Tradition*. Translated by Marsh, John. New York: Harper & Row, 1963 [no prêlo: Academia Cristã].

DIBELIUS, Martin. *From Tradition to Gospel*. New York: Scribner, 1935.

GERHARDSSON, Birger. *Memory and Manuscript: Oral Tradition and Written Transmission in Rabbinic Judaism and Early Christianity*. Translated by Sharpe, Eric J. Acta Seminarii Neotestamentici Upsaliensis. Vol. 22, Uppsala: Uppsala University Press, 1961.

KOESTER, Helmut. *Ancient Christian Gospels: Their History and Development*. Philadelphia: Trinity Press International, 1990.

____________. *From Jesus to the Gospels: Interpreting the New Testament in Its Context* (Minneapolis: Fortress, 2007).

STUHLMACHER, Peter. *The Gospel and the Gospels*. Grand Rapids, Michigan: William B. Eerdman's Publishing Company, 1991.

O problema sinótico e Q

BELLINZONI, A., J. B. Tyson, and W. O. J. Walker, eds. *The Two-Source Hypothesis. A Critical Appraisal*. Macon, Ga., GA: Mercer University Press, 1985.

FARMER, W. R. *The Synoptic Problem. A Critical Analysis*. New York: Macmillan, 1964.

GOODACRE, M. *The Case Against Q: Studies in Markan Priority and the Synoptic Problem*. Harrisburg: Trinity Press International, 2002.

____________. *The Synoptic Problem: A Way through the Maze*. London: Sheffield Academic Press, 2001.

GREGORY, A., D. A. Foster, J. S. Kloppenborg, and J. Verheyden, eds. *New Oxford Studies in the Synoptic Problem*. Oxford: Oxford University Press, 2010.

KLOPPENBORG VERBIN, J. S. *Excavating Q: The Historical Setting of the Sayings Gospel*. Minneapolis: Fortress, 2000.

____________. *Q Parallels: Synopsis, Critical Notes, & Concordance*. Sonoma, Calif.: Polebridge, 1988.

NEIRYNCK, F. "Synoptic Problem." In *The New Jerome Biblical Commentary*, edited by Brown, Raymond E., Joseph A. Fitzmyer, S.J. and Roland E. Murphy. 587-95. Englewood Cliffs, N.J.: Prentice-Hall, 1990 [em port.: *Novo Comentário Bíblico. S. Jerônimo – Novo Testamento e Artigos Sistemáticos*. São Paulo: Academia Cristã/Paulus, 2012].

ROBINSON, J. M., P. Hoffmann, and J. S. Kloppenborg, eds. *The Critical Edition of Q: Synopsis including the Gospels of Matthew and Luke, Mark and Thomas with English, German, and French Translations of Q and Thomas*, Hermeneia – A Critical and Historical Commentary on the Bible. Minneapolis: Fortress, 2000.

STEIN, Robert. *The Synoptic Problem: An Introduction*. Grand Rapids: Baker, 1987.

STREETER, B. H. *The Four Gospels: A Study of Origins*. rev. ed. London: Macmillan, 1930.

TUCKETT, C. M. *The Revival of the Griesbach Hypothesis. An Analysis and Appraisal*. Society of New Testament Studies Monograph Series. Cambridge: Cambridge University Press, 1983.

____________., ed. *Synoptic Studies. The Ampleforth Conferences of 1982 and 1983*. Vol. 7, Journal for the Study of the New Testament: Supplement Series. Sheffield: Sheffield Academic, 1984.

20

Marcos e a Origem da Forma Evangelho[1]

A criação do gênero Evangelho e a formação dos Evangelhos foi o ponto de virada mais importante na história da literatura cristã primitiva. Não é óbvio ou inevitável que a forma evangelho devesse ter se desenvolvido de fato. A composição do primeiro evangelho foi uma inovação apenas gradualmente aceita pelo que se tornou o cristianismo dominante. Não há indicação de que a comunidade cristã em Roma, durante o período em que estava se tornando líder da igreja no império, aceitou os evangelhos em sua coleção de documentos cristãos normativos até ter entrado no século II. Uma razão para a recepção hesitante dos evangelhos é que a leitura das narrativas sobre a vida e ensinamentos de Jesus já não tinha tanta abertura no culto cristão que se tornou padrão em virtude da leitura das cartas paulinas e demais cartas da tradição paulina paralela às Escrituras. É provável que outra razão teológica tenha desempenhado um papel a mais: narrativas focadas em realizações de milagres e num Jesus como divino-humano foram muito facilmente mal interpretadas em termos docetistas, e eram difíceis de conciliar com o foco epistolar sobre a cruz e ressurreição.

---

[1] Parte do que se segue é dependente de M. Eugene Boring, "The Birth of Narrative Theology: The Gospel of Mark," in *Chalice Introduction to the New Testament*, ed. Dennis E. Smith (St. Louis: Chalice Press, 2004), 136-151, and M. Eugene Boring, *Mark: A Commentary* (NTL; Louisville, Ky.: Westminster John Knox, 2006), 1-25, onde o tema é explicado com mais detalhes.

20.1 O que é um Evangelho? O Problema do Gênero

Quando os leitores ou ouvintes do primeiro século ouviram o Evangelho de Marcos (que ainda não era chamado de "Evangelho" ou atribuído a "Marcos"), que conjunto de expectativas eles traziam consigo? O que eles supunham estar lendo? As opções teriam incluído mito, história, biografia, memórias e romance (ficção, novela).

Estudantes do Novo Testamento não têm chegado a um consenso sobre a questão do gênero Evangelho. Várias designações conflitantes e sobrepostas foram feitas, algumas das quais parecem ter compreendido algum elemento distintivo ou essencial da natureza do gênero, mas nenhuma conquistou uma maioria de exegetas, historiadores ou estudiosos da literatura antiga ou moderna.[2] O debate é multifacetado, mas o problema pode ser proveitosamente focado, colocando a questão como uma alternativa entre os dois candidatos mais proeminentes: *biografia helenística* (*bios*) ou um *novo gênero literário*. Assumindo que Marcos é o Evangelho mais antigo, a questão pode ser analisada perguntando se Marcos adotou um gênero já existente ou criou um novo.

20.1.1 Foi Marcos uma biografia de Jesus?

É agora reconhecido em todos os lugares que os evangelhos não são biografias no sentido moderno. Os evangelhos não nos dão uma descrição da aparência de Jesus, ou o seu desenvolvimento psicológico, nem eles se relacionam com os acontecimentos de sua vida em ordem cronológica exata. No entanto, as últimas décadas têm visto um ressurgimento da visão de que os evangelhos eram biografias no antigo sentido helenístico, pertencentes ao gênero de βίοι

[2] Cheguei a catalogar 37 designações diferentes do gênero Evangelho na discussão acadêmica do século passado, várias das quais vou simplesmente listar aqui, sem documentação ou elaboração: história, mito, profecia, parábola, parábola-mito, apocalipse, aretalogia, Hagadá da Pessach cristã, lecionário, tragédia, tragicomédia, narrativa da paixão com extensa introdução, diálogo socrático, aforismo ampliado, apologética política, recordações escatológicas, história do sofrimento de um homem justo da literatura de sabedoria, comentário sobre o kerygma, biografia parabolizada, midrásh, história apocalíptica, obra mal feita, romance helenístico, elogio, teodiceia sobre criação e recriação e biografia helenística (*bios*).

(*bioi*, vidas).[3] Um dos primeiros defensores deste ponto de vista foi CLYDE VOTAW, que viu impressionantes paralelos entre as ações do Jesus do primeiro século, tal como apresentadas nos evangelhos e as ações de Sócrates quatro séculos antes, como apresentadas pelos escritos de seus discípulos:[4]

(1) Cada um deles era representante da mais alta consciência, inteligência, aspiração e propósito de sua nação.
(2) Cada um deles considerava-se escolhido por Deus para uma missão especial, para a edificação de seu povo, guiado por Deus continuamente para o seu desempenho.
(3) Suas carreiras públicas tiveram uma função comum de inaugurar um novo padrão de conduta, e substituir a moral vigente com um tipo superior de pensamento e prática moral.
(4) Ambos apontaram os defeitos do padrão comumente aceito e a conduta não ideal dos mestres e líderes nacionais.
(5) Ambos mantiveram-se distantes das instituições e classes de ordem social, trabalhando de forma desapegada e solitária, alcançando o público por meio de relacionamento e apelo pessoais diretos.
(6) Eles não cobravam por seus ministérios. Nem eram profissionais pagos.
(7) Cada um anexou a si um número de seguidores mais próximos, que absorveram sua mensagem e exibiram sua própria influência.
(8) No devido tempo, eles se encontraram em conflito aberto com as autoridades públicas e encontraram uma morte violenta nas mãos deles.
(9) Cada um deles passou a ser visto como o fundador de um movimento, que seus discípulos levaram adiante, organizaram e ampliaram.
(10) As sucessivas gerações os reverenciam e fazem uso de suas mensagens, perpetuando a sua memória.

---

[3] Entre os livros influentes que defendem esta proposição estão: CHARLES H. TALBERT, *What Is a Gospel? The Genre of the Cânonical Gospels* (Philadelphia: Fortress, 1977), RICHARD A. BURRIDGE, *What Are the Gospels? A Comparison with Graeco-Roman Biography* (SNTSmanuscript 70; Cambridge: Cambridge University Press, 1992).

[4] VOTAW, *Biographies*, 30-62.

Dito desta forma – estou citando VOTAW integralmente na maioria desses dez pontos – Jesus e Sócrates apresentam muitas semelhanças, e os evangelhos se assemelham a *bioi* helenística. O argumento de VOTAW continua.

Não apenas as ações e morte de Jesus e Sócrates têm paralelos marcantes, os escritos de seus discípulos, depois de suas mortes, mantêm paralelos marcantes. Segue um resumo de seus pontos:

(1) Em cada caso, o mestre não tinha escrito o seu ensino ou biografia, mas havia ensinado oralmente.
(2) Em cada caso, os discípulos tentaram levar adiante o ensinamento de seu mestre martirizado e contaram sua história por escrito.
(3) Em cada caso, mais do que um discípulo fez isso. Os principais autores que procuravam continuar a história e ensino de Sócrates foram Platão e Xenofonte.
(4) Seus biógrafos mantiveram semelhanças nos motivos que os inspiraram: restaurar e reabilitar a reputação de seu mestre, que tinha sido condenado à morte pelo Estado como uma pessoa perigosa, mas cuja contribuição para o bem-estar humano deve ser preservada.
(5) Seus respectivos escritos foram semelhantes em seus conteúdos: recordações de ditos significativos, ações e características pessoais do respectivo mestre.

Há, assim, características significativas importantes da *bios* helenística para a interpretação dos evangelhos. O Evangelho de Marcos e os evangelhos cristãos que chegaram depois eram provavelmente mais como a *bios* do que qualquer outro gênero disponível, de modo que muitos de seus primeiros leitores podem muito bem ter começado a sua leitura ou audição de Marcos com a suposição de que eles estavam lendo um exemplo cristão do gênero, só que dedicado a Jesus.

Elementos distintivos no gênero evangelho

No mundo antigo, ninguém nunca se referiu aos evangelhos como "biografias". Em termos de gênero literário, os evangelhos não se encaixam facilmente em qualquer categoria já conhecida no mundo helenístico. Isso não quer dizer que eles eram absolutamente únicos.

A comunicação requer algum reconhecimento em termos de gêneros conhecidos. No entanto, para se comunicar, o que é expresso não necessita ser expresso dentro de gêneros conhecidos, mas apenas expresso em relação com eles. Assim, a alegação de que o gênero evangelho foi uma nova criação cristã não significa que ele não tinha nenhuma relação com os outros gêneros. Mesmo quando se argumenta que Marcos criou um novo gênero, ninguém afirma que foi uma *creatio ex nihilo*. Talvez a abordagem mais frutífera não seja perguntar, em categorias do tipo sim-não-ou, se o evangelho é uma *bios*, mas observar suas características distintivas que o distinguem de outros tipos de literatura narrativa da época.

Kerygma. Marcos e seus sucessores são composições kerigmáticas, centradas na atuação de Deus no evento-Cristo, e não – em contraste com as *bioi* – sobre a "essência" ou "caráter" de Jesus. Marcos não está interessado principalmente com a apresentação de uma série de histórias em que se comunica "que tipo de pessoa" Jesus é, mas em contar a história de *Jesus* de uma forma que seja possível *comunicar* o ato salvífico de Deus. Jesus aparece em quase todas as cenas nos evangelhos. No entanto, a história não é sobre Jesus em si, mas sobre Jesus como o Cristo, o único através do qual Deus age. Há um sentido real no fato de que os evangelhos não são sobre Jesus, mas sobre Deus. O ato cultual da proclamação do evangelho no contexto do culto cristão distingue-se das *bioi*, que não foram compostas para esse ambiente e função.

Composto de unidades querigmáticas da tradição. Os ditos e histórias dos quais os evangelhos são compostos não foram recolhidos a partir de fontes aleatórias e memórias, mas foram filtrados através da vida da comunidade. Cada unidade da tradição já havia funcionado com seu próprio propósito querigmático e didático de proclamar e instruir. Antes de ser colocada no contexto literário narrativo do evangelho, cada pequena história ou dito funcionou como uma espécie de mini-evangelho que fez a sua própria afirmação teológica, o que muitas vezes inclui uma perspectiva sobre cristologia e o significado do discipulado. A forma evangelho é uma combinação de pequenas unidades tradicionais, de modo que o evangelho como um todo parece ser um tanto episódico, mas não meramente anedótico. Os episódios não são amarrados juntos aos poucos, mas em termos de temas abrangentes.

Anônimo, produção da comunidade. As *Bioi* helenísticas foram publicadas sob o nome do autor; em contrapartida, todos os evangelhos foram originalmente anônimos. Embora compostos por autores com perspectivas teológicas e intenções didáticas específicas, não eram criações literárias, no sentido helenístico, por indivíduos que poderiam ser citados pelos nomes. Os críticos das formas referiram-se a eles como *Kleinliteratur* ("escrita baixa e popular") em oposição a *Hochliteratur*, (literatura de alta classe, *belles-lettres*), literatura considerada como fina arte. O fato de que os evangelhos eram uma literatura popular não significa que eles cresceram naturalmente a partir da tradição oral. Os evangelhos, começando com Marcos, foram escritos como atos intencionais criativos de autores teológicos que produziram conforme a tradição da comunidade cristã, e não por escritores interessados em vender livros ou em sua própria reputação literária. No entanto, eles não iniciaram o seu trabalho com base nas geralmente disponíveis tradições folclóricas ou na investigação dos arquivos públicos ou cartas privadas e diários, mas com a tradição kerigmática da comunidade cristã.

Segmento definitivo da história da salvação universal. Os evangelhos não contam a história de Jesus como um relato acerca de um grande indivíduo. O Evangelho de Marcos é uma narrativa intercalada em uma história maior, a macronarrativa, da criação a consumação, e o evento-Cristo como o centro de definição. O evangelho narra um segmento de uma linha completa que se estende desde a criação até o eschaton. Isso é diferente de uma biografia. Jesus não é retratado como um "grande homem", mas como o Cristo. O Cristo é o enviado de Deus no clímax da história para estabelecer o reino de Deus. A história é vista em perspectiva escatológica, com o Messias enviado como aquele que cumpre e redime a história. Uma vez que a "vida de Jesus" é retratada como o segmento definitivo da linha histórica da redenção, a história de Jesus não é relatada por completo. Dentro da história, dentro de uma vida, o significado de toda a história é revelado, uma imagem antes da vitória escatológica do reino de Deus. Isso é fundamental para a confissão "Jesus é o Cristo". O tipo de narrativa adequada a esta confissão é o evangelho.

Isso está em nítido contraste com, por exemplo, a compreensão da vida de Sócrates nas *bioi* gregas. O evento Sócrates não foi e não poderia ter sido visto como o evento final da história universal governada por um Deus soberano; não há e não pode haver qualquer uso soteriológico ou querigmático da história de Sócrates. O enredo do evangelho é escatológico e cristológico, o que está necessariamente em falta nas biografias gregas. Assim, o princípio estruturante do evangelho não é a "vida de Jesus", mas "Jesus está no plano de Deus". A narrativa do evangelho insiste que ela não pode ser entendida em si. Seu significado depende das expectativas e eventos que o precedem, e sobre a história que se segue.

Simultaneidade, fusão de horizontes. A figura de Jesus nos evangelhos é retratada simultaneamente como uma figura histórica no passado e uma figura transcendental do presente, tanto "lá atrás" na história quanto "lá em cima" no mundo celestial, bem como "lá fora", na igreja e no mundo. Esta é a consequência literária da fé em que Deus fez ressurgir dos mortos a Jesus, de modo que os acontecimentos passados da vida e ensinamentos de Jesus são vistos e ouvidos na perspectiva da fé na ressurreição. Isso também contrasta com as *bioi* helenísticas, como a vida de Sócrates. Embora se pensasse que Sócrates foi um imortal que sobreviveu à morte, que habitava no mundo pós-morte, e cuja memória continuou a servir como um guia para seus discípulos, isso era algo totalmente diferente da fé dos primeiros cristãos na ressurreição de Jesus. Os discípulos de Jesus não acreditavam apenas que Jesus sobreviveu à morte, mas que ele foi *ressuscitado*, ou seja, que ele foi exaltado a uma nova ordem de ser, que ele foi feito Senhor do universo, que ele é o princípio e a garantia do evento escatológico, e que sua vida continua em um sentido real, como a presença de Deus e a presença do Espírito Santo na comunidade de crentes cristãos. Nas *bioi*, a história do herói é contada a fim de manter viva sua memória. Nos evangelhos, Jesus está vivo, independentemente da história, e continua a agir e falar no mundo do leitor. Assim, o Jesus dos evangelhos fala após a audiência prevista na narrativa, falando sobre suas lideranças ao leitor implícito de tal forma que a história local relatada no quadro pré-pascal torna-se contemporânea com o aqui-e-agora da experiência do leitor pós-pascal. Tal maneira de compor uma história depende da fé que os primeiros cristãos tinham na ressurreição, e não tem paralelo nas *bioi* helenísticas.

Esta fusão de horizontes temporais também reflete a perspectiva bíblica sobre a história. Como Marcos, alguns mestres dentre os primeiros cristãos estavam familiarizados com as narrativas bíblicas em que o passado se torna o presente. Assim como no Pentateuco Moisés fala na narrativa, mas a partir de uma perspectiva pós-Êxodo, nos evangelhos Jesus fala na narrativa pré-pascal com uma perspectiva pós-pascal (cf. Dt explicitamente 5,1-5; 9,1-29, e a modulação do relato passado para a petição e confissão presente em Dt 26,5-11). Nos evangelhos, a história é contada de tal maneira que o Jesus da narrativa sempre tende a se tornar um contemporâneo do leitor.[5]

20.1.2 Os evangelhos como cristologia narrativa

Todos os traços distintivos discutidos acima são aspectos de uma única categoria: cristologia. Os evangelhos são textos essencialmente cristológicos, expressando na forma narrativa os temas que já haviam se tornado importantes na confissão cristã autêntica, e que viriam a ser elaborados nos credos clássicos e confissões: a verdadeira divindade e humanidade de Cristo, o evento-Cristo como o ato definitivo de Deus na história universal, a figura histórica que é, ao mesmo tempo, o Senhor ressuscitado. Sem pretender que a "cristologia narrativa" seja um gênero literário, tornou-se comum usar esse termo para caracterizar os aspectos essenciais dos evangelhos.[6] Em particular, dois aspectos da cristologia narrativa dos evangelhos são expressos na composição criativa de Marcos: (1) o ato salvífico de Deus no evento-Cristo é comunicado pela tensiva justaposição de dois retratos conflitantes da figura de Jesus. (2) Essas duas imagens da vida de Jesus são combinadas em uma narrativa por meio do tema do segredo messiânico.

Tensiva justaposição de duas visões contrastantes de Jesus

Adotando o padrão estabelecido por Marcos, os evangelhos combinam dois modos prévios de pensar e falar sobre o evento-Cristo. Por um lado, Jesus é apresentado como um ser humano que sofre e morre

---

[5] Cf. os conceitos de "contemporâneo" e "discípulo por via indireta" desenvolvidos por SØREN KIERKEGAARD, *Philosophical Fragments or A Fragment of Philosophy* (Princeton: Princeton University Press, 1962), 68-142.

[6] Por Exemplo, ROBERT C. TANNEHILL, "The Gospel of Mark as Narrative Christology," *Semeia* 16 (1980), 57-96; HELMUT KOESTER, *Ancient Christian Gospels: Their History and Development* (Philadelphia: Trinity Press International, 1990), 292; BROWN, *Introduction to the New Testament*, 103; o conceito é esplendidamente aperfeiçoado em ELIZABETH STRUTHERS MALBON, *Mark's Jesus: Characterization as Narrative Christology* (Waco: Baylor University Press, 2009), 1 et passim.

uma morte verdadeiramente humana nas mãos de seus opressores. Nisto, ele é como Sócrates. Por outro lado, Jesus também é apresentado como um ser divino, o Filho de Deus cheio de poder milagroso, capaz de superar todos os problemas humanos, incluindo a morte. Isso está em contraste com Sócrates, que não realiza milagres, assim como também está em contraste com Apolônio de Tiana, que opera milagres, mas não é um ser verdadeiramente humano (ver Vol. I §9.2). Uma característica distintiva do gênero evangelho é que ele justapõe esses dois modos de confissão cristológica, unindo o vulnerável Jesus humano e o poderoso Filho de Deus em uma narrativa tensiva.[7]

Cristologia Kenótica: A fragilidade e verdadeira humanidade de Jesus

Um grande fluxo da teologia protocristã apresentou Jesus como um ser verdadeiramente humano que compartilhava a fragilidade humana, que realmente sofreu e morreu uma morte humana. Vimos que Paulo insiste sobre a realidade da morte de Jesus como essencial para o evento salvífico, e não hesita em falar da "fraqueza" de Jesus (2 Co 13,4). Isso não significa, naturalmente, que, pelos padrões humanos, Jesus era um fraco, mas que ele participou plenamente na fraqueza da humanidade como tal (ver, e.g., sobre a clássica passagem de Fp 2,5-11, Vol. I). A divindade de Cristo foi vista como pertencente a sua vida transcendente no mundo celestial antes e depois de sua vida terrena, que estava esvaziada do poder divino e não foi caracterizada por milagres. Este esvaziamento é representado pelo termo grego κένωσις (*kenōsis*, cf. Fp 2,7).

Antes de Marcos, algumas das histórias e ditos de Jesus retrataram a vida de Jesus de uma forma não miraculosa.

- *Literatura epistolar* – Toda a literatura epistolar aceita no Novo Testamento seguiu esse padrão paulino de cristologia *kenótica* (ver, por exemplo, Hb 2,5-18).
- *As histórias do nascimento e da infância* em Mt 1-2/Lc 1-2. A atenção dos leitores modernos é tão rapidamente atraída para os fenômenos milagrosos

[7] Para elaboração, ver M. EUGENE BORING, *Truly Human/Truly Divine: Christological Language and the Gospel Form* (St. Louis: CBP Press, 1984); BORING, *Mark*, 248-258 *et passim.*

em torno do nascimento de Jesus que eles podem deixar de notar o caráter chocante do relato do nascimento de um ser divino. Os bebês são fracos, indefesos e vulneráveis. Em contraste com as histórias romanescas do *superboy* [super criança] Jesus, encontradas posteriormente, por exemplo, no Evangelho da Infância de Tomé, o poder milagroso exibido nas histórias de nascimento encontradas nos evangelhos não é o poder sobre-humano de Jesus, mas o poder de Deus; a infância e adolescência de Jesus são desprovidas de histórias de milagres. (ver, abaixo, sobre Lc 2,41-52).

- *A história da tentação de Q, em Mt 4,1-11/Lc 4,1-13.* Em seus contextos atuais em Mateus e Lucas, esta história está incluída em uma narrativa com muitos dos feitos milagrosos de Jesus. Mas no período oral, pré-Evangelho, quando essa história circulou como uma unidade separada da tradição, a história pressupõe que Jesus não realizou ações milagrosas, como transformar as pedras em pão ou desafiar a lei da gravidade, saltando do templo. Tomada por si só, a história pode supor que Jesus poderia ter realizado essas coisas, mas insiste que ele não as realizou, e que a escolha e a opção de realizá-los era uma tentação demoníaca.
- *Mc 8,11-13, Mt 12,38-42, Lc 11,29-32.* Mais uma vez, essas histórias e ditos estão atualmente incluídos no âmbito da narrativa do evangelho, juntamente com inúmeras histórias de milagres. Mas, tomadas por si só, elas retratam uma vida não milagrosa de Jesus, uma vez que circulou na tradição pré-marcana. Em Mc 8,11-13, categoricamente Jesus se recusa a fazer qualquer sinal. Em Lc 11,29-32, Jesus declara que o único sinal a ser dado é o sinal de Jonas, que pregou a mensagem de Deus, mas não realizou milagres. Mateus ou a forma de tradição usada por ele interpreta o sinal de Jonas como se referindo à ressurreição como o único sinal. Qualquer que seja o caso, a vida de Jesus estava vazia dos atos poderosos da divindade, e o único sinal seria o ato de Deus em ressuscitá-lo dos mortos.

A cristologia *kenótica* afirmou que Deus agiu em Cristo para a salvação humana, mas retratou a vida de Jesus como verdadeiramente humana, com o ato salvífico de Deus ocorrendo nas extremidades da vida de Jesus, na encarnação e na ressurreição. Este padrão cristológico se tornou a base dos clássicos credos, que transita do "nascido da Virgem Maria" para o "crucificado sob Pôncio Pilatos", sem nenhuma intervenção da figura de um poderoso Filho de Deus que opera milagres. Tal cristologia pode retratar a vida de Jesus como compartilhando plenamente a condição humana e morrendo uma morte verdadeiramente humana, mas não pode retratar o ato salvífico de Deus, a partir de uma descrição de incidentes da vida de Jesus.

Cristologia epifânica: A vida de Jesus como manifestação do poder salvífico de Deus

"Epifania" significa "manifestação", uma revelação ou o ato de tornar compreensível. No mundo helenístico, "epifania" era uma palavra comumente usada para a manifestação do poder de um deus. Assim, o rei helênico Antíoco Epifânio, por exemplo, foi chamado assim porque, assim como muitos governantes orientais, seria ele uma manifestação da divindade. A "Cristologia epifânica" é, portanto, uma expressão usada para descrever esse tipo de pensamento a respeito de Jesus, essa cristologia interpretou seu ministério como sendo cheio de manifestações do poder divino. Durante o período de tradição oral entre Jesus e os evangelhos, cada relato de milagre era uma expressão da cristologia epifânica. Nesta cristologia, a afirmação cristã básica de que Deus agiu em Cristo para a nossa salvação foi retratada de tal forma que cada relato de milagre se tornou um evangelho em miniatura, que retrata o ato salvífico de Deus no evento-Cristo como um todo.

Na tradição pré-marcana, uma maneira através da qual a igreja confessou a sua fé na ação salvífica de Deus era contar uma história em que uma necessidade humana fundamental fosse retratada, uma história em que a vida estivesse ameaçada ou, até mesmo, perdida. Jesus caminha dentro desse quadro, o poderoso Filho de Deus, que não é impotente em face da necessidade humana. Ele age pelo seu poder divino, para nos livrar do que está a roubar-nos da vida. A situação de necessidade e libertação é retratada em termos deste mundo, uma vez que é retratada como cenas do ministério terreno de Jesus, mas cada história aponta para além da situação específica de algumas pessoas na Galileia, no ano 30, a condição humana em geral e o ato de Deus em Jesus a fim de libertar os seres humanos da tirania dessa situação. Embora as histórias lidem com as necessidades comuns, é a derradeira salvação da humanidade que é retratada, e a libertação final rumo à vida eterna no reino de Deus que é proclamada.

Marcos e a tradição pré-marcana identificaram a "salvação" com a "vida". No encontro de Jesus com o jovem rico, em 10,17-31, por exemplo, as expressões "ser salvo" (10,26), "entrar no reino de Deus" (10,25) e "vida eterna" (10,17) são usadas para significar a mesma coisa – o objetivo da busca e esforço de toda a humanidade, a realização da vida. Em tais expressões, o adjetivo "eterno" não é simplesmente um termo quantitativo quando modifica "vida", significando "viver para sempre", mas é um modificador qualitativo: a vida como ela deveria ser, a vida da era vindoura, quando Deus destruir todas as ameaças à vida verdadeira, a vida que é "realmente vivida". Assim, Marcos às vezes pode simplesmente equiparar "entrar no reino de Deus" com "entrar na vida" (9,43.45.47). Receber a salvação, "ser salvo", é receber o dom da vida de Deus, de ter todas as ameaças à vida superadas, ser salvo dos inimigos da vida que a furtam de ser realmente vida:

A libertação dos inimigos da vida: a fome (Mc 6,30-44; 8,1-10). O mundo moderno, ocidental e bem alimentado que está consciente das calorias e se preocupa com a obesidade como um problema social pode ter dificuldade em lembrar que, para a maioria dos seres humanos, durante a maior parte da história humana, a fome tem sido a ameaça constante que mantém a vida à margem do que deveria ser. A fome é um monstro que, mesmo quando não consegue literalmente destruir a vida física (o que aconteceu e está acontecendo com mais seres humanos do que a maioria de nós pode imaginar), reduz a vida a uma espécie de luta sub-humana pela próxima refeição. A fome transforma seres humanos que foram criados para amar e ser amados em animais competindo entre si por uma existência vazia que não é vida. Nas histórias em que Jesus miraculosamente alimenta as multidões, ele vence este inimigo, e as pessoas se sentam para comer umas com as outras na presença da abundância, dar graças por isso e compartilhar o alimento e o companheirismo. Assim, algumas das imagens da salvação final de Israel retratavam o "Banquete messiânico" (cf. Is 25,6-8), uma grande festa no final da história, quando o povo de Deus se sentaria em torno de uma grande mesa em que há alimento e comunhão para todos – a vida, de fato!

A libertação dos inimigos da vida: o poder demoníaco (Mc 5,1-20). Mesmo pessoas modernas, com uma mentalidade científica, muitas vezes são conscientes de que nossas vidas são vividas em um contexto mais amplo, frequentemente dominado por forças hostis à vida humana, e que somos impotentes para resistir. Quando a frágil vida humana tem quase tudo contra si, o cosmos assume um aspecto demoníaco. Para muitas pessoas modernas, a própria impessoalidade do universo é ameaçadora. Não há como pedir ao tsunami para que ele não venha; não é possível fazer qualquer tipo de negociação com a tempestade; e não há rituais para fazer o tornado se desviar de seu caminho. No mundo antigo, esse sentimento era muito pessoal, e as pessoas sentiam que estavam sob o domínio de uma força maligna mais poderosa do que eles. Nos relatos de exorcismo, pregadores cristãos falavam a respeito do ato de Deus em Cristo como aquilo que liberta a vida dessa realidade demoníaca opressora.

A libertação dos inimigos da vida: doença (Mc 1,29-34.40-45; 2,1-12; 3,1-6.7-12; 7,31-37; 8,22-26; 10,46-52). As muitas histórias de cura na tradição evangélica retratam o evento salvífico como a restauração da saúde. As pessoas doentes experimentam a enfermidade como que lhes roubando a vida como ela deveria ser. Se por um lado salvação, *salus*, significa saúde ou integridade, por outro, a doença é a representante da morte, a causadora principal da morte. Nas histórias dos milagres de Jesus, ele se coloca nessa situação, geralmente por sua própria iniciativa, e realiza o ato de cura de Deus. Seria um erro entender os relatos de cura como alegorias da situação humana final, como se as pessoas dos relatos não fossem pessoas doentes, mas apenas uma representação dos problemas da humanidade. Mas também seria um erro ouvir as histórias como meros relatos de que o taumaturgo Jesus atuou em favor de alguns palestinos doentes que tiveram a sorte de estar enfermos em sua proximidade geográfica e temporal. A igreja primitiva preservou e recontou essas histórias porque elas apontavam para além de si. Eles, de alguma forma, imaginaram que o evento salvífico foi realizado por Deus em prol da humanidade como um todo. De acordo com o evangelho cristão, Deus venceu os inimigos da vida, agindo por nós em Cristo, um ato que nos dá a vida, ainda que em toda nossa existência estejamos enfermos.

A libertação dos inimigos da vida: a morte (Mc 5,21-43). A morte é o inimigo da vida, o inimigo final (1 Co 15,26). Isso é claramente visível na morte de uma criança de doze anos de idade. Para nos impressionar com clareza pungente, Marcos tomou duas histórias de milagres e inseriu uma na outra.

Uma menina encontra-se moribunda. É a morte da esperança, a morte da alegria. Seu pai, um homem religioso, um homem de fé, acredita que Jesus pode curá-la. Boas notícias! Ele encontra Jesus, que concorda em ir para sua casa. A Esperança quebrada renasce. Basta que eles cheguem a tempo! Enquanto há vida, há esperança.

Eles estão parados! Não, pior que isso. Jesus parou voluntariamente para atender uma mulher doente. Mas não há necessidade de parar. Na verdade, ela já foi curada apenas pelo furtivo toque em sua vestimenta quando ele passou. Mas porque é que há demora, agora, com a mãe da menina olhando para a estrada, perguntando se ele vai chegar lá a tempo? De qualquer forma, esta mulher lida com sua doença há anos e poderia vir e ser curada em qualquer outro dia. Por que tanto palavreado? Jesus deve chegar lá antes que seja tarde demais. Em seguida, vem a mensagem da casa: "Sua filha está morta! Por que incomodar mais o mestre? Por quê?"

Não há uma forma de expressar a tragédia da morte de uma menina de doze anos de idade. Mas aquilo que já é infinito é ampliado, neste caso, pela percepção de que isso poderia ter sido evitado. Se não por nós, por Deus, se existe um Deus que ouve as orações das meninas de doze anos de idade que estão morrendo. "Sua filha está morta, por que causar ainda mais problemas ao mestre?" Mas se isso é dito com ira ou resignação, é lógico aceitar a realidade. No entanto, Jesus ignora-o (5.36) e segue o caminho para a casa da menina. Em meio à zombaria daqueles enlutados, que mudam facilmente de pranteadores a zombeteiros, sem muito esforço, ele pronuncia essas palavras que só Deus pode pronunciar no último dia: "Menina, eu te digo, levanta-te". Mesmo quando é tarde demais, não é tarde demais.

Mesmo que os pregadores de tais histórias e seus ouvintes acreditem que elas literalmente aconteceram, a questão não é se Jesus ressuscitou ou não dentre os mortos uma menina na Galileia, uma vez, mas se Deus ressuscitou Jesus de entre os mortos de uma vez por todas, em Jerusalém. A história individual do milagre foi proferida como uma forma de comunicar a boa notícia de um ato de Deus, no grande milagre do evento-Cristo. Assim, os relatos de perdão de Jesus dos indivíduos (Mc 2,5-7) proclamavam o perdão de Deus no evento Jesus Cristo. Relatos que narram o acalmar das tempestades (Mc 4,35-41) e o caminhar sobre as águas (Mc 6,45-50) proclamam o Deus que agiu no evento-Cristo como Senhor de todos os fenômenos naturais, outra maneira de proclamar a mensagem de Paulo de que não há nada que possa nos separar do amor de Cristo, mesmo se tivermos que afundar com o navio (cf. Rm 8,37-39).

O conflito das cristologias

A fé de Paulo, que se concentrou no sofrimento e morte de Jesus e a fé daqueles que contam histórias de milagres de Jesus, era a fé no fato de que Deus agiu em Cristo para a nossa salvação. Houve um conflito profundo, no entanto, entre as formas que expressam essa fé, ou seja, entre as respectivas cristologias envolvidas e a forma como cada uma retratou a vida terrena de Jesus. Mesma fé, diferentes teologias; as teologias se chocam. O frágil Jesus humano e o poderoso Jesus divino pareciam mutuamente excludentes, e na verdade eles seriam se cada um supusesse que estava falando sobre a realidade literal da vida de Jesus de Nazaré. Ele não poderia ter *existido* em ambos os sentidos (história). Mas ele pode ser legitimamente pensado e falado em ambos os sentidos (teologia). Não há teologia perfeita. Cada cristologia tinha suas vantagens e desvantagens.

A *cristologia kenótica* é capaz de retratar a vida de Jesus como uma identificação totalmente humana com a fraqueza da humanidade, e para apresentar o seu sofrimento e morte tão real e salvífica. Ela insiste que ninguém pode alcançar uma fé autêntica à parte da cruz e da ressurreição. Então a cristologia *ken*ótica não poderia contar histórias de pessoas que se tornaram cristãs durante a vida terrena de Jesus. Ela não pode retratar o poder salvífico de Deus tão eficaz na vida de Jesus, devendo esperar até que a história acabe, e devendo apresentar o evento-Cristo em termos mitológicos em um palco cósmico, a fim de proclamar que Deus estava ativo na vida e na morte de Jesus. Se a história não é narrada em termos cósmicos, o significado de Jesus é reduzido ao de um profeta ou mártir, como outros "grandes homens", mas tal Jesus não pode ser a revelação definitiva de Deus. Alguns dos primeiros cristãos continuaram a contar a história de Jesus apenas por esse viés. A igreja posterior rejeitou esta abordagem, rotulando-a como a heresia do ebionismo: Jesus era um grande ser humano, mas não o Filho de Deus.

A *cristologia epifânica*, por outro lado, pode contar histórias poderosas da vida de Jesus, as quais comunicam o ato salvífico de Deus. Essas histórias foram contadas como eventos no âmbito pré-pascal da vida de Jesus, mas foram relatadas à luz da fé pascal, por e para crentes pós-pascal. Os poderes cósmicos que ameaçam a vida humana são apresentados como realidades concretas da existência cotidiana, de uma forma reconhecível na nossa vida comum: a doença, a fome, as catástrofes naturais, a morte. Na cristologia kenótica de Paulo e seus sucessores, não havia praticamente nenhuma razão para narrar as palavras e ações do Jesus terreno, mas na cristologia epifânica a história da vida de Jesus na Terra pode ser contada de tal forma que o poder salvífico de Deus é manifesto. Entretanto, há um problema: o Jesus de tais histórias de milagres não poderia ser apresentado como alguém que compartilha a fragilidade da existência humana. É difícil imaginar o Jesus que cura o doente estando doente. Pode o Jesus que ressuscita os mortos realmente morrer? Isso se tornou a questão crucial. Um Jesus filho-de-Deus que anda sobre as águas poderia descer da cruz, se quisesse (Mc 15,29-32). Essa é a lógica do senso comum das histórias de milagres, e as opções pareciam ser que ele não era o Filho de Deus ou que ele realmente não sofreu e morreu. O ebionismo escolheu a primeira opção; o docetismo escolheu a segunda opção. Na cristologia docética representada por vários dos textos cristãos não aceitos no Cânon do Novo Testamento, Jesus era o Filho de Deus e por isso só aparentou que morreu.

Assim como a igreja posteriormente rejeitou o ebionismo como herético, também rejeitou o docetismo. No período pré-Evangelho, os defensores de cada cristologia consideravam a outra como inimiga. Embora cada cristologia tivesse vantagens e desvantagens, cada maneira de pensar sobre o evento-Cristo rejeitou a outra como inadequada e distorcendo o significado do acontecimento do evento-Cristo. Na segunda metade do primeiro século d.C., os mestres da fé cristã foram confrontados com a questão de saber se estas duas cristologias eram simplesmente alternativas, entre as quais os seguidores de Jesus deviam escolher. Ou havia uma maneira de preservar os valores teológicos de cada abordagem?

A afirmação marcana de ambas cristologias

O autor do Evangelho de Marcos viu os valores de cada uma dessas abordagens teológicas, e incluiu ambas em sua narrativa. A primeira metade de sua narrativa representa principalmente o poderoso Jesus divino da cristologia epifânica; já na segunda metade, predomina o vulnerável Jesus humano da cristologia *kenótica*.

O Jesus de Marcos compartilha a fraqueza e a verdadeira humanidade representada pela cristologia kenótica. Alguns textos que demonstram isso:

- Mc 1,9; 10,18 – A solidariedade de Jesus com os seres humanos pecadores. O nosso primeiro vislumbre de Jesus no Evangelho de Marcos é de alguém que veio de Nazaré na Galileia para ficar na mesma fila onde os seres humanos pecadores estão esperando para ser batizados por João, "para o perdão dos pecados" (1,4). Em 10,18, o Jesus marcano responde ao elogio lisonjeiro "Bom Mestre", com "Por que me chamas bom? Ninguém é bom senão só Deus" (10,18). Os evangelhos que vieram depois reescrevem esses textos para deixar claro que o próprio Jesus não estava envolvido no pecado humano (cf. e.g., Mt 3,13-17; 19,17). Marcos não tem essa compulsão.
- Mc 1,35; 6,4; 6,46; 14,32-42. Jesus ora. Os seres humanos oram a Deus em louvor e gratidão, mas especialmente em reconhecimento de que eles não podem viver de seus próprios recursos, que são dependentes do poder de Deus para sustentar suas vidas. Seres divinos não oram. Especialmente a cena do Getsêmani retrata a fraqueza humana de Jesus (Mc 14,32-42). À beira do pânico, refletindo não só a profundidade do sofrimento de um ser humano que estremece no limiar da tortura e da morte, mas também o numinoso terror escatológico, a natureza transcendente do que está para acontecer, a tristeza e angústia tão intensas que já ameaçam sua vida, desejando companhia humana em seu tempo de necessidade (versos 34, 37), Jesus caiu no chão e clamou a Deus em oração (verso 35).
- Mc 2,16; 3,21; 4,38; 5,30; 9,16.21; 11,12-14; 13,32; 14,44. Jesus tem fome, come, fica cansado, dorme, faz perguntas, é surpreendido, é considerado insano por sua família. Ele não se parece com um deus. Ao ser preso, Judas deve indicar quem é ele.
- Mc 3,6; 8,31; 9,31; 10,33-34; caps. 14-15. Jesus morre. A morte é o denominador comum de toda a existência humana. O Jesus marcano compartilha com todos os outros seres humanos esta característica definitiva da vida humana. Mais: não só morre, como é morto. Ele vai de bom grado à sua morte, mas ele é passivo, não está no controle. Ele é traído, negado, questionado, julgado, condenado, abusado e morto, mas outros são os atores. Como nós, ele é a vítima, tragado pelas circunstâncias.

Se tivéssemos somente esta coleção de textos de Marcos, nunca pensaríamos na vida terrena de Jesus de uma forma que não seja a de uma pessoa completamente humana, diferenciando-se de nós apenas na qualidade de sua obediência a Deus e em seu amor por seus companheiros humanos. Esta é a cristologia *ken*ótica das epístolas, e ela é indispensável para Marcos. Mas, paralelamente e entrelaçadas com estas imagens, Marcos também narra histórias de Jesus em que, com o poder divino, ele supera todos os inimigos que ameaçam a vida humana. Ele milagrosamente alimenta os famintos, expulsa demônios, cura os doentes, acalma a tempestade, caminha sobre as águas, ressuscita os mortos.

Marcos enxerga o valor de cada maneira de proclamar a ação de Deus no ser humano Jesus, e está, portanto, diante de um problema não enfrentado por qualquer autor das *bioi* helenísticas. Como pode o retrato do poderoso Filho de Deus ser combinado em uma narrativa com o humanamente frágil Jesus de Nazaré? Como poderia o Messias realizar obras poderosas em Deus e não ser reconhecido como o Filho de Deus até passar pela cruz e a ressurreição? A resposta de Marcos para este problema foi levar os elementos de segredo e mal-entendidos que já estavam presentes em vários elementos das histórias sobre Jesus, e desenvolvê-los em um meio abrangente de apresentação de toda a história do evento-Cristo: tivesse Jesus realizado miraculosos atos salvíficos durante a sua vida terrena, conforme retratados na cristologia epifânica, *e* o ato salvífico de Deus nele não teria sido reconhecido até que a história tivesse acabado, conforme solicitado pela cristologia *ken*ótica. Marcos constrói a narrativa paradoxal das "epifanias secretas", o que lhe permite contar a história de Jesus de tal forma que o poder salvífico de Deus já está manifesto em sua vida terrena, mas também que sua verdadeira identidade não poderia ser compreendida até depois da cruz e ressurreição.[8]

O tema do segredo messiânico é tecido dentro da narrativa e através dela. Alguns exemplos:

- 1,1. A partir da primeira linha em diante, a audiência [leitores] de Marcos sabe quem Jesus realmente é. Eles sabem algo que os participantes da história não sabem. É um dispositivo para explicar por que os personagens da história pré-pascal não reconhecem Jesus pelo que ele realmente era, e que pressupõe que este reconhecimento só viria depois da ressurreição.
- 1,9-11. Quando Jesus aparece pela primeira vez na narrativa, não há nenhuma história do nascimento ou fenômenos sobrenaturais pelos quais sua identidade é revelada a seus pais, aos reis magos, ou pastores, nada

[8] A frase "epifania secreta", bem como a função chave do segredo messiânico para facilitar a criação da forma Evangelho, foi popularizada por DIBELIUS, *Tradition to Gospel*, 297 e passim.

que faça com que os personagens da história possam reconhecê-lo. Assim, João Batista não o identifica como o Poderoso que ele havia previsto, e batiza-o sem uma palavra. Em Marcos, a voz celestial é direcionada só a Jesus: "tu és", e não "este é". Os leitores ouviram a declaração do céu de que Jesus é o divino Filho, mas ninguém mais na história ouve (contrastar com Mt 3,17).

- 1,24.34; 5,7.9 Os demônios, pelo conhecimento sobrenatural, sabem quem Jesus é; então, ele ordena a eles silêncio. Tarde demais! Eles já revelaram o segredo. Mas, em 1,27, esta revelação parece não ter tido qualquer efeito. O público ainda é ignorante acerca da verdadeira identidade de Jesus e pergunta: "O que é isso?" Esta tensão na narrativa é o nosso primeiro indício de que o tema do segredo messiânico pode ser uma sobreposição tardia da história original. Então, novamente, a divulgação é para o público, e não para as pessoas na história.
- 1,44. Após a cura do leproso, Jesus insiste que este não conte a ninguém.
- 2,12. Depois de afirmar ter o poder divino de perdoar os pecados, demonstrado por sua cura do paralítico, as multidões, ainda em ignorante mistificação, não identificam Jesus.
- 3,7-12. Em 2,1 – 3,6, Marcos assume e retrabalha um conjunto de materiais que, aparentemente, já estavam solidificados na tradição pré-marcana. Neste conjunto de tradições, Jesus operou publicamente com autoridade, que ele alegava ser divina. Marcos edita este conjunto de tradições, impondo seus próprios padrões editoriais sobre ele, mas o tema da publicidade de 2,10; 2,28; e 3,3 estava na tradição pré-marcana. Quando Marcos começa a compor livremente de novo em 3,7, ele tem que retirar Jesus da publicidade dada a ele em 2,1 – 3,6, e, em 3,10, o seu tema característico do segredo reaparece.
- 3,21.31-35. A identidade de Jesus é ocultada até mesmo de seus familiares, que acham que ele está fora de si. Em Marcos, eles nunca penetram o seu segredo. Esta é a única imagem que Marcos nos dá de Maria e dos irmãos e irmãs de Jesus: eles estão lá fora com aqueles que não o entendem (cf. 4,11!).
- 4,10-12.34 Em Marcos, a multidão não entende as parábolas de Jesus, e ele não tem a intenção de fazê-los entender. Jesus explica, em particular, as parábolas aos discípulos, mas a multidão não recebe a explicação. Esta descrição de um mestre que esconde o que está ensinando de seus ouvintes parecia tão estranha para Mateus, que ele novamente reescreveu o relato para colocar a responsabilidade pela falta de compreensão das multidões em sua própria ignorância, e não sobre a intenção de Jesus (Mt 13,10-17).

- 4,22. Um dito tradicional é usado por Marcos ao afirmar que embora o segredo deva ser mantido por enquanto, chegará o momento em que será revelado a todos.
- 4,41. Ao contrário das multidões, os discípulos tiveram a oportunidade de perceber a mensagem e a identidade de Jesus, mas eles claramente não aproveitaram isso. Mesmo que Jesus mostre seu poder sobre o demônio da tempestade, os discípulos só podem esfregar os olhos e perguntar: "Quem é este?"
- 5,43. Depois que Jesus acabou com um funeral e apresentou de forma dramática a menina viva e instruiu-a a ser alimentada, segue-se a ordem para que ninguém soubesse disso! Aqui a incongruência disso como um evento real na vida de Jesus no ano 30 é mais clara. Mais uma vez, o tema do segredo messiânico parece ser uma sobreposição posterior, não fazendo parte da história original, e que parece ter uma função diferente da história em si (mais uma vez, Mateus omite este aspecto da história).
- 6,2-3. O povo da cidade natal de Jesus reconhece seus milagres, mas não penetra no segredo de sua pessoa, e no final eles o afugentam.
- 6,48-52. Embora Jesus ande sobre o mar, os discípulos respondem com temor e terror (mas não com a percepção). No verso 52, eles não entendem por causa do endurecimento (divino?) de seus corações. Marcos indica não só que eles não entendiam, mas que não conseguiam entender. Ainda não. Alguma coisa está faltando antes de a percepção da verdadeira identidade de Jesus poder ocorrer. Mais uma vez, Mateus acha isso impossível, e apresenta os discípulos louvando a Jesus como o Filho de Deus (Mt 14,33).
- 7,17-23. Como em 4,10-12 e 4,34, o ensinamento de Jesus é explicado apenas de forma privada, e seu significado é retido das multidões.
- 7,31-37. Jesus realiza o milagre em particular, e, quando este é concluído, ordena silêncio – a um homem a quem ele acaba de dar o dom da fala!
- 8,17-21. Os discípulos, supostamente iniciados no segredo do ensinamento de Jesus sobre o reino de Deus, e tendo visto as duas alimentações milagrosas, têm, aqui, aplicadas a si as mesmas palavras aplicadas aos "forasteiros" em 4,11-12. Marcos, em contraste com a tradição que ele tinha recebido, enfatiza que durante o ministério de Jesus nem mesmo os discípulos entenderam quem Jesus era ou o significado de seus atos poderosos.
- 8,26. Como de costume, a cura do cego deve ser mantida em segredo.
- 8,27-30. No contexto das várias respostas inadequadas a respeito da identidade de Jesus, Pedro dá a resposta certa. Jesus é o Cristo, como Marcos já havia dito ao leitor (1,1). Mas acontece que a resposta de Jesus à confissão de Pedro é ambígua ao extremo, nem a aceita nem a rejeita, e, em todo caso, os discípulos são ordenados a não dizer a ninguém que Jesus é o Cristo.

- 9,2-10. A transfiguração é uma epifania secreta da glória de Cristo. Três discípulos escolhidos o veem e ouvem a voz celeste, a qual reconhece que Jesus é o Filho divino. Não está claro se eles entendem o significado do que viram, mas, em todo caso, eles são ordenados a ficarem quietos sobre o assunto até a ressurreição. Pela primeira vez, o objetivo do segredo é divulgado. Esta divulgação teve que esperar até que Jesus tivesse anunciado a sua vinda, sofrimento e morte (8,31), e este anúncio teve que esperar até que ele fosse confessado como o Cristo. Neste ponto, o leitor vê pela primeira vez que o segredo messiânico está para ser dissolvido nos, e através dos eventos da crucificação e ressurreição. Nesse ponto, e não antes, Jesus será revelado pelo que ele realmente é, o que já foi divulgado à audiência (pós-ressurreição).

O segredo messiânico, assim, parece ser a estratégia literária do autor do Evangelho de Marcos, em 70 d.C., para acomodar as duas visões cristológicas de Jesus dentro de uma mesma narrativa. Na famosa fórmula sucinta de HANS CONZELMANN, "a teoria do segredo é o pressuposto hermenêutico do gênero 'evangelho'".[9]

20.2 Para leitura adicional

BLACK, C. C. *Mark: Images of an Apostolic Interpreter*. Columbia, SC: University of South Carolina Press, 1994.

BORING, M. Eugene. *Truly Human/Truly Divine: Christological Language and the Gospel Form*. St. Louis: CBP Press, 1984.

BURRIDGE, R. A. *What Are the Gospels? A Comparison with Graeco-Roman Biography*. Society of New Testament Studies Monograph Series. Vol. 70, Cambridge: Cambridge University Press, 1992.

KOESTER, Helmut. *Ancient Christian Gospels: Their History and Development*. Philadelphia: Trinity Press International, 1990.

____________. *From Jesus to the Gospels: Interpreting the New Testament in Its Context* (Minneapolis: Fortress, 2007).

STUHLMACHER, Peter. *The Gospel and the Gospels*. Grand Rapids, Michigan: William B. Eerdman's Publishing Company, 1991.

WREDE, W. *The Messianic Secret*. Translated by Greig, James C. G. Library of Theological Translations. London: James Clarke, 1971.

[9] HANS CONZELMANN, "Present and Future in the Synoptic Tradition," *JTC* 5 (1968), 43.

21

Interpretando Marcos

21.1 Uma aproximação literária a Marcos

O Evangelho de Marcos não é um registro feito por um repórter nem uma coleção reunida por um editor, mas uma narrativa composta por um autor. A crítica literária, nos estudos bíblicos de hoje, conota algo mais abrangente do que a análise da linguagem e do estilo, ou seja, o estudo das técnicas retóricas utilizadas pelo autor para compor a narrativa.[1]

Marcos não compôs *ex nihilo*, mas certamente utilizou fontes e tradições fundamentadas nos acontecimentos reais da vida de Jesus e do movimento protocristão. No entanto, a composição final é a criação literária de um autor, que tomou decisões autorais sobre (1) se e como adotar ou adaptar gêneros literários disponíveis para sua composição, (2) onde e como começar e terminar a história, (3) como estruturar a narrativa de modo que o seu escrito comunicasse o significado que ele queria evocar no ouvinte/leitor, (4) que tipo de narrador contaria

---

[1] Desde a recente explosão bibliográfica sobre este tema, o que se segue proporciona apresentações legíveis à crítica literária dos evangelhos, e bibliografia adicional: Norman R. Petersen, *Literary Criticism for New Testament Critics* (Philadelphia: Fortress, 1978); Mark Allen Powell, *What is Narrative Criticism?* (Minneapolis: Fortress Press, 1990); David Rhoads, Joanna Dewey, and Donald Michie, *Mark as Story: An Introduction to the Narrative of a Gospel* (2nd ed.; Minneapolis: Fortress, 1999).

essa história para o leitor/ouvinte,[2] (5) a partir de que ponto de vista a história seria contada,[3] (6) a forma como a narrativa seria estruturada, (7) quem seriam os personagens e como seriam caracterizados, e (8) o leitor implícito, ou seja, o leitor ideal pressuposto pela forma como o documento é escrito, os leitores pretendidos na igreja de Marcos, que podem ou não corresponder aos leitores reais.

Assim como a crítica das fontes dominou os estudos dos evangelhos no século XIX e início do século XX, a crítica das formas predominou no período entre as duas guerras mundiais, e a crítica da redação tornou-se mais importante durante a geração após a Segunda Guerra Mundial, por isso, na crítica literária da última geração, sem substituir as outras abordagens, ela se tornou um método importante e indispensável de interpretação do Evangelho. Ao invés de tentar reconstruir as fontes e as formas anteriores do texto, a fim de olhar *através* dele como uma janela para os eventos que estão por trás dela, a crítica literária esforça-se para olhar *para* a forma final do texto como um todo, para entrar na história do mundo que ele cria, e ser abordada pela mensagem da própria história. Embora a abordagem da crítica da redação tenha permitido ao intérprete afirmar a mensagem do Evangelho em uma série de afirmações abstratas que sintetizam os principais pontos da "teologia do evangelista", ilustrados pelas alterações redacionais que ele realizou, a crítica literária insistiu na inseparabilidade da mensagem e na forma em que a história é incorporada, o que não é um recipiente descartável para a "mensagem" ou "teologia" do evangelista. A crítica literária nos lembra de que no gênero Evangelho, a história de Jesus, está em continuidade com a forma de comunicação usada pelo próprio Jesus, a parábola. No Evangelho, o narrador de histórias se torna o personagem principal de uma história, o contador da parábola torna-se o conteúdo da parábola.

---

2 O narrador marcano é onipresente e onisciente em relação ao mundo da história, permitindo que o leitor fique com o narrador como um observador silencioso de cada cena. Temporalmente, o narrador está localizado após a ressurreição, mas antes da parousia, durante o tempo das repressões sobre a igreja neste mundo. O mundo da história construído pelo autor e comunicado pelo narrador é limitado no tempo e no espaço. No entanto, não se estende ao mundo transcendente de Deus ou dos demônios, nem de pré-criação ou o tempo pós-parousia.

3 O ponto de vista do narrador está relacionado, embora não seja inteiramente idêntico ao do personagem principal, que é Jesus, criando certa tensão para a audiência implícita. Para elaboração desta recente compreensão, ver MALBON, *Mark's Jesus*.

21.2 Autoria

Quem foi a pessoa que criou esta poderosa narrativa teológica? A questão da autoria não pode ser discutida de forma inteligente como a primeira questão; é preciso primeiro ter uma ideia da natureza do documento antes que se pergunte a respeito da questão da autoria. A discussão anterior já deixou claro que, embora ele contenha materiais que remontam ao tempo de Jesus, os materiais disponíveis a Marcos vieram através da fé experimentada pela comunidade cristã em seu ensinamento, pregação, culto e debates, e não através de uma cadeia de testemunhas oculares individuais. Marcos representa o trabalho de um mestre e teólogo cristão que pretendia combinar formas anteriores de confessar a fé em Jesus, em uma apresentação profunda e provocadora, que funciona em um nível diferente e de uma forma diferente de um mero relatório.

Tal como os outros evangelhos, Marcos é anônimo. O nome "Marcos", posteriormente anexado a ele poderia representar o nome do autor real – este era o nome masculino mais comum no mundo helênico. O mais provável, no entanto, é que no processo de canonização dos evangelhos, o nome de Marcos foi anexado ao Evangelho como uma forma de afirmá-lo como um representante da fé apostólica. Quem era esse Marcos? Por que a igreja atribuiu esse Evangelho a ele, e estava a igreja historicamente correta ao fazê-lo?

Um certo "Marcos" aparece pela primeira vez no Novo Testamento em Fm 24, como um dentre aqueles a quem Paulo envia saudações de sua prisão. A carta a Filemom tem sido tradicionalmente considerada como escrita em Roma, no início dos anos 60. Mas tanto o local quanto a data são contestados. Muitos estudiosos consideram a carta como tendo sido escrita em Éfeso, na década de 50 (ver Vol. I §11.3). Uma lista similar, porém mais elaborada, de saudações aparece em Cl 4,10-14, acrescentando a informação adicional de que Marcos é o "primo de Barnabé". Colossenses provavelmente não foi escrita diretamente por Paulo (ver Vol. I §15.1.2), mas retoma a tradição de Filemom de que Paulo tinha um companheiro de trabalho chamado Marcos. O mesmo é verdade para a única outra referência a Marcos na tradição paulina, 2 Tm 4,11, que retrata Paulo (de novo) na prisão, desta vez em Roma, pedindo a Timóteo que viesse até ele e junto trouxesse a Marcos. Perto do final do primeiro século, um membro da escola petrina, em Roma ("Babilônia") escreveu 1 Pedro, indicando que Marcos é agora "filho" de Pedro (1 Pd 5,13).[4] O autor de Atos, refere-se três vezes a João Marcos, que era membro da igreja de Jerusalém e que tinha contato com Pedro e Paulo (At 12,12.25; 13,5.13; 15,37.39). A única dessas referências historicamente correta é Fm 24: havia uma figura histórica chamada Marcos que era companheiro de Paulo em meados dos anos 50. As outras referências apontam para um quadro de desenvolvimento da figura de "Marcos", no início do cristianismo, como alguém que trabalhou pela primeira vez com Paulo, e mais tarde foi companheiro de Pedro em Roma.[5] A menos que Filemom tenha sido escrita em Roma, a primeira conexão entre Marcos e Roma – e, portanto, com Pedro – está em 1 Pedro, ca. 95 d.C.

Começando com Papias, no segundo século, uma tradição desenvolvida de várias formas atribuía a autoria do Evangelho de Marcos a este João Marcos, que tinha sido o companheiro de Paulo e Pedro (Eusébio *HE* 3,39.15). Em todas as suas variações, a antiga tradição deixa claro que o Evangelho de Marcos foi aceito e valorizado na igreja não por causa de sua precisão histórica, mas porque representava a autoridade apostólica de Pedro. O próprio Evangelho de Marcos não faz nenhuma reivindicação de ter sido escrito por uma testemunha ocular, e não dá nenhuma evidência de tal autoria. Embora a maioria dos estudiosos críticos considere o evangelho como anônimo, a visão tradicional de que Marcos foi escrito em Roma, por um companheiro de Pedro, ainda é defendida por alguns estudiosos que começam com as tradições eclesiásticas citadas acima e não encontram evidência histórica convincente para refutá-la.[6]

---

[4] Para uma compreensão da trajetória que levou à combinação das tradições petrina e paulina em Roma, no final do primeiro século, cf. Vol. I §17.2 e BORING, *1 Peter*, 19-27.

[5] Para um tratamento exaustivo desta tradição, ver C. CLIFTON BLACK, *Mark: Images of an Apostolic Interpreter* (Columbia, SC: University of South Carolina Press, 1994).

[6] Por conseguinte, VINCENT TAYLOR, *The Gospel according to St. Mark: The Greek Text with Introduction, Notes, and Indexes* (London: Macmillan, 1950) 26: "Não pode haver dúvida de que o autor do Evangelho de Marcos é o secretário de Pedro". A defesa recente mais profunda da tradição de Papias está na página 1051 do comentário de ROBERT H. GUNDRY, *Mark: A Commentary on His Apology for the Cross* (Grand Rapids: Eerdmans, 1993), especialmente, 1026-1045.

21.3 Fontes

Vimos que Marcos não foi uma testemunha ocular nem esteve em comunicação direta com testemunhas oculares, e que a tradição oral viva da comunidade cristã era a sua principal fonte. Alguns elementos desta tradição parecem já organizados em tópicos aglomerados, como, por exemplo, as histórias do conflito em 2,1 – 3,6, as parábolas em 4,1-32, e a narrativa da paixão de 14,1 – 15,47. Isso não significa, necessariamente, que, quando Marcos começou a escrever, ele tinha apenas os materiais transmitidos e editados por outros. Nós não sabemos o que Marcos estava fazendo antes do tempo de composição do evangelho, mas provavelmente ele era um mestre cristão que recolheu, arranjou, interpretou e transmitiu ditos e relatos sobre Jesus. Ele não viu ou interpretou esses materiais apenas quando começou a escrever, ele pode muito bem ter ensinado esses materiais por alguns anos, e previamente compôs alguns textos escritos que ele incorporou ao evangelho.

Q estava entre as fontes de Marcos? Se Marcos conhecia Q e a usou como uma de suas fontes são duas questões distintas. Os materiais de Q provavelmente já estavam coletados, editados e em circulação na época de Marcos, e em sua localidade. O próprio material de Marcos sobrepõe o material de Q (ver Excurso 3.5, p. 897 em "sobreposição de Marcos/Q"), mas isso não significa necessariamente que ele conhecia Q diretamente – os dois materiais podem muito bem ter usado as mesmas tradições ou tradições similares. O argumento principal que geralmente se opõe à posição de que Marcos conhecia Q é que, se ele tivesse conhecimento de Q, certamente o teria usado. Este não é necessariamente o caso. Marcos pode ter suspeitado de um gênero de materiais de ditos muito intimamente associados com profetas cristãos que continuaram a proclamar novas palavras do Jesus ressuscitado, e pode ter mantido distância de um grupo de materiais sobre Jesus que tinha pouco ou nenhum kerygma da cruz. Estudiosos continuam divididos sobre se Marcos usou, ou mesmo conhecia, os materiais de Q.[7]

---

[7] Para argumentos e bibliografia sobre a possibilidade de Marcos ter conhecido e usado Q, cf. HARRY T. FLEDDERMANN, *Mark and Q: A Study of the Overlap Texts* (Leuven: University Press, 1995) and Harry T. Fleddermann, *Q: A Reconstruction and Commentary* (BiTS 1; Leuven: Peeters, 2005); para a visão contrária, cf. CHRISTOPHER M. TUCKETT,

21.4 Data e ocasião

Por um lado, o Evangelho deve ter sido escrito tarde o suficiente para permitir o desenvolvimento da tradição oral sobre a qual ele se baseia, i.e., cerca de uma geração, e, por outro lado, suficientemente cedo para ter sido usado por Mateus e Lucas por volta da virada do século. Estas considerações gerais localizariam Marcos aproximadamente entre 60 e 80 d.C. Este período é um pouco mais reduzido pelo discurso apocalíptico do capítulo 13, com a sua previsão da destruição do templo, que parece refletir os tempos tumultuosos da revolta judaica, que aconteceu entre 66 e 70, mas não está claro se Marcos foi escrito durante, pouco antes, ou apenas depois da revolta. A referência à morte de Tiago e João em 10,39 também é relevante. No enredo, todos esses eventos ainda estão no futuro e são preditos por Jesus. A questão é se a própria narrativa reflete o que já aconteceu. Assim, praticamente todos os estudiosos datam Marcos no período 65-75, sendo que a questão principal é se Marcos 13 deve ser entendido como refletindo ou não a destruição de Jerusalém como algo que já ocorreu.

21.5 Proveniência

Vimos que há uma tradição desenvolvida de que o Evangelho de Marcos foi composto em Roma. Esta tradição é atestada, pela primeira vez, nos prólogos anti-marcionistas do final do segundo século. Embora houvesse outras tradições (por exemplo, Alexandria), a proveniência romana tornou-se a tradição dominante. Esta tradição não se baseia em dados do próprio evangelho, apesar de alguns elementos internos ao evangelho serem consistentes com uma proveniência romana. As alusões ao sofrimento e perseguição (e.g., 8,34-38; 13,9-13) podem muito bem refletir a perseguição de Nero aos cristãos romanos em 64 d.C., embora isso tivesse afetado a autocompreensão cristã em todo o mundo romano, e, embora seja compatível com um local romano, não existe evidência de composição em Roma. Da mesma

---

Q and the History of Early Christianity (Edinburgh: T & T Clark, 1996) e "Avaliação" de Neirynck como parte de Fleddermann 1995 volume.

forma, o número de palavras latinizadas é, às vezes, tomado como evidência de uma origem romana, mas a influência da língua dos romanos não se restringiu à cidade de Roma, ou à Itália, mas invadiu o império (como o Inglês se tornou uma língua mundial após a Segunda Guerra Mundial).

Contra a tradição de proveniência romana está o fato de que Marcos não reflete a *Carta de Paulo aos Romanos* escrita 14 anos antes, ou seja, não parece emergir de uma igreja onde *Romanos* era lida regularmente. Não são apenas as palavras-chave da teologia paulina em geral e a de Romanos, em particular, que faltam em Marcos (e.g., "lei", "justiça de Deus"), a perspectiva cristológica geral do evangelho é diferente da de Paulo, que nunca expressou a sua cristologia contando relatos do Jesus terreno, mas concentrou tudo na sua morte e ressurreição. Também não há qualquer evidência interna que ligue o conteúdo de Marcos à pregação de Pedro. A imagem negativa marcana de Pedro e dos Doze argumenta contra essa conexão. Da mesma forma, o Evangelho de Marcos não é refletido em qualquer um dos primeiros escritos cristãos que emanam de Roma. Primeira Pedro e *Primeira Clemente* vêm ambas de Roma, próximo do fim do primeiro século; nem uma nem outra indica, direta ou indiretamente, qualquer consciência do Evangelho de Marcos, e nem tem o tipo evangélico de cristologia narrativa que inclui histórias da vida de Jesus, mas apenas a cristologia cósmica paulina. Assim também, o Antigo Credo Romano, antepassado do Credo dos Apóstolos, representa a confissão da Igreja romana no final do segundo século, e tem a cristologia paulina, que vai diretamente do nascimento de Jesus ao "crucificado sob Pôncio Pilatos", sem lugar para o tipo de cristologia narrativa de Marcos retratando o ministério de Jesus. Embora o Evangelho de Marcos fosse certamente aceito e circulasse em Roma no final do segundo século, o credo aparentemente foi formulado em Roma, antes de a cristologia narrativa representada pelos evangelhos tornar-se a norma aceita. Este credo é compatível com 1 Pedro e *1 Clemente*, mas não com Marcos, o que sugere que o Evangelho de Marcos foi para Roma a partir de outro lugar, em algum momento perto do fim do primeiro século d.C., e não foi imediatamente ou geralmente aceito.[8] Algumas

---

[8] A defesa mais enérgica da visão tradicional da origem romana de Marcos provavelmente ainda é a de B. W. Bacon, *Is Mark a Roman Gospel* (Harvard Theological

implicações para o ambiente social e religioso de Marcos podem ser inferidas a partir do próprio texto. O debate com os escribas e tradições judaicas (e.g., 7,1-23; 11,27 – 12,40) apontam para uma comunidade que está seriamente engajada com a tradição judaica e a liderança da sinagoga. A falta de referência às grandes cidades (exceto Jerusalém), o imaginário, principalmente agrário, a falta de metáforas urbanas, a preponderância de situações em que as pessoas pobres desempenham papéis de liderança, bem como a limitação de referências a unidades monetárias para moedas de pequeno valor sugerem que a comunidade de onde veio Marcos pertencia às classes socioeconômicas mais baixas. A comunidade não está passando por uma perseguição direta, ela ainda está em tensão com seu ambiente e pode ser assediada pelas autoridades judaicas e gentílicas (13,9). A comunidade conhece os fenômenos de dons carismáticos do Espírito em seu meio (13,10; cf. 1,8; 3,28-29), incluindo profetas que falam em nome do Senhor ressuscitado (13,6), como nas igrejas paulinas (e.g., 1 Co 14) e aqueles retratados em Atos (e.g., At 11,27-29), mas Marcos desconfia deles (13,22). A igreja marcana era uma comunidade apocalíptica que esperava o fim em breve (9,1; 13,28-30).

O fato de os termos aramaicos e costumes judaicos serem traduzidos ou explicados (cf., e.g., 5,41; 7,1-4.11.34; 14,36; 15,34) indica que Marcos foi direcionado para uma igreja de língua grega composta principalmente de gentios. As indicações em Mc 13 da proximidade do autor e de sua comunidade com a Revolta de 66-70 sugerem Síria ou Palestina. O conhecimento impreciso que o autor tem da geografia palestina aponta para um ambiente peculiar fora da Palestina (comparar, e.g., 7,31 com o mapa!). Na 2DH, a consciência de Marcos primeiro emerge quando Mateus usa Marcos como uma fonte. Uma vez que Mateus foi provavelmente escrito em Antioquia, ou perto dali, sugere-se uma origem síria para Marcos também. Algum lugar na Síria, não muito longe da Galileia, parece ser a mais provável proveniência.[9]

Studies 7. Cambridge: Harvard University Press, 1919). Mais recentemente, GUNDRY, *Mark*, forneceu uma exposição detalhada pressupondo a proveniência romana.

[9] Por exemplo, GERD THEISSEN, *The Gospels in Context: Social and Political History in the Synoptic Tradition* (trans. Linda M. Maloney; Minneapolis: Fortress, 1991). Para uma defesa sólida da proveniência síria, ver Marcus, *Mark*, 25-37, no contexto de outras possibilidades.

21.6 Estrutura e esboço

Marcos estrutura sua narrativa de acordo com sua teologia e estratégia retórica. A linha de abertura declara que Jesus é o Cristo. A primeira metade da narrativa relata muitos milagres de Jesus, mas nenhum ser humano reconhece sua verdadeira identidade. Por volta do meio da narrativa, Pedro confessa que Jesus é o Cristo – claramente um ponto de viragem na história (8,27-29). De 8,30 até o final, Jesus revela a sua própria identidade como o Filho do Homem, que vai sofrer, morrer, ressurgir dos mortos e voltar em glória no final da história. Assim, a narrativa pode ser pensada como bipartida, 1,1 – 8,29/8,30 – 16,8. Por sua vez, a cuidadosamente estruturada perícope de 8,22 – 10,52 é claramente uma unidade a ser dividida por uma estrutura bipartida. Considerações topográficas e outras apontam para a parte 1 como compreendendo 1,1 – 8,21 e a parte 2 como 11,1 – 16,8, juntamente com a seção de transição 8,22 – 10,52, que se sobrepõe e se une à estrutura bipartida:

Quadro 28: Estrutura da seção transicional

Parte Um 1,1-8,21	Seção transicional Sobreposta 8,22–10,52	Parte Dois 11,1-16,8
Parte Um – 1,1–8,29		**Parte Dois – 8,30–16,8**

As seguintes características distinguem as duas partes:

Parte 1 – 1,1-8,21	Parte 2 – 11,1-16,8
Galileia	*Jerusalém*
Chamado, envio dos discípulos	*Sem chamado ou envio dos discípulos*
Ministério miraculoso	*Sem ministério miraculoso*
Exorcismos	*Sem exorcismos*
Sucesso	*Rejeição*
Maior discurso central: parábolas	*Maior discurso central: apocalíptico*
Parábolas do Reino	*Sem Parábolas do Reino*
Mistério do Reino	*Jesus o rei*
O reino oculto no presente	*O reino manifesto no futuro*
Pureza, sábado, sinagoga	*Templo*
Mensagem de Jesus a Israel	*Mensagem de Jesus aos seus discípulos*
Ordens de segredo	*Sem ordens de segredo*
Os discípulos não compreendem	*Os discípulos compreendem errado*
Cegueira não curada	*Cegueira curada*
Sem confissão válida	*Confissão válida: por Jesus, pelo centurião*
Símbolos chave: pão, mar, bote	*Símbolos chave: copo, caminho, cruz*

Quadro 29: Seção Transicional

A cura secreta e gradual de um homem cego	8,22-26		
Afirmação sobre Jesus	8,27-30	9,2-29	[9,37; 10,18.27]
Predição da Paixão	8,31	9,31	10,33-34
Os discípulos não conseguem entender	8,32	9,32	10,35-40
Renovação do chamado e instrução	8,33-9,1	9,33-50	10,41-45
A cura pública e instantânea de um homem cego	10,46-52		

As duas partes principais correspondem às ênfases da cristologia de Marcos. Nem "Galileia", nem "Jerusalém" são meramente indicações topográficas; ambas têm conotações simbólicas. A Parte 1 começa com o chamado de Jesus aos discípulos, a fim de que estes se tornem "pescadores de homens" (1,16-20) e termina com o desafio de Jesus a eles "Vocês ainda não entenderam?" (8,21). A parte 2 começa com as boas-vindas à Jesus pelas multidões em Jerusalém, as quais acabam unindo-se àqueles que crucificam a Jesus, e conclui com a ordem pós-ressurreição para voltar à Galileia e seguir a Jesus, que "vai adiante" deles. As duas partes estão unidas por uma seção importante de transição 8,22-10,52, que separa e une as partes 1 e 2, representando "O Caminho" de Jesus da Galileia a Jerusalém (e do retorno, 16,7!) e a transição da cegueira à visão.

A seção de transição, "o caminho", é delimitada por duas histórias em que Jesus cura um cego, as únicas duas histórias assim em Marcos. A estrutura interna da seção é fornecida pelas três previsões da paixão (8,31; 9,31; 10,33-34). O padrão recorrente é (1) afirmação sobre Jesus; (2) previsão da paixão (3) os discípulos não conseguem entender; (4) Jesus renova o seu apelo e continua a ensinar-lhes, ver quadro 29.

Marcos tem dois – e apenas dois – discursos longos de Jesus. O discurso das parábolas, 4,1-34, inserido no centro da parte 1 e o discurso apocalíptico, 13,5-37, no centro da parte 2. Cada um provê a interpretação de sua principal unidade narrativa. Os principais elementos estruturais podem ser representados como se segue:

1,1-15 Título e Prólogo: Judeia e Galileia

PARTE UM: GALILEIA 1,16 – 8,21

1,16 – 3,35 Autoridade, Rejeição e a Nova Comunidade

4,1 – 34 Discurso Central: Parábolas e o Mistério do Reino de Deus

4,35-8,21 Cruzando fronteiras

"O CAMINHO": DA GALILEIA PARA JERUSALÉM 8,22-10,52

PARTE DOIS: JERUSALÉM 11,1 – 15,47

11,1-13,4 Demonstração Pública e Conflito

13,5-37 Discurso Central: As Tribulações Históricas e a Vinda do Filho do Homem

14,1-15,47 Julgamentos e Morte

16,1-8 Epílogo: Ressurreição e Missão: Retorno à Galileia

21.7 Síntese exegético-teológica

1,1-15 Título e prólogo: Judeia e Galileia

1,1 Título

O primeiro verso funciona como um título para toda a narrativa. A primeira palavra ἀρχή (*archē*) significa tanto *início* quanto *norma*. O título declara que toda a narrativa que se segue é o início da história que continua no tempo e audiência do autor, e a norma para o evangelho, conforme proclamado pela comunidade cristã de seu próprio tempo.

1,2-15 Prólogo

Antes de a ação no palco da história começar, o público ouve a voz transcendente de Deus, falando ao "Senhor", nas palavras da Escritura, declarando que ele tem um "caminho". Na cena de abertura dessa história, João Batista proclama um batismo para o perdão dos pecados e chama as pessoas para o arrependimento, e anuncia a vinda de alguém Poderoso que batizará no Espírito. Toda Jerusalém e Judeia respondem, mas só Jesus vem da Galileia. Quando Jesus é batizado, o Espírito Santo desce sobre ele, e ele é levado ao deserto, para ser tentado por Satanás. Ali, ele fica com os animais selvagens e é servido pelos anjos. O prólogo se move, assim, num nível distinto da narrativa que se segue, com um elenco extraordinário: Deus, Isaías, "o Senhor", João Batista, o Espírito Santo, Satanás, animais selvagens e os anjos. A figura do próprio Senhor Jesus é o ponto de intersecção e linha de continuidade entre estes dois mundos: ele é abordado por Deus no mundo meta-histórico (1,2-3), e ele é a figura deste mundo abordada pela voz celeste, e sobre quem o Espírito divino desce (1,10-11). O público da história de Marcos em 70 d.C., mas não os participantes no corpo da narrativa, é parte destas extraordinárias cenas, evento, e vozes, e está preparado para entender a história de uma forma que os personagens da história não podem – não antes da cruz e da ressurreição.

Parte 1: *Galileia* 1,16 – 8,21

A primeira parte de Marcos é principalmente uma explicação narrativa da cristologia epifânica. Jesus aparece como o Poderoso prometido que vence os inimigos, que são uma ameaça à vida que Deus planejou para a humanidade.

1,16 – 3,35 Autoridade, rejeição e a nova comunidade

Autoridade. Nesta seção de abertura do ministério de Jesus, ele age com autoridade divina. Assim como o Deus de Israel tinha chamado profetas, ele chama os discípulos por sua palavra poderosa (1,1-16; 2,14). As primeiras palavras que o leitor ouve Jesus falar são "Siga-me", dirigida aos pescadores a quem ele chama para serem seus discípulos (1,17; o resumo do autor sobre a pregação de Jesus em 1,15 é um discurso indireto). Ele ensina com autoridade (1,22.27). Ele encontra os poderes demoníacos e os derrota (1,23-26.39; 3,11). Ele sara os doentes, curando e purificando até mesmo leprosos intocáveis (1,29-34.40-45; 2,1-11; 3,1-6.10). Em velada linguagem parabólica, ele indica que é o "Poderoso" prometido por João, e que a promessa escatológica da "prisão de Satanás" já está sendo cumprida em seu ministério de exorcismo e cura (3,25-27; cf. Ap 20,2). Ele fala com autoridade divina para perdoar pecados (2,5). Ele ensina e age com uma autoridade soberana que transcende todas as regras sobre o jejum, sábado e pureza ritual (1,41; 2,16.23-28; 3,1-6).

O advento de Jesus gera um conflito entre a presente era má e o domínio vindouro de Deus; o problema é uma questão de jurisdição, de reinos, de autoridade. Jesus não é reativo, mas toma a iniciativa como o líder do Reino de Deus vindouro. O mundo demoníaco está na defensiva, e é sobrepujado pelo ataque do Poderoso prometido. A "novidade" que Jesus traz (1,27; 2,21-22) é a renovação escatológica da criação. Assim, Marcos faz sua narração para a sua audiência pós-pascal, a partir de um olhar consciente, mas o significado completo dos eventos está perdido aos personagens da história.

Rejeição. As multidões reconhecem que ele fala e age com autoridade, mas, perplexas, não percebem sua verdadeira identidade (1,22.27; 3,7-8). Aqueles que são hábeis em questões religiosas não o reconhecem, acusam-no de blasfêmia, e o rejeitam (2,6-7; 3,22-30). Mesmo seus discípulos mais próximos e sua família falham em reconhecê-lo. Acham que ele está louco, e tentam levá-lo para longe do olhar público.

Nova comunidade. Jesus chama para si uma nova comunidade de discípulos e seguidores (1,16-20; 2,14-15.18.23; 3,7.9). A primeira ação do poder de Jesus é chamar discípulos, deixando claro, desde o início, que a história de Jesus não é a história de um grande indivíduo, mas do fundador de uma nova comunidade – o Israel renovado, o povo de Deus. Não é dito que os discípulos reconhecem sua verdadeira identidade ou compreendem-no, mas eles o seguem, apesar disso. Ele os identifica como "aqueles que fazem a vontade de Deus", e sua verdadeira família (3,34-35). Dentre este grande número de seguidores, ele escolhe doze, símbolo da renovação de Israel, a fim de compartilhar seu ministério de pregação, cura e expulsão de demônios (3,13-19). Aqui e em outros lugares, este retrato da vida pré-pascal de Jesus é transparente à situação de vida da audiência de Marcos. Na situação de Marcos, por volta do ano 70 d.C., o Jesus ressuscitado continua a falar e chamar discípulos; a maioria ouve a incompreendida mensagem cristã e a rejeita, mas alguns respondem, mesmo que sua compreensão seja incompleta.

4,1-34 Discurso central: parábolas e o mistério do reino de Deus

A narrativa em ritmo acelerado agora faz uma pausa, e, pela primeira vez, Jesus faz um longo discurso, bifurcando e interpretando a Parte Uma história abrangente de Marcos. As três parábolas da semente que Marcos incluiu (4,3-9; 26-29; 30-32) preserva o impacto da própria linguagem parabólica impactante e desorientadora de Jesus, e a interpretação da parábola do semeador (4,13-20) expõe a maneira como as parábolas de Jesus foram interpretadas pela igreja pós-pascal. No entanto, a questão é como a construção redacional de Marcos aborda os ouvintes do tempo do próprio Marcos. Assim como o discurso semelhante, no meio da segunda parte (13,5-37), o discurso de Jesus serve para interpretar a ação – mas para os leitores de Marcos, não para os personagens da história, que não o entendem e não se espera que o entendam (4,10-12). A forma atual do discurso interpreta para os leitores de Marcos como a esperança do judaísmo, o Messias, que traz o Reino de Deus, tinha sido rejeitado pelo povo judeu durante a vida de Jesus e como seus próprios discípulos não o compreenderam. Depois da cruz e da ressurreição, no tempo dos leitores de Marcos, os fiéis tinham reconhecido Jesus como o Messias, mas a comunidade messiânica estava se tornando, em sua maioria, uma igreja gentílica. Aqueles que não tinham reconhecido Jesus, e que continuaram sendo cegos, foram "endurecidos", como o Faraó do êxodo. Semelhantemente à maneira como Paulo trata do mesmo problema em Rm 9-11 (ver Vol. I, §13.2), Marcos apresenta o endurecimento dos corações e a cegueira dos olhos daqueles que ouviram a mensagem original como parte do mistério do plano de Deus. O mistério permanece, mas três demonstrações da "teoria da parábola" de Marcos, tecidas no discurso (4,10-12; 21-25; 33-34), mostram que o ocultamento da revelação não poderia se manifestar até que ela se completasse (na morte e ressurreição de Jesus, como fica claro posteriormente; cf. 9,9-10). A palavra de Jesus devia ser entendida, e, finalmente, será; o que está oculto está destinado a ser finalmente revelado. Por um lado, a revelação oculta no tempo de Jesus, na estrutura narrativa pré-pascal, vai se manifestar após a ressurreição. Por outro lado, Marcos não acha que ele e seus leitores simplesmente vivem no tempo da revelação plena; eles também vivem ainda em um tempo de ambiguidade, aguardando a revelação plena na *parousia* (13,5-37).

4,35 – 8,21 Cruzando fronteiras

Dois temas estão entrelaçados nesta seção: (1) a revelação do poder salvífico de Deus em Jesus e (2) a prolongação do evangelho de Jesus para os gentios. Em termos tanto de história quanto de teologia de Marcos, nenhuma dessas coisas ocorreu ou poderia ocorrer antes da cruz e da ressurreição.

(1) Os discípulos e os outros veem a epifania do poder de Deus em Jesus, mas não a entendem, i.e., *ainda* não entendem. Esta seção é emoldurada com uma palavra-chave marcana, οὔπω (*oupō*, *ainda* não, 4,40), como a linha de punção da cena de abertura, e duas vezes na cena final (8,17.21), como última pergunta pungente de Jesus: "vocês ainda não entenderam?"

(2) O Jesus histórico provavelmente nunca entrou em território gentio (cf. Mt 10,5-6,23). Mas, depois da ressurreição a nova comunidade cristã gradualmente, guiada pelo Espírito Santo e pelo Cristo ressuscitado, com algum conflito e angústia, aprendeu a atravessar fronteiras geográficas, culturais e religiosas (cf. At 2-15). Marcos monta e reconta histórias de Jesus, de tal forma que seu público reconhece a sua própria experiência e lutas na narrativa de Jesus e dos discípulos.

4,35-41 Acalmando a tempestade

Jesus chama os seus discípulos a segui-lo para o "outro lado", a leste, para a margem não judaica do Mar da Galileia. É uma travessia tempestuosa. Os discípulos estão com medo, mas Jesus está com eles e acalma a tempestade. Eles ainda não entendem quem ele é nem a missão de pregar a outros povos, que lhes foi confiada.

5,1-20 O endemoninhado geraseno

Assim como a missão judaica começou em uma sinagoga através de um exorcismo, assim também, no primeiro passo de Jesus em solo gentio, ele encontra e supera os poderes demoníacos. O homem curado, embora ainda não conheça a identidade de Jesus, proclama a mensagem na área gentia de Decápolis, uma antecipação da missão aos gentios que a igreja marcana empreenderia posteriormente.

5,21-6,44 Missão e a multiplicação dos pães

Jesus e seus discípulos voltam para a margem oeste do Jordão, onde Jesus continua seus poderosos atos salvíficos. A extensão da mensagem aos gentios não significa o abandono do povo judeu. Jesus responde ao apelo do chefe da sinagoga e restaura a vida de sua filha, cura uma mulher judia da sua impureza física e ritual (5,21-43). Ele é incompreendido e rejeitado em sua cidade natal (6,1-6), mas mesmo assim continua a sua missão e estende-a através do envio de seus discípulos (6,7-13). Multidões afluem em sua volta, e ele é admirado como Elias, um dos antigos profetas, ou mesmo pensa-se que João Batista havia ressuscitado dos mortos, mas ninguém penetra o segredo de sua identidade (6,14-31). Ele milagrosamente alimenta as multidões famintas, com doze cestos de alimentos que sobraram – abundância messiânica, porém não reconhecida (6,32-44).

6,45-7,23 Missão ampliada e frustrada

Após a multiplicação dos pães, Jesus força seus discípulos a entrarem no barco e eles partem para a costa leste gentia, enquanto ele fica para trás no oeste judaico; a missão pós-pascal gentia foi iniciada "sem" a presença de Jesus, que havia sido "deixado para trás", no passado judaico. Os discípulos não retornam para o outro lado por conta própria, e o impossível acontece: Jesus vem a eles, caminhando sobre as águas, e Marcos salienta, na linha final, que eles não entenderam o milagre dos pães. Eles acreditavam que ele havia ocorrido, mas não compreenderam seu significado (6,45-52). Eles acabam retornando à margem judaica ocidental (6,53). Jesus continua seu ministério de cura, o que gera um conflito com as autoridades de Jerusalém (6,54-7,23).

Em tempos pós-Reforma, a disputa tem sido muitas vezes colocada em termos de Escritura versus tradição, mas, na situação de Marcos, o principal problema tinha a ver com a pureza ritual. Como poderia o povo de Deus incluir os gentios que estavam ritualmente impuros? O debate não era apenas entre judeus e cristãos, mas foi um debate intracristão: "alguns" dos discípulos de Jesus comiam com as mãos ritualmente impuras (7,2), o que significa que outros seguiram as regras estipuladas. A resposta de Jesus não é um pronunciamento sobre a lavagem das mãos, mas sobre alimentos puros e impuros como tais (7,17-23). Esta questão da comunhão à mesa tinha que ser resolvida antes de a missão aos gentios poder continuar. As cartas de Paulo e Atos 10-15 permitem ao leitor moderno ver algo do exame de consciência, da luta interna da igreja gerada entre os discípulos de Jesus por parte da missão aos gentios. Marcos reconta a história de Jesus a partir dessa perspectiva. Como Jesus tinha prolepticamente purificado as terras dos gentios (não apenas a pessoa endemoninhada individualmente cf. 5,10) do poder demoníaco, então ele prolepticamente declara puros todos os alimentos (7,19). Marcos salienta: não há razão ritual ou bíblica para contestar a missão aos gentios.

7,24 – 8,21 Jesus guia os lentos discípulos a horizontes mais amplos

Outra vez, Jesus leva os discípulos a um território gentio, numa viagem em que segue para o norte atravessando Tiro e Sidom; em seguida, por um caminho muito tortuoso de volta para a Galileia, "atravessou Sidom, até o mar da Galileia e a região de Decápolis" (NVI, NRSV). É difícil imaginar esse percurso historicamente – conferir o mapa e as várias traduções ao português que tentam dar sentido geográfico à rota. Marcos, no entanto, está mais interessado em teologia do que em geografia, e pode não ter estado familiarizado com a área. O que ele pontua é que a presente missão da igreja aos gentios já fora antecipada na missão de Jesus, embora os discípulos ainda não conseguissem entender isso. Na cidade gentia de Tiro, uma mulher implora a ajuda de Jesus para a sua filha aflita, e o próprio Jesus rejeita-a com a cronologia teológica padrão da primazia de Israel na história da salvação. "Primeiro para o judeu, depois para os gentios" (Rm 1,16). "Os filhos (Israel) devem ser *alimentados* primeiro". A mulher persiste com uma insistente réplica, fazendo com que Jesus ajuste a cronologia do plano salvífico de Deus. Ele não só cura a filha da mulher, mas alimenta multidões de gentios na costa oriental, assim como ele tinha alimentado multidões judaicas na costa ocidental (8,1-9). Melhor dizendo, na costa oriental, ele alimenta uma multidão que não é nem exclusivamente judaica ou gentia, mas universal, uma prolepse da igreja de Marcos. Uma rápida viagem de volta para a costa ocidental gera outra controvérsia com os fariseus (8,10-12). No barco, mais uma vez, ao ir para a costa leste dos gentios, os obtusos discípulos demonstram que, apesar de tudo, eles não entendem nada (8,13-21). *Ainda* não.

"O Caminho": Da Galileia para Jerusalém 8,22-10,52

Em Marcos, e seguindo ele, Mateus e Lucas, Jesus faz uma viagem desde a Galileia, o cenário do seu ministério, a Jerusalém, o cenário de sua morte. Este padrão é uma construção de Marcos. Além de (1) a mudança geográfica simbólica da Galileia a Jerusalém, há (2) uma transição da imagem de Jesus de operador de milagres para alguém que está indo para o caminho da cruz. Na Galileia, Jesus opera muitos milagres, em Jerusalém nenhum. Na jornada de transição, há apenas um exorcismo e a restauração final da vista de Bartimeu (9,14-27; 10,46-52). Outra passagem de transição é a seguinte: (3) do ensino das multidões para os ensinos particulares a seus discípulos, que também envolve (4) uma mudança do velado discurso parabólico para a revelação clara e explícita sobre sua morte próxima. Um elemento estrutural nesta seção é a previsão da paixão, repetida três vezes, e dita claramente, e não parabolicamente (8,31; 9,31; 10,33-34). A transição final nesta seção é (5) como o significado da identidade de Jesus como Filho do Homem sofredor chega a estar mais nitidamente em evidência; o vínculo inseparável entre cristologia e discipulado torna-se mais claro. Um Messias sofredor pede aos discípulos para tomarem a sua própria cruz (8,34).

Na interpretação pré-pascal dos discípulos, eles continuam cegos para essa dupla realidade da natureza de Cristo e o significado do discipulado, mas há a esperança de que a cegueira deles será curada. Isso é representado pelas duas histórias diferentes de cura de cegos que emolduram esta seção. A primeira (8,22-26) vem de Betsaida, a tradicional casa de Pedro e outros discípulos (Jo 1,44; 12,21, embora isso não seja mencionado em Marcos). O esforço de Jesus para curar sua cegueira não é bem sucedido no início, mas após uma segunda tentativa o homem vê claramente. Esta parece ser análoga à experiência de Pedro e dos discípulos, que vêm a crer em Jesus como o Messias (8,27-30), mas ainda são cegos quanto ao que isso significa. Ao final desta seção, um cego que estava ao lado da estrada (literalmente, "ao longo do caminho", 10,46) confessa que Jesus é o "Filho de Davi" (um mal entendido, como se vê), tem sua cegueira curada e segue a Jesus "no caminho" (10,52). O "caminho" é o caminho original anunciado em 1,3, o "caminho do Senhor", que leva à cruz. Esta transição de fora-do-curso para no-caminho, de cegueira para visão, é a chave para esta seção da narrativa.

Parte Dois: Jerusalém 11,1-15,47

A segunda grande parte de Marcos é primariamente uma explicação narrativa da cristologia *kenótica*. Milagres praticamente desaparecem. Jesus não realiza curas, exorcismos, ou outros milagres que manifestem o poder salvífico de Deus. Ele se torna mais e mais passivo. Jesus sofre como vítima das ações dos outros, mas ele não é uma vítima involuntária. Embora ele lute com a fraqueza humana e o medo da morte (14,32-42), ele vai de bom grado e resolutamente ao encontro de seu sofrimento e morte, em plena consciência do que está por vir.

11,1-13,4 Demonstração pública e conflito

Como os profetas de Israel, Jesus se envolve em atos simbólicos radicais. Com seus seguidores, ele faz uma velada procissão messiânica na cidade santa, e é saudado com a aclamação de que está restaurando o reino de Davi – uma profunda incompreensão da natureza do reino de Deus (11,1-11). O ato simbólico da purificação do templo é emoldurado pelo estranho relato da maldição sobre a figueira estéril (11,12-25). O Jesus histórico e os personagens da narrativa de Marcos olharam para a realidade do templo como presente, e perguntaram-se como ele devia funcionar. Marcos e seus leitores vivem no momento em que o templo já está sob cerco e em breve será destruído, ou já o foi. Eles olham para o templo retrospectivamente, e perguntam como o povo de Deus pode continuar após a destruição do templo. Citando Isaías, o Jesus marcano declara que o templo deve ser uma "casa de oração para todas as nações" (Mc 11,17 = Is 56,7). Assim como o judaísmo estava substituindo o papel do templo destruído pela sinagoga como casa de oração, Marcos pode estar apontando para a comunidade cristã internacional como o *locus* da presença de Deus no povo de Deus renovado. Jesus disputa no templo com vários grupos da liderança judaica, e, então, definitivamente deixa o templo (11,15-13,1). Após lidar com todas as suas perguntas e evitar todas as suas armadilhas, Jesus lhes pergunta se o Cristo é "Filho de Davi". Para os leitores do tempo de Marcos, a questão era se a libertação de Deus viria através da violência militar dos líderes davídicos – como os que conduzem a guerra contra Roma. O cego Bartimeu tinha abordado Jesus, antes de sua cegueira ser curada, como Filho de Davi (10,47-48), e as multidões haviam recebido Jesus como o portador do reino davídico (11,10). Ao final do dia no templo, Jesus declara que a equação do Messias com o Filho de Davi é um erro profundo (12,35-37). Ele e seus discípulos deixam o templo, para nunca mais voltar.

13,5-37 Discurso Central: as tribulações históricas e a vinda do Filho do Homem

Neste discurso privado para os quatro primeiros discípulos (cf. 1,16-20), Jesus interpreta os acontecimentos que os discípulos estão vivendo – o evento de seu próprio sofrimento e morte e os problemas vivenciados pelos leitores em seu próprio tempo. A interpretação é dada a partir da perspectiva apocalíptica, e manifesta muitos (mas não todos) dos recursos do pensamento apocalíptico (ver Vol. I §7.7). Mc 13 é, assim, muitas vezes chamado de "pequeno apocalipse".

Embora na narrativa seja feita de forma prospectiva, a partir do quadro da vida de Jesus, a morte de Jesus é vista e interpretada de forma retrospectiva. Era uma parte do plano de Deus, que abrange as eras. Deus tem vindicado Jesus como o apocalíptico Filho do Homem, que em breve voltará em poder e glória (13,26). Quanto tempo restava? Esta não era uma questão teórica para Marcos e seu público. Alguns profetas cristãos viram, nos terrores da perseguição de Nero (64 d.C.) e a catástrofe inimaginável da destruição do templo e da cidade santa, em 66-70 d.C., como os sinais de que o fim estava para vir imediatamente. Marcos partilha da opinião de que Cristo virá dentro de uma geração após a morte de Jesus (9,1; 13,30). Contudo, as guerras e as catástrofes naturais que ele e sua igreja estão vivendo ainda não são sinais do fim imediato, mas apenas o ponto de partida do período final (13,8). Em resposta à previsão de Jesus da destruição do templo, os discípulos perguntaram sobre o *calendário* ("quando?" 13,4a) e sobre os sinais que o identificariam (13,4b).

I. *Ainda não é o fim.* (13,5b-23). Os eventos atuais não são os sinais do fim iminente. "Dores de parto" (13,8) foi um termo técnico padrão da literatura apocalíptica, refletindo a visão apocalíptica de que o mundo deve passar por um momento de terrível sofrimento, as dores de parto que o Messias traz do mundo antes que chegue o fim (cf. sobre Rm 8,18-39). O ponto de vista de Marcos é que as dores de parto já começaram, e os discípulos de Jesus vão sofrer. Mas eles não estão sozinhos, o Espírito de Deus está com eles. O Espírito não pertence apenas aos profetas carismáticos que preveem o futuro, mas a todos os crentes sob ameaça, e lhes dará as palavras que eles precisarem dizer (13,11). E, embora o fim esteja próximo, não é imediato – há tempo para a missão universal da igreja (13,10). Marcos se opõe aos falsos profetas que anunciam que o fim está próximo, e conclama a igreja para a missão e serviço.
II. *O fim virá* (13,24-27). No verso 24, Marcos começa a falar dos acontecimentos em seu próprio futuro, a parousia do Filho do Homem,

que será sinalizada por distúrbios celestiais visíveis a todos. A rejeição de Marcos da interpretação dos acontecimentos atuais por aqueles que ele considera os falsos profetas, não significa que ele descarta o ponto de vista escatológico protocristão. Jesus voltará como Filho do Homem. Mas quando o fim chegar, ele não vai ser precedido por sinais que apenas alguns profetas podem interpretar. A parousia será sinalizada por meio de sinais cósmicos que todos podem ver. O público é chamado a reconhecer que eles vivem suas vidas entre a morte de Jesus e seu retorno no poder; suas próprias lutas são apresentadas como parte dessa linha do tempo, divinamente traçada.

III. *Quando?* (13,28-37). O discurso termina com duas parábolas que expressam essa dialética do saber e não saber. Duas vezes na parábola da figueira os ouvintes são avisados, "vós sabeis" (13,28-29). Duas vezes na conclusão da parábola do retorno do dono da casa (13,33.35), o Jesus marcano insiste "vós não sabeis". *Ninguém sabe*, nem o Filho de Deus ou os anjos do céu (13,32). Esta declaração, que seria problemática para pensadores cristãos posteriores, os quais lutaram com as questões cristológicas levantadas por ela, foi direcionada para o atual problema na igreja de Marcos. Profetas cristãos falaram com a voz do Senhor ressuscitado, alegando revelações de anjos (13,6; cf. Ap 1,1-2), e afirmando que os eventos de seu próprio tempo foram os sinais prometidos do fim. A resposta de Marcos: os acontecimentos de 66-70 não são o fim, nem mesmo seu prelúdio. Mesmo que os profetas da igreja falem como se fossem autorizados pelo Filho e pelos anjos, eles ainda não sabem o tempo do fim, pois isso só Deus sabe. O ponto de vista de Marcos, portanto, não é dirigido a questões apocalípticas especulativas ("Quando virá o fim?"), mas ao trabalho dos discípulos de Jesus na missão cristã pelo mundo inteiro, para a qual Deus provê tempo (v. 10).

Portanto, em certo sentido, o "Pequeno Apocalipse" é *antiapocalíptico*. Não é um relato de visão, mas um discurso narrativo inserido em uma narrativa longa, a qual interpreta e que também o interpreta. O discurso é colocado antes da crucificação e ressurreição, no âmbito da vida de Jesus que o leva para a cruz, ao invés de seu lugar convencional como revelação pós-pascal do Senhor ressuscitado. Em Marcos, o Jesus ressuscitado fala apenas dentro da estrutura narrativa da história do Jesus crucificado (ver sobre 16,1-8).

14,1 – 15,47 Julgamento e morte

Jesus é ungido por uma mulher anônima; ele interpreta o ato dela como uma preparação para seu sepultamento. Ele celebra uma última refeição com os seus discípulos, interpretando o pão e o vinho como seu corpo e sangue a ser sacrificados em favor de outros. A partir de 14,1 em diante, Jesus é quase inteiramente passivo, e outros são os atores. Marcos usa o termo παραδίδωμι (*paradidōmi*, entregar, entregar-se) vinte vezes, mais frequentemente do que qualquer outro autor do Novo Testamento. Jesus é "entregue" por Judas, pelos principais sacerdotes, escribas e anciãos, e por Pilatos. Seis vezes a palavra não tem um sujeito explícito, cinco delas estão na voz passiva, presumivelmente o "passivo divino", muitas vezes usado no judaísmo e no Novo Testamento como uma forma de expressar a ação oculta de Deus (e.g., 4,11). O termo *paradidōmi* tinha sido usado por Deuteroisaías para designar o Servo Sofredor, que foi entregue por Deus em função dos pecados de outros. Marcos tem apenas um mínimo da explícita teologia da expiação (10,45; 14,24), e não faz nenhum esforço para explicar como é que a morte de Jesus é o ato salvífico de Deus. Da mesma forma, ele não desculpa os atores humanos no drama em que Jesus é entregue. Mas ele também não reduz tudo isso às decisões dos atores humanos. No entanto, *em* e *através dos* atores humanos responsáveis pela morte de Jesus, Marcos retrata a mão de Deus (14,27).[10]

Quando os esforços para condenar Jesus pelo depoimento de testemunhas falsas falham, Jesus confessa que ele é o Messias e Filho de Deus, que será entronizado à direita de Deus e voltará em poder e glória como o Filho do Homem (14,55-64). Ele é, então, condenado sob a acusação de blasfêmia. Pela primeira e única vez no Evangelho de Marcos,

[10] Sem minimizar a responsabilidade humana, Marcos conta sua história representando Deus como sendo o Ator secreto, frequentemente assinalado pela voz passiva. Quando Deus golpeia o pastor, as ovelhas não se dispersam, mas são *dispersadas* (14,27). Seus corações não são duros, mas *endurecidos* (6,52; 8,17). No Getsêmani, os olhos dos discípulos "se tornaram pesados" e não apenas estavam pesados; eles são *cegados*, e não apenas cegos (14,40).

Jesus declara a sua verdadeira identidade, e custa-lhe a vida. Ele é levado diante de Pilatos, o governador romano, e condenado à morte sob a acusação de pretender ser um rei (15,1-27). Ele é ridicularizado pelos líderes judeus, soldados romanos, e transeuntes (14,65; 15,16-20). O oficial romano responsável pela crucificação o observa morrer, e torna-se o único ser humano na história a confessar que Jesus é o Filho de Deus (15,39). Desconhecido para o centurião ou outros na cena da crucificação, o leitor sabe que a confissão é divinamente confirmada pela escuridão sobrenatural e o rasgar do véu do templo, rompido de alto a baixo (15,38).

Em Marcos, Jesus morre abandonado e sozinho. Ele havia sido traído por Judas, havia sido negado publicamente por Simão Pedro, e abandonado por todos os seus discípulos (14,10-11; 43-46; 50-52; 66-72). Sua única palavra na cruz foi o grito do abandono por Deus, a oração do Sl 22,1. Ele foi sepultado por um simpático membro do Sinédrio, observado pelas mulheres que o tinham seguido desde a Galileia.

16,1-8 Epílogo: ressurreição e missão: retorno à Galileia

As mulheres vão ao sepulcro para ungir o corpo, mas estão atrasadas, e se surpreenderam ao descobrir que o corpo de Jesus não está lá. Um jovem com roupas e autoridade angelical interpreta o evento: Deus ressuscitou Jesus, e ele vai adiante dos discípulos para a Galileia. O público é direcionado de volta para a Galileia, de volta ao início do Evangelho, que agora pode ser relido com novos olhos. O Jesus ressurreto já está lá fora, no mundo à sua frente, continuando a guiá-los na missão que começou no primeiro capítulo. As mulheres são ordenadas a ir e dizer, mas elas são vencidas pelo medo e não dizem nada a ninguém.

Aparentemente, Marcos pretendeu finalizar a sua história sem um encerramento, no meio de uma sentença, com o túmulo aberto e o final em aberto. Todos na narrativa falharam e abandonaram Jesus. As mulheres ficaram com ele até o fim. Tornar-se-ão elas as únicas testemunhas fiéis? Quando elas também falham, o leitor, que pode ter pensado que a história era a respeito de outras pessoas, é deixado com uma decisão a tomar.

21.8 Para leitura adicional

BLACK, C. Clifton. *Mark*. Abingdon New Testament Commentary. Nashville: Abingdon, 2011.

BORING, M. Eugene. *Mark: A Commentary*. New Testament Library. Louisville, Ky.: Westminster John Knox, 2006.

BROADHEAD, Edwin K. *Mark*. Readings. A New Biblical Commentary. Sheffield: Sheffield Academic Press, 2001.

COLLINS, Adela Yarbro, *Mark: A Commentary*. Hermeneia. Minneapolis: Fortress Press, 2007.

DONAHUE, John R. and Daniel J. Harrington, *The Gospel of Mark*. Sacra Pagina. Collegeville, MN: The Liturgical Press, 2002.

MALBON, E. S. *Mark's Jesus: Characterization as Narrative Christology*. Waco: Baylor University Press, 2009.

MARCUS, J. *Mark: A New Translation with Introduction and Commentary*. Anchor Bible. 2 vols. Vol. 27, 27a, New York: Doubleday, 2000.

MOLONEY, F. J. *The Gospel of Mark: A Commentary*. Peabody, Mass.: Hendrickson, 2002.

__________. *Mark: Storyteller, Interpreter, Evangelist*. Peabody, Mass.: Hendrickson, 2004.

RHOADS, D. *Reading Mark, Engaging the Gospel*. Minneapolis: Fortress, 2004.

RHOADS, D., J. Dewey, and D. Michie. *Mark as Story: An Introduction to the Narrative of a Gospel*. 2nd ed. Minneapolis: Fortress, 1999.

TELFORD, W. R. *The Theology of the Gospel of Mark*. Oxford: Oxford University Press, 1999.

__________., ed. *The Interpretation of Mark*. Issues in Religion and Theology 7. Philadelphia: Fortress Press/London: SPCK, 1985.

VAN IERSEL, Bas M. F. *Mark: A Reader-Response Commentary*. Translated by W. H. Bisscheroux. JSNT.S 164. Sheffield: Sheffield Academic Press, 1998.

22

Interpretando Mateus

22.1 Autoria

O Evangelho foi atribuído ao apóstolo Mateus, no segundo século, como uma forma de afirmar seu testemunho autêntico da fé apostólica. Hoje, praticamente todos os estudiosos críticos consideram esmagadoras as provas contra a autoria apostólica: (1) a autoria apostólica é uma reivindicação feita para o livro, e não uma afirmação feita pelo próprio livro, que é anônimo. Ele não faz nenhuma reivindicação de testemunho ocular, nem dá qualquer indício de que o autor esteve presente nas cenas que ele narra. (2) O uso de Marcos e Q, e a aparente datação por volta da segunda ou terceira geração, enfraquece a alegação posterior de testemunha ocular. (3) A língua grega, em que foi composto o evangelho, era a língua nativa do autor, e apresenta características de uma habilidade linguística maior do que o grego relativamente não polido de Marcos. A LXX é sua Bíblia. (4) Os argumentos frequentemente introduzidos para apoiar a autoria de Mateus, o coletor de impostos – e.g., o fato de que os padrões numéricos da narrativa supostamente apontam para a habilidade de um cobrador de impostos – são fantasiosos e pouco convincentes.

Embora não saibamos o seu nome a partir do documento que ele nos fornece, podemos supor que o autor era de origem judaica, um judeu da Diáspora que cresceu em uma cidade helenística (provavelmente Antioquia) de língua grega e lia a LXX.[1] Ele pode ter sido capaz

---

[1] Uma maioria significativa de estudiosos entende que a forte orientação gentílica do evangelho significa que o próprio autor deve ter sido um gentio, atribuindo os

de lidar com o hebraico o suficiente para facilitar o estudo bíblico, e com o aramaico o suficiente para a comunicação informal. Ele conhece as tradições e métodos da sinagoga, mas nunca recebeu o treinamento formal dos escribas, o que estava se tornando padrão para os escribas no judaísmo formativo. Provavelmente, ele era um mestre na sua comunidade, embora seja difícil de descrever isso em termos oficiais. Ele pode ter tirado um autorretrato camafeu em 13,52, como o "escriba instruído acerca do reino dos céus", porém "escriba" não é usado aqui em sentido técnico.

22.2 Fontes, influências e tradições

Fontes pagãs? Embora Mateus seja influenciado e faça uso de ideias religiosas que estavam em voga do mundo helenístico, ele não reflete diretamente nenhuma influência literária dos escritos pagãos.

As Escrituras judaicas. A Bíblia é o único conjunto de documentos que, seguramente, estava presente na comunidade de Mateus e que exerceu uma profunda influência sobre a composição do seu evangelho. Tensões de Mateus com a comunidade judaica não implicam em uma diminuição de seu interesse pelas Escrituras judaicas. Pelo contrário, ele estava interessado em mostrar que as Escrituras judaicas encontram o seu cumprimento em Jesus e na igreja (ver abaixo §22.7.3).

Outras literaturas judaicas. Mateus não contém citações diretas dos livros deuterocanônicos/apócrifos ou qualquer outra literatura fora do cânon hebraico. Que Mateus estava familiarizado com ideias e fraseologia usadas tanto nos livros deuterocanônicos quanto nos pseudoepígrafos parece estar claro, no entanto a partir do fato de que há 78 alusões a eles (58 dos apócrifos e 20 de outros textos extracanônicos, tais como *4 Macabeus* e *1 Enoque*)[2].

elementos judaicos à tradição do evangelista mais do que à sua redação (GEORG STRECKER, *Der Weg der Gerechtigkeit. Untersuchung zur Theologie des Matthäus* (3rd ed.; FRLANT 82; Göttingen: Vandenhoeck & Ruprecht, 1971); JOHN P. MEIER, *Matthew* (NTM 3; Collegeville, Minn.: Liturgical Press, 1980).

2 Estas figuras são derivadas dos índices de ALAND, ALAND, KARAVIDOPOULOS et al., *Nestle-Aland 27th*, 800-806.

Paulo? A corrente do cristianismo mateano, que, presumivelmente, foi localizado ou em Antioquia ou perto dali, não foi diretamente influenciado pelas cartas de Paulo ou sua tradição, mas provavelmente refletem uma reação moderada à teologia de Paulo como foi compreendida perto do fim do primeiro século (cf. também a Carta de Tiago). Mateus enfatiza as raízes petrinas da Igreja, o que provavelmente reflete também a sua localização antioquena ou possíveis conexões, já que Pedro continuou a ser reverenciado em Antioquia.

A coleção Q dos ditos de Jesus. Desde o início da história da igreja mateana, provavelmente a partir da época de sua fundação, Q tornou-se um documento reverenciado. Foi presumivelmente lido muitas vezes no culto e/ou instrução da(s) congregação(ões) mateana, e formou e expressou o *ethos* do cristianismo mateano.

O Evangelho de Marcos. O Evangelho de Marcos, provavelmente em uma edição ligeiramente revista da forma preservada no cânon (ver acima Excurso 3.5, p. 987), proveu a estrutura básica e o conteúdo do Evangelho de Mateus, que poderia ser visto como uma versão revista e ampliada de Marcos. Mateus incorporou os materiais Q na estrutura narrativa do Evangelho de Marcos. Em sua forma original, Q tende a ser crescente, um documento instável, muito facilmente passível de expansão pelos novos "ditos do Jesus ressuscitado" falados pelos profetas cristãos. Inserindo-o no quadro da pré-ressurreição da narrativa de Marcos, Mateus foi capaz tanto de preservar a continuação da orientação de Jesus à sua Igreja presente em Q quanto proibir sua expansão contínua pela fundamentação dele, na história do Jesus pré-pascal.[3]

Os materiais 'M'. Além de Q e Marcos, Mateus tinha tradições e materiais peculiares à sua própria comunidade. "M" não era um documento separado, mas representa esse corpo de tradições mateanas peculiares. Uma vez que estas tradições foram formadas e/ou transmitidas pelas igrejas locais, que também ajudaram a formar a própria perspectiva teológica de Mateus, é difícil distinguir a tradição da redação de Mateus. O autor de Mateus parece ter sido um mestre escriba judeu cristão durante algum tempo antes de sua composição do evangelho. Ele provavelmente trabalhou, editou e interpretou esses

[3] Para uma elaboração deste ponto e evidência para tal, cf. BORING, *Continuing Voice of Jesus*, 191-234, 242-46, 255-56.

materiais por um longo período antes de incorporá-los ao seu evangelho. Mateus, ou mestres como ele, adaptaram, modificaram e ampliaram tais materiais para enfrentar novas situações, mas também frequentemente preservaram as formas anteriores da tradição com fidelidade notável, especialmente tradições que afirmavam a adesão à Torá do cristianismo judaico primitivo. "M" pode ter contido coleções de citações bíblicas particularmente relevantes para a teologia mateana ("*testimonia*"), interpretações de escribas cristãos de tais citações, comentários midráshicos e desenvolvimentos de Q e textos marcanos, além de outros itens da tradição cristã, bem como ditos e relatos de e sobre Jesus, exclusivos da tradição mateana. Embora alguns dos materiais "M" possam ter sido escritos antes de Mateus, a maioria, se não todos, foram transmitidos oralmente.

A tradição sagrada da comunidade de Mateus. Mateus estava imerso em todos os seus textos sagrados e tradições. Ele os tratou com muita seriedade e respeito, sem estar servilmente limitado a qualquer um deles. Assim como Mateus estava familiarizado com a Bíblia o suficiente para fazer dezenas de alusões à Escritura, sem especificamente chamar a atenção para ela (ver abaixo), assim também os textos de Q, Marcos e M faziam parte de seu repertório algum tempo antes de ele compor seu evangelho. Seu uso de Q e Marcos como fontes está muito distante do uso do tipo "recortar e colar". A mente de Mateus está tão saturada de Q e Marcos que ele pode fazer alusões a eles até mesmo nas seções onde ele não os usa diretamente como fontes. Frases marcanas são introduzidas em uma passagem de Q e vice-versa.

22.3 Data

A comunidade de Mateus abrangeu um período prolongado, desenvolvendo-se e mudando à medida que ela enfrentava novas situações e se adaptava a elas (ver abaixo). Mas o próprio evangelho representa um corte transversal dessa tradição crescente em um determinado momento, um "congelamento" dela na composição teológica de um particular líder escriba da comunidade, em um momento específico de sua história. Como não existem dados cronológicos explícitos no evangelho que identifiquem a sua época de composição, esta data não pode ser identificada, mas há indícios de um período geral.

(1) De acordo com a Hipótese dos Dois Documentos 2DH, Mateus deve ter sido escrito após Q e Marcos. Há boas razões para datar Marcos alguns anos antes de 70 d.C., de modo que Mateus deve ser posterior o suficiente para que Marcos se tornasse a tradição sagrada de uma comunidade.

(2) A revolta de 66-70 d.C. e a destruição de Jerusalém estão quase seguramente refletidas em 22,7; cf. também 21,41; 23,38. No entanto, Mateus não parece ficar impressionado pela catástrofe, que parece estar a certa distância no espaço e no tempo.

(3) Mateus parece estar comprometido com o desenvolvimento do judaísmo formativo na geração pós 70.

(4) Mateus, e não apenas a tradição mateana, parece ter sido utilizado tanto pela *Didaquê* quanto por Inácio (ver acima). A *Didaquê*, provavelmente, vem do período em torno de 100 d.C.; Inácio escreve por volta de 110 d.C.

Assim, parece que Mateus foi composto no período entre 80 e 100, para o qual 90 pode servir como uma boa figura simbólica.

22.4 Proveniência

Vários locais têm sido propostos para a comunidade mateana: Palestina (Galileia, Cesareia, Jerusalém), Síria (Tiro, Sidom, Antioquia), Egito (Alexandria) e Transjordânia (Pela). A maioria dos estudiosos prefere Antioquia, pelas seguintes razões: (1) A evidência interna do evangelho aponta para alguma área urbana de língua grega, onde judeus e cristãos estavam em interação intensa. O grego era a língua dominante de Antioquia, que provavelmente tinha a maior população judaica na Síria. Mateus parece respirar um ar mais urbano do que Q ou Marcos. Enquanto Marcos refere-se a cidades oito vezes e a aldeias sete vezes, Mateus tem vinte e seis referências a cidades e apenas quatro referências a aldeias. (2) Pedro é proeminente em Mateus e na tradição antioquena – tradição esta que fez dele o primeiro bispo de Antioquia. (3) Jerusalém parece fora de questão uma vez que Tiago não desempenha nenhum papel. (4) Mateus introduz a "Síria" em suas fontes (4,24), talvez como um indicador para sua própria igreja e fundamentá-la na história da salvação. (5) A designação de Jesus como Nazareno (2,23) fala em favor da Síria, onde os cristãos eram conhecidos como "Nazarenos". (6) Os contatos com Inácio, a *Didaquê*, e o *Evangelho dos Nazarenos*, todos relacionados com a região da Síria ou Antioquia, em particular, apontam para essa área como a origem do Evangelho de Mateus. (7) A equivalência de um estáter com duas dracmas (17,24-27) se encaixa em Antioquia, o único local onde esta equivalência está documentada. (8) Situar Mateus em Antioquia se encaixa na situação descrita em Atos, onde os cristãos palestinenses iniciaram a igreja antioquena, que então desenvolveu uma missão aos gentios e as tensões subsequentes. (9) O respeito que Mateus e seus leitores mantiveram aos materiais Q sugere uma área em que os missionários Q estavam ativos. A "Alta Galileia" e Síria correspondem à área de influência da comunidade Q.

22.5 O Evangelho de Mateus: reinterpretação para tempos de mudança

O Evangelho de Mateus não é o produto de um autor individual, mas reflete a vida e os conceitos de uma comunidade cristã particular. Mateus se tornou conhecido como o evangelho mais eclesiástico, o único evangelho a usar a palavra "igreja" (16,18; 18,17). A igreja de Mateus estava, obviamente, envolvida em uma intensa relação com a comunidade judaica dominante ao redor, e não pode ser definida, uma vez que ela não se define à parte dessa relação. A composição de Mateus inclui vozes e interpretações de outros tempos, do passado histórico da comunidade, que o autor quer preservar, mesmo que tais vozes e interpretações se choquem com o que ele considera necessário em relação ao que deve ser dito sobre a sua própria situação atual.

22.5.1 Mateus, o judeu

Nós Podemos retratar Mateus e alguns membros de sua comunidade como judeus que haviam crescido no período antes da guerra 66-70, com a sinagoga como seu lar espiritual. Mateus tem interesses que são distintamente judaicos: a sua afirmação fundamental não só da lei, mas também da tradição judaica (5,17-20; 23,3), da importância do sábado (24,20), a cidade santa (5,35; 4,5; 27,53), a validade do templo e das festas judaicas (5,23-24; 26,17-30). Antes da Páscoa, o Jesus mateano limita a missão a Israel (10,5-6; 15,24). Ele não sente necessidade de explicar os costumes judaicos, assim como sua fonte marcana (15,1 vs. Mc 7,1-4). Seu evangelho contém textos que sugerem que sua comunidade tinha estado – e talvez ainda estivesse em seu próprio tempo – sujeita a medidas disciplinares das autoridades das sinagogas (10,17-23; 23,2). O termo "gentios" pode ser usado como sinônimo do termo "pagão" (5,47; 6,7.32; 18,17; 20,25).

22.5.2 Os missionários Q: "judeus messiânicos" em casa na sinagoga

Antes da destruição do templo, os primeiros missionários do movimento de Jesus evangelizaram a comunidade judaica de Mateus na Síria. Esses missionários estavam provavelmente relacionados ou eram idênticos aos profetas-missionários da comunidade Q, com sua mensagem escatológica da volta de Jesus como Filho do Homem. Eles apresentaram Jesus como o intérprete final da Torá, a última palavra de Deus antes do julgamento final. A maioria dos judeus rejeitaram esta pregação, mas aqueles que foram convencidos pela mensagem dos profetas-missionários Q, também adotaram o documento que preservava os ensinamentos de Jesus. Um estudo cuidadoso do Evangelho de Mateus indica que o autor, e, presumivelmente, os membros mais antigos do grupo que se tornou a igreja mateana, tinham estimado o documento Q por alguns anos antes de o Evangelho de Mateus ter sido escrito. Ele formou o primeiro núcleo do que viria a se tornar sua tradição cristã autoritativa, e eles continuaram a preferir a sua versão de alguns dos ditos e ensinamentos de Jesus, depois de terem recebido o Evangelho de Marcos e interpretações posteriores. Eles tornaram-se crentes em Jesus como o Filho do Homem, o cumprimento de suas esperanças na vinda do Messias, sem jamais sonhar que este acabaria por afastá-los de sua casa religiosa e cultural no judaísmo. Eles acreditavam que Jesus era o Messias e retornaria em breve em poder, mas nem para eles, nem para seus companheiros judeus, isso significava uma separação do judaísmo.

22.5.3 "Judeus Messiânicos" como um grupo distinto dentro da sinagoga

As tensões evoluíram. Não sabemos os detalhes ou as questões, mas eles provavelmente se envolveram em interpretações litigiosas sobre os ensinamentos da lei e o exemplo de Jesus, e se alguém que tinha sido crucificado poderia ser o Messias. Aqueles que tinham se tornado discípulos de Jesus acabaram se tornando um grupo isolado dentro da sinagoga. O grupo de Mateus pode ter eventualmente formado uma ou mais sinagogas separadas; se assim foi, elas ainda eram sinagogas de judeus dentro da órbita do judaísmo, algo análogo à sinagoga dos helenistas em Jerusalém (cf. At 6,1; 9,29 e 11,20, e §§7.5; 9.2.2 Vol. I).

22.5.4 A guerra, Jâmnia, autodefinição e polarização

Na geração seguinte à guerra de 66-70, à destruição do templo, e os primórdios da reforma do judaísmo em Jâmnia, o grupo de Mateus encontrou não apenas a si mesmo, mas a(s) sinagoga(s) com a(s) qual(is) estava relacionado no processo de mudança, e as tensões aumentaram. No momento em que Mateus escreve, ele e sua comunidade estão alienados destas estruturas em desenvolvimento. Eles se referem à sua própria reunião como a "igreja" (ἐκκλησία, *ekklēsia*; nos evangelhos, a palavra é encontrada somente em Mt 16,16; 18,17).[4] O Jesus mateano se refere a "minha igreja" pela expressão "as sinagogas deles" (16,16; 18,17; cf. voz do narrador, em 4,23; 9,35; 12,9; 13,54). A reestruturação do judaísmo pós-70, sob a liderança dos fariseus, gerou desconfiança e hostilidade mútua entre a comunidade mateana e os fariseus, contra quem Mateus traz uma vigorosa polêmica (e.g., 5,20; 6,1-18; 15,1-20; 23,1-36).

22.5.5 Os gentios

A igreja de Antioquia foi o primeiro centro cristão em que a missão cristã judaica apelou abertamente para os gentios e os aceitou sem a necessidade de que eles primeiro se tornassem judeus (ver Vol. I §9.2). Depois que Paulo perdeu sua luta com a facção mais conservadora em Antioquia, e saiu para começar sua missão no Egeu (ver Vol. I §10.1.9), o cristianismo antioqueno teria se tornado mais interessado em preservar suas tradições judaicas e conexões

---

[4] As duas instâncias adicionais encontradas de Mt 18,15.21 na NRSV de ἀδελφοί, *adelphoi*, costumeiramente traduzido como "irmãos e irmãs".

com Jerusalém, sem se render a sua missão entre os gentios. Dentro desta complexa matriz, à medida que o grupo de Mateus se tornava cada vez mais distante da sinagoga tradicional, eles tornaram-se mais abertos à recepção dos gentios, que podem ter sido atraídos para a sua pregação acerca de Jesus como o Messias, e que podem ter se juntado ao grupo judaico-cristão sem que seu status de judeus fosse totalmente esclarecido. Pedro e a tradição petrina parecem ter desempenhado um papel moderador, continuando a missão aos gentios, mas preservando o legado judaico. No tempo do autor, sua igreja estava realizando uma missão de grande escala junto aos gentios. Em alguns aspectos, eles agora se encontram mais orientados para o mundo gentio do que com a forma emergente do judaísmo, embora continuassem a afirmar o seu passado judaico, do qual eles se consideram os herdeiros legítimos.

22.5.6 Recepção de Marcos

Algum tempo depois de 70 d.C., o Evangelho de Marcos chegou à comunidade mateana. Ele foi adotado como parte da própria tradição sagrada da comunidade e foi usado em sua vida e culto. Marcos foi escrito no interior de e para a comunidade cristã gentia que já não vivia sob as regras da Torá (Mc 7,1-23). Embora enfraquecendo a crítica de Marcos à observância da Torá (compare Mt 15 com Mc 7), a narrativa de Marcos se tornou uma parte fundamental da maneira como a igreja mateana contava a história de Jesus, junto com suas ênfases características: Jesus, o taumaturgo, o crucificado e ressuscitado; Jesus, o inaugurador da missão aos gentios. Se o Evangelho de Marcos já estava associado com Pedro, isso fortaleceu a ênfase de Pedro como o principal apóstolo – ênfase já presente na corrente da tradição mateana – e facilitou a aceitação do evangelho como um texto normativo cristão para a igreja de Mateus. Mateus não se limitou a "combinar" Q e Marcos. Ele adotou a narrativa marcana básica, inserindo seus materiais Q e M na linha histórica de Marcos, a quem eles estavam subordinados. Genericamente, Mateus é uma elaboração e uma nova interpretação da narrativa marcona, não uma continuação da coleção de ditos Q.

22.6 A comunidade cristã de Mateus

22.6.1 Relação com o judaísmo formativo

A igreja mateana se vê como a comunidade messiânica, o povo escatológico de Deus, diferente de todos os que não acreditam em Jesus como o Messias, quer judeus, quer gentios. Mateus continuou a prática judaica de usar "gentio" no sentido de "estrangeiro". Assim, tanto o "antijudaísmo" de Mateus quanto o seu viés "antigentílico" são uma expressão do seu sentimento de pertença à comunidade cristã distinta do mundo não cristão, tanto judaico quanto gentílico.

A maneira tradicional de colocar a questão – quer a igreja mateana ainda fosse judaica e ainda estivesse na sinagoga, quer fosse gentia e já estivesse fora da sinagoga – não é mais adequada.[5] Em vez de representar o judaísmo e a sinagoga como entidades estáticas, com um Concílio de Jâmnia pós-70 fazendo decretos em favor de um judaísmo estabelecido, deveríamos pensar em um longo período após a guerra 66-70, estendendo-se até a época da codificação da Mishná, por volta de 200 d.C., como o período do judaísmo formativo. Durante esse tempo, o partido farisaico pré-70 competiu com outros grupos de judeus que sobreviveram à guerra (sacerdotal, escriba, apocalíptico, cristão, e em um grau menor mesmo saduceus e zelotes) e, finalmente, estabeleceu-se como o elemento definitivo nesse tipo de judaísmo rabínico, que se tornou "normativo". Dentro desse "*mix*", a comunidade mateana era aparentemente um movimento ainda relacionado com o judaísmo formativo em ambos os sentidos: positivo e negativo; um grupo que se considerava como o autêntico povo de Deus, vendo-se como uma minoria perseguida nas mãos da liderança farisaica dominante (cf. e.g., 5,13-16; 10,23; 32-33; 40-42; 25,31-46).

Mateus está em algum tipo de continuidade, diálogo intenso e debate com o judaísmo formativo. Desenvolvimentos no judaísmo contemporâneo, incluindo especialmente o que está acontecendo em Jâmnia e seus efeitos nas sinagogas em seus próprios ambientes, são

---

[5] Assim também, a inadequação de falar de "cristianismo judaico" ou "cristianismo gentio" em/ou categorias deve ser evitada. Veja Vol. I §10.1 para as quatro categorias de RAYMOND BROWN.

de grande interesse para ele. Ele considera o desenvolvimento da liderança farisaica e seu programa para todo o judaísmo como os principais adversários e alternativas para a sua própria compreensão do caminho a seguir para o povo de Deus. Seu evangelho inclui materiais judaico-cristãos tradicionais que, para ele, eram importantes o suficiente para serem incluídos, e os quais, de certo modo, ele afirma (cf. 5,17-20; 10,5-6; 23,1-3). Embora textos como 10,16-25 expressem a alienação de "suas" sinagogas, o fato de os cristãos poderem ser espancados nelas e levados aos tribunais judaicos locais ("Sinédrios") mostra que as vítimas de tais abusos ainda estão, em algum sentido, no interior da comunidade judaica. Da mesma forma, o debate interno no judaísmo de Jerusalém provocado pela execução de Tiago (62 d.C.) mostra que os líderes cristãos ainda podiam ser considerados como parte integrante do judaísmo, uma geração após a morte de Jesus. Nesse sentido, a igreja de Mateus é "judaica".

Embora a igreja de Mateus e/ou a comunidade Q, a partir da qual ela surgiu, continuasse uma missão mal sucedida para o povo judeu, agora ela havia abandonado a missão especificamente judaica, e não mais se vê como um movimento de renovação no judaísmo, estando agora engajada em uma missão aos gentios, isto é, às "nações", das quais Israel é agora uma (28,18-20). Mateus entende o presente e o futuro de sua igreja como orientados para os gentios, e considera o desenvolvimento do judaísmo não cristão apenas como um concorrente e adversário. Nesse sentido, a igreja de Mateus é "gentia".[6]

Mateus é "antissemita?" ou Antijudaico? Uma vez que através dos séculos os textos de Mateus têm sido citados para dar suporte ao racismo e declarações e ações antissemitas (especialmente 21,43 e 27,25), esta questão deve ser honestamente enfrentada pelos cristãos que desejam tomar Mateus seriamente como Escritura canônica. Colocar a questão em termos de "antissemitismo", no entanto, é anacrônico, pois a questão em Mateus não é preconceito racial, mas o conflito religioso.[7] A situação histórica a partir da qual o Evangelho de Mateus surgiu estava

---

[6] Para um estudo informativo, equilibrado e criterioso, veja o discurso presidencial proferido em 1988 à Associação Bíblica Católica da América, por DONALD P. SENIOR, "Between Two Worlds: Gentile and Jewish Christians in Matthew's Gospel," *CBQ* 61, no. 1 (1999), 1-23.

[7] Cf. COHEN, *Maccabees to the Mishnah*, 46-49.

repleta de tensões não só entre judeus e gentios, mas com a luta interna entre os vários grupos de judeus (dentre os quais a Igreja mateana era um deles). A comunidade cristã mateana, parcial ou predominantemente judaica, sentiu-se perseguida pela liderança judaica. No conflito, palavras duras foram trocadas, de modo que, do lado de Mateus, caricaturas negativas da liderança e da prática religiosa dos judeus foram apresentadas como parte da polêmica (e.g., 21,43; 23,1-36; 27,24-26).[8] Embora seja falso e anacrônico acusar Mateus de antissemitismo – ele descreve Jesus e os discípulos como judeus; ele próprio é um judeu, e escreve para uma igreja com uma tradição e membros judaicos – é lamentavelmente verdade que as palavras e as imagens provenientes do conflito da igreja de Mateus, bem como a liderança judaica, têm sido usadas para alimentar o fogo do antissemitismo. Assim como intérpretes modernos devem cuidar para que os textos mateanos não sejam usados para incentivar o antissemitismo, assim também impressões modernas legítimas sobre o antissemitismo não devem ser autorizadas a obscurecer a compreensão histórica da posição negativa e polêmica de Mateus em relação ao judaísmo formativo do seu próprio tempo.

22.6.2 Estrutura e liderança

Uma vez que Mateus reflete a situação dos destinatários apenas indiretamente, é difícil determinar os detalhes da estrutura e da vida das igrejas a quem o evangelho se dirige.

Pedro, apóstolos e discípulos

Os discípulos na narrativa de Mateus, muitas vezes de forma transparente representam a comunidade cristã pós-pascal (e.g., 10,17-42; 18,15-20). Embora Mateus use a expressão "os doze discípulos" (10.1; 11,1; 20,17), ou simplesmente, "os doze" (10,5; 26,14.20; 47), ele julga os discípulos como todo o grupo daqueles que se comprometeram a seguir a Jesus, e não somente os doze (8,21; 9,14; 10,25.42; 12,49; 27,57; 28,19). Dentro deste grupo há um núcleo central, simbólico de doze que representa os atuais líderes e futuros juízes das renovadas doze tribos do povo de Deus (19,28).

---

[8] Cf. JOHNSON, "Anti-Jewish Slander," 419-441.

Dentro deste grupo dos doze, Pedro tem um papel distinto, simbólico. Mateus modifica e acrescenta à sua tradição a ênfase sobre o papel especial de Pedro (10,2; 14,22-33; 15,15; 16,16-19; 17,24-27). A importância de Pedro em Mateus não pode ser reduzida à do discípulo representativo ou típico, uma cifra para os Doze ou para a igreja como um todo. Ele é chamado primeiro (4,18-19), e é designado como "primeiro" (10,2, adicionado à Marcos). Ele desempenha um papel singular na fundação e manutenção da comunidade cristã, e recebe uma revelação especial cristológica de Deus, um pronunciamento único da bênção por Jesus, e uma específica (e irrepetível) responsabilidade na fundação da igreja (16,17-19). Pedro havia passado algum tempo em Antioquia (Gl 2,11), a origem provável do Evangelho de Mateus, e na tradição posterior foi considerado o apóstolo patrono da igreja naquela cidade e, em seguida, seu primeiro bispo (Pseudoclementinas *Homilias* 20,23, *Reconhecimentos* 10,68-71; Orígenes, "Homilia sobre Lucas 6" [GCS Orígenes IX, 32]). Tradições petrinas e cristãos petrinos podem ter desempenhado um papel no início da história da comunidade de Mateus, que pode ter considerado algumas das tradições "M" como decorrente de Pedro ou especialmente associadas a ele. Na corrente da tradição de Mateus, Pedro foi encarado como *a* figura apostólica representantiva, correspondendo a Paulo na tradição deuteropaulina, Tiago na tradição jacobita, e ao discípulo Amado na tradição joanina. Ao contrário de seus contemporâneos Lucas e o autor de 1 Pedro, que honram Pedro e Paulo como lendários co-líderes da primeira geração de cristãos, Mateus não consolida as tradições petrina e paulina. A igreja mateana foi petrina, ao invés de paulina, jacobita, ou joanina. Mateus entende Pedro como sendo importante para a igreja como um todo, e não apenas para a sua própria comunidade.

Ministério carismático e ordenado

Pode parecer surpreendente que o evangelho mais eclesiástico não tenha referências, diretas ou indiretas, à estruturas ministeriais formais. Não há nenhuma menção de bispo ou diáconos. Isso é particularmente surpreendente caso Mateus tenha sido escrito em Antioquia ou seus arredores, uma vez que apenas alguns anos mais tarde, Inácio de Antioquia estava construindo um forte argumento para o episcopado monárquico como a forma normal de governo da igreja. Inácio aparentemente permaneceu na tradição mateana e usou o Evangelho de Mateus (*Ef* 19,1-3; *Esmir* 1,1 = Mt 3,15; *Filad* 3,1 = Mt 15,13; *Policarpo* 2,2). Da mesma forma a *Didaquê*, também na tradição mateana, reflete a transição do primitivo ministério carismático para as estruturas formais de bispos e diáconos. Mateus parece estar na mesma trajetória histórica que levou até Inácio e à *Didaquê*, mas sem entusiasmo a respeito do desenvolvimento de ofícios eclesiásticos formais. Alguns membros de sua comunidade parecem ter estado interessados em adotar os cargos e os títulos que o judaísmo formativo estava começando a usar e revestir de autoridade mais formal do que antes ("rabino", "pai", "instrutor" cf. 23.812). Mateus resiste a essa tendência.

A comunidade mateana parece ter tido *profetas* entre a sua liderança, provavelmente como seus principais líderes, como nos primeiros dias da comunidade refletida na *Didaquê* e em Q (Mt 5,12 comparado com Lc 6,23; Mt 10,41; 23,34; mesmo 7,21-22 pressupõe que havia "bons" profetas na comunidade). Esses profetas eram figuras carismáticas que receberam e transmitiram revelações do Senhor exaltado, e que conduziram a comunidade em outros caminhos. Eles participavam da vida organizada em comunidade, mas alguns deles também faziam viagens missionárias (10,41). Mateus valorizava esses profetas e os enxergava como um modelo para toda a liderança da igreja e da vida cristã, como tal (5,12), mas também via o perigo de tal liderança carismática (7,15.21-22; 24,11.24). Em contraste com Marcos, para quem o problema era a falsa interpretação dos acontecimentos atuais como o prelúdio do *eschaton*, Mateus vê o perigo de tais "falsos profetas" na sua atitude negligente em relação à ética, incluindo a observação estrita da Torá (ἀνομία, *anomia* [sem lei, negação da lei], entendida em termos de Torá, "a negação da Torá").

Mateus também entendeu que o Senhor ressuscitado tinha enviado *sábios* e *escribas* para atuar como líderes na igreja (13,52; 23,34). As funções exatas destes ministros não são claras, mas eles aparentemente tiveram papéis análogos aos do judaísmo ao seu redor. Os sábios teriam transmitido e interpretado as tradições de sabedoria da comunidade, mas de forma diferente do judaísmo, uma vez que Mateus não só compreendeu que Jesus era o mensageiro de sabedoria, mas utilizou a figura da Sabedoria transcendente como uma categoria cristológica para compreender o status do Cristo ressuscitado e exaltado.[9] Os escribas teriam trabalhado e transmitido não apenas materiais bíblicos e interpretações midráshicas e citações de cumprimento, mas provavelmente teriam feito o mesmo com as outras tradições sagradas da comunidade, ou seja, Q, Marcos e alguns dos materiais especiais de Mateus. Isso significa que Mateus já tinha algo das tradições de Q e Marcos que foram interpretados por escribas cristãos. O próprio Mateus é, provavelmente, um escriba cristão, que apresenta de seu tesouro tradicional acumulado, coisas antigas e novas para a edificação da comunidade (13,52). Sábios e escribas (assim como os profetas) parecem ter participado do ministério de ensino no interior da comunidade, mas os papéis exatos e como eles estão relacionados uns com os outros já não podem mais ser determinados.

22.6.3 Status social

O fato de Mateus parecer representar uma comunidade urbana é ilustrado pelas evidências supracitadas para Antioquia. Dados adicionais sugerem uma comunidade que tinha, pelo menos, alguns membros relativamente ricos. As bem-aventuranças Q para os "pobres" e "os que têm fome" tornam-se, em Mateus, "pobres de espírito" e "os que têm fome e sede de justiça" (Mt 5,3.6 // Lc 6,20-21). As referências a moedas de cobre de baixo valor são substituídas por referências ao ouro e a moedas de maior valor (Mc 6,8 // Mt 10,9; Lc 19,11-27 // Mt 25,14-30), e são contadas histórias que contêm valores financeiros muito altos (e.g., 18,23-35) e jantares luxuosos (22,1-14). Mateus especificamente acrescenta a Marcos que José de Arimateia, que sepultou Jesus, era tanto um discípulo quanto um homem rico (27,57).

---

[9] Cf. 11,18-19.25-30; 23.34 vs. Lc 11,49; M. JACK SUGGS, *Wisdom, Christology, and Law in Matthew's Gospel* (Cambridge: Harvard University Press, 1970); RUSSELL PREGEANT, "The Wisdom Passages in Matthew's Story," in *Treasures New and Old: Recent Contributions to Matthean Studies*, ed. David R. Bauer and Mark Allen Powell (Atlanta: Scholars Press, 1996), 197-232.

22.7 Temas e questões teológicas

22.7.1 Conflito de reinos

A história mateana de Jesus é contada no quadro apocalíptico abrangente do conflito cósmico (ver Vol. I §7.6.1). O enredo é dominado pelo conflito de reinos. O leitor deve observar que o conflito não é, em última análise, entre Jesus e os líderes judeus, ou entre o Império Romano e o Reino de Deus, mas que a narrativa se desenrola como o segmento histórico e terreno de uma história cósmica (ver sobre 4,1-11; 12,22-32; 13,36-39). O conflito deste mundo com o qual a narrativa está envolvida tem um pano de fundo mitológico, cósmico, e aponta para além de si mesmo. Assim, Deus é o ator oculto na história, e Satanás é o adversário oculto (ver Vol. I, §7.6.2).

22.7.2 Ética: fazendo a vontade de Deus

Mateus está extremamente interessado na ética, referindo-se a ela como *a vontade de Deus* (6,10; 7,21; 12,50; 18,14; 21,31; 26,42), resumida como δικαιοσύνη (*dikaiosynē*, retidão, justiça, 3,15; 5,6.10.20; 6,1.33; 21,32). Assim, fazer o certo é fazer a vontade de Deus. Embora o Jesus mateano fale com a autoridade de Deus, dando instruções específicas para se fazer a vontade de Deus, a ética de Mateus não está expressa em uma lista de regras, mas na história mateana como um todo. Esta história não é apenas a história de Jesus que fornece o significado e o plano da narrativa de Mateus, mas a metanarrativa da qual faz parte, a história de Deus desde a criação até o *eschaton*, da qual a história-de-Jesus é o centro definidor.[10] Apesar de Mateus insistir que a Lei e os Profetas, como interpretadas por Jesus, representam a vontade de Deus e deve ser cumprida, a vontade de Deus é finalmente revelada em uma vida de discipulado de Jesus com o mandamento de amar a Deus e ao próximo como sua norma fundamental.

---

[10] Para ambos os pontos, veja RUSSELL PREGEANT, *Knowing Truth, Doing Good: Engaging New Testament Ethics* (Minneapolis: Fortress, 2008), 123-144.

22.7.3 Cumprimento da Escritura

Mateus cita diretamente a Escritura quarenta vezes com uma indicação explícita do tipo "está escrito" (e.g., Mt 4,4 = Dt 8,3). Mateus também contém várias outras citações diretas, não explicitamente identificadas (e.g., 27,46 = Sl 22,1; seu número exato depende de quão estritamente alguém distingue entre citação e alusão), perfazendo um total de sessenta e uma citações diretas em vinte e oito capítulos, além de uma infinidade de paráfrases bíblicas, alusões e imagens. O Novo Testamento grego NESTLE-ALAND enumera 294 alusões, o que resulta em mais de dez vezes por capítulo.

Uma categoria especial é formada por dez "fórmula de citações", às vezes chamadas de "citação de reflexão" (*Reflexionszitaten*) ou "citações de cumprimento":[11]

- 1,22-23 = Is 7,14 "Eis que a virgem conceberá e dará à luz um filho, e ele será chamado pelo nome de Emanuel (que quer dizer: Deus conosco)".
- 2,15 = Os 11,1 "Do Egito chamei o meu Filho".
- 2,17-18 = Jr 31,15 "Ouviu-se um clamor em Ramá, pranto, [choro] e grande lamento; era Raquel chorando por seus filhos e inconsolável porque não mais existem".
- 2,23 (=Is 11,1?) "Ele será chamado Nazareno".
- 4,14b-16 = Is 9,1-2 "Terra de Zebulom, terra de Naftali, caminho do mar, além do Jordão, Galileia dos gentios! O povo que jazia em trevas viu grande luz, e aos que viviam na região e sombra da morte resplandeceu-lhes a luz".
- 8,17 = Is 53,4 "Ele mesmo tomou as nossas enfermidades e levou as nossas doenças".
- 12,18-21 = Is 42,1-4 "Eis aqui o meu servo, que escolhi, o meu amado, em quem a minha alma se compraz. Farei repousar sobre ele o meu Espírito, e ele anunciará juízo aos gentios. Não contenderá, nem gritará, nem alguém ouvirá nas praças a sua voz. Não esmagará a cana quebrada, nem apagará o pavio que fumega, até que faça vencedor o juízo. E, no seu nome, esperarão os gentios".
- 13,35 = Sl 78,2 "Abrirei em parábolas a minha boca; publicarei coisas ocultas desde a criação [do mundo]".

---

[11] Quatro citações adicionais são às vezes incluídas neste grupo (2,6; 3,3; 13,14-15; 26,56). Embora quatorze seja um numero significativo para Mateus (1,2-17), as quatro adicionais não cumprem os critérios citados aqui, e são todos de um tipo diferente de texto – e dez é também um número significativo para Mateus.

- 21,4-5 = Is 62,11; Zc 9,9 "Dizei à filha de Sião: Eis aí te vem o teu Rei, humilde, montado em jumento, num jumentinho, cria de animal de carga".
- 27,9-10 = Zc 11,13, atribuído à "Jeremias" "Tomaram as trinta moedas de prata, preço em que foi estimado aquele a quem alguns dos filhos de Israel avaliaram e as deram pelo campo do oleiro, assim como me ordenou o Senhor".

Todas são introduzidas por Mateus em seus contextos. Exceto para as quatro citações de fórmula na narrativa do nascimento, todas são postas em um contexto marcano. Exceto Zc 9,9, citado em Mt 21,4-5, nenhum outro é citado em outras partes do Novo Testamento. Assim, elas parecem pertencer exclusivamente a Mateus e/ou a sua própria tradição. Elas distinguem-se das outras citações, incluindo outras peculiares a Mateus (1) pela sua fórmula introdutória de identificar um evento na vida de Jesus como o cumprimento das Escrituras, (2) pelo fato de todas serem citadas pelo narrador ao leitor, não por um personagem da história de outros personagens, e (3) pelo tipo de texto. Enquanto Mateus geralmente segue a LXX, essas dez são distintas, divergindo da LXX e de todos os outros tipos de texto conhecidos. A fórmula introdutória completa encontra-se na primeira citação: "Tudo isto aconteceu para se cumprir o que fora dito pelo Senhor por intermédio do profeta (dizendo), ..." (1,22), e é repetido com pequenas variações em todos os outros.

22.7.4 Tipologia de Moisés

Desde o início de sua composição, Mateus narra a história de Jesus de tal forma que evoca as imagens de Moisés tanto da Escritura quanto da tradição judaica.[12]

- 1,18-21 Em um sonho, um anjo anuncia o nascimento de Moisés e que ele irá operar milagres e salvar o seu povo (cf. Êx 2,1-10; Ps. Filo, *Bib. Ant.* 9.10).
- 1,18-25 Moisés é concebido de uma forma miraculosa. A história bíblica foi expandida na tradição judaico-helenista para dar a Moisés um nascimento miraculoso (não no Antigo Testamento, mas cf. Filo, *Querubim* 40-52; *Vida Contempl.* 25; *Sonhos* 1.200; *Moisés* 1.279; *2 Enoque* 71,1-23).

---

[12] Para uma discussão mais detalhada e matizada, veja DALE C. ALLISON, *The New Moses: A Matthean Typology* (Minneapolis: Fortress, 1993).

- 2,1-15 Em seu nascimento, ele é ameaçado pelo rei perverso (Êx 1,8-22).
- Mt 12,14 (cf. também 13,54-58; 21,33-40; 27,15-26) Ele é inicialmente rejeitado pelo seu povo (Êx 2,11-14 [At 7,27-35]).
- 2,1-4,11 Ele vem do Egito; ele passa pelas águas e é provado no deserto (Êx 12–Dt 34).
- 5,1-7,27 Ele sobe na montanha e dá mandamentos autoritativos (Êx 19-23). A frase "subiu ao monte" (Mt 5,1), comum no Antigo Testamento, é quase exclusivamente associada com Moisés. Mesmo a nota que Jesus "sentou-se", enquanto ensinava pode também refletir Moisés sobre a montanha, uma vez que em algumas interpretações judaicas de Dt 9,9 foi entendida retratando Moisés como especificamente sentado no Monte Sinai; este se tornou um tópico de discussão rabínica.[13]
- 8,1-9,34 Ele realiza dez grandes feitos de poder na libertação do povo de Deus (Êx 7-12). Entretanto, os milagres de Jesus são todos atos de misericórdia e libertação, mesmo para os romanos – em vez de julgamento sobre o opressor. Como Mateus transformou o violento, conquistador "Filho de Davi" no rei curador que não retalia, mas se resigna (ver em 12,9-21), ele transformou os atos violentos de libertação em atos de compaixão.
- 17,1-9 Uma série de traços mosaicos já estava na forma pré-marcana no relato da transfiguração (cf. Êx 24,1-18; 34,29-35; Dt 18,15-18): "seis dias" (Êx 24.26); "alta montanha" (Êx 24,12); uma nuvem resplandecente na montanha; um seleto grupo de três (Arão, Nadabe, Abiú = Pedro, Tiago, João); uma voz da nuvem; a resposta de medo; a ordem: "a ele ouvirás" (Dt 18,15). Mateus preserva essas características e concentra sua atenção em Jesus no papel de Moisés, desenvolvendo esta tipologia, ao mencionar Moisés primeiro, acrescentando a descrição do rosto de Jesus brilhando como o sol (Êx 34,29-35), ao descrever a nuvem como "brilhante", tornando a nuvem como a Shekinah que repousava sobre o tabernáculo e no templo, e por ter Jesus ecoando as palavras de Moisés sobre "esta geração incrédula e perversa" (17,17 = Dt 32,5). A nuvem celestial da presença de Deus aparece no monte da transfiguração, como no tabernáculo dos dias de Moisés (Êx 40,34-35). Como antigamente, a voz celestial vem da nuvem, e o Deus que já havia falado sobre o Monte Sinai apenas a Moisés fala diretamente aos discípulos de Jesus.
- Caps. 5-7, 10, 13, 18, 23-25 Dada a outra evidência, os cinco grandes discursos do mestre Jesus em Mateus, provavelmente também formam um paralelo com os cinco livros de Moisés.

---

[13] W. D. DAVIES and DALE C. ALLISON, *The Gospel According to Saint Matthew* (3 vols.; ICC; Edinburgh: T & T Clark, 1988-1997) 1.424.

22.7.5 Jesus o mestre: Ausência do segredo messiânico

Nós vimos o papel do tema do segredo messiânico na formação do primeiro Evangelho (Marcos) (§20.1.2), e que a teoria do segredo, necessária para que Jesus fosse retratado como um mestre enigmático, cuja mensagem não pôde ser entendida até depois da ressurreição. Os discípulos tiveram então que ser retratados como não compreendendo o ensino de Jesus. Para Mateus, as condições que geraram o Evangelho de Marcos não existem; Mateus aceita a resolução de Marcos das questões cristológicas que geraram a forma evangelho, e não precisa reinventar a roda. Provavelmente, como a maioria dos cristãos desde então, Mateus aceitou a justaposição que Marcos faz entre o divino Filho de Deus e o Jesus verdadeiramente humano que sofre e morre, porém sem refletir sobre como isso poderia ser assim. Mateus tinha outros interesses, um das quais é apresentar Jesus como mestre autorizado para a comunidade, um mestre que queria ser entendido, e que foi entendido. Mateus, portanto, desmonta e/ou reinterpreta os textos marcanos que expressam o segredo messiânico (seus materiais Q e M não têm esse recurso literário distintamente marcano). Alguns exemplos:

- 1,18-2,12 O nascimento de Jesus como Messias e Filho de Deus é uma revelação de sua identidade. Fenômenos astrais indicam seu significado e orientam os Reis Magos. Herodes, o sumo-sacerdote, e os escribas estão cientes da identidade de Jesus. Maria e José sabem que ele não tem um pai terreno, mas nasce como Filho de Deus.
- 3,13-15 João Batista reconhece Jesus, e está hesitante em batizá-lo até que Jesus lhe ordena com autoridade. João e os demais presentes ouvem a voz do céu: "Este é o meu Filho amado" (Mc 1,11: "Tu és o meu Filho amado", a Jesus; os outros, incluindo João, não a ouvem).
- 9,25-26 Mateus omite a ordem registrada em Mc 5,43 de não contar a ninguém o milagre de ressuscitar a menina dos mortos (difícil de imaginar historicamente em qualquer caso). Em alguns lugares, Mateus sustenta o mandato marcano do segredo, mas ou eles desempenham um papel diferente em Mateus daquele em Marcos, ou são simplesmente vestigiais.
- 13,10-17 Mateus expande e reescreve a difícil "explicação" marcana do porque Jesus ensinava por meio de parábolas, eliminando a ideia de Mc 4,10-12 segundo a qual as parábolas tinham a intenção de impedir as pessoas de compreender.

- 13,51 passim Mateus, omite, modifica, ou oferece uma correção suplementar para cada passagem em Marcos que retrata os discípulos como não compreendendo ou falhando em entender.[14]

A modificação da teoria do segredo permite Mateus apresentar Jesus como um mestre com autoridade cujas interpretações da Torá e diretrizes sobre a vontade de Deus é entendida e praticada pelos discípulos. Esta imagem, em seguida, torna-se um aspecto central da continuação da missão da Igreja: fazer discípulos de todas as nações, ensinando-os a obedecer a tudo o que Jesus, o mestre supremo, mandou (28,16-18; cf. 23,8).

22.7.6 Emanuel e a presença contínua de Cristo

Como os outros sinóticos (em contraste com João), Mateus tem pouco a dizer sobre a presença do Espírito Santo na vida da comunidade de fé pós-pascal. Sua maneira de fazer isso é falar da presença contínua de Cristo, equiparado com a presença de Deus, a presença do Espírito Santo.

- 1,23 Mateus cita a promessa de Isaías em relação ao nascimento de Jesus: "ele será chamado Emanuel, que quer dizer 'Deus conosco'", Este não é literalmente o nome de Jesus, é claro. Frequentemente na Bíblia, "nome" não é uma questão de rótulo, mas de essência, substância. "Eles", neste texto, é uma forma indireta de falar de Deus. Assim este texto chave no início do Evangelho significa que "Deus irá constituir Jesus como Deus conosco". A história de Jesus é uma forma de falar acerca de Deus. Em Jesus e sua história, Deus está conosco.
- 28,20 As últimas palavras do Jesus ressuscitado são: "eis que estou convosco todos os dias até a consumação do século". Não há ascensão em Mateus; o Cristo ressuscitado permanece com os seus discípulos. Junto com 1,23, este texto constitui um suporte para todo o Evangelho de Mateus, afirmando a presença contínua de Deus.
- 10,40 Jesus envia os seus discípulos, autorizando-os e capacitando-os para continuar sua obra (10,1-5). Aqueles que recebem os discípulos de Jesus recebem o próprio Jesus, e quem o recebe, recebe a Deus.

[14] Cf. detalhes em BARTH, "Law," 105-112.

- 13,37 O próprio Jesus, o exaltado Filho do Homem, acompanha sua igreja através da história como alguém ativo na pregação do Evangelho por todo o mundo.
- 16,18 É o Cristo transcendente que continua a edificar a igreja.
- 18,20 Cristo está presente quando a igreja se reúne "em seu nome".
- 18,5; 25,40 Cristo é reconhecido no encontro com os pequeninos e necessidades humanas.

22.8 Estrutura: Mateus como compositor

Mateus adota o esboço marcano básico, reestruturando-o como se segue:

- Mateus prefixa a genealogia e a história do nascimento no início.
- Mateus acrescenta aparições da ressurreição no final. Essas duas mudanças suavizam a aspereza do início e do fim de Marcos, e orientam a narrativa mais na direção de uma *bios* helenística.
- Mateus insere o material Q na estrutura narrativa. Marcos tinha sido cauteloso com coleções flutuantes de ditos de Jesus que não foram fundamentadas na narrativa que leva à cruz. Ao incluí-los dentro do esboço marcano, o material dos ditos é subordinado ao kerygma da cruz e da ressurreição.

Após a edição criativa de Mateus, o esboço básico marcano permanece: o ministério de Jesus se desdobra na Galileia, depois do qual ele faz uma viagem a Jerusalém, onde ele é morto. Várias propostas foram feitas para localizar os pontos decisivos na elaboração de Mateus do esboço de Marcos.

Discursos. Cinco vezes Mateus conclui um grande discurso de Jesus com fórmulas quase idênticas: "Quando Jesus acabou de dizer essas coisas..." (7,28; cf. 11,1; 13,53; 19,1; 26,1). A fórmula não é apenas a conclusão, antes é transitória, apontando para a conclusão do discurso e encaminhando à continuação da narrativa, relacionando as palavras de Jesus aos seus atos, discursos e narrativa conjuntamente.

(1) *O Sermão do Monte*, 5,3-7,29, apresenta o ensinamento autoritativo do Messias que veio não para destruir a lei, mas para cumpri-la.

(2) *O discurso missionário*, 10,5b-42, é dirigido por Cristo aos seus discípulos, que são enviados em missão como representantes de Cristo e com a sua autoridade.

(3) *A coleção parábola*, 13,1-52, retrata a ocultação do Reino de Deus no presente, em conflito com o reino do mal deste século, mas finalmente triunfa sobre ele.

(4) *Direções para a vida interna da igreja* são fornecidas pelo discurso em 18,1-35, dirigindo-se a Igreja em face de sua necessidade tanto de disciplina rigorosa quanto de profundo perdão, se é para viverem juntos como discípulos de Cristo.

(5) O conclusivo *Discurso do Juízo* 23,1-25,46 corresponde ao início do paradigmático Sermão do Monte, estabelecendo a vida em um contexto escatológico específico do juízo universal e do triunfo do reino de Deus.

Os discursos são um dispositivo de estruturação importante, mas Mateus não deve ser considerado como uma estrutura de cinco discursos unidos por ligações narrativas. Os discursos são inseridos na narrativa, que é primária.

As tradições sagradas de Mateus (*Marcos e Q*) como a chave de sua estrutura. Mateus foi profundamente influenciado pela estrutura de suas duas principais fontes, que tinham sido, por muito tempo, familiares tanto para ele quanto para seus leitores. Na primeira parte de sua composição, Mateus segue basicamente a ordem de Q, inserindo material de Marcos principalmente na coleção de relatos de milagres nos capítulos 8-9, e organizando toda a seção em um padrão quiástico. A parte dois de Mateus começa em 12,22 (= Mc 3,22). Deste ponto em diante, ele nunca se desvia da ordem marcana.

A igreja de Mateus, já familiarizada com o Evangelho de Marcos e Q, recebe agora uma nova estrutura para interpretar sua tradição sagrada. De 12,22 em diante, as seções narrativas simplesmente seguem o esboço e a ordem marcana. Mateus impõe sua marca nisso inserindo suas próprias tradições e composições nas seções narrativas e desenvolvendo os discursos marcano em unidades composicionais maiores para corresponder ao Sermão do Monte e à primeira parte do discurso missionário. A série resultante dos cinco discursos forma assim a estrutura de entrelaçamento entre as partes 1 e 2.

22.8.1 Esboço

PARTE UM: *O conflito dos reinos iniciado e definido* 1,1-12,21

A. Jesus como Rei Messiânico, Filho de Davi e Filho de Deus 1,2-25

B. Conflito com o reino desta Era	2,1-23
C. Jesus e João: batismo, tentação e inícios	3,1-4,17
D. O chamado dos discípulos	4,18-22
E. A autoridade do Messias em palavras e em ações	4,23-9,35
1. O Messias em palavra: Sermão do Monte	*(Discurso 1) 5,1-7,29*
2. O Messias em ação: dez poderosos atos de libertação	8,1-9,35
D'. Os discípulos autorizados e enviados	*(Discurso 2) 9,36-11,1*
C'. Jesus e João: identidade e resposta	11,2-19
B'. Conflito com o reino desta Era	11,20-12,14
A'. O rei-servo	12,15-21
PARTE DOIS: O conflito dos reinos desenvolvido e resolvido	12,22-28,20
Conflito, decisão, e reunião da verdadeira comunidade	12,22-50
As Parábolas e o Reino	*(Discurso 3) 13,1-52*
A formação da nova comunidade em meio à continuidade do conflito	13,53-17,27
A oposição da antiga comunidade	13,53-16,12
A confissão dos discípulos e a nova comunidade	16,13-28
A confissão de Deus e a nova comunidade	17,1-27
A vida comunitária na comunidade de fé	*(Discurso 4) 18,1-35*
Conflito e polarização final	19,1-22,46
Instruindo os discípulos a caminho da paixão	19,1-20,34
Jerusalém: O confronto final	21,1-22,46
O Discurso do Juízo	*(Discurso 5) 23,1-25,46*

A narrativa da Paixão	26,1-28,20
Conspiração contra Jesus, exagerada devoção a ele	26,1-16
Páscoa/a última ceia	26,17-30a
Abandono, traição e prisão	26,30b-56
Julgamento judaico: confissão de Jesus e negação de Pedro	26,57-27,1
Julgamento romano: Jesus condenado e escarnecido	27,2-31a
Crucifixão e sepultamento	27,31b-66
Ressurreição	28,1-28

22.9 Síntese exegético-teológica

O ponto de partida de Mateus para sua história de Jesus é a mensagem acerca da vinda e presença do reino de Deus anunciado por Jesus. (Mateus usa frequentemente "reino dos céus", devido sua reverência para com a palavra "Deus"; as duas frases significam a mesma coisa). O conflito cósmico entre o reino de Deus e o reino de Satanás (12: 22-30) é o *pano de fundo* para o primeiro plano dos conflitos entre Jesus e seus adversários, o que leva à sua morte.

PARTE UM: O conflito dos reinos iniciado e definido (1,1-12,21)

A. Jesus como Rei Messiânico, Filho de Davi e Filho de Deus (1,2-25)

O título de 1,1 apresenta Jesus como o Messias, o esperado Filho de Davi (ver Vol. I §7.6) e filho de Abraão, em quem todas as nações seriam abençoadas (Gn 12,1-3). A genealogia (1,2-17) não é uma lista, como em Lucas 3,23-28, mas em vez disso é uma narrativa que resume a história do povo de Deus desde Abraão até Jesus. Ela apresenta Jesus como o aquele que cumpre as esperanças judaicas, descendente da linhagem real de Davi, que é mencionado cinco vezes. Os antepassados de Jesus também incluem aqueles que estão fora do grupo principal que foi incorporado ao povo da aliança (Tamar, Raabe, Rute, Bate-Seba). A genealogia não está relacionada com a de Lucas, com a qual não pode ser harmonizada (ver notas lá).

Na cena de abertura, José descobre que sua noiva está grávida, e não é dele. A Torá prescreve a punição em tais casos (Dt 22,23-27). José já tinha decidido não fazer o que a lei mandava, antes mesmo de ele ser informado pelo anjo que a criança não tinha um pai terreno. No entanto, José é chamado de "homem justo" (1,19) e tratado como "Filho de Davi" (1,20). Mas como alguém que não cumpre estritamente a lei pode ser considerado justo? Esta será um subtema do evangelho presente em toda parte, pois é uma questão com a qual a própria comunidade de Mateus está muito interessada. Eles também reverenciam a Torá como a lei de Deus, mas não a observam da maneira tradicional.

B. Conflito com o reino desta Era (2,1-23)

O nascimento de Jesus é o nascimento de um rei (2,2). Embora seja recebido por visitantes gentios ilustres de longe, já existe um "rei dos judeus" no lugar, e só há espaço para apenas um rei. Herodes tenta destruir o rei recém-nascido. O governante mal e terreno não é destruído pela violência divina. O recém-nascido rei "se retira" (ἀναχωρέω, *anachōreō*) primeiro para o Egito e depois para Nazaré (2,14.22). Moisés, quando ameaçado por Faraó, tinha também "se retirado" para outro país (cf. Êx 2,15 ἀναχωρέω), mas finalmente prevaleceu. Mateus usa esse verbo quatro vezes nesta seção (2,12.13.14.22), antecipando o caráter da realeza de Jesus. Ele vai usar essa palavra-chave outras seis vezes, quase que exclusivamente para a resposta de Jesus à ameaça e agressão (4,12; 10,23; 12,14-21; 14,13; 15,21). Esta "retirada" não é covardia, autopreservação, ou estratégia, mas representa a visão alternativa de Jesus acerca da realeza, que é de não violência e não retaliação. Jesus é o "Filho do Homem que não tem onde reclinar a cabeça" (8,20). Embora ele seja o rei messiânico, Jesus é uma pessoa deslocada neste mundo. Este retrato reflete tanto a experiência pós-pascal de seus discípulos quanto a imagem do Jesus mateano, que responde a agressão em uma retirada não retaliatória (5,38-42; 26,53-56). Mateus adotou isso de Êx 2,15 e seu uso único em Mc (3,7), onde esta foi a resposta de Jesus à ameaça de 3,6, e é feita em um *Leitmotiv* do seu evangelho. Moisés resistiu a Faraó com o poder divino, tal qual Jesus, mas o poder de Deus como manifestado em Jesus será uma espécie de poder essencialmente diferente.

C. Jesus e João: batismo, tentação e inícios (3,1-4,17)

Neste ponto, Mateus começa a seguir suas duas fontes principais. Tanto Q quanto Marcos começam com João Batista. Em contraste com o João marcano, o João mateano reconhece Jesus, e se considera indigno de batizá-lo. Jesus está no comando, fala suas primeiras palavras em Mateus, dentre as quais as palavras-chave mateanas "justiça" e "cumprir". A voz celestial declara que Jesus é Filho e servo de Deus, combinando os textos do Sl 2,7 e de Is 42,1. João e Jesus estão unidos na sua comissão comum para "cumprir toda a justiça"; Jesus é declarado Filho de Deus, precisamente como alguém obediente à vontade de Deus (em contraste com o violento rei Herodes).

A tentação de 4,1-10 não é mais a luta pelo poder como em Marcos, mas um debate entre Jesus e o diabo sobre como o Filho de Deus deve exercer seu ministério. Ela está relacionada com as provas de Israel no deserto (Dt 6-8), e assemelha-se aos debates entre Jesus e os líderes judeus (cf. 21,23-27; 22,15-23,36). Satanás também tem um reino (12,26). O choque cósmico entre os reinos de Satanás e de Deus é expresso nos debates entre Jesus e seus adversários, e pode mesmo vir a expressar o protesto bem-intencionado de um discípulo (cf. 16,23).

A notícia de que João Batista tinha sido preso provoca a retirada de Jesus para a Galileia e o início do seu ministério de pregação, cumprindo a promessa da Escritura para a "Galileia dos gentios" (4,12). Cada termo é teologicamente significativo para Mateus. "Preso" é παραδίδωμι (*paradidōmi*, entregar, render), o mesmo termo usado para o Servo Sofredor de Is 53,6, e para a traição, prisão e "entrega" de Jesus por parte de Deus pelos pecados humanos, e também para o que vai acontecer aos próprios discípulos de Jesus (cf. 10,4.19.21; 17,22; 22,18; 24,9; 26,2.15.21.23.48 e 27,3.18.26). Em relação a "retirar-se", ver acima sobre 2.1-23. "Galileia" representa a posterior disseminação do evangelho aos gentios (cf. 28,16-18).

D. O chamado dos discípulos (4,18-22)

Esta breve passagem é estruturalmente significativa na história de Mateus, o chamado dos discípulos correspondente ao seu envio em 9,36-11,1 (cf. esquema acima §22.8.1). Como em Marcos, Jesus toma a iniciativa. Eles respondem à sua palavra autoritativa. Seu discipulado não é a realização de sua própria busca religiosa, ou com base em sua observação dos milagres de Jesus ou em ouvir o seu ensinamento, antes, é o resultado do chamado eficaz de Jesus. Eles ainda não sabem para onde estão indo, mas devem aprender ao longo do caminho.

E. A autoridade do Messias em palavras e em ações (4,23-9,35)

O núcleo central da Parte Um de Mateus é a sua apresentação da autoridade de Jesus em palavras (o Sermão do Monte) e ações (uma coleção de dez milagres), emoldurado por declarações sumárias quase idênticas (4,23/9,35). O Messias em palavras precede o Messias em ações. Para Mateus, Jesus é o supremo Mestre (cf. 23,10). É o seu ensinamento que valida seus milagres, e não o contrário.

Tanto o ensino quanto as ações são uma reminiscência de Moisés. Sobre uma montanha, Jesus oferece instruções de como se deve viver. Jesus realiza dez potentosos atos, libertando o seu povo e formando uma nova comunidade. A relação de Jesus e Moisés era uma questão vital na comunidade judaico-cristã de Mateus.

1. O Messias em palavra: Sermão do Monte (5,1-7,29)

O Sermão do Monte não é um relatório de um determinado discurso proferido no ano 30 numa encosta da Galileia. Embora alguns destes materiais remontem ao Jesus do ano 30, o Sermão é uma composição de Mateus. Este é o discurso mais cuidadosamente estruturado do Evangelho. Mateus toma o Grande Sermão de Q e segue sua ordem quase que exatamente, ampliando-o com material de outras partes de Q, de seus próprios materiais especiais, e com alguns ditos de Marcos (cf. sobre Lc 6,20-49 e quadro 30, p. 993).

Aqui encontramos a resposta de Mateus à questão levantada na cena de abertura do evangelho (Mt 1,18-19), uma questão que perturbou profundamente a igreja mateana: como é que pessoas que não obedecem a lei divina ao pé-da-letra podem ainda ser "justas" aos olhos de Deus? O Jesus mateano deixa claro que ele não veio para destruir a lei (5,17-20). Sua vida e ensinos são o cumprimento da lei. A exigência central da lei é o amor ao próximo (5,43-48; 7,12; cf. 22,34-40). Quem ama a Deus e ao próximo está, de fato, cumprindo a lei e os profetas. Essa exigência não permanece abstrata e geral. Seis instâncias focais ("antíteses") ilustram o que isso significa na prática (5,21-40). Cada uma segue o mesmo padrão: a reafirmação da lei; radicalização da lei, a aplicação situacional da lei. As três primeiras ilustram a aplicação situacional; as três últimas são abertas, deixando o discípulo discernir de situação para situação o que o amor a Deus e ao próximo requer, com base nos exemplos dados e no caráter de Deus revelado em Jesus.

Após Jesus concluir o seu desafio para viver sob o mandamento do amor, apelando à própria perfeição de Deus, é que ele deixa claro esta forma mais radical do mandamento do amor: "em vista do 'Sim' de Deus para nós, um 'Não' aos nossos companheiros humanos já não pode ser a nossa palavra final. Não um 'o que você me faz eu faço a você', mas um 'o que Deus tem feito por mim, isso vou fazer por você' – esta é a 'perfeição' para a qual o discípulo de Jesus Cristo é chamado".[15]

Quadro 30: O Sermão do Monte

Introdução: cenário do sermão	4,23-5,2	Mc 1,39; 3,7-13; Lc 6,12, 17-20a
I. Pronunciamentos triádicos que constituem os discípulos como a comunidade escatológica, 5,3-16		
A. As Bem-aventuranças: caráter e destino dos discípulos	5,3-12	Lc 6,20b-23
B. Os discípulos como sal	5,13	Lc 14,34-35 Mc 9,49-50
C. Os discípulos como luz	5,14-16	Lc 8,16; 11,33 Mc 4,21
II. Instruções tripartidas sobre o modo de vida da comunidade escatológica, 5,17-7,12		
A. Parte Um: "A Lei"	5,17-48	
1. A Lei e a "justiça maior"	5,17-20	Lc 16,16-17
2. Três antíteses modelando a Justiça Maior, 5,21-32		
a. Ira	5,21-26	Lc 12,57-59 Mc 11,25
b. Luxúria	5,27-30	Mc 9,43
c. Divórcio	5,31-32	Lc 16,18 Mc 10,3-4; 11,12

[15] Reinhard Feldmeier, *"Salz der Erde": Zugänge zur Bergpredigt* (BThS 14; Göttingen: Vandenhoeck & Ruprecht, 1998), 442.

3. Três antíteses para a aplicação dos discípulos, 5,33-48		
a. Juramento	5,33-37	M
b. Retaliação	5,38-42	Lc 6,29-30
c. Amor	5,43-48	Lc 6,27-28, 32-36
B. Parte Dois: "O serviço do Templo": Três atos de justiça diante de Deus, 6,1-18		
1. Esmolas	6,1-4	M
2. Oração, 6,5-15		
a. Nem como os hipócritas nem como os gentios	6,5-8	M
b. A oração do Senhor	6,9-13	Lc 11,2-4
c. A condição para o perdão	6,14-15	Mc 11,25(-26)
3. Jejum	6,16-18	M
C. Parte Três: "Atos de bondade amorosa": Instrução adicional na justiça autêntica, 6,19-7,12		
1. Servindo a Deus ou a Mamom	6,19-24	Lc 12,33-34 11,34-36 16,13
2. Ansiedade	6,25-34	Lc 12,22-32
3. Julgamento	7,1-5	Lc 6,37-42 Mc 4,24-25
4. Pérolas aos porcos	7,6	M
5. Pedindo e recebendo	7,7-11	Lc 11,9-13
6. Sumário conclusivo: A regra de ouro	7,12	Lc 6,31
III. Três advertências escatológicas, 7,13-27		
A. Dois caminhos	7,13-14	Lc 13,23-24
B. Duas colheitas (falsos profetas)	7,15-23	Lc 6,43-46 13,25-27
C. Dois construtores	7,24-27	Lc 6,47-49
Conclusão do Sermão	7,28-29	Mc 1,22

2. O Messias em ação: dez poderosos atos de libertação (8,1-9,35)

Nesta seção, a autoridade messiânica e o poder de Jesus são retratados pela composição de nove histórias de milagres relacionados aos dez poderosos atos salvíficos (9,18-26 combina a cura da mulher com hemorragia e a ressurreição da filha de um chefe da sinagoga). As nove histórias estão agrupadas em três grupos de três; os dez poderosos atos são uma reminiscência das dez pragas do Egito. Mateus tem usado cada uma das duas histórias duas vezes para obter esse padrão, utilizando a história da cura do cego em Mc 10,4-52, tanto em 9,27-31 e 20,29-34, e a história Q da cura do homem mudo endemoninhado (Lc 11,14-15), tanto em 9,32-34 quanto em 12,22-24. Jesus é como Moisés, mas seus grandes feitos expressam a compaixão de Deus, em vez de julgamento.

Os resumos duplos que encerram esta seção enfatizam a cura, não exorcismos ou milagres naturais (4,23/9,35). Enquanto em Marcos todos os poderosos atos de Jesus tendem a ter traços de exorcismo, retratando Jesus como vencedor sobre os poderes demoníacos, em Mateus todos eles tendem a assumir o caráter de histórias de cura. Assim, para Mateus, o esperado "Filho de Davi" (10 vezes em Mateus), de vitorioso militar que opera com violência divina, passa a ser um curador compassivo. Apesar do comportamento compassivo, não agressivo de Jesus, rejeição e conflito surgem nesta seção pela primeira vez no evangelho (9,3).

D'. Os discípulos autorizados e enviados (9,36-11,1)

Este é o segundo dos cinco grandes discursos de Jesus em Mateus (ver acima sobre a estrutura). Tanto em Q quanto em Marcos, Jesus faz um discurso de comissionamento enviando os seus discípulos. Mateus normalmente combina isso em um discurso, contrastando com Lucas, que preserva cada fala separadamente (Lc 9,3-5 como "o envio dos doze", Lc 10,2-20, como "o envio dos setenta (-e dois)"). A missão de Jesus é só para Israel (10,5-6; cf. 15,24). Depois da Páscoa, a missão é para todas as nações (28,16-20). No entanto, aqui, como em outros lugares, o discurso de põe em colapso a perspectiva pós-pascal na estrutura narrativa pré-pascal, ignorando os discípulos no nível da história para abordar a audiência contemporânea do Evangelho de Mateus no nível do discurso. Mateus toma o material do discurso apocalíptico de Marcos, em que Jesus dá indicações para o tempo posterior do discipulado, pós- ressurreição, mostrando os problemas e terrores do próprio tempo da igreja, e insere-o no discurso da missão (Mc 13,9-13 = Mt 10,17-25). Assim,

Mateus não apenas separa a vida de Jesus do tempo da igreja, como comprime-os em uma única perspectiva. Ele tanto proíbe os discípulos de ir para os gentios, quanto avisa que eles irão testemunhar aos gentios, *quando* forem levados a julgamento pelos governantes dos gentios (10,5-6.18). A referência à "crucifixão de Jesus e à cruz dos discípulos (10,38) ainda não pode fazer qualquer sentido no nível histórico, mas os leitores de Mateus olham para trás em toda a história de Jesus e conhecem o Evangelho de Marcos muito bem, e ele fala para eles na situação deles.

C'. Jesus e João: identidade e resposta (11,2-19)

Esta seção é a contrapartida da aparição e pregação inicial de João em 3,1-4,1. (ver esboço acima §22.8) Os materiais de Q sobre João comparam João e Jesus e atribuem a cada um o seu papel na história da salvação. João é uma figura limítrofe, o último e maior dos profetas bíblicos, e embora ele proclame o reino, ainda não pertence a ele. Jesus e seus discípulos proclamam e vivem a realidade do reino que já apareceu em Jesus. No entanto, nem João nem Jesus se encaixam nos critérios esperados dos mensageiros de Deus. Ambos se tornam obstáculos para aqueles que supõem já saberem como Deus age, e ambos são rejeitados (11,11-19). Conhecer o verdadeiro Deus é uma questão da própria revelação de Deus, não mensurando Deus em critérios humanos (11,25-27).

B'. Conflito com o reino desta Era (11,20-12,14)

Todas as três unidades desta seção tratam do conflito crescente que resulta do chamado de Jesus ao arrependimento, e corresponde no esboço de Mateus ao confronto de reinos iniciado em 2,1-23. O conflito superficial expressa a oposição fundamental entre o reino de Deus representado por Jesus e o reino demoníaco representado por seus adversários. A seção termina com a decisão dos fariseus de matarem Jesus (12,14).

A'. O rei-servo (12,15-21)

Jesus responde à intriga "retirando-se" (ἀναχωρέω, *anachōreō*, veja acima) e curando. Esta seção é o parêntese final, o qual corresponde à cena de abertura que apresenta Jesus como rei messiânico, e ecoa as palavras divinas vindas do céu, que o proclamam Filho e Servo de Deus, dotado do poderoso Espírito de Deus, o rei que exerce seu poder imperial com mansidão e misericórdia.

Parte Dois: O conflito dos reinos desenvolvido e resolvido (12,22-28,20)

A extensa Parte 1 de Mateus já deu aos seus leitores um novo contexto para ouvir a história de Jesus com a qual já se haviam familiarizado a partir de Q e Marcos. Deste ponto em diante (Mc 3,22 = Mt 12,22), Mateus mantém praticamente tudo de Marcos e nunca se afasta da ordem marcana. O resumo a seguir só irá apontar adições e reinterpretações chaves feitas à Marcos por Mateus.

Conflito, decisão e encontro da verdadeira comunidade (12,22-50)

Mateus vem construindo a cena-chave em que o reino de Deus confronta o reino de Satanás. Ele faz a distinção polarizando aqueles que consideram Jesus como curando pelo poder de Satanás e aqueles que o veem como representando o (transformado, compassivo) Filho de Davi (12,23-24), e adiciona material de Q, ilustrando que o conflito é entre o Espírito de Deus e os demônios.

Parábolas e o reino (13,1-52)

Mateus estende a coleção de parábolas de Marcos com parábolas adicionais de Q e M, e reescrevendo e ampliando a explicação do por que Jesus ensina por meio de parábolas. Assim, Mateus já não apresenta Jesus como intencionando esconder o seu ensinamento das multidões, como na trama marcana controlada pelo segredo messiânico. Ele conclui assegurando aos leitores que os discípulos entenderam (13,51), e apresenta um retrato parabólico do mestre judeu cristão hábil que retira *ambos* os ensinamentos, antigos e novos, do seu tesouro (13,52) – provavelmente uma espécie de autorretrato do autor.

A formação da nova comunidade em meio à continuidade do conflito (13,53-17,27)

A oposição da antiga comunidade (13,53-16,12)

O foco está cada vez mais sobre os fariseus e saduceus, como representantes daqueles que se opõem ao reino de Deus (Mateus acrescenta 15,12-13; 16,11-12).

A confissão dos discípulos e a nova comunidade (16,13-28)

A cena da confissão de Pedro é ainda um foco dramático da ação em Mateus, como tinha sido em Marcos, mas de uma maneira diferente. Em Marcos, esta tinha sido uma descoberta extraordinária, onde a messianidade de Jesus foi confessada pela primeira vez, embora tragicamente mal interpretada. Em Mateus, a identidade de Jesus é conhecida desde o início, e os discípulos o reverenciavam como Filho de Deus (14,33). Em Mateus, Pedro recebe uma bênção de Jesus por fazer a confissão, e o foco é deslocado da cristologia para a eclesiologia: Cristo vai edificar sua igreja, ela vai durar até o fim da história, e Pedro vai ser a figura fundacional. Mateus já tinha acrescentado um parágrafo em que não só Jesus, mas também Pedro, anda sobre as águas (então Pedro quase afunda; 14,28-32). Aqui Mateus inverte Marcos adicionando a bênção de Jesus sobre a confissão de Pedro, e anuncia que Pedro é a rocha sobre a qual Jesus vai edificar a igreja (então Pedro não entende e se torna o obstáculo). O material adicional que Mateus insere aqui (16,17-19) não parece ter sido criado por Mateus, antes, parece representar uma tradição mais antiga, pós-pascal, porém pré-mateana, que ampliou o papel de Pedro na formação e orientação da Igreja.

A confissão de Deus e a nova comunidade (17,1-27)

Na cena da transfiguração, a confissão anterior de Pedro na terra é confirmada pela confissão divina que vem do céu. Pedro, guiado por Jesus, leva a nova comunidade a ver que, apesar de serem livres da obrigação de pagar o imposto do templo, devem pagá-lo de modo a não ofender outras pessoas que de outro modo poderiam não compreender. Isso é análogo à obrigação de dirigir a vida de uma pessoa na igreja, de modo a não prejudicar a sua missão, como defendido por Paulo (1 Co 8-10; Rm 14). Como prometido em 16,18-19, Pedro fala em nome de Jesus sobre as questões em disputa, e Jesus confirma a resposta de Pedro como sendo a sua própria (17,24-27).

A vida comunitária na comunidade da fé (18,1-35)

Ao adicionar ditos e parábolas de Q e M, Mateus amplia a breve seção de Marcos (Mc 9,33-47) para um discurso mais abrangente sobre a disciplina da igreja, com ênfase no perdão no interior da comunidade cristã.

Conflito e polarização final (19,1-22,46)

Instruindo os discípulos a caminho da paixão (19,1-20,34)

Mateus basicamente reproduz Marcos, suas únicas grandes adições são o parágrafo sobre aqueles que renunciam ao casamento por causa do reino de Deus (19,10-12) e a parábola dos trabalhadores da vinha (20,1-16).

Jerusalém: O confronto final (21,1-22,46)

Mateus segue Marcos estritamente, apenas ajustando a cronologia de modo que a "entrada triunfal" e a "purificação do Templo" acontecem no mesmo dia, que agora é a segunda-feira da última semana de Jesus (no paralelo de Mc 11,1-19, a entrada foi no domingo, e a "purificação" na segunda-feira). Novamente Mateus enfatiza que Jesus é o Filho de Davi, mas aquele que cura sem violência (21,4-17). Em Marcos, Jesus não realiza curas em Jerusalém, e rejeita o título de Filho de Davi. A principal adição a Marcos nesta seção é a versão retrabalhada de Mateus da parábola de Q a respeito do Banquete de Núpcias (cf. Lc 14,16-24), agora transparente à história subsequente em que os judeus rejeitam principalmente a pregação cristã, Jerusalém é destruída, e os gentios são integrados ao povo de Deus.

O Discurso do Juízo (23,1-25,46)

O quinto e último discurso de Jesus é muitas vezes dividido em dois, o discurso contra os escribas e fariseus do cap. 23 e o discurso escatológico dos caps. 24-25. Mateus provavelmente pretendeu fazer ambos como um só discurso, não apenas para corresponder ao seu esquema de cinco discursos com cinco fórmulas finais semelhantes, mas para abranger todo o trecho sob a rubrica do juízo vindouro, no retorno do Filho do Homem. As declarações contra os escribas e fariseus refletem as polêmicas do próprio tempo de Mateus, e usam a linguagem polêmica convencional. Marcos tinha um discurso contra os escribas, Q um discurso contra os fariseus. Cada um tinha um discurso escatológico. Mateus tipicamente combina-os em um discurso abrangente, enquanto Lucas os preserva como discursos separados (cf. Mc 12,37b-40; 13,5-37; Lc 11,37-54; 17,20-37; 21,8-36).

A narrativa da paixão (26,1-28,20)

As adições e modificações de Marcos realizadas por Mateus são basicamente de três tipos:

(1) Marcos dividiu sua história de modo que praticamente todos os milagres de Jesus como Filho de Deus foram realizados na primeira seção, a seção Galileia, de modo que o relato da paixão em Jerusalém retrata apenas o fraco e vulnerável ser humano Jesus. Mateus ajusta a perspectiva de Marcos, estendendo algumas das características do poderoso Jesus na história da paixão. Ele é menos vítima, e mais o Filho soberano de Deus firmemente no controle. Mateus acrescenta uma previsão da paixão às três de Marcos, mostrando que, enquanto os adversários ainda estão tentando encontrar uma maneira de destruí-lo, ele já sabe o que vai acontecer (26,2-5). Assim como ele curou pessoas depois de sua entrada em Jerusalém (21,14, contrariamente à visão marcana), então no Getsêmani ele *poderia* pedir ajuda dos exércitos angélicos, mas não o faz (26,52-54)

(2) Em Marcos, o relato da paixão, pela primeira vez, revela a verdadeira identidade de Jesus como Filho de Deus (Mc 14,61-62; 15,39). Para Mateus, essa identidade foi revelada desde o primeiro capítulo, e a ênfase muda do segredo para a rejeição do Messias por seu próprio povo.

(3) Mateus acrescenta elementos lendários que manifestam a importância dos eventos, especialmente a sua dimensão escatológica e as imagens mais específicas da culpa judaica pela morte de Jesus: o suicídio de Judas (27,3-10), o sonho da esposa de Pilatos (27,19), o lavar das mãos de Pilatos (27,24-25); o terremoto no momento da morte de Jesus e a ressurreição de santos do passado levantando-se dos túmulos (27,51-53); a guarda e selagem do túmulo, e o suborno da guarda pelos líderes judeus (27,62-66; 28,11-15).

A mais significativa é a adição das histórias da aparição à narrativa de Marcos da descoberta do sepulcro vazio, e o comissionamento dos discípulos para a missão a todo o mundo. Em 28,16-20, a cena clímax da narrativa, Mateus enfatiza que o Ressuscitado é o mesmo Jesus que viveu, ensinou e morreu. O Jesus ressuscitado não traz novidades, instrução secreta para os discípulos, mas encarrega-os de ensinar o que ele já tinha ensinado durante sua vida terrena. A mensagem do Jesus ressuscitado é inseparável da vida e dos ensinamentos de Jesus terreno.

22.10 Para leitura adicional

ALLISON, D. C. *The New Moses: A Matthean Typology*. Minneapolis: Fortress, 1993.

BALCH, D. L., ed. *Social History of the Matthean Community: Cross-Disciplinary Approaches*. Minneapolis: Fortress, 1991.

BORING, M. Eugene, "Introduction, Commentary, and Reflections: Matthew," in Leander E. Keck, ed. *The New Interpreter's Bible* Vol. 8 (12 Vols. Nashville: Abingdon Press, 1995), 8.87-505.

BORNKAMM, Günther, Gerhard Barth and Heinz Joachim Held. *Tradition and Interpretation in Matthew*. New Testament Library. Philadelphia: Westminster John Knox, 1963.

CARTER, W. *Matthew and Empire: Initial Explorations*. Harrisburg: Trinity Press International, 2001.

DAVIES, W. D. *The Setting of the Sermon on the Mount*. Cambridge: Cambridge University Press, 1966.

____________, and Dale. C. Allison. *The Gospel According to Saint Matthew*. International Critical Commentary. 3 vols Edinburgh: T & T Clark, 1988-1997.

HAGNER, Donald A. *Matthew*. Word Biblical Commentary. 2 vols. Dallas, Texas: Word Books, Publisher, 1993-1995.

LUZ, Ulrich, *Matthew*. Hermeneia. 3 vols. Translated James E. Crouch. Minneapolis: Fortress Press, 2001-2007.

MEIER, John. P. *Matthew*. New Testament Message. Vol. 3, Collegeville, Minn.: Liturgical Press, 1980.

OVERMAN, J. A. *Matthew's Gospel and Formative Judaism: The Social World of the Matthean Community*. Minneapolis: Fortress, 1990.

STENDAHL, K. *The School of St. Matthew and Its Use of the Old Testament*. Philadelphia: Fortress, 1968.

23

LUCAS: TEÓLOGO, COMPOSITOR E HISTORIADOR

De longe, a composição mais longa no Novo Testamento é a narrativa em dois volumes agora chamada de *Evangelho de Lucas* e *Atos dos Apóstolos* – 137.490 palavras do texto grego, 27,5 por cento do Novo Testamento. "Lucas", como continuaremos chamando o autor por conveniência (sobre autoria, veja abaixo), domina o Novo Testamento, não só em termos de tamanho, mas de outras formas significativas também. Lucas-Atos forneceu a estrutura para o calendário litúrgico da Igreja, e o esboço histórico abrangente dentro do qual as gerações seguintes tenderiam a encaixar o material do restante do Novo Testamento. Só Lucas dá a sequência Nascimento / Batismo / Entrada Triunfal / Sexta-feira Santa / Páscoa / Ascensão / Pentecostes que forma a base para o ano litúrgico e para muito do tradicional pensamento cristão sobre a história de Jesus e da Igreja. Muitas histórias, ditos e imagens encontrados somente em Lucas tornaram-se uma parte indispensável da consciência cristã. O *filho pródigo*, o *bom samaritano*, o *homem rico e Lázaro*, o *fariseu e o publicano*, o encontro com o Ressuscitado no *caminho de Emaús*, o *Magnificat*, a canção do anjo *Paz na Terra* estão somente em Lucas, mas é difícil imaginar a tradição cristã sem eles.

23.1 Lucas, o Teólogo: a reconfiguração da história da salvação

Lucas integrou os atos salvíficos de Deus na história universal, tendo o evento-Cristo como seu centro definidor. O próprio Lucas provavelmente teria dito de outro modo: a história do mundo e seus impérios estão integrados à história universal dos atos salvíficos de Deus. Deus o Criador é o Senhor de toda a história, do começo ao fim. A história está repleta de maldade, mas a fé de Israel era de que o Deus da aliança não deixaria o mal presente no mundo ser a última palavra sobre a criação. No final da história, Deus vai estabelecer a justiça. Uma das maneiras em que essa esperança foi expressa era aguardando com interesse a vinda do Messias, o ungido enviado por Deus que (re-) estabelece o justo domínio de Deus sobre a criação (ver Vol. I §7.6.3). *O Cristo vem no final da história.*

Os primeiros cristãos acreditavam que Deus havia de fato enviado o seu Messias, Jesus de Nazaré, que havia sido rejeitado e morto pela colaboração de líderes religiosos e políticos, mas que Deus o havia vindicado, ressuscitando-o dentre os mortos e tornando-o Senhor e Cristo (At 2,36). A ressurreição não significava apenas que Deus havia enviado o libertador prometido, mas que o fim da história havia chegado. *A ressurreição vem no final da história.* Os primeiros cristãos viram-se vivendo nos tempos escatológicos de realização, entre a ressurreição de Jesus, as primícias da ressurreição universal e o triunfo final de Deus, que ocorreria em breve, em suas próprias vidas. Eles viviam uma existência alegre, mas também cheia de tensão, entre dois tempos: o Cristo veio, mas o fim não. No entanto, aqueles que tinham experimentado o advento do Messias, também experimentariam a vinda definitiva do reino de Deus, que ocorreria no tempo de suas próprias vidas. Eles não vacilaram em sua fé, expressa nos termos seguros da teologia tradicional: o Cristo vem no final da história; o Cristo veio; estamos vivendo nos últimos dias da história.

A história continua. Eventos culminantes que ocorreram pareciam para alguns, judeus e cristãos, sinalizar o fim da história. Em 39 d.C., o imperador Calígula havia tentado a profanação do templo, com a intenção de colocar sua própria imagem no templo judeu. Em 64 d.C., o imperador Nero culpou os cristãos em Roma pelo incêndio que destruiu parte da cidade, e os submeteu a uma perseguição cruel. Em 66-70 d.C. o exército romano sitiou e destruiu a Cidade Santa, e o templo ficou em chamas. Em 79 d.C., o Vesúvio entrou em erupção, mudando o clima de toda a bacia do Mediterrâneo por mais de um ano. Em meados dos anos 90, o imperador Domiciano insistiu que ele deveria ser adorado como Deus, e alguns cristãos que resistiram foram presos ou mortos. Durante cada um desses trágicos acontecimentos, a esperança apocalíptica era inflamada novamente no interior da comunidade cristã – este *deve* ser o sinal do fim, Jesus está voltando em breve para estabelecer o reino final de Deus. No entanto, Jesus não voltou. A história seguiu em frente. O que se pensava serem eventos escatológicos acabou sendo trágicos eventos históricos, mas não o fim do mundo.

As esperanças de uma vida renovada que foram atiçadas por tais eventos acabaram desapontadas, mas não devemos pensar que precipitaram uma crise experiencial dolorosa para os crentes cristãos. Movimentos milenaristas modernos normalmente não experimentam uma crise existencial da fé quando as suas previsões sobre o fim do mundo se mostram erradas. Apenas devem ser feitos ajustes teológicos e de calendário. Para Lucas, a história avançou e Cristo não voltou, isso significava que uma reformulação radical do significado do evento-Cristo se fazia necessária. *O Cristo vem no meio da história em curso, e não no seu final.* Este é o feito de Lucas, uma das principais reconfigurações da teologia cristã da história da igreja. Todos os evangelhos projetam um mundo narrativo em que o evento-Cristo é o centro definidor. Lucas é o mais reflexivo e mais explícito. As principais convicções representadas por seu feito de repensar o significado do evento-Cristo são as seguintes:

1. *Deus, o Criador tem um plano para a história universal.* Isso se expressa em um dos termos favoritos de Lucas, βουλή (*boulē*, frequentemente traduzido como *plano de Deus*; das 12 ocorrências no Novo Testamento, nove estão em Lucas-Atos). É, portanto, o equivalente de Lucas para o οἰκονομία (*oikonomia*, plano, economia) de Ef 1,9 (ver as respectivas notas). Embora os personagens da história na sua maioria desconheçam a metanarrativa em que eles estão desempenhando um papel, o narrador compartilha com o leitor que a história se desenrola de acordo com o plano de Deus. Os incidentes individuais assumem seu real significado apenas à luz desse propósito primordial. Assim também, Lucas usa muitos compostos com πρό– (*pro-*, antes), enfatizando que Deus previu e predestinou o curso da história. O senhorio de Deus sobre a história também se expressa na utilização frequente que Lucas faz de δεῖ (*dei* "é necessário", "o que deve ser", 40 vezes em Lucas-Atos, e.g., Lc 2,49; 4,43; 9,22; 17,25; 21,9; 22,37; 24,26.44; At 3,21; 4,12; 17,3; 19,21; 23,11; 27,24.26) Este δεῖ não é o destino impessoal, operando de forma mecânica, mas a expressão do plano de Deus.

Lucas não afirma a soberania de Deus sobre a história universal de uma forma que diminua a liberdade e a responsabilidade humana (cf. Lc 17,1-3; 22,22). A história não é um monólogo, mas um diálogo entre agentes divinos e humanos; a história é um diálogo em que o Criador, levando a resposta e a responsabilidade humana plenamente em conta, tem a última palavra. Semelhante a outros escritores do Novo Testamento e pensadores judeus de seu próprio tempo, Lucas não explica como essas duas convicções devem ser conciliadas.[1] Apresentar sua história na forma deste plano abrangente para a história governada pelo Deus soberano permite que Lucas mostre como resistência, rejeição e decepções de seres humanos na história são incorporadas dentro do propósito maior de Deus. Os seres humanos têm poder e tomam decisões, pelas quais são responsáveis; Deus não apenas governa, mas domina.

2. *Este "plano de Deus" é apresentado na Escritura*; esta é a importância do "segundo as Escrituras" em Lucas-Atos. O interesse de Lucas na Escritura é um aspecto da sua doutrina de Deus, o Deus da história universal, cujo plano é apresentado nas Escrituras. Essa perspectiva não é limitada a um contexto e pressupostos judaicos, mas faz contato com a compreensão helenística da história universal. Assim, em Atenas, num contexto de discussão filosófica, Lucas pode apresentar o missionário cristão Paulo como representando o Deus de todo o mundo e toda a história (At 17,22-31), e, com um poderoso eufemismo, pode lembrar um governador romano e rei helenístico que "nenhuma dessas coisas lhe é oculta; porquanto nada se passou em algum lugar escondido" (At 26,25-26).

3. Dentro da história universal, o plano salvífico de Deus se desenvolve em três épocas entre a criação e a consumação: Assim, há três períodos distintos da história da salvação:[2]

---

[1] Cf., e.g., Lc 22,22 – O Filho do Homem caminha para a sua morte, em consonância com o plano de Deus, mas Jesus toma sua própria decisão, e aqueles que o traíram e mataram, no entanto, são culpados. Neste ponto, Lucas é como seu contemporâneo Josefo, que descreve os fariseus como acreditando tanto na soberana providência de Deus quanto na liberdade humana, sem explicar como isso acontece (Josefo, *Ant.* 13,171-172; *Guerra* 162-163).

[2] A visão aqui apresentada segue os principais esboços da teologia de Lucas, como apresentado por Hans Conzelmann, *The Theology of St. Luke* (trans. Geoffrey Buswell; New York: Harper & Row, 1961). A visão de Conzelmann, muito influente para

I. O tempo de Israel – o reino de Deus *prometido*

II. O tempo de Jesus – o reino de Deus *presente* na vida de Jesus

III. O tempo da Igreja – o reino de Deus *proclamado*

O resultado é que o evento-Cristo não ocorre no final da história, mas dentro do curso em andamento da história. Existe agora um tempo teologicamente significativo entre o evento-Cristo e o Fim. A igreja é em si uma parte integrante do plano de Deus, e através do qual Deus continua a agir.

I. O tempo de Israel – o reino de Deus *prometido*

Este período começa com a promessa feita a Abraão e se estende até o ministério de João Batista. Na composição de Lucas, é representado pela extensa narrativa do nascimento e da infância de João e Jesus (Lc 1-2), com 3,1 – 4,13 sendo uma seção de transição, onde se conclui o trabalho de João e se inicia o ministério de Jesus. Essas histórias iniciais são escritas no estilo das Escrituras Judaicas, a "conclusão do Antigo Testamento", onde João Batista é o último e maior profeta. A Lei e os Profetas vigoraram até (e incluindo) João, mas ele não proclamou o Reino de Deus (Lc 16,16). João é uma figura de articulação que está no tempo de Israel e aponta para Aquele que viria.

II. O tempo de Jesus – o reino de Deus *presente* na vida de Jesus

O período de Jesus não começa com seu nascimento e infância, que pertence ao tempo de Israel. O tempo de Jesus começa com o seu ministério, no qual o reino de Deus é proclamado e afirmado – onde Jesus está presente, o reino não é apenas anunciado, mas está presente (cf. Lc 4,43; 6,20; 7,28; 8,1; 10,9-11; 11,20; 16,16; 17,20). As bênçãos escatológicas esperadas na consumação da história já estão presentes

---

uma geração, foi, com razão, submetida a duras críticas em seus detalhes, mas seu esboço geral continua a ser importante, tanto para aqueles que o adaptam quanto para aqueles que o contestam. Um resumo detalhado das respostas e alternativas para o livro de Conzelmann é encontrado em François Bovon, *Luke the Theologian: Fifty-five Years of Research (1950-2005)* (Waco: Baylor, 2006), 1-86.

na vida de Jesus; o que ele diz e faz já é uma antecipação do reino futuro (cf. Lc 7,18-28).

O "tempo de Jesus" foi um período especial de um ano, no qual o reino estava presente e Satanás estava ausente. O ano específico identificado em uma sincronização sêxtupla, Lc 3,1-2. Citando o prometido "ano aceitável do Senhor" de Is 61,2, Jesus anuncia que isso está se cumprindo "hoje". O ano do Jubileu (Lv 25,8-12) representa o tempo de restauração da propriedade que havia sido perdida por causa de dívida, um momento de celebração em que "a liberdade é proclamada em toda a terra" (a inscrição na *Liberty Bell* da história americana). O Jubileu deveria ocorrer a cada 50 anos, mas não há nenhuma evidência de que isso era posto em prática. A imagem do Jubileu foi transferida para o futuro escatológico. O primeiro anúncio de Jesus ecoa as esperanças associadas com o ano do Jubileu: agora isso vai acontecer, e já está acontecendo.

Na vertente da teologia apocalíptica que forma a estrutura para o entendimento de Lucas, Satanás é o príncipe demoníaco do mal que delega o poder pelo qual o mundo funciona (cf. Lc 4,6). Durante o ministério de Jesus, um ano único na história da humanidade, esse poder é quebrado. Depois de sua derrota inicial, Satanás deixa Jesus *por um tempo designado* – Lucas apenas acrescenta essa limitação (Lc 4,13). Durante o ministério de Jesus, onde quer que Jesus vá, o poder demoníaco é superado, e o próprio Satanás nunca é mencionado (assim Lc 9,22-23 omite a referência a Satanás na fonte de Lucas em Mc 8,33). Lucas também retrata no ministério de Jesus que o "reino de Deus" não é apenas mais uma vaga esperança futura, mas, na verdade, foi concretizado na vida e na obra de um ser humano, Jesus o Messias. Se alguém perguntar a Lucas "com o que se assemelha o reino de Deus?" (cf. Lc 13,18), o próprio Lucas responderá contando toda a história de Jesus: nesta vida, nós vemos o que o mundo é quando o reino de Deus está presente.

III. O tempo da Igreja – o reino de Deus *proclamado*

A igreja tem seu início no Pentecostes em At 2, quando o Espírito Santo desce sobre os discípulos para orientá-los e capacitá-los a continuar a missão de Jesus. A paixão, a ressurreição, o período de 40 dias de ensino, e a ascensão formam a transição do tempo de Jesus para o tempo da Igreja. Assim, o singular período de um ano, quando o reino de Deus esteve sobre a terra, manifestado na vida e obra de Jesus, chega ao fim na última ceia. Em 22,3, Satanás reaparece, entra em Judas, e põe em movimento os eventos da paixão. Nesta ceia, o próprio Jesus lucano anuncia que o tempo especial é findo, que agora seus discípulos devem viver suas vidas num mundo em curso, no qual se deve pensar sobre as realidades deste mundo em termos de economia e autodefesa (Lc 22,35-38). Eles ainda olharão adiante, para a vinda final do reino de Deus – embora seja um erro supor que ele vai "aparecer imediatamente" (Lc 19,11) – mas eles também vão olhar para trás, para o tempo em que isto se tornou uma realidade nesta terra.

O tempo da Igreja, como o tempo de Israel, é um tempo extenso, desde o primeiro Pentecostes até a *parousia*. A cena de abertura no livro de Atos deixa claro que o tempo da igreja não é uma reflexão posterior da história de Jesus, nem um momento em que os discípulos de Jesus devem vasculhar os céus à procura de seu retorno (At 1,11). Desde as primeiras cenas de sua história, Lucas tem uma perspectiva de longas gerações (cf. o canto de Maria em Lc 1,48). Logicamente, isso poderia levar à garantia de que o fim não virá no tempo dos seus leitores, e eles podem relaxar e continuar com seus afazeres. Entretanto, Lucas não chega a essa conclusão (cf., e.g., Lc 12,22-53). O entendimento de Lucas acerca da história é menos prosaico e mais dialético do que às vezes se pensa.

Como o tempo de Israel, o tempo da Igreja é parte integrante do plano de Deus, o momento em que a comunidade de discípulos capacitada pelo Espírito leva a mensagem cristã aos confins da terra. Durante o tempo de Jesus, o Espírito tinha repousado sobre uma única pessoa. Jesus recebeu o Espírito, mas não confere o Espírito sobre os outros até o Pentecostes. Depois disso, os discípulos de Jesus são capacitados pelo Espírito e conferem isso aos outros. Embora de um modo diferente da cristologia kenótica de Paulo, Lucas também tem uma forma de mostrar que o tempo da Igreja é ainda mais pleno de obras poderosas do que foi a vida de Jesus.

No tempo de Jesus, o Espírito estava presente nele, e Satanás é subjugado pelo período do ano de graça do Senhor. No tempo da Igreja, os cristãos têm o Espírito, mas a tentação e Satanás retornam. O tempo da Igreja é, portanto, um tempo dialeticamente "misto" – um tempo diferente daquele antes da vinda de Cristo, e também ainda não realmente cumprido, e um tempo em que os discípulos de Jesus oram pelo advento pleno do reino de Deus na *parousia*. A maioria dos autores do Novo Testamento reconhece esse caráter "entre os tempos" da existência cristã, mas Lucas dá a representação narrativa mais explícita. Assim, o próprio presente de Lucas como o tempo da Igreja não é outra coisa senão um suspiro após o passado do Jesus terreno ou um desejo da consumação da *parousia*. É o tempo de atividade contínua de Deus, um tempo de alegria e satisfação, também um tempo de salvação – embora em um sentido diferente do tempo de Jesus ou a chegada da consumação do reino.

Lucas-Atos: Os discípulos de Jesus no mundo de César – A igreja assume um lugar na continuação da história ao lado de outras instituições históricas

O principal aspecto do propósito de Lucas é prover aos seus leitores cristãos recursos através dos quais pensarem sua situação em um mundo que não está prestes a desaparecer. Como devem os crentes comprometidos com o senhorio de Jesus se relacionar com as reivindicações políticas do senhorio de César? Como os cristãos devem compreender-se em relação à comunidade judaica – seus parentes/irmãos? Qual é a postura adequada dos que creem em um único Deus em relação à sociedade religiosa politeísta em que estão imersos? Em suma, como aqueles que creem em Jesus como o Messias se veem em relação a Roma, ao judaísmo, e às religiões pagãs? Em cada uma dessas questões cruciais, Lucas oferece uma resposta dialética em uma via de mão dupla. Os textos podem ser citados em ambos os lados de cada questão. Os leitores modernos devem tomar cuidado com a imposição de uma perspectiva simplista ou um tanto superficial de Lucas-Atos, e não devem tentar fazer com que Lucas fique do seu lado, nem acusá-lo de palavras vazias em cada questão crucial. O modo narrativa não oferece respostas simples e diretas a qualquer destas perguntas, mas oferece recursos e orientação para que os leitores de Lucas-Atos possam exercer os ajustes responsáveis para uma variedade de situações, sem serem apenas reacionários ou transigentes.

1. O Império Romano: apologia política?

Lucas está mais explicitamente interessado com a relação da Igreja com o mundo político e as estruturas sociais do que qualquer outro evangelho. Apenas ele menciona o nome de um César. A postura de Lucas com respeito às estruturas políticas de sua época não pode ser conduzida em termos de "Igreja e Estado". Era impossível no mundo de Lucas conceber estes termos como duas realidades separadas que precisavam ser "relacionadas". Todo governo repousava sobre sanções religiosas, e continuaria a fazê-lo até o século XVIII na América do Norte e Europa. A realidade política do Império Romano constituía uma reivindicação religiosa. A questão não deve ser colocada de modo tão simples, como se os autores bíblicos e leitores modernos pudessem optar por "apoiar" ou "se opor" ao imperialismo.

Por um lado...

Lucas está ciente de que o fundador do seu movimento religioso tinha anunciado um reino alternativo (βασιλεία, *basileia* também significa império), foi executado como um rebelde político contra o governo autorizado, e que o seu líder missionário foi executado em Roma como um criminoso contra a lei romana. Assim, ele quer garantir a todos os potenciais leitores, de dentro ou de fora da comunidade cristã, que os cristãos não existem para derrubar o governo, que há maneiras de eles serem cristãos fiéis e ainda se encaixarem como bons sujeitos e membros da sociedade romana. Nisso, ele é como outros teólogos cristãos da segunda e terceira gerações, como os autores de 1 Pedro e das Pastorais. Mesmo uma leitura superficial de Lucas-Atos revela uma série de textos que mostram que os cristãos não são uma ameaça política para a lei e a ordem romana (em todos os pontos, ver ainda a síntese exegético-teológica abaixo):

Lc 1,1-4. O destinatário/dedicação inicial "dar-te por escrito, excelentíssimo Teófilo" sugere uma pessoa de alto escalão na sociedade (em outras partes do Novo Testamento, apenas os governadores Felix e Festo, At 23,26; 24,3; 26,25). Isso não quer dizer que Lucas-Atos seja, de fato, dirigido a um governador romano, análogo aos apologistas de época posterior. O autor não escreve diretamente para "os de fora"[3] da comunidade cristã. Lucas-Atos contém muito material pressupondo os

[3] Aqui e em outros lugares desta obra a expressão "os de fora" foi a opção escolhida para traduzir o termo "outsiders", que apesar de significar primariamente "estranho", "intruso" ou "estrangeiro", também pode ser vertido como "*de fora*", no sentido de "alguém que não pertence a determinado grupo ou organização". N. do T.

interesses implícitos, conhecimentos e compromissos dos leitores que seriam irrelevantes ou contraproducentes, caso tivessem sido escritos como um tratado evangelístico ou argumento apologético para os não crentes que estivessem interessados. Teófilo, governador romano, conforme imaginado por Streeter[4], nunca teria vasculhado a grande soma de ditos e histórias sobre Jesus e os primeiros cristãos, permeados com a LXX, a qual faz parte do preparo mental dos leitores implícitos, a fim de filtrar algumas informações que supostamente dariam a ele uma impressão favorável do grupo cristão. Este parágrafo de abertura, no entanto, define o tom para os dois volumes como um todo: os cristãos devem pensar em como os seus compromissos religiosos são vistos pelas autoridades romanas. "Teófilo" pode representar tanto os cristãos de status elevado nos círculos oficiais que estão lutando para adjudicar os seus compromissos conflitantes, quanto não cristãos que estão se perguntando se o grupo cristão é perigoso.

Lc 2,1-7. O Jesus que ainda estava por nascer é obediente ao imperador romano, assim como seus pais. Lucas sabe que o censo era problemático e que levou alguns à rebelião, At 5,37. A resposta de Jesus é contrastada com a de Judas, o Galileu (cf. §§ 6.2, 7.4.5 Vol. I).

Lc 3,10-14.19. João Batista tem uma preocupação real com os pobres e oprimidos, mas não exige o desmantelo do imposto romano e do sistema militar. Sua mensagem profética exige responsabilidade ética dentro das estruturas sociais dadas (novamente, cf. 1 Pedro). Nisso, João é o precursor do Jesus lucano e seguidor dos profetas de Israel. Eles pediram justiça social, mas não defendiam a revolução política (os *falsos* profetas *sim* fizeram; cf. Jeremias). A apocalíptica de João dá visões da justiça final do reino vindouro de Deus, que o próprio Deus suscitará no final, mas ele não defende a violência revolucionária. Quando João é preso, uma explicação não política é dada (Lc 3,19). A Igreja é chamada a seguir o padrão estabelecido por João e Jesus, mas sem instruções explícitas sobre problemas concretos. Os coletores de impostos têm patrões que insistem em lucros. Os soldados têm generais que dão ordens para vandalizar vilas e extorquir dinheiro. O modo narrativa deixa as decisões sobre como lidar com essas realidades nas mãos do leitor.

---

[4] Streeter, *Four Gospels*, 529-539. "Atos é 'a primeira das apologias', i.e., das defesas do cristianismo dirigidas ao mundo romano educado" (529).

Lc 4,18-27. O programa messiânico anunciado no discurso principal de Jesus apresenta sua carreira como um revolucionário, mas sem violência e em termos não políticos. Assim, em 9,7-9, o interesse de Herodes em ver Jesus não é político; Ele está curioso sobre a capacidade de Jesus de fazer milagres, mas não tem interesse nele como um rei rival.

Lc 7,1-10. Um dos primeiros milagres de Jesus é realizado em favor de um rico militar gentio, que é apresentado de forma positiva como um defensor da própria comunidade religiosa de Jesus.

Lc 22,35-38. O tempo especial do ministério de Jesus chega ao fim, e os seus discípulos devem adaptar-se com as estruturas de poder e econômicas do mundo como ele é, realizando nele sua missão. No entanto, os seguidores de Jesus têm um entendimento diferente de governo e de usos do poder, de modo que a referência a "espada" ainda não significa revolução.

Lc 23-24. Jesus é acusado de um crime contra Roma, mas os romanos sempre o declaram "não culpado". Isso é finalmente reafirmado na declaração do centurião ao pé da cruz, onde Lucas muda o "Verdadeiramente este homem era o Filho de Deus" para "Certamente este homem era justo" (Mc 15,39/Lc 23,47). Para antecipar: isso não quer dizer que a compreensão de Lucas é reduzida "Roma cometeu um erro honesto, sob a pressão dos líderes judeus". Embora esteja claro para Roma que Jesus não é um terrorista, o império não pode tolerar pessoas como Jesus, e instintivamente sabe que deve tentar eliminá-las.[5]

Atos 10-11. O primeiro oficial gentio convertido é um oficial militar romano, piedoso e justo (cf. Lc 7,1-10).

At 16-26. Em Lucas-Atos os romanos nunca se movem contra Jesus ou seus seguidores de forma unilateral. São sempre os judeus que tomam iniciativa; não há nenhuma instância de intervenção romana sem agitação anterior dos judeus. Os romanos, de fato, tornam-se os que protegem os cristãos da violência da multidão. Nas dez cenas de julgamento, os missionários cristãos são sempre inocentes de violar as leis romanas. Especialmente a política de "não interferência" – este é um problema interno judaico, e não uma questão de direito romano – ilustra a atitude romana que Lucas procura cultivar (At 16,35-39; 18,12-17).

[5] Cf. C. KAVIN ROWE, *World Upside Down: Reading Acts in the Graeco-Roman Age* (Oxford: Oxford University Press, 2009).

At 19,31. Alguns dos asiarcas (Ἀσιαρχῶν; NRSV, NVI: "funcionários da província da Ásia") protegem Paulo durante o tumulto em Éfeso. Estes eram os responsáveis por promover o culto a César na província. Nem aqui nem em outro lugar, Lucas sugere qualquer dificuldade para os cristãos que vivem em uma sociedade onde o imperador é adorado como divino.

At 28,31. Não é por acaso que a palavra final de uma longa narrativa de Lucas é o advérbio ἀκωλύτως (*akōlytōs*, sem obstáculos). Lucas e seus leitores sabem que, quando a história termina, Paulo está sob custódia romana e que foi finalmente executado. No entanto, Lucas consegue deixar essa impressão final sobre a mente do leitor: na capital do mundo, o líder missionário, ele próprio um cidadão romano que goza da proteção de Roma, proclama o evangelho sem a interferência do governo.

Embora Lucas-Atos não seja um pedido político de desculpas dirigido aos de fora, sua narrativa quer deixar claro que os cristãos não são uma ameaça evidente a Roma, e podem ser bons cidadãos. Tanto os cristãos quanto as autoridades devem saber disso. No entanto, quando chega o momento decisivo, Lucas deixa claro que a maior lealdade dos cristãos deve ser a Deus, em vez de a qualquer autoridade humana (At 5,29). Assim:

Por outro lado...

Lucas tem algumas declarações, relatos e imagens que explicitamente resistem ao Império, ou oferecem uma alternativa a ela.

Lc 1,4. A ἀσφάλεια (*asphaleia*, segurança, confiança; NVI , NRSV "certeza") prometida pela narrativa de Lucas ecoa o slogan da *Pax Romana*, "paz e segurança" (εἰρήνη καὶ ἀσφάλεια, *eirēnē kai asphaleia*; cf. 1 Ts 5,3). O que César prometeu, apenas o Deus de Jesus Cristo pode oferecer.

Lc 1,32. Deus dará a Jesus o trono de Davi, e ele governará.

Lc 1,52. O advento do Salvador derrubará os poderosos de seus tronos e exaltará os humildes.

Lc 4,6. Em Lucas, o diabo consegue uma linha adicional no relato da tentação. O poder mundano sobre as nações do mundo civilizado (οἰκουμένη, *oikoumenē*, usado no Império Romano) foi dado a ele, e ele dá essa autoridade a quem quer. Isso reflete a teologia apocalíptica esboçada anteriormente, onde Deus é retratado concedendo temporariamente o poder sobre o mundo para seres angelicais ou demoníacos

(§§ 7.6.1-2, Vol. I). Esta é uma versão em miniatura do esquema apocalíptico retratado em grande escala no Apocalipse, onde o Império Romano é visto como uma expressão do poder demoníaco. Aqui, isso significa concretamente que os atuais governantes do mundo receberam o seu poder e autoridade de Satanás. Jesus resiste à oferta de governar o mundo por esse tipo de poder. Ele oferece uma alternativa, e ela vai prevalecer. Deus irá governar.

Lc 4,43; 8,1; 9,2 e outros. A expressão "Reino de Deus" é encontrada 37 vezes em Lucas-Atos. Esta é a mensagem central de Jesus, a razão pela qual ele é enviado por Deus, a comissão que ele dá aos seus discípulos. Jesus é explicitamente chamado de "rei" 4 vezes, e os ouvintes da mensagem cristã com razão, reconhecem que os missionários anunciam "um outro rei, chamado Jesus" (At 17,7). Jesus conta histórias que de forma transparente se referem a si próprio como rei (Lc 19,11-27). Jesus é explicitamente saudado como rei em sua entrada triunfal em Jerusalém (19.38, acrescentado a Mc 11,10). Ele reconhece diante de Pilatos que diz ser rei, e não reafirma, como em Jo 19,33-38, que o seu reino é de outro mundo e espiritual. Como Pilatos, o leitor percebe que Jesus representa um reinado alternativo ao domínio romano.

At 14,22 "Através de muitas tribulações nos importa entrar no reino de Deus". O reino de Deus e o reino de César não se encaixam de forma amigável.

At 17,6-7 Embora os seguidores de Jesus sejam mal interpretados como "agindo contra os decretos de César" (assim como Jesus foi falsamente acusado de proibir as pessoas de pagarem impostos a César, Lc 23,2, cf. 20,25), sua mensagem e prática, no entanto, significa virar o mundo de cabeça para baixo.

2. O judaísmo

O judaísmo continua. Relativamente poucos judeus são convertidos à fé em Jesus como o Messias. O judaísmo não se torna cristianismo, mas continua como a grande maioria, com os cristãos sendo uma pequena comunidade, parcialmente dentro do judaísmo, mas principalmente à margem dele. O mundo helenístico há tempos já era cônscio dos judeus, mas como é que esse novo grupo deve ser compreendido em relação a eles? E como os cristãos compreendem-se vis-à-vis com o judaísmo?

Lucas não dá uma única resposta clara a esta questão.[6] *Por um lado*, ele pode ser entendido retratando a igreja como um grupo dentro do judaísmo, semelhante aos fariseus, com o direito à proteção do Império estendida aos judeus como uma reconhecida religião legal. *Por outro lado*, alguns estudiosos têm entendido Lucas como uma intenção de afastar a igreja do judaísmo. A cena de encerramento de Atos é passível de várias interpretações, deixando o leitor moderno ainda refletindo sobre o futuro que Deus quer para judeus e cristãos. A ambiguidade não é o produto da confusão, mas é inerente ao assunto, envolvendo as convicções referentes à fidelidade das irrevogáveis promessas ligadas à aliança de Deus com Israel, para quem Deus enviou o Messias, e que Israel tem para o presente, e em sua maior parte, rejeitaram a Jesus como o Messias.

Alguns pontos gerais para se ter em mente:

- Lucas enfatiza, celebra e elabora o fato de que o próprio Jesus e todos os seus primeiros seguidores eram judeus fiéis. Mas na época de Lucas, a comunidade cristã tornou-se predominantemente gentia.
- Lucas e seus leitores olham para trás, para o evento catastrófico da revolta judaica contra Roma na Palestina e a destruição que se seguiu de Jerusalém e do templo pelos romanos. Se Lucas-Atos foi escrito na segunda década do segundo século, uma segunda revolta judaica tinha até então fermentado muito a opinião pública contra os judeus, e isso pode ter influenciado tanto Lucas quanto seus leitores.[7]
- Durante o tempo de Lucas, ele e os seus leitores estão olhando para trás, principalmente para as missões dos discípulos de Jesus aos judeus, um tempo em que os cristãos, por vezes, tinham sido perseguidos pelos judeus.
- Lucas faz distinção entre os líderes judeus (fariseus, escribas, saduceus, anciãos, "chefes da sinagoga"), por um lado, e do povo judeu como um todo (as multidões, as pessoas), por outro, e torna o primeiro responsável pela morte de Jesus e pela perseguição aos cristãos. Esta distinção não é absoluta; há exceções dentro de ambos os grupos, e há mudança de lealdade

---

[6] Para um levantamento criterioso com mais bibliografia, cf. JOSEPH B. TYSON, *Luke, Judaism, and the Scholars: Critical Approaches to Luke-Acts* (Columbia, SC: University of South Carolina Press, 1999).

[7] Assim, PERVO, *Dating Acts*, 311, 369-372: Lucas não quer ver a igreja como uma subdivisão do judaísmo. Os acontecimentos da Segunda Revolta tinham gerado muito sentimento cultural antijudaico. Lucas queria mostrar que a igreja não fazia parte deste grupo que estava causando distúrbios. Veja seu *Appendix* 369ss.

no decorrer da narrativa (exceto para os saduceus e os sumos sacerdotes, que são uniformemente hostis à Jesus e à igreja). O povo como um todo responde positivamente a Jesus no princípio (Lc 3-9), começam a mudar sua lealdade durante a viagem para Jerusalém (Lc 9,51-19,44) e, finalmente, juntam-se ao Sinédrio para pedir a morte de Jesus (23,13-25), mas mesmo durante o curso da crucificação muitos se arrependeram (23,27.39-43.48). Depois da ressurreição, o povo como um todo carrega a culpa da morte de Jesus, enquanto Pilatos, Herodes, e o centurião, todos o declaram inocente, embora Lucas não tente esconder que eles também são responsáveis pela morte de Jesus (23,15, 22-24, 41, 47; At 2,23; 3,13-17).

- Lucas condena especialmente os saduceus e os sacerdotes líderes, que não existem mais como um grupo de poder em seu próprio tempo. Por outro lado, Lucas poupa os fariseus, muitas vezes apresentando-os em uma luz positiva. Como os cristãos e em contraste com os saduceus, os fariseus acreditavam na ressurreição; os primeiros cristãos estavam alinhados com os fariseus pelo fato de que eles proclamavam a ressurreição geral dos mortos, da qual Jesus foi o primeiro exemplo (cf. Lc 20,27-38; At 4,2; 23,8; 24,15.21; 26,8.23). Algumas vezes os fariseus responderam positivamente e prestativamente a Jesus e seus discípulos (Lc 13,31; At 5,33-39; 23,6-10). Alguns fariseus se tornam cristãos, sem deixarem de ser fariseus (At 15,5; 23,6), com o próprio Paulo como o principal exemplo.
- Apesar da cena final aparentemente pessimista em Atos, Lucas sai do seu caminho para mostrar como *muitos* judeus haviam de fato chegado à fé em Jesus como o Messias. As promessas de Lc 1,16.68 são cumpridas quando milhares de judeus se tornam cristãos sem deixarem de ser judeus (At 2,41; 4,4; 5,12-16; 21,20).

3. Religião pagã

A igreja primitiva não se achava numa situação de levar religião para as pessoas irreligiosas, mas de dar testemunho do ato salvífico de Deus em Cristo para um mundo já permeado pela fé e instituições religiosas (ver Vol. I §9.2.2).

A comunidade cristã para a qual Lucas escreve vivia numa sociedade em que a religião politeísta estava entrelaçada com todos os aspectos da economia e da política. Isso incluía o culto a César, onde se esperava que todas as pessoas decentes, religiosas e patriotas participassem. No entanto, esta comunidade vive pela sua fé de que há um só Deus, que agiu definitivamente em Jesus Cristo, afirmando que "não há salvação em nenhum outro, porque abaixo do céu não existe nenhum outro nome, dado entre os homens, pelo qual importa que sejamos salvos" (At 4,12). Enquanto a igreja se prepara para seu grande desafio, ela deve refletir sobre sua relação com outras comunidades religiosas, entre as quais é uma nova e desprezada minoria ínfima. Não é meramente uma questão de sobrevivência – embora os cristãos devam aprender a ser fiéis à sua fé enquanto constroem uma vida e são membros responsáveis da sociedade – eles também são encarregados com a missão de testemunhar o Evangelho a todo o mundo (Lc 24,46-48; At 1,7-8). A Igreja é essencialmente uma comunidade missionária, com uma mensagem que pertence a todo o mundo. Em seu contexto religioso pluralista, ela não pode adotar uma postura de "viver e deixar viver", "cada um tem a sua própria". Lucas quer ajudar a igreja a pensar através de sua teologia da missão, e faz isso entrelaçando uma variedade de perspectivas em sua narrativa.

Por um lado, se o Deus de Jesus Cristo é o único Deus e a salvação está disponível apenas através dele, então isso significa que somente os cristãos têm uma relação autêntica com Deus, e só os cristãos são/serão salvos? É *este* o fundamento do imperativo missionário cristão? Será que ele representa um tipo de arrogância, imperialismo e exclusividade cristã?

Por outro lado, se os pagãos já experimentam o verdadeiro Deus em sua própria religião, por que os missionários cristãos pregam para eles?

Lucas está ciente deste dilema. Ele não o aborda diretamente ou reivindica resolvê-lo conceitualmente. Os seguintes pontos, embora não se encaixem em um sistema lógico, representam dimensões importantes de sua teologia missionária:

- Há um Deus, criador de tudo. O mundo inteiro, todas as pessoas e toda a história já pertencem a Deus (At 17,24-27). Os missionários cristãos não são os primeiros a levar Deus aos pagãos. Deus já está lá.
- Deus já se revelou no mundo natural, de modo que a regularidade das estações do ano, os dons da chuva e alimento, e as experiências cotidianas de desfrutar a vida testemunham a realidade e a bondade de Deus (At 14,16-17). Lucas não desenvolve isso em uma teologia natural abstrata, e não reflete sobre como essa revelação geral se relaciona com a revelação especial dos profetas bíblicos e do evento-Cristo. Mas ele não quer que os seus leitores cheguem a supor que, antes da chegada dos missionários cristãos, o mundo estava sem Deus.

- As religiões pagãs também representam a adoração do único Deus verdadeiro, que está presente nelas, embora adoradores pagãos não tenham um autêntico conhecimento da identidade de Deus. A visão de Lucas é que eles têm uma verdadeira experiência de Deus, mas uma má teologia: "pois esse que adorais sem conhecer é precisamente aquele que eu vos anuncio" (At 17,23). Este é o Deus de Jesus Cristo, que já está presente e é adorado na religião pagã e em toda experiência religiosa autêntica, apesar dos pagãos não saberem disso, e precisarem aprender a identidade do Deus que eles já adoram, "se porventura, tateando, o possam achar, bem que não está longe de cada um de nós" (At 17,27).
- Cristãos e missionários cristãos devem respeitar as outras religiões, e não permitir serem vistos como difamadores e blasfemadores das instituições religiosas do povo de quem eles são missionários. Os líderes cristãos podem ser amigos dos líderes de cultos pagãos, e respeitados por eles, sem comprometerem a sua fé, mesmo deixando clara a diferença entre as estátuas dos deuses e o Deus vivo e único (At 14,11-18; 17,22; 19,31.37)
- O problema da ignorância religiosa não é resolvido pelo conhecimento, mas pelo arrependimento. Lucas não compreende a situação missionária como meramente complementar ao defeituoso conhecimento religioso que os pagãos já têm, algo do tipo apagar a inscrição "ao deus desconhecido" do altar e escrever "O Deus de Jesus Cristo". O problema é a ignorância, tanto para judeus quanto para pagãos (At 3,17; 17,30), mas é o tipo de ignorância que não é sanada pelo conhecimento, mas pelo arrependimento. Assim, todas as pessoas são chamadas ao arrependimento. A missão cristã não é uma questão de quem sabe partilhar os seus conhecimentos com aqueles que não o conhecem, mas de anunciar o ato definitivo de Deus já conhecido no judaísmo e no paganismo, o Deus que agora chama todas as pessoas para reorientar suas vidas à luz desta revelação final.

Na visão de Lucas, nenhuma destas questões – relação com a vida política, cultural e religiosa em curso do mundo helenístico – foram enfrentadas pelos discípulos de Jesus durante o seu ministério, quando o reino esteve presente de modo especial na vida de Jesus. É só no terceiro período, após a ascensão, no tempo da igreja e da proclamação do reino na missão cristã, que os discípulos de Jesus devem repensar a sua relação com o mundo em curso. Lucas, o compositor responde a esta necessidade com sua extensa narrativa.

23.2 Lucas o compositor: características literárias e estilo

Lucas não é um repórter que tenta meramente narrar "apenas os fatos". Nem é apenas um editor que organiza suas fontes e tradições em um todo coerente. Lucas é um compositor, um autor que criativamente constrói uma narrativa para informar e persuadir. Como autor, ele faz escolhas em relação a *gênero, linguagem e estilo*, e *estrutura.*

23.2.1 Gênero

A tentativa de estabelecer um gênero no primeiro ou segundo século que incluísse tanto o Evangelho de Lucas quanto Atos não obteve sucesso. Naturalmente, Lucas tinha modelos para alguns dos elementos de sua obra em dois volumes, mas, tomado como um todo, não havia nada parecido em seu contexto. Lucas começou com o Evangelho, adotando, adaptando e expandindo Marcos. Depois de compor os relatos da ressurreição e ascensão, quando começou o volume dois, ele não ponderou sobre a questão de gênero – "vejamos, o que devo fazer agora?" – mas continuou a narrar a história de Jesus e seus discípulos. Atos é a continuação do Evangelho, partilhando a sua deficiência e estranheza em relação a ajustar-se aos gêneros disponíveis. Lucas é único; ele não teve antecessores e nem sucessores. Nenhum dos Atos apócrifos tem um evangelho como sua primeira parte; eles tomam Atos como um trabalho independente e elaboram-no na direção das novelas helenísticas. Nenhum dos evangelhos não canônicos tem "Atos" correspondentes. Para Atos, os modelos de Lucas não são os historiadores helenistas, mas as seções narrativas da LXX. Assim, Atos não é uma "história da igreja primitiva" separada, mas a continuação da história de Jesus contada no Evangelho, continuando a seguir os modelos da "história bíblica". Enquanto a "história bíblica" não é em si um gênero específico, a Bíblia de Lucas, especialmente as histórias de Samuel, Saul e Davi registradas em 1-2 Samuel, forneceram os modelos que ele adotou e adaptou, tanto no Evangelho quanto em Atos.

23.2.2 Linguagem e estilo

A maioria dos escritos cristãos pré-lucanos, incluindo as cartas de Paulo e o Evangelho de Marcos, foram escritos "em casa" para as congregações cristãs, sem aspirações de serem aceitos no mundo literário mais amplo. Com Lucas-Atos, a literatura cristã move-se para uma nova dimensão, como indicado pelo Prefácio (Lc 1,1-4) e pelas revisões que Lucas faz de Marcos. Este ponto não deve ser exagerado, no entanto, como se Lucas fosse um mestre da língua e do estilo grego. Ele escreve em um grego de nível médio, sem pretensões literárias, mais ao estilo da LXX do que de Tucídides ou Dionísio de Halicarnasso. A maior parte do vocabulário de Lucas é encontrada na LXX (90%), e ele é um hábil imitador do estilo de suas seções narrativas, como 1-2 Samuel. Assim, o mundo literário de Lucas não se compõe de outros documentos do Novo Testamento, nem da literatura helenística altamente caracterizada de seu tempo, mas da Bíblia e a literatura helenística de nível cultural médio.[8]

23.2.3 Estrutura

Unidade: Lucas-Atos uma composição única

Na presente forma do cânon do Novo Testamento, Lucas é lido como um dos quatro evangelhos, enquanto Atos funciona como uma ponte narrativa que liga os evangelhos às cartas, e que serve de referência para a interpretação das cartas. Um entendimento histórico, no entanto, exige que Lucas e Atos sejam lidos em conjunto.[9]

Eles foram escritos para serem lidos como uma unidade literária? Praticamente todos os estudiosos consideram Lucas e Atos como tendo o mesmo autor. Esta é uma questão diferente, no entanto, da questão da sua unidade literária, o que significa que eles foram compostos como duas partes de um único trabalho. A visão acadêmica tradicional, que continua a ser a opinião da maioria, é afirmada por W. C. VAN UNNIK:

---

[8] Cf. HENRY J. CADBURY, *The Book of Acts in History* (New York: Harper, 1955), 34; Martin Dibelius and Heinrich Greeven, eds., *Studies in the Acts of the Apostles* (London: SCM Press, 1956), 2, 88-89, 132; PERVO, *Acts: A Commentary*, 7-8; Gamble, *Books and Readers*, 35.

[9] Isso é análogo à história canônica dos escritos joaninos, na qual o Evangelho se tornou parte do cânon dos quatro evangelhos, e as Cartas foram incluídas nas Epístolas Católicas. Sobre a distinção entre as perspectivas históricas e canônicas, veja Vol. I §5.1 e o argumento de BREVARD S. CHILDS, *The New Testament as Cânon: An Introduction* (Philadelphia: Fortress, 1984).

"Atos não era uma reflexão tardia ou um segundo trabalho independente em outro tópico; Lucas-Atos foi bem planejado como um trabalho em dois volumes".[10]

Esta suposta unidade foi rapidamente obscurecida na igreja primitiva. O próprio autor contribuiu para isso, dividindo o seu trabalho em dois volumes, cada um dos quais se encaixa no comprimento máximo de um rolo de papiro padrão, tornando assim possível ler cada documento como um trabalho independente. Mesmo que destinados a circular e serem lidos em conjunto, Lucas e Atos foram separados em sua transmissão e história canônica, com Lucas se juntando ao cânon de quatro evangelhos e Atos tornando-se a narrativa introdutória para as Epístolas Católicas (não o corpus paulino!). Assim, na leitura litúrgica e estudo acadêmico, durante séculos Lucas e Atos foram lidos separadamente. A maioria das introduções ao Novo Testamento ainda os trata como obras distintas. A partir do início do século XX, Lucas e Atos começaram a ser tratados como uma única obra, especialmente na esteira de HENRY J. CADBURY, cujo termo "Lucas-Atos" tornou-se padrão, e foi especialmente desenvolvido por estudiosos que usam e aplicam métodos literários.[11]

Um forte desafio foi recentemente apresentado a esta suposta unidade literária.[12] PARSONS e PERVO apontam inúmeras diferenças entre Lucas e Atos em termos de gênero, unidade narrativa, teologia e tom geral, o que indica que o autor mudou alguns de seus pontos de vista e ênfases no intervalo entre escrever o Evangelho e Atos. Apenas um exemplo: o Evangelho é fortemente permeado com uma visão escatológica que vê o *eschaton* se aproximando como uma grande inversão divina das atuais estruturas da sociedade, onde os pobres serão abençoados e os ricos recebem a ira de Deus. Em Atos, a escatologia quase que desaparece, e a igreja parece celebrar o seu novo status em que as pessoas de prestígio e riqueza se tornam discípulos.

---

[10] W. C. VAN UNNIK, "Luke-Acts, a Storm Center in Contemporary Scholarship," in *Studies in Luke-Acts*, ed. Leander Keck and J. Louis Martyn (Nashville: Abingdon, 1966), 22.

[11] HENRY J. CADBURY, *The Making of Luke-Acts* (London: SPCK, 1927, 1968). Para argumentos mais recentes, ver especialmente ROBERT C. TANNEHILL, *The Narrative Unity of Luke-Acts: A Literary Interpretation* (2 vols.; Philadelphia: Fortress, 1986, 1990).

[12] MIKEAL CARL PARSONS and RICHARD I. PERVO, *Rethinking the Unity of Luke and Acts* (Minneapolis: Fortress, 1993).

Pode-se também apontar para o papel que os milagres do Jesus pré-pascal desempenham no *kerygma* do evangelho, e sua virtual ausência de Atos, onde a ênfase é quase exclusivamente na ação de Deus na ressurreição. A "vida e os ensinamentos de Jesus" dificilmente desempenham um papel em Atos. No entanto, o leitor na verdade já tem a imagem de Jesus como exorcista e taumaturgo proveniente do evangelho, e o leitor sabe que não há polêmica contra ou minimização do Jesus dos relatos de milagres. Assim, a leitura dos dois volumes de Lucas em sequência é como ler o posterior Novo Testamento em sua forma canônica. Assim como a maioria dos leitores das epístolas continuam a pensar no Cristo dos evangelhos e dificilmente são conscientes de que é o cânon do Novo Testamento que mantém as diferentes representações de Jesus juntas, assim também a leitura de Lucas-Atos. Atos *pressupõe* o Evangelho e sua cristologia, mas não é a *mesma coisa*. Lucas-Atos é uma primeira consolidação do Evangelho e das Cartas do cânon do Novo Testamento, uma justaposição, não uma harmonização. Assim, o Evangelho e Atos são uma espécie de *prolepse* do que o cânon do Novo Testamento se tornaria.

Sobre a estrutura do Evangelho de Lucas

As considerações ditas acima impactam a maneira de se perceber a estrutura e o esboço de Lucas-Atos. Existe uma estrutura literária abrangente para toda a obra, ou, contornos independentes separados para o Evangelho e Atos? As seguintes considerações são baseadas na unidade literária dos dois documentos.

O núcleo e ponto de ancoragem de sua narrativa é o relato do ministério de um ano de Jesus tomado do Evangelho de Marcos. Marcos começou com o batismo de Jesus e concluiu com a crucificação e a descoberta do sepulcro vazio; sua narrativa incluiu apenas uma Páscoa, e uma visita de Jesus a Jerusalém, dando a impressão de que toda a atividade pública de Jesus aconteceu dentro do prazo de um ano. Lucas entende este ano como o centro definidor da história universal (veja acima §23.1). Sua própria narrativa é composta pela expansão do relato marcano em três direções: (1) Usando alguns materiais provenientes da tradição, Lucas compõe uma extensa narrativa do nascimento e infância de João e Jesus, representando a fase de conclusão da história de Israel. (2) A narrativa de Marcos tinha sido basicamente bipartida,

Galileia/Jerusalém, com uma breve seção de transição (ver acima §21.6). Lucas expande essa breve seção de transição de Marcos em uma extensa *Narrativa da Viagem*, incorporando grande parte de seus materiais Q e L não marcanos nesta seção. (3) Utilizando material tradicional e, provavelmente, algumas fontes escritas, Lucas compõe um extenso relato da missão dos discípulos de Jesus depois da ressurreição e ascensão. Isso tem o efeito de colocar a narrativa de Marcos acerca de Jesus como o segmento que define a história universal.

O Evangelho de Marcos formou a base e estrutura para o Volume 1 de Lucas. Lucas usa suas fontes em blocos, alternando entre seções de Marcos e seções de Q + L:

- 1,1-2,52 (L) Prefácio, narrativas do nascimento de João e Jesus
- 3,1-6,19 (Marcos [com elementos breves de Q])
- 6,20 (ou 7,1)-8,3 (Q + L) "Inserção menor"
- 8,4-9,50 (Marcos)
- *At 9,18 – "Grande omissão" que Lucas faz de Marcos 6,45 – 8,26*
- *At 9,51 – "Omissão menor" que Lucas faz de Marcos 9,42-10,12*
- 9,51-18,14 (Q + L) "Inserção maior"
- 18,15-24,11 (Marcos)
- 24,12-53 (L).

A polarizada estrutura bipartida de Marcos se tornou em Lucas três períodos distintos do ministério de um ano de Jesus:

I. Viagem *Galileia/Judeia*, pregando e anunciando o reino de Deus (3,1-9,50)

II. A *jornada* para o destino de Jesus em Jerusalém

III. Ministério de Jesus em *Jerusalém*.

Sobre a estrutura de Atos

Quaisquer que sejam as fontes para Atos que ele possa ter tido, Lucas não tem, em comparação a Marcos, uma narrativa abrangendo dos primórdios da igreja até a morte de Paulo, nem uma coleção de discursos dos apóstolos análoga a Q. Embora Marcos, Q, e algumas das cartas paulinas já tivessem assumido um *status* autoritativo em algumas correntes do protocristianismo, de modo que alguns cristãos estavam acostumados a ouvir a leitura dos evangelhos e epístolas durante o culto, nenhum papel autoritativo semelhante foi desempenhado pelas tradições acerca dos primeiros missionários cristãos. Enquanto Lucas já havia usado as suas fontes do evangelho com considerável liberdade, ele é *muito mais livre em Atos para estruturar a narrativa em termos de suas próprias prioridades e metas.*

Discernir a própria estrutura de Lucas significa que algumas das formas de delinear Atos, as quais têm se tornado tradicionais, necessitam ser repensadas. Os contornos tradicionais de Atos baseados nas "viagens missionárias" de Paulo, normalmente encontradas em mapas bíblicos (1ª, 2ª e 3ª viagens missionárias e viagem a Roma) não representam a estrutura própria de Lucas. O conceito de "viagens missionárias" reflete o entendimento do século XIX acerca da missão cristã como baseada no Ocidente cristão, a partir do qual os missionários viajaram para terras pagãs em jornadas missionárias e retornaram à base. O conceito não se encaixa nem no Paulo histórico, nem na cronologia derivada das cartas paulinas, nem na própria teologia da missão e estrutura literária lucana de Atos. Lucas não entende a missão como a expansão da cristandade, em termos de viagens missionárias discretas. Não é como se Paulo estivesse estabelecido em Antioquia, a partir de onde ele realiza "viagens missionárias" para o oeste, retornando à sua base para relatar o que fez. Tampouco existem três "viagens". A "segunda" e a "terceira", na verdade se resumem em uma; note a artificialidade da divisão em At 18,22, e quão rapidamente Paulo viaja do Egeu para Antioquia e de volta ao seu trabalho missionário em Éfeso. A base da missão e o ponto de orientação se movem de leste a oeste, de Jerusalém a Roma.

A estrutura de Lucas-Atos é influenciada por convicções teológicas de Lucas que influenciam toda a sua obra em dois volumes. Nós já discutimos o elemento estrutural dominante, a concepção da história da salvação em que o evento-Cristo é o "centro do tempo" de Lucas. Três temas teológicos lucanos adicionais influenciam a estrutura da composição de Lucas.

Jerusalém e Roma, Pedro e Paulo, Judeus e Gentios

Como o local da missão de Deus se move de Jerusalém, o centro religioso de Israel, o povo da aliança, para Roma, a capital do mundo gentio, é um princípio fundamental na estrutura composicional de Lucas.

O lugar particular de Jerusalém na história da salvação é enfatizado na maneira como Lucas estruturou seus dois volumes. "Jerusalém" ocorre muitas vezes em Lucas-Atos, e com muito mais frequência do que em qualquer outro documento do Novo Testamento (139 vezes Novo Testamento; 91 vezes em Lucas-Atos). A narrativa começa no templo de Jerusalém, e o menino Jesus aparece lá em uma cena significativa no final da primeira parte (Lc 1,5-23; 2,41-52). Após um período de viagens a Galileia e Jerusalém, Jesus "manifestou, no semblante, a intrépida resolução" de ir a Jerusalém, para cumprir o "êxodo" que libertará o seu povo através do seu sofrimento e morte (9,51). No decurso da *Narrativa da Viagem* (9,51-19,44), Jerusalém é mencionada 13 vezes (3 vezes Mt; Mc 3 vezes). O Ministério mais amplo de Jesus em Jerusalém ao final do evangelho continua com o ministério da igreja em Jerusalém, nos doze primeiros capítulos de Atos. De Lc 20 até At 7, toda a ação tem lugar em Jerusalém. Durante sua carreira missionária, o Paulo de Atos visita repetidamente a igreja-mãe em Jerusalém. Sua última viagem a Jerusalém é um paralelo com a própria última viagem de Jesus.

No entanto, Jesus morre em Jerusalém, e Paulo morre em Roma. A história de Paulo tem cenas-chave em que a mudança Jerusalém → Roma tem lugar. O enunciado de Paulo em At 19,21 é paralelo ao de Jesus em Lc 9,51, mas o destino é Roma em vez de Jerusalém. Em At 23,11, Deus confirma a resoluta determinação de Paulo de visitar Roma, assim como no evangelho de Lucas, a transfiguração é a confirmação divina da resoluta determinação de Jesus em ir a Jerusalém e à morte (Lc 9,22-35; 51). A história de Jesus no Evangelho é orientada *em direção a* Jerusalém; a história da igreja em Atos começa em Jerusalém (Lc 24,47), mas está *orientada para longe* de Jerusalém, ou seja, para a Judeia, Samaria, e "os confins da terra", sendo Roma, a última "estação" mencionada (At 1,8).

A expansão geográfica e teológica da igreja é a chave para a estrutura literária de Atos. Ao mesmo tempo, esta é a história de dois líderes missionários, as cabeças simbólicas das duas grandes correntes da missão cristã. *Pedro* representa o cristianismo judaico que foi integrado na missão ecumênica da Igreja, e a continuidade do início da missão de Jesus até o tempo em que a igreja tornou-se o povo inclusivo de Deus abraçando judeus e gentios. Os capítulos 1-12 (Pedro) movem a narrativa de Jerusalém a Antioquia, que se torna o centro da missão gentia. Os capítulos 13-28 (Paulo), na sequência, retratam a história da missão gentia em que a história se move de Antioquia a Roma. A primeira metade de Atos é dominada pela figura de Pedro, a segunda metade por Paulo (ver lista de paralelos abaixo). Esta intenção de consolidar essas duas correntes de tradição influenciou a estrutura de Atos. Na primeira metade, a cena-chave é a "conversão de Cornélio" nos caps. 10-11, onde os gentios em sua totalidade são integrados na igreja, sob a liderança de *Pedro*. A cena central da segunda metade é o Concílio de Jerusalém em que a missão gentia é "oficialmente" confirmada e torna-se a base para o restante da narrativa que levará Paulo e os leitores para Roma.

Conflito

Esse movimento não ocorre sem conflitos. A história da igreja em Atos espelha a história de Jesus no Evangelho de Lucas. Tanto o Evangelho quanto Atos começam no templo, o coração do judaísmo. A história de Jesus começa no coração de uma família judaica indo fielmente à sinagoga e ao templo, celebrando as festas judaicas, com o advento de Jesus afirmado por piedosos representantes do judaísmo. A oposição começa em Lc 4, quando Jesus proclama que as promessas da Escritura judaica se cumprem nele. O conflito está montado, e a vida de Jesus torna-se uma longa viagem para a paixão e morte em Jerusalém. Assim, também é em Atos: nas cenas de abertura da narrativa, não há oposição ao novo grupo, o que poderia ser visto como um movimento de renovação dentro do judaísmo. A igreja experimenta grande sucesso numérico, e a aprovação de "todo o povo" (2,47). Começando no capítulo 3, os líderes judeus se opõem ao novo grupo e seus líderes são presos e espancados. Como a igreja continua a se expandir em números, monta-se a oposição e, em 7,12, pela primeira vez "o povo" parece hostil aos cristãos. A partir do capítulo 8 em diante, "os judeus" tendem a se tornar um bloco hostil opondo-se aos "cristãos", um papel que desempenham, com poucas exceções, até a cena final do livro. Um fator na forma como a narrativa é estruturada é revelar a "separação dos caminhos" entre judeus e cristãos, que no entendimento de Lucas havia se tornado uma realidade no tempo dele e de seus leitores, e faz isso enquanto, continua a incentivar a igreja a manter a sua herança judaica e as Escrituras judaicas.

Estas considerações resultam no seguinte esboço da narrativa em dois volumes de Lucas:

Prefácio	(Lc 1,1-4)
Parte Um: o tempo de Israel alcança seu clímax	(Lc 1,5-2,52)
Parte Dois: o tempo de Jesus	(Lc 3,1–At 1,26)
A missão de Jesus e seus discípulos na Galileia e Judeia – Reunindo as testemunhas	(Lc 3,1-9,50)
A jornada para o destino de Jesus em Jerusalém – Preparando os discípulos	(Lc 9,51-19,44)
O ministério, martírio, e vindicação do Messias em Jerusalém	(Lc 19,45-24,53)
Transição	(At 1,1-26)
Parte Três: O tempo da Igreja (=a continuação dos Atos de Deus em Jesus)	(At 2,1-28,31)
Cristianismo "Petrino": a missão judaica de Jerusalém a Antioquia	(At 2,1-12,25)
Inícios cristãos em Jerusalém	(At 2,1-8,1)
A igreja se expande para Samaria e além	(At 8,2-40)
Conversão de Paulo	(At 9,1-31)
Cenas Chave: Pedro, conversão de Cornélio e formação da igreja em Antioquia	(At 9,32-12,25)
Cristianismo "Paulino": a missão gentia de Antioquia a Roma	(At 13,1-28,31)
Missão gentia promovida de Antioquia	(At 13,1-14,28)
Missão gentia confirmada em Jerusalém	(At 15,1-35)
Missão gentia atinge o clímax em Roma, incorporação da "narrativa da paixão de Paulo"	(At 15,36-28,31)
História da Paixão de Paulo	(At 21,17-28,31)

23.3 Lucas o historiador: Lucas-Atos e história

como lucas pode ser avaliado como historiador? Ao ponderar sobre essa questão, precisamos considerar (1) Lucas e os historiadores helenistas; (2) fontes de Lucas, tradições e influências; (3) controles para avaliar "a exatidão histórica" de Lucas; (4) particularidades da composição lucana.

23.3.1 Lucas e os historiadores helenísticos

Uma comparação em vários pontos ajudará a localizar Lucas-Atos com referência à historiografia helenística.

Variedade

"História helenística" não é um termo monolítico. A maneira como é utilizado aqui, inclui não só os historiadores contemporâneos do autor de Lucas-Atos (e.g., Luciano, Plutarco, Tácito, Suetônio), mas historiadores clássicos que eram lidos no mundo helenístico e foram modelos na formação das expectativas de como uma boa história escrita deve ser (Heródoto, Tucídides). Lucas dificilmente pode ser comparado aos "historiadores helenísticos" em geral, mas pontos específicos de comparação com historiadores específicos podem ser feitos.

Afirmações verdadeiras, ficção, retórica e entretenimento

O mundo antigo certamente sabia a diferença entre história e ficção. Era comum entre os historiadores afirmar que "a única tarefa do historiador é descrever os fatos exatamente como elas aconteceram", que "esta é a única coisa essencial em história, esforçar-se apenas pela verdade" (Luciano, *How to Write History*, 39). O tratado de Luciano, no entanto, passa a mostrar que os historiadores misturavam prazer e diversão com sua narrativa: eles escreviam a história não apenas para relatar fatos, mas para ser útil, para edificar, para entreter. A história foi entendida como um ramo da retórica; bem escrita, a história era a arte da persuasão. No entanto, eles não entendiam a si próprios como se estivessem escrevendo ficção. Eles e os seus leitores entendiam que seu relato dos fatos estava a serviço de uma causa maior, para a qual, os fatos como eles os possuíam deveriam ser ajustados. O senso de história "objetiva, científica" como a disciplina é muitas vezes popularmente entendida no mundo moderno teria soado estranho para eles.[13] RICHARD PERVO salientou que isso é resumido no lema

[13] Esta compreensão da natureza da história ainda encontrada no discurso popular não é mais dominante na historiografia moderna. A história não é e não pode ser

de Horácio "desfrute com prazer"[14] – o benefício de ler a história não precisa excluir o deleite de uma história bem contada, incluindo cenas de ação e de entretenimento em que o herói escapa da prisão, resiste ao naufrágio, e lida heroicamente com motim, apedrejamento, tramas de assassinato e picada de cobra.

Cronologia

Em contraste com o seu sincronismo sêxtuplo na datação do ministério de um ano de Jesus, Lucas é escasso, vago e confuso nos dados cronológicos oferecidos em Atos. Correlações com eventos e pessoas conhecidas na história romana são cronologicamente vagas ("durante o reinado de Cláudio", 11,28) ou inexistentes: não são apresentadas datas para Herodes, Gálio, Félix, Festo, Agripa. Assim, não há dados cronológicos, desde início da igreja (30 d.C.) até o Concílio de Jerusalém, e o leitor tem apenas a vaga impressão de saber se, e.g., a conversão de Paulo foi alguns meses ou anos após a crucificação. Durante a "segunda" e "terceira" viagens missionárias, Paulo e companhia estiveram em Corinto 18 meses, e, em Éfeso, três anos, com dois anos de prisão em Cesareia, seguidos de dois anos de espera sob custódia em Roma, mas Lucas não fornece nenhum quadro cronológico fixo no qual possa dispor esses dados. Quando Lucas olha para a história passada, ele localiza o revolucionário Teudas "há algum tempo" e, em seguida, equivocadamente coloca Judas "depois dele... nos dias do recenseamento" (5,36-37). Para nós, isso pode parecer uma escrita histórica desleixada, mas não o desqualifica como um "historiador helenístico". Escritores na época helenística tendiam a ver o passado não

---

uma questão de "reconstruir o que realmente aconteceu". Para uma discussão útil sobre esta questão do ponto de vista da teologia bíblica e a verdade da fé cristã, ver SCHNELLE, *Theology of the New Testament*, pp. 27-35, "How History is Made and Written" e "History as Meaning-Formation." [Em port.: *Teologia do Novo Testamento*. São Paulo: Academia Cristã/Paulus, 2011].

14 RICHARD I. PERVO, *Profit with Delight: The Literary Genre of the Acts of the Apostles* (Philadelphia: Fortress, 1987). Alguns historiadores da época romana têm apontado que os historiadores, até mesmo os antigos, como Heródoto podem combinar informações confiáveis com recursos romanescos e um forte quadro ideológico (e.g., IRINA LEVINSKAYA, *The Book of Acts in Its Diaspora Setting* (5; Grand Rapids: Eerdmans, 1996), viii.

como uma série cronológica de eventos relacionados, mas um vasto reservatório de eventos passados flutuantes em várias profundidades de um mar amorfo, a partir do qual estes eventos poderiam ser pescados e dispostos como necessário para a presente narrativa.

Seleção e proporção

Atos é tão bem escrito que o leitor se envolve de tal modo na narrativa, que dificilmente percebe a mão seletiva do autor. A morte de Estêvão, recém-chegado à fé, é relatada de forma extensa, e a ele é dado um vasto discurso, o mais longo de Atos. A morte de Tiago, testemunha ocular do ministério de Jesus, integrante do grupo dos três mais próximos a ele e um dos quatro primeiros a serem chamados, é mencionada apenas incidentalmente (12,2). As atividades de Pedro nesse tempo, incluindo o seu agradável encontro com a empregada Rode, são amplamente relatadas. A missão em Éfeso, importante centro do cristianismo desde os dias de Paulo em diante, é contada em alguns versos, mas os últimos dias de Paulo ocupam um terço da narrativa, incluindo conversas detalhadas, entre Paulo e seus captores, não relacionadas à missão cristã e ao significado da fé cristã. Tudo isso faz agradável a leitura e serve ao propósito de Lucas, mas têm mais em comum com as histórias de 1 Samuel, por um lado, e os contos de romances helenísticos, por outro, do que com a escrita da história helenística.

Narrador

O narrador de Lucas-Atos é onisciente e onipresente, capaz de relatar o que as pessoas pensam e o que acontece em privado, como a sessão executiva do Sinédrio – incluindo o discurso de Gamaliel – e as conversas privadas do governador Festo e do rei Agripa (At 5,34-39; cf. e.g., Lc 5,22; At 10,19; 21,29; 25,13-22). Tudo é relatado na íntegra, devidamente colocado entre aspas nas traduções modernas. O *modus operandi* de Lucas é mostrar ao invés de relatar, uma animada e envolvente maneira de contar uma história, o modo regular dos novelistas – e autores bíblicos. Lucas não se qualifica como historiador, a este respeito, mas segue o modelo bíblico de se recusar a interpor um sumarizador ou intérprete entre a ação e o leitor.

Discursos

Cerca de um terço de Atos está na forma de discursos, relatados como discursos diretos. Quando conversas menores são incluídas, 51 por cento de Atos é apresentado como citação literal. Esta é uma proporção muito maior de discurso que aquela da narrativa encontrada nos historiadores helenísticos, ainda quando a composição de discursos pelo autor e atribuídos a pessoas importantes na narrativa fosse uma prática comum.[15]

Tucídides foi e é considerado um modelo de historiador, mas ele viu a criatividade literária de uma forma diferente daquela da historiografia moderna:

> Quanto aos discursos que foram feitos por diferentes homens, quer quando estavam prestes a começar uma guerra, quer quando já estavam envolvidos nela, tem sido difícil recordar as palavras realmente mencionadas com estrito rigor, tanto para mim sobre o que eu mesmo ouvi, quanto para aqueles que de várias outras fontes têm me trazido relatos. Assim, os discursos são dados na língua em que, como me pareceu, os vários oradores se expressariam, sobre os temas em apreço, os sentimentos mais condizentes com a ocasião, embora ao mesmo tempo eu tenha aderido tão próximo quanto possível ao sentimento geral do que foi realmente dito. (*Tucídides, Hist.* 1,22)

Outro exemplo é o de Tácito (*Anais* 11,24), que inclui um discurso do imperador Cláudio para o Senado. Seu relatório difere largamente da inscrição do original, que sobreviveu, e que Tácito e seus leitores devem ter conhecido. Josefo, *Guerra* 6,34-53, 7,124-128, reporta o discurso comovente de Eleazar instando suicídio para os defensores de Massada, um discurso, obviamente, criado pelo próprio Josefo.

---

[15] Sobre os discursos de Atos, veja a variedade de perspectivas em HENRY J. CADBURY, "The Speeches in Acts," in *The Beginnings of Christianity, Part I: The Acts of the Apostles, Additional Notes and Commentary*, ed. F. J. Foakes Jackson and Kirsopp Lake (Grand Rapids: Baker, 1979), 402-407; MARION L. SOARDS, *The Speeches in Acts* (Louisville: Westminster John Knox, 1994); CONRAD H. GEMPF, "Public Speaking and Published Accounts," in *The Book of Acts in Its Ancient Literary Setting*, ed. Bruce W. Winter and Andrew D. Clarke, *The Book of Acts in Its First Century Setting* (Grand Rapids: Eerdmans, 1993), 259-303. Mesmo os defensores mais rigorosos da "confiabilidade histórica" reconhecem um considerável elemento lucano nos discursos.

Como o Antigo Testamento, ele repetidamente fornece relatos literais textuais de discursos e diálogos de pessoas em situações nas quais ele não poderia ter tido nenhuma informação.

A mesma criatividade é vista em textos biográficos e similares. De numerosos exemplos: Em *Protágoras* de Platão, Sócrates é o narrador, que fala extensamente na primeira pessoa. Platão conhecia Sócrates muito bem pessoalmente, estudou muito tempo com ele e, contudo, não hesita em compor discursos longos e colocá-los na boca de Sócrates e dos outros participantes no diálogo. Nos dez livros da *República*, 148 páginas de letras pequenas, o diálogo é narrado por Sócrates no dia seguinte, depois dos discursos ocorrerem. Na primeira página do *Teeteto*, Euclides fala em escrever uma longa conversa de muitas páginas "logo que eu cheguei em casa", então, mais tarde perguntando para Sócrates sobre os pontos que ele tinha esquecido, reescreve-a, e, em seguida, um escravo a lê para que ele e seus convidados a discutam.[16] Nada disso era entendido como ficção, mas também sua verdade não era julgada pela exatidão dos "relatos". Todos entendiam que estavam ouvindo e respondendo aos autores Tucídides, Tácito, Platão e Sócrates e não aos outros personagens que falam em suas narrativas.

23.3.2 Fontes, tradições e influências

Uma leitura de Lucas-Atos é bastante dependente da forma como são vistas as fontes à disposição do autor. Três tipos de recursos estavam disponíveis para ele:[17] (1) memórias e experiências pessoais e diretas, (2) experiências e influências pessoais e gerais, e (3) documentos escritos particulares.

1. Memórias e experiências pessoais – As passagens "nós"

O autor não faz nenhuma alusão de ter estado presente nas cenas que ele narra no Evangelho de Lucas. No texto padrão de Atos, no entanto,

[16] PLATÃO, *Plato* (trans. J. Harward; GB 7; Chicago: Encyclopedia Britannica, Inc., 1952), 38, 512.

[17] O particípio masculino auto referencial em Lc 1,3, indica que o autor era do sexo masculino. Cf. Hb 11,32.

uma série de passagens é abruptamente narrada na primeira pessoa do plural: 16,10-17; 20,5-15; 21,1-18; 27,1 – 28,16.[18] O leitor fica com a impressão de que o autor juntou-se a Paulo, Silas e Timóteo em Trôade e os acompanhou para Filipos, onde permaneceu até a última viagem de Paulo para Jerusalém. O autor, em seguida, volta ao grupo e acompanha Paulo a Jerusalém, encontrando-se com Tiago e com os anciãos da igreja de Jerusalém. Ele sai de cena durante a detenção e os julgamentos de Paulo em Jerusalém e Cesareia, que são narrados em terceira pessoa, então se junta a ele novamente na viagem para Roma. Os eventos em Roma e no final da narrativa são, então, concluídos na terceira pessoa. O fenômeno das passagens "nós" foi exaustivamente examinado em dissertações, monografias e comentários analíticos detalhados, sem resultados unânimes. Três teorias estão em cena atualmente:

(1) Lucas, companheiro de Paulo e autor de Lucas-Atos, aqui se baseia em sua própria memória e/ou diário de viagem pessoal. Vários estudiosos críticos continuam a apoiar este ponto de vista tradicional.[19] No entanto, para além das dificuldades no que diz respeito à

---

[18] A tradição manuscrita não é unívoca em delinear as passagens "nós". Irineu, *Contra as Heresias* 3,14.1 reflete um texto em que Atos 16,8 foi uma passagem "nós", indicando que o autor já estava com Paulo quando a equipe missionária chegou a Trôade. O texto ocidental documentado em D, alguns manuscritos latinos, e citações em Agostinho iniciam as passagens "nós" em 11,28, localizando assim o autor de Atos em Antioquia. Na grande maioria dos manuscritos, as passagens "nós" começam em 16,10, como acima.

[19] E.g. JOSEPH A. FITZMYER, S.J., *Luke The Theologian* (New York: Paulist Press, 1989), 1-26, "The Authorship of Luke-Acts Reconsidered", tem a defesa mais convincente de Lucas como autor da fonte "nós". Lucas ficou em Filipos na segunda jornada e não voltou a Paulo até a última viagem de volta a Jerusalém, portanto, não estava presente durante o período intenso de escrita das cartas e formação da teologia de Paulo. FITZMYER discute se ele então tinha ouvido Filipenses enquanto em Filipos, ou romanos enquanto em Roma, e decide que ele não o fez. O autor de Lucas-Atos está, portanto, distante de Paulo e sua teologia. Assim, ele usou outras fontes e considerável imaginação literária ao compor Atos (ver em detalhes JOSEPH A. FITZMYER, S.J., *The Acts of the Apostles* (AB 31; New York: Doubleday, 1998)). Ben Witherington, *The Acts of the Apostles: A Socio-rhetorical Commentary* (Grand Rapids: Eerdmans, 1998), 165-173 e COLIN J. HEMER and CONRAD H. GEMPF, *The Book of Acts in the Setting of Hellenistic History* (Tübingen: Mohr, 1989) representam aqueles estudiosos que, persuadidos de que Lucas o companheiro de Paulo escreveu Atos, argumentam que ele não precisava de quaisquer outras fontes. De acordo com

autoria e data (veja abaixo), este ponto de vista é confrontado com o problema de explicar por que o autor muda para a primeira pessoa ao narrar detalhes menores, enquanto deixa itens principais da história missionária cristã primitiva em situação irregular, embora ele presumivelmente estivesse presente.[20] As passagens de primeira pessoa começam e terminam sem transição ou explicação.

(2) O próprio autor não estava presente nas cenas das passagens "nós", mas, de alguma forma chegou a ter acesso ao diário de viagem de um companheiro de Paulo, ou os seus fragmentos, que ele introduziu na íntegra em seu relato. Este foi um ponto de vista popular durante o século XIX, quando os estudiosos engenhosamente tentaram descobrir um núcleo de fontes históricas encaixado no texto posterior. Assim, embora ele próprio não seja uma testemunha ocular, o autor de Atos tem um material substancial de um companheiro de Paulo. Uma monografia recente afirma ter identificado o autor deste diário: Silas.[21]

(3) Uma das dificuldades com a segunda teoria é que a linguagem e o estilo das passagens "nós" são praticamente idênticos ao do próprio autor. Parece que o autor do suposto diário é também o autor de Atos, ou que o autor de outro modo – desconhecido de Atos compôs o diário, ou seja, que não é um diário de verdade, mas um artifício

---

WITHERINGTON, Lucas experimentou parte de sua própria história, e aprendeu o restante entrevistando Paulo e outras testemunhas oculares. Os dois anos de estadia forçada durante o encarceramento de Paulo em Jerusalém e Cesareia proporcionou a oportunidade de entrevistar a família de Jesus (Tiago, Maria), a mãe de João Marcos, Felipe, Maria Madalena, Joana – da corte de Herodes – e, e.g., para obter o relato da conversão de Cornélio, do próprio centurião. "Na verdade, ele poderia até mesmo ter viajado para Damasco e Antioquia durante este tempo..." (169).

[20] Um exemplo: nesta perspectiva, o autor de Atos residia em Filipos por um número de anos, mas não compartilha nada da vida e missão da igreja em Filipos, informação que seria de grande interesse para os leitores antigos e modernos. Paulo teve uma íntima e duradoura relação com esta igreja, que o apoiou financeiramente e recebeu cartas dele. A que se assemelhava sua forma de culto? Como a sua liderança foi estruturada? Quão grande ela era e de onde eles se conheceram? Uma igreja-doméstica ou várias? Que problemas enfrentam? Atos fornece algumas imagens vívidas de algumas das experiências iniciais de Paulo em Filipos, mas estas não estão incluídos nas passagens "nós".

[21] JÜRGEN WEHNERT, *Die Wir-Passagen der Apostelgeschichte* (GTA 40; Göttingen: Vandenhoeck & Ruprecht, 1989).

literário do autor. A última visão tornou-se comum em estudos recentes.[22] O autor ocasionalmente muda para a primeira pessoa como um meio literário de tornar a narrativa mais viva. Esta técnica foi encontrada entre os escritores antigos, incluindo historiadores.[23]

Dois pontos teológicos importantes devem ser adicionados a esta convenção literária. (a) Lucas adotou o estilo bíblico e a perspectiva das Escrituras judaicas, que insistem que os acontecimentos ali narrados não eram meramente momentâneos, mas que, enquanto a Escritura é lida as fronteiras entre passado e presente são dissolvidas, envolvendo os leitores diretamente nos acontecimentos narrados (ver, e.g., Dt 5,1-5). O prefácio do autor em Lc 1,1-4 é importante aqui. Isso se aplica a todo o trabalho, para ambos os volumes. Ele não afirma ser uma testemunha ocular dos acontecimentos nem no Evangelho e nem em Atos, mas afirma ser um crente de terceira geração que recebe tradições e utiliza fontes de seus predecessores. O autor de Atos não tem lembranças pessoais de eventos nas primeiras igrejas e viagens missionárias com Paulo. Sua própria experiência não parece relacioná-lo diretamente com os acontecimentos da primeira geração, mas não deixa de ser importante: os temas e categorias que impulsionam sua narrativa são moldados pelas preocupações do seu próprio tempo. (b) Como as cartas deuteropaulinas, o autor de Atos quer representar Paulo para uma geração posterior, mas ele não escreve cartas em nome de Paulo. O "nós" de Atos expressa a afirmação do autor de falar como um autêntico representante de Paulo.

---

[22] E.g., ERNST HAENCHEN, "'We' in Acts and the Itinerary'," *JTC* Vol 1: The Bultmann School of Biblical Interpretation: New Directions? (1965), 65-99; ERNST HAENCHEN, *The Acts of the Apostles: A Commentary* (Philadelphia: Westminster, 1971); HAENCHEN retrata as passagens "nós" como uma criação do autor, mas na base de um itinerário anotado tradicional. BEVERLY R. GAVENTA, *The Acts of the Apostles* (ANTC; Nashville: Abingdon, 2003), ver 57; PERVO, *Acts: A Commentary*; JÜRGEN ROLOFF, *Die Apostelgeschichte* (NTD 5; Göttingen: Vandenhoeck & Ruprecht, 1981); TANNEHILL, *Narrative Unity*. Este ponto de vista foi recentemente reforçado ainda mais pela teoria narrativa de WILLIAM S. CAMPBELL, *The "We" Passages in the Acts of the Apostles: The Narrator as Narrative Character* (SBLSBL 14; Atlanta: Society of Biblical Literature, 2007).

[23] E.g., Aquiles Tácio, *Leucippe and Clitophon* 1,3.1. Outros exemplos em Eckhard Plümacher, "Wirklichkeitserfahrung und Geschichtsschreibung bei Lukas," *ZNW*, 68 (1974), 2-22.

2. Experiências pessoais, gerais e influências

O autor não é, naturalmente, nenhum estranho à comunidade cristã. Ele participa do culto, envolve uma variedade de congregações e indivíduos cristãos, encontra uma série de tradições cristãs. Ele ouviu as Escrituras judaicas lidas no culto e interpretadas em sermões e instruções cristãs. Ele ouviu relatos e ditos de Jesus e os oráculos dos profetas cristãos. Ele ouviu hinos cantados, e as orações dos indivíduos e das congregações. Este corpo variegado de tradição cristã, sem dúvida, contribuiu para a história da igreja, como narrada por Lucas e influenciou a maneira pela qual o autor retratou a igreja e sua missão. Que Lucas conhecia e usava essas tradições não se pode duvidar, embora em sua maior parte, elas não possam agora ser identificadas. Em dois pontos onde as tradições recebidas por Lucas se sobrepunham às de outras comunidades cristãs, podemos ver vários pontos de contato.

3. Tradições das comunidades paulina e joanina

Entre estas, estão tradições da escola joanina que, eventualmente, se tornaram parte do Evangelho de João. Em algum ponto ou pontos na tradição antes da composição de Lucas ou João, seus respectivos autores estavam familiarizados com alguns elementos do mesmo corpo de tradição.[24] Alguns exemplos:

- Tanto Lucas quanto João estão interessados no papel de João Batista e seus discípulos, e sua relação com o andamento da vida da igreja (Lc 1,5-80; 3,1-20; 7,18-35, At 19,1-7; Jo 1,19-35; 3,22-36; 5,31-38).
- Todos os leitores cuidadosos notam que o relato do chamado dos quatro pescadores (Lc 5,1-11) é bem diferente da fonte marcana usada por Lucas

[24] É possível que o autor de João estivesse familiarizado com o Evangelho de Lucas (veja abaixo §27.3). Se "possível" pode ser elevado a "plausível" ou "provável" depende não só da análise das suas passagens paralelas, mas dos dados prováveis atribuídos a cada um. MARK A. MATSON, *In Dialogue with Another Gospel?: The Influence of the Fourth Gospel on the Passion Narrative of the Gospel of Luke* (SBLDS 178; Atlanta: Society of Biblical Literature, 2001) argumenta a opção inversa: Lucas usou alguma versão de João. Isso pode ter sido uma forma primitiva do presente Evangelho, ou tradições da escola joanina também conhecidas por Lucas.

(Mc 1,16-20), mas tem inúmeros pontos de contato com o relato de João em Jo 21,1-11.

- O uso lucano de "judeus" e "israelitas" é diferente de Marcos, mas semelhante ao do Quarto Evangelho.[25]
- Tanto Lucas quanto João colocam a confissão de Pedro imediatamente após a alimentação dos 5000 e em conexão com ela (Lc 9,18-20; Jo 6,1-69).
- Jesus ordena silêncio, não porque eles tenham uma ideia equivocada do Messias, como nos outros sinóticos, mas porque o tempo *ainda não era chegado*, como no Quarto Evangelho. Contraste Lc 9,21 e 19,39-40.
- As irmãs Maria e Marta estão apenas em Lucas e João, assim como Lázaro. Em João, Lázaro é o irmão delas que morre e é ressuscitado por Jesus. Na parábola de Jesus em Lucas, Lázaro morre, e depois de sua morte, é dito que mesmo que alguém ressuscitasse dentre os mortos, as pessoas não acreditariam (Lc 10, 16; Jo 11-12).
- *"Hora"*, *"trevas"* (Lc 22,53 etc.) são uma reminiscência das imagens do Quarto Evangelho, não dos outros sinóticos (Jo 1,5; 2,4; 7,30; 12,27.35.46).
- A última ceia começa com o comentário de que Satanás entrou em Judas (Lc 22,3; Jo 13,2).
- A imagem radical do mestre servindo os servos (Lc 12,37; cf. 22,27) não é encontrada em outros lugares nos sinóticos, mas cf. Jo 13,4.
- Apenas Lucas e João conhecem Anás como sumo sacerdote ao lado de Caifás (Lc 3,2; At 4,6; Jo 18,13.24).
- Na cena da prisão de Jesus, apenas Lucas e João declaram que a orelha *direita* do servo foi cortada (Lc 22,50-51; Jo 18,10). Existem inúmeros pequenos detalhes ordinários apenas em Lucas e João.[26]
- Lucas, como os outros sinóticos, não tem nenhuma referência a pregos ou cravos no relato da crucificação (vítimas foram muitas vezes amarradas); cravos são mencionados apenas em Jo 20,25. No entanto, Lc 24,39 parece pressupor que as mãos e os pés de Jesus foram pregados na crucificação. Aqui, a tradição de João parece ser pressuposta, embora não esteja na trama. O autor (e os leitores?) ouviram a história contada desta maneira?
- Lc 24,26 não fala do Filho do Homem, que será levantado, como nas previsões da paixão marcana que Lucas adotou, mas do Messias que entra na sua *glória*. O Jesus ressuscitado fala com o sotaque da tradição joanina (cf. Jo 7,39; 12,23; 17,1.4).

---

[25] Cf. Pervo, *Acts: A Commentary*, 343.

[26] E. Osty, "'Les points de contact entre le récit de la passion dans saint Luc et dans saint Jean', *Mélanges Jules Lebreton*," *RSR* 39, no. 1-2 (1951), 146-154 aponta mais de quarenta pontos de contatos na narrativa da paixão comum apenas a Lucas e João. Cf. também Matson, *Dialogue*, *passim*.

A situação vis-à-vis de Lucas e dos materiais joaninos é semelhante no que diz respeito a algumas das tradições da escola paulina. Ele pode muito bem ter conhecido alguns dos textos escritos recolhidos e compostos por este grupo de paulinistas, incluindo Colossenses e Efésios (veja Vol. I §§15.1-2). Não é provável que ele conhecesse as Pastorais, no entanto, provavelmente foram escritas ao mesmo tempo em que Lucas-Atos. Entretanto, parece haver algum uso de tradições comuns. A seguinte sequência dos deslocamentos missionários: Antioquia-Icônio-Listra, de Atos 13-14, correlaciona-se bem com 2 Tm 3,10-11. Há tantos pontos de correspondência em vocabulário e ethos geral entre Atos e as Pastorais que alguns estudiosos têm argumentado que eles têm o mesmo autor.[27] Embora Lucas não utilize as Pastorais como uma fonte, ele atua no mesmo ambiente linguístico e teológico.

Existem, portanto, inúmeros pontos de contato entre as tradições registradas em Lucas-Atos e em outros documentos do Novo Testamento. No entanto, essas tradições são difíceis de identificar, mesmo com um grau mínimo de confiança, exceto no caso de documentos escritos que foram preservados. Felizmente para o historiador, há vários casos como esses.

4. Documentos escritos particulares

Sabemos, é claro, que Lucas usou fontes escritas, não apenas de seu próprio prefácio (Lc 1,1-4), mas pela comparação entre o seu texto com fontes restantes que ele (deve/ pode) utilizado. Nós os discutimos em uma escala decrescente de probabilidade.

A Septuaginta: reinterpretação lucana da Escritura

A Bíblia de Lucas, a LXX, é uma das poderosas influências geradoras que forneceram tanto a forma quanto o conteúdo para sua composição. As belas histórias de Zacarias, Isabel e seu bebê João, de Maria, José, e seu bebê Jesus, de Simeão e Ana no templo, entrelaçadas com suas canções, orações e bênçãos, são fortemente dependentes de

---

[27] E.g. S. G. WILSON, *Luke and the Pastoral Epistles* (London: S.P.C.K., 1979). Poucos têm sido convencidos de que o mesmo autor compôs ambos, mas o detalhamento das semelhanças indica algum tipo de relação indireta.

relatos semelhantes nas Escrituras judaicas. Nós não saberíamos isso se não tivéssemos esses textos conosco (ver abaixo, Síntese exegética sobre Lc 1-2). O relato de Jesus ressuscitando o filho da viúva de Naim (Lc 7,11-17), e da restauração à vida do sonolento Êutico por Paulo (At 20,9-12) assemelham-se, na forma e no conteúdo, com as histórias de Elias e Eliseu em 1 Rs 17,17-24 e 2 Rs 4,32-37. Os exemplos poderiam ser multiplicados. Lucas vê a história de Jesus e da Igreja como a continuação da história de Israel, e, com na convicção de que esta história prefigura e aponta para o seu clímax e realização em seu próprio tempo, em boa consciência ele adota e adapta material de sua Bíblia com o qual podia contar a história cristã.

O Evangelho de Marcos e Q

A maioria dos estudiosos está convencida de que as fontes primárias de Lucas para seu evangelho foram o Evangelho de Marcos e Q (ver Excurso 3, §19.4); sua obra em dois volumes é basicamente uma expansão global de Marcos. Alguns estudiosos têm defendido um *Protolucas*. Segundo os defensores desta visão, Lucas já tinha combinado o seu material Q e L em um texto coerente antes de se tornar ciente de Marcos. Lucas então inseriu blocos de Marcos em seu texto previamente composto para produzir o presente Evangelho de Lucas.[28] Deve ser lembrado que Lucas também teve Marcos e Q como fontes de Atos, e não só para seu evangelho.

Cartas de Paulo?

Lucas certamente não usou as cartas de Paulo como uma fonte da mesma forma que algumas vezes citou especificamente a LXX e blocos incorporados dos materiais de Marcos e Q. Isso, no entanto, não é o problema real. A questão é se as cartas de Paulo estavam disponíveis

---

[28] Assim, Streeter, *Four Gospels*, 199-222. Joachim Jeremias e Friedrich Rehkopf estiveram entre aqueles que advogaram uma forma modificada desta teoria (Joachim Jeremias, *The Eucharistic Words of Jesus* (trans. Norman Perrin; New York: Scribner, 1966), 96-100; Friedrich Rehkopf, *Die lukanische Sonderquelle: Ihr Umfang und Sprachgebrauch* (WUNT 5; Tübingen: Mohr, 1959), mas ela não sobreviveu a um exame mais crítico. Ver agora J. Verheyden, "Proto-Luke, and What Can Possibly Be Made of It," in *Studies in the Synoptic Problem: Oxford Conference, April 2008: Essays in Honour of Christopher M. Tuckett*, ed. Paul Foster, et al., *Bibliotheca Ephemeridum Theologicarum Lovaniensium* (Leuven: Peeters, 2011), 617-656.

para o autor de Lucas-Atos, se ele foi influenciado por elas e até mesmo extraiu material delas, selecionando, reescrevendo, e adaptando da mesma maneira que ele utilizou suas outras fontes – incluindo as vezes que se baseou na LXX, Marcos e Q sem de fato citá-los. As cartas paulinas existentes foram escritas na década de 50. Lucas-Atos foi escrito, no mínimo, na década de 60, provavelmente uma geração mais tarde, pelo menos. Paulo é seu herói. Dificilmente ele deixaria de saber que Paulo escreveu cartas, mesmo que não fosse companheiro de Paulo em viagens missionárias, visto que as cartas de Paulo começaram a circular, tanto individualmente quanto como um corpus editado, dentro de uma geração após a morte de Paulo. Como entusiástico participante na corrente paulina da tradição cristã, Lucas deve ter estado muitas vezes presente quando cartas paulinas foram lidas na liturgia e instrução cristã. Na visão tradicional, Lucas tinha residido em Filipos, e esteve presente com Paulo em Roma, e Paulo havia escrito cartas para ambas as igrejas. Na visão tradicional da autoria, Lucas estava com Paulo quando escreveu Colossenses, Filemom, e 2 Timóteo, e envia saudações em duas destas cartas (Cl 4,14; Fm 24; 2 Tm 4,11). Sem qualquer exame dos próprios textos, não parece ser uma forte probabilidade, a priori, que Lucas não só conhecia Paulo como um escritor de cartas, mas sabia de pelo menos algumas delas. Assim, o defensor da autoria e datas tradicionais para os textos do Novo Testamento, SIR WILLIAM RAMSAY, assumiu e, muitas vezes afirmou, que Lucas conhecia as cartas de Paulo.[29]

Curiosamente, a maioria dos estudiosos de todas as convicções críticas e teológicas continuou a resistir à ideia de que Lucas conhecia as cartas de Paulo, embora existam grandes exceções.[30] A maioria dos estudiosos tem aparentemente assumido que se Lucas conhecesse as cartas, ele teria feito um uso mais específico delas e teria retratado Paulo como escritor de documentos importantes da igreja. Lucas sabia que cartas de líderes cristãos foram enviadas para grupos de congregações como um meio de instrução cristã, e fornece citações explícitas (At 15,22-29). Ele cita uma carta de Tiago e dos apóstolos e

---

[29] WILLIAM M. RAMSAY, *St. Paul The Traveller and the Roman Citizen* (Grand Rapids: Baker, 1895), 16 *et passim*.

[30] O estudo moderno desta questão é pesquisado em WILLIAM O. WALKER, "Acts and the Pauline Corpus Reconsidered," *JSNT* 24 (1985), 3-23; a documentação mais completa da evidência de que Lucas usou as cartas de Paulo é PERVO, *Dating Acts*, 51-147.

anciãos de Jerusalém, uma carta *entregue* por Paulo e Barnabé para igrejas por toda uma ampla região (16,1-4), portanto, ele certamente teria citado seu herói Paulo, caso tivesse conhecido as suas cartas – assim o argumento segue. Entre as respostas a esta objeção, menciono três: (1) as cartas de Paulo estavam sendo usadas de uma forma considerada censurável por Lucas. Até certo ponto, isso pode ter sido o caso na escola paulina contemporânea, que tinha editado e distribuído o corpus paulino como autoridade maior. Nesta escola, Paulo foi o único apóstolo e toda a vida da igreja foi orientada pela autoridade paulina. Lucas quer combinar a corrente paulina com outras, especialmente com a corrente petrina. Este seria um motivo para a supressão da imagem de Paulo como autor de cartas sem deixar de preservar Paulo como líder autoritativo da igreja. (2) As cartas eram peças ocasionais, frequentemente com o objetivo de controlar problemas na igreja, tornando-se dolorosamente claro que a primeira geração de igrejas nem sempre aceitara a autoridade de Paulo. Paulo foi hostilizado dentro de suas próprias igrejas por grupos e líderes rivais. As cartas de Paulo contribuíram para esses conflitos, bem como, por vezes, os resolveu. Esta é uma imagem que Lucas pretende substituir; só depois da morte de Paulo, heresias destrutivas emergiram dentro da igreja (ver sobre At 20,30). (3) Atos pode muito bem ter sido escrito tarde o suficiente (veja abaixo) para se opor a Marcião ou a um tipo de protomarcionismo. Tendo rejeitado as Escrituras judaicas como autoridade para a igreja, a coleção de Escrituras Cristãs autoritativas de Marcião consistia de *Evangelho* (uma versão inicial, truncada do próprio Evangelho de Lucas?) e *Apóstolo* (uma coleção truncada de dez cartas paulinas). A isso Lucas opõe seu próprio Evangelho e Apóstolo, mas o segundo volume é uma continuação da narrativa do Evangelho em tempos apostólicos, não uma coleção de cartas de Paulo. Seu *Atos* serve com uma função semelhante a da coleção de cartas paulinas, sem favorecer seus oponentes (marcionitas) ou alternativos (a escola paulina). Isso é, com certeza, especulação, mas qualquer explicação sobre a ausência de cartas de Paulo em Atos é especulativa. A visão aqui sugerida é especulação bem fundamentada.

Outros textos cristãos?

Atos manifesta uma longa lista de contatos com 1 Pedro, Hebreus e *1 Clemente* (veja os comentários críticos). Se ele os conhecia, ao invés das tradições e *ethos* geral que compartilhavam, ele não fez uso direto deles como fontes.

Josefo?

Há pontos importantes de contato entre Lucas-Atos e os escritos de Josefo. Estes incluem o censo na época do nascimento de Jesus (Lc 2,1-3), o sincronismo sêxtuplo no início do ministério de Jesus (Lc 3,1-2), o relato grotesco da morte de Agripa I (chamado de "Herodes" por Lucas, At 12,20-23), as referências a três dos líderes judeus de revoltas contra Roma (Teudas, Judas, e "O Egípcio"), bem como referências gerais a sicários, enganadores e impostores que lembram as descrições e vocabulário de Josefo (At 5,35-39; 21,37-38). Além disso, existem inúmeras semelhanças nas formas de Atos e Josefo descreverem várias cenas, de modo que, e.g., o motim no templo narrado em At 21,30-33 tem alguma semelhança com cenas semelhantes em Josefo. Vários estudiosos têm considerado as provas para exigir a conclusão de que o autor de Lucas-Atos conhecia os escritos de Josefo, incluindo sua obra, *Antiguidades*.[31] A evidência parece exigir que Lucas sabia de Josefo, e, portanto, uma data após 93 d.C.

Outras fontes identificáveis para Atos?

Especialmente durante o século XIX, a erudição bíblica tentou com grande rigor localizar outras fontes para Atos (como também para outros textos bíblicos). O objetivo era chegar por trás do texto bíblico, tão perto dos eventos em si quanto possível. Caso contrário, o nosso conhecimento sobre o período de 30-50 d.C., e.g., é severamente limitado. A obra de ADOLF HARNACK representa o ápice desse esforço. Ele alegou identificar três fontes para Atos: *Fonte A*, de Jerusalém ou Cesareia (3,1-5,16; 8,5-40; 9,31-11,8; 12,1-23) e, de menor valor histórico, *Fonte B* (2,1-47; 5,17-42). A mais valiosa, ele pensou, foi a *Fonte C*, a *Fonte Antioquia* (6,1-8.4; 11,19-30; 12,25-15,35). Em seguida, a *fonte "nós"* aplicada em 16,10, fornecendo informações confiáveis para

[31] E.g., F. CRAWFORD BURKITT, *The Gospel History and Its Transmission* (Edinburgh: T&T Clark, 1906), 105-110, MORTON SCOTT ENSLIN, *Christian Beginnings* (New York: Harper & Brothers, 1938), 422-424 e STREETER, *Four Gospels*, 557-558. O estudo minucioso mais recente é PERVO, *Dating Acts*, 149-200. Por outro lado, ver F. F. BRUCE, *Commentary on the Book of the Acts. The English Text with Introduction, Exposition and Notes* (Grand Rapids: Eerdmans, 1955), 125.

grande parte do restante do livro. Tomadas em conjunto, essas fontes colocam o historiador moderno em contato com grande parte da história real. Especialmente a *Fonte Antioquia* encontrou ressonância na erudição posterior, porém pesquisas recentes corroeram a confiança nos resultados da busca das fontes. Em meados do século XX tal busca praticamente tinha sido abandonada.

23.3.3 Controles para avaliar "a exatidão histórica" de Lucas

No caso de Lucas-Atos, e somente aqui no Novo Testamento, nós estamos em uma situação cômoda de ser capazes de avaliar sua "precisão histórica", comparando seu trabalho com algumas de suas fontes, com cartas reais de um dos principais personagens da história, e com dados arqueológicos e textuais de seu mundo contemporâneo.

Extracanônico: Arqueologia e história Romana

Em reação ao ceticismo excessivo dos críticos de Tübingen do século XIX, alguns estudiosos investigaram intensamente as alusões históricas em Atos. WILLIAM RAMSAY é o pioneiro e lendário herói neste assunto.[32] Um erudito da mais alta reputação, e sendo ele mesmo um tanto cético em relação a precisão do registro bíblico, RAMSAY entrou no mundo dos estudos do Novo Testamento em busca de dados históricos a fim de iluminar o mundo helenístico da Ásia Menor. Para sua surpresa, os estudos geográficos e arqueológicos demonstraram repetidamente a precisão histórica dos elementos referidos apenas incidentalmente em Atos, tais como localização geográfica e os títulos dos administradores romanos. Referências incidentais em historiadores romanos e trabalhos contemporâneos – materiais com os quais muitos estudiosos do Novo Testamento não estão muitas vezes

---

[32] RAMSAY publicou numerosos volumes acadêmicos sobre história romana, amplamente respeitados entre os classicistas, em função dos quais ele foi condecorado (frequentemente citado como *Sir* William Ramsay). Seus trabalhos, de agradável leitura, sumarizando a relevância de seus estudos para a interpretação do Novo Testamento são WILLIAM MITCHELL RAMSAY, *The Church in the Roman Empire before A.D. 170* (New York: G.P. Putnam's Sons, 1893); *Paul the Traveller*; *Cities of St. Paul*; *Luke the Physician: And Other Studies in the History of Religion* (London: Hodder and Stoughton, 1908).

familiarizados – pareciam confirmar a precisão dos detalhes do relato de Lucas. RAMSAY experimentou algo como uma conversão intelectual e religiosa, e passou a acreditar que "a história de Lucas é insuperável em relação a sua confiabilidade",[33] e continua a ser considerado como patrono e herói cuja história de conversão é lendária na luta pela "confiabilidade histórica" de Atos.[34]

O trabalho de RAMSAY fez uma contribuição valiosa. Ninguém pode agora afirmar, como fizeram seus adversários da escola de Tübingen, que Lucas e Atos refletem a situação política e cultural da metade do segundo século, ou que o autor é totalmente desinformado sobre as primeiras décadas do movimento cristão. No entanto, estabelecer a precisão histórica de alguns detalhes não prova, nem fornece evidência de que a narrativa como um todo é um fato histórico. Estabelecer que Lucas é bastante preciso nas questões de geografia helenística e na terminologia para os oficiais provinciais não estabelece a facticidade de seu relato das missões de Paulo, mas apenas o seu cenário. Um diretor de cinema que faz um filme sobre a guerra civil norte-americana, ou um romancista cuja história se passa nos EUA da década de 1860, podem ter informações muito boas sobre o contexto histórico da trama, quer seja por meio de pesquisa, experiência pessoal, ou de ambos. Mas isso não estabelece a facticidade das cenas, eventos e discursos na novela ou filme.

Marcos e Q

Assumindo a Hipótese dos Dois Documentos 2dH, podemos dizer com precisão considerável como Lucas usou Marcos e, com menos precisão, seu uso de Q. Ele às vezes reproduz Marcos e Q literalmente, ou quase literalmente (e.g., Mc 1,23-31 / Lc 4,33-39; para Q, cf. Mt 3,7-10 / Lc 3,7-9). Por outro lado, em vários lugares, podemos observar Lucas reorganizando, reescrevendo, e expandindo Marcos. Ele move o relato da rejeição de Jesus em Nazaré da sua posição intermediária

---

33 RAMSAY, *Luke the Physician*, 179.

34 Veja os admiráveis sumários de seu trabalho em F. F. BRUCE, *The New Testament Documents: Are They Reliable?* (London: Inter-Varsity Fellowship, 1960) 90-91; W. WARD GASQUE, *A History of the Criticism of the Acts of the Apostles* (Grand Rapids: Eerdmans, 1975), 136-142.

em Marcos para o início do ministério de Jesus, e a elabora para se tornar a cena principal de abertura em Lucas (e.g., Mc 6,1-6a/Lc 4,16-30). O lacônico relato de Marcos sobre o encontro do túmulo vazio se torna, em Lucas, uma elaborada narrativa da ressurreição-e-ascensão plena de significado simbólico. De fato, a melhor maneira de os estudantes terem uma impressão do uso que Lucas faz de suas fontes é trabalhando através de uma sinopse. Observando as formas como Lucas reorganiza, expande, exclui e interpreta Marcos e Q não gera confiança no seu interesse pelo ideal moderno de "reportagens objetivas" ou que ele compartilhou a equação moderna da verdade e "precisão histórica".

Cartas de Paulo

Entre os documentos do Novo Testamento, apenas em Atos temos tanto as fontes primárias quanto uma narrativa secundária cobrindo o mesmo período. Atos e as cartas de Paulo concordam, é claro, sobre o esboço principal: Paulo, o perseguidor é convertido para se tornar o apóstolo/missionário cristão, e sucede tanto no estabelecimento de novas congregações na região da Ásia-Egeu quanto na sua luta por um cristianismo gentio livre da lei. Há também inúmeros lugares onde os detalhes nas cartas combinam bem com a história em Atos, como a ordem, perseguido em Filipos/evangelizando em Tessalônica (At 16,20-24 /1 Ts 2,2) e a fuga aventurosa de Paulo em Damasco sendo baixado em um cesto por uma janela muralha abaixo (At 9,24/2 Co 11,33). Se Lucas não é dependente das cartas, essas "coincidências não intencionais" indicam que ele tem e utiliza alguns detalhes confiáveis sobre o trabalho missionário de Paulo e utiliza-os na composição de Atos. Se Lucas retira algo das cartas de Paulo, ele parece usá-las com mais liberdade do que no caso de Marcos e Q.

Se ele conhecesse ou não as cartas, o retrato dos eventos relatados em Atos muitas vezes difere das cartas, revelando o interesse editorial de Lucas. Por exemplo, mesmo que a famosa fuga de Damasco seja atestada de forma independente, em 2 Co 11,33 é o rei pagão que tenta prender Paulo, mas em Atos é caracteristicamente os judeus (At 9,24). Atos chama os seguidores de Jesus de "cristãos", e regularmente se refere aos membros da igreja como "discípulos"; Paulo nunca usa o termo. Atos fala de presbíteros como líderes de congregações em cada igreja, uma designação nunca usada por Paulo. A diferença mais marcante é a cronologia e perspectiva sobre a relação de Paulo com a igreja de Jerusalém e seus líderes como detalhado em At 9-15/ Gl 1-2. Veja Vol. I §10.1 especialmente a discussão de "Jerusalém 2 – O concílio (Gl 2,1-10; At 15,1-29)", §10.1.7 Vol. I.

O leitor atento das cartas de Paulo perceberá o quanto é omitido do relato de Atos. Há grandes lacunas na narrativa de Paulo. Há pouco em Atos que corresponde a lista de sofrimentos de Paulo em 2 Co 11,23-29. O autor de Lucas-Atos não se refere a nada do período missionário de Paulo em Tarso, um período de pelo menos dez anos (At 9,30-11,25). Paulo afirma ter realizado trabalho missionário no extremo oeste, tão longe como a Ilíria, que não está em Atos e dificilmente pode encontrar um lugar no esboço de Atos. Tito, que desempenha um papel importante nas cartas de Paulo, nunca é mencionado em Atos. Tais omissões são difíceis de conciliar com alguém que conhecia Paulo pessoalmente. Podemos notar duas grandes omissões:

(1) Em Atos, Paulo não tem problemas internos com suas congregações. As dificuldades são causadas por pessoas de fora, principalmente os judeus. Se não possuíssemos as Epístolas nunca poderíamos supor que as igrejas gentias paulinas foram perturbadas por disputas teológicas e divisões. Não há nenhuma indicação em Atos, e.g., dos problemas entre os cristãos de Corinto e entre estes e Paulo, e das repetidas viagens de Paulo e seus companheiros à região do Egeu, lutando para trazer a igreja de volta ao caminho certo. Lucas reduz a discussão entre Barnabé e Paulo a uma questão pessoal, não uma questão de teologia ou política missionária. É somente após a morte de Paulo que os problemas teológicos sérios surgirão (At 20).

(2) A coleta foi uma parte importante da fase final da missão de Paulo. Embora aqui Lucas entre em maiores detalhes do que qualquer outra parte da narrativa, apenas uma vez ele se refere ao dinheiro trazido por Paulo a Jerusalém (24,17). Mesmo lá, a questão é referida tão obliquamente que, a despeito das cartas, o leitor nunca suspeita que ele estivesse envolvido. Lucas é ignorante da coleta, ou intencionalmente suprime o resultado: a igreja de Jerusalém não aceita a oferta ou a Paulo. Em vez de esta coleta final que aparentemente foi rejeitada, em At 11,27-30 Lucas traz Paulo e Barnabé entregando uma coleta de Antioquia que foi aceita em Jerusalém, uma viagem que não tem lugar nas cartas de Paulo. Isso não deixa nenhuma explicação para a

grande comitiva que acompanha Paulo em sua última viagem a Jerusalém (At 20,1-5).

Assim também as principais diferenças entre as cartas de Paulo e a imagem de Paulo em Atos sobre escatologia, cristologia, e apostolado são problemáticas para a "precisão histórica" de Atos (ver abaixo §24.1.2).

23.3.4 Traços específicos da composição lucana

Uma avaliação da "precisão histórica" de Lucas deve levar em conta algumas características específicas de seu método de composição.

Tendência de Lucas para reduzir um ponto teológico a uma cena

Apenas dois exemplos:

(1) Historicamente falando, dificilmente pode haver qualquer dúvida de que a igreja primitiva, à luz da sua fé na ressurreição, descobriu uma nova perspectiva sobre a leitura das Escrituras, e, guiada por seus mestres, gradualmente acumulou uma tradição de interpretação bíblica e cristológica com um repertório de textos-chave (ver Vol. I §9.2.2). O Cristo ressuscitado, agindo no período de vigência da igreja através do Espírito Santo, guiou os discípulos a uma nova compreensão das Escrituras. Em vez de escrever um ensaio sobre "reinterpretação cristológica da Bíblia como guiada pelo Espírito na vida da Igreja", Lucas apresenta uma cena memorável e dramática no primeiro domingo de Páscoa, na qual o Jesus ressuscitado ensina os discípulos a compreender a sua Bíblia cristologicamente, tudo em uma tarde (Lc 24,13-27.44-47). Esta nova abordagem da Escritura na Igreja primitiva é historicamente verdadeira no sentido de que isso *aconteceu*, mas este longo processo não é retratado em Lc 24, em termos que são "historicamente precisos".

(2) Assim também, At 1-15 retrata os pesados e demorados esforços dos discípulos, como eles gradualmente vieram a perceber, sob a orientação do Espírito, que a Igreja deveria ser uma comunidade inclusiva, aceitando os gentios sem a exigência da circuncisão e da observância da lei bíblica. Mais uma vez, Lucas comprime isso em uma cena na noite do primeiro domingo de Páscoa, na qual o Cristo ressuscitado comissiona seus seguidores a proclamar o evangelho do perdão a todas as nações (Lc 24,46-49).

A imposição do seu próprio padrão sobre a história

O leitor moderno não espera encontrar padrões literários sutis num relato preciso e direto, ou em livros de história dedicados à precisão factual. Diversos padrões literários têm sido observados em Lucas-Atos.[35] Vamos observar apenas dois:

O emparelhamento de figuras masculinas e femininas

Lucas repetidamente retrata a missão divina no mundo se desdobrando com relatos e imagens de pares femininos e masculinos:

- Zacarias e Isabel (Lc 1,5)
- Maria e José (Lc 1,27)
- Simeão e Ana (Lc 2,25.36)
- O homem que planta a semente de mostarda e a mulher que usa o fermento (Lc 13,18-21)
- O homem que procura a ovelha perdida e a mulher que procura a dracma perdida (Lc 15,4-10)
- Jesus ressuscita o filho único de uma viúva e a filha única de Jairo (Lc 7,12; 8,42).
- As curas no sábado da mulher encurvada e do homem com hidropisia (Lc 13,10-17; 14,1-6)
- Lista de apóstolos do sexo masculino (Lc 6,12-19) e de mulheres que seguiam a Jesus (Lc 8,1-3).
- O bom samaritano, atividade elogiada (Lc 10,29-37) é seguido por Maria e Marta, (Lc 10,38-42), em quem a receptividade reflexiva do ensinamento de Jesus é ainda mais importante do que a ação.
- Tanto homens como mulheres eram atuantes no início da igreja (At 1,13-14).
- As congregações cristãs em Atos são compostas por "homens e mulheres" (At 5,14; 8,12; 17,12; 21,5).
- Ananias e Safira mostram que a missão cristã pode ser impedida por discípulos "imperfeitos", tanto homens como mulheres (At 5,1-11).
- Homens e mulheres são perseguidos e sofrem por causa da fé (At 8,3; 9,2; 22,4).

[35] Diversos autores têm descoberto e analisado padrões literários na composição de Lucas. Um exemplo disso, que pode ser muito entusiástico sobre um ponto válido, está em CHARLES H. TALBERT, *Literary Patterns, Theological Themes and the Genre of Luke-Acts* (SBLDS 20; Missoula, Mont.: Scholars Press, 1974). Se TALBERT estiver correto em pelo menos metade de suas proposições, Lucas não era um "relator objetivo" e nem tentou ser. Ele era um autor perito impondo criativamente seus padrões em suas fontes para comunicar sua teologia.

- Tanto uma mulher quanto um homem são ressuscitados dentre os mortos (Tabita, At 9,36; Êutico, At 20,9).
- Em Filipos, Paulo é ajudado tanto por Lídia quanto pelo carcereiro (At 16,14-40).
- A resposta à mensagem cristã em Atenas inclui especificamente Dionísio (m.) e Dâmaris (f.) (At 17,34).
- Priscila e Áquila são companheiros de missão de Paulo (At 18,2.18.26).

Esta lista representa material que Lucas editou de Marcos, de Q, e de seus materiais especiais, mas este formato emparelhado não aparece em nenhum deles. O próprio Lucas criou este arranjo. Lucas tem uma ênfase particular sobre o papel das mulheres entre os seguidores de Jesus e na Igreja primitiva. Isso tem sido visto algumas vezes como uma defesa em favor de posições de liderança para as mulheres, contra a corrente cultural, ou – uma vez que Lucas nunca retrata as mulheres como líderes de congregações em Atos, mas sempre em um papel subordinado – como um meio de continuar a afirmar o seu papel cultural. Talvez a apresentação de Lucas represente o seu interesse em integrar o modelo paulino, em que as mulheres atuavam como líderes da igreja em pé de igualdade com os homens (resistindo, assim, à corrente posterior da tradição paulina representada pelas cartas deuteropaulinas), com a corrente judaico-cristã petrina, na qual o papel subalterno da mulher continuou. Ele lida com narrativas, não regras. Cada tradição encontra-se tanto afirmada quanto contestada em Lucas-Atos.

Paralelos entre Pedro e Paulo em Lucas-Atos

Entre os interesses de Lucas está o de consolidar as correntes conflitantes do cristianismo paulino e petrino, retratando a história da igreja como unificada e harmoniosa. Uma das maneiras de Lucas fazer isso é equilibrando sua apresentação de Pedro e Paulo, de modo que eles apareçam como co-líderes no desenvolvimento da missão universal da Igreja. Embora Paulo seja seu herói, Lucas não é apenas um paulinista. Ele não exalta Paulo em detrimento de Pedro. Como 1 Pedro, Lucas (também provavelmente em Roma, veja abaixo) combina Pedro e Paulo. Pedro é o primeiro a ser chamado, o primeiro comissionado, o primeiro a confessar Jesus como o Cristo, o primeiro a receber uma aparição pós-ressurreição, o primeiro pregador do evangelho do Senhor ressuscitado, e o primeiro missionário aos gentios. No esboço de Atos, Pedro é o personagem principal nos caps. 1-12, em seguida, a narrativa torna-se quase exclusivamente a história de Paulo. Observe os seguintes paralelos:

1. Ambos têm um nome duplo: Simão/Pedro; Saulo/Paulo.
2. O Jesus ressuscitado aparece para ambos (para Pedro, cap. 1 [cf. Lc 24,34]. Para Paulo, At 9, 22, 26).
3. Tanto Pedro quanto Paulo começam seus ministérios curando um paralítico. (Pedro, cap. 3; Paulo, At 14).
4. Ambos não só realizam milagres – muitas pessoas no início do cristianismo faziam isso – mas o fazem de maneira que supera outros operadores de milagres: (Pedro, com sua sombra, cap. 5; Paulo, com lenços que ele teria usado, At 19).
5. Demônios fogem diante de ambos: (Pedro, At 5; Paulo, At 19).
6. Ambos encontram e vencem um mago, (Simão o Mago por Pedro, At 8; Elimas bar-Jesus, por Paulo, At 13).
7. Ambos ressuscitam mortos. (Pedro ressuscita a falecida Dorcas, At 9;. Paulo ressuscita Êutico, At 20).
8. Ambos ao princípio se opõem a pregar o evangelho aos gentios, mas são "convertidos", e a conversão é narrada três vezes em cada caso. Cada "conversão" envolve uma visão, uma voz e um chamado para ir aos gentios. (Pedro, At 10, 11, 15; Paulo, At 9, 22, 26).
9. Enquanto oram, ambos entram em "transe" e recebem uma visão mandando-os para os gentios. (Pedro, At 10,10-15; Paulo, At 22,17-21). Em ambos os casos, a visão é ao meio-dia (Pedro, At 10,9; Paulo, At 26,13; cf. 22,17, paralelos verbais para 10,10). Em cada caso, a visão não diz a Pedro ou Paulo especificamente o que fazer; ambos devem ir para outra cidade onde aprenderão o que a visão requer deles. (Pedro, At 10-11; Paulo, At 9, 22, 26.).
10. Ambos são apresentados como iniciadores de grandes desenvolvimentos da nova evangelização na vida da igreja, embora, de fato, tiveram predecessores (Pedro, At 10,1-11,18; 11,19-21; Paulo, At 18,1-4.18-19,10).
11. O primeiro gentio convertido por ambos é um romano proeminente (Pedro, Cornélio, At 10,1-48; Paulo, Sérgio Paulo, At 13,6-12).
12. Ambos são adorados como divinos, mas rejeitam as honras divinas. (Pedro por Cornélio, At 10,25; Paulo por pessoas em Listra, At 14,11-13).
13. Ambos aceitam a hospitalidade de um gentio temente a Deus, que se tornou um cristão (Pedro, At 10,48; Paulo, At 16,15).
14. Ambos são apoiados por fariseus no Sinédrio contra os saduceus. (Pedro [por Gamaliel, mestre de *Paulo*], At 5; Paulo, At 23).
15. Ambos são presos, acorrentados com duas cadeias, e milagrosamente salvos (Pedro, At 12,11; Paulo, At 16,19-28; cf. 12,6; 21,11).

16. O Espírito inicia uma missão após infidelidade anterior. (Pedro, At 2,1-4; Paulo, At 13,1-4).
17. Ambos defendem os gentios contra ataques de judeus cristãos. (Paulo faz isso por toda parte, esp. At 11-15; Mas Pedro é aquele que inicia e se esforça para a missão gentia, At 10-11).
18. Tanto Pedro quanto Paulo permanecem fiéis às tradições judaicas, apesar de não imporem aos seus convertidos gentios a necessidade de "judaizar" (Pedro, 3,1, At 10-11; 15,1-29; Paulo, At 21,17-26; 15,1-29).
19. Cada um vai para um grupo cristão espiritualmente deficiente, e concede o Espírito por meio de imposição de mãos. (Pedro, At 8,14-17; Paulo, At 19,1-6).
20. Ambos nomeiam líderes nas igrejas, pela oração e imposição das mãos (Pedro, At 6,1-6; Paulo, At 14,23).
21. Ambos experimentam um terremoto em resposta à oração (Pedro, At 4,31; Paulo, At 16,5-26).
22. Ambos fortalecem seus companheiros discípulos (Pedro, Lc 22.32; Paulo, At 14,22).
23. Nenhum deles é ganancioso; cada um recusa dinheiro como pagamento por serviços prestados (Pedro, At 3,6; 8,18-20; Paulo, At 20,33-34).
24. Ambos anunciam estarem prontos para sofrer e morrer por Jesus (Pedro, Lc 22,33; Paulo, At 21,13-14). Apenas Paulo realiza isso nesta na narrativa. No tempo de Lucas, ambos haviam feito isso.
25. Ambos são socorridos por um anjo durante seu encarceramento (Pedro, At 12,7; Paulo, At 27,23).
26. Judeus de Jerusalém rejeitam tanto Pedro quanto Paulo (Pedro, At 3-12; Paulo, At 9,28-30; 21,27-24,9)
27. Seus discursos são paralelos:
    - A palavra "evangelho" ocorre apenas duas vezes em Lucas-Atos, 15,7 (Pedro); At 20,24 (Paulo), em cada caso identificada com "graça".
    - Ambos citam o Salmo 16 no primeiro discurso, interpretando o Sl 16,10, destacando que o corpo de Davi sofreu corrupção, de modo que as palavras da Escritura devem referir-se a Cristo e não a Davi (At 2,27/13,35).
    - Ambos referem-se às testemunhas galileias da ressurreição (Pedro, Lc 23,35; At 1,11.22; Paulo, At 13,31, o que exclui Paulo de ser uma testemunha [ver sobre At 1,21-22]).
    - Cada mensagem *kerigmática* tem a mesma estrutura, de Israel para João Batista à cruz e ressurreição, sem referência ao ministério pré-pascal de Jesus (Pedro, At 1,22; Paulo, At 13,24-27).
    - Ambos fazem referência à morte de Jesus como uma maldade humana corrigida por Deus, e não como evento salvífico (Pedro, At 10,39-40; Paulo, At 13,28-30).

- Ambos anunciam o perdão dos pecados como o conteúdo da salvação (ausente nas cartas não disputadas de Paulo) (Pedro, At 2,38; Paulo, At 13,38).

Os números exagerados em Atos representam a Igreja em termos bíblicos e épicos

O autor de Lucas-Atos está muito interessado em números. Mas, deveriam eles ser tomados como um exemplo de sua "precisão histórica"? Seu uso de números exatos, arredondados para o milhar mais próximo, não é a questão, porque todos os historiadores fazem isto. A questão tem a ver com os altos números de conversos e o tamanho das congregações retratadas em sua narrativa: 3.000 conversos no primeiro dia (2,41), depois 5.000 homens (4,4), e, em seguida, muitas dezenas de milhares (21,20). Como a população de Jerusalém era cerca de 20.000 naquele tempo, é difícil aceitar esses números do ponto de vista histórico; eles parecem ser exemplos da retórica e teologia lucanas. Como no caso do número surpreendente de israelitas libertados no êxodo, essas "estatísticas" comunicam a fé de Lucas de que o próprio Deus estava em ação.[36] Os milhares de conversos no Pentecostes e as "miríades de crentes" na relativamente pequena cidade de Jerusalém, onde os cristãos permaneceram uma minoria (Atos 21,20), são como os números épicos na história do êxodo. A igreja é retratada (de uma forma trunfalística) como a continuação da história bíblica. O ponto central não é a precisão histórica, mas a igreja como a continuação de Israel.[37]

---

[36] A dificuldade em aceitar os números de números tem sido frequentemente apontada, e.g., o total de 603.550 homens de guerra, sem contar mulheres, crianças, idosos os enfermos ou a tribo de Levi (Nm 1,46). Isto daria um total de pelo menos três milhões de israelitas no deserto vagueando por quarenta anos. A própria figura é, inerentemente, muito difícil de aceitar historicamente; as dificuldades crescem quando examinadas cuidadosamente. O número de primogênitos era de 22.273 (3,43), o que daria uma média de 27,1 filhos por mãe. Além disso, três milhões de pessoas não conseguiriam obter água suficiente para si e para seus animais a partir de doze fontes em uma única noite (Êx 15,27; Nm 33,9). Esses exemplos podem ser multiplicados.

[37] Os números exagerados de Atos são defendidos como históricos por WOLFGAND REINHARDT, "The Population Size of Jerusalem and the Numerical Growth of the Jerusalem Church", em The Book of Acts in Its Palestinian Setting, ed. Richard Bauckham, the Book of Acts in Its First century Setting 4 (grand rapids, eerdmans, 1985), 237-265.

23.3.5 Sumário: "teólogo criativo" ou "historiador confiável?"

Como os autores das escrituras judaicas, e como Jesus, Lucas encarna sua teologia uma narrativa. Lucas expressa sua teologia não escrevendo ensaios filosóficos, mas compondo uma narrativa com a intenção de que ela fosse lida como a continuação da história bíblica. Seu modelo não é Josefo nem Tucídides, mas as histórias episódicas da LXX. Ele não escreve ficção, mas acerca de um povo real. Jesus não morreu em um conto, mas numa cruz romana de verdade; Paulo morreu em uma prisão romana de verdade. Lucas tampouco escreve "a história da igreja primitiva", e a veracidade de sua narrativa não deve ser julgada por sua "confiabilidade histórica". O testemunho de Lucas da ação contínua de Deus no evento-Cristo é expresso em categorias que ele aprendeu de sua Bíblia.

23.4 Para leitura adicional

BOVON, F. *Luke the Theologian: Fifty-five Years of Research (1950-2005)*. Waco: Baylor, 2006.

CADBURY, H. J. *The Book of Acts in History*. New York: Harper, 1955.

____________. *The Making of Luke-Acts*. London: SPCK, 1927, 1968.

CONZELMANN, H. *The Theology of St. Luke*. Translated by Buswell, Geoffrey. New York: Harper & Row, 1961.

DIBELIUS, M., and H. Greeven, eds. *Studies in the Acts of the Apostles*. London: SCM Press, 1956.

FITZMYER, J. A., S.J. *Luke The Theologian*. New York: Paulist Press, 1989.

FOAKES JACKSON, F. J., and K. Lake. *The Beginnings of Christianity, Part I: The Acts of the Apostles*. 5 vols.; New York: Macmillan, 1920-1933; reprinted Grand Rapids: Baker, 1979.

GASQUE, W. W. *A History of the Criticism of the Acts of the Apostles*. Grand Rapids: Eerdmans, 1975.

KECK, L., and J. L. Martyn, eds. *Studies in Luke-Acts*. Nashville: Abingdon, 1966.

PERVO, R. I. *Dating Acts: Between the Evangelists and the Apologists*. Santa Rosa, CA: Polebridge Press, 2006.

WINTER, B. W., David W. J. Gill, Howard Marshall, et al, eds. *The Book of Acts in Its First Century Setting*. 5 vols. Grand Rapids: Eerdmans, 1993-1996.

24

Interpretando Lucas-Atos

24.1 Autoria e Data

As questões da autoria, fontes e data estão inseparavelmente interligadas. Já discutimos acima as fontes do autor. Antes de examinar o tema da autoria, serão oferecidas algumas considerações preliminares a respeito da data de Lucas-Atos.

24.1.1 A data de Lucas-Atos

A data mais antiga possível (*terminus a quo*) é definida pelo último evento registrado em Atos, i.e., os dois anos de Paulo na prisão em Roma, ca. 62 d.C. (At 28,30-31). A data mais tardia possível (*terminus ante quem*) é definida pela primeira menção segura do livro. Isso é discutível, com alguns estudiosos encontrando ecos de Atos desde *1 Clemente* (ca. 95 d.C.), e outros não encontrando evidência indiscutível do uso de Atos até depois de meados do segundo século (Justino, Irineu). Uma discussão completa, com citações das fontes primárias para que os leitores possam decidir por si mesmos, é fornecida por Haenchen.[1] Nesse intervalo de 62-150 d.C., a questão das fontes é crucial. Se Lucas usou Josefo, uma data posterior a 93 d.C. é obrigatória. Um importante fator adicional é o cenário na igreja e na história mundial refletido nos contatos da obra com o vocabulário, ética e assuntos refletidos

[1] Haenchen, *Acts*, 3-9.

em outras literaturas. Visto que alguma subjetividade está envolvida em determinar tanto as fontes como o contexto pressuposto, alguns estudiosos contemporâneos acham difícil localizar o livro historicamente, e se contentam com "entre o início dos anos 60 e início do segundo século" como o melhor que podemos fazer.[2]

Assumindo que Lucas-Atos usa Marcos e volta seu olhar para a destruição de Jerusalém, sendo, portanto, pós-70, mas que não reflete um conhecimento da coleção de cartas paulinas, a maioria dos estudiosos continua a datar Lucas-Atos ca. 80-90 d.C. Se, como aqui, alguém é persuadido de que o autor tinha consciência do corpus de cartas paulinas e dos escritos de Josefo, a dupla obra lucana se encaixa melhor no início do segundo século. Isso não só é mais coerente com outros escritos do período 90-120, mas o antijudaísmo generalizado que eclodiu como uma reação às revoltas judaicas na Diáspora (115-117) ajuda a explicar a posição do autor para com o judaísmo. Esse é o mesmo período das Pastorais, no qual a igreja é atacada por "lobos" heréticos e necessita de proteção dos pastores.[3] O autor vê a igreja enfrentando a ameaça de Marcião ou dos mestres protomarcionistas. A igreja refletida em Lucas-Atos está em condições desconfortáveis com o império, mas não está enfrentando a perseguição do período de Nero e nem de Domiciano.

24.1.2 Companheiro de Paulo?

Lucas-Atos é anônimo, como os outros evangelhos, e como as narrativas bíblicas que serviram como seu modelo. Isso está em contraste com os historiadores helenísticos, incluindo Josefo, que assinavam seus nomes no prefácio de suas obras. A primeira atribuição existente de Lucas-Atos a Lucas o companheiro de Paulo vem de Irineu e do Cânon Muratoriano na última parte do segundo século, seguido por Clemente de Alexandria, Tertuliano, Orígenes e

---

[2] Assim, e.g. CHARLES H. TALBERT, *Reading Acts: A Literary and Theological Commentary on the Acts of the Apostles* (Rev. ed.; RNT; Macon: Smyth & Helwys, 2005), 2. Quando pressionado, ele se inclina por uma data ao redor de ca. 100 d.C.

[3] A imagem lobo/pastor é generalizada neste período (Apocalipse, Inácio, Mateus, João, 1 Pedro, *1 Clemente*, Policarpo, e especialmente as Pastorais. Esse é o terceiro período dos que são delineados por MARGARET MACDONALD: edificação/estabilização/proteção (ver §16.2 Vol. I).

Eusébio.[4] Essa atribuição poderia representar uma memória histórica. Poderia também ter sido deduzida a partir da própria narrativa. O "nós" que aparece intermitentemente a partir de At 16,10-28,16 sugere um companheiro de Paulo. Os mencionados na terceira pessoa podem ser eliminados (Timóteo, Barnabé, Silas, João Marcos, etc.). O Lucas de Fm 24, Cl 4,14 e 2 Tm 4,11 permanece.

O argumento que Lucas-Atos foi escrito por um companheiro de Paulo consiste de (1) título, (2) a tradição da igreja do segundo século, (3) um entendimento particular das passagens com o "nós" e a suposta "linguagem médica".

1. O título KATA ΛOYKON (de acordo com Lucas) atribui o Evangelho a Lucas, presumivelmente o companheiro de Paulo. Estudiosos como DIBELIUS têm argumentado que o título deve ser original, pois é inconcebível que ele tenha aparecido "nas livrarias" sem o nome do autor adicionado, de modo que a atribuição à Lucas remonta à "publicação" inicial da obra.[5] Esta visão de autoria é um subproduto da visão de DIBELIUS acerca de Lucas como um autor literário que pela primeira vez traz literatura cristã para o "mercado de livros". Mas Lucas não está escrevendo para esse mercado. Ele está seguindo a igreja e o modelo bíblico, no qual os textos aparecem anonimamente na comunidade, e são aceitos ou rejeitados com base em seu conteúdo, não em sua autoria. Em todo caso, se o título fosse original ele apenas estabeleceria a reivindicação da autoria lucana, não que o autor era realmente um companheiro de Paulo (cf. as cartas deuteropaulinas). Sobre a origem e confiabilidade histórica dos títulos dos evangelhos, ver Vol. I §2.1.

2. Argumenta-se que a tradição da autoria lucana era universalmente aceita pela igreja antiga e não discutida até os tempos modernos e o surgimento da crítica histórica, e assim deve ser considerada correta a menos que sejam apresentadas provas ao contrário. Entretanto, o problemático valor histórico dos dados patrísticos em relação a autoria dos documentos do Novo Testamento (ver acima excurso 3.1, p. 864ss), significa que o ônus da prova está sempre nos defensores de sua confiabilidade.

---

[4] Os textos originais e as traduções ao inglês são encontrados em CADBURY, "Tradition," 5.209-261. Cf., mais recentemente C. K. BARRETT, *The Acts of the Apostles* (2 vols.; ICC; Edinburgh: T & T Clark, 1998), 1.30-48.

[5] DIBELIUS and GREEVEN, eds., *Studies in Acts*, 104.

3. É argumentado que as passagens "nós" indicam que o autor era um companheiro de Paulo. Isso é o argumento mais forte para a autoria lucana. Entretanto, existem outras, interpretações mais prováveis das passagens "nós" (ver acima, §23.3.2).

4. Argumenta-se que a "linguagem médica" de Lucas-Atos sugere que o autor era um médico, o que se encaixaria com o "médico amado" de Cl 4,14. Esta visão foi popularizada pela publicação (1882) de W. K. HOBART, e aceita por vários estudiosos, incluindo ADOLF HARNACK. A teoria foi cuidadosamente examinada e desmantelada numa dissertação doutoral de H. J. CADBURY[6] em Harvard. Ele demonstrou que a suposta linguagem técnica era comum entre pessoas educadas de todas as classes sociais, como e.g., "cardiovascular" e "higiene oral" são amplamente usadas hoje.

Estes argumentos têm convencido vários especialistas modernos da validade da autoria tradicional.[7] A maioria dos especialistas contemporâneos permanece não convencida de que Lucas-Atos foi escrito por um companheiro de Paulo, pelas seguintes razões:

1. O prefácio de Lc 1,1-4 distingue o autor das testemunhas oculares, assim o autor não poderia ter escrito as passagens "nós".

2. Existem conflitos significativos entre os eventos como reportados em Atos e como nós de outra forma os conhecemos a partir das cartas de Paulo e outras fontes (ver acima sobre Lucas o historiador).

3. Desde o clássico ensaio de VIELHAUER (1950), o foco primário tem estado sobre as diferenças teológicas entre as cartas de Paulo e Atos.[8] A longa lista das tais diferenças inclui:

A Lei. O Paulo das cartas está convencido de que a lei não deve ser imposta sobre as igrejas gentias. O Paulo de Atos assume o compromisso elaborado no Concílio de Jerusalém, no qual as igrejas gentias aceitam um mínimo da observância da lei pelo bem da unidade

---

[6] HENRY J. CADBURY, *The Style and Literary Method of Luke* (HTS 6; Cambridge: Harvard University Press, 1920), esp. 50-51. Este livro deu origem à piada de que CADBURY obteve seu doutorado privando Lucas do dele.

[7] E.g. DIBELIUS and GREEVEN, eds., *Studies in Acts*; BRUCE, *Acts*, 17-24; I. HOWARD MARSHALL, *The Acts of the Apostles: An Introduction and Commentary* (TNTC; Grand Rapids: Eerdmans, 1980), 44-46; FITZMYER, *Acts*; Witherington, *Acts*; JACOB JERVELL, *Die Apostelgeschichte* (17 ed.; 2 vols.; KEK Göttingen: Vandenhoeck & Ruprecht, 1998).

[8] PHILIPP VIELHAUER, "On the 'Paulinism' of Acts," in *Studies in Luke-Acts*, ed. Leander Keck and J. Louis Martyn (Nashville: Abingdon, 1966), 33-50.

da igreja. Particularmente digno de nota é o contraste entre Gl 3,19 e At 7,38.53. Para ambos, Paulo e Atos, a lei de Moisés não foi dada diretamente por Deus, mas mediada por anjos. Para Paulo isso mostra a natureza inferior da lei; para Atos, sua validade.

Anjos. As cartas não disputadas de Paulo e Lucas-Atos têm perspectivas opostas sobre os anjos. Paulo vê os anjos sob uma luz uniformemente negativa, como seres no mundo transcendente que são emissários de Satanás e obstruem a aproximação humana a Deus (Rm 8,38; 1 Co 6,3; 2 Co 12,7 [NRSV "mensageiro"], Gl 1,8; 3,19). Para Lucas-Atos, os anjos são sempre servos da corte celestial, mensageiros de Deus que conferem bênçãos e dão assistência à missão cristã (Lc 1,11-13.30-38; 2,9; 9,26; 12,8; 15,10; 16,22; At 5,19; 8,26; 10,13; 27,23).

Escatologia. O entendimento de Paulo acerca da vida e missão cristãs foi fundamentalmente moldado por sua convicção de que vivia no breve ínterim antes da parousia. O Evangelho de Lucas algumas vezes reafirma a escatologia de suas fontes, Marcos e Q, reafirmando a iminência da parousia, mas, principalmente, muitas vezes ajusta a expectativa escatológica na perspectiva de um extenso período antes do fim (ver acima §§23.1, 24.5). Em Atos, onde Lucas está mais livre para compor por conta própria, a escatologia como tal retrocede, e a expectativa da breve parousia não ocupa nenhum papel na mensagem missionária da igreja.

Cristologia. (a) Preexistência. Lucas não compartilha o entendimento de Paulo de que Cristo era um ser divino preexistente. Não há nada em Lucas-Atos que indique sua consciência de/ou simpatia com o tipo de cristologia expressada em Fp 2,5b-11. Para Lucas, a história de Jesus começa em Belém; Jesus é Filho de Deus em virtude do seu nascimento (Lc 1,35). Nem Lucas nem ninguém no Novo Testamento combinam a preexistência às narrativas do nascimento. O preexistente Filho de Deus não entraria no ventre de Maria para nascer como um bebê que deveria então "crescer em sabedoria", aprendendo como outras crianças faziam (Lc 2,46.52; contraste as histórias no *Evangelho da Infância segundo Tomé*). (b) Vida de Jesus como kerygma. Paulo não afirma, e nem pode afirmar a cristologia epifânica em que o poder salvífico de Deus é manifesto na vida de Jesus, especialmente nas histórias de milagres (ver acima §20.1.2). Visto que o Evangelho de Marcos já tinha combinado a cristologia epifânica com a cristologia kenótica representada por Paulo, Lucas pode sem problemas adotar os relatos de milagres como veículos da fé cristã, o que Paulo nunca poderia ter feito, e não fez. (c) Significado da morte de Jesus. Lucas vê a morte de Jesus como parte do plano de Deus, mas em forte contraste com Paulo não atribui valor soteriológico para ela como tal (ver abaixo sobre Lc 23 na Síntese exegético-teológica). "Cristo morreu por nossos pecados," crucial e central para o evangelho de Paulo, está ausente da teologia de Lucas-Atos.

Eclesiologia. (a) Estrutura da Igreja. As igrejas de Paulo tinham pouca liderança oficial, eram guiadas pelo fluxo livre do Espírito, e não sabiam nada de presbíteros/anciãos. As igrejas em Atos são também guiadas pelo Espírito, mas têm presbíteros nomeados por Paulo, e o poder do Espírito está correlacionado com a liderança estruturada (ver sobre Atos 15 e as Pastorais). (b). Apostolado. Paulo apaixonadamente insistiu que seu chamado ao apostolado tinha vindo diretamente do Cristo ressuscitado, que ele era um apóstolo do mesmo status que os Doze (1 Co 9,1-2; 15,8-11; Gl 1,1.17.19). No interesse da unidade cristã, Lucas considerou necessário ter um colegiado apostólico para guiar a igreja através das mudanças necessárias para sua missão de expansão, e para autorizar tais mudanças. É Pedro, líder dos Doze, quem dá o passo dramático de oficialmente iniciar a missão aos gentios, e quem conduz os outros apóstolos a aceitarem essa importante decisão (At 10-11). Esse grupo de apóstolos autênticos tinha que estar em continuidade com a vida de Jesus; Paulo não se qualificou (At 1,21-22). O Paulo de Atos se reporta aos apóstolos em Jerusalém, apoia a Igreja de Jerusalém onde eles estão na liderança e de onde autorizam a missão mais ampla da igreja, e emitem suas decisões para outras igrejas (At 9,26-30; 11,27-30; 15,1-35; 18,21-23; 19,21). O Paulo de Atos afirma esta visão de apostolado; são aqueles "que, com ele [Jesus], subiram da Galileia para Jerusalém, os quais são agora as suas testemunhas perante o povo" (At 13,31).[9] É muito duvidoso que alguém que tenha conhecido Paulo pessoalmente, tivesse viajado com ele e o admirasse como herói missionário, pudesse desconhecer ou compreender mal sua autocompreensão apostólica fundamental.

---

[9] Atos usa "apóstolo" para Paulo apenas em 14,4.14, mas no sentido não técnico de "missionário", como em Fp 2,25, onde a NRSV e a BJ traduzem corretamente ἀπόστολος, *apostolos* como "mensageiro". Isso é claramente o entendimento de Lucas em Atos 14, onde tanto Paulo quanto Barnabé são chamados ἀπόστολος, *apostolos*, mas não no sentido de Apóstolo.

Sumário: Nós sabemos bastante sobre o autor de Lucas-Atos, mas tudo o que sabemos com certeza é derivado do próprio texto. O livro foi composto por um homem bem educado, bem viajado, com um bom domínio de grego, à vontade na classe média-alta do mundo helenístico. O autor não foi uma testemunha ocular das coisas que registra. Era um admirador de Paulo, mas não compartilhava a visão que Paulo tinha de si mesmo como um apóstolo, sua teologia é consideravelmente diferente da de Paulo nos postos-chave, e não representa os próprios pontos de vista de Paulo acuradamente.

24.2 Proveniência

Não há consenso entre a erudição sobre o lugar onde Lucas-Atos foi composto nem sobre a identidade de sua audiência inicial. Alguns aceitariam a conclusão incerta de Barrett, "quanto ao local da escrita pode ser qualquer lugar".[10] Algumas familiaridades com uma vasta gama de locais são refletidas na própria narrativa. O narrador das passagens "nós" conhece o Egeu, Jerusalém, Cesareia e Roma. O implícito autor parece familiarizado com Éfeso. Onde é que o verdadeiro autor compôs sua obra?

Antioquia? Uma antiga e bastante difundida tradição identifica Lucas como um médico oriundo de Antioquia,[11] mas mesmo que esteja correta, ela não nos diz nada a respeito de onde o próprio documento foi composto, ou por quem. Os labores para identificar uma "fonte antioquena" para Atos já não são considerados convincentes para a maioria dos estudiosos, mas os dados que eles apontam sugerem fortemente que Lucas tem materiais de Antioquia e arredores. O fato de terem residido *em* ou o contato *com* a(s) igreja(s) da Antioquia, onde tanto Pedro quanto Paulo haviam sido ativos e também experimentaram uma separação de caminhos, ajudaria a explicar os materiais de Lucas vindos de, e seu interesse em, Antioquia. Isso não é evidência de que Lucas-Atos foi escrito ali.

A região Egeia no contexto da escola paulina? Existe uma relação entre Lucas-Atos e as tradições da escola paulina centralizada em Éfeso.

---

[10] Barrett, *Acts*, 2:xliii.

[11] Jerome, *Commentary on Matthew*, Preface 26-39; Anti-Marcionite Prologue to Luke; Eusebius, *HE* 3,4.

Mas o autor não pertence à escola paulina no sentido das epístolas deuteropaulinas. Sendo uma pessoa bem viajada, ele pode muito bem ter estado em torno da província da Ásia; ele tem tradições efesinas, como também tradições antioquenas. Mas, ao contrário das deuteropaulinas, ele não se limita a reinterpretar *Paulo*, tanto quanto ele o admira, mas junta *Paulo* e *Pedro*. Para os textos deuteropaulinos da escola paulina, Paulo é o único elo na cadeia da tradição entre Jesus e a Igreja. Para eles, "apostólico" significa "paulino". Em Lucas-Atos, Paulo não pertence ao círculo apostólico, e não é necessariamente maior do que o segundo elo na cadeia autoritativa que une o Jesus ressuscitado e a igreja. Nesta consolidação das tradições paulina e petrina, ele não é exclusivamente paulinista, mas é um ecumênico. Como o autor de 1 Pedro e, provavelmente, no mesmo local, ele está interessado em consolidar as tradições paulina e petrina. Não existe nada em At 19, estadia de Paulo em Éfeso, que sugere que Atos foi escrito para residentes da região efesiana.

Roma? Mesmo autores antigos como Jerônimo, que aceitava a tradição de que Lucas veio de Antioquia e era um companheiro pessoal de Paulo em suas jornadas, considerava Lucas-Atos como tendo sido escrito em Roma (seu entendimento, reunindo tradições patrísticas anteriores, é sumarizada em *De Viris Illustribus* 7). Essa tradição, provavelmente originada com base no próprio livro de Atos, o qual começa no leste e traça o curso missionário do cristianismo para Roma, onde a história termina. Entretanto, algumas evidências apoiam a visão de que o autor de fato veio do leste, coletou tradições desde Antioquia, através da Ásia e da missão na região do Egeu, e finalmente compôs sua obra em dois volumes para lidar com a situação da terceira geração da igreja em Roma. A igreja de Roma começou com uma forte orientação para o cristianismo judaico promovido por Jerusalém, com Pedro e especialmente Tiago como seus heróis. Os cristãos romanos tinham recebido uma importante carta de Paulo, e então o próprio Paulo, como apóstolo aos gentios. A relação de judeus e versões gentias de um cristianismo cada vez mais gentílico era um grande problema em Roma. Durante algum tempo, seus documentos cristãos normativos tinham sido na forma epistolar seguindo o modelo das cartas paulinas. Lucas-Atos pode ser melhor entendido como abordando essa situação no intuito de consolidar as diferentes tradições da igreja em Roma e solidificar seu próprio entendimento como uma igreja unida com a herança dos dois principais missionários cristãos, em completa comunhão com a igreja mãe em Jerusalém sob a liderança de Tiago.

Essa visão geral de uma origem romana é apoiada por observações incidentais.

- A ênfase de Lucas sobre o grande número de judeus cristãos na Palestina/ Jerusalém (At 2,41; 4,4; 21,20 "miríades" quando Paulo chega ali) seria particularmente encorajador para uma igreja em Roma que entendia-se herdeira da tradição judaica-cristã, mas no local onde os judeus mais tinham rejeitado a pregação cristã.[12]
- Lucas-Atos parece inconscientemente pressupor a geografia e clima do Mediterrâneo ocidental. É o vento sul que traz o calor, não o vento oriental do deserto, como na Síria e Palestina (cf. Lc 8,22-23.33; 12,54-55). As casas têm telhados com telhas individuais que podem ser removidas, e não a mistura de lama e palha que precisa ser "traspassada" (Lc 5,19; cf. Mc 2,4). A consistente designação que Lucas faz do "mar" da Galileia como um lago (θάλασσα, *thalassa* de Marcos é substituído por λίμνη, *limnē*) sugere uma perspectiva cosmopolita.
- A cena de despedida em At 20 dá cabo à obra de Paulo no leste. A narrativa olha constantemente para Roma como seu destino divinamente dirigido. Onde quer que realmente tenha sido composto, Lucas-Atos parece estar orientado para Roma, vendo toda a história da perspectiva desse objetivo final.
- O Paulo lucano parece ser influenciado pelos romanos. Não é o Paulo radical de Gálatas, mas o diplomático Paulo de Romanos que é refletido em Atos. A perspectiva judaico-davídica do credo cristológico citado em Rm 1,3-4 se encaixa a uma congregação com tradições judaico-cristãs, mas não representa a cristologia da preexistência, própria de Paulo, e sugere o interesse de Paulo em estabelecer pontos em comum com uma igreja com tais visões. Lucas-Atos tem mais referências a esta perspectiva cristológica davídica que qualquer outro documento do Novo Testamento.

Estas indicações gerais de uma origem romana são fortalecidas pelos contatos literários e teológicos entre Lucas-Atos e textos cristãos conhecidos como sendo, ou muito prováveis que sejam, de origem romana.

Contatos com Hebreus. Vários estudiosos têm documentado cuidadosamente o fenômeno de que os contatos linguísticos entre Lucas-Atos

[12] Cf. NILS A. DAHL, "The Story of Abraham in Luke-Acts," in *Studies in Luke-Acts*, ed. Leander Keck and J. Louis Martyn (Nashville: Abingdon, 1966), 151.

e Hebreus são numerosos e marcantes, mais próximos e mais numerosos que os contatos entre ambos e as cartas paulinas. Algumas amostras, dentre dezenas de exemplos:[13]

- Tanto Hebreus como Atos falam sobre os anjos como servos de Deus enviados para ajudar na missão cristã, ajudar os prisioneiros, e dar diretrizes (e.g., At 5,19; 8,26-28; 10,3.22; 27,23; 12,6-11; Hb 1,14). Ambos identificam ἄγγελος (*aggelos*, anjo) e πνεῦμα (*pneuma*, espírito).
- Hebreus e Lucas-Atos dificilmente contam com citações dos mesmos salmos em seu esquema de evidências proféticas. No Novo Testamento, o Salmo 2.7 é citado explicitamente apenas em Atos 13,33 e Hebreus 1,5; 5,5.
- Somente Lucas-Atos (5 vezes) e Hb 6,17 falam do βουλὴ θεοῦ (*boulē theou* conselho/plano de Deus).
- O termo para "líder, autor, pioneiro" (ἀρχηγός, *archēgos*) é encontrado apenas quatro vezes no Novo Testamento, duas em Atos e duas em Hebreus, em cada caso como um termo cristológico (At 3,15; 5,31; Hb 2,10; 12,2).

Tais similaridades são tão numerosas e tão próximas que alguns autores têm argumentado que Lucas-Atos e Hebreus são produtos do mesmo autor. Uma autoria comum parece praticamente impossível para a maioria dos estudiosos modernos, quer sejam provavelmente dependentes entre si, ou que compartilhem fontes em comum. Assim, os notáveis fenômenos linguísticos são a evidência convincente de que os dois autores são do mesmo meio literário, a saber, Roma.

Contatos com 1 Pedro. Numerosos pontos de contatos linguísticos também ligam Lucas-Atos e 1 Pedro.[14] Uma breve amostra:

- O termo Χριστιανός (*christianos*, cristãos) é encontrado no Novo Testamento apenas em At 11,26; 26,28 e 1 Pd 4,16.
- O termo ἀγαθοποιέω (*agathopoieō*, fazendo o bem) é encontrado apenas 9 vezes no Novo Testamento; destas, quatro estão em Lucas e quatro em 1 Pedro.
- Que Cristo não foi deixado no hades é encontrado apenas em At 2,24-32; 1 Pd 3,19-22.

---

[13] Cf. e.g., os dados detalhados em W. K. L. CLARKE, "The Use of the Septuagint in Acts," in *The Beginnings of Christianity, Part I: Prolegomena II: Criticism*, ed. F. J. Foakes Jackson and Kirsopp Lake (Grand Rapids: Baker, 1925, 1979), 66-75 and Allen, *Authorship*, 83-174.

[14] Detalhado e analisado em ELLIOTT, *1 Peter*, 25-27.

- Cristo crucificado num "madeiro" (At 5,30; 10,39; 1 Pd 2,24: ambos provavelmente dependentes de Gl 3,13).

Todos esses contatos associam Lucas-Atos com a mesma órbita literária de Pedro, ou seja, Roma.

Contatos com 1 Clemente. O autor de *1 Clemente* certamente foi um mestre na igreja de Roma. Aqui, também, existem numerosos pontos de contato com Lucas-Atos.[15] Um breve exemplo:

- Compare as numerosas referências a "arrependimento" em *1 Clemente*, e.g., caps. 7-8, onde "arrependimento" é um resumo de conversão (como e.g., At 11,18).
- Tanto Atos como *1 Clemente* veem a liderança cristã nas mãos dos presbíteros nomeados pelos apóstolos, embora nenhum afirme um padrão hierárquico em três níveis de um bispado monárquico ao qual presbíteros e diáconos são subordinados. Usam ἐπίσκοπος (*episkopos*, supervisor, bispo) apenas no plural, e como um sinônimo para πρεσβύτερος (*presbyteros*, presbítero, ancião).
- No Novo Testamento, a frase de *Clemente* "relembrar as palavras do Senhor Jesus" (*1 Clem* 13,1; 46,7) é encontrada apenas em At 20,35, ecoada também em Lc 22,61 e At 11,16. Cf. ainda 2 Pd 3,2, também com conexões romanas.

Não podemos ter certeza de onde Lucas-Atos foi escrito. Talvez o máximo que podemos dizer é que numerosas e substanciais características relacionam Lucas-Atos a Roma, o que fazem dessa cidade um local provável; e nada proíbe esta identificação de sua origem. Como na tradição epistolar, o centro gravitacional se move da variedade de correntes cristãs no leste do Mediterrâneo em direção à consolidação, em Roma.

24.3 Sumário: A origem de Lucas-Atos... "E foi assim que nos dirigimos a Roma" (At 28,14)

Não há certeza nem consenso entre os eruditos a respeito de quando, onde, por quem e por qual propósito Lucas-Atos foi escrito. Vários

[15] PERVO, *Dating Acts*, 201-342, fornece uma listagem completa e tabelas de paralelos entre Atos e os Pais Apostólicos, frequentemente indicando que Lucas-Atos é a escrita posterior.

itens na discussão acima, entretanto, parecem convergir para o seguinte cenário.

1. Em algum lugar no leste Mediterrâneo, provavelmente na Síria, uma segunda ou (mais provavelmente) terceira geração de mestres cristãos com uma visão ecumênica tinha se familiarizado com uma variedade de tradições cristãs, incluindo a coleção dos ditos de Jesus agora conhecida como Q. Ele não se depara com estes textos enquanto consulta uma livraria, mas somente no lugar para o qual eles foram compostos e nos quais eram utilizados – no culto e instrução das primeiras congregações cristãs. Ele viera para apreciar tanto a Pedro como a Paulo como os líderes fundadores da primeira geração, e desenvolveu uma apreciação pelo modo narrativo de comunicar a fé cristã representada por Marcos. Lucas então se mudou para Roma, trazendo consigo esta nova forma de escrita. Os Evangelhos de Marcos e Mateus talvez já houvessem tido uma circulação limitada antes da chegada de Lucas ali, mas os cristãos romanos não tinham aceitado o gênero evangelho como uma forma normativa para o ensino cristão. Foi a atualização que Lucas fez de Marcos e ao publicá-la em combinação com Atos que finalmente fez do gênero Evangelho uma forma corrente entre os cristãos de Roma.

2. Em algum lugar nesse processo, talvez durante um período em Éfeso ou seus arredores, este bem viajado autor se tornou um membro de uma congregação paulina, e pensava de si mesmo como um cristão paulino.

3. O autor reside em Roma por algum tempo, participando na vida da sua igreja, é moldado por seu ethos, e vê a necessidade de repensar o autoentendimento da comunidade cristã. Ele faz isso não pela leitura ou escrevendo ensaios, mas compondo uma grande narrativa, um documento fundamental não para a igreja de Roma apenas, mas para todo o movimento cristão que ele agora vê como centrado em Roma. Sua história é "De Jerusalém a Roma". Sem rejeitar Jerusalém, o centro gravitacional no plano de Deus para a história mudou agora da capital de Israel para a capital do mundo, de Israel para todas as nações, incluindo Israel. Lucas deseja fornecer um abrangente e normativo relato do movimento cristão, e como ele chegou a Roma. Lucas-Atos é uma legítima narrativa, "como chegamos a ser o que somos", que busca trazer à luz a igreja como ele a descreve em Lucas-Atos.

4. Lucas-Atos foi escrito para os recém-conversos. Lucas sabe de vários romanos ricos e influentes que estão em uma posição de ajudar a igreja, incluindo os recém-conversos à comunidade cristã (e que ainda necessitavam mais esclarecimento e instrução). Eles seriam edificados e encorajados pela leitura dos centuriões de Lc 7, At 10-11 (ambos os quais têm um número de escravos; o primeiro tinha dinheiro suficiente para construir uma sinagoga para os judeus locais), rei Agripa de At 26, Félix e Festo, Sérgio Paulo de At 13,6-13, e os homens e mulheres de alta posição de At 17,12, pessoas que tinham igrejas em suas casas.

5. Pela primeira vez no desenvolvimento da literatura e teologia cristãs, um autor cristão compondo instruções primariamente para a comunidade cristã *também* olha explicitamente para além da igreja, para os interessados que estão de fora. Embora o autor não escreva diretamente para os de fora, ele os tem em mente, num duplo sentido: (1) ele escreve o tipo de obra literária que poderia circular nos sofisticados círculos como um exemplo de quem os cristãos são e o que eles creem, mostrando que não são uma seita fanática, ignorante e perigosa, com quem os decentes romanos deveriam ter cautela. (2) Ele descreve para os recém-conversos o tipo de vida que eles deviam viver para representar a fé para os de fora, e equipá-los para representar a igreja para o mundo em geral. Em ambos os aspectos, ele é um pouco semelhante a 1 Pedro, escrita em Roma por volta do mesmo tempo ou um pouco antes que Lucas-Atos (cf. 1 Pd 3,15, "estando sempre preparados para responder a todo aquele que vos pedir razão da esperança que há em vós").

6. Lucas têm os de fora no canto de seus olhos, mas ele não se dirige diretamente aos líderes romanos, nem escreve para o público em geral. Não há "público leitor em geral" em termos modernos. Lucas não escreve para o "mercado de livros".[16] Não havia uma "editora" para anunciar, comercializar e distribuir o livro. A publicação foi por meio de uma rede informal de amigos ricos ou patrocinadores. No caso de Lucas-Atos, o texto foi provavelmente lido em uma reunião informal de pessoas da igreja. É a igreja, representada por pessoas como Teófilo (quer um personagem real ou fictício) que publica e

[16] O ponto é elaborado e documentado em GAMBLE, *Books and Readers*, 40, 133, et passim, e HAENCHEN, *Acts*, 136.

distribui a obra, e quando ela é lida, representa a igreja, não apenas o autor individual.

7. Um mestre cristão solidário às tensões nas tradições passadas da igreja e às questões atuais na igreja em Roma compõe uma narrativa em que ambos os lados das importantes questões em tensão, enquanto não conceitualmente resolvidas, são mantidas juntas em uma narrativa, assim como Lucas pensa que elas devem continuar a viver juntas em uma comunidade. Pela primeira vez, ele reúne o Evangelho, que afirmava a história da vida de Jesus como a expressão normativa da fé cristã, e o testemunho explicitamente pós-pascal dos principais apóstolos da igreja, em uma única coleção literária. "Evangelho" e "Apóstolo" como unidades distintivas-mas-inseparáveis era uma nova forma de pensar acerca do texto pelo qual a igreja poderia comunicar, solidificar e defender sua fé.

Isso pode muito bem ter acontecido em Roma. Mas, mesmo que não (e.g., se, na verdade, composto em Éfeso ou Antioquia), a linha histórica leva o leitor a Roma como a culminação da cadeia de eventos dirigidos por Deus. Roma é agora o ponto de partida para a continuação da história da igreja.

24.4 Texto e história da transmissão

Além da habitual acumulação de variações textuais que se amontoam no processo de transmissão, Lucas-Atos manifesta duas constelações inter-relacionadas de fenômenos textuais que requerem uma atenção especial, ambas relacionadas ao texto ocidental (ver Vol. I §3.1).

1. *O Evangelho de Lucas e "interpolações não ocidentais"*. O texto ocidental costuma ser mais longo (ver abaixo sobre Atos), geralmente considerado como sendo uma expansão posterior do texto Alexandrino, mais original, representado por B, ℵ, $\mathfrak{P}^{66}$, $\mathfrak{P}^{75}$. Em uns poucos lugares em Lucas, entretanto, o texto Alexandrino e a grande maioria dos outros testemunhos têm o texto mais longo. WESTCOTT e HORT detestam reconhecer que seu favorecido texto Alexandrino (que eles apelidaram de texto "neutro") tem sido interpolado, cunhando a frase "ausência de interpolações ocidentais" para as leituras onde eles consideravam a leitura ocidental mais curta como sendo a original.

Embora um tanto deselegante e impreciso, o rótulo colado se tornou a nomenclatura tradicional. As nove "interpolações" são a forma mais longa da última ceia e oito expansões da narrativa da ressureição:[17]

- 22,19 E, tomando um pão, tendo dado graças, o partiu e lhes deu, dizendo: "Isto é o meu corpo oferecido por vós; fazei isto em memória de mim".[20] Semelhantemente, depois de cear, tomou o cálice, dizendo: Este é o cálice da nova aliança no meu sangue derramado em favor de vós.
- 24,3 mas, ao entrarem, não acharam o corpo do Senhor Jesus.
- 24,5-6 Ele não está aqui, mas ressuscitou. Lembrai-vos de como vos preveniu, estando ainda na Galileia,
- 24,9 E, voltando do túmulo, anunciaram todas estas coisas aos onze e a todos os mais que com eles estavam.
- 24,12 Pedro, porém, levantando-se, correu ao sepulcro. E, abaixando-se, nada mais viu, senão os lençóis de linho; e retirou-se para casa, maravilhado do que havia acontecido.
- 24,36 Falavam ainda estas coisas quando Jesus apareceu no meio deles e lhes disse: Paz seja convosco!
- 24,40 Dizendo isto, mostrou-lhes as mãos e os pés.
- 24,51 Aconteceu que, enquanto os abençoava, ia-se retirando deles, sendo elevado para o céu.
- 24,52 Então, eles, adorando-o, voltaram para Jerusalém, tomados de grande júbilo;

A perícope da última ceia 22,19b-20 é particularmente importante para a interpretação, visto ser ela a única referência clara ao efeito salvífico da morte de Jesus no Evangelho de Lucas.

A visão crítica mais antiga, seguindo Wescott e Hort e expressada em edições do Grego do Novo Testamento e traduções inglesas, tendeu a tratar este grupo de leituras como uma unidade, considerou as leituras mais longas como interpolações, e preferiu as versões mais curtas como as mais originais. A abordagem mais recente de "ecletismo debatido" julga cada leitura separadamente, e é inclinada a adotar várias das leituras no texto reconstruído. A RSV favoreceu o texto ocidental e assim omitiu a maioria deles, enquanto a NRSV tende a seguir a leitura Alexandrina (cf. suas respectivas notas marginais).

[17] A lista de Wescott e Hort incluiu Mt 27,49 mas não Lc 24,9. A lista apresentada acima tem se tornado mais ou menos um padrão.

2. *O extenso texto ocidental de Atos.* Os fenômenos textuais de Atos são muito complexos. O texto ocidental, representado especialmente por D (Códice Bezae, Cantabrigiensis), é quase dez por cento mais longo que o texto Alexandrino representado por B (Códice Vaticano). Muitas das variações parecem triviais para o leitor casual – e várias permanecem assim após um estudo mais cuidadoso – mas várias apresentam diferenças interessantes e substanciais do texto Alexandrino "padrão". Para a maioria, o texto D é mais inteligível, esclarecendo dificuldades que podem surgir do texto anterior, algumas vezes com óbvias intenções teológicas. Alguns exemplos dessa variedade:[18]

- 1,1 D omite o artigo antes do nome "Jesus". Isso pode ser uma questão de descuido na hora de copiar (quer o Alexandrino ou o Ocidental seja considerado original), ou pode ter uma menor significância. Nomes próprios raramente tem o artigo em inglês, mas é frequente no Grego, para conectar a pessoa mencionada na narrativa com uma referência prévia. O artigo no texto Alexandrino poderia apontar para o Jesus do Evangelho de Lucas, conectando assim os dois livros; sua omissão em Atos pode sinalizar o início de uma nova obra. Menciono essa variação mínima (uma letra no grego) como uma ilustração das centenas que aparecem em Atos, cada uma delas podendo ter uma significância, maior ou menor, mas a maioria das quais não o tem.
- 2,1 D adiciona "todos os apóstolos," resolvendo o problema de quem recebeu o batismo do Espirito Santo.
- 2,47 D substitui "à igreja" pela frase incerta "ao seu número".
- 3,8 D tem os apóstolos deixando "o templo" com a pessoa curada, enquanto o povo permanece no pórtico de Salomão. Esta é uma descrição mais precisa da arquitetura do templo, evidenciando melhor descrição do complexo do templo do que a descrição dada pelo autor original.
- 5,29 D diz: "A quem devemos obedecer? Deus ou os mortais?" replicou Pedro. Ele [o sumo sacerdote] disse, "Deus". Pedro lhe disse,...
- 15,20.29; 21,25 O "Decreto Apostólico" ocorre três vezes em Atos, em perspectiva (15,20), o "texto oficial" (15,29), e na retrospectiva (21,25). Para os primeiros dois, o texto Alexandrino tem quatro proibições, todas cultuais: "abster-se do que é sacrificado aos ídolos, do sangue, da carne de animais sufocados

---

[18] O texto completo de Atos nas versões Alexandrina (B) e Ocidental (D) é impresso lado a lado em JAMES H. ROPES, *The Text of Acts* (The Beginnings of Christianity, Part I: the Acts of the Apostles 3; Grand Rapids: Baker, 1979 [publicado originalmente em 1925]. Seções relevantes dos dois textos são impressas paralelamente em PERVO, *Acts: A Commentary*.

e da fornicação" (entendendo "fornicação" como se referindo ao casamento dentro de graus de parentesco proibidos). O texto Ocidental entende a proibição inicial como uma referência à idolatria, omite "o que é sufocado", entende "fornicação" como imoralidade sexual, e adiciona uma forma negativa da Regra de Ouro, "e não faça para os outros o que não deseja que façam para você." No texto Ocidental o Decreto Apostólico tem sido assim completamente transformado de um conjunto mínimo de leis rituais que permitia judeus e gentios viverem e adorarem juntos em um conjunto geral de máximas éticas.

Alguns estudiosos argumentam que esta proliferação de extensas leituras, frequentemente perifrásticas, é apenas o efeito do acúmulo de variações aleatórias no decurso da transmissão. Isso é certamente verdade em parte, como é verdade para todos os outros manuscritos do Novo Testamento. A visão dominante, entretanto, é que o texto Ocidental representa algum tipo de revisão intencional. O grande número de variações do texto Alexandrino frequentemente parece não ser aleatória, mas são coerentes em padrões específicos. Um pequeno número de estudiosos tem defendido que o texto Ocidental é o mais original, e o texto Alexandrino derivado dele. Alguns outros têm argumentado que Lucas mesmo compôs ambas as versões do texto.

É necessário estudar o fenômeno textual de Lucas-Atos em conjunto com a história da transmissão dos dois volumes. Na natureza do caso, isso não pode ser traçado confiantemente detalhadamente. Depois de um século e meio de cuidadoso estudo, a formação do distinto texto Ocidental permanece um mistério histórico. Sem reivindicar solucionar esse mistério, um esboço plausível pode ser:

a. Lucas escreveu uma única obra em dois volumes. Embora planejado e executado como uma unidade literária, não sabemos quanto tempo ocorreu entre composição de cada volume.
b. O Evangelho de Lucas foi inicialmente separado de Atos e juntou-se ao que se tornou os quatro Evangelhos canônicos.[19] Atos parece ter circulado de forma independente por um tempo, então foi juntado às Cartas Católicas. Depois que o Evangelho e Atos foram separados, os dois volumes tiveram histórias textuais separadas.

---

[19] Em nenhum manuscrito sobrevivente Atos segue diretamente depois de Lucas. Em 𝔓[45] Atos é incluído com os evangelhos, mas ainda separado de Lucas, adicionado depois de João.

c. As duas principais correntes de transmissão afetaram tanto o Evangelho como Atos. Cada documento é representado por manuscritos de ambos os tipos, Alexandrino e Ocidental.
d. Em uma corrente de transmissão textual, como Atos circulou de forma independente do Evangelho, o texto Ocidental de Atos desenvolveu sua própria expansão do texto. Sendo parte dos quatro evangelhos que eram lidos nas igrejas, exerceu alguma influência sobre o Evangelho de Lucas. Por um lado, essa ampla exposição num contexto parcialmente controlado e ao lado de outros evangelhos proveu um impedimento da expansão casual e indiscriminada. Atos, por outro lado, a princípio não tinha tais controles, incitando paráfrases e elaboração novelística.

A despeito dos labores da crítica textual, permanece a incerteza acerca de numerosos textos (cf. notas de rodapé da NRSV). Jesus enviou 70 ou 72 discípulos? (Lc 10,1-2; bons argumentos e significado simbólico podem ser dados para cada opção). As palavras da instituição da última ceia incluíam um dito acerca do cálice e o significado redentivo da morte de Jesus, ou o texto curto é o original? (Lc 22,19b-20) Durante seu sofrimento na cruz, Jesus orou pelo perdão daqueles que o estavam matando (Lc 23,34)? Em Atos, não apenas as diferenças entre os textos Alexandrino e Ocidental continuam a ser discutidas, mas em vários pontos o texto parece tão confuso ou corrompido que desafia os julgamentos confiáveis sobre o que o autor escreveu orginalmente, e.g., 1,2; 2,43; 3,16; 4,25; 5,13; 6,9; 7,46; 9,25; 10,11.30.36; 12,25; 13,27-29.32.34.43; 14,8; 15,21; 16,12.13; 19,13-14.25.40; 20,6.24.28; 21,15-16; 22,30; 24,19; 25,13; 26,16 e 26,20.[20]

24.5 Síntese exegético-teológica

Prefácio (Lc 1.1-4)

Dos quatro evangelhos canônicos, apenas Lucas começa com um prefácio formal, uma sentença complexa na qual o autor se dirige

[20] A lista está em PERVO, *Acts: A Commentary*, 2. Cf. HANS CONZELMANN, *Acts of the Apostles: A Commentary on the Acts of the Apostles* (trans. James Limburg, Thomas A. Kraabel, and Donald Juel; Hermeneia; Philadelphia: Fortress, 1987), *ad loc.*

diretamente aos leitores, introduzindo a audiência na narrativa que se segue. Os seguintes pontos são importantes:

- A repetição do resumo deste prefácio em At 1,1-2 estabelece a intenção do autor de que os dois volumes sejam vistos como duas partes de uma única obra. Assim, "os eventos que se cumpriram entre nós" inclui tanto a vida de Jesus como a história da igreja primitiva.
- O autor afirma ter feito seu dever de casa, mas não afirma ser uma testemunha ocular dos eventos narrados. O que já suscita uma questão quanto a se as passagens "nós" de Atos têm a intenção de reivindicar que o autor foi uma testemunha ocular dos eventos que ele reporta. O que ele tem para dizer é comunicado de forma confiável, mas indiretamente; sua mensagem é dependente de uma cadeia confiável de tradição que remonta aos próprios eventos reveladores e salvíficos.
- Estes eventos são descritos não meramente como "acontecendo", mas "tendo sido cumpridos", i.e., por Deus. Eles representam o cumprimento das promessas de Deus para Israel, do propósito de Deus para o mundo. Desde o início, Lucas indica que sua narrativa, embora baseada em eventos históricos, não é meramente uma crônica, mas história teologicamente interpretada.
- Estes eventos redentores são percebidos e comunicados pelas "testemunhas oculares e ministros da palavra". Gramaticalmente, essa frase poderia se referir a dois grupos separados, mas é mais provável que se refira a um grupo singular que tanto viu os eventos originais, como os percebeu como sendo a obra de Deus. Esta não é uma questão de realidade "nua e crua" vista por testemunhas oculares, a qual foi interpretada posteriormente como ação de Deus. A interpretação já está inevitavelmente envolvida no ato da percepção. Tal discernimento não é meramente uma questão de observação objetiva, mas é o dom de Deus. Na visão de Lucas, alguns daqueles que tinham sido testemunhas oculares dos eventos da vida de Jesus e a da igreja primitiva foram, depois da Páscoa, capacitados pelo Espírito Santo para reconhecer a mão de Deus nestes eventos.
- Lucas não é o primeiro a escrever uma narrativa assim. Os "muitos" predecessores de 1,1 é parte da retórica convencional de tais prefácios, e não necessariamente implica um número grande. A frase aqui se refere a Marcos, Q, L, e às tradições oral e escrita que Lucas usou na composição de Atos (ver acima sobre as fontes).
- Sabemos a partir da reorganização que Lucas fez de suas fontes (ver e.g., sobre 4,16-44 abaixo) que sua afirmação de escrever "com exatidão" e em "ordem" não significa que professa dar um relato cronologicamente correto,

exato em cada detalhe. Ele trabalha como um intérprete criativo de suas fontes e tradições, e pretende que seu livro represente uma abrangente, coerente, e bem organizada apresentação literária e teológica da veracidade da fé cristã.

- Lucas atribui a decisão de escrever sua obra em dois volumes à sua própria vontade ("...a mim me pareceu bem..."). Alguns escribas posteriormente perceberam isso como sendo um defeito, de modo que alguns manuscritos adicionam "e ao Espírito Santo" neste ponto (cf. At 15,28). O autor crê que o Espírito Santo é operante na vida da igreja como um todo, mas não reivindica inspiração particular para si mesmo.
- A narrativa se destina aos crentes no interior da comunidade cristã, para fortalecer sua fé e aprofundar seu entendimento, mas também vê além deles os de fora que podem ter recebido impressões negativas acerca do novo movimento cristão.

Parte Um: O tempo de Israel alcança seu clímax (Lc 1,5-2,52)

Uma mudança estilística dramática ocorre em 1,5, óbvia mesmo nas traduções em português. Considerando que 1,1-4 é composto num grego um tanto grandiloquente, complexo e de alto nível, habitual em tais prefácios, o leitor entra num mundo cultural e linguisticamente diferente em 1,5. Esta longa seção está escrita no estilo da literatura narrativa de Israel, e respira a atmosfera e piedade da história bíblica. Gramática, estilo, vocabulário, e caracterização ecoam os relatos do Antigo Testamento. Lucas obviamente pretende que a primeira parte de sua composição soe como uma continuação (e clímax conclusivo) da história bíblica de Israel. Aqui Lucas imita o estilo da LXX, como um autor moderno desejando dar à sua composição um sabor bíblico capaz de imitar o rei inglês Tiago [James] ("e sucedeu que...", "ele lhe disse", e outros semelhantes). Como no Antigo Testamento, os participantes irrompiam em canções que interpretavam a narrativa (*Magnificat* de Maria, *Nunc Dimitis* de Zacarias, o *Glória* dos anjos), o que não acontece na segunda e terceira parte de Lucas-Atos. Os leitores imediatamente sentem que entraram numa história em curso, a história de Israel olhando de volta para as promessas feitas a Abraão e Davi, olhando em direção ao tempo do cumprimento garantido pela fidelidade de Deus. A devoção e piedade dos personagens convidam o leitor a tomar uma atitude positiva em relação a obediência à Torá e a esperança judaica.

Lucas trabalha importantes temas teológicos na primeira parte, os quais deram o tom e a pauta para grande parte da narrativa seguinte:

- *Continuidade entre a história de Israel, a história de Jesus, e a história da igreja.* As principais figuras são judeus devotos. A narrativa começa com o piedoso sacerdote Zacarias oferecendo incenso no templo enquanto o povo ora (1,9-10), inclui a purificação de Maria e a dedicação de Jesus no templo, com a presença das santas figuras proféticas judaicas de Simeão e Ana (2,22-38), e termina no templo, que o menino Jesus chama "casa de meu Pai" (2,41-52). Tanto João como Jesus são circuncidados, incorporados no povo da aliança, Israel (1,59; 2,21). Zacarias e Isabel vivem "irrepreensivelmente em todos os preceitos e mandamentos do Senhor" (1,6). A "lei de Moisés" ou "lei do Senhor" é mencionada cinco vezes no relato da visita da santa família ao templo (2,22-39). A [futura] inclusão dos gentios é anunciada (2,32), mas quando ela acontece posteriormente na narrativa de Lucas – não sem exame de consciência e de luta por parte dos seguidores de Jesus – o povo de Deus continua enraizado nas Escrituras, tradição e práticas Judaicas.
- *Ambos João e Jesus são figuras escatológicas, mas de maneiras diferentes.* João é o último e maior dos profetas do Antigo Testamento, que está na virada das Eras. Jesus é o proclamador e a personificação do reino de Deus, cuja vida e obra constituem a realidade e presença do reino pelo qual João ainda esperava.
- *Especialmente os cânticos inspirados interpretam o significado salvífico dos eventos narrados.* O *Magnificat* de Maria, 1,46-55; o *Benedictus* de Zacarias, 1,67-79 e o *Nunc Dimittis* de Simeão, 1,29-32 celebram os temas da reversão escatológica que está se tornando realidade nos eventos que eles estão vivenciando. Os pobres e fracos são exaltados e os soberbos e poderosos são derrubados de seus tronos. A fidelidade de Deus às promessas feitas a Israel está agora sendo cumprida. Pessoas estão se convertendo e experimentando a alegria e a realidade dos poderosos atos salvíficos de Deus.
- *Lucas expressa a dialética da acomodação e obediência ao poder imperial, enquanto oferece um reino alternativo que finalmente substituirá o império humano.* É em obediência a César que Maria, José e o Jesus nascituro viajam até Belém para se registarem. Não há oposição ostensiva à Roma. No entanto, a narrativa representa o nascimento de Jesus como o evento que verdadeiramente traz as boas novas reivindicadas pelo imperador (ver Vol. I §9.2.2), e é o bebê na manjedoura que é proclamado "Salvador" e "Filho de Deus" (1,35; 2,11), títulos padrão do César. Em contraste com a *Pax Romana* e *Pax Augustana*, é Jesus quem traz a paz definitiva, a *shalom* do governo de Deus (1,79; 2,14).

Parte Dois: O Tempo de Jesus (Lucas 3,1-Atos 1,26)

A Missão de Jesus e seus discípulos na Galileia e Judeia – reunindo as testemunhas (3,1-9,50)

3,1-2

A sincronização cronológica sêxtupla localiza a história de Jesus dentro da história universal do mundo, e marca o ministério especial de um ano de Jesus. Embora João Batista apareça nesta cena transicional, ele é claramente identificado como pertencendo ao período de Israel. *"A palavra do Senhor veio a..."* é a fórmula profética clássica usada pelos profetas do Antigo Testamento (Jr 1,4 e outros). É usada para João, mas não para Jesus. Enquanto João é o último e o maior dos profetas de Israel, a narrativa rejeita especificamente a visão de que Jesus é "um dos profetas" (7,26-28; 9,19; cf. 16,16).

3,10-14

A João é dada uma mensagem de justiça social reminiscente dos profetas de Israel (3,10-14, apenas em Lucas), caracterizando-o ainda mais como pertencendo ao período de Israel. Ele prega como os profetas do Antigo Testamento, mas não como Jesus, que proclama o reino de Deus (João não, em Lucas – contraste Mt 3,2).

3,19-22

Embora Lucas saiba que Jesus foi batizado por João, ele transfere a notícia acerca da prisão de João para este ponto desde sua posição intermediária em Marcos, tirando João de cena antes de Jesus aparecer, enfatizando assim a nova fase da história da salvação que começa com o ministério de Jesus. O batismo de Jesus não é narrado olhando retrospectivamente para a obra de João, mas para frente, para a vida da igreja. O Espírito Santo não desceu diretamente sobre Jesus em seu batismo, mas enquanto Jesus está orando. Assim também, em At 2, os discípulos de Jesus estão orando quando eles recebem o Espírito que os capacita para a missão.

4,1-13

Aparentemente as pequenas mudanças e acréscimos de Lucas ao relato da tentação indicam pontos distintivamente lucanos: o diabo declara que a autoridade sobre as nações do mundo civilizado (οἰκουμένη, *oikoumenē*, usado para o Império Romano) foi dada a ele, e ele dá esta autoridade a quem desejar. A tentação aqui não é ajoelhar-se diante do diabo apenas uma vez, mas "servi-lo" (4,8), i.e., adotar os valores e métodos de dominação do mundo dominado pelo diabo a fim de ganhar o controle sobre ele. Isso era uma tentação real para Jesus, retratada aqui numa imagem dramática. Quando a tentação é vencida, o diabo afasta-se "até um momento oportuno" (4,13). Ele será vencido durante o ministério de Jesus, enquanto o reino de Deus é manifesto sobre a terra (ver acima sobre o ministério de Jesus como o "centro do tempo", §23.1), mas retornará no final do ministério de Jesus (22,3). Embora já derrotado, Satanás continua a assediar a igreja e o mundo até a parousia (Lc 8,12; At 5,3; 13,10; 26,18).

4,16-30

Lucas move esta cena para diante de sua localização no esboço marcano (Mc 6,1-1), para se tornar a cena de abertura e o discurso de abertura do ministério público de Jesus. As expansões e modificações que Lucas fez de Marcos destacam os temas característicos de Lucas que definem o tom para o ministério de Jesus como um todo:

- Jesus é o profeta ungido de Deus para o clímax da história como profetizado em Isaías. O texto citado em Lucas é na verdade uma combinação de Is 61,1-2 e Is 58,6, i.e., não é um registro literal do texto que Jesus leu na sinagoga, mas uma combinação teológica de Lucas.
- "Boas novas aos pobres e oprimidos" é o tema tanto do texto bíblico como do ministério de Jesus (cf. 1,52-53; 3,10-11; 6,20-21; 14,13.21).
- "O ano aceitável do Senhor" é o ano do ministério de Jesus (3,1-2) no qual o reino de Deus é apresentado na vida e ministério de Jesus, com conotações do ano idílico do Jubileu (Lv 25,10). Isso é porque Lucas trabalha as palavras de Is 58 em sua citação de Is 61.
- A surpreendente aceitação dos gentios por parte de Deus no tempo de Lucas foi, na verdade, antecipada já no tempo de Elias e Eliseu, quando uma viúva libanesa e um oficial do exército sírio foram objetos da graça de Deus.
- Quando os judeus rejeitam, a aceitação dos gentios é enfatizada. Isso antecipa a narrativa posterior "primeiro o judeu" refletida em Atos e Paulo.
- A oferta de salvação da parte de Deus é feita em Nazaré entre o próprio povo de Jesus, mas ela é rejeitada. A rejeição do profeta ungido de Deus

corresponde aquela dos profetas de Israel (cf. 4,24; 6,22-23; 11,49-51; 13,33-34; At 7,52). Este é um tema em Lucas inteiro, desde "nenhum lugar na hospedaria", através da rejeição em sua cidade natal, em Samaria (9,52-56), e finalmente em Jerusalém (19,41-44; 22,39-23,25).

Lc 5,1-11

A versão lucana do chamado dos discípulos parece ser uma variação do relato em Jo 21,1-11. No entanto, um encontra-se no quadro pré-pascal da vida de Jesus, e o outro no contexto do aparecimento e do chamado do Senhor Ressuscitado. Aqui está um exemplo-chave da flexibilidade e fluidez de tais tradições nos primeiros anos da igreja, em que linhas firmes não haviam sido traçadas entre "pré-pascal" e "pós-pascal", e todos os ditos e relatos da vida pré-pascal de Jesus poderiam ser contados como expressões de fé na ressurreição de Jesus e vice-versa.

6,20-49

O "Sermão da Planície" – Aqui começa a "inserção menor" dos materiais Q e L na estrutura marcana (6,20-8,3 inserido em Mc 3,19, com alguma reorganização de Marcos). Lucas começa a seção inserida com o Grande Sermão que era o discurso de abertura de 'Q' (ver acima excurso 3.5, p. 987); Mateus combinou isso com o mesmo sermão de Q com seu material 'M' para construir o Sermão do Monte de Mt 5-7). Tanto este sermão quanto os materiais tradicionais acerca de João Batista (7,18-35) enfatizam os temas recorrentes do ministério de Jesus: a realidade do reino de Deus vivenciado como boas novas para o pobre, amor aos inimigos, liberação do oprimido, cura ao enfermo, restauração da vista aos cegos e vida aos mortos.

8,1-3

Conclui essa seção inserida com a nota de que várias mulheres acompanharam Jesus e os Doze durante sua viagem missionária na Galileia. É importante para Lucas que mulheres sejam registradas entre as testemunhas da Galileia "desde o princípio". Elas estão presentes na paixão e nos primeiros dias da igreja. Elas são ricas e de elevada posição social, e apoiam Jesus e seus discípulos financeiramente. As mulheres ocupam um papel proeminente no Evangelho de Lucas (embora elas não sejam enviadas para pregar, ensinar e curar); em Atos, embora elas estejam presentes, dificilmente ocupam um papel de liderança (Priscila é uma notável exceção).

Lucas é sensível às realidades culturais, e não retrata discípulas em Atos como desafiando tais realidades. No entanto, ele retrata no evangelho imagens em que Jesus aceita e afirma a mulher como um desafio para a igreja de seu próprio tempo, o que a igreja deveria implementar de maneira apropriada para não prejudicar a missão da igreja. Nisso, Lucas é semelhantes às cartas deuteropaulinas e 1 Pedro, com as quais é contemporâneo. Esta acomodação é uma das formas de a igreja chegar a um acordo com a sua existência na história a longo prazo, uma realidade com a qual Paulo e a primeira geração de cristãos não foram forçados a lidar.

8,19-21

A cena na qual a mãe e os irmãos de Jesus vêm para ouvi-lo pregar ilustra a manipulação de Lucas do importante tema da relação de Jesus com sua família.[21] Maria e os irmãos de Jesus não aparecem em Q. Em Marcos (no qual não há a narrativa do nascimento) eles não o reconhecem e o consideram desequilibrado (Mc 3,20-35; cf. Jo 7,5), "nem mesmo seus irmãos criam nele"). Lucas fez os seguintes movimentos editorial-hermenêuticos: (1) ele omite Mc 3,20-21 em que Maria e os irmãos e irmãs de Jesus pensam que ele está mentalmente desequilibrado. (2) Ele desloca a conclusão dessa seção referindo-se a Maria e à família de Jesus para este contexto, onde ela é a conclusão da explicação de Jesus sobre a parábola do semeador. Eles são agora exemplos da "boa semente" que recebe a palavra e crê, assim como Maria havia sido retratada como o modelo de crente em 1,26-56. (3) Lucas ajusta levemente a sintaxe, de modo que a ofensiva sentença em Mc 3,34-35 deve ser traduzida em Lc 8,21 como "minha mãe e meus irmãos são aqueles que ouvem a Palavra de Deus e as praticam."[22] (4) Lucas omite a linguagem dentro/fora na qual a família estava de fora. (5) Em 4,24, Lucas omite "família" e "casa" de Mc 6,4. (6) Assim, em At 1,14,

---

[21] Para um tratamento útil das várias maneiras que os autores do Novo Testamento apresentam o papel de Maria, vide o estudo patrocinado pelo United States Lutheran–Roman Catholic Dialogue e escrito em conjunto por eruditos católicos e protestantes, RAYMOND E. BROWN, JOSEPH A. FITZMYER, S.J., and JOHN REUMANN, eds., *Mary in the New Testament* (Philadelphia: Fortress, 1978).

[22] Assim, e.g., FITZMYER, *Luke the Theologian*, 76.

Maria e os irmãos de Jesus estão no grupo principal que se tornará a igreja, da qual Tiago o irmão de Jesus se tornará o líder (cf. At 12,17; 15,1-29; 21,17-26).

9,1-6

Jesus envia os Doze para uma missão na qual eles não deveriam levar bordões, nem alforje, nem dinheiro, nem mesmo uma muda de roupas, visto que não precisariam se preocupar com alimento ou autodefesa – é o "centro do tempo", o tempo especial da presença do reino, o tempo de celebração e alegria, quando os poderes do mal são derrotados (10,17-24; ver acima §23.1). Na última ceia, Jesus vai rescindir esses mandamentos como diretamente aplicáveis ao tempo dos leitores de Lucas (22,35-38, combinado com as instruções para os 70 em 10,4). Isso não significa que as instruções para o idílico *Tempo de Jesus* não são mais relevantes para o *Tempo da Igreja* no qual os leitores de Lucas vivem. Essa historicização do radical chamado ao discipulado no Evangelho de Lucas não neutraliza nem domestica essa imagem do que significa ser um discípulo de Jesus. A igreja ainda tem este conjunto de imagens da forma como era durante a presença do reino na vida de Jesus, e ainda é desafiada a viver por elas. Mas a igreja não tem mais a instrução direta sobre como isso deve ser feito, como chegar a um acordo com a missão cristã em um mundo em curso. Conduzida pelo Espírito, a igreja pós-pascal deve interpretar, caso a caso, o que tal instrução significa; ela não pode mais ouvi-la como um mandamento direto de Jesus, mas também não pode ignorá-la como se fosse aplicada apenas a um tempo já passado.[23]

9,18-22

Lucas omitiu tudo de Mc 6,45-8,26 (ver acima §23.2.3 sobre a estrutura do Evangelho de Lucas). Essa omissão significa que a cena seguinte já não acontece fora da Galileia em Cesareia de Filipe, como em Marcos, mas no mesmo local em que foram alimentados os cinco mil. Como no Evangelho de João, a confissão de Pedro segue-se imediatamente após o relato da multiplicação dos pães (cf. Jo 6,1-65.66-69).

---

[23] Cf. FREIDRICH WILHELM HORN, *Glaube und Handeln in der Theologie des Lukas* (GTA 26; Göttingen: Vandenhoeck & Ruprecht, 1983), 197 and passim.

9,23

De uma forma hábil, Lucas ilustra como os ditos de Jesus para a primeira geração como apresentados em Marcos podem e devem ser reinterpretados pela geração seguinte. O desafio feito por Jesus de tomar a cruz e segui-lo (Mc 8,34) não necessitava de interpretação no tempo de Marcos, nos anos 60, quando os cristãos estavam sendo literalmente crucificados em Roma. No tempo de Lucas, mais ou menos uma geração depois, os ditos de Jesus já não mais podiam ser interpretados literalmente. Com a inserção de duas palavras gregas καθ' ἡμέραν (*kath' hēmeran*, diariamente), Lucas reafirma o desafio de Jesus de uma maneira que ele possa ser tomado seriamente em seu próprio tempo. Em cada caso, Jesus pede a vida de seus discípulos: em Marcos, entregando-a de uma vez por todas no martírio; em Lucas, pelo dá-la de forma não espetacular um dia de cada vez na maneira como se vive. O mesmo dito em uma situação diferente não é o mesmo dito; meramente repetir a Marcos é ser infiel a ele. Lucas pode apenas preservar o significado de Jesus em Marcos mudando o dito marcano. Em contraste com o João do Apocalipse, seu contemporâneo, que vê a destruição de Roma causada por Deus no horizonte imediato, Lucas não vê como tarefa sua equipar a igreja para o martírio tendo em vista o fim iminente, mas preparar a igreja para viver como uma fiel testemunha dentro do atual império romano.

A jornada para o destino de Jesus em Jerusalém – Preparando os discípulos (9,51-19,44)

Esta longa seção – a mais longa no esboço de Lucas – está orientada para o "êxodo" que Jesus realizará em Jerusalém (cf. 9,31). Durante esta *viagem narrativa*, como é tradicionalmente chamada, Jesus parece vaguear, quase não fazendo progressos, embora Jerusalém seja repetidamente mencionada como o destino projetado (9,51.53; 13,22.33-34; 17,11; 18,31; 19,11.28). Isso se deve em parte à falta de uma ideia clara por parte do autor com relação a geografia da palestina – ele não tinha mapas ao final de sua Bíblia, e parece nunca ter vivido ou viajado na região – e em parte porque ele usou essa seção para incorporar muito dos materiais de Q e M não encontrados no Evangelho de Marcos, o qual forma a estrutura básica de sua narrativa. Isso não significa que a *viagem narrativa* tenha se tornado meramente um receptáculo no qual Lucas insere seus outros materiais; ela tem seu próprio propósito no projeto da narrativa de Lucas. Assim como a seção precedente 3,1-9,50 foi o período da missão para o povo da Galileia e Judeia como um todo, durante o qual Jesus chamou os que posteriormente seriam suas testemunhas no tempo da igreja pós-pascal, assim 9,51-19,44 é o tempo de instruir os discípulos e prepará-los para os dias que virão. O ensinamento de Jesus não é sempre direcionado diretamente aos discípulos. Entretanto, como os leitores, eles estão sempre presentes, e ouvem os diálogos de Jesus com as multidões e seus oponentes. Não é este um tempo de instrução privada. Em contraste com Marcos, esse modo de ensinamento privado quase desaparece em Lucas. Os discípulos aprendem enquanto ouvem os diálogos de Jesus com as multidões e oponentes (cf. e.g., 14,25-35; 16,14). Esta seção contém algumas das mais bem conhecidas histórias e parábolas de Jesus, encontradas apenas em Lucas: o *Bom Samaritano* (10,29-37); o *Filho Pródigo* (15,11-32); o *Rico e Lázaro* (16,19-31), o *Fariseu e o Publicano* (18,9-14).

9,51-56

Correspondendo à seção precedente, que começa com a rejeição de Jesus em sua cidade natal, Nazaré (4,16-30), esta seção começa com a rejeição de Jesus pelos samaritanos. Essa rejeição não é meramente um exemplo da antipatia judeus/samaritanos, mas é especificamente porque "o aspecto dele era de quem, decisivamente, ia para Jerusalém." A resposta dos samaritanos está na explícita (embora involuntária e inconsciente) oposição ao plano divino que é alcançar seu clímax definitivo em Jerusalém. Em contraste com Elias, que acabou de ser mencionado, Jesus não retalia trazendo fogo do céu (Lc 9,51-56; cf. 2 Rs 1,2-10). Como o Deus que ele representa, Jesus é bondoso para com os maus e ingratos (6,35-36).

9,57-62

Na seção precedente, a poderosa palavra de Jesus tinha chamado pessoas para uma vida de discipulado. No início desta seção, três pretensos discípulos são avisados acerca dos rigores envolvidos na decisão de seguir Jesus, e ele não ganha novos discípulos. Isso define o tom para as instruções na *viagem narrativa*, que enfatiza o custo do discipulado (10,3-12; 12,4-12.41-53; 13,22-35; 14,25-35; 17,33). Em Lucas, um aspecto principal do chamado ao discipulado é a renúncia ao dinheiro e propriedades. Frequentemente nesta seção, coloca-se ênfase sobre as boas novas aos pobres, o chamado para compartilhar o bem de um com os outros, o valor da vida de pobreza, e os perigos da riqueza (9,58; 10,4; 12,13-34; 14,12-14; 15-24; 16,1-31; 18,18-30; 19,1-10). Muito cedo, as multidões e o povo como um todo foram positivos em sua resposta a Jesus, e foram apenas seus líderes que se opuseram a ele. Durante a *viagem narrativa,* à medida que a messianidade de Jesus e o significado de ser seu discípulo se tornam mais claros, as multidões começam a mudar sua lealdade, de modo que no momento em que Jesus e seus discípulos chegam a Jerusalém, as multidões praticamente se unem à oposição empreendida pelos líderes religiosos.

10,1-23

Em Lucas Jesus não apenas envia os doze (9,1-6), mas setenta (ou setenta e dois; a evidência dos manuscritos está dividida). Ambos os 70 e 72 tem significância simbólica. Houve vários grupos significativos de 70 líderes na história de Israel, desde os 70 escolhidos por Moisés (Êx 24; Nm 11,24-25) ao Sinédrio do tempo de Jesus e os 70 anciãos que Josefo nomeou na Galileia durante a revolta contra Roma (*Guerra* 2.570). Setenta e dois, embora menos frequente, também era simbólico: de acordo com a tabela da lista das nações em Gn 10 na LXX, o mundo era constituído de 72 nações; havia 72 anciãos nomeados para traduzir as Escrituras Judaicas para o Grego, as línguas do mundo gentio, e as várias tradições judaicas indicavam que o mundo tinha 72 governantes e 72 línguas (*3 Enoque* 17,8; 18,2-3; 30,2).

Como a missão dos Doze corresponde ao povo de Israel, a missão dos setenta (e dois) prefigura a missão mais ampla para todo o mundo. Lucas sabe, é claro, que tal missão era pós-pascal, de modo que apenas gradualmente, e com muito esforço e exame de consciência, é que os seguidores de Jesus chegaram à conclusão de que o plano de Deus promulgado em Jesus inclui todos os povos, como documentado em At 1-15. No entanto, ele pode retratar isso como já antecipado durante a vida de Jesus pela missão dos setenta (e dois).

10,30-37

A parábola do Bom Samaritano conta de um viajante, presumivelmente judeu, que foi roubado, espancado, e deixado para morrer. Dois oficiais religiosos judeus de quem a ajuda poderia ser esperada fingiram não perceber e passaram sem ajudar. Os ouvintes originais esperavam agora que o herói da história fosse um do seu próprio grupo, um leigo judeu, se o ouvinte fosse anticlerical, um fariseu, se fosse anti-sacerdotal. Na perturbadora e desorientadora conclusão da parábola, um estranho de outra religião acaba por ser o único que segue o grande mandamento do amor a Deus e ao próximo.

Este cortante e incisivo encerramento tem sido neutralizado nos tempos modernos ao se fazer deste relato um exemplo de história moralizadora de "abertura" e "tolerância": em vez de sermos preconceituosos contra as minorias, nós devemos ajudar a todos, independentemente de cor, credo, ou orientação sexual. Essa reconfiguração da história coloca o samaritano no fosso, com os ocidentais liberais modernos encorajados a superar seu preconceito e ajudar a todos. Essa não é a parábola original: o samaritano foi o ajudador, não a vítima necessitada. A estrutura mental dos ouvintes de Jesus foi abalada por essas histórias, as quais se limitaram a lhes conceder mais um pouco de informação que se encaixe em suas antigas estruturas conceituais de como as coisas eram, mas sacudiram as próprias estruturas. Na narrativa de Lucas, a parábola de Jesus tornou-se uma história exemplar, "vá e faça o mesmo". No entanto, ela ainda conserva algo do tratamento de choque inicial, pois o exemplo de amor a Deus e ao próximo vem de uma fonte inconcebível, e os leitores de Lucas são desafiados a examinar não apenas os itens do seu próprio mundo de pensamento, mas seu fundamento.

14,25-27

A escandalosa, não domesticada provocação da parábola original de Jesus é um desafio ao leitor convencional que deseja preservar a maneira tradicional de ver o mundo, mesmo que esteja disposto a adicionar sobre os valores dos ensinos de Jesus. O chamado de Jesus ao discipulado repetidamente implica uma vida isenta de brandura e/ou tolerância e convoca as pessoas para algo mais radical. Seguir a Jesus, vivendo de acordo com o reino de Deus que ele ensina e encarna, deve ser a principal prioridade, a qual relativiza *tudo* o mais. A afirmação de que segui-lo significa "odiar" pai e mãe, esposas, e filhos deve ser ouvida nesse contexto. "Odiar" no idioma semítico e no *contexto* deste dito não conota hostilidade, mas escolha. Quando confrontados com duas opções, escolher um é necessariamente rejeitar, i.e. "odiar" o outro.

O Jesus dos evangelhos confronta seus ouvintes com apenas duas escolhas. Não há meio termo, não há maneira de não decidir. Neste paradigma, Deus não pode ocupar um papel secundário em relação ao dinheiro e bens, ou casa e família, e ainda ser Deus. Assim, em 6,6-11 deve-se fazer o bem ou fazer o mal, salvar a vida ou perdê-la – não há como sustentar ambas as coisas, uma exclui a outra. Em 6,46-49 há apenas dois tipos de construtores. Em 9,50 e 11,23 há apenas aqueles a favor de, e aqueles contra Jesus, os que ajuntam e os que espalham. De acordo com a declaração de Jesus em 12,51-53 ele não veio trazer paz, mas dividir famílias, e em 16,13 serve-se a Deus ou ao dinheiro. Isso corresponde à cena na parábola de Jesus onde ambos, o fariseu autojustificado e o excluído publicano, oram, mas, ao contrário de toda religião e teologia próprias, o publicano é justificado diante de Deus e o fariseu, não (18,14).[24] O cenário escatológico de 17,34-35 confirma esse radical dualismo ou/ou: no último dia, um é levado e o outro é deixado.

Lucas afirma repetidamente que esse chamado radical ao discipulado como a renúncia ao dinheiro e bens é a escolha necessária se alguém escolhe seguir a Jesus no caminho da cruz, memoravelmente expressado o relato do jovem rico (18,18-30). Para se tornar discípulo de Jesus, o homem tem que vender tudo e dar aos pobres; isso não deve ser relativizado por fazer dele um caso especial que não se aplica aos outros. Em 14,33 essa exigência já havia sido feita a todos os discípulos.

A teologia da história de Lucas na qual o tempo de Jesus era um tempo especial em que a realidade do reino de Deus estava sobre a terra o deixa livre para retratar o discipulado durante a vida de Jesus nos termos das realidades de seu próprio tempo (ver acima §23.1). Isso é análogo à maneira que a própria perspectiva escatológica do Jesus histórico funcionava no sentido de facilitar a proclamação do seu chamado à obediência radical (ver Vol. I §8.3). No Evangelho de

[24] Este relato ilustra a dificuldade de os leitores modernos familiarizados com a Bíblia e a tradição cristã experimentarem o impacto original do relato. O leitor moderno sabe de antemão que o humilde, modesto coletor de impostos é o mocinho, e que o presunçoso fariseu já está condenado na mente moderna antes mesmo de abrir a boca. Visto que os leitores modernos já esperam que o publicano seja aceito e o fariseu seja rejeitado, o relato teria seu sentido original para nós se as polaridades fossem invertidas.

Lucas, na narrativa entre o batismo de Jesus e a última ceia, Lucas é livre para retratar a vida autêntica para a qual os crentes são chamados sem relativizá-la pelas realidades da igreja nas gerações seguintes. Ele pode apontar para o passado, um tempo quando havia uma pessoa real, um verdadeiro ser humano, em que o governo de Deus foi concretizado. "Foi o que aconteceu. Se você deseja saber como é reino de Deus, leia a história de Jesus no seu evangelho."

Ele escreve para leitores que não viveram naquele tempo, mas que, no entanto, podem ver o que o reino de Deus é, e o que significa colocar o reino de Deus em primeiro lugar na forma como se vive. Mas aquilo era aquele tempo, e isso é agora; como devem os crentes da geração seguinte viver? Lucas não crê que o ensinamento de Jesus durante o ano especial da presença do reino de Deus na terra possa ser diretamente aplicado ao seu próprio tempo. Mas também o ensino e exemplo de Jesus, bem como o chamado a um discipulado radical são questões apenas de história, retrocedendo cada vez mais no passado. Lucas e seus contemporâneos (e crentes modernos) são membros da comunidade guiada pelo Espírito que pode e deve decidir caso a caso como esse chamado de Jesus deve ser vivido em seu próprio tempo. Para Lucas, o ensinamento de Jesus não pode significar em seu tempo que todos os discípulos devem necessariamente vender tudo o que possuem, e dar aos pobres a fim de serem discípulos de Jesus. No entanto, isso não pode ser ouvido com um suspiro de alívio. Em Atos, Lucas fornece exemplos instrutivos desse processo contínuo de reinterpretação da ética radical de Jesus (ver acima sobre Lc 9,23).

15,1-32

A famosa parábola do Filho Pródigo é o final de uma trilogia que continua o dualismo radical do chamado de Jesus ao discipulado. Existem apenas o perdido e o encontrado, não um grupo de espectadores do limbo. Aqueles que, supõe-se, já são componentes do grupo, e opõem-se à graça radical de Deus que aceita os de fora, se tornam eles mesmos os de fora – mas com um contínuo convite para se tornarem componentes do grupo.

17,20-37

Lucas adota e adapta o discurso escatológico de Q para fazer três importantes apontamentos à sua própria teologia da vinda do reino.

(1) O reino está presente no ministério de Jesus. A rara frase ἐντὸς ὑμῶν (*entos hymōn*), apenas aqui no Novo Testamento, e ausente em toda a LXX, foi traduzida "dentro de você" nas versões KJV e Douay, seguidas dentre as versões contemporâneas apenas pela NIV. A frase foi então mal interpretada como se referindo ao reino de Deus como uma realidade interna, "no seu coração", em contraste com a externa realidade política/militar/social supostamente antecipada pelos fariseus. Assim entendido, o texto se tornou um texto de prova central no antigo liberalismo que contrastou o suposto legalismo externo dos fariseus com a religião interior do coração defendida por Jesus.

Essa tradução é quase certamente um erro; a maioria das traduções modernas corretamente verte a frase como "entre vós" ou "em vosso meio" (e.g. NRSV, TNIV, NIV2011, REB, CEB, BJ). O cerne da questão para Lucas não é que o reino é uma questão do coração [interior] mais do que externa – no Novo Testamento o reino nunca está no coração de alguém– mas que, nas palavras e ações de Jesus, o reino de Deus que era esperado para o futuro é de fato uma realidade presente entre eles. Isso corresponde à teologia de Lucas, na qual o tempo de Jesus é o tempo da presença do reino sobre a terra. Mas quando Jesus se vai, o reino não mais está presente desta maneira, e continua a ser uma esperança para o futuro, identificado com a parousia de Jesus como Filho do Homem.

(2) Não há sinais históricos que indicam a proximidade do reino de Deus, nem presságios de onde na história contemporânea deva ser localizado no calendário divino. "Quando o reino de Deus virá" não é uma questão que pode ser respondida fornecendo sinais históricos que mostram que o reino está próximo. Particularmente, Lucas deseja enfatizar que os dramáticos eventos históricos vivenciados por sua própria geração não são sinais do fim. A destruição de Jerusalém, a perseguição de Nero, a erupção do Vesúvio, (e as revoltas da Diáspora de 115-117 d.C., se é que Lucas escreve após esses eventos), são todas parte de uma história em curso, não sinais escatológicos da proximidade do fim.

(3) Quando o fim vier – e na teologia de Lucas, ele virá – acontecerá repentinamente, sem aviso prévio, tão repentino como um relâmpago no céu. Nos dias de Noé pouco antes do dilúvio (Gn 6), e no tempo um pouco antes da destruição de Sodoma e Gomorra (Gn 18), não houve nenhum aviso prévio, mas quando a catástrofe veio foi visível para todos. Essa é a teologia de Lucas acerca do reino: uma vez verdadeiramente presente em Jesus, o reino reaparecerá em poder no fim dos tempos. Não haverá

aviso, mas quando ele vier, não haverá dúvida de que o fim chegou. Lucas e seus leitores vivem entre esses tempos não apenas olhando restrospectivamente para a realidade do reino na vida de Jesus, como em direção ao seu reaparecimento no final da história: Jesus, o já e futuro rei.

19,37-44

Nesta cena a longa *viagem narrativa* alcança seu objetivo, a qual durante todo o seu curso esteve orientada a Jerusalém. Jesus confrontará o centro da vida nacional e religiosa judaica com sua mensagem de paz. Lucas escreve muitas décadas depois, sabendo que em 66-70 a cidade não seguia o caminho da paz, mas que a revolta incitada pelas milícias rebeldes trouxe a catastrófica destruição da cidade e do templo. Assim, em Lucas são seus discípulos, não os residentes de Jerusalém – que celebram sua entrada na cidade como o rei que vem em nome do Senhor. Jesus chora porque a cidade estava cega para a realidade do reino de Deus, e não reconhecia o tempo da visitação de Deus e as coisas que promovem a paz (cf. 13,34-35; 19,42).

O Ministério, martírio e vindicação do Messias em Jerusalém (19,45-24,53)

Embora ainda seguindo o esboço básico de Marcos e incorporando muito de seu material, Lucas reescreve e amplifica Marcos para expressar sua própria teologia. Os seguintes elementos distintivos caracterizam a história lucana da paixão:

Jesus conduz um prolongado ministério de ensino em Jerusalém

A Semana Santa marcana, domingo a domingo, que incluiu apenas um dia de ensinamento no templo, se torna em Lucas um período indefinido de ensinamentos que se estende por muitos dias, um terceiro período no mistério de Jesus correspondendo aos dois anteriores e de igual importância (19,47; 20,1.37; 22,39.53-54). Embora Jesus seja retratado como ensinando diariamente, Lucas não fornece conteúdo adicional ao material que tinha adquirido de Marcos.

O elemento miraculoso ao retratar Jesus é reduzido ao mínimo necesário

O tempo em Jerusalém é primariamente um tempo de ensinamento, nem exorcismos nem milagres são relatados; a única cura acontece no momento da prisão de Jesus (22,51). Assim, Lucas basicamente adota o modelo marcano do poderoso Jesus divino na primeira parte do relato que é substituído pelo Jesus fraco humano no relato da paixão, mas este paradigma não está anulando sua consideração cristológica. Jesus ainda exerce seu poder divino, e, de forma geral, com autoridade soberana em tudo (cf. e.g., 22,39-53).

A reponsabilidade pela morte de Jesus é transferida, de modo que sacerdotes, escribas e anciãos são os principais culpados (Lc 20,1-2; 22,52.66: 23,4.10: 24,20)

Os fariseus, muitas vezes adversários de Jesus na Galileia e durante a *viagem narrativa*, desaparecem do relato da paixão em Jerusalém. Eles aparecem 27 vezes na narrativa anterior e reaparecem em At 5,34, mas sua última aparição no Evangelho de Lucas é em 19,39. Lucas faz isso intencionalmente, mudando os fariseus de Mc 12,13 pelo povo em geral. Pilatos e Roma são praticamente absolvidos. Em passagens adicionadas à fonte marcana, Pilatos três vezes declara Jesus inocente, assim como o centurião romano encarregado da crucifixão (23,4.14-15.22.47). Pode-se até ler 23,25 como significando que Pilatos entregou Jesus aos Judeus, como se Jesus fora realmente crucificado pelos Judeus, embora posteriormente Lucas indique que Jesus morreu pelas mãos dos Romanos (23,47.52). Durante o julgamento, torna-se claro que as multidões, representando o povo judeu como um todo, que anteriormente havia sido favorável a Jesus, agora muda de lado e também compartilha a culpa pela sua morte (23,13). Em Atos os pregadores cristãos colocarão a culpa pela morte de Jesus não apenas nos líderes judeus, mas considerarão o povo como um todo responsável (At 2,22-23.36; 3,11-13.17).

A morte de Jesus produz uma divisão entre o povo judeu

Embora o povo como um todo seja responsabilizado pela morte de Jesus, existe simultaneamente um resposta dupla para o evento real. Alguns continuam a rejeitar e zombar, enquanto outros lamentam e se arrependem (23,26-30.35.39-43.48). Isso é poderosamente representado na cena dos dois ladrões crucificados com Jesus (23,39-43), e prefigura a resposta dividida à pregação apostólica em Atos. Assim, a morte de Jesus, embora não apresentada na imagem sacrifical como tendo poder expiatório ou funcionando para reconciliar a humanidade com Deus, é, no entanto o evento crucial que afeta a forma como o povo responde a Deus.

A última ceia se torna o tempo de instrução final e reorientação dos apóstolos

Lucas expande o relato marcano da última ceia de modo que ela se torna um período prolongado de instrução, indo na direção do discurso de despedida joanino (ver abaixo Jo 13-17). O diabo, ausente desde o ministério de Jesus, volta a atormentar os discípulos (22,3.31). O tempo especial do ministério de Jesus agora acabou, e eles devem viver dentro das condições comprometedoras da história em curso (22,35-38). Lucas desloca a disputa dos discípulos acerca de quem seria o maior no reino vindouro para este cenário. Com grande ironia, ele apresenta Jesus como de fato tendo poder real (22,29; cf. 19,11-27.37-40), mas este poder é expressado em serviço e desonra, não em ser servido e recebendo honra (22,24-27). Os discípulos de fato vão compartilhar do poder real desse reino, e "sentarão em tronos, julgando as doze tribos de Israel", mas isso significa que eles compartilharão o governo de Jesus, expresso em termos de sofrimento e vergonha (22,29-30). Os discípulos desejam compartilhar a realeza de Jesus, mas ainda não aprenderam como funciona o domínio de Jesus no reino de Deus. Os discípulos não são retratados como abandonando Jesus, como em Marcos (Mc 14,50-52 omitido; Lc 22,28 adicionado; cf. 23,49), mas como ainda sendo faltos de entendimento, e assim será até que o Espírito Santo desça sobre eles em At 2. Embora sua negação de Jesus seja predita, Pedro é retratado como aquele que volta atrás e, como líder, fortalece os outros discípulos.

Lucas não apresenta uma interpretação explícita da morte de Jesus como sendo salvífica

Lucas praticamente não tem uma afirmação clara da morte expiatória de Jesus, nenhuma imagem da morte de Jesus como um sacrifício que traz perdão, nada comparado ao "Cristo morreu por nossos pecados" da tradição paulina (1 Co 15,3). No Evangelho de Lucas, o textualmente incerto 22,19b-20 é a única aparente indicação; e Atos, 20,28 é o único texto que pode ser interpretado assim. Lucas nunca retrata os primeiros pregadores cristãos em Atos como proclamando a morte redentiva de Jesus, e omite ou altera as referências à morte expiatória em suas fontes (Mc 10,45 se torna Lc 22,25-27). Assim, alguns críticos insistem que a teologia de Lucas não tem lugar para a morte salvífica de Jesus.

Entretanto, Lucas repetidamente afirma que a morte de Jesus está integrada no propósito de Deus desde o início. O repetido δεῖ (*dei*, é necessário) de Lucas nesta conexão representa sua insistência de que a morte de Jesus como cumprimento da Escritura quer dizer que ela não foi destituída de significado, que não pegou a Deus de surpresa ou causou uma mudança nos planos divinos. Lucas encaixa a morte de Jesus no padrão da rejeição dos profetas e a morte dos mártires. Este foi o destino de João, foi o destino de Jesus, e é a forma como seus seguidores profetas são tratados. Fundamental para isso tudo é que Lucas, como a comunidade protocristã em geral, começa com a morte de Jesus como uma dada realidade histórica que ele interpreta retrospectivamente, embora toda a narrativa seja mantida em prospecto. Assim, também para Lucas, a morte de Jesus não era meramente uma tragédia humana corrigida por Deus na ressurreição. Para Lucas, "Jesus deu sua vida por nós" significa que ele a deu ao viver de uma forma que o levou à morte. Isso é análogo a reinterpretação que Lucas faz de Mc 8,34 em Lc 9,23; assim "morrer por Jesus" se torna "viver por Jesus", assim "Cristo morreu por nós" se torna "Cristo viveu por nós" – toda a vida de Jesus, cada evento de Cristo foi por nós.

24,1-53

Em sua fonte marcana, as três mulheres vieram ao sepulcro na manhã de Páscoa, encontraram a tumba vazia, são encarregadas pelo jovem (anjo) a "ir e contar", mas elas permanecem em silêncio, e o Evangelho de Marcos termina abruptamente no meio da frase... Em Lucas, o grupo maior de mulheres que tinham sido suas testemunhas desde a Galileia também se tornam testemunhas da crucifixão e da tumba vazia. Lucas expande o relato marcano adicionando quatro cenas em 24,12-52 – sua própria narrativa da ressureição:

(1) As mulheres contam aos discípulos, mas eles não acreditam nelas.
(2) O Jesus ressuscitado encontra dois discípulos, que não fazem parte dos Doze, no caminho de Emaús, mas eles não o reconhecem até o "partir do pão na refeição a noite".

(3) Eles retornam a Jerusalém para contar aos onze, e são informados de que Jesus já havia aparecido a Pedro, em um acontecimento que não está na narrativa. Jesus aparece a todos eles e os comissiona a pregar o evangelho a todas as nações.

(4) Jesus os leva até Betânia, os abençoa e ascende ao céu.

Estes são os elementos distintivos no relato de Lucas acerca da ressurreição:

- O local se limita a Jerusalém ou seus arredores (caminho a Emaús, Betânia). Os apóstolos são orientados a permanecerem em Jerusalém (At 1,4), e eles permanecem ali. Eles não aparecem entre os galileus e não há espaço para eles.
- A corporeidade da ressureição é enfatizada. O Jesus ressuscitado não é um fantasma, mas tem carne e ossos. Ele convida os discípulos a tocarem-no, e come um pedaço de peixe para convencê-los da realidade da ressureição.
- A exaltação de Jesus da existência humana ao senhorio à mão direita de Deus é retratada como um evento em duas fases. Ressurreição e ascensão são eventos discretos. Em Lc 24, ambos os eventos ocorrem no primeiro domingo de Páscoa; em At 1, existe um intervalo de quarenta dias. O ano tradicional eclesiástico tem seguido o calendário expandido de Atos, separando Páscoa e Ascensão. Que Lucas tem as duas formas mostra que ele não está tentando estabelecer uma cronologia objetivamente real. Por um lado, ele deseja completar a história de Jesus no Evangelho como o volume 1 de sua obra em dois volumes, o qual se encaixará em um rolo de papiro, de modo que possa ser lido como uma obra um tanto completa em si mesma. Por outro lado, ele deseja repetir parte da história no início do volume 2, ligando a história da igreja à história contínua de Jesus. O tempo da igreja é distinto do tempo de Jesus, mas existe sobreposição, conexão vital, tanto com continuidade como com descontinuidade.
- A teologia de Lucas acerca da ressurreição vem através da narrativa, enquanto ilustra que a tumba vazia, visões de anjos, e mesmo tocar o Cristo ressuscitado não é adequado para estabelecer a fé autêntica. A ressurreição de Jesus é divulgada como mais que um evento isolado. Juntamente com a vida e morte de Jesus, a ressurreição é integrada ao plano de Deus para a história universal, que é revelada na Escritura interpretada cristologicamente e tornada real na vida comum da igreja no partir do pão e em seu engajamento na missão.

Transição (At 1,1-26)

1,1-5

O prefácio apresenta a narrativa a seguir como a continuação do Evangelho de Lucas. A primeira frase de Atos vincula a obra do Espírito Santo à obra de Jesus (1,1); Deus é aquele que trabalha em ambos, Jesus e o Espírito.

1,6-11

A escatologia é revisada. A ascensão é narrada pela segunda vez (cf. em Lc 24), em Atos é descrita como ocorrendo quarenta dias após a ressurreição. Durante esse período de instrução a respeito do reino de Deus, aos apóstolos é dado agora o discernimento comunicado aos leitores de Atos. No entanto, mesmo após o seminário intensivo de aproximadamente seis semanas, os discípulos ainda não estão esclarecidos acerca do *tempo* do *eschaton*. Entretanto, sua percepção da *natureza* do cumprimento escatológico é valiosa. "Restaurar o reino a Israel" para Lucas é uma imagem valiosa da consumação final, quando as promessas feitas a Davi se cumprirão e as doze tribos do povo de Deus serão restauradas completamente (cf. Lc 1,32; 22,29-30; At 13,34; 15,16). O "tempo da restauração universal que Deus anunciou há muito tempo através de seus santos profetas" é uma expressão da esperança cristã (At 3,21). Mas a consumação final não será em breve. Os seguidores de Jesus não devem ficar olhando continuamente para cima esperando seu retorno. O olhar dos seguidores de Jesus é deslocado noventa graus, e reorientado em direção "aos confins da terra", onde eles têm um trabalho a fazer.

1,12-26

O grupo de doze Apóstolos é restaurado ao seu número completo após a deserção e morte de Judas. Jesus mesmo foi quem chamou os doze originais. Contudo, a vaga não foi preenchida pelo Jesus ressuscitado durante os quarenta dias. Esta tarefa foi confiada aos apóstolos, que agora agem sob a direção divina. Mais tarde, quando Tiago é morto, ele não é substituído (12,2). Lucas assim não considera os doze como uma instituição contínua, mas considera essencial que a igreja comece sobre o fundamento dos doze, refletindo as opiniões de outros mestres cristãos da virada do segundo século (cf. Ef 2,20; Ap 21,14).

O novo nomeado, Matias, nunca mais é mencionado em Atos; dos doze originais, apenas Pedro continua a desempenhar um papel. Para Lucas, é o simbólico número dos doze apóstolos que é importante para validar a autenticidade do novo começo, não os feitos individuais de cada apóstolo.

Terceira Parte: O tempo da Igreja
(= A continuação dos Atos de Deus em Jesus)
(At 1,1-28,31)

Para uma discussão da história do período coberto por Atos (ca. 30-62 d.C.), ver a seção §9.2 Vol. I. Aqui, consideraremos os aspectos literários e teológicos da narrativa de Lucas direcionada a seus leitores no início do segundo século, o mundo da história do texto e seu significado, em vez de a história por trás do texto.

Cristianismo petrino: A missão judaica de Jerusalém a Antioquia (At 2,1-12,25)

O Cristianismo começa em Jerusalém (At 2,1-8,1)

2,1-47

Aqui está o relato do Pentecostes e o início da igreja. O principal ponto de Lucas: a igreja começa como o ato de Deus. Os discípulos não são retratados como seguidores de Jesus que resolutamente decidiram começar a colocar os ensinamentos de seu mestre em prática. Eles são orientados a esperar, e eles esperam. Então "o Senhor"[25] age enviando o Espírito, multidões respondem à pregação dos Apóstolos, e a igreja nasce. Outros aspectos essenciais da apresentação de Lucas:

---

[25] "O Senhor" (κύριος, *kyrios*) aparece dez vezes nos parágrafos de abertura de Atos (1,6.21.24; 2,20.21.25.34.36.39.47), de tal forma que a figura do Senhor Jesus modula inseparavelmente daquela do Senhor Deus de Israel. Questionar a intenção de cada um em cada caso é colocar a questão ao contrário do próprio uso de Lucas (esse ponto do uso lucano é documentado e elaborado por CHRISTOPHER KAVIN ROWE, *Early Narrative Christology: The Lord in the Gospel of Luke* (BZNW 139; Berlin: Walter de Gruyter, 2006), passim.

A universalidade da igreja é prolepticamente retratada

Lucas sabe, é claro, que a igreja primitiva foi um movimento dentro do judaísmo. No entanto, ele deseja retratar seu início de uma forma tal que sua natureza universal, inclusiva já está evidente. Ele faz isso com dois movimentos dramáticos: (1) embora os ouvintes do primeiro sermão cristão sejam todos judeus residentes em Jerusalém, eles já representam "todas as nações debaixo do céu" (2,5), e a promessa inicial é feita para "todos os que ainda estão longe, isto é, para quantos o Senhor, nosso Deus, chamar (2,39). (2) Apenas aqui no Novo Testamento o fenômeno da glossolalia é interpretado como a capacidade dada por Deus de falar poderosamente e inteligivelmente em outras línguas que o orador não aprendeu.[26]

O início da igreja é retratado como o reverso de Babel (Gn 11,1-9). O juízo divino sobre a arrogância humana que resultou na incompreensão entre as nações do mundo começa a ser sanado. O povo de Deus é restaurado como uma comunidade na qual o mútuo entendimento dado pelo Espírito é criada, uma comunidade na qual as barreiras linguísticas e nacionais são superadas. Esse ideal está presente na imagem dos primórdios da igreja; a narrativa de Atos mostrará que a igreja deve se esforçar para alcançar sua verdadeira identidade como comunidade universal.

Na proclamação cristã, Jesus o proclamador se torna o proclamado

A mensagem de Pedro, o primeiro sermão cristão, não é uma repetição do ensino de Jesus. O conteúdo da proclamação da igreja não é a "vida e ensinamentos de Jesus", que raramente são mencionados, e representados como ações de Deus (2,22). A essência da mensagem cristã é que as Escrituras se cumpriram, que Deus atuou no evento-Cristo ressuscitando o Jesus rejeitado dentre os mortos. Em Atos, é o kerygma epistolar, não o evangelho da vida de Jesus que forma o núcleo da pregação missionária da igreja. Isso não significa, é claro, que Lucas rejeita o modo evangelho de narrar a vida de Jesus como ensinamento cristão essencial – ele deixa claro que os apóstolos autênticos devem ser testemunhas de todo o ministério de Jesus desde o batismo em

[26] Cf. 1 Co 12-14 e em outros lugares em Atos (10,46; 19,6), onde a glossolalia não é uma questão de linguagens humanas, mas experiências espirituais expressadas em fala ininteligível.

diante, não apenas da cruz e ressurreição (At 1,21-22; cf. 10,39-41). E ele tem proporcionado aos leitores o extenso e insubstituível Evangelho de Lucas! Mas são os leitores, não os ouvintes de Pedro na narrativa de Atos em Jerusalém, que têm essa história.

Questões frequentes, respostas diferentes

Em cada um dos dois períodos precedentes da história da salvação, alguns dentre aqueles que foram abordados pelo mensageiro designado por Deus responderam com a mesma pergunta: "Que devemos fazer?" João Batista, o último profeta do tempo de Israel respondeu à ordem divina para se viver a vida com justiça e compaixão com uma síntese semelhante à de Amós, atendendo as necessidades dos outros (Lc 3,10-14). Durante o tempo de Jesus, o centro que define a história da salvação, Jesus respondeu à pergunta "o que devo fazer?" duas vezes, uma com um resumo da lei divina, amar a Deus e ao próximo, ilustrada na parábola do bom samaritano (10,25-37), e outra vez com um resumo do resumo, "segue-me" (18,18-22).

O entendimento de Lucas da periodização da história da salvação não significa que em seu próprio tempo, o tempo da igreja, estas respostas antigas "não estão mais em vigor", "nulas e sem efeito", como se a administração divina do mundo fosse uma sucessão de diferentes constituições. A exigência de João Batista expressando o chamado para justiça ainda esta "em vigor", e o ensinamento e exemplo de Jesus como revelação de Deus do que Ele requer não foram substituídos. Lucas tem o cuidado de que seus leitores tenham, e continuem tendo, tanto a revelação profética nas Escrituras Judaicas quanto a revelação definitiva da maneira de viver nas palavras e exemplo de Jesus.

No entanto, Pedro no primeiro sermão cristão não repete nem os profetas judeus nem os ensinamentos de Jesus ao responder a pergunta "o que devemos fazer?" Agora que o evento salvífico definitivo já aconteceu na vida, morte e ressureição de Jesus, todas as pessoas em todos os lugares são chamados a responder a esta revelação crendo em Jesus como Senhor e Cristo (2,36), reorientando sua forma de pensar e vivendo à luz desse ato decisivo de Deus (= "arrependimento"), ao ser batizado no povo renovado de Deus onde o perdão de Deus e o poder do Espírito de Deus estão operantes.

A vida da nova comunidade

Uma grande igreja passou a existir, quase que instantaneamente – 3000 no primeiro dia (2,41), em 4,4 havia 5000, em 21,20 havia dezenas de milhares. A precisão histórica desses dados não está em questão aqui (ver acima §23.3.4). Lucas conta a história do renovado povo de Deus nos termos das narrativas em Êxodo e Números, nas quais Deus chamou à existência uma nação inteira com números imensos, e miraculosamente os sustentou em suas peregrinações no deserto. Lucas nunca chama a igreja de o "novo Israel", mas conta a história dos primórdios do cristianismo como a continuação da história de Israel, nos termos dos moldes bíblicos.

Essa comunidade vive do chamado divino à justiça e compaixão, e dos ensinamentos e exemplo de Jesus, ao mesmo tempo realizando o ideal helenístico de amizade: amigos verdadeiros têm todas as coisas em comum. O retrato que Lucas pinta mostra que os feitos notáveis de compartilhamento por parte da igreja primitiva demonstra que eles levaram a sério o ensinamento de Jesus acerca das riquezas, o que o leitor sabe a partir do Evangelho de Lucas. No entanto, eles não os seguem literalmente. O ano especial do reino de Deus na terra terminou, o Rei foi exaltado ao seu trono celestial, e seus discípulos na terra devem decidir como administrar sua vida e missão nas realidades presentes do mundo real. Para Lucas, a igreja primitiva provê um exemplo que seus leitores devem, por sua vez, tomar seriamente e adaptar aos seus próprios tempos, sem necessariamente repeti-lo (embora possam ou não ignorá-lo).

3,1-8,1 Conflitos e problemas

Pedro continua a pregar, e a manifestar o poder curador que tinha estado presente em Jesus (3,1-26), e milhares respondem (4,4). Todavia a cena idílica do capítulo 2 agora já passou, e a nova igreja enfrenta tanto oposição externa como tensões internas. Tal como no caso com Jesus, a oposição vem dos líderes judeus (não do povo como um todo), principalmente os saduceus. Lucas faz da proclamação da ressureição a questão inicial da disputa e o motivo para a prisão dos discípulos (4,2-3). Os saduceus negam a tardia e apocalíptica doutrina da ressurreição, que é afirmada pelos fariseus (ver Vol. I §§7.5-7). Os cristãos são retratados como judeus que creem na ressurreição, como os fariseus, e são defendidos pelo reverenciado Gamaliel, mestre fariseu (5,33-39).

Isso, é claro, é um retrato um tanto simplista e inadequado dos temas que dividiam judeus e cristãos, e Lucas, posteriormente, reconhece que cristologia, criticismo do templo, rejeição da Torá, e o sucesso numérico dos cristãos estavam entre os aspectos intoleráveis do novo movimento (4,18; 5,17.40; 6,13). No entanto, Lucas está interessado em mostrar que os discípulos de Jesus não são uma nova religião fora dos padrões com a qual os romanos deveriam estar preocupados politicamente, mas são um movimento dentro do judaísmo, mantendo visões diferentes de outros judeus, partidários com os fariseus – dominantes no próprio tempo de Lucas – sobre o importante tema da ressureição (23,6.8; 24,15.21). O ponto de vista que Lucas pretende inculcar entre a liderança romana é expresso em 25,19.

Os apóstolos, representados por Pedro e João, corajosamente resistem a seus opressores, e a igreja continua florescendo. No entanto, assim como Israel em seus dias de formação não só foi atormentado por inimigos externos, mas por problemas internos, isso também ocorre com a nova igreja. Usando seus modelos bíblicos, Lucas mostra que, com certeza, a igreja primitiva tinha dificuldades internas, mas, como o Israel do passado, lidou com eles construtivamente sob a orientação de sua liderança dotada do Espírito. Assim como a ganância e o engano tinham emergido entre o santo povo de Deus no tempo de Josué, com os infratores sendo divinamente punidos para que o povo como um todo não se contaminasse e fosse derrotado (Js 7), assim Ananias e Safira procuraram manter para si próprios o dinheiro que afirmaram ter sido dado para a obra de Deus, e rapidamente se tornaram sujeitos à ira divina (At 5,1-11). Esse relato, é claro, está cheio de dificuldades históricas e éticas quando tomado como uma história literal (aprisionamento, operação investigativa, divinamente sancionada, falta de perdão ou compaixão). Para Lucas, escrevendo na linguagem confessional da fé, o ponto é que a igreja é a continuação do povo santo de Deus onde honestidade diante de Deus e para com os outros crentes deve prevalecer em prol da missão da igreja.

Problemas emergem entre "helenistas" e "hebreus" dentro da igreja. A questão é acerca de como a vida da ampla e complexa comunidade cristã em Jerusalém deve ser administrada. Outra vez, isso não é novidade para o povo de Deus. Assim como Moisés tinha lidado com uma situação tal na vida do Israel bíblico, assim os apóstolos fizeram arranjos administrativos para que continuasse o trabalho de benevolência realizado pela igreja, e sem uma ruptura grave surgindo no unido povo de Deus. Aqui Lucas aparentemente encobre sérias dificuldades históricas, mas outra vez seu ponto é claro: a igreja primitiva, para a qual ele deseja que sua própria comunidade olhe como um modelo instrutivo, enfrentou e resolveu as dificuldades que emergiam sob a orientação de seus líderes guiados pelo Espírito. Deve ser notado em tudo isso que Lucas não vê nem a Escritura, nem no período de Israel, nem Jesus durante seu ministério como tendo dado instruções antecipadas que necessitassem apenas ser pesquisadas e seguidas. À medida que a igreja enfrenta novas situações, pelo poder do Espírito, ela não apenas está autorizada como é competente a tomar novas decisões acerca de sua vida corrente. O terceiro período da história da salvação, o tempo da igreja, é também – como o tempo de Israel e o tempo de Jesus – um tempo no qual Deus continua a estar ativo.

O primeiro mártir cristão (Estêvão, 7,1-60) não foi um dos apóstolos, nem um "hebreu", mas um "helenista". A razão dada para sua prisão foi que ele falara contra Moisés, a lei, e o santo templo de Deus – e não que ele tivesse proclamado a ressurreição. Lucas coloca em sua boca o mais longo discurso em Atos, repetindo a história de Israel como a história dos rejeitados profetas de Deus.

Jesus é retratado como um *Profeta semelhante a Moisés.* Lucas é impressionado pela promessa bíblica de que o libertador final será o profeta escatológico, o profeta semelhante a Moisés (Dt 18,15-18; At 3,22; 7,37). Moisés foi enviado duas vezes a Israel. A primeira vez, ele não foi reconhecido como o salvador enviado por Deus, e foi rejeitado por seu próprio povo (Êx 2,11-15; At 7,23-29). Deus relevou esta ignorância, e enviou Moisés uma segunda vez, dotado com o poder do próprio Deus, e com sinais e maravilhas tirou o povo da escravidão (Êx 3-15). Da mesma forma, o Jesus que não foi reconhecido como o libertador de Deus na sua primeira vinda e foi rejeitado – não apenas pelos gentios, mas por seu próprio povo – retorna em poder. Esse retorno de Jesus acontece em dois estágios, representado pelos dois conjuntos de imagens.

Em um sentido, Jesus "retorna" no Pentecostes, quando o Espírito vem sobre os discípulos e Jesus está entre seus discípulos enquanto eles continuam sua obra. Assim o Volume 2, o relato da missão dos discípulos de Jesus guiados e inflamados pelo poder do "Espírito de Jesus",

(At 16,7) é a continuação do que Jesus começou a fazer e ensinar no Volume 1 (At 1,1). Jesus fala na pregação dos apóstolos, e aqueles que recebem a mensagem dos apóstolos recebem Jesus (Lc 10,16). Assim, perseguir a igreja é perseguir a Jesus (At 9,4). Durante esse período, para aqueles que não reconheceram Jesus durante sua vida terrena, é dada agora uma segunda chance para responder ao ato de Deus em Cristo, agora feito presente no Espírito Santo (cf. Lc 12,10; At 7,30-51; 17,30.31). Isso representa o próprio tempo de Lucas, o tempo da igreja entre o Pentecostes e a parousia. Durante esse tempo, alguns daqueles que anteriormente rejeitaram Jesus, agora o aceitam. No entanto, isso não é a palavra final. Jesus aparecerá ao final da história como Senhor de tudo, para tratar com aqueles que o rejeitaram.

A morte de Estêvão introduz Saulo, no lado dos perseguidores, e desencadeia uma perseguição na qual a igreja de Jerusalém é dispersa para Judeia e Samaria, contribuindo assim para a expansão preordenada da igreja (cf. 1,8).

"Exceto para os apóstolos" (8,1). Essa exceção citada brevemente para a dispersão da igreja marca um ponto lucano: o crescimento e o desenvolvimento da igreja primitiva não ocorreram ao acaso e sem supervisão. Na visão de Lucas, os Doze originais, autorizados pelo Senhor ressuscitado para a tarefa de supervisionar a formação da igreja, permaneceram na cidade da igreja mãe como uma autoridade central, para a qual apelos poderiam ser feitos sobre pontos disputados enquanto a igreja se expandia geograficamente e cruzava novas fronteiras teológicas (cf. 8,14-25; 9,26-28; 11,1-18; especialmente 15,1-33).

Esse retrato também suscita questões históricas quanto ao fato de se a igreja primitiva era tão unida quanto Lucas a representa. São os "helenistas" liberais, que relaxam a lei e são críticos do templo que são perseguidos, enquanto os apóstolos "hebreus" permanecem em Jerusalém sem serem molestados. Estêvão e os sete, embora escolhidos para lidar com tarefas administrativas enquanto os apóstolos pregam e oram, nunca são apresentados fazendo o trabalho para o qual foram escolhidos, mas aparecem como pregadores e evangelistas. Sob a superfície da narrativa de Lucas, o leitor pode detectar duas correntes de cristianismo, "helenista" e "hebraica", que emergiram na história da igreja primitiva, e somente depois foram amalgamadas no que seria a emergente igreja protocatólica do próprio tempo de Lucas.

A igreja se expande para Samaria e além (At 8,2-40)

A perseguição não faz com que a igreja mude para um modo de sobrevivência e se volte para si mesma, mas resulta na expansão da missão com a qual ela tinha sido encarregada (cf. 1,8). Os samaritanos eram um tipo de judaísmo não reconhecido pelas principais correntes dos judeus da Judeia centradas no templo de Jerusalém. A missão samaritana era assim uma espécie de meio-termo entre judeus e gentios. Seu líder era Filipe, um dos sete escolhidos para administrar o programa de bem estar da igreja de Jerusalém, mas – como Estêvão – atuando como evangelista e missionário. Muitos samaritanos acreditaram na mensagem cristã e foram batizados. Os apóstolos de Jerusalém ouviram do êxito missionário e enviaram Pedro e João para investigar. Eles aprovam, oram por eles, e conferem o Espírito Santo através da imposição de suas mãos. Os novos cristãos samaritanos são incorporados à igreja apostólica em expansão com a aprovação da igreja de Jerusalém.

Com a conversão do oficial do governo etíope, um eunuco, a expansão do evangelho dá mais um gigantesco passo em frente – outra vez através do ministério do evangelista cristão helenista, Filipe. No paganismo, os eunucos eram valorizados como oficiais de palácios, mas proibidos de participar diretamente na adoração israelita, e não podiam se tornar prosélitos (Dt 23,1; Josefo *Ant* 4.290-291). O etíope tinha estado em Jerusalém para adorar, embora ele não pudesse entrar no pátio do templo, restrito aos judeus. Ele estava lendo as Escrituras judaicas, mas não podia entender seu conteúdo central. De acordo com o livro de Isaías, os eunucos seriam admitidos no renovado povo de Deus no eschaton (Is 56,3-5). A conversão do eunuco etíope mostra que Deus já está conduzindo a igreja a incluir tais gentios na igreja. Isso acontece paralelo ao fluxo principal da história, numa estrada deserta, sem o conhecimento e a aprovação das autoridades da igreja de Jerusalém. Lucas, que está muito interessado que a igreja se expanda de forma ordenada, sob a direção e aprovação apostólica, também deseja que seus leitores saibam que o Espírito Santo nem sempre trabalha através dos canais convencionais ou aguarda aprovação oficial. Essa aprovação será dada – não sem esforço e exame de consciência –, porém não antecipadamente. Embora o Espírito Santo não espere pela aprovação de Jerusalém, a missão dirigida pelo Espírito não avança sem ele, como será dramaticamente percebido nos eventos dos capítulos 10-11. Mas primeiro, o herói da segunda metade da história deve ser introduzido.

Conversão de Paulo (At 9,1-31)

A importância deste evento para Lucas é aparente pelo fato de recontá-lo três vezes: uma vez pelo narrador no capítulo 9, duas vezes nos discursos de Paulo (caps. 22, 26). Os três relatos não refletem fontes diferentes. Em cada caso, as variações são adaptadas aos propósitos teológicos e literários do autor no contexto.[27] O zeloso e sincero perseguidor é transformado por seu encontro com o Cristo ressuscitado. Paulo mesmo não é o herói da história. Ele é quase que inteiramente passivo. Deus, o diretor e força motriz por trás da missão cristã, escolhe Paulo para ser um missionário a todos as pessoas, incluindo gentios. O relato começa e termina em Jerusalém. Como a perseguição tinha procedido de líderes autorizados em Jerusalém, assim a missão aos gentios. O primeiro gentio já tinha sido convertido, da exótica terra da Etiópia representando os "confins da terra". Aquele que será o primeiro missionário a todos os povos, judeus e gentios, tinha agora sido convertido. Mas, na visão de Lucas, antes que a missão universal liderada por Paulo seja narrada (At 13-14), os apóstolos de Jerusalém devem ser trazidos de volta para a história.

Cenas-chave: Pedro e a conversão de Cornélio, e a formação da igreja de Antioquia (At 9,32-12,25)

10,1-11,18 Conversão: de Cornélio ou de Pedro?

Esta seção é tradicionalmente intitulada a "conversão de Cornélio", como parte de uma série de outros relatos de conversão em Atos. Mais recentemente, alguns estudiosos a designaram como o relato da "conversão de Pedro". Existe alguma verdade aqui, pois é de fato Pedro que passa por uma transformação fundamental. Todavia, o relato não deveria ser visto como meramente uma ilustração da moderna ideologia da tolerância, a história de uma pessoa preconceituosa que aprende a ser mais aberto e receptivo. Da perspectiva de Lucas, o tema fundamental não é preconceito racial ou dogmatismo

[27] Para uma discussão completa, vide GAVENTA, *Darkness to Light*. 52-95. Sobre a recente história que está por trás da história de Lucas, vide Vol. I §10.1.3.

religioso, mas a vontade de Deus como estabelecida na Escritura. Como poderia o renovado povo de Deus estender a missão de Jesus de incluir os gentios, quando Deus tinha claramente estabelecido regras de pureza ritual para marcar o seu povo santo como parte de sua missão e testemunho ao mundo?

Deve ser relembrado que em Lucas-Atos, Jesus não aboliu as leis alimentares (Mc 7 é omitido do evangelho), e Jesus e os discípulos viveram de acordo com a Torá. Pedro, que tinha andado ao lado de Jesus e sido instruído pelo Cristo ressuscitado, sempre tinha observado as leis judaicas de pureza. Quando Pedro questiona a mensagem da visão afirmando que nada impuro havia entrado em sua boca alguma vez (At 10,14), ele está fazendo o que os outros apóstolos e Jesus mesmo sempre haviam feito. Fazer o contrário agora não é meramente abandonar os preconceitos humanos, mas começar a viver de uma maneira radicalmente diferente daquela ordenada na Bíblia, honrada pelos mártires, e praticada por Jesus e a igreja primitiva. Mais coisas então em jogo aqui do que simplesmente se tornar menos preconceituoso e mais tolerante.

Como em outros lugares ao longo do programa da história da salvação manifesto em Atos, é Deus quem está dirigindo a ação por trás dos bastidores. Assim como Deus tinha dado as leis de pureza para diferenciar o povo de Deus do mundo idólatra como parte da divina missão ao mundo, assim Deus remove agora as leis de pureza enquanto uma barreira à continuidade da missão divina ao mundo. O centro da questão para Lucas é que não foi um autônomo individualista que começou a missão aos gentios na estrada deserta (8,26-40), nem missionários helenistas trabalhando independentemente (11,19-21), mas que este passo importante foi dado pela legítima igreja apostólica, sob a liderança de Pedro.

A revelação da vontade de Deus não vem como um raio do céu. Tanto Pedro como Cornélio recebem revelações divinas – sussurros incompletos que devem ser ponderados, seguidos, compartilhados com e avaliados por outros, tanto com aqueles que tiveram revelações quanto com aqueles que não. Não é um retrato de Pedro o missionário trazendo luz para aqueles que esperam na escuridão. Cornélio, o gentio não cristão, também tem uma visão; o Espírito de Deus já está trabalhando em Cesareia antes de Pedro chegar com a mensagem cristã. Cornélio tinha recebido de Deus clareza acerca do porque os missionários deveriam vir antes de as coisas se tornarem claras para Pedro. Na *missio Dei* – a missão de Deus – todos os envolvidos são sujeitos e objetos da missão. O que é alcançado pela missão tem algo a compartilhar com os missionários (ver sobre At 27 abaixo). Lucas acredita que Deus está dirigindo a missão, mas não sem o discernimento, luta, resposta e ambiguidade humanos.

Cristianismo antioqueno, Pedro sai de cena (At 11,27-12,25)

No processo de narrar o relato precedente, Lucas mais uma vez integrou diversas teologias e práticas sob a proteção da emergente corrente principal do cristianismo. Assim como o batismo dos samaritanos significa que eles devem, em seguida, receber o Espírito Santo e ser incorporados à única igreja sob a liderança de Jerusalém, assim o recebimento do Espírito Santo pelo gentio Cornélio e sua casa e amigos em Cesareia significa que eles devem ser batizados. O significado dos eventos de Samaria e Cesareia é, assim, totalmente explicitado no retrato que Lucas faz da igreja em Antioquia, a primeira igreja integrada de judeus e gentios, agora pela primeira vez chamados de *cristãos*.

A igreja de Jerusalém envia Barnabé para investigar os novos desenvolvimentos em Antioquia. Ele aprova, transmite a aprovação de Jerusalém, trás Paulo desde Tarso, o reintroduz na história, e eles trabalham juntos na nova igreja. Quando a igreja de Antioquia envia ajuda financeira à igreja de Jerusalém, a narrativa move o foco de volta para Jerusalém. O apóstolo Tiago é morto, mas não substituído; o papel dos apóstolos fundadores está completo. Assim também, o papel de liderança de Pedro agora chega ao fim. Após sua libertação milagrosa da prisão, ele se reporta aos discípulos reunidos, aponta Tiago irmão de Jesus como o líder da igreja, e sai silenciosamente. Ele aparecerá apenas uma vez mais em Atos, no Concílio de Jerusalém. O futuro da igreja pertence à missão entre os gentios. Paulo será o personagem principal.

Cristianismo paulino: A missão aos gentios desde Antioquia até Roma (At 13,1-28,31)

O restante de Atos é a história da missão aos gentios, tradicionalmente estruturada como as três "viagens missionárias" de Paulo e sua viagem final a Roma como um prisioneiro. A própria perspectiva de Lucas é mais bem retratada como segue: assim como a primeira metade de Atos mostrou o crescimento do cristianismo em números e extensão sob a liderança de Pedro, até que este crescimento foi incorporado na igreja de Antioquia, assim a segunda metade mostra a expansão do cristianismo desde Antioquia até Roma sob a liderança de Paulo (para um resumo dos comentários sobre a história envolvida, ver Vol. I §10.1.9).

At 13-14	A missão aos gentios começou a partir de *Antioquia* (tradicional "1ª viagem missionária").
At 15	A missão aos gentios é confirmada em *Jerusalém* ("Concílio de Jerusalém").
At 16-28	A missão aos gentios alcança seu clímax em *Roma,* incorporando a "Narrativa da Paixão de Paulo" (As tradicionais "2ª e 3ª viagens missionárias", "Viagem à Roma").

Missão aos gentios promovida desde Antioquia (At 13,1-14,28)

Barnabé, Saulo e João Marcos navegam para Chipre, atravessam toda a ilha, pregando nas sinagogas. Eles convertem o governador romano, encontram e derrotam um mago judeu, mas não há relato de que fundaram novas igrejas. Eles navegam para o continente da Ásia Menor. João Marcos retorna para Antioquia. Barnabé e Paulo (desde 13,9 seu nome judeu Saulo não é mais usado) prosseguem para o interior. Em meio a muitos problemas eles estabelecem igrejas na Pisídia, Antioquia, Icônio, Listra e Derbe, então eles também retornam para a base em Antioquia. A primeira imagem abrangente de Lucas sobre a missão paulina aos gentios foca as seguintes características:

- *Deus o iniciador.* As cenas de abertura e encerramento desta "primeira viagem missionária" descrevem o começo da missão aos gentios como obra de Deus, que está ativo todo o tempo. A missão está sob o patrocínio da igreja de Antioquia, mas as cenas de 13,1-4 e 14,27 formam um painel mostrando que é o Espírito em ação que envia os missionários.
- *Aos judeus primeiro.* Desde sua própria perspectiva, Lucas poderia olhar para trás ao longo de duas ou três gerações da história protocristã e ver que a missão cristã começou em um contexto judeu, onde relativamente poucos responderam, e então foi estendida aos gentios, que foram mais receptivos. No tempo de Lucas a igreja tinha se tornado predominantemente gentia. Nem Paulo nem Lucas desejavam que seus respectivos leitores se esquecessem da prioridade do povo judeu no propósito de Deus

(Rm 1,16, caps. 9-11). Lucas encapsula esse padrão da história de toda a igreja de seu tempo nos relatos particulares da fundação de igrejas em Atos. Os missionários consistentemente começaram sua missão na sinagoga (cf. 17,2, o "costume" de Paulo), recebendo inicialmente uma resposta positiva, porém depois rejeição e perseguição, voltando-se, então, para os gentios (13,5.42-48; 14,1-7; cf. 18,5-6).

- *Amostras de pregação missionária.* Lucas frequentemente apresenta Paulo pregando e ensinando, mas apenas três vezes ele dá uma amostra maior de seus sermões: uma vez aos judeus (13,16b-47), uma vez aos gentios (17,16-31), e uma vez aos líderes cristãos (20,17-35). Cada um desses sermões é cuidadosamente composto para ser apropriado para o público imaginado no mundo da narrativa, mas realmente é dirigido aos leitores de Atos, é claro.
- *Comunidade, ordem e "hierarquia".* Em alguns relatos de conversão (e.g., o eunuco etíope, 8,26-40; Sérgio Paulo, governador de Chipre, 13,7.12) poderia ter-se a impressão de que a conversão foi apenas uma questão individual.

[FOTO 41 – Uma inscrição documenta Sérgio Paulo como governador de Chipre. Crédito da Foto M. Eugene Boring]

Esta seria uma impressão equivocada da intenção de Lucas. Ele frequentemente mostra os missionários não apenas convertendo indivíduos, mas estabelecendo igrejas. Tornar-se um seguidor de Jesus é ser acrescentado por Deus à igreja (2,41-42.44; 4,32; 9,1-20; 10,34-48; 11,19-26).

Assim, Lucas conclui a imagem do modelo inicial do empreendimento missionário paulino com os missionários retornando através das cidades onde tinham estabelecido igrejas, e nomeando presbíteros (anciãos) como líderes em cada igreja (14,21-23). Assim como aqueles que "se voltaram ao Senhor" não são simplesmente crentes individuais, mas são incorporados nas igrejas, do mesmo modo as igrejas não são, no entendimento de Lucas, congregações independentes, mas estão relacionadas à igreja única. Não existe ainda uma hierarquia sólida, mas as linhas conexionais são claras: a igreja de Antioquia foi aprovada e autorizada pela igreja mãe em Jerusalém (11,19-26). Por sua vez, a missão de Barnabé e Saulo não foi conduzida sob a autoridade deles mesmos, mas comissionada pela igreja de Antioquia. As novas igrejas missionárias têm líderes nomeados pelos representantes da igreja de Antioquia. A "cadeia de comando" está solta, não tão firme como nas Pastorais escritas quase ao mesmo tempo (ver Vol. I §16.1.5), mas a linha de Jerusalém através de Antioquia e Paulo para as igrejas missionárias administradas pelos presbíteros que ele nomeou é clara, e será ilustrada nas próximas cenas. Esta é a visão de Lucas da estrutura ideal da igreja.

A missão aos gentios confirmada em Jerusalém (At 15,1-35)

O êxito da missão paulina aos gentios na Ásia Menor gerou problemas. Alguns indivíduos da igreja de Jerusalém vêm para Antioquia, objetando que a nova obra missionária está rejeitando a lei de Deus, que deve ser observada por todos aqueles que se tornam membros do povo de Deus, a comunidade dos salvos (15,1; cf. 15,5). Lucas se esforça para mostrar que estes indivíduos não são autorizados pela igreja mãe em Jerusalém (15,24), no entanto o problema era real. Dividir-se-á a igreja em uma igreja judia e outra gentia? Como podem judeus cristãos e cristãos gentios viverem juntos em uma comunidade cristã? A igreja de Antioquia não via a si mesma como tendo a autoridade para proceder por sua própria conta, e delegados autorizados são enviados a Jerusalém para discutir o assunto. Apóstolos e líderes ponderam sobre a questão (15,6). Pedro, em sua última aparição em Atos, declara que Deus já tinha decidido o assunto ao escolhê-lo como o agente através de quem os gentios seriam trazidos para a igreja, que a circuncisão e guardar a Torá não eram necessários para cristãos gentios, "mas cremos que fomos salvos pela graça do Senhor

Jesus, como também aqueles que o foram." A mensagem paulina de salvação pela graça é aqui colocada na boca de Pedro; "Paulo mesmo não a teria dito melhor."[28] Com estas palavras, Pedro desaparece da narrativa de Atos, ilustrando intencionalmente a visão de Lucas de que não há conflito fundamental entre as versões paulina e petrina da fé cristã. Pedro, entretanto, não ocupa uma função decisiva em Jerusalém. Tiago (irmão de Jesus, não o apóstolo, que foi morto em 12,2) está presidindo. Ele anuncia sua decisão – um acordo, mas um que claramente é favorável à missão paulina aos gentios. Os cristãos gentios não necessitam ser circuncidados e guardar a lei a fim de serem salvos ou ser parte da igreja. Eles devem, entretanto, observar os tipos de regras mínimas requeridas aos gentios que peregrinam entre os israelitas (cf. Lv 17,10-14; 18,6-18.26). Todos concordam que esta é uma solução esplêndida, e ela é transmitida à igreja em Antioquia como a decisão dos "apóstolos e anciãos, com o consentimento de toda a igreja" em Jerusalém (15,22). A missão aos gentios, como conduzida por Paulo, tem a aprovação dos apóstolos em Jerusalém, com os regulamentos relativamente menores que facilitarão a comunhão entre cristãos judeus e gentios.[29]

Os líderes da igreja em Atos, guiados pelo Espírito, tomam decisões pragmáticas para novas situações (cf. At 6,15)... "pois pareceu bem ao Espírito Santo e a nós..." (15,28).

A missão aos gentios alcança seu clímax em Roma, incorporando a "Narrativa da Paixão Paulina" (At 15,36-28,31)

15,36-16,5 A missão continua

Com o selo da aprovação de Jerusalém, a missão continua. O acordo de Jerusalém fez possível uma missão unificada. Paulo, agora o líder, propõe que ele e Barnabé visitem as igrejas que eles estabeleceram em sua primeira viagem missionária. Uma forte discordância

---

[28] Conforme ALFRED LOISY, *Les Actes des apôtres* (Paris: Rieder, 1925), ad loc: "Paul n'aurait pas mieux dit."

[29] O leitor é recordado que aqui é retratado o entendimento lucano de como as coisas eram e deviam ser, como representado em sua narrativa. Para uma discussão da história por trás da narrativa, ver Vol. I, §9.2.2.

sobre a possibilidade de levar João Marcos com eles resulta em Paulo e Barnabé seguindo caminhos diferentes. Nós sabemos, a partir das cartas de Paulo, que a questão era teológica e mais profunda (ver Gl 2,11-14, Vol. I), e resultou numa ruptura que afetou não apenas sua parceria com Barnabé, mas sua relação com a igreja de Antioquia. Lucas tem a intenção de mostrar que a igreja primitiva era unida teologicamente, funcionou com todas essas diferenças amigavelmente, e que disputas teológicas causadoras de divisão não emergiriam até depois da era apostólica (cf. em 20,29-30). Barnabé leva João Marcos com ele a Chipre e desaparece de cena. De Jerusalém, Paulo leva Silas como seu novo companheiro de trabalho, mantendo sua continuidade e exibindo o apoio da igreja de Jerusalém para a missão paulina. Lucas indica que isso fortalece as igrejas permitindo que judeus e gentios trabalhem juntos nas mesmas congregações.

16,6-17,15 O Espírito guia a missão à Europa

Os esforços de Paulo para estender a missão em novos territórios são frustrados pelo Espírito Santo. Em Trôade, na costa oeste, eles respondem a uma visão para evangelizar na Macedônia, e a missão se move da Ásia para a Europa. A despeito de muitos problemas e perseguições (incluindo açoitamento, prisão e terremoto), igrejas são fundadas com êxito nas cidades macedônias de Filipos, Tessalônica e Bereia. Em Filipos, uma colônia romana orgulhosa de suas conexões e status romanos, o leitor aprende por primeira vez que Paulo e Silas são cidadãos romanos (16,35-40), fato não revelado somente depois que eles foram ilegalmente açoitados e presos. Paulo é acusado perante a corte – não apenas dentro das sinagogas – quatro vezes: duas pelos judeus (17,5-7; 18,12-13) e duas vezes pelos gentios (16,19-21; 19,24-27). Paulo não é um problema apenas para os judeus; o mundo cultural e político gentio também resiste à mensagem cristã. Isso prepara o cenário para o discurso de Paulo em Atenas, o tradicional centro da cultura gentia.

17,16-34 Paulo em Atenas

Esta é uma cena chave em Atos, na qual Lucas retrata Paulo expondo o evangelho cristão aos intelectuais de seu tempo. Enquanto o próprio Paulo desprezou a tentativa de expressar a escandalosa mensagem da cruz em termos de sabedoria deste mundo (cf. 1 Co 1,18-2,5) e não era conhecido por suas habilidades retóricas (cf. 2 Co 10,10), Lucas está interessado em mostrar que a mensagem cristã poderia manter sua própria sabedoria no centro intelectual do mundo. Ele apresenta Paulo como um orador imponente, em casa com os filósofos, alguém que pode citar os poetas pagãos para firmar seu ponto de vista (17,28). Tomado como o primeiro discurso breve aos gentios em 14,15-17, ele representa a visão de Lucas de que a mensagem evangelística ao mundo gentio fora da sinagoga e da tradição judia deveria ser o melhor da pregação missionária cristã em seu próprio tempo.

18,1-19,41 A missão em Corinto e Éfeso

Depois de deixar Atenas, Paulo vai para Corinto, onde se estabelece e se engaja na obra evangelística por mais de um ano e meio (18,11), então muda o centro de sua atividade missionária a Éfeso, onde ele trabalhou por aproximadamente três anos (19,10; 20,31), não incluindo o tempo envolvido em uma viagem passageira de volta a Jerusalém, Antioquia, e visitando igrejas fundadas anteriormente na Galácia e Frígia (18,21-23). Nesta seção sua história está quase inteiramente focada nas relações externas da igreja, ilustradas pelas cenas de Corinto e Éfeso.

- *A missão paulina gera uma rede estável de congregações cientes de que pertenciam a uma comunidade ecumênica transcendendo fronteiras culturais e étnicas.* Lucas destaca que Paulo se estabelece em uma localidade particular por um extenso período. Missionários cristãos não são como vaga-lumes transitórios; as congregações que eles fundaram não são grupos de interesses passageiros nem locais. As viagens e conexões de pessoas como Áquila, Priscila, e Apolo manifestam as conexões da nova igreja em Éfeso, por exemplo, com Ponto, Roma, Corinto e Alexandria, e a viagem de Paulo durante esse período a Jerusalém e Antioquia, fazendo contato com igrejas na Galácia e Frígia em sua viagem de retorno mostra que as novas igrejas estão integralmente relacionadas com a igreja como um todo – e com Roma, já mencionada em 18,2, e vista a partir de 19,21 em diante.
- *A missão da igreja não leva nenhuma ameaça direta à vida política, religiosa ou social da comunidade.* Em Corinto, quando Paulo é arrastado ao tribunal romano de Gálio (18,12-17), o governador descarta o caso. Os missionários não são culpados de nenhum crime contra a lei romana; a disputa é apenas uma questão interna envolvendo diferentes visões da lei judaica, que devem ser tratadas internamente. Essa é a visão que Lucas deseja promover

entre os oficiais governamentais. Em Éfeso, o quase motim fomentado pelos ourives preocupados com a diminuição da venda de objetos religiosos é acalmado pelo gestor local da cidade, pedindo que as pessoas levassem queixas, se elas eram legítimas, aos tribunais indicados (19,23-41). Essa é a atitude que Lucas deseja promover entre os líderes locais da cidade. No processo, ele indica que Paulo tem amigos entre os magistrados e os aristocratas (19,31). Roma está do lado da lei e da ordem. Os cristãos não as estão violando.

- *A missão da igreja gera relações ambíguas entre cristãos e judeus.* Tanto Corinto como Éfeso ilustram que Paulo continua a começar seu trabalho na sinagoga, continua a encontrar oposição ali, continua a trabalhar com os gentios quando rejeitado pelos judeus (18,4-11.19-21; 19,8-10). Ele não faz uma ruptura clara. Em Corinto, mesmo após sua dramática declaração de que "desde agora, vou para os gentios" (18.6), ele não deixa a cidade, mas apenas move sua operação para próximo da sinagoga, continua a incluir judeus entre aqueles a quem ele prega, e faz alguns conversos mesmo entre os líderes judeus (18,8). Em Éfeso, após deixar a sinagoga sob pressão, "tomando os discípulos com ele", continua a pregar com êxito "tanto a judeus como a gregos" (18,10).
- *Discípulos irregulares são incorporados à emergente igreja protocatólica.* Lucas já narrou duas cenas nas quais desenvolvimentos irregulares no evangelismo e conversão são padronizados dentro do que ele vê como a principal linha formativa do cristianismo (ver sobre os cristãos samaritanos em 8,14-17; a casa e amigos de Cornélio em 10,34-11,18). Em conexão com a igreja efesina, Lucas conta de dois casos relacionados a João Batista. (1) Apolo, um brilhante e efetivo pregador bíblico com raízes em Alexandria, torna-se um membro e companheiro de trabalho na igreja em Éfeso. Ele conhece a Bíblia (i.e., as Escrituras de Israel), e sabe com precisão "as coisas concernentes a Jesus", já está cheio do Espírito Santo, mas desconhece o batismo cristão – ele conhece apenas o batismo de João. Priscila e Áquila colocam-no a par da doutrina cristã, nos termos de Lucas movendo teologicamente do estágio II, o "tempo de Jesus" representado pelo Evangelho de Lucas, para o estágio III, o "tempo da igreja" representado pelo livro de Atos (ver acima §23.1). (2) Então Paulo encontra doze discípulos de João Batista em Éfeso que representam uma carência teológica mais grave. No esquema de Lucas da história da salvação, eles estão apenas no estágio I, ainda no "período de Israel", como o próprio João. Em contraste a Apolo, eles estão insuficientemente informados sobre Jesus, nunca tinham ouvido do Espírito Santo. Eles são (re)batizados com o batismo cristão, Paulo ritualmente estende suas mãos sobre eles, e eles manifestam o

pleno poder do Espírito assim como os apóstolos no Pentecostes e os gentios convertidos na casa de Cornélio. Não é necessário buscar os apóstolos de Jerusalém para fazer isso acontecer; aqui Paulo atua com a autoridade dos apóstolos de Jerusalém. Em tudo isso, os detalhes da teologia e prática não devem ser impostos, e não podem servir como um modelo para presumíveis situações modernas análogas. A questão central de Lucas é, outra vez, que, enquanto a igreja se expande e encontra discípulos de Jesus, cuja teologia e prática são defectivas, eles podem ser incorporados à emergente e santa igreja católica.

20,1-21,16 última viagem de Paulo a Jerusalém

Em 19,21, Paulo "propôs, em espírito" ir através da Macedônia e Grécia a caminho para Jerusalém, com Roma como seu destino final. À semelhança de Jesus, que, num momento decisivo no Evangelho de Lucas, "manifestou no semblante a intrépida resolução de ir a Jerusalém" (Lc 9,51), onde ele sofreria e morreria, do mesmo modo Paulo, em um momento decisivo em Atos, volta-se para Jerusalém, e a "narrativa da paixão de Paulo" começa. A mesma palavra chave δεῖ (*dei*, é necessário) é usada de modo semelhante ao das predições da paixão no seu evangelho, indicando que o sofrimento e a morte de Paulo é parte do mesmo plano divino que o sofrimento e morte de Jesus.

At 20.18-35 essa é a amostra final do discurso de Paulo proferido durante sua ativa missão (ver acima sobre 13,16-47; 17,16-31). O discurso de Paulo aos anciãos em Éfeso reflete os temas da instrução de Jesus aos Doze apóstolos a aos setenta (e dois) missionários no evangelho (Lc 9,1-6; 10,1-16). Paulo é apresentado como líder de igreja ideal. Apesar de que Paulo e seus ouvintes nunca tinham escutado Jesus, os leitores de Lucas ouviram a instrução de Jesus aos Doze e aos Setenta (e dois), e reconhecem que Paulo é o tipo de líder que Jesus desejava, sendo um exemplo para os outros. Paulo sustentou a si mesmo, dando um exemplo aos posteriores líderes da igreja (20,33-35).

Lucas também faz um esforço consciencioso para refletir a própria teologia de Paulo, enfatizando "a palavra da sua [de Deus] graça" (20,32), "arrependimento para com Deus e a fé em nosso Senhor Jesus" (20,21), e pela única vez sugerindo que a morte de Jesus teve valor redentivo (20,28). Paulo declara que ele não reteve nada daqueles que agora serão os líderes da igreja depois que ele se for. Ele declarou "todo o desígnio de Deus" (20,27), que foi feito tanto publicamente quanto de casa em casa, e tanto a judeus quanto a gregos – não há nenhuma doutrina paulina esotérica conhecida apenas por poucos, nem Evangelho puramente gentio que abandona o propósito de Deus para o povo judeu. Lucas retrata a igreja como trabalhando através de problemas teológicos e mantendo sua unidade durante a geração apostólica. Durante essa era teológica de ouro as igrejas continuavam resolutamente no ensino dos apóstolos (2,42). Paulo e a igreja sofreram com judeus e politeístas, mas disputas teológicas divisórias internas da igreja só vieram ocorrer posteriormente (20,29-30).

Lucas não menciona controvérsias teológicas durante o próprio tempo de Paulo, nunca sugere que Paulo seja uma figura controversa dentro das igrejas, e que ele estava, algumas vezes, do lado perdedor. O Paulo lucano sabe que, depois de sua morte, heresias destrutivas viriam. Como o Pastor (ver Vol. I §16.1.5), Lucas retrata Paulo como preparando líderes fiéis para as gerações seguintes – o próprio tempo de Lucas. Lucas não tem uma doutrina de sucessão apostólica, mas ainda assim respeita esses presbíteros que Paulo nomeou como tendo sido estabelecidos pelo Espírito Santo como supervisores (ἐπίσκοποι, *episkopoi*, bispos) encarregados de proteger o rebanho dos falsos ensinamentos dos lobos selvagens vindouros. A terna cena de despedida e hospitalidade representa Paulo como irmão amado e amigo fiel, não apenas como um líder autorizado de igreja e mestre (20,36-38; ver 21,4-16).

A narrativa da Paixão de Paulo (At 21,17-28,31)

21,17-26 Recepção em Jerusalém

Lucas tem tratado de, ao logo do processo, apresentar as tensões entre o cristianismo de Jerusalém e a missão paulina aos gentios do modo mais positivo possível. Paulo e seus companheiros têm uma calorosa recepção e boas-vindas em Jerusalém (21,17). Ele é recebido por Tiago e os anciãos – os apóstolos há muito desapareceram de cena, e o cristianismo de Jerusalém é dirigido por Tiago. Eles reafirmam a missão de Paulo aos gentios e as condições elaboradas no "Decreto Apostólico" – embora Paulo pareça ser informado delas pela primeira vez aqui. Paulo defende-se das falsas acusações de que ele ensina a judeus e judeus cristãos a abandonar a Torá e a circuncisão demonstrando publicamente sua lealdade à Torá, ao templo, e à tradição. Paulo concorda em pagar as despesas para os ritos de purificação de alguns judeus cristãos em Jerusalém.

Tiago e a igreja de Jerusalém saem de cena em 21,26. Durante os problemas e provações de Paulo que se seguem, eles nunca levantam uma mão em defesa de Paulo ou na tentativa de contatá-lo ou apoiá-lo. A realidade histórica foi, aparentemente, que a igreja de Jerusalém não poderia em sã consciência aceitar dinheiro de alguém que eles consideravam um traidor tanto do judaísmo como da igreja, e recusaram-se a aceitar a coleta.[30] Lucas faz seu melhor para minimizar essa realidade, e retrata Paulo tanto como judeu leal apoiado pelos fariseus quanto como líder cristão em plena comunhão com Tiago e o cristianismo de Jerusalém.

21,27-23,11 Prisão e defesa inicial de Paulo

Um trágico mal entendido causa a prisão de Paulo. Ao sair de seu caminho para não ofender as sensibilidades judaicas e amenizar as suspeitas contra ele, alguns visitantes judeus pensam erroneamente que ele profanou o templo ao trazer gentios para o espaço sagrado reservado aos judeus (ver sobre Ef 2,14). No tumulto que se seguiu tentaram matar Paulo. Ele é resgatado pelo tribuno romano e seus soldados encarregados de manter a ordem pública, e de 21,33 até o final de Atos, Paulo está sob custódia romana. Não há mais nenhuma libertação milagrosa da prisão. Lucas sabe que Paulo foi eventualmente executado em Roma, apesar de que – precisamente como Jesus – ele era inocente de violar a lei romana. Como explicar isso é o encargo do restante do livro, expressado tanto na narrativa como nos vários discursos de Paulo.

No curso desta dramática narrativa, Lucas incidentalmente faz ou enfatiza novamente vários pontos significativos ao seu propósito geral:

---

[30] O leitor das cartas de Paulo sabe que entregar a coleta foi a principal razão para sua viagem final a Jerusalém (cf. Rm 15,25-29 e §12.2.3 Vol. I). A narrativa de Atos esforça-se para fornecer uma razão para a viagem de Paulo, e dá apenas vagas indicações de que Paulo traz uma considerável soma em dinheiro com ele. Em 24,17 Paulo incidentalmente menciona que ele traz ofertas "à minha nação", e o governador Félix supõe que ele poderia receber um suborno considerável de Paulo (24,26).

- *Fé cristã e a esperança de Israel.* O Paulo lucano repetidamente afirma que ele está sendo julgado pela esperança de Israel (23,6; 24,15; 26,6-7; 28,20). Isso não é primariamente uma tentativa de conseguir que as autoridades romanas considerem os cristãos como incluídos dentro das fronteiras do judaísmo, uma religião reconhecida pela lei romana – embora também seja isso. Lucas deseja que seus leitores cristãos vejam que a fé cristã é inseparável do judaísmo. A vinda do reino de Deus, a ressurreição, até mesmo a restauração escatológica das doze tribos (At 26,2; cf. Lc 22,30), são todos elementos constituintes da esperança judaica, documentada nas Escrituras e na experiência do judaísmo, e indispensável para o entendimento completo acerca da fé cristã. A fé em Jesus como o Messias está integrada a *esta* esperança do reino de Deus realizada no reino do Messias que cumpriu sua promessa a Israel.
- *Paulo e o movimento em que ele é um líder não são uma ameaça à tranquilidade doméstica estabelecida por Roma.* A acusação específica da profanação do templo é negligenciada por seus acusadores, e Paulo é retratado mais geralmente como "um agitador", uma "peste" que é "líder na seita dos Nazarenos" que está perturbando a *pax romana* "através do mundo". Enquanto Lucas tem se preocupado em argumentar que os romanos não necessitam interferir com os problemas internos do judaísmo, essas são acusações que eles não podem ignorar. Lucas deseja que as autoridades romanas reconheçam que estas acusações são falsas. Ele retrata Paulo como um prisioneiro de boa reputação (cf. 24,23), uma figura imponente que fala eloquentemente em sua defesa, é tratado com dignidade e respeito, o líder de um movimento que não atua "em um canto", não tem segredos a esconder, não está interessado em derrubar o governo, não é uma ameaça política direta.
- *Em outro nível, a fé que Paulo representa é uma ameaça fundamental para Roma.* Ao ler Lucas-Atos unilateralmente, como se Lucas estivesse apenas com a intenção de tranquilizar Roma de que eles não necessitavam se preocupar com os cristãos, seria uma simplificação exagerada. Paralelamente com o argumento de Lucas de que a igreja não tem projetos diretamente políticos, ele mostra que a mensagem e a maneira de vida defendida pelos seguidores de Jesus põe em cheque o ethos romano, enquanto faz todos os esforços humanos para estruturar o mundo de acordo às suas próprias prioridades. Logo no início, ele havia indicado que os poderes que governam esse mundo são, em última análise, demoníacos (ver sobre Lc 4,6), que a comunidade dos seguidores de Jesus entende governo e autoridade diferentemente da prática da soberania mundana (Lc 22,24-27). A missão cristã tem corretamente sido reconhecida como uma ameaça aos negócios

nas estruturas sociopolíticas deste mundo, pois eles viraram o mundo de cabeça para baixo e, em oposição ao senhorio de César, proclamam outro rei chamado Jesus (At 17,6-7). Embora dirigida por um missionário em cadeias que é ele mesmo um cidadão romano, os governadores romanos corretamente reconhecem que eles são confrontados por uma ameaça maior, estremecem pela pregação cristã centrada na fé em Cristo Jesus, justiça, autocontrole e o juízo vindouro (At 24,24-25). Os cristãos se unem na confissão judaica de que só há um Senhor; eles confessam que o senhorio de Deus é manifestado em Jesus; esta confissão é, em última análise, incompatível com o senhorio de César. Roma reconhece que Paulo (como Jesus) é inocente de crime político. Roma reconhece a ameaça, e sabe que Paulo (como Jesus) deve ser morto.[31]

- *O destino de Paulo e o Plano de Deus.* Lucas olha para trás, para a morte de Paulo. Para Lucas, a morte de Paulo, como a morte de Jesus, é simplesmente um dado, uma realidade da história passada. Ele sabe que o apelo de Paulo a César não será o meio de escapar da morte. Ele não absolve os atores humanos da culpa, mas retrata a fraqueza e o egoísmo de Félix, Festo e Agripa de contribuírem para a morte de um homem inocente.[32] Outra vez o padrão da morte de Jesus é repetido. Lucas não vê isso meramente como uma tragédia humana ou um ato sem sentido. Em retrospecto ele a vê como parte do propósito de Deus, como as fraquezas humanas – pessoal, política, religiosa – são absorvidas pela abrangente soberania divina. Como no caso de Jesus, isso é visto através dos olhos da fé em retrospectiva, mas a história é mantida em prospectiva: assim como Jesus deve morrer em Jerusalém, Paulo deve morrer em Roma.

27,1-28,31 Para Roma

Esse relato cheio de ação, no qual Paulo não apenas sobrevive à tempestade, naufrágio e mordida de cobra, mas é o personagem principal no heróico salvamento de todos os 276 tripulantes, passageiros, e prisioneiros, conclui calmamente com Paulo em sua própria casa alugada em Roma, corajosamente pregando e ensinando a fé cristã a todos os interessados, *sem impedimento.* Esta palavra final de Lucas-Atos (ἀκωλύτως, *akōlytōs*) resume um dos propósitos principais do autor, que é retratar o líder missionário da fé cristã na capital do mundo,

---

[31] Este ponto é convincentemente elaborado em ROWE, *Early Narrative Christology;* ROWE, *World Upside Down.*

[32] Ver a análise literária de TANNEHILL, *Narrative Unity,* 2.297-329.

proclamando o Evangelho sem interferência das autoridades romanas – embora ele estivesse em sua custódia. Ao longo do caminho, Lucas deixa algumas impressões finais significativas:

Uma imagem agradável dos "bárbaros". O centurião Júlio é visto como um homem decente e bom. Os nativos malteses são, com certeza "bárbaros" – eles não falam grego e não pertencem ao amplo mundo greco-romano – mas manifestam grande bondade humana, cuidando dos sobreviventes do naufrágio molhados e com frio por um longo período. Eles também manifestam a inconstância superficial da religião pagã, à primeira vista analisando o Paulo mordido por uma serpente como um assassino fugitivo que finalmente foi alcançado pela justiça, e, então, uma vez que ele escapou tanto de um naufrágio quanto de uma serpente, "mudando de parecer, diziam ser ele um deus" (At 28,6). Através de tudo isso, Paulo calmamente fala do seu "negócio", incluindo uma refeição semelhante a eucaristia (27,35), curando o pai do hospedeiro e muitos outros (28,8-10), gerando respeito e afeição de todos os habitantes da ilha.

Os "bárbaros" não estavam esperando na escuridão pela vinda dos missionários. Quando eles vêm, os que são alcançados tem alguma coisa para compartilhar com os missionários, não apenas algo para receber deles. Malta e os bárbaros já são filhos de um Deus, vivendo no mundo de Deus. Nem uma palavra é dita sobre Paulo pregando para eles. Não há condenação de seus costumes pagãos. Nenhum convertido é ganho, nem igreja estabelecida, embora Paulo passe três meses com eles. De fato, durante os vários meses a partir do momento que Paulo deixa Cesareia até sua chegada em Roma, não há referência a Jesus, Cristo, pregação, arrependimento, crer no Evangelho, reino de Deus. Lucas deixa claro que a missão cristã se estende a todos, que Deus chama todos os homens em todos os lugares a crerem no Evangelho e a se arrependerem, que não há outro nome debaixo o céu dado entre os mortais pelo qual podemos ser salvos (At 4,12). Todavia, Lucas não é compulsivo sobre esta certeza.

Paralelamente a esta convicção está outra imagem. Tecida discretamente nesta narrativa singularmente divertida está uma impressão de crentes cristãos vivendo em meio ao mundo pagão, dando e recebendo o "leite" da bondade humana. Estes são o tipo de cristãos a quem o mundo pode eventualmente decidir ouvir.

A cena final em Roma. Nenhuma referência é feita aos cristãos romanos. Judeus romanos são convidados ao aposento de Paulo. Eles aceitam seu convite, e relatam não ter recebido más notícias de Jerusalém acerca dele, mas sabiam que o povo em toda parte falava contra "esta seita", usando o termo outras vezes aplicado em Atos apenas para grupos particulares dentro do judaísmo (saduceus, 5,17; fariseus, 15,5; 26,5; nazarenos, 24,5; "o caminho" 24,14). Mais uma vez e finalmente, o Paulo lucano declara que "é por causa da esperança de Israel que estou preso com esta cadeia". Alguns, aparentemente poucos, aceitam a mensagem de Paulo. A maioria recusa. Embora existam exceções significativas, a comunidade judaica rejeita a fé a cristã. Nas palavras de Is 6, Paulo pronuncia o juízo de Deus sobre eles, e declara que de agora em diante a salvação de Deus está sendo enviada aos gentios, que serão mais receptivos.

Esta cena final tem sido interpretada de várias formas. Alguns a tem visto como a rejeição final do judaísmo por Lucas, enquanto a igreja se volta para a missão aos gentios. Outros vêm a conclusão como mais aberta, nem com Paulo, Lucas e nem Deus desistindo dos judeus. O final de Atos pode ser lido como uma esperançosa conclusão em aberto, reminiscente do final de 2 Crônicas.

Por que Atos termina onde termina? O encerramento abrupto/aberto de Atos tem sido explicado de três maneiras:

(1) O autor é um companheiro de Paulo que completou a composição de sua narrativa durante o aprisionamento romano de Paulo e antes de seu julgamento. O autor trouxe a história até aí e não há mais nada para escrever. A obra do autor está completa como ele a planejou.[33]

(2) O autor sabia que Paulo foi julgado, absolvido e libertado, e planejou um terceiro volume em que ainda mais história da missão da igreja seria contada. O autor não foi capaz de levar a cabo este plano, por isso sua obra permanece incompleta.[34]

(3) As duas visões anteriores encontram pouco apoio entre os estudiosos contemporâneos. A maioria está convencida que o autor escreveu algum tempo depois da morte de Paulo. Após argumentar que Roma considera Paulo inocente, e depois de retratar o sistema de justiça romano como protetor de Paulo, seria anticlimático concluir a

---

[33] Na velhice, está foi a visão de ADOLF VON HARNACK, *The Date of the Acts and of the Synoptic Gospels* (trans. J. L. Wilkinson; New Testament Studies 4; 1911), 90-116.

[34] Assim ZAHN, *Introduction*, 2.58-59.

narrativa traçada com o herói morto. Tanto o autor como os leitores sabem que Paulo foi condenado e executado. Em todo caso, a narrativa mesmo dá sinais claros. A promessa dada por Deus em Atos 27,24 de que Paulo estaria diante do imperador deveria ser cumprida. A ausência de qualquer referência à esperança de Paulo de fazer o trabalho missionário na Espanha após sua visita a Roma (Rm 15,24.28) indica que ela nunca se concretizou. A afirmação de Paulo em At 20,25 de que ele nunca mais veria seus amigos de Éfeso outra vez, enfatizada por sua lamentação em At 20,38, é uma segura indicação de que a viagem de Paulo a Roma findou em seu martírio.

Uma biografia de MARTIN LUTHER KING JR. Poderia terminar esplendorosamente com uma cena onde ele está confiante e com seus amigos um dia antes de ele sair para um discurso em Menphis. Lucas terminou onde ele pretendia. Lucas-Atos é uma unidade e está completa.

É de Roma que esta espada de dois gumes da Palavra continuará a se espalhar por todo o mundo. Em sua própria maneira, Lucas combinou Evangelho e Epístola, afirmando que tanto o Evangelho como o Apóstolo são expressões válidas e necessárias da fé cristã. Foi um instinto certo que levou a igreja a combinar o Evangelho de Lucas com os outros Evangelhos, e a fazer de Atos o frontispício para as Epístolas. Lucas está no fim de um desenvolvimento no qual estes dois tipos de tradição tinham estado fluindo em canais separados; ele junta Evangelho e Apóstolo em um conjunto coerente, sem incluir explicitamente Epístolas na combinação. Outro grupo de mestres cristãos, lidando com alguns dos mesmos temas/problemas, mas com diferentes tradições e uma história diferente, farão explícita a combinação de Evangelho e Epístola.

24.6 Para leitura adicional

BARRETT, C. K. *The Acts of the Apostles*. International Critical Commentary. 2 vols Edinburgh: T & T Clark, 1998.

BRUCE, F. F. *Commentary on the Book of the Acts. The English Text with Introduction, Exposition and Notes*. Grand Rapids: Eerdmans, 1955.

CONZELMANN, H. *Acts of the Apostles: A Commentary on the Acts of the Apostles*. Translated by Limburg, James, Thomas A. Kraabel and Donald Juel. Hermeneia–A Critical and Historical Commentary on the Bible. Philadelphia: Fortress, 1987.

FITZMYER, J. A., S.J. *The Acts of the Apostles*. Anchor Bible. Vol. 31, New York: Doubleday, 1998.

____________., S.J. *The Gospel According to Luke*. Anchor Bible. 2 Vols., Garden City: Doubleday, 1981-1985

GAVENTA, B. R. *The Acts of the Apostles*. Abingdon New Testament Commentaries. Nashville: Abingdon, 2003.

HAENCHEN, E. *The Acts of the Apostles: A Commentary*. Philadelphia: Westminster, 1971.

MARSHALL, I. H. *The Acts of the Apostles: An Introduction and Commentary*. The Tyndale New Testament Commentaries. Grand Rapids: Eerdmans, 1980.

PERVO, R. I. *Acts: A Commentary*. Hermeneia. Minneapolis: Fortress, 2009.

ROWE, C. K. *World Upside Down: Reading Acts in the Graeco-Roman Age*. Oxford: Oxford University Press, 2009.

TALBERT, C. H. *Reading Acts: A Literary and Theological Commentary on the Acts of the Apostles*. Reading the New Testament. Rev. ed. Macon: Smyth & Helwys, 2005.

TANNEHILL, R. C. *The Narrative Unity of Luke-Acts: A Literary Interpretation*. 2 vols Philadelphia: Fortress, 1986, 1990.

25

Comunidade Joanina e Escola Joanina

25.1 Inclusão da comunidade joanina e seus escritos: Um sumário antecipado

Cinco escritos em nosso Novo Testamento carregam tradicionalmente o nome "João": o *Evangelho de João*, as três *Cartas de João*, e o *Apocalipse de João*. As informações de autoria, data, e definições de cada um desses escritos serão exploradas abaixo. Para antecipar, podemos dizer que este aglomerado de documentos parece ter emergido na geração que se estende até a virada do primeiro para o segundo século d.C. de um grupo de igrejas na Ásia, a qual se pode chamar de *Comunidade Joanina*. O Evangelho e as Cartas parecem representar um pequeno círculo de mestres e portadores da tradição dentro dessa comunidade, agora comumente conhecida como a *Escola Joanina*.

Como um estudo exploratório, podemos projetar o seguinte cenário: próximo do final do primeiro e início do segundo século d.C., várias correntes de tradição se fundiram na província romana da Ásia para formar uma distinta comunidade cristã paralela às igrejas paulinas e outros grupos cristãos. A própria comunidade tinha uma história mutável e volátil, uma vez que interagia com outras correntes de tradição cristã e com seu contexto judeu e pagão. Ela experimentou difíceis tensões internas. Ao final do período do Novo Testamento, essa comunidade e sua literatura emergiram como um círculo inclusivo que aceitou e foi aceito pela principal corrente emergente que se tornou a primitiva igreja católica no início do final do segundo século. A comunidade Joanina, assim, se tornou um microcosmo de toda a igreja, e sua literatura uma antecipação do bipartido Novo Testamento canônico Epístola/Evangelho. A comunidade Joanina havia passado por uma fase sectária, mas resistiu às dinâmicas sectárias, e se tornou amplamente ecumênica. Essa capacidade própria de inclusão e integração é um protótipo da igreja posterior e seu cânon, e envolve os seguintes elementos inter-relacionados:

1. *Palestina e o mundo helenístico mais amplo.* Os escritos joaninos representam todo o Novo Testamento: expansão geográfica da Palestina e o restante do mundo, expansão teológica, e expansão cultural e sociológica. As tradições incorporadas tanto no Apocalipse como no Evangelho fazem a transição da Judeia para Éfeso.

2. *Cristianismo gent*ílico *e judaico.* A comunidade joanina incluiu tanto judeus cristãos como novos conversos do mundo gentio com nenhuma herança judaica, e suas respectivas tradições. Esta situação produziu tanto um desafio hermenêutico interno quanto a tarefa de interpretar a fé em categorias não judaicas para os de fora.

3. *"Antigo Testamento" e "Novo Testamento".* O Apocalipse e o Evangelho de João estão totalmente impregnados com as Escrituras judaicas agora adotadas pela igreja. As cartas joaninas refletem apenas um envolvimento mínimo com a Escritura e enfatiza a nova tradição cristã normativa que emergiu com Jesus "no princípio".

4. *Cristologia kenótica e epifânica.* Na primeira geração, defensores desses dois modelos fundamentalmente diferentes de interpretar o ato salvífico de Deus em Jesus suspeitavam uns dos outros; cristologia kenótica e cristologia epifânica tendiam a ser cultivadas em diferentes correntes da tradição e diferentes comunidades cristãs. A comunidade joanina tornou-se defensora de ambos os pontos de vista.

5. *Carta e Evangelho.* A comunidade joanina é o mais antigo grupo de igrejas, de que temos conhecimento, que expressou sua fé tanto no gênero Epistolar quanto no gênero Evangelho. Estes gêneros literários não se misturam facilmente, uma vez que representam maneiras fundamentalmente diferentes de conceituar o evento-Cristo.

6. *Apocalíptica e escatologia realizada.* A primeira geração cristã nasceu em meio a uma fervente esperança apocalíptica, a qual formou o quadro e a pressuposição de sua confissão de Jesus, e que a continuou

nutrindo. Quando a esperada parousia e o reino vindouro de Deus falharam em aparecer, a segunda e terceira geração de teólogos cristãos desenvolveram várias formas de explicar o atraso da parousia. A comunidade joanina abraçou e preservou mais que uma dessas formas.

7. *Masculino e feminino.* As igrejas paulinas da primeira geração tinham afirmado a igualdade de homens e mulheres em Cristo, e incluíram mulheres entre seus líderes e missionários, mas a segunda e terceira geração do paulinismo na Ásia foram mais restritivas no que diz respeito ao papel das mulheres na igreja. A comunidade joanina, que continuou a insistir que era conduzida pelo Espírito, parece ter sido mais igualitária e afirmativa quanto a se ter mulheres como líderes.

8. *Carisma e cargos.* Dentro do amplo escopo e história das igrejas joaninas, vemos uma interação e tensão entre a liderança carismática e os cargos ministeriais em desenvolvimento. A comunidade joanina finalmente incluiu a ambos.

9. *Cristianismo paulino, joanino e petrino.* A comunidade joanina estava ativa no mesmo tempo e na mesma área que a escola paulina, e ciente de outros grupos também. Enquanto mantinha sua devoção ao Discípulo Amado e também aceitava elementos do cristianismo paulino, ela finalmente foi capaz de abraçar e ser recebida pela principal corrente emergente, com Pedro como o simbólico pastor de toda a igreja. A ênfase sobre o amor "fraternal", i.e., o amor no interior da comunidade de fé, entendida como uma família, deve ser vista no contexto do esforço da comunidade joanina em manter a unidade da igreja única, enquanto ao mesmo tempo permitia uma considerável variedade tanto na teologia quanto na prática.

25.2 O Corpus Joanino

25.2.1 Alcance e Relações

Diferentemente dos escritos da escola paulina, os cinco escritos do corpus joanino não estão diretamente ligados por reivindicações de autoria. Apenas o Apocalipse afirma ter sido escrito por "João" (Ap 1,1.4). As primeiras palavras de 2ª e 3ª João atribuem a autoria ao "presbítero". O Evangelho é anônimo, mas um adendo no epílogo afirma que ele foi escrito pelo Discípulo Amado, que não é identificado

(Jo 21,24). Nenhum dos escritos afirma ter sido escrito pelo apóstolo João, filho de Zebedeu, embora a tradição posterior tenha feito esta atribuição. O Presbítero João (não o apóstolo), um líder nas igrejas da Ásia admirado por Papias, foi posteriormente associado com um ou mais destes escritos (Eusébio *HE* 3,39.4).

Os cinco documentos têm sido relacionados com quatro possíveis autores em uma variedade de formas. 2ª e 3ª João estão ligadas pela autoria comum do Presbítero e o mesmo contexto histórico. Elas estão relacionadas a 1 João por sua descrição compartilhada dos falsos mestres aos que se opõem – as únicas ocorrências do "anticristo" são encontradas em 2 Jo 7; 1 Jo 2,18.22; 4,3. 1 João é, por sua vez, ligada ao quarto Evangelho pelo vocabulário comum, estilo, e temas teológicos. Assim, o Evangelho e as Cartas de João são uma coleção intimamente relacionada, representando o mesmo autor ou grupo de autores.

O Apocalipse também está associado ao grupo, mas não da mesma forma que estão relacionados um ao outro. Apocalipse tem numerosos pontos de contato com outras literaturas joaninas, alguns óbvios e outros sutis, mas reais. Amostras de vocabulário distintivo e imagens comuns ilustram tanto similaridades quanto diferenças, e têm sido usadas como evidência tanto para a proximidade quanto para a distância entre o Apocalipse e a escola joanina (ver acima §26.1.4).

25.2.2 Autoria

A visão tradicional, representada nos títulos dos documentos na nossa Bíblia, é que a totalidade dos escritos joaninos foi composta pelo apóstolo João filho de Zebedeu, o qual foi identificado com o presbítero João das Cartas e o Discípulo Amado do Evangelho. A igreja primitiva chegou a esta visão unificada só depois de muito debate.

O Apocalipse foi um documento controverso desde o início. Não devemos supor que todos nas sete igrejas para as quais ele foi orginalmente endereçado o aceitaram como ensinamento cristão autêntico, pois estas igrejas tinham profetas rivais que se opunham a João e sua mensagem (Ap 2,2.6; 14-15; 20-23). O Apocalipse não se encaixa facilmente no desenvolvimento do corpus epistolar, depois da controvérsia montanista, suspeitou-se grandemente ter feito a Igreja Católica emergente distanciar-se de todas as reivindicações para por em ordem a autoridade carismática e a revelação apocalíptica. Assim, Gaio, um influente presbítero da igreja romana, escreveu (ca. 210 d.C.) um manifesto declarando que o Apocalipse tinha sido escrito pelo herético gnóstico Cerinto. Por volta de 250 d.C., Dionísio, bispo de Alexandria, concluiu com base nas diferenças linguísticas que o Apocalipse não poderia ter sido escrito pelo mesmo autor do Evangelho de João (que ele assumiu ser o apóstolo), e que, portanto, não era apostólico. Sua conclusão forneceu apoio útil para aqueles cristãos alexandrinos que desejavam opor-se ao uso do Apocalipse nas igrejas, sobre a base de que sua interpretação literal, especialmente do "milênio", era uma distorção da natureza espiritual do cristianismo. Assim, até o quarto século, quando Eusébio classificou a literatura cristã que podia se tornar "Escritura" como "aceita", "rejeitada" e "disputada", o Apocalipse foi ainda classificado como "disputado". Quando o Apocalipse finalmente foi aceito como Escritura autoritativa, o autor foi identificado como o Apóstolo João.

Da mesma forma, o Evangelho de João foi ao princípio considerado suspeito pela emergente cristandade protocatólica. Seu dualismo e uso de conceitos e linguagem gnosticista o tornaram facilmente compreensível em termos gnósticos, de modo que ele foi adotado pelos círculos cristãos gnósticos. O primeiro comentário sobre qualquer livro do Novo Testamento foi o comentário sobre o Evangelho de João do mestre gnóstico Heracleon, ca. 165 d.C. Apenas na segunda metade do segundo século encontramos o quarto Evangelho sendo aceito na principal corrente protocatólica (Justino, *Diálogo* 81,4; Irineu, *Contra as Heresias* 2,22.5; 3,1.2; 3,3.4; 3,11.7; 5,30.1.3). Aqui, também, uma vez que o documento foi aceito como representando a fé apostólica, o Discípulo Amado foi identificado com o filho de Zebedeu, e o quarto Evangelho recebeu autoria apostólica.

Os escritos joaninos foram separados no início do processo de canonização. O Evangelho foi acoplado ao emergente cânon de quatro evangelhos. As cartas joaninas finalmente se tornaram parte do corpus das Epístolas Católicas, e o Presbítero foi identificado com João o apóstolo. Em tudo isso, mais importante foi a preocupação teológica do cristianismo primitivo em identificar e reconhecer as autênticas testemunhas da fé apostólica, as quais eles não distinguiram a partir da questão histórica da autoria real. O interesse do intérprete moderno no entendimento histórico leva-o à questão de quem realmente escreveu esses textos.

Quem escreveu o Apocalipse?

Embora ele se considere um profeta, o autor do Apocalipse não reivindica o título ou função, mas identifica-se simplesmente como "João", irmão, conservo com aqueles das congregações a que se dirige, e coparticipante em seus sofrimentos (1,1.9; 10,7; 19,10; 22,9). Quem era esse João? Tudo o que sabemos dele é o que pode ser inferido a partir de seus escritos:

- Ele não é um apóstolo. Ele não faz nenhuma reivindicação ao apostolado, não dá nenhuma indicação de que conheceu o Jesus histórico pessoalmente, e se distingue dos "doze apóstolos", a quem ele considera como sendo de uma geração passada, o período fundacional (Ap 21,14; cf. Ef 2,20; 35).
- Ele não é o autor do Evangelho nem de 2 e 3 João, como indicado pelas caraterísticas linguísticas e teológicas apresentadas abaixo (§26.1.4).
- Ele é um profeta que inclui a si mesmo como um membro de um grupo profético na Ásia, presumivelmente como um, ou o líder (22,6). Sua autoridade própria é direta (Deus → Jesus → anjo → João), não derivada de ordenação ou da tradição, como no esquema desenvolvido em outras ramas do movimento cristão na Ásia, representadas pelas Pastorais, 2 e 3 João e Inácio. Ele parece entender a comunidade como composta de "santos profetas" (Ap 11,18; 16,6). O autor não dá nenhuma pista de que ele é um presbítero, ou que seja um pastor com autoridade oficial sobre as igrejas a que se dirige. Neste ponto ele é resistente às tendências em desenvolvimento na escola paulina contemporânea, e que estão começando a ser disputadas entre as igrejas joaninas. O único πρεσβύτεροι (*presbyteroi*) que ele conhece está no céu junto ao trono de Deus; o Cordeiro é o pastor das igrejas, com nenhum equivalente terrestre que exerça sua autoridade pastoral. Todavia, o autor não tem nenhuma polêmica com as autoridades locais; ele resiste a outros profetas que oferecem um ensinamento alternativo (Ap 2,20; 16,13; 10,20; 20,10), mas não ataca os oficiais da igreja.
- Ele é uma espécie de "viajante carismático" que conhece e é conhecido por um número de diferentes congregações, mas não é um autônomo individualista. Embora viaje, ele não é um forasteiro. Ele se assemelha aos profetas itinerantes na *Didaquê*, que afirmam sua autoridade carismática nas igrejas e são aceitos por elas, paralelo ao emergente ministério institucional (cf. Mt 10,41; *Did 10-11*, ver Vol. I §15.3 sobre 2 Ts 3,6-13).
- Ele é originalmente um Palestino, um representante da única corrente pré-70 do cristianismo judaico palestinense. Embora João escreva em grego

para igrejas que falam grego, seu grego é peculiar e cheio de irregularidades gramaticais. A natureza de seu grego idiossincrásico sugere que sua língua nativa era aquela da Síria-Palestina – ele pensa em aramaico, mas escreve em grego. Uma vez que João está também familiarizado com o material tradicional profético palestino, é provável que ele fosse originalmente um profeta cristão palestino que imigrou para a Ásia, provavelmente como um refugiado durante ou logo após a revolta de 66-70.[1]

Quem escreveu as Cartas?

O autor de 2-3 João identifica-se como o "Presbítero", um bem conhecido e autorizado presbítero na escola joanina, talvez seu fundador. O autor de 1 João identifica-se apenas com o eclesial "nós" (ver sobre 1 Jo 1,1-4). Uma vez que a visão da autoria apostólica está descartada, a questão principal é saber se o Evangelho e as Cartas têm o mesmo autor, ou se dois ou mais autores estão envolvidos. A questão é complicada pela história da composição do Evangelho, que inclui o evangelista, responsável pelo corpo da obra, e o redator, responsável por sua forma final. Com três cartas, o evangelista, e o redator, as possíveis combinações são numerosas: um, dois, ou três autores para as cartas, um dos quais poderia ser o evangelista ou o redator do Evangelho. A brevidade de 2-3 João faz com que comparações linguísticas e estilísticas se tornem difíceis. A maioria está convencida que 2-3 João foram escritas pelo Presbítero; opiniões se dividem quanto a se o Presbítero também escreveu 1 João. A questão principal então vem a ser se 1 João e o Evangelho têm o mesmo autor. Embora similaridades gerais na teologia e linguagem uma vez sugeriram uma autoria comum, a investigação crítica dos últimos cem anos tem revelado significativas diferenças linguísticas, teológicas e históricas entre 1 João e o Evangelho. A maioria dos estudiosos especialistas dos últimos cinquenta anos está convencida de que estas

---

[1] Essa tese tem sido extensivamente defendida por e.g. AKIRA SATAKE, *Die Offenbarung des Johannes* (KEK 16; Göttingen: Vandenhoeck & Ruprecht, 2008); AKIRA SATAKE, *Die Gemeindeordnung in der Johannesapokalypse* (WMANT 21; Neukirchen: Neukirchener Verlag, 1966), 32-72 et passim. SATAKE argumenta que João primeiro se tornou um cristão e depois se mudou para a região de Éfeso ca. 70 d.C., trazendo consigo elementos de sua experiência profética judaica pré-cristã.

diferenças apontam diferentes autores, enquanto as similaridades são evidência de que 1-3 João e o Evangelho derivam do mesmo círculo de mestres, a escola Joanina.[2]

Quem escreveu o Evangelho?

Como os outros evangelhos, o quarto Evangelho contém materiais que, em última análise, derivam de testemunhas oculares. Poucos estudiosos contemporâneos defendem uma autoria apostólica do Evangelho.[3] As principais razões:

1. *O próprio Evangelho é anônimo.* Qualquer interpretação de Jo 21,24 não representa a afirmação do autor do Evangelho, mas uma reivindicação feita por ele, referindo-se ao Discípulo Amado, que já morreu (21,23). Assim também 19,35 refere-se à testemunha da cruz na terceira pessoa, e não é afirmado pelo autor que ele mesmo esteve presente no momento da crucificação.

2. A afirmação de que o quarto Evangelho foi escrito pelo apóstolo parece ter se originado com seus defensores gnósticos na segunda metade do segundo século d.C. Quando a emergente igreja protocatólica aceitou o Evangelho, o crédito apostólico foi incluído. As reivindicações gnósticas para a autoria foram aceitas, mas foi agora argumentado que o Evangelho apoiou a ortodoxia e não a heresia (Irineu, *Contra as Heresias* 2,22.5; 3,1.1; 3,3.4). Tal reivindicação do segundo século para a autoria apostólica é agora vista como representando uma agenda teológica, se ortodoxa ou herética, é historicamente problemática (ver acima Excurso 3.1, p. 864ss avaliação da evidência patrística para a autoria).

3. A igreja primitiva, que atribuiu o Evangelho ao apóstolo, afirmou um tipo de grupo de autores, indicando repetidamente que o Evangelho não era o produto de um único indivíduo. Clemente de

---

[2] Evidências resumidas em Raymond E. Brown, *The Epistles of John* (AB New York: Doubleday, 1982), 19-30.

[3] Exceções significativas: John A. T. Robinson, *The Priority of John* (London: SCM Press, 1985); D. A. Carson, *The Gospel according to John* (Grand Rapids: W.B. Eerdmans, 1991), 40-81; Craig S. Keener, *The Gospel of John: A Commentary* (2 vols.; Peabody, Mass.: Hendrickson, 2003), 1.114-115; Claus Berger, *Im Anfang war Johannes: Datierung und Theologie des vierten Evangeliums* (Stuttgart: Quell, 1997).

Alexandria descreve João escrevendo como incentivado por seus companheiros (citado em Eusébio, *HE* 6,14.17). O Cânon Muratoriano refere-se aos condiscípulos de João e bispos, reportando que João relatou "todas as coisas em seu próprio nome, auxiliado pela revisão de todos." Vários prefácios de antigos manuscritos e edições referem-se a uma autoria colaborativa.[4] Estas foram, aparentemente, todas as tentativas de chegar a um acordo com o repetido "nós" do quarto Evangelho; hoje falaríamos da escola joanina.

4. As cenas cruciais nos Sinóticos em que o filho de Zebedeu esteve entre os poucos discípulos escolhidos presentes, estão *todas* faltando no Evangelho de João. Estas incluem seu chamado para ser um discípulo (Mc 1,16-20), a ressurreição da filha de Jairo (Mc 5,37-42 par), a transfiguração (Mc 9.2-8), e a cena do Getsêmani (Mc 14,32-42 par). Uma vez que o quarto Evangelho coloca ênfase especial no testemunho ocular (19,35; 21,24), a ausência destes relatos seria muito estranha se o Evangelho foi escrito pelo João filho de Zebedeu, ou se o apóstolo João era a fonte principal do autor.

5. A distinta apresentação de Jesus em comparação com os Sinóticos indica que o quarto Evangelho não foi escrito por uma testemunha ocular (ver abaixo §27.1).

6. A data, fontes, e história da composição do Evangelho por mais de uma única mão são incompatíveis com a teoria da autoria por uma testemunha ocular (ver abaixo §§25.3, 27.2-3).

25.2.3 Cronologia relativa

Uma vez que Apocalipse não está diretamente relacionado ao Evangelho e às Cartas da mesma forma que estes estão relacionados entre si, a questão principal é a relativa ordem das Cartas e o Evangelho. No cenário mais comum, o Evangelho estava acessível para a interpretação gnóstica e foi adotado pelo cristianismo gnóstico em desenvolvimento como um documento autoritativo para apoiar sua cristologia docetista. Nesta visão, as Cartas representam o esforço posterior de preservar o Evangelho de mal-entendidos, numa relação análoga com o Evangelho do mesmo modo que as Pastorais com

[4] Documentação em RAYMOND E. BROWN e FRANCIS J. MOLONEY, *An Introduction to the Gospel of John* (ABRL; New Haven: Yale University Press, 2003), 194-195.

Paulo. Assim entendidas, as Cartas são os últimos produtos da escola joanina.[5]

Um forte ponto de vista minoritário vê as Cartas como as primeiras testemunhas da teologia joanina, com o Evangelho como seu clímax final, na ordem 2 João, 3 João, 1 João e o Evangelho.[6] O problema é complicado pela história de composição do Evangelho. É bem possível que de alguma forma o Evangelho precedeu as Cartas, mas que a forma canônica veio depois delas.

Tanto aqueles que veem as epístolas como "Pastorais Joaninas", quanto àqueles que veem o redator final do Evangelho como tentando afastar interpretações equivocadas de versões mais antigas do Evangelho poderiam estar certos. Se é assim, as Cartas e o Redator têm propósitos similares – ambos estão pressupondo e dando orientações para interpretar as formas anteriores do Evangelho ou as tradições que este veio a incluir.

Os seguintes dados apoiam a sequência: tradição joanina → versões preliminares do Evangelho → Cartas → Evangelho canônico.

- As epístolas não mencionam o Discípulo Amado, que aparece primeiro no Evangelho.
- As epístolas não usam interpretação da Escritura como um argumento teológico, que primeiro aparece no Evangelho.
- Escatologia futura e apocalipticismo são mais presentes nas cartas, recuando no Evangelho.
- Estruturas institucionais em desenvolvimento aparecem nas Cartas e são resistidas. Esta luta é superada no Evangelho, onde a liderança pastoral mais formal está integrada na estrutura da emergente igreja protocatólica.

---

[5] Essa visão foi defendida em um breve ensaio que se tornou um clássico da erudição do Novo Testamento, Hans Conzelmann, "Was von Anfang war," in *Theologie als Schriftauslegung: Aufsätze zum Neuen Testament*, ed. Hans Conzelmann, *Beiträge zur evangelischen Theologie; theologische Abhandlungen* (Munich: Kaiser, 1974), 207-214. Ele tem sido adotado por numerosos estudiosos joaninos, e domina o maciço comentário de Brown (1982), *Epistles of John*.

[6] Defensores recentes desta visão são representados por Georg Strecker, *The Johannine Letters: A Commentary on 1, 2, and 3 John* (Hermeneia; Minneapolis: Fortress, 1996), xxv–xli *et passim*, Udo Schnelle, *Die Johannesbriefe* (THKNT 17; Leipzig: Evangelische Verlagsanstalt, 2010), 9-19 *et passim*, e Udo Schnelle, "Die Reihenfolge der johanneischen Schriften," *NTS* 57 (2011), 91-113, que proveu detalhada evidência.

- A ênfase do Evangelho sobre a unidade olha para fora e pra trás sobre as lutas que foram contemporâneas às Cartas. As Cartas estão preocupadas com dissensões internas e cisma; o Evangelho olha para trás tanto sobre problemas internos quanto externos e apela por unidade.

As Cartas fornecem dados que sugerem sua data relativa. Os falsos mestres incomodando as igrejas de 2 Jo 7-11 ainda não precipitaram o cisma manifesto em 1 Jo 2,18-19; 4,1-3. A carta referida em 3 Jo 9 parece ser 2 João. Assim, a ordem dos escritos da escola joanina parece ser: 2 João, 3 João, 1 João, Evangelho de João.

25.2.4 Cronologia absoluta: datas dos escritos joaninos

Data do Apocalipse

Poderia parecer que toda a incerteza acerca da data seria resolvida por Ap 17,9-11, que localiza João e seus leitores durante o reinado do sexto de sete imperadores romanos (ver Vol. I §6.2 para a lista dos imperadores romanos e suas datas). Todavia, incertezas acerca de como João pretendia que os imperadores fossem enumerados, e se pretendia que o número sete fosse literal ou um símbolo para toda a série de imperadores, torna a passagem inútil para determinar a data em que o Apocalipse foi escrito. "Sete reis" parece representar a linha de imperadores como um todo, e João deseja que seus leitores saibam que eles estão perto do fim de uma história que está sob o controle soberano de Deus. Esse modo de comunicação não permite que a erudição moderna se baseie neste texto para calcular a data de Apocalipse.

As seguintes razões têm convencido a maioria dos eruditos contemporâneos de que o Apocalipse foi escrito na última parte do reinado de Domiciano, ca. 95 d.C.

- A mais antiga tradição é que João escreveu o Apocalipse "perto do fim do reinado de Domiciano, quase em nossos dias" (Irineu, *Contra as Heresias* 5.30.3. Assim também Eusébio, *HE* 5.8.6-7).
- O uso de "Babilônia" para Roma (14,8, caps. 17-18, cf. esp. 17,18). Literaturas judaicas e cristãs escritas depois da revolta de 66-70 usaram "Babilônia" como um símbolo transparente para Roma, uma vez que Roma cercou e destruiu Jerusalém tal como os babilônios tinham feito séculos antes (2 Rs 25; cf. *2 Esd* 3,1-2; 28-31; *2 Ap Bar* 10,1-3; 11,1; 67,7; *Sib Or* 5.143, 159;

1 Pd 5,13). Essa prática não se tornou comum até depois da destruição da cidade, e não teria sido apropriada antes.

- O autor está familiarizado com as cartas de Paulo e outras fontes que apontam para a geração posterior a Paulo.
- A pressuposta situação social, religiosa e política se encaixa no reinado de Domiciano. A difundida pressão cultural do culto a César na Ásia foi intensificada depois de 85 d.C., quando Domiciano começou a insistir que ele deveria ser chamado "dominus et deus noster" ("nosso Senhor e Deus", Suetônio, *Domitian* 10,5; 11,1-3; 13,2; 14,4; cf. Ap 4,11). Ele tomou medidas contra qualquer grupo suspeito de desafiar sua autoridade, e expulsou os filósofos de Roma. Domiciano não iníciou uma grande perseguição contra a igreja, mas em casos individuais cristãos foram executados. A situação descrita por Suetônio se encaixa no cenário de Apocalipse.
- O mito do *Nero redivivus*. Nero foi o primeiro imperador a perseguir as igrejas. Depois de sua morte, surgiu uma lenda de proporções míticas de que ele estava na Pártia, ou no mundo inferior, e retornaria com um poderoso exército em grande fúria. Essa lenda foi especialmente proeminente no tempo de Domiciano; sua imagem permeia o Apocalipse, e.g., 13.1-18.
- Os pontos de contato com a emergente comunidade joanina apontam para um tempo ao redor do final do primeiro século.

Data das cartas Joaninas

A primeira confirmação extracanônica de qualquer uma das cartas joaninas é a clara alusão a 2 Jo 7 (e 1 Jo 4,2-3) em Policarpo *Phil* 7,1, ca. 120 d.C. Por outro lado, não há nas Cartas nenhum dado claro que seja relevante para estabelecer suas datas, deixando o estudante a depender da suposta relação com o Evangelho – que tem suas próprias dificuldades em relação à data.

Data do Evangelho

Dados externos para a existência do Evangelho de João são ambíguos até depois da metade do segundo século, quando Justino cita o Evangelho (embora não pelo nome). Se as cartas de Inácio (ca. 110) têm citações ou claras alusões ao texto de João, o Evangelho poderia ser datado de antes, mas as alegadas citações parecem ser apenas ecos de linguagem tradicional que compartilham em comum. O fragmento do Evangelho de João encontrado no Egito, $\mathfrak{P}^{52}$, é frequentemente datado ca. 125 d.C., o que argumentaria que o Evangelho de João foi possivelmente composto pelo menos uma década antes. A confiança na precisão de tal data antecipada tem se enfraquecido, e pode ser tão tardia quanto 175 d.C. (ver Vol. I §3.1). Justino, cerca de 150 d.C., continua sendo a atestação mais antiga do Evangelho, o qual é então copiosamente discutido pelo nome nos escritos de Irineu, cerca de 180 d.C.

Dados internos que podem ser relevantes para a datação do documento também estão cheios de ambiguidades. Se o Evangelho foi claramente dependente de Marcos, ele seria pós-70. Se a evidência conclusiva do uso de Mateus e/ou Lucas pudesse ser encontrada, o Evangelho seria consideravelmente posterior. Mas a questão da relação do quarto Evangelho com os Sinóticos permanece disputada (ver abaixo §27.3). Tanto as Cartas como o Evangelho refletem as disputas internas contra os falsos mestres (docetistas), mas a data destas disputas e cisma resultante é difícil de definir. O Evangelho (não as cartas) reflete conflitos com a sinagoga, mas se tais conflitos estão relacionados às decisões tomadas em Jâmnia nos anos 80, é uma questão controversa. Da mesma forma, não está claro se a expulsão das sinagogas está relacionada às decisões de Jâmnia, e, mesmo assim, se estes conflitos formam o contexto no qual o Evangelho de João foi composto, ou se já está num passado distante. A linguagem metafórica atemporal (verdade, caminho, vida, etc.) torna difícil localizar o Evangelho num contexto histórico particular. Isso tem permitido que estudiosos sérios propusessem uma ampla gama de datas, tendo-o como o mais antigo evangelho, escrito antes de 70, ou como o mais tardio escrito do Novo Testamento, escrito por volta de 140 d.C.[7] É provável, entretanto, que Jo 11,48 pressupõe a guerra judaica e a destruição do templo. O comentário de Herácleon na segunda metade do segundo século constitui o *terminus ante quem,* assim o leque de possiblidades se estende desde ca. 75 a 140 d.C. Dentro desse leque, determinar onde o Evangelho de João mais provavelmente se encaixa depende de como alguém o relaciona aos outros escritos joaninos e desenvolvimentos no interior da escola joanina.

---

[7] Antes de 70: E. R. GOODENOUGH, "John: A Primitive Gospel," *JBL* 64, no. 145-182 (1945), 145-182; ROBINSON, *Priority of John*, 67; cf. seu detalhado argumento em JOHN A. T. ROBINSON, *Redating the New Testament* (Philadelphia: Westminster, 1976), 254-311; BERGER, *Im Anfang war Johannes*, ca. 140; WALTER SCHMITHALS, *Johannesevangelium und Johannesbriefe: Forschungsgeschichte und Analyse* (64; Berlin: de Gruyter, 1992), 422.

25.3 A comunidade joanina e seus conflitos: de Jerusalém a Éfeso[8]

A existência de uma tradição da escola joanina é evidenciada pelo "nós" que está por trás das Cartas e do Evangelho, incluindo o anexado capítulo 21, que não é tão usado em qualquer outro documento do Novo Testamento (ver sobre 1 Jo 1,1-4). Um grande número de conceitos teológicos e vocabulário distintivos representa o idioleto/socioleto distintivo de 1ª-3ª João e o Evangelho (e.g., mantendo o antigo/novo mandamento de Jesus de amar o irmão/irmã, [2 Jo 4-6; 1 Jo 2,3-4; 7-8; 3,11.22-23; Jo 13,34-35; 14,15.21.23; 15,10.12]; o contraste dualístico entre Deus e o mundo [2 Jo 7; 1 Jo 2,15-17; 4,3-6; Jo 14-16]; a unidade do Pai e o Filho [2 Jo 9; 1 Jo 1,3; 2,22-23; 4,14; Jo 5,20; 10,30.38; 14,10]; a vinda de Jesus Cristo "na carne" [2 Jo 7; 1 Jo 4,2; Jo 1,14]; sendo "nascido/gerado de Deus" [1 Jo 2,29; 3,9; 4,7; Jo 1,13; 3,3-5]; "conhecendo" e "vendo" Deus [1 Jo 2,3-5.13-14; 3,1.6.9; 4,6-8; 3 Jo 11; Jo 1,10.18; 6,46; 8,19.55; 14,7.9.20; 15,24; 16,3; 17,25]; "permanecendo" em Deus, amor, na verdade, no ensinamento [μένω, *menō*, 1 Jo 2,19; 3,9.14; 3,24; 4,12-13.16; 2 Jo 2,9; Jo 6,56; 8,31; 14,10.17; 15,4-7.9-10]. Para mais exemplos, ver o distintivo vocabulário do quarto Evangelho abaixo, §27.1.3. A tradição da escola joanina é também evidenciada pelo uso da terminologia associada com outras escolas, que se refere aos seus membros como "amigos" (φίλοι, *philoi*) e à sua escola como uma "comunhão" ou "parceria" (κοινωνία, *koinōnia*).[9]

Os eventos na história da comunidade Joanina podem ser inferidos a partir de Apocalipse, 1ª-3ª João e o quarto Evangelho. Estes pontos podem ser vinculados em mais de uma maneira, dependendo

---

[8] Raymond E. Brown, *The Community of the Beloved Disciple. The Life, Loves, and Hates of an Individual Church in New Testament Times* (New York: Paulist Press, 1979) é a mais clara e mais detalhada tentativa de escrever uma história da comunidade Joanina, porém admitidamente especulativa ("estará satisfeito se sessenta por cento é verificável"). A reconstrução de Culpepper é menos ambiciosa, mas entre todas a mais valiosa por causa de sua cautela histórica (Alan Culpepper, *The Gospel and Letters of John* (Interpreting Biblical Texts; Nashville: Abingdon, 1998), 54-61). Ambos pressupõem que o Evangelho precede as Cartas.

[9] Cf. R. Alan Culpepper, *The Johannine School: An Evaluation of the Johannine-School Hypothesis Based on an Investigation of the Nature of Ancient Schools* (SBLDS 26; Missoula, Mont.: Scholars Press, 1975), 250.

entre outras coisas, em como a sequência relativa dos textos é entendida. A seguinte construção organiza os elementos do trabalho na escola joanina em uma cronologia plausível.

25.3.1 O ἀρχή (*archē*, princípio, fonte, norma) na Judeia, Samaria e Galileia

O autor(s) do quarto Evangelho e das Epístolas Joaninas acreditavam que a distintiva tradição joanina se estendia de volta ao "princípio", i.e., ao ministério de Jesus mesmo. Entre os primeiros discípulos, um foi posteriormente caracterizado no Evangelho de João como "o discípulo a quem Jesus amava", o Discípulo Amado considerado como a principal testemunha da tradição joanina e fundador da escola joanina. Ele parece ter sido um judeu, e pode ter sido um discípulo de João o Batista antes de se tornar um seguidor de Jesus.

Algumas similaridades com a linguagem e teologia dos manuscritos de Qumran podem refletir contatos com o movimento essênio na Palestina durante esse tempo. O conhecimento exato da geografia palestina, especialmente de Jerusalém e da Judeia, sugere que a tradição joanina tem raízes judaicas primitivas.

Missão samaritana. Nos sinóticos e Atos, Jesus não realiza nenhuma missão à Samaria (Mt 10,5 proíbe explicitamente de ir para os samaritanos), mas após a ressurreição a comunidade protocristã evangelizou Samaria com êxito, em parte como subproduto da perseguição pelos líderes judeus na Judeia (At 8). Em Atos, essa missão é a obra dos cristãos helenistas. O relato da aceitação da mensagem de Jesus por parte dos samaritanos em Jo 4 parece refletir o êxito da missão aos samaritanos.

25.3.2 Centrado em Éfeso

A tradição que começou na Judeia nos anos 30, pelo final do primeiro século tinha se espalhado para a província romana da Ásia, com Éfeso como o centro a partir do qual os escritos joaninos emanaram. Enquanto o Apocalipse é firmemente localizado na Ásia, outros locais têm sido propostos para o Evangelho de João e as Cartas (Transjordânia, Alexandria, Antioquia, até mesmo Roma). A maioria dos estudiosos considera Éfeso como o cenário para todos os escritos joaninos, pelas seguintes razões:

1. A tradição patrística é unânime em associar toda a literatura joanina com Éfeso.
2. A mais antiga atestação da literatura joanina procede da Ásia: Policarpo de Esmirna, montanismo e os *Atos de João.*
3. Uma vez que o Apocalipse foi claramente escrito para Éfeso e outras igrejas na Ásia, conexões do Evangelho e das Epístolas com o Apocalipse apontam para Éfeso.
4. Contatos com a escola paulina sugerem Éfeso (e.g., imagem nupcial, Cristo como noivo, igreja como noiva, são encontrados apenas no quarto Evangelho, no Apocalipse e na tradição paulina).
5. Explicação de costumes judaicos, termos, e nomes de lugares apontam predominantemente para uma igreja em uma área distante da Palestina (1,38.41; 2,6; 4,9.25; 11,55; 18,20.28b; 19,40b). Todas as pessoas nomeadas nas Cartas possuem nomes gentios: Demétrio, Gaio e Diótrefes.
6. Éfeso era uma cidade cosmopolita que incluía muitos judeus de vários tipos, incluindo discípulos de João Batista (At 18,24-19,7). Os samaritanos eram conhecidos muito além de Samaria.
7. "João" é o nome bíblico mais frequente nas inscrições efesinas, ocorrendo 18 vezes.[10]
8. As disputas sobre cristologia e eucaristia entre os cristãos, refletidas tanto nas Cartas quanto no Evangelho, são similares às disputas nas cartas de Inácio às igrejas da Ásia no mesmo período.

25.3.3 Interação com outros movimentos religiosos

A comunidade joanina começou no judaísmo palestino. Embora mantendo suas raízes bíblicas e judaicas, no curso de sua história ela interagiu com certa variedade de correntes intelectuais. Existem algumas indicações de diálogo e debate com o emergente judaísmo rabínico. Mas desde o início a comunidade parece mais afetada pelos movimentos judaicos sectários ou marginais que não se tornaram a corrente principal do judaísmo: os seguidores de João Batista, elementos essênios similares àqueles da comunidade de Qumran, influências samaritanas, a tradicional sabedoria judaica helenista como representada por Filo. Durante sua peregrinação geográfica e teológica, a comunidade envolveu e apropriou-se de alguns dos conceitos das várias correntes da religião e filosofia helenista, o "mais elevado helenismo"

---

[10] SJEF VAN TILBORG, *Reading John in Ephesus* (NovTSup 83; Leiden: Brill, 1996), 2-3.

da filosofia estoico-cínica e o tipo de pensamento que posteriormente emergiu nos escritos gnósticos e herméticos. O espectro da teologia que emergiu da escola joanina em Éfeso é diferente do de seu início na Judeia, mas ela permaneceu essencialmente judaica em sua orientação. Os mestres joaninos aprenderam a formular pontes conceituais que fizeram sua teologia compreensível para o mundo intelectual mais amplo, sem se render a ele.

Ao longo do caminho, três eventos traumáticos afetaram drasticamente a vida e pensamento dos cristãos joaninos: separação da sinagoga, perseguição e ameaças do governo romano, e um cisma dentro de suas próprias fileiras. Tanto a separação da sinagoga como o cisma interno deve ser visto como um processo que se estendeu durante um período considerável, antes que um único evento dramático.

1. Separação da sinagoga e formação de uma comunidade separada

A comunidade joanina começou como um grupo de judeus no interior da sinagoga que vieram a crer em Jesus como Messias. Eles tinham "encontrado o Messias", e convidaram outros a fazer o mesmo (Jo 1,35-39). Eles continuaram sendo judeus praticantes; não há sugestão nos escritos joaninos de que os seguidores de Jesus tenham se envolvido em disputas com os líderes da sinagoga acerca da Torá. Ao passo que sua cristologia se desenvolvia, os cristãos joaninos pareciam estar cada vez mais perto, aos olhos dos líderes judeus, de fazer de Jesus um segundo Deus. Tal afirmação era considerada blasfêmia; a punição poderia incluir pena de morte. As disputas se intensificaram; pode ter havido julgamentos e execuções, ou entrega de cristãos aos romanos para serem punidos.[11] Aqueles seguidores de Jesus que agora se encontravam fora da sinagoga acreditaram que haviam sido expulsos involuntariamente.

---

[11] Essa é a tese defendida por MARTYN, BROWN, DAVIES, FORTNA, KYSAR, ASHTON, e amplamente aceita (ver Vol. I §7.6). Alguns estudiosos, e.g., WARREN CARTER, *John: Storyteller, Interpreter, Evangelist* (Peabody, Mass.: Hendrickson, 2006), 164-165, se referem a Jo 9,22; 12,42; 16,2 como "polêmica estereotipada", e questionam se tais afirmações podem ser a base para se inferir a verdadeira história. Mas os relatos de primeira mão de um perseguidor real (1 Co 15,9; Fl 3,6; Gl 1,13.23), o assassinato judicial de Tiago em 63 d.C., e o relato das tentativas das autoridades de Jerusalém para matar o líder de Qumran, bem como o ethos religioso geral, dá crédito a essa afirmações.

Eles continuaram sua evangelização, em e fora da sinagoga, e apelaram aos seus companheiros crentes em Jesus que ainda não tinham se posicionado abertamente, permanecendo no judaísmo, a que se levantassem e assumissem sua fé publicamente.

A exclusão da sinagoga e a formação de uma comunidade distinta separada dos judeus influenciaram profundamente a autocompreensão dos cristãos joaninos. No início, eles ainda eram compostos principalmente de judeus étnicos e talvez alguns gentios "tementes a Deus" que os tinham seguido desde a sinagoga antes de se tornarem completamente judeus – outro fator que aumentou a distância e maus sentimentos entre as duas comunidades. Pelo tempo em que o Evangelho foi escrito, grande parte da comunidade era composta de gentios, os quais necessitavam que os termos judaicos lhes fossem explicados (cf. a lista acima). Assim, na linha da história que formou a autocompreensão da comunidade joanina, "judeu" pode algumas vezes significar "aquele que teve a oportunidade de aceitar a verdadeira revelação de Deus, mas a recusou."[12] Mas na teologia joanina, *todos* tiveram essa chance, seja judeu ou gentio (1,1-5.10-11). "Judeus" se tornou um termo simbólico, do tipo "o mundo", uma designação para aqueles que não creem em Jesus como Messias. O termo não é radical ou antissemítico. Num contexto samaritano, Jesus é etnicamente e religiosamente um judeu, e a "salvação vem dos judeus" (4,22). Com uma mente um tanto sectária, os cristãos joaninos consideravam-se agora como os verdadeiros filhos de Deus, e os outros, incluindo seus companheiros de outrora na sinagoga, eram considerados os "judeus", "o mundo", e até mesmo como "filhos do diabo". Assim como os traumas e hostilidades da Reforma permaneceram por gerações na consciência tanto de protestantes quanto de católicos romanos, foram celebradas em festivais, e continuaram a influenciar as perspectivas e escritos de ambas as comunidades, assim a separação da sinagoga foi parte da autocompreensão da comunidade joanina, embora tal separação

---

[12] Ἰουδαῖος (*Ioudaios*, judeus) é um termo complexo no quarto Evangelho. Sobre toda a questão dos judeus, e possível antijudaísmo no quarto Evangelho, ver R. Bieringer, Didier Pollefeyt, and F. Vandecasteele-Vanneuville, "Wrestling with Johannine Anti-Judaism: A Hermeneutical Framework for the Analysis of the Current Debate," in *Anti-Judaism and the Fourth Gospel: Papers of the Leuven Colloquium, 2000*, ed. R. Bieringer, Didier Pollefeyt, and F. Vandecasteele-Vanneuville (Louisville: Westminster John Knox, 2001), 3-44, e outro ensaio nessa coleção.

provavelmente tenha ocorrido algum tempo antes de o Evangelho de João ser escrito. Esta "separação dos caminhos" parece ser assumida, em vez de argumentada, pois colocaria o quarto Evangelho no final da trajetória do cristianismo primitivo.

2. Ameaças e perseguição por parte do governo romano

No tempo em que os cristãos joaninos ainda estavam na sinagoga, os romanos os consideravam com tolerância, como faziam com os outros judeus. Uma vez que se tornaram uma comunidade separada, os cristãos não mais desfrutaram da proteção de pertencer a uma religião legal. O fato de que Jesus tinha sido oficialmente executado pelos romanos, e o novo reino do qual os cristãos falavam, fizeram deles o alvo do entusiasmo patriótico pró-Roma que prevalecia especialmente na Ásia. Perseguição por cidadãos locais, prisões esporádicas e até mesmo sentenças de morte fizeram aumentar a ansiedade e encorajaram a escatologia apocalíptica entre alguns elementos dos cristãos joaninos (cf. §26.1.4 abaixo). Quando as sinagogas passaram a negar que o grupo joanino ainda pertencia à comunidade judaica, aumentou a hostilidade e o ressentimento do lado cristão aumentaram, de modo que alguns identificaram as sinagogas como "sinagogas de satanás" (Ap 2,9; 3,9). Outros no interior da comunidade joanina, que se consideravam mais progressistas, desenvolveram maneiras de pensar acerca de Jesus e a fé cristã que se adaptaram à cultura e os protegia da perseguição – o que os mais conservadores consideraram como traição à fé.

3. Disputas e cisma no interior da comunidade

Tensões eram evidentes já em 2 João. Estas se intensificam em 3 João, provavelmente escrita apenas um pouco mais tarde. Pelo tempo de 1 João, a comunidade joanina já tinha se tornado em dois grupos distintos e hostis; o autor se lembra e trata do cisma nós/eles: usualmente, "eles" costumava fazer parte de "nós". O desenvolvimento das afirmações cristológicas da comunidade se tornam unilateralmente extremas. Interagindo com ideias protognósticas, e com mestres cristãos que já tinham interpretado Jesus nas categorias gnóstico-docética, alguns na comunidade começaram a entender a divindade de Cristo de uma forma que comprometia sua verdadeira humanidade.

Da mesma forma, a compreensão escatológica da comunidade, de acordo com a qual eles já tinham sido libertos do pecado, já tinham passado da morte para a vida, já tinham a vida eterna, resultou em afirmações extremas que comprometiam a humanidade dos crentes. Embora eles ainda permanecessem no mundo, alguns cristãos joaninos começaram afirmar que não mais estavam envolvidos na pecaminosidade humana. Jo 8,30-36 reflete um tempo na história da comunidade quando crentes judeus cristãos eram exortados a continuar com Jesus, e não pretender ser sem pecado. A cena retratada em Jo 8 reflete tanto o conflito com os judeus que levou à expulsão dos cristãos da sinagoga, como os conflitos internos entre cristãos, nos quais os dissidentes eram rotulados como não pertencendo à verdade, mas sendo filhos do diabo. Os extremistas de esquerda perecem ter sido expulsos (1 Jo 2,19; 4,2) e, na teologia dualística da comunidade, foram considerados não apenas como pertencendo "ao mundo", mas sendo anticristos ou filhos do diabo. As Epístolas, e a forma final do Evangelho, refletem tanto a provação da separação da sinagoga como o trauma da dissensão entre as fileiras da própria comunidade.

25.3.4 Dissolução final e integração da comunidade joanina

Na edição final do Evangelho de João – a única que realmente temos, é claro – vemos reflexos destas crises prévias, mas também pistas de sua resolução final. O grupo(s) representado pelo Presbítero estava adaptado às estruturas pastorais representadas por Pedro, e acabou sendo integrado à emergente igreja protocatólica. Eles trouxeram consigo a profunda cristologia que desempenharia um papel decisivo na formação do credo ortodoxo de Niceia e Calcedônia. Os oponentes, por sua vez, parecem ter sido absorvidos pelos movimentos gnóstico e montanista.

25.4 Para leitura adicional

BROWN, R. E. *The Community of the Beloved Disciple. The Life, Loves, and Hates of an Individual Church in New Testament Times*. New York: Paulist Press, 1979.

CULPEPPER, R. A. *John, the Son of Zebedee: The Life of a Legend*. Minneapolis: Fortress, 1999.

FORTNA, R. T. *The Fourth Gospel and Its Predecessor: From Narrative Source to Present Gospel*. Philadelphia: Fortress, 1988.

__________. *The Gospel of Signs: A Reconstruction of the Narrative Source Underlying the Fourth Gospel*. Society of New Testament Studies Monograph Series. Vol. 11, Cambridge: Cambridge University Press, 1970.

MARTYN, J. L. *History and Theology in the Fourth Gospel*. New York: Harper & Row, 1968.

SMITH, D. M. *John among the Gospels*. 2nd ed. Columbia, SC: University of South Carolina Press, 2001.

26

Cartas da Comunidade Joanina: Apocalipse, 1ª, 2ª e 3ª João

26.1 Interpretando Apocalipse

O Apocalipse é uma carta pastoral de um profeta cristão para grupos cristãos específicos na Ásia no final do primeiro século d.C. Estes grupos cristãos estavam sendo confrontados com uma situação política regional, acerca da qual eles deveriam tomar decisões que afetariam suas vidas. O autor escreve para transmitir a mensagem do Cristo ressuscitado a esta situação, para compartilhar sua visão do mundo transcendente e do único Deus soberano que está no controle da história, encorajando seus destinatários a permanecerem fiéis à sua confissão do único Deus verdadeiro, mesmo em face das pressões culturais e religiosas representadas pelo ressurgimento do culto ao imperador.

O item mais importante na interpretação do Apocalipse é o *gênero*. Três fatores genéricos são importantes, todos introduzidos nos primeiros cinco versos de Apocalipse: carta, profecia, apocalíptica.

26.1.1 Apocalipse como Carta

As penetrantes imagens apocalípticas estão inseridas na estrutura de uma carta real de João para as igrejas da Ásia. Não devemos pensar no Apocalipse como um apocalipse que contém as "cartas às sete igrejas", mas como uma carta às igrejas que contém massiva imagética apocalíptica.

As características epistolares de Apocalipse não são incidentais para sua forma, nem opcionais em sua interpretação. Como Paulo uma geração antes, o autor esperava que sua carta fosse lida em voz alta, de uma vez, nas reuniões de adoração das igrejas para as quais foi endereçada (Ap 1,3). A carta começa (1,4-5a) e termina (22,21) com a forma epistolar que se tonou convencional nas cartas paulinas. Como no caso de Paulo, a carta é um substituto para a presença pessoal do profeta. Em contraste com um livro ou ensaio, uma carta se destina a leitores particulares em uma situação particular. A situação das igrejas destinatárias, como percebida por João, está diretamente refletida nas mensagens proféticas dos capítulos 2-3.

26.1.2 Apocalipse como profecia

O autor afirma profetizar (10,1.11), escrever profecia (1,3; 19,10; 22,6.10), e pertencer ao grupo de profetas da igreja (11,18; 16,6; 18,24; 22,9) que permanece na linha dos profetas bíblicos (10,7) e que, como eles, são confrontados pelos falsos profetas (2,20; cf. 16,13; 19,20; 20,10). Semelhante aos profetas bíblicos, ele não afirma predizer um futuro histórico de longo prazo, mas endereça a palavra divina para seus contemporâneos, e declara o iminente futuro escatológico.

26.1.3 Apocalipse como apocalíptica

O Apocalipse está repleto de conteúdo apocalíptico, e compartilha muitas caraterísticas com outros apocalipses judeus e cristãos (ver Vol. I §7.6.1): ele é literatura de crise, de escopo cósmico, tem uma perspectiva incomparavelmente dualística sobre o universo comunicada em símbolos misteriosos, esotéricos. O Apocalipse é incomparavelmente dualístico e pessimista, retratando o presente mundo como preso em uma luta entre Deus e Satanás, na qual anjos e demônios desempenham um papel importante. Em última análise, entretanto, sua apocalíptica é monoteísta e cheia de esperança, pois o único Deus finalmente exercerá seu poder salvífico e soberano.

[FOTO 42 – Sardes, uma das sete igrejas citadas em Ap 2-3. Crédito da foto: David Padfield.].

Uma vez que o Apocalipse tem sido frequentemente entendido como predizendo um futuro de longo alcance, é importante ver que o autor compartilha uma perspectiva-chave da apocalíptica: sua expectativa de que Deus intervirá *em breve*. Esse tema da proximidade do fim não é incidental ou opcional, mas entremeado no tecido do Apocalipse como um todo.

- 1,1 – O livro revela o que em breve deve acontecer; o autor adiciona "em breve" para a frase bíblica tomada de Dn 2,28.
- 1,3 – A conclusão enfática dá a base para a resposta obediente para a qual o profeta chama seus leitores: "O tempo está próximo".
- 2,16 – O Jesus ressuscitado adverte aqueles em Pérgamo para que se arrependam, pois ele virá em breve.
- 2,25 – O Jesus ressuscitado encoraja a fiel Tiatira a reter o que tem "até que ele venha". Embora nenhum intervalo seja especificado antes dessa "vinda" acontecer, a palavra perde sua função de encorajar uma resistência firme se um longo período está destinado, e se torna totalmente sem sentido se um período de séculos é o que ela significa.
- 3,11 – Similarmente à igreja em Filadélfia, "venho sem demora" funciona como um incentivo à fidelidade.

- 3,20 – "Eis que estou à porta e bato" é uma imagem temporal frequentemente encontrada na apocalíptica, refletindo a brevidade do tempo antes da vinda de Cristo: ele já está à porta (cf. Mc 13,29; Lc 12,36; Tg 5,9).
- 6,10-11 – As almas dos mártires, que já estão no céu e clamam a Deus pelo juízo escatológico do mundo perguntando "até quando?", recebem a resposta animadora de que devem esperar "só um pouco mais."

[FOTO 43 – Éfeso, uma das Sete Igrejas em Ap 2-3. Crédito da foto: David Padfield].

- 10,6-7 – Na visão, o "anjo poderoso" jura pelo Criador que "já não haverá demora", mas que o "mistério de Deus, como anunciado aos seus servos os profetas", i.e., o plano divino de estabelecer o justo governo de Deus no final da história, está perto de ser cumprido.
- 11,2-3; 12,6 – O mais longo período mencionado em Apocalipse é este espaço de tempo descrito várias vezes como quarenta e dois meses, ou mil duzentos e sessenta dias, derivado do período de três anos e meio profetizados em Dn 7,25; 8,14; 9,27; 12,7.11.12. Este período se tornou um prazo apocalíptico tradicional (cf. Lc 4,26 e Tg 5,17 vs. 1 Rs 17,1; 18,1). Embora não devamos pensar que João tomou o período como uma definição literalmente exata de quanto tempo restava para o fim, também não há razão para interpretá-lo em termos de gerações ou séculos, como o contexto em cada exemplo deixa claro.
- 12,12 – O mal que as igrejas de João estão sofrendo se intensificará, na visão de João, porque o diabo "sabe que pouco tempo lhe resta".

- 17,10 – Existem sete imperadores ao todo, e João e seus leitores/ouvintes vivem no tempo do sexto, i.e., pouco antes do breve período final da história.
- 22,6 – O anjo declara que as visões precedentes revelam "o que em breve deve acontecer".
- 22,7 – O Cristo ressuscitado declara "venho sem demora".
- 22,10 – Em contraste com Daniel, que foi composto na forma literária de um documento escrito séculos antes dos eventos com os quais ele lida ocorrerem, e então selado até o tempo apropriado, o Apocalipse não deve ser selado, "porque o tempo está próximo", i.e., ele trata com eventos do tempo em que é escrito.
- 22,12 – O Cristo ressuscitado declara (outra vez!) que vem sem demora.
- 22,20 – "Certamente venho sem demora" são as últimas palavras celestiais que João escuta.

Sobre a variedade das formas que os teólogos protocristãos interpretaram essa proximidade apocalíptica do fim, ver o resumo abaixo em §27.5 sobre Jo 13-17.

Diferenças. Em acréscimo à sua forma e função epistolar, Apocalipse possui duas diferenças em relação aos típicos apocalipses judaicos:

(1) *Não é pseudônimo.* Ao contrário de outros escritores de livros apocalípticos, João dá seu próprio nome, escreve em sua própria pessoa, em vez de assumir o nome de alguma figura do passado. João e suas igrejas não mais acreditavam que o dom profético do Espírito Santo era apenas um aspecto lembrado do passado reverenciado. Era uma questão de sua própria experiência que o Espírito falou outra vez para as igrejas através dos profetas cristãos (ver 1,10; 2,7.11.17.29; 3,6.13.22; 4,2; 22,17).

(2) *Não há uma visão retroativa da história.* Uma vez que João escreve em seu próprio nome e para seu próprio tempo, não há necessidade de ele adotar uma pré-visualização fictícia da história entre o tempo do suposto autor antigo e o tempo do próprio autor real (cf., e.g., Daniel, *1 Enoque*).

26.1.4 Cenário social e político

Uma boa introdução de primeira mão para a situação social e política enfrentada por João e suas igrejas é fornecida pela comparação da carta de João com a troca de cartas entre Plínio o Jovem e o imperador Trajano (cerca de 115 d.C.). Logo de sua chegada à Bitínia como o novo governador de Roma, Plínio encontrou acusações contra os cristãos na agenda do seu tribunal, mas não sabia como proceder.

Embora escritas 20 anos depois do Apocalipse e na província adjacente à Ásia, Plínio indica que uma situação similar tinha ocorrido 25 anos atrás. Sua carta está perto o suficiente no tempo e lugar para iluminar a situação do Apocalipse:

> Estabeleci como uma norma, meu Senhor, encaminhar a ti todas as coisas acerca das quais estou em dúvida. Pois quem poderia fornecer melhor direção para minhas hesitações ou instrução para minha falta de conhecimento?
>
> Nunca estive presente no interrogatório de cristãos. Portanto, não sei até que ponto tais investigações devem ser levadas, nem que tipos de punições são apropriadas. Também tenho estado incerto quanto a se a idade faz alguma diferença, ou se os inúmeros jovens devem ser tratados da mesma maneira que os adultos, se arrependimento e renúncia do cristianismo é suficiente, ou se o acusado é ainda considerado criminoso por ter sido cristão uma vez e depois renunciar, e se pessoas devem ser punidas simplesmente pelo nome de "cristãos" mesmo sem ter cometido nenhum ato criminoso, ou se apenas crimes associados com o nome devem ser punidos.
>
> Nesse meio tempo, tenho tratado aqueles que têm sido denunciados a mim como cristãos da seguinte maneira: eu pergunto se são cristãos. Aos que respondem afirmativamente, pergunto uma segunda e uma terceira vez sob ameaça de pena de morte. Se eles persistem em sua confissão, eu os executo. Pois o que quer que seja que eles realmente estão defendendo, parece-me que a obstinação e teimosia devem ser punidas em qualquer caso. Outros que atuam sob a mesma ilusão, mas que são cidadãos romanos, determino que eles sejam enviados a Roma.
>
> No curso das investigações, como frequentemente acontece, acusações são trazidas contra círculos mais amplos de pessoas, e os seguintes casos especiais tem emergido:
>
> Um cartaz não assinado foi publicado, acusando um grande número de pessoas pelo nome. Aqueles que negaram ser cristãos, agora ou no passado, achei necessário soltar, visto que eles invocaram nossos deuses de acordo à fórmula que eu os dei, e uma vez que ofereceram sacrifícios de vinho e incenso diante da tua imagem que eu trouxe para este fim, juntamente com as estátuas dos nossos deuses, e também tiveram que amaldiçoar a Cristo. É dito que os cristãos verdadeiros não fazem qualquer dessas coisas, mesmo se forçados.
>
> Outros acusados com esse crime, ao princípio admitiram que tinham de fato sido cristãos, mas desistiram de ser, alguns deles a três anos atrás, alguns até bem antes, alguns já a vinte e cinco anos atrás. Todos esses adoraram a tua imagem e as estátuas dos deuses, e amaldiçoaram

a Cristo. Eles constataram, entretanto, que toda a sua culpa ou erro consistiu no fato de que em um determinado dia antes do amanhecer estavam acostumados a se reunir e cantar um hino antifonal a Cristo como seu deus e se comprometer por um juramento a não se envolver em qualquer crime, mas abster-se de roubo, assalto, e adultério, não quebrar sua palavra depois de ter sido dada, e não se recusar a pagar a suas dívidas. Eles então seguiam seus caminhos separados, e se reuniam posteriormente para comer uma refeição comum, mas era alimento inofensivo, normal. Eles inclusive interromperam essa prática de acordo com o meu edito, pelo qual proibi associações políticas, de acordo com as tuas instruções. Eu considerei tudo o mais necessário para obter pela tortura uma confissão da verdade de duas escravas, a quem chamavam "diaconisas". Eu não encontrei nada mais que uma vulgar e excessiva superstição.

Assim, adiei novas audiências, a fim de buscar conselho de ti. A questão me parece precisando de um bom conselho, especialmente em vista do grande número de acusados. Pois muitos, de todas as idades e classes, de ambos os sexos, estão em perigo de perseguição tanto agora como no futuro. A praga dessa superstição tem se espalhado não apenas nas cidades, mas através de vilas e no campo. Mas creio que ela pode ser parada e um remédio provido. Em qualquer caso, está relativamente claro que os templos, quase desertos anteriormente, estão gradualmente reunindo mais e mais visitantes, os festivais sagrados a muito negligenciados estão outra vez sendo regularmente observados, e a carne dos sacrifícos para a qual compradores estavam sendo difíceis de encontrar, está outra vez sendo comprada. A partir disso pode-se facilmente ver que uma melhoria pode ser feita nas massas, quando se dá espaço para arrependimento.

A resposta do imperador:

Meu Secundus! Você escolheu o caminho certo no que diz respeito aos casos daqueles que foram acusados diante de ti como cristãos. Nada existe que possa ser considerada uma norma universal para tais casos. Os cristãos não devem ser caçados. Mas se eles são acusados e presos, eles devem ser punidos, mas apenas se eles não renunciarem sua identidade como cristãos e se recusarem a demonstrar sua renúncia pelo ato apropriado, i.e., a adoração de nossos deuses. Mesmo que alguém seja suspeito por causa de sua conduta passada, ele ou ela deve ser absolvido em vista de arrependimento.

Acusações anônimas não podem ser consideradas em qualquer julgamento, pois seria um precedente perigoso, e não se encaixa nos nossos tempos. (*Plínio, o Jovem, Cartas*, X:96-97)

Para ser observado:

- Plínio é previamente inconsciente do grupo cristão. Embora fosse um governador romano informado, ele não tinha experiência em lidar com cristãos, e não sabia como responder às acusações contra eles. Não há claramente nenhuma política oficialmente estabelecida, nenhuma perseguição de cristãos em todo o império, e o império não toma iniciativa contra eles. A iniciativa vem do povo local que trás acusações contra os cristãos nas cortes romanas.
- Adoração diante da imagem do imperador era a prova decisiva da lealdade a Roma. Os cristãos fiéis se recusavam a cumprir.
- A precária situação dos cristãos. Alguns cristãos são mortos por manterem firme a sua confissão. Tais casos, usados pelos romanos para "enviar uma mensagem" a grupos potencialmente perigosos, já tinham ocorrido quando o Apocalipse foi escrito. Embora não havia uma perseguição romana geral no tempo de João, ele viu tais casos como o prenúncio de uma perseguição geral prestes a vir, na qual todos os cristãos enfrentariam a decisão de ou "adorar a besta" ou perseverar em sua confissão de Jesus como Senhor.
- A posição social da comunidade cristã não é especificamente indicada. Não há indicação de que ela era um movimento apenas entre os pobres e escravos, embora as arbitrariedades do poder romano sejam indicadas quando o governador tortura duas escravas a fim de determinar se o movimento é de fato politicamente perigoso – como ele acaba não sendo. Os cristãos são pessoas que pagam suas dívidas; alguns são cidadãos romanos. Plínio se refere a "círculos mais amplos" sem indicação de sua posição social ou econômica. Presumivelmente muitos, talvez a maioria, pertencia à camada socioeconômica mais baixa, mas Plínio não considera o movimento cristão um protesto dos pobres contra os ricos. Não há dúvidas que a visão de João retrata o juízo de Deus contra os ricos exploradores do mundo representados por Babilônia/Roma (e.g., 18,3), mas é o mundo todo, pobres e ricos, escravos e senhores, que estão sob o juízo de Deus (cf. 6,15-17; 19,18).
- "Senhor", "Arrependimento", "Persistência" são palavras-chave. Os cristãos devem decidir se reconhecem a César como Senhor. As autoridades romanas insistem que aqueles que resistem ao culto do imperador mudam suas mentes ("arrepender-se"), e lhes dão a oportunidade de salvar suas vidas ao fazerem o que lhes dizem. Aqueles que persistem em sua resistência são descritos como "resistentes", considerados pelos romanos como arrogantes e obstinados. Esse vocabulário também é central para João, mas as possibilidades são invertidas. Jesus é o único Senhor a ser

confessado. Arrependimento é reorientar a vida para longe da religião e valores culturais romanos, em vez de em direção a eles. Persistência, aguentando firme e mantendo a confissão, é a qualidade central da vida cristã em vez de algo a ser punido.

26.1.5 Cenário da igreja

Apocalipse e as igrejas joaninas

O Apocalipse é escrito para igrejas na província da Ásia, a mesma área na qual as igrejas joaninas estavam em casa, com Éfeso como um ponto central. Algumas imagens e vocabulário comuns compartilhados pelo Apocalipse e o Evangelho de João ilustram tanto similaridades quanto diferenças:

- Ditos cristológicos ἐγώ εἰμι ὁ... (*egō eimi* "Eu sou o/a") são encontrados apenas no Evangelho de João e em Apocalipse.[1]

[FOTO 44 – Escultura da deusa Nike ("Vitória") em Éfeso. Nike era uma imagem popular nas moedas e estatuária gregas. Crédito da Foto: M. Eugene Boring].

---

[1] A forma ocorre apenas em Mt 22,32 (Deus), Mt 24,5 (aqueles falsamente afirmando ser o Messias), e como a própria autoafirmação de Cristo em Jo 4,26; 6,35.41.48.51; 8,12.18; 10,7.9.11.14; 11,25; 14,6; 15,1.5; Ap 1,8.17; 2,23; 21,6; 22,16.

- "Cordeiro" como uma imagem cristológica central, embora a terminologia seja diferente: Apocalipse usa ἀρνίον (*arnion*) 28 vezes para Cristo, o Evangelho usa ἀρνίον apenas em 21,15, em outros lugares usa ἀμνός (*amnos* 1,29.36). O Apocalipse sempre usa *Cordeiro* num sentido absoluto; o Evangelho sempre usa *Cordeiro de Deus.*
- "Verbo" (Λόγος, *Logos*) como uma imagem cristológica central: Ap 19,13; Jo 1,1-2.14. João tem o *Verbo* absoluto; e o Apocalipse, *Verbo de Deus.*
- "Habitar" (σκηνόω, *skēnoō*) para a habitação de Deus/Cristo com os crentes, Ap 7,15; 12,12; 13,6; 21,3; Jo 1,14.
- "Filhos" como um termo para os discípulos de um líder profético, Ap 2,23/Jo 13,33; 1 Jo 2,1.12.28; 3,7.18; 4,4; 5,21 (embora Apocalipse tenha τέκνα [*tekna*] e João e 1 João tenha o diminutivo τέκνια [*teknia*]).
- "Hebreu" (Ἑβραϊστί, *Hebraisti*, para a língua hebraica ou aramaica) apenas sete vezes no Novo Testamento, 5 em João e duas no Apocalipse.
- "Traspassar" (ἐκκεντέω, *ekkenteō*) em referência à crucificação é encontrado apenas em Ap 1,7/Jo 19,37 no Novo Testamento, cada vez em referência a Zc 12,10. Nos relatos da crucificação nos evangelhos, apenas João se refere a Jesus sendo pregado e seu lado sendo traspassado.
- "Tribulação" (θλίψις, *thlipsis*) como um termo distintivo dos sofrimentos escatológicos dos crentes no período antes do Fim, é característico tanto em Apocalipse (5 vezes) como no Evangelho de João (16,21.33).
- Igualmente a linguagem paradoxal "vencer" e "vitória" (νικάω, νίκη, *nikaō, nikē*) para a vida cristã é usada tanto em Apocalipse quanto em outras literaturas joaninas em um sentido distintivo que faz paralelo com sofrimento/vitória de Cristo sobre a cruz com o sofrimento/vitória dos crentes no testemunho e martírio (Ap 2,7.11.17.26; 3,5.12.21; 5,5; 6,2; 11,7; 12,11; 13,7; 15,2; 17,14; 21,7/ 1 Jo 2,13.14; 4,4; 5,4.5; Jo 16,33).
- A imagem do pastoreio tanto nos âmbitos cristológico como eclesiológico (Ap 7,17; 21,6; 22,1.17/ Jo 10,1-17; 21,16-17).
- "Água viva" para vida eterna (Ap 7,17; 21,6; 22,1.17/ Jo 4,10-11; 7,38).
- Adoração autêntica na ausência do templo (Ap 21,22/ Jo 2,19; 4,21-24).
- A ênfase no ministério carismático e dirigido pelo Espírito Santo, em vez de oficiais estabelecidos, é comum a Apocalipse e 1 João, e é a perspectiva dominante do Evangelho.
- Por outro lado, existem diferenças marcantes entre Apocalipse e a outra literatura joanina, e.g., ἅγιος (*hagios*, santo) é usado apenas 6 vezes no Evangelho e nas Cartas, sempre para Deus, Cristo, o Espírito, nunca para os discípulos. No Apocalipse, entretanto, "santo" é encontrado 14 vezes, frequentemente aplicado aos "santos", membros da igreja, como em Paulo. A cristologia do Apocalipse não tem lugar para figuras de Jesus, o operador de milagres, e não há lugar em sua eclesiologia para as ordens oficiais

de ministério, as quais começavam a se desenvolver em algumas igrejas joaninas. João e seus leitores estão alienados da sinagoga, mas em Apocalipse, "judeu" é um termo honroso que não desenvolveu as conotações simbólicas que muitas vezes têm no Evangelho de João (cf. e.g., Ap 2,9; 3,9 e Jo 9,22; 10,31).

Os pontos de similaridades e diferenças sugerem que o autor de Apocalipse não é um membro direto da escola joanina, no entanto, ele faz parte da comunidade joanina e tem uma relação indireta com seus líderes teológicos.

Apocalipse e as igrejas paulinas

As primeiras igrejas paulinas tinham em alta estima o dom de profecia, embora a posterior escola paulina tenha se tornado um pouco desconfiada dos carismáticos (ver §16.1.5 Vol. I). Paulo se referiu aos profetas que entregaram suas revelações no contexto do culto cristão (1 Co 14,1-40, esp. vv. 6, 26). Tal profecia nas igrejas paulinas parece ter sido uma questão *ad hoc*; não temos indicação de que tais profetas compuseram longos documentos para serem lidos diante da congregação. João não era um profeta na tradição paulina neste sentido. Todavia, o Apocalipse está claramente dentro da tradição epistolar paulina, compartilhando a cristologia kenótica paulina e *o gênero carta*. Ao chegar à Ásia, vindo da Palestina, João aparentemente pregou entre as congregações com conexões paulinas, e desenvolveu alguma relação tensiva, dialógica com a tradição paulina. Ele está em relação com as igrejas paulinas da Ásia ao final do segundo século, sem ser parte da escola paulina. Sua mensagem profética toma a forma de uma carta paulina, composta para ser lida em alta voz durante a adoração congregacional (Ap 1,3).

Em vários casos, Apocalipse compartilha temas, vocabulário e conceitos distintivamente paulinos, incluindo:[2]

- "Graça e paz a vós outros" (χάρις ὑμῖν καὶ εἰρήνη, *charis hymin kai eirēnē*, Ap 1,4) em toda literatura antiga é encontrado apenas em Paulo e na literatura influenciada por ele (cf. 10,2.3).

---

[2] Para análise detalhada e bibliográfica, cf. ELISABETH SCHÜSSLER FIORENZA, *The Book of Revelation: Justice and Judgment* (Philadelphia: Fortress, 1985), 114-132.

- "Em Jesus" (1,9); "no Senhor" (14,13) reflete o "em Cristo" do vocabulário paulino (ver §13.3.2, Vol. I).
- "Primícias" (ἀπαρχή, *aparchēn* Ap 14,4) como um descrição da realidade cristã é encontrado, no Novo Testamento, apenas em Paulo e na literatura influenciada por ele.
- Foco em Éfeso, uma igreja fundada por Paulo, mas melhor antes do que agora (Ap 2,1-7). Neste caso, João avalia a fase carismática anterior das igrejas paulinas como superior aos posteriores desenvolvimentos na escola paulina com que ele é contemporâneo.
- A questão de comer carne sacrificada aos ídolos é comum a Paulo e Apocalipse, mas João rejeita a atitude permissiva iniciada por Paulo e desenvolvida no interior da escola paulina, que em seu próprio tempo ele considera como uma acomodação inaceitável com a idolatria (ver abaixo sobre Ap 2-3).
- À semelhança de Paulo e as Pastorais, João resiste a radical escatologia realizada que reduziu a ressurreição à experiência presente (Ap 20,5-6; cf. 2 Tm 2,18).
- João enfatiza mais a dimensão política de confessar a Cristo do que Paulo e a escola paulina. Ele compartilha a confissão cristológica chave κύριος (*kyrios*, Senhor) com eles, mas com títulos do tipo "Rei dos reis" faz com da confissão cristã uma oposição mais explícita ao culto ao imperador.

26.1.6 Fontes, tradições e influências

Experiências proféticas reveladoras. Assim como estudos da profecia judaica e israelita têm deixado claro, a reivindicação profética para revelação direta é combinada com o uso de imagem e materiais tradicionais.[3] A original, numinosa e reveladora experiência pode ser apropriada e comunicada apenas adaptando a imagem e linguagem já presente na mente e experiência do profeta e ouvintes.

A Bíblia de João. Apocalipse está saturado com alusões à Escritura, de modo que suas palavras e imagens estavam disponíveis para fornecer a matéria-prima para suas visões, e os meios literários pelos quais expressá-las. Não há citações diretas, mas as quarenta e oito páginas do texto de Apocalipse na edição padrão (Nestle-Aland[27]) do grego do Novo Testamento contêm aproximadamente quinhentas alusões

---

3 Ver, e.g., JOHANNES LINDBLOM, *Prophecy in Ancient Israel* (Philadelphia: Fortress, 1962), 105-181.

às Escrituras. A Escritura não é citada como uma autoridade passada, mas reapresentada em novas formas e combinações que rompem a distância entre o passado da Escritura e o presente dos leitores e os ouvintes nas igrejas de João. O texto da Escritura se torna em sua mão o veículo para comunicar a palavra atual do Senhor Ressuscitado.

Tradição apocalíptica. João tem muitas imagens em comum com outros apocalipses judeus, como por exemplo, *1 Enoque*, embora ele nunca os mencione nem os cite diretamente. Apocalipse não é uma compilação de material de outros escritores apocalípticos, mas não pode haver dúvidas de que João tenha lido, ouvido e se apropriado de tais imagens para seus próprios propósitos.[4]

Profecias judaicas e cristãs mais importantes. O Apocalipse não é a primeira declaração profética de João como cristão. Quando compõe o Apocalipse, ele está ciente de seus próprios oráculos anteriores. Como os profetas bíblicos, ele parece ter tomado material profético prévio, de si mesmo ou de outros, reapresentando-o como o oráculo atual do Cristo ressuscitado. Vários estudiosos, por exemplo, consideram 11,1-2 como parte do oráculo de um profeta zelote de Jerusalém pouco antes de 70 d.C., adotado e interpretado por João a partir de sua própria visão.

Liturgia na Igreja. Os hinos e orações de Apocalipse não são composições *ad hoc*, mas refletem (não necessariamente *verbatim*) o culto das igrejas da Ásia.

Cartas paulinas. Temos visto que João interage com tradições da escola paulina em desenvolvimento. Ele parece ter ouvido a leitura das cartas de Paulo no culto, e adotou características da forma das cartas paulinas. Ele não usa as cartas de Paulo como uma fonte direta para sua própria escrita.

Tradições sinóticas. João tem pontos de contato com tradições que aparecem nos evangelhos sinóticos. Alguns dizeres do Jesus ressuscitado são similares aos dizeres encontrados na tradição sinótica (e.g., Ap 2,7/Mt 11,15 par; Ap 3,3c/Mt 24,43 par; Ap 3,5b/Mt 10,32 par). Em particular, as visões de Ap 6-16 carregam uma semelhança

---

[4] Leitores modernos, cujo único encontro com esse tipo de linguagem e imagem se limita ao Apocalipse em si, fariam bem em conhecer a seleção de literatura apocalíptica em Charlesworth, ed. *Pseudepigrapha*, ou pelo menos 2 Esdras/4 Esdras, encontrados na maioria das Bíblias que contêm os apócrifos. O Apocalipse nunca mais vai ser visto do mesmo jeito.

impressionante, na estrutura geral e conteúdo, com o "Pequeno Apocalipse" de Mc 13.

[FOTO 45 – Ilha de Patmos vista do monastério. Crédito da foto: M. Eugene Boring.].

26.1.7 Estrutura

As *visões apocalípticas* de João são circundadas por, e incluídas numa *estrutura epistolar* (1,4-8; 22,20b-21). O conjunto é precedido por um *sumário titular*, 1,1-3. O corpo do texto em si é composto de duas seções principais. A primeira está localizada na terrenal ilha de Patmos, onde o Jesus ressuscitado aparece a João e dita mensagens a serem enviadas às sete igrejas da Ásia (1,9-3,22).

A segunda cena está na sala do trono celestial, onde o Jesus ressuscitado aparece, abre o rolo selado com sete selos, precipitando os eventos finais da história e o início do reino escatológico de Deus (4,1-22,5), seguido pela cena visionária de conclusão (22,6-20).

O esquema composicional geral está claro, uma apresentação narrativa do extenso padrão apocalíptico encontrado em muitos outros documentos. Esse modelo começa com os problemas presentes, retrata-os como se intensificando pouco antes do fim, e as imagens da vitória final de Deus no fim mesmo. Autor e leitores estão no início do tempo dos últimos problemas. Isso significa que as coisas vão piorar e não melhorar, e deve ser assim, pois estes problemas escatológicos representam a intensificação final do mal pouco antes do fim, quando o mal será finalmente destruído para sempre. A própria situação de João e seus leitores é representada nos capítulos 1-3, a visão do Cristo exaltado que comunica a mensagem de Deus aos cristãos nas sete cidades da Ásia. O tempo da aflição escatológica é retratado nos capítulos 4-18, a visão da sala do trono celestial em que Cristo abre os sete selos, que por sua vez abrem as sete trombetas e então as sete taças da ira, culminando na destruição da Grande Cidade, Babilônia. A vitória final é descrita nos capítulos 19-22, culminada pela aparição da "Cidade Santa", a nova Jerusalém.

A imagem da *cidade* desempenha um papel principal na estrutura do livro. No tempo de João, o cristianismo tinha se tornado um fenômeno urbano, e ele se dirige aos cristãos nas principais cidades da Ásia (caps. 1-3). A imagem retrata a civilização do mundo como Babilônia, dominando o presente (caps. 4-18). Mas a Nova Jerusalém é a cidade definitiva na qual o governo de Deus prevalecerá (caps. 19-22). A força motriz do livro é a seguinte questão: devem os cristãos nas cidades da Ásia orientar-se para o presente regime fraco e incapaz (Roma), ou para o futuro definitivo (Nova Jerusalém)?

Estas considerações dão o seguinte esboço:

1,1-8 Introdução
- 1,1-3 Sumário titular
- 1,4-8 Abertura da carta

1,9-3,22 PARTE UM: Revelação para as igrejas nas cidades
- 1,9-20 O Cristo transcendente
- 2,1-3,22 Sete mensagens para as sete igrejas

4,1-22,5 PARTE DOIS: Revelação da cidade deste mundo e a cidade de Deus
- 4,1-18,24 Deus julga Babilônia, a cidade deste mundo
- 4,1-5-14 A sala do trono celestial
- 6,1-8,1 A adoração celestial: abertura dos sete selos
- 8,2-11,19 O soar das sete trombetas
- 12,1-14,20 Exposição dos poderes do mal
- 15,1-16,20 As sete últimas pragas
- 17,1-18,24 Queda de Babilônia

19,1-22,5	Deus redime a Cidade Santa, a Nova Jerusalém.
19,1-10	A sala do trono celestial: cânticos de louvores pela vitória de Deus
19,11-22,20a	Sete cenas do triunfo final de Deus
19,11-16	Retorno de Cristo
19,17-21	A última batalha
20,1-3	O aprisionamento de Satanás
20,4-6	O reinado de mil anos
20,7-10	A derrota de Gogue e Magogue
20,11-15	O juízo final
21,1-22,5	A nova Jerusalém
22,6-22	Conclusão

26.1.8 Síntese exegético-teológica

1,1-8 Introdução

1,1-3 Sumário titular

O Senhor ressuscitado é retratado como o elemento definitivo em uma revelatória cadeia de comando, a qual segue a ordem Deus através de Jesus Cristo e o revelador anjo/Espírito para o profeta às igrejas, e finalmente o mundo. A benção pronunciada sobre leitores e ouvintes mostra que o documento não foi pretendido para ser leitura individual, privada, mas para ser lido à frente nos serviços de adoração das igrejas para as quais ele foi destinando.

1,4-8 Abertura da carta

João adota e adapta isso do *gênero epistolar paulino*, replicando a própria prescrição distintiva de Paulo (ver Vol. I §10.2.3).

1,9-3,22 PARTE UM: Revelação para igrejas nas cidades

O Jesus ressuscitado aparece ao profeta João na ilha de Patmos, com uma mensagem para as igrejas no continente, na província romana da Ásia.

1,9-20 O Cristo transcendente

Cada uma das principais partes do Apocalipse começa com uma visão do mundo transcendente de onde a mensagem revelatória procede. O Cristo Ressuscitado é retratado em maneiras que distinguem a obra de João dos apocalipses típicos, e a faz apropriada para a situação particular para a qual ela é endereçada:

- O Revelador transcendente é uma recente figura histórica que havia sido executada pelo governante romano. João não recebe sua revelação diretamente de Deus, como na profecia israelita, nem de um dos anjos da corte celestial, mas do Jesus que já tinha experimentado o destino para o qual ele agora chama os leitores. O que agora está vestido de glória transcendente esteve uma vez perante as autoridades, foi fiel até a morte, foi morto, mas está agora "vivo pelos séculos dos séculos" e tem "as chaves da morte e do hades."
- Mártir [μαρτύς, *martys*] significa aquele que deu seu testemunho na corte, e também já desenvolve as implicações de "mártir", aquele que sela seu testemunho dando sua vida. Ele é o "primogênito dos mortos", que não meramente "sobrevive à morte", mas é designado por Deus como o Único preeminente, o Herdeiro, o Princípio da ressurreição escatológica e culminação do propósito de Deus. Ele é o "Príncipe dos reis da terra", o Rei dos reis e Senhor dos senhores (17,14; 19,16), o legítimo requerente do título falsamente reivindicado pelos imperadores romanos. Aqui vemos a igreja terrena, através de seus profetas, desenvolvendo novos títulos cristológicos e imagens nunca usados pelo Jesus histórico (ver Vol. I §9.2.2).
- O Cristo ressuscitado como presente e ausente. A imagem paradoxal de João retrata o Cristo transcendente como agora no céu, que retornará ao final da história. Mas Cristo está também presente com suas igrejas durante seu sofrimento. Ele mantém as sete estrelas (os anjos que representam as igrejas) em suas mãos, e caminha entre os candelabros (as igrejas). João não traça nenhuma distinção conceitual clara entre o Cristo ressuscitado e o Espírito Santo. A experiência que a igreja tem com o Espirito torna Cristo real para ela. As palavras do Cristo ressuscitado são identificadas como "o que o Espírito diz às igrejas" (2,1.7; repetido em cada umas das sete mensagens). A visão de João é semelhante à do entendimento do quarto Evangelho em relação ao Parácleto, que é tanto Cristo como o Espírito Santo.

2,1-3,22 Sete mensagens para as sete igrejas

As mensagens dos capítulos 2-3 devem ser interpretadas como parte da visão precedente. As chamadas "Cartas para as sete igrejas" não constituem uma unidade literária, mas pertencem à 1,9-20. Não são partes independentes de informações de várias congregações, mas fundamentadas na comissão do Cristo ressuscitado retratada na visão inicial de João.

As mensagens para as igrejas não são cartas separadas. O Apocalipse como um todo é uma única carta, endereçada às igrejas da Ásia, adotando as formas convencionas de abertura e encerramento características das cartas. Enquanto a mensagem para cada uma das sete igrejas é apropriada para a congregação para a qual ela é destinada, todas as sete mensagens são endereçadas para todas as igrejas (note a linha de encerramento de cada mensagem, "...o que o Espírito diz às igrejas."

Cada mensagem tem a mesma forma óctupla: (1) endereçada ao "anjo" de cada igreja; (2) a cidade na qual a congregação está localizada; (3) a fórmula da mensagem profética, análoga ao "Assim diz o Senhor..." da profecia israelita; (4) uma atribuição cristológica, principalmente refletindo características da visão inicial; (5) "Eu conheço..." refletindo o conhecimento divino das coisas terrenas pertencentes ao Cristo ressuscitado; (6) o "corpo" da mensagem, com elogios ou censura [apenas Esmirna e Filadélfia recebem elogios sem reservas]; (7) o chamado à atenção e obediência, "quem tem ouvidos ouça o que o Espírito diz às igrejas"; (8) a promessa de renovação escatológica para os "vencedores", já estabelece o tom para o que ela significa: que Cristo "venceu" e chama seus seguidores para "vencer".

[FOTO 46 – Ruínas de Esmirna, localização de uma das sete igrejas mencionadas em Apocalipse. Crédito da foto: David Padfield].

As sete mensagens têm linguagem simples que permite ao leitor moderno ter ideias acerca da vida das igrejas da Ásia ao final do primeiro século d.C. Não vemos um quadro idealista, mas a mistura de fé e incredulidade, responsabilidade e irresponsabilidade, refletidas nas cartas de Paulo uma geração antes. Os cristãos não são tratados como indivíduos, mas como membros de comunidades de missionários e testemunhas. Entre as características podemos observar os seguintes traços:

- *Tribulações, problemas, aflições, perseguições e provações.* A palavra-chave θλίψις (*thlipsis*, 1,9; 2,9.10.22; 7,14) refere-se ao assédio e à perseguição por parte da sociedade e do governo. João vê isso como já tendo começado, e acredita que se intensificará e alcançará todos os cristãos. Ele deseja que seus ouvintes e leitores saibam que eles estão vivendo no prelúdio do fim. João vê a grande provação nos termos do conflito entre crentes cristãos e os poderes religiosos de seu tempo, i.e., a sinagoga e as respeitadas e estabelecidas religiões culturais, especialmente o culto a César. Ele vê esse conflito como a manifestação terrenal de um conflito mais profundo sendo travado na esfera transcendente. Assim, as sinagogas em Esmirna e Filadélfia eram "sinagogas de Satanás" (20; 3,9), e o impressionante templo ao imperador em Pérgamo é o "trono de Satanás" (2,13).

[FOTO 47 – Modelo do altar a Zeus em Pérgamo, Berlim. Crédito da foto: M. Eugene Boring].

Quando os cristãos são encarcerados pelos romanos, é "o mal" que na verdade está trabalhando (2,10). Por outro lado, a igreja é o local onde o Espírito fala e o poder de Deus está agindo (2,7.23; 3,8). A igreja não é uma espectadora da batalha cósmica entre Deus e as forças do mal, ela a experimenta em sua própria vida. Estes conflitos serão retratados em uma escala visionária massiva nos capítulos 4-20, mas já estão pressupostos nas mensagens para as igrejas nos capítulos 2-3.

- *Tensões internas e divisões.* João se dirige às congregações como um profeta carismático, sem a autoridade do status oficial. Outros nas igrejas a que ele se dirige também reivindicam liderança, com outras ideias sobre qual deve ser a resposta da igreja às pressões culturais que está experimentando. A referência ao ensino (διδάσκω, *didaskō*, 2,14.20; διδαχή, *didachē*, 2,14.15.24) aponta para disputas doutrinais. As igrejas são visitadas por pessoas que reivindicam ser *apóstolos* (2,2). Estes missionários itinerantes que visitaram as igrejas de João não se apresentam como pertencendo aos Doze, mas, como no tempo de Paulo, afirmavam ser mensageiros autorizados, missionários e mestres da igreja em geral (cf. At 14,14; Rm 16,7; 2 Co 8,23; Fp 2,25). Como Paulo, João considera alguns desses missionários itinerantes como falsos apóstolos (cf. sobre 2 Co 11,1-15). As congregações são instruídas a provar tais alegações e rejeitar aqueles que não estivessem à altura (Ap 2,2). João também se refere aos líderes carismáticos rivais, os *Nicolaítas* (2,6.15), aqueles que seguem *Balaão* (2,14) e a profetiza *Jezabel* (2,20).
- *Amor e dons espirituais.* João coloca o amor entre as supremas expressões da vida cristã. Como em 1 Co 13, o amor é o ativo cuidado pelos outros manifestado na vida de Jesus. É equiparado às "obras" em 2,4-5. A igreja em Tiatira é elogiada por seu amor expressado em ações (2,19). A igreja efesina recebe censura por ter abandonado o amor que tinha ao princípio. Como Paulo, anteriormente, João reconhece que suas igrejas estavam bem supridas com o fenômeno carismático, mas acusa-as de abandonarem a característica essencial da vida cristã, os atos de amor que tinham caracterizado seu discipulado inicial.

[FOTO 48 – Ruínas de Tiatira. Local de uma das sete igrejas mencionadas em Apocalipse. Crédito da foto: David Padfield].

4,1-22,5 PARTE DOIS: Revelação da cidade deste mundo e a cidade de Deus – João é levado a ver a realidade do reino celestial

Na Parte Um, o Cristo ressuscitado vem até João em Patmos com mensagens para as igrejas da Ásia. Na Parte Dois, João é levado ao mundo celestial para observar o mundo e a história da perspectiva divina, para observar as cenas, como as coisas realmente são. Os leitores/ouvintes são levados com João para o céu, e veem com ele; eles não permanecem sobre a terra e apenas leem seus registros da perspectiva terrestre.

4,1-18-24 Deus julga Babilônia, a cidade deste mundo

4,1-5,14 A sala do trono celestial

Essa visão é o centro teológico e o ponto de ancoragem de todo o documento. As cenas a seguir são, em sua maioria, imagens horríveis das desgraças do fim dos tempos. Todavia, antes de retratar estas desgraças escatológicas, João deseja que os leitores/ouvintes vejam o que ele vê: no coração das coisas, Deus governa em majestade sublime, o Deus que definiu a si mesmo como o Cordeiro que sofreu pelos outros. As pragas escatológicas que serão retratadas nos capítulos 6-18 se desdobram da mão do Cordeiro no capítulo 5 – a mão do crucificado e ressuscitado, Aquele que sofre com, e por sua criação.

- *O Único Soberano Criador.* Como todo pensamento apocalíptico, Apocalipse é fortemente influenciado pelo dualismo. No entanto, João enfatiza que, em última análise, existe um Deus, que criou e governa todas as coisas. João é dualista apenas em penúltima instância; Deus – vs. – Satanás é apenas a próxima para a última palavra acerca da realidade. Em última análise, todas as coisas estão de um só lado.
- *O livro que fornece a chave para a história está na mão do Criador.* Mas o livro está selado. Nenhum ser humano, nenhum anjo, pode revelar seu conteúdo e colocar seus decretos em ação. O significado e a resolução do cenário de sofrimento na história permanecem um mistério divino. João chora.
- *O Leão que é o Cordeiro.* A típica resposta apocalíptica aos problemas do mal atual é apontar para o futuro ato salvífico de Deus, que enviará um poderoso libertador para estabelecer justiça e fazer as coisas certas. As boas novas ressoam através do mundo celestial: há alguém que pode abrir o livro, revelar seu mistério, e levar a história a uma conclusão digna.

O divinamente nomeado salvador do fim do mundo, o esperado Leão da tribo de Judá,[5] venceu, e pode abrir o livro. João olha para o lugar indicado na visão em que se esperava o Leão aparecer, *e o que ele vê é um cordeiro abatido/morto.* O supremo poder do universo não está na violência de um Leão, mas no cordeiro sacrificado, o divino amor abnegado manifesto no Jesus crucificado. Para João isso é o significado de "conquista" ambos para Jesus e seus seguidores. Esta é a redefinição cristológica de vitória.

6,1-8,1 A adoração celestial: abrindo os sete selos

Quando o Cordeiro começa a abrir os sete selos, terrível violência irrompe na terra. Muitos leitores ficam perplexos e repelidos por estas cenas, que parecem oferecer um forte contraste com a graça e o amor de Deus revelado em Cristo.

Sem minimizar o problema ou querer solucioná-lo, os leitores podem manter em mente as seguintes observações, perspectivas e princípios na interpretação da linguagem de violência do Apocalipse.[6]

(1) *Experiência de sofrimento de João de seus leitores.* O pensamento de João começou não com visões acerca do sofrimento futuro a ser suportado por outros, mas com a realidade do sofrimento presente experimentado por ele mesmo e seus leitores. O pensamento apocalíptico dá significado ao sofrimento experimentado ao colocá-lo num contexto transcendente. Ele funciona como interpretação do presente, não especulação acerca do futuro. Como ilustrado pelos salmos imprecatórios de Israel (Sl 35; 55; 69; 109; 137), uma comunidade que se sente empurrada para a margem da sociedade e os limites de sua própria resistência, em sua adoração, dará vazão aos sentimentos naturais de ressentimento, até mesmo vingança, uma vez que antecipa a virada escatológica das mesas.

(2) *O uso que João faz da linguagem bíblica.* A linguagem da ira de Deus (6,16-17; 11,18; 14,10; 16,19; 19,15) não é uma criação de João, mas uma dimensão de uma profunda corrente da teologia bíblica. Uma amostragem inclui os grandes profetas de Israel, os evangelhos, e Paulo: Êx 22,21-24; Dt 9,7-8; Sl 2,5; 78,21-22; 90,7-9; Is 1,24; 9,19;

---

[5] Para a imagem do leão como Messias, cf. Gn 49,9-10; 2 Esd 12,31-32, "o leão ... é o Messias".

[6] Aqui e em outros lugares nesta seção, o material é adaptado de BORING, *Revelation* 113-119; e M. EUGENE BORING, "The Revelation to John," in *The New Interpreter's Study Bible*, ed. Walter J. Harrelson (Nashville: Abingdon, 2003), 2222-2223.

13,9.13; 51,17.22; Jr 4,4; 10,10.25; 25,15; Ez 7,8.12; 13,13; 20,8.13; Os 5,10; 13,11; Mq 5,15; Mt 3,7; Jo 3,36; Rm 1,18(!); 2,5; 5,9; 9,22; 12,19; 1 Ts 1,10; 2,16; 5,9). A corrente de teologia bíblica representada por estes textos retrata a implacável intolerância de um Deus de Justiça para com o pecado.

(3) *Apropriação da tradição por parte de João.* João herdou uma tradição apocalíptica na qual o sofrimento do fim dos tempos tinha um papel necessário. Tanto na forma como no conteúdo, a maior parte foi adotada e adaptada por ele a partir de sua Bíblia e suas tradições cristã e judaica. Entre estas está o esquema apocalíptico das "aflições messiânicas" e as "dores de parto do Messias", que interpretava os problemas presentes da comunidade fiel como o bordo de ataque do período de sofrimento que deve vir pouco antes da vitória final, assim como as dores de parto precedem o nascimento.

(4) *Uso de linguagem confessional por parte de João.* Deve ser mantido em mente que nada da violência nas cenas dos capítulos 6-16 é violência literal contra o mundo real, mas é violência em uma cena visionária do futuro, expressa em linguagem metafórica (9,7!). A espada e o fogo pelo qual o mal da terra é julgado (e até mesmo "atormentado") não são espadas e fogo literais, mas metáforas para a cortante e abrasadora *Palavra de Deus* (1,16; 11,5). Assim, a imagética de João retratando o violento julgamento dos inimigos de Deus é a linguagem própria da comunidade confessional que expressa seu louvor e gratidão pela salvação, não objetivando descrever o destino dos de fora. Semelhante à linguagem bíblica dos relatos das pragas quando Deus libertou Israel do Egito (Êx 7-12), as visões de João do sofrimento escatológico são expressas na linguagem confessional da Bíblia que glorifica os atos salvíficos de Deus. O ponto não é o sofrimento dos outros, mas a salvação da comunidade fiel.

(5) *O cenário original.* O Apocalipse foi pretendido para ser lido no culto, do início ao fim em uma leitura. Isso também ajuda localizar sua violenta imagética na perspectiva correta. Análoga à experiência de assistir um filme violento que "termina bem no final", as cenas de violência não são consideradas como significativas em si mesmas. O ouvinte/espectador é tomado em um tempo relativamente curto da perspectiva do Deus Criador, que mantém todas as coisas em sua mão (capítulos 4-5) no transcorrer dos terrores que precedem o fim (capítulos 6-18) e a dramática vitória na vinda do reino de Deus, pelo qual a comunidade ora (19-22).

(6) *Teologia de João acerca do pecado e salvação.* A teologia de João pressupõe que todos os seres humanos são pecadores, incluindo tanto as vítimas cristãs quanto os romanos opressores (1,5). João não retrata cristãos inocentes ou cheios de justiça própria sofrendo nas mãos dos romanos pecaminosos, mas humanos pecadores sofrendo sob o julgamento de um Deus Santo. As catástrofes não são simples eventos trágicos e terríveis – elas são repetidamente localizadas na categoria dos juízos de Deus (6,10; 11,18; 14,7; 16,5.7; 17,1; 18,8.10.20; 19,2.11; 20,12.13). Os terrores escatológicos são, portanto, uma expressão do senso de justiça de João. Considerando a situação, isso é feito de uma maneira notavelmente não presunçosa. A mentalidade nós/eles, embora presente, é relativizada: *nós* também somos julgados como pecadores; *eles* não estão excluídos da salvação.

A violenta imagem é apresentada dentro de um Apocalipse que também tem cenas de salvação universal (1,7; 4,3; 5,13; 14,14; 15,4; 21,5; 21,22-22,3). Visões de juízo absoluto são justapostas às visões de absoluta misericórdia. O mundo não apenas cambaleia sob os golpes vigorosos da ira de Deus; ele é também redimido e libertado do poder de Satanás (20,1-6). Os reis da terra não apenas são destruídos e sua carne devorada pelos abutres (19,17-21); eles também são redimidos e dão sua contribuição para a Nova Jerusalém. O Apocalipse não defende uma teologia de vingança ou ressentimento, mas uma teologia de justiça, não apenas para "nós", mas para todos.

(7) *Transformação cristológica da imagem tradicional.* A imagem tradicional de terror apocalíptico é adotada e usada por João, mas como tudo em seu apocalipse, ela é transformada dentro de sua perspectiva cristológica. Tal como MARTIN LUTHER KING JR. poderia usar a imagem do *Battle Hymn of the Republic* na causa de seu movimento não violento pela justiça, enquanto condenava a violência real, assim João pode tomar a imagem do leão que vence e preenchê-la com novo conteúdo.

Enquanto cada selo é quebrado, os problemas na terra se intensificam. Os primeiros cinco selos representam problemas históricos de conquistas, guerra, fome, praga e morte. Quando o sexto selo é aberto, o cosmos mesmo começa a se romper, e o leitor antecipa que o sétimo selo trará o fim.

8,2-11,19 O soar das sete trombetas

O sétimo selo produz apenas um silêncio profundo, que é então quebrado pelo soar das sete trombetas. Os problemas precedentes são repetidos e intensificados. Quando a última trombeta é tocada (11,15-19), a vinda final do reino de Deus é anunciada, e a terra treme com relâmpagos, trovões, e granizo que anunciam a teofania final.

12,1-14,20 Exposição dos poderes do mal

Outra vez, a antecipação do fim definitivo é frustrada. Em vez da prometida Nova Jerusalém, os ouvintes/leitores experimentam um número de visões que lhes permitem ver além das cenas da história, e localizar sua própria experiência na perspectiva celestial. Uma mulher cósmica dá à luz um filho, uma figura messiânica que é ameaçada por um dragão cósmico, mas é levada para o céu, enquanto a mulher foge para um lugar de refúgio (12,1-6). O dragão então perde a batalha celestial e é lançado para a terra, onde ele persegue os outros filhos da mulher (12,7-17). O dragão recebe ajuda de duas bestas que o representam sobre a terra, a besta do mar (13,1-9) e a besta da terra (13,11-18). Essa besta tem um número, 666.[7] As lutas dos cristãos afligidos no tempo de João são colocadas num contexto transcendente, como parte de uma história que se concluirá com a vitória de Deus e a salvação do povo de Deus.

15,1-16,20 As sete últimas pragas

A sétima trombeta finalmente se transforma nas sete taças finais, representando o julgamento final de Deus em sete etapas. Desta vez, a sétima é final (16,17). Apesar de o terror caótico ferir a terra, ele é a expressão da ordenada adoração celestial, ao passo em que um a um os sete anjos derramam sua libação diante de Deus.

Esta seção representa o uso mais completo que João faz do tema do Êxodo em Apocalipse. Tal como Israel esteve uma vez às margens do Mar Vermelho e celebrou o ato libertador de Deus no êxodo, o redimido povo de Deus permanecerá na praia do mar celestial e cantará o cântico de Moisés e do Cordeiro. Egito é Roma; Faraó é César; as pragas são desgraças escatológicas (16,2 úlceras/Êx 9,10-11; 16,3-4 mar e rios se transformam em sangue/Êx 7,17-21; 16,10 trevas/Êx 10,22;

---

[7] O número da besta é a soma do valor numérico das letras de seu nome. Das muitas possibilidades, a mais provável é "Nero Cesar" no hebraico, que totaliza 666. Nero foi o primeiro imperador a perseguir a igreja. Domiciano, o ameaçador imperador do tempo de João, era visto como anunciador do *Nero redivivus*, Nero volta da morte.

16,12 secam-se as águas/Êx 14,21-22; 16,13 rãs/Êx 8,3; 16,18-21 trovões, fogo, granizo/Êx 9,24); o cordeiro pascal é o Cristo exaltado, o cordeiro que realizou a libertação escatológica; o dilúvio de problemas através do qual a igreja deve passar é o Mar Vermelho; o cântico de triunfo é o Cântico de Moisés (e o Cordeiro). Até mesmo a fumaça do Sinai (15,8) e o Tabernáculo contendo a lei da justiça de Deus aparecem (15,5; o santuário celestial é descrito como o tabernáculo acompanhando Israel no deserto; cf. e.g., Êx 40,34-38). Do mesmo modo que o Mar Vermelho (Êx 14,21) e o Jordão (Js 4,23) secaram como parte da atividade libertadora de Deus no êxodo, aqui o Eufrates é secado para facilitar os eventos finais (16,12).

17,1-18,24 Queda de Babilônia

João culmina o drama dos horrores escatológicos da história com a destruição da "Grande Cidade" Roma, a qual ele descreve, usando a imagética bíblica, tanto como prostituta quanto como Babilônia. Os ouvintes/leitores originais de João sabiam o tempo todo, a partir de sua própria experiência, quem e o que foi representado na bizarra imagem do dragão e das bestas. Nesta cena final do julgamento de Deus sobre a autoproclamada Grande Cidade, ele deixa inequivocamente claro que está se referindo a Roma (17,9-18). Ele tanto lamenta quanto celebra a queda de Babilônia, enquanto antecipa sua redenção nas cenas finais.

19,1-22,5 Deus redime a Cidade Santa, a Nova Jerusalém

19,1-10 A sala do trono celestial: cânticos de louvores pela vitória de Deus.

Como na seção correspondente sobre o julgamento de Babilônia, a seção sobre a redenção de Jerusalém começa com uma cena de adoração celestial. João pretende claramente que 19,1-10 faça paralelo com 4,1-5,14. Ambas as passagens começam com "depois destas coisas", ambas descrevem a adoração dos vinte e quatro anciãos, ambas referem-se à voz celestial e ao trono.

19,11-22,20a Sete cenas do triunfo final de Deus

Na série final de sete visões, Deus conduz a história para sua conclusão e cumprimento na Nova Jerusalém. Embora a apresentação literária requeira que elas sejam apresentadas uma depois da outra, elas não são estritamente cronológicas, mas sete diferentes descrições do triunfo de Deus ao final da história no qual diferentes facetas da vitória de Deus são reveladas.

19,11-16 Cena 1: O Retorno de Cristo

Através da história, algumas interpretações tem retratado o segundo advento de Jesus em contraste com seu primeiro – durante sua vida terrena Jesus ofereceu o amor e a misericórdia de Deus, e sofreu pelos outros; quando retornar, virá com a violência divina, como juiz que pune aqueles que fazem os outros sofrerem. Este é o oposto extremo do próprio ponto de vista de João. O ponto principal da imagem simbólica da "Segunda Vinda" é que ao final da história nós encontraremos o mesmo Cristo que já tinha aparecido na história como o servo amoroso de Deus, que se entregou pelos outros. A segunda vinda do *Jesus* que é o Cristo é um aspecto fundamental da confissão cristã (§27.5, Jo 20,30-31). Apesar de a imagética da guerra e vitória ser usada, ela tem sido transformada pelo significado da vida e morte de Jesus. O manto ensanguentado que ele usa (19,13) não está manchado com o sangue de seus inimigos, mas é seu próprio sangue redentor dado pelos outros (cf. 1,5; 5,9; 7,14; 12,11). Sua única espada vem de sua boca (19,15), i.e., sua poderosa palavra que julga e redime.

19,17-21 Cena 2: A última batalha

Para João, a vitória já está ganha, com apenas exercícios "de limpeza" em andamento (cf. 12,7-12), mas haverá uma cena final retratada como a vitória de Deus na batalha final.

20,1-3 Cena 3: O aprisionamento de Satanás

Jesus usou o aprisionamento de Satanás como um retrato da vitória escatológica de Deus (Mc 3,22-27 par). Satanás enganou não apenas indivíduos, mas nações e as estruturas sociais que moldam e condicionam a vida humana. O mal sistêmico é aqui retratado em termos pessoais. O fato de que as nações idólatras e opressivas sejam enganadas mostra que os poderes institucionais e culturais que estão perseguindo a igreja de João não são o verdadeiro inimigo. Em vez disso, são também criaturas de Deus e vítimas do poder transcendente do mal, e não devem ser em última análise, rejeitados ou odiados nem por Deus nem pelo povo de Deus. É o transcendente poder do mal que deve ser destruído.

20,4-6 Cena 4: O reinado de mil anos

Por causa do poder de Satanás, a boa criação de Deus foi pervertida e o propósito de Deus frustrado, mas isso não é a palavra final. Com o aprisionamento de Satanás, o mundo finalmente alcança e disfruta a existência para qual foi criado (Gn 1) e pela qual suspira (Rm 8,19-24). Cristo e seu povo reinam nesta boa terra por mil anos, e a vontade de Deus é feita tanto na terra como no céu. Isso é apenas um dos retratos de João acerca do fim, completo em si mesmo. Tentar decidir se o milênio vem antes ou depois da parousia ou da batalha final é não compreender a natureza da linguagem simbólica de João.

20,7-10 Cena 5: A derrota de Gogue e Magogue

João tem seguido, no geral, a ordem das visões de Ezequiel. O trono e as criaturas viventes de Ap 4 refletem a visão do trono de Ezequiel cap. 1; comer o rolo em Ap 10 corresponde a um cena similar em Ez 3, o selamento dos servos de Deus em Ap 7 é semelhante ao de Ez 9, a imagem de Gogue/Magogue de Ap 20 é paralela a Ez 38-39, e a Nova Jerusalém de Ap 21-22 reflete Ez 40-48. Aqui, João segue a tradição judaica que reconfigurou o príncipe Gogue da terra de Magogue de Ezequiel, de modo que Gogue e Magogue não são realidades históricas, mas seres pessoais transcendentes, maiores que a vida, os quais são enganados por Satanás e conduzem os inimigos finais do povo de Deus contra "os santos e contra a cidade amada", para serem destruídos na batalha escatológica. O mal é ampliado ao máximo antes de ser destruído para sempre.

20,11-15 Cena 6: O juízo final

Alguns dos leitores de João já haviam estado diante dos tribunais humanos e sido condenados. João retrata a cena do juízo final no qual a justiça finalmente prevalecerá. O Deus revelado em Cristo é o Juiz final. Seu julgamento não é arbitrário. Dois livros desempenham um papel crucial. Um livro representa a responsabilidade humana, de modo que as pessoas são julgadas pelo que elas têm feito. Isso não é uma questão de "obras de justiça" (cf. e.g. 1,5; 5,6-14), mas a maneira de João dizer que o que os seres humanos fazem, definitivamente importa.

O outro livro é o livro da vida, no qual Deus registrou nomes desde a fundação do mundo (3,5; 13,8; 17,8; 21,17). Este é o livro da graça, no qual as pessoas são salvas não pelo que fizeram, mas pelo que Deus fez. A soberana graça de Deus e a responsabilidade humana não podem ser parceladas ou harmonizadas em um sistema lógico, mas João pode retratar uma cena em que ambas desempenham um papel decisivo.

21,1-22,5 Cena 7: A Nova Jerusalém

O objetivo da história e o cumprimento do propósito de Deus é uma cidade. Na história bíblica, a história humana começou em um jardim e a primeira cidade foi construída por um homicida, como o resultado do pecado humano (Gn 3,1-4,17). A conclusão desta história em Apocalipse não anula a história humana e retorna ao jardim do Éden, mas trás o jardim para a cidade (22,1-2). A cidade representa a comunidade humana, a vida em conjunto. A existência escatológica não é individualista, mas comunal. A igreja, a comunidade da fé, o povo de Deus, é a antecipação disso.

A nova Jerusalém está em continuidade com este mundo e sua história. Os novos céus e a nova terra não simplesmente substituem os antigos, como se Deus "começasse tudo de novo". Este mundo – a boa criação de Deus – não é substituído, mas redimido. Deus não faz "todas as coisas novas", mas "novas todas as coisas" (21,5). A cidade final carrega o nome e características reconhecíveis da cidade terrena. Ela está localizada neste mundo, sobre a terra transformada. Após o reinado de mil anos nesta terra, João não transfere a cena para o mundo celestial, mas tem a descida da cidade celestial para esta terra renovada. Este mundo, o objeto do amor do Criador, em última análise, é importante para Deus (Gn 1; Jo 3,16).

O reino de Deus neste mundo não é, entretanto, finalmente uma questão de realização humana, mas o ato escatológico de Deus. A nova Jerusalém não é construída, como Babel, em direção ao céu (Gn 11), mas vem da parte de Deus como o cumprimento da promessa divina e demonstração da fidelidade de Deus.

A imagem final é ajustada à ênfase paradoxalmente dualística de João. Existem imagens de exclusão – nenhum dos pecadores e nada pecaminoso entrará na cidade (21,8.27; 22,3.14-15). Existem também imagens de transformação e inclusão final – a cidade não é para "alguns poucos fiéis", mas é inconcebivelmente grande (21,16), os reis e nações da terra estarão ali (21,24-26), as nações não serão apenas destruídas (19,15; 20,7-9), mas finalmente são curadas, caminham pela luz de Deus, e trazem seus presentes a Deus (21,24-26; 22,2). A cidade tem muros e portões – os marcos de fronteira que separam os de dentro dos de fora, mas os portões nunca são fechados (21,12-14.21.25).

22,6-22 Conclusão

Em contraste com os apocalipses típicos (cf. Dn 12,4-9), o livro não está selado como uma cápsula do tempo a ser aberta em alguma data futura (22,10). Ele é para o presente dos leitores. A visão descende da estratosfera celestial para a terra sólida, a forma literária retorna para aquela da carta de João às igrejas da Ásia (1,4-5/22,20b-22), e seus ouvintes/leitores se encontram neste mundo com uma nova esperança e um trabalho a fazer.

26.2 Interpretando 2 João

26.2.1 Estrutura

Segunda João é uma carta real, e juntamente com 3 João segue a forma padrão das cartas helenísticas mais de perto que qualquer outra carta do Novo Testamento (ver Vol. I §10.2.3). Ela também reflete características das cartas paulinas que estavam circulando nas igrejas da Ásia.

1-3 Saudação

4 Ação de graças

5-11 Corpo da carta

 5-6 O mandamento do amor

 7-11 Os falsos mestres

12-13 Conclusão

26.2.2 Síntese exegético-teológica

1-3 Saudação

Uma consciência acentuada de pertença à igreja permeia a carta. Ela é endereçada à Senhora Eleita, i.e., não a um indivíduo, mas a uma congregação cristã local. "Eleita" atribui o papel de Israel como povo escolhido de Deus à igreja como a continuação do povo bíblico de Deus (ver abaixo sobre Jo 16,16). "Senhora" é κυρία, *kyria*, feminino de κύριος, *kyrios*, Senhor. A imagem nupcial para a igreja está na tradição bíblica de Israel como a noiva de YHWH, e estava entre os significativos termos escatológicos da escola joanina (ver Vol. I sobre Ef 5,21-6,9). A identidade dos crentes cristãos é que eles são filhos dessa Senhora, a Igreja Mãe. Eles não são meramente indivíduos com sua própria relação direta com Deus, podendo então decidir formar uma associação para encorajamento mútuo. Eles pertencem inerentemente um ao outro, ligados uns aos outros não apenas em uma congregação local, mas em um conjunto dessas congregações que exercita o cuidado mútuo. O Presbítero assume certa autoridade por exercer esse cuidado pastoral interno no conjunto de congregações.

4 Ação de graças

Como nas cartas de Paulo, a ação de graças é mais que o convencional desejo para uma boa saúde, ela antecipa a preocupação teológica do corpo da carta. Positivamente, o Presbítero tem o prazer de ter ouvido que *alguns* membros da congregação estão "caminhando na verdade", i.e., vivem de acordo com a tradição que as igrejas têm recebido desde o princípio.

5-11 Corpo da carta

5-6 O mandamento do amor

A breve carta usa os termos "amor" e "verdade" nove vezes. Na visão do autor, estes termos, se não idênticos, são pelo menos inseparáveis. Amor significa não apenas cuidado mútuo, mas viver pela verdade, na tradição que as igrejas têm recebido desde o princípio. Esta tradição foi recebida "do Pai". O Presbítero entende a tradição como sendo derivada de Cristo mesmo, que é um com o Pai. Isso expressa a cristologia da escola joanina (ver abaixo §27.1.2), que é representada pelo repetido "nós" (ver sobre Jo 1,1-4).

7-11 Os falsos mestres

A razão para a escrita da carta é a presença de "enganadores" (πλάνοι, *planoi*), um termo frequentemente usado na tradição judaica para aqueles que levam o povo de Deus a extraviar-se. Foi usado para Jesus, e membros da comunidade joanina já o tinham ouvido em referência a eles mesmos nas sinagogas (cf. João 7,12.47). Eles agora o aplicam a alguns mestres no interior de sua própria comunidade. Estes mestres consideram-se os "avançados" (προάγων, *proagōn*, v. 9), os que estão ajudando a igreja a ajustar-se ao mundo contemporâneo pela reinterpretação da fé nas categorias atuais – algo em que a escola joanina estava firmada e vigorosamente engajada. Entretanto, o Presbítero considera esses mestres como tendo ido longe de mais, como tendo renunciado a tradição em vez de reinterpretá-la.

O erro deles é cristológico. Eles não confessam que "Jesus Cristo veio em carne", i.e., eles negam a encarnação real, afirmando o Cristo divino, espiritual, mas rejeitando sua identificação com o ser humano Jesus (cf. Jo 1,14).[8] O Presbítero não considera o erro apenas como uma mera e tolerável diferença de opinião, mas como uma ameaça à fé como tal. O aparecimento desses falsos mestres é um evento escatológico – eles representam o anticristo que apareceria logo antes do fim (cf. 1 Jo 2,18; 4,3; 2 Ts 2,1-12; Jd 4-19; 2 Pd 2,1-3,10). Aqui nós vemos uma combinação de temas escatológicos na obra da escola joanina: a escatologia futurista tradicional é afirmada, embora sendo demitologizada ao mesmo tempo. O anticristo aparecerá antes do fim – mas

[8] O presente particípio ἐρχόμενον, *erchomenon* pode ser literalmente traduzido "vindo" e entendido como se referindo a parousia. Neste caso, os falsos mestres negam o futuro e o retorno literal de Jesus "na carne" em nome de uma escatologia hiper-realizada, a qual o Presbítero rejeita, reafirmando uma segunda vinda literal (assim, e.g. STRECKER, *Johannine Letters*, 232-241). Mas a sintaxe pode facilmente ser entendida como se referindo não à futura parousia, mas à encarnação, como claramente em 1 Jo 4,2 (cf. Jo 1,9; 3,31; 6,14; 11,27). A NRSV e outras traduções inglesas assim seguem a interpretação da maioria, que entende o erro dos falsos mestres como sendo uma cristologia docética em vez de uma escatologia defectiva.

não como uma figura mitológica; os mestres progressistas de olhar inocente já representam o anticristo.

12-13 Conclusão

O repetido "vós" é plural. O Presbítero planeja visitar a igreja e apresentar seu ensino pessoalmente. A carta em si é apenas um paliativo. A despeito da séria ameaça dos falsos mestres, a carta comunica a alegria escatológica e os estreitos laços que unem os membros das igrejas joaninas. A congregação irmã também envia saudações – o Presbítero não meramente escreve em sua própria autoridade, mas representa a igreja mais ampla.

26.3 Interpretando 3 João

26.3.1 Estrutura

Como 2 João, 3 João segue o formato convencional de uma carta helenista. A usual saudação se torna um desejo por boa saúde, e as ações de graças uma resposta jubilosa ao registro da persistência de Gaio na verdade.

1-2 Saudação
3-4 Ação de graças
5-12 Corpo da carta
5-8 Os "irmãos" itinerantes
9-10 Desafio de Diótrefes
11-12 Recomendação a Demétrio
13-15 Conclusão

26.3.2 Síntese exegético-teológica

1-2 Saudação

Embora endereçada a um indivíduo, a carta é eclesiástica. A carta saúda outros além de Gaio (v. 15), e lida com um assunto comunitário. Ela não é meramente uma carta pessoal a Gaio. Que ela chegou a ser aceita como uma carta eclesiástica está confirmado a partir de sua preservação e eventual inclusão no cânon, e testifica da "estatura" do Presbítero na comunidade joanina. Gaio é um nome gentio comum; o destinatário é aparentemente um membro influente de uma congregação próxima na qual Diótrefes é o líder (v. 9), provavelmente o proprietário da casa na qual uma congregação se reúne.

3-4 Ação de graças

As repetidas referências à "verdade" e "amor" não são virtudes abstratas gerais, mas designações de como as várias partes em litígio se relacionam com o programa do Presbítero. "Meus filhos" não retrata o escritor idoso condescendentemente se dirigindo a uma geração mais jovem, mas significa "membros da igreja que reconhecem a minha liderança". Cf. Jo 1,12; 13,33 para "filhos" enquanto uma designação usada na escola joanina para "membros de igreja".

5-12 Corpo da carta

5-8 Os "irmãos" itinerantes

O Presbítero envia missionários que representam seu entendimento da teologia autêntica. Como os missionários da primitiva comunidade Q, estes itinerantes são dependentes da hospitalidade das congregações locais (ver Excurso 3.5, p. 897). Eles "não aceitam nada dos não crentes" (literalmente "dos gentios"), indicando que as igrejas joaninas, elas mesmas predominantemente de etnia gentia, identificam-se como a continuidade do povo bíblico de Deus e diferencia os não cristãos (não meramente os não judeus) como "gentios". A situação é análoga aos destinatários de 1 Pedro, alguns dos quais estão também na Ásia (cf. acima sobre 1 Pedro, esp. 2,9.12; 4,3). Uma congregação na vizinhança de Gaio tinha rejeitado os missionários do Presbítero, mas Gaio os tinha recebido. Por isso ele foi elogiado perante a igreja.

9-10 Desafio de Diótrefes

A carta do Presbítero para a igreja é provavelmente nossa 2 João. Diótrefes é um líder de igreja, um rival do Presbítero, talvez um bispo monárquico em ascensão que recusa aceitar os representantes do Presbítero e excomunga aqueles que os recebem.

11-12 Recomendação de Demétrio

Demétrio é um representante do programa do Presbítero que ele deseja recomendar para as igrejas. Que ele é recomendado por "todos", pelo "nós" da escola joanina, e pela "própria verdade", mostra que isso não é meramente uma disputa pessoal, mas o choque de dois diferentes entendimentos da natureza da fé cristã. O fato de que 3ª João foi preservada e canonizada indica que o grupo representado pelo Presbítero, Gaio, e Demétrio prevaleceu, i.e., se tornou parte da emergente igreja protocatólica que eventualmente se tornou a principal corrente do cristianismo.[9]

13-15 Conclusão

Os cristãos joaninos referem-se a si mesmos como a comunidade dos amigos de Jesus (cf. Jo 15,13-15).

26.4 Interpretando 1 João

26.4.1 Gênero

Embora 1 João não tenha as marcas formais de uma carta típica, o documento não é um tratado com uma roupagem de carta, mas compartilha algumas das características comunicativas das cartas de Paulo que foram lidas nas igrejas da Ásia. Ela não é um ensaio, mas destinada a uma situação específica, e fala a seus leitores/ouvintes na segunda pessoa. O documento provavelmente circulou nas igrejas joaninas e assumiu o lugar tipicamente alocado para as cartas de Paulo no culto e instrução das igrejas paulinas. Apesar de não ser formalmente uma carta, 1 João veio a funcionar como uma carta, então como "quase" Escritura, até que finalmente foi aceita no cânon como uma carta de João, Apóstolo e Discípulo Amado.

---

[9] Essa é a interpretação da maioria. A alternativa é que Diótrefes representa a emergente ortodoxia do episcopado monárquico protocatólico, que considerou a teologia representada pelo Presbítero e o Evangelho de João como sendo herética, i.e., gnóstica e docetista (assim, ERNST KÄSEMANN, *The Testament of Jesus. A Study of the Gospel of John in the Light of Chapter 17* (NTL; London: SCM Press, 1968); ERNST KÄSEMANN, "Ketzer und Zeuge," in *Exegetische Versuche und Besinnungen*, ed. Ernst Käsemann (Göttingen: Vandenhoeck & Ruprecht, 1960), 168-187.

26.4.2 Destinatário

Diferente de 2-3 João, endereçadas respectivamente a uma igreja-doméstica específica e a um líder de congregação individual, 1 João é endereçada de forma mais genérica a "vós os que creem no nome do Filho de Deus." Não é destinada aos de fora, ou aos descrentes como um panfleto evangelístico, ou a ex-membros dissidentes a fim de ganhá-los de volta. Mas também não é uma "Epístola Católica" destinada a toda a igreja. A composição trata temas específicos no interior da comunidade joanina, o grupo de congregações na Ásia associadas com a escola joanina e aberta à sua liderança.

26.4.3 Estrutura

Um tanto como Provérbios no Antigo Testamento e Tiago no Novo, os conteúdos de 1 João não estão arranjados em um esboço claramente reconhecível. Um número de subunidades integradas pode ser detectado, mas o padrão geral permanece obscuro, e não há uma única linha de argumentação que mantenha a composição em conjunto. O seguinte esboço, adaptado de SCHNELLE,[10] facilita uma leitura coerente de 1 João em linha com as reflexões acima, sem reivindicar que ele descobriu "o" esboço pretendido pelo autor.

1,1-4	Prólogo: O Verbo da Vida
1,5-2,17	Parênese: comunhão com Deus, suas bênçãos e riscos
2,18-27	Exposição doutrinal: a negação do anticristo de que o Cristo é Jesus
2,28-3,24	Parênese: vinda do Senhor e a guarda dos mandamentos
4,1-6	Exposição doutrinal: distinguir a verdade do erro
4,7-5,4	Parênese: amor de Deus, amor pelos irmãos e irmãs da comunidade
5,5-12	Exposição doutrinal: o testemunho da água, sangue e Espírito
5,13-21	Epílogo: a vida eterna e os obstáculos

[10] SCHNELLE, *Johannesbriefe*, 57.

26.4.4 Síntese exegético-teológica

1,1-4 Prólogo: o Verbo da Vida

As palavras de abertura pressupõem uma familiaridade com uma tradição comum tanto para o autor quanto para os ouvintes/leitores, e refletem um dialogo teológico permanente no interior da comunidade joanina. O prólogo em 1 João é reminiscente do prólogo do Evangelho (Jo 1,1-18), mas palavras-chave são usadas em diferentes sentidos. Assim, por exemplo, ἀρχή (*arché*, princípio) em Jo 1,1 refere-se à criação, ao começo do mundo, mas em 1 Jo 1,1 o mesmo termo refere-se ao tempo de Jesus e às origens da comunidade joanina. Não existem sinais de dependência literária direta sobre o Evangelho escrito de João. Tanto a Epístola quanto o Evangelho extraem da comum tradição Joanina e a formulam em suas próprias maneiras.

O distintivo "nós eclesial" dos escritos joaninos é usado em dois sentidos. (1) Algumas vezes inclui toda a comunidade joanina, e a comunidade universal de crentes. Contrasta com "eles", os descrentes de fora ou desviados que tinham deixado a comunidade, e representa a linha entre a igreja e o mundo. (2) Em outros momentos, representa a escola joanina, o grupo interno de mestres e portadores da tradição dentro da comunidade mais ampla. Este é o uso em 1,1-4; os mestres desejam instruir a comunidade, de modo que os leitores possam ter comunhão/koinonia com os mestres pela apropriação e compartilhamento da mesma tradição. Em nenhum dos casos o "nós" é meramente um "nós" editorial, mas refere-se a um grupo de fato. O "nós" de 1,1-4, que afirma ter visto, ouvido, e tocado o Verbo da Vida, não é uma afirmação de que o(s) autor(s) era(m) da primeira geração de testemunhas oculares, ou que 1 João foi escrita pelo apóstolo João. Este "nós" eclesial expressa a reivindicação de toda a comunidade cristã e inclui, em seus começos, aqueles que verdadeiramente viram e ouviram o Cristo encarnado de carne e sangue. Essa reivindicação continuou a ser expressada pelas gerações seguintes:

- Cerca de 150 d.C. – "...com nossos próprios olhos contemplamos a coisas que aconteceram e estão acontecendo" (Justino Mártir, *1 Apol.* 30).
- Cerca de 180 d.C. – "...não seríamos capazes de saber, a menos que tivéssemos visto nosso mestre e ouvido sua voz com nossos próprios ouvidos" (Irineu, *Contra as Heresias* 5.1.1).

Este "nós" eclesial expressa o autoentendimento de pertença à comunidade cristã, a qual repousa sobre começos históricos. É uma continuação da consciência de pertença ao povo bíblico de Deus que celebra os atos poderosos do Deus que chamou a comunidade à existência.[11]

1,5-2,17 Parênese: comunhão com Deus, suas bênçãos e riscos

1,5-2,6 Perfeccionismo isento de pecado e o exemplo de Jesus

Por que começar com o tema do pecado e do perfeccionismo? Alguns da comunidade joanina tinham entendido que uma vez que seu novo ser era de Deus e não pertenciam a este mundo, eram então seres sem pecado, e não mais necessitavam tomar os padrões éticos de forma séria. Isso provavelmente estava relacionado à cristologia docetista que não levava a humanidade de Jesus seriamente – o Cristo era entendido como sendo um ser espiritual transcendente que nunca se tornou realmente parte desse mundo. Se o evento salvífico aconteceu sem realmente envolver um ser humano de verdade, então os crentes podem assumir um tipo de espiritualidade que não necessita tomar suas próprias ações corporais seriamente (ver 3,8-10).

O autor responde: A tangibilidade da encarnação apela por uma fé que se torna visível a partir dos atos deste mundo (2,7-11). Os crentes não são seres espirituais inocentes, mas pecadores perdoados. Fé em Cristo envolve guardar seus mandamentos, e "andar como ele andou" (2,6) i.e., adotando a maneira que Jesus viveu como o padrão de vida próprio do crente. O autor não se refere a atos particulares de Jesus a serem imitados, mas a uma vida vivida em união com Deus e determinada pelo amor de Deus. Essa visão afirma que a vida de Jesus é importante para a fé, que o modo como Jesus viveu é importante para como os crentes devem viver.

2,1 "Meus filhos" (τεκνία, *teknia*): O diminutivo "filhinhos" (NRSV, ARA, NVI e outras) é convencional, parte do socioleto joanino, e significa simplesmente "meus filhos". É o tratamento típico para os membros de igreja dentro da comunidade joanina, também atribuído

[11] Cf. Gn 17,10-11; Dt 5,1-5; 26,5-9; Nm 26,4. Na Páscoa, o povo judeu confessa sua fé, "Nós éramos escravos de Faraó..." (citado em NEUSNER, *Way of Torah*, 88). Cf. Mishnah Pesachim 10,5, "Em cada geração um homem deve considerar-se como se ele mesmo tivesse saído do Egito."

a Jesus se dirigindo aos discípulos (Jo 13,33; 1 Jo 2,1.12.14.28; 3,7.18; 4,4; 5,21; cf. o sinônimo παιδία, *paidia*, Jo 21,5; 1 Jo 2,14.18). Não é meramente um termo carinhoso, mas reflete a teologia joanina de que os crentes são filhos de Deus, são "de Deus" porque eles nasceram de Deus e pertencem à outra esfera de realidade diferente da dos não crentes: eles não são apenas "chamados" filhos de Deus, mas "isso é o que nós *somos*" (3,1; cf. Jo 1,12-13; 3,3-5; 1 Jo 2,29-3,1).

2,18-27 Exposição doutrinal: a negação do anticristo de que o Cristo é Jesus

Os leitores escutaram que o "anticristo" vem. Essa palavra é encontrada no Novo Testamento apenas em 2 Jo 7; provavelmente foi cunhada pelos próprios autores como seu termo para o poder personificado do mal que, no pensamento apocalíptico, deveria aparecer pouco antes do fim. Os leitores provavelmente tinham ouvido acerca dessa figura em Apocalipse, que circulou nas igrejas da Ásia ao final do primeiro século. A escola joanina demitologiza a figura. A expectativa é real, mas é cumprida não por alguma besta mitológica ou governante mundial satânico. A presença dos falsos mestres já sinaliza a proximidade do fim.

Aqui aprendemos algo novo, não presente na referência anterior em 2 Jo 7-11. Lá, os falsos mestres estavam soltos no mundo, e as igrejas são advertidas contra eles. Aqui, aprendemos que eles não são uma ameaça de fora da comunidade, mas ex-pertencentes das igrejas joaninas (2,19). Ou eles se tornaram esquerdistas, ou foram expulsos, e a comunidade joanina experimentou um cisma traumático. Eles acreditavam no Cristo divino, mas negavam que "o Cristo é *Jesus*" (ver sobre Jo 20,30-31).

Os mestres joaninos instruem a comunidade explicando que eles não necessitam dos ensinos "avançados" dos mestres dissidentes, porque *todos* na comunidade foram "ungidos", i.e., todos receberam o Espírito que guia a comunidade como um todo, o Paráclito que conduz a toda verdade (ver abaixo sobre Jo 13-17). Isso se refere ao batismo, que confere o Espírito, e que foi recebido por todos os cristãos. A prática posterior da unção com óleo no momento do batismo pode ter sido praticada já na comunidade joanina. Essa unção recebida por todos significa e torna real a presença do Espírito na comunidade, e ensina o que os cristão precisam saber.

2,28-3,24 Parênese: vinda do Senhor e a guarda dos mandamentos

3,8-10 Indicativo e imperativo

O autor afirma a realidade de que os crentes já são filhos de Deus, mas rejeita entender essa realidade em um sentido ontológico, passivo – "portanto somos seres sem pecado". Ele a interpreta como um chamado – "portanto não devemos continuar pecando" (cf. Rm 6). Como no caso de Paulo, o indicativo não é negado ou comprometido, mas se torna um imperativo.

3,2 "Já/ainda não": Desde seus primeiros dias a comunidade joanina acreditava que o Cristo já havia chegado e estava para vir. Diferentes mestres fizeram diferentes ênfases dentro desse padrão geral, mas a escatologia realizada e futurista existia lado a lado na compreensão da comunidade acerca da história da salvação (cf. "vem a hora *e* já chegou" do Evangelho [Jo 4,23]). Semelhante ao entendimento de Paulo há uma reserva escatológica: os crentes já *são* filhos de Deus, mas não ainda o que eles *serão* na parousia, quando eles se tornarão filhos de Deus de uma maneira que não pode ser imaginada ou expressada. Só quando puderem ver a glória de Cristo na parousia, é que eles mesmos, então, participarão dela (Jo 14,2-3; 17,24; cf. 2 Co 3,18).

3,11-24 "Crer ... amor ... verdade"

Aqui e em outros lugares, um entendimento histórico do Novo Testamento requer que essas exortações não sejam reduzidas a moralismos piedosos em geral, mas que, com imaginação histórica o leitor moderno perceba seu impulso e impacto na situação das igrejas joaninas. Na situação do autor, alguns membros da comunidade tinham sofrido privação econômica e física, e alguns tinham sido mortos como resultado da sua confissão de fé. Alguns membros da sinagoga tinham aparentemente colaborado com os oficiais romanos para levar os cristãos a serem condenados à morte (cf. Ap 2,9.13; 3,9). O autor convida os membros da comunidade que haviam sido poupados a que ajudem, compartilhando seus recursos com os cristãos necessitados. Assim, não odiar, não matar, mas "colocando nossas vidas uns pelos outros" são convites específicos para responder as necessidades dos irmãos cristãos que sofrem pela fé.

4,1-6 Exposição doutrinal: distinguir a verdade do erro

Aqueles que pertencem a Deus e à verdade podem ser identificados pelas ações, e não por suas crenças. Todavia, a comunidade joanina se deparou com o problema de distinguir ensinos autênticos da falsa doutrina. Juntamente com o teste para saber se a posição manifesta o amor de Deus – um critério difícil de aplicar, em todo caso – os mestres joaninos aplicaram um teste confessional: fazer os mestres opositores, que também afirmavam ser guiados pelo Espírito, a confessar que "Jesus Cristo veio em carne" (4,2). O contrário é simplesmente "não confessar *Jesus*" (4,3). A NRSV e a maioria das versões vertem "não confessam" (μὴ ὁμολογεῖ, *mē homologei*). Umas poucas traduções e numerosos estudiosos consideram a leitura variante encontrada em alguns manuscritos (λύει, *lyei*, lit. "soltar", "dissolver") como original, e traduzem "dispensar", "omitir", "dissolver". Os falsos mestres glorificam o Cristo espiritual, mas "dispensam" o Jesus humano. Em ambos os casos, os falsos mestres desconsideram a encarnação, e rejeitam o ser humano Jesus como uma figura essencial no ato salvífico de Deus.[12]

4,7-5,4 Parênese: amor de Deus, amor pelos irmãos e irmãs da comunidade

A estrita linha nós/eles que separa aqueles que são "de Deus" e aqueles que são "do mal" se depara com desconfortável tensão com a centralidade do mandamento do amor. Para os mestres joaninos, amor (ἀγάπη, *agape*) não é uma ideia, sentimento, princípio, ou ideal, mas uma ação, um reflexo da ação de Deus em Cristo. O amor é definido pelo ato de Deus em enviar a Cristo, e por Cristo voluntariamente ter entregue sua vida pelos outros (3,16-18; cf. Jo 3,16). Tal amor é o mandamento fundacional da comunidade joanina, recebido desde o início (1 Jo 2,4-5; 3,23; 5,3; 2 Jo 6; Jo 15,10).

Leitores perceptivos através dos séculos têm sido incomodados pelo fato de que 1 João aparentemente limita o amor aos irmãos e irmãs da

---

[12] Vários intérpretes relacionam isso à cristologia defendida pelo mestre gnóstico Cerinto, que argumentou que o Espírito divino veio sobre o homem Jesus em seu batismo, mas o deixou antes da crucifixão. O homem Jesus foi crucificado, não o Cristo divino (cf. Irenaeus, *Against Heresies* 1.26.1; Hippolytus, *Refutation* 7.33.1-2; Epiphanius, *Panarion* 28.1.7).

comunidade cristã. A versão joanina do duplo mandamento não é amor a Deus e ao próximo (Mc 12,28-34 par), mas amor a Deus e ao "irmão", i.e., o companheiro membro da igreja. A tensão entre a formação sinótica (e paulina) permanece, mas três fatores mitigam-na um pouco: (1) 1 João não escreve éticas filosóficas, mas convites para os cristãos cuidarem e darem ajuda concreta aos seus irmão na fé que estão sofrendo. (2) O dualismo do autor o condiciona a pensar nas categorias de dentro/de fora, aqueles que são de Deus e aqueles que são do mal. (3) O dualismo do autor é transcendido por sua fé no único Deus que é o Criador de tudo, e que ama o mundo, não apenas os de dentro da comunidade cristã. O amor de Deus nos escritos joaninos não é, em última análise, exclusivo ou sectário, pois ele reflete o amor de *Deus* que ama o *mundo* (não somente a igreja).[13]

5,5-12 Exposição doutrinal: o testemunho da água, sangue e Espírito

O autor retorna à afirmação credal básica: o amor de Deus é manifesto não meramente no reino espiritual do mundo celestial ou no reino psicológico de corações individuais, mas no mundo da humanidade da qual o ser humano Jesus foi um participante. Cristo veio não apenas "pela água" (capacitado pelo divino Espírito que veio sobre ele no batismo), mas "pelo sangue" (ele morreu uma morte humana real na cruz). A realidade deste evento salvífico é feito real para os crentes nos sacramentos do batismo e da Eucaristia.[14]

5,13-21 Epílogo: a vida eterna e os obstáculos.

Os cristãos joaninos tinham ouvido acusações de que eles eram idólatras, que tinham violado o primeiro mandamento, que eles adoravam Jesus como um segundo deus (cf. Jo 5,18). Em sua visão, eles devolviam a acusação a seus acusadores: *este* é a verdadeira revelação do único Deus. Tudo o mais é idolatria.

---

[13] Ver a extensiva discussão em ROBINSON, *Priority of John*, "The Charge of Introversion," 329-339.

[14] Em 1 Jo 5,7, o Textus Receptus seguido pelas versões KJV (século XVII) e DOUAY diz: "pois existem três que testificam no céu, o Pai, a Palavra, e o Espírito Santo: e estes três são um." Estas palavras são um comentário tardio não que aparece em nenhum manuscrito grego antigo do Novo Testamento.

26.5 Para leitura adicional

Interpretando Apocalipse

AUNE, David. *Revelation*. Word Biblical Commentary. 3 vols. Dallas: Word Books, 1997-1998.

BAUCKHAM, Richard. *The Theology of the Book of Revelation*. Cambridge: Cambridge University Press, 1993.

BEALE, G. K. *The Book of Revelation*. New International Commentary on the Greek New Testament. Grand Rapids: Eerdmans, 1999.

BLOUNT, Brian K. *Revelation*. The New Testament Library. Louisville: Westminster John Knox, 2009.

BORING, M. Eugene. *Revelation*. Interpretation: A Bible Commentary for Teaching and Preaching. Louisville: Westminster John Knox, 1989.

CAIRD, G. B. *A Commentary on the Revelation of St. John the Divine*. Harper's New Testament Commentaries. New York & Evanston: Harper & Row, 1966.

COLLINS, Adela Yarbro. *Crisis and Catharsis: The Power of the Apocalypse*. Philadelphia: The Westminster Press, 1984.

KOESTER, Craig R. *Revelation and the End of All Things* (Grand Rapids: Eerdmans, 2001).

MOUNCE, Robert H. *The Book of Revelation*. Revised Edition. New International Commentary on the New Testament. Grand Rapids: Eerdmans, 1997.

REDDISH, Mitchell G. *Revelation*. Smyth & Helwys Bible Commentary. Macon, GA: Smyth & Helwys, 2001.

SCHÜSSLER FIORENZA, E. *The Book of Revelation: Justice and Judgment*. Philadelphia: Fortress, 1985.

Interpretando 1, 2 e 3 João

BROWN, R. E. *The Epistles of John*. The Anchor Bible. New York: Doubleday, 1982.

LIEU, Judith. *1, 2, 3 John: A Commentary*. New Testament Library. Louisville: Westminster John Knox, 2008.

PAINTER, John. *1, 2, and 3 John*. Sacra Pagina 18. Collegeville: Liturgical Press, 2002.

STRECKER, G. *The Johannine Letters: A Commentary on 1, 2, and 3 John*. Hermeneia–A Critical and Historical Commentary on the Bible. Minneapolis: Fortress, 1996.

27

Interpretando o Evangelho de João

27.1 Particularidades do Evangelho de João

27.1.1 Estrutura e linha histórica

A narrativa joanina tem uma forma fundamentalmente diferente da linha histórica sinótica baseada em Marcos.

- Nos sinóticos, a história é centrada na Galileia, com a cidade costeira de Cafarnaum como o centro do ministério de Jesus, sendo que apenas no final da narrativa ele faz uma única viagem a Jerusalém e morre. Em João, a história está centrada na Judeia ou sul da Transjordânia, Jesus está frequentemente em Jerusalém, aventurando-se apenas minimamente na Galileia (Caná, caps. 2 e 4; em torno do Mar da Galileia, cap. 6). Após o cap. 7,10, Jesus nunca mais retorna à Galileia outra vez. Embora Jesus seja "de Nazaré", o quarto Evangelho nunca narra qualquer cena localizada ali.
- O ministério de Jesus nos sinóticos inclui apenas uma festa judaica, a Páscoa na qual ele é morto. Em João, Jesus participa da páscoa duas vezes (uma terceira é mencionada em 6,4), bem como festa dos Tabernáculos, Dedicação (Hanucá), e a não identificada festa de 5,1.
- Embora retratando um período maior para o ministério de Jesus, João narra menos eventos, elaborando os incidentes e discursos que ele selecionou nas cenas mais ricas e mais longas.
- Nos sinóticos, Jesus não inicia seu ministério até João Batista ser preso e sair de cena (Mc 1,14-15). Em João, João Batista e Jesus têm ministérios paralelos, e até mesmo competitivos (Jo 3,22-23; 4,1-3).

- Nos sinóticos, a purificação do templo ocorre ao final do primeiro ano de ministério; em João, no início de um ministério que se estende por dois anos e meio.
- Nos sinóticos, Jesus disputa com fariseus, saduceus, herodianos e escribas. A narrativa joanina contém muitos fariseus e fala frequentemente "dos judeus", mas não tem escribas, saduceus, ou herodianos.
- Nos sinóticos, enquanto transcorre o ministério na Galileia, Jesus ensina seus discípulos por meio de parábolas breves e ditos aforísticos. Já em João, Jesus não ensina até a última noite antes da crucifixão, condensando toda sua instrução em "seu próprio" discurso de despedida na última ceia. João narra dois anos e meio nos primeiros doze capítulos, então toma cinco capítulos para a última noite da vida de Jesus. Não há uma "última semana" como nos sinóticos, mas apenas uma "última noite". Um terço do livro é dedicado às últimas 24 horas.
- Nos sinóticos, Jesus é tentado por Satanás no início de seu ministério, é transfigurado diante de seus discípulos numa cena central, e agoniza no Getsêmani no final. Nenhuma destas cenas é apresentada no quarto Evangelho – noventa por cento da narrativa de João, de fato, não têm paralelo com os outros evangelhos.
- Tanto nos sinóticos quanto em João, Jesus celebra a última ceia com seus discípulos na quinta-feira à noite e é crucificado no dia seguinte. Nos sinóticos, esta última ceia é uma ceia pascal; em João, os eventos finais da vida de Jesus ocorrem antes. A última ceia não é uma páscoa, mas Jesus o Cordeiro de Deus morre como os cordeiros pascais estão sendo mortos.

27.1.2 Cristologia: João tem uma imagem distinta de Jesus

Há, em última análise, uma profunda unidade entre a teologia de João e a de Paulo, bem como com a dos sinóticos e de outros escritores do Novo Testamento. Mas antes de qualquer tentativa de harmonização demasiada fácil em relação a essa unidade teológica, as particularidades de cada um devem ser vistas.[1] Em adição à diferente forma da linha histórica discutida acima, podemos verificar que no quarto Evangelho:

[1] Este é o valor da última obra de A. T. ROBINSON. A despeito da natureza idiossincrática de suas teorias históricas. ROBINSON notou tanto as particularidades quanto a unidade da teologia do Novo Testamento. Vide especialmente sua discussão da cristologia joanina, ROBINSON, *Priority of John*, 296-397.

- Nenhuma genealogia dá a Jesus um ancestral davídico; os oponentes de Jesus equivocadamente creem que o Messias deve ser da linhagem de Davi (7,42). Não Davi, mas Moisés é o primeiro modelo bíblico para o Messias, com quem Jesus é tanto comparado quanto contrastado: Moisés ascende, e descende, transmite o que ouviu de Deus, mas – em contraste com Jesus – nunca viu a Deus (1,17-18).
- Jesus procede de Deus, é o Filho de Deus, o único Preexistente que desceu do céu, mas é também de Nazaré, o filho de Maria e José. Este paradoxo simultâneo não é explicado nos termos de um nascimento milagroso.
- O ensino de Jesus não é acerca do reino de Deus, mas acerca de si mesmo. Durante seu ministério, o Jesus joanino se refere ao reino de Deus apenas uma vez, no privado encontro noturno com Nicodemos (3,3.5). O ensino público de Jesus é sobre sua relação com Deus e seu papel como revelador de Deus. Jesus não contende com os mestres judeus acerca da interpretação da Torá, mas acerca de sua igualdade com Deus. Ele convida publicamente à fé nele como o Messias e Filho de Deus. Não há nenhum segredo messiânico no sentido marcano.
- Não há parábolas. Os relatos breves e ditos dos sinóticos são substituídos por longos monólogos simbólicos. Nos sinóticos, Jesus conta histórias seculares provocativas acerca de outras pessoas – o filho pródigo, o bom samaritano, a mulher que perdeu e encontrou a dracma, o rico e Lázaro – como uma forma de falar acerca do reino de Deus. No quarto Evangelho, Jesus não conta histórias; o sujeito de todos os seus discursos é ele mesmo. Enquanto nos sinóticos Jesus fala do pastor e a ovelha perdida, em João, Jesus mesmo é o bom pastor. Enquanto nos sinóticos Jesus conta um parábola na qual o reino é como uma vinha que será entregue a outros, o Jesus joanino é essa vinha.
- Não há exorcismos. A derrota de Satanás diante de Deus no evento-Cristo é concebida em termos cósmicos (12,31), não como expulsando demônios de indivíduos.
- Não há a citação do "Grande Mandamento" da Bíblia; em vez disso, Jesus dá seu próprio "Novo Mandamento" (13,34).
- Tanto a divindade quanto a humanidade de Jesus estão presentes de forma exagerada, enfática. *Por um lado*, Jesus é frequentemente retratado como não sujeito às limitações humanas. Ele não faz perguntas pedindo informação (1,48-49; 6,5.64.71; 2,25; mas cf. 11,34). Ele age apenas unilateralmente, não em resposta a solicitações. Não há oração agonizante no Getsêmani (cf. 12,27-33). Jesus está soberanamente no controle de sua própria prisão, julgamento e morte. Milagres são elaborados e ampliados: ele transforma (2,6-9) água em vinho; o filho de um oficial real é curado no exato momento em que ele disse (4,52), mesmo estando a uma determinada

distância; o homem curado no tanque de Betesda tinha estado doente por 38 anos (5,5); o homem cego que foi curado tinha nascido cego (9,2); Lázaro já estava morto a quatro dias (11,17). Pessoas não são curadas como expressão de compaixão (todas as outras pessoas doentes no tanque de Betesda em 5,2-8 são ignoradas), mas para mostrar a glória de Deus/Jesus (2,11; 20,30-31, homem cego, Lázaro). Os sinais são por causa de Jesus, não por causa das pessoas curadas. Eles são transparentes à glória divina, como uma revelação de que Jesus pertence ao mundo de Deus. *Por outro lado*, a humanidade de Jesus é incisivamente exibida: ele fica cansado, com sede, chora, sangra e morre.

- O Jesus como campeão e amigo das classes mais baixas e oprimidas se foi. No quarto Evangelho, não há pessoas pobres, nem muito ricas, nem publicanos, nem pecadores (7,53-8,11 é uma adição posterior), nem pastores, nem pescadores (exceto no cap. 21 apêndice), nem viúvas, nem crianças, nem mulheres companheiras de viagem, nem endemoninhados imundos, nem leprosos, nem prostitutas e nem "outros criminosos" crucificados com Jesus. Em geral, o Jesus joanino é retratado como sendo sem compaixão, como divinamente indiferente. A compaixão de Deus pelo mundo é manifesta no próprio evento-Cristo, não em histórias individuais nas quais este último ato de Deus é simbolicamente retratado.

27.1.3 Perspectivas e técnicas literárias

Gênero

O quarto Evangelho compartilha com os outros evangelhos canônicos as características genéricas que são distintivas ao gênero evangelho, criado por Marcos: composto de unidades tradicionais kerigmáticas; combinando a cristologia kenótica e a cristologia epifânica; narrando a história de Jesus como parte definitiva na história da salvação que vai desde a criação até o *eschaton*; unindo as perspectivas que combinam o Jesus que atuou na história, com o Jesus que é "lá do alto", do mundo transcendente, e participa do mundo do autor e leitores (ver acima §20.1). Será que João adotou e adaptou o gênero de Marcos, ou o desenvolveu independentemente? Alguns têm argumentado que a dinâmica cristológica inerente à mensagem do Evangelho geraram o gênero evangelho sempre que os autores cristãos tentaram apresentar o kerygma cristão como uma narrativa da vida de Jesus, de modo que João é o "segundo inventor" do gênero evangelho.[2] É improvável, entretanto, que João não tivesse conhecimento dos outros evangelhos. Um argumento mais plausível é que João tem alguma familiaridade com um ou mais dos sinóticos e compartilha algumas de suas tradições, mas não usa nenhum deles da maneira, que por exemplo, que Mateus usa Marcos. Ele está ciente de Marcos do mesmo modo que 2 Pedro está ciente de 1 Pedro, das cartas paulinas, e o do gênero epistolar, mas não usa nenhum deles como fonte. João adota o gênero evangelho de marcos, mas na maior parte preenche a forma marcana com conteúdo joanino.

Linguagem, vocabulário e estilo

A profunda teologia joanina é apresentada num estilo simples e vocabulário pobre. Entre os escritores evangélicos, João tem o menor vocabulário, usando apenas 1.011 palavras diferentes em um documento de 15.416 palavras (Marcos 1.345/11.242; Mateus 1.691/18.305; Lucas 2.025/19.428).[3] Algumas palavras-chave que ocorrem mais frequentemente em João que em todos os sinóticos juntos: ἀγαπάω / ἀγάπη (*agapaō/agapē*, amor, substantivo e verbo) 44 vezes João, 28 vezes sinóticos; ἀλήθεια, ἀληθής, ἀληθινός, ἀληθῶς (*alētheia, alēthēs, alēthōs*, verdade, verdade, verdadeiramente) 46 vezes João, 20 vezes sinóticos; γινώσκω (*ginōskō*, conhecer) 57 vezes; ἀμὴν ἀμήν (*amēn amēn*, "em verdade em verdade") 25 vezes em João, nunca nos sinóticos; γραφή (*graphē*, Escritura, escrita [singular]) 11 vezes João, apenas duas vezes nos sinóticos; ἐγώ ειμι (*egō eimi*, "Eu sou") 24 vezes João (5 vezes Mateus; 3 vezes Marcos; 4 vezes Lucas); as séries do dito "Eu sou" ocorre apenas em João; ἐργάζομαι, ἔργον (*ergazomai, ergon*, obra, substantivo e verbo) 35 vezes, sempre positivamente, no sentido de ações, nunca no sentido paulino de "obras da lei"; Ἰουδαῖοι (*Ioudaioi*, Judeus) 67 vezes João, nos sinóticos apenas 16 vezes, sobretudo na frase

---

[2] Assim, e.g., JÜRGEN BECKER, que argumenta que João não conhece os sinóticos, mas tem a Fonte Sinais e a Fonte Paixão; João criou o gênero evangelho independentemente. "João é assim um segundo Marcos" (JÜRGEN BECKER, *Das Evangelium nach Johannes* (2 vols.; ÖTK 4/1, 4/2; Gütersloh: Gütersloher Verlagshaus, 1979, 1981), 1,40). Vide também ROBERT T. FORTNA, *The Fourth Gospel and Its Predecessor: From Narrative Source to Present Gospel* (Philadelphia: Fortress, 1988), 205-216.

[3] Os dados são de MORGENTHALER, *Statistik*, 164, derivados de NESTLE[21]. Estatísticas baseadas nas últimas edições do NESTLE-ALAND. O texto varia muito ligeiramente.

"rei dos judeus"; κόσμος (*cosmos*, mundo) 78 vezes João, apenas 13 vezes nos sinóticos; κρίνω (*krinō*, julgar, verbo) 19 vezes João; 12 vezes sinóticos; μαρτυρεώ, μαρτυρία, μαρτύριον (*martyreō, martyria, martyrion*, testemunha, testemunhar, testemunho, substantivo e verbo) 47 vezes João, 15 vezes sinóticos; μένω (*menō*, permanecer) 40 vezes João, 12 vezes sinóticos; πατήρ (*patēr*, Pai, de Deus) 118 vezes João, 60 vezes sinóticos; ὁ πέμψας με (*ho pempsas me*, aquele que me enviou) 26 vezes João, sempre relacionado a Deus ou a Jesus; não encontrado nos sinóticos; τίθημι ψυχήν (*tithēmi psychēn*, Eu dou a minha vida), 6 vezes João, nunca nos sinóticos; φανερόω (*phaneroō*, revelar, manifestar), 9 vezes João, apenas uma vez nos sinóticos; φιλέω (*phileō*, amor), 13 vezes João, 8 vezes sinóticos; φῶς (*phōs*, luz) 23 vezes João, 15 vezes sinóticos.

Itens característicos do estilo joanino incluem (1) *parataxe*, a ligação de sentenças pelo καί (*kai*, e) em vez de cláusulas subordinadas ou construções participiais; (2) o frequente uso (200 vezes) de οὖν (*oun*, frequentemente traduzido como "portanto") como um simples conjuntivo, dificilmente usado neste sentido em todos os sinóticos, é usado apenas uma vez nas cartas (3 Jo 8, no sentido normal de "portanto"); (3) o pronome demonstrativo ἐκεῖνος (*ekeinos*, aquele) usado no sentido do pronome simples "ele" 44 vezes em João, 6 vezes em 1 João, apenas 21 vezes em outros lugares no Novo Testamento. Em relação ao tamanho dos livros, este uso é dezenove vezes mais frequente em João que no restante do Novo Testamento; (4) João tem o pronome possessivo ἐμός, *emos*, 39 vezes, mais que todo o restante do Novo Testamento.

Duplos sentidos, perguntas ineptas e mal-entendidos

O evangelista algumas vezes intencionalmente usa uma palavra que pode ser entendida de duas diferentes maneiras. O personagem na narrativa toma a palavra no nível terreno, no plano da realidade mundana "carnal", mas o Jesus joanino a toma de outra maneira, apontando para o nível divino e transcendente da realidade. Assim, a necessidade de nascer ἄνωθεν (*anōthen*, 3,3) pode significar "do alto" (como em Jo 3,31) ou "outra vez" como em Gl 4,9). Jesus toma o termo no primeiro sentido, Nicodemos no último (Jo 3,3-10). Assim também na mesma passagem, ὑψόω (*hypsoō*) significa "levantar", mas pode ser entendido no sentido de "crucificar", sendo levantado na cruz, ou "exaltar", sendo levado ao céu. Os oponentes de Jesus supunham que *eles* o estão *crucificando*, mas o mesmo ato é Deus exaltando Jesus ao céu. Há inúmeros casos em que os personagens pré-pascais na narrativa entendem as obras de Jesus em um nível, quando o narrador, com uma "piscada de olhos" indica para o leitor pós-pascal, que as propõe de outra maneira (cf. 2,19-22; 3,3-4; 4,10-11.31-34; 6,41-42.51-52; 7,33-35; 8,18-19; 21-22; 31-33; 51-53; 56-58; 11,11-12; 23-27; 13,7-9; 14,5.8.22). Este é um aspecto da versão de João do segredo messiânico.

Ironia

Outro meio pelo qual o autor convida o leitor a compartilhar o ponto de vista do narrador é o uso da ironia. Personagens da história fazem declarações significativas que são verdadeiras em um nível muito mais profundo do que aquele que o falante percebe, ou mesmo no sentido oposto. Caifás, vendo o efeito potencialmente rápido da pregação de Jesus e a represália romana, expressa o realismo mundano da conveniência política de que Jesus deve morrer, pois é melhor que uma pessoa morra pelo povo do que toda a nação ser destruída (Jo 11,50). Ele não percebe que está expressando a profunda verdade do Evangelho, que Jesus de fato morreu pelo povo. A ironia é percebida de forma mais profunda ainda quando o narrador e leitores olham para trás, para a revolta de 66-70, na qual os romanos destruíram a nação apesar de Caifás e Pilatos terem tentado salvar o status quo quando colaboraram para a morte de Jesus. Outro exemplo: no julgamento de Jesus perante Pilatos, o governador tenta apaziguar os judeus por tê-lo açoitado e ridicularizado, então o trazem para fora, ensanguentado, usando a coroa de espinhos e manto purpura, dificilmente ele seria uma ameaça para alguém, um espetáculo com o qual não vale a pena incomodar-se, e declara: "aqui está o homem" (tradicionalmente, "eis o homem"). As palavras de Pilatos, em um nível mais profundo do que ele poderia saber, significam para o narrador e para o leitor: Jesus é um homem de verdade, um ser verdadeiramente humano. Este é o equivalente joanino para a cristologia Adâmica de Rm 5. Em tais declarações, o narrador consegue incluir o leitor no "nós" joanino, do qual os personagens da história não tem conhecimento.

Simbolismo

O evangelista sabe que a realidade transcendente do ato de Deus em Cristo não pode ser expressa em linguagem literal. Ele é um mestre da comunicação simbólica. Baseando-se em uma rede de linguagem metafórica e simbólica, ele apresenta o significado do evento-Cristo em imagens universais enriquecidas pela tradição judaica e bíblica, ou imagens bíblicas e judaicas ampliadas para ter significado universal. João não apenas apresenta Jesus em símbolos cristológicos paradigmáticos nos termos das vivas imagens da água, pão, luz, e vida; ele é a videira verdadeira, o verdadeiro templo, o verdadeiro caminho. Em todas estas afirmações, "verdadeiro" (ἀληθινός, *alēthinos*) significa, em última análise, o real em oposição ao irreal, pertencer ao mundo divino da realidade em vez de ao relativo mundo transitório. Símbolos importantes como luz são expressos em dimensões multifacetadas da narrativa, de modo que as referências de João à lâmpadas, fogo, tochas, dia e noite, manhã, ver, cegueira e cura, todos comunicam a metáfora raiz, o símbolo profundo: Jesus é a luz do mundo que permite que os seres humanos vejam as coisas como elas verdadeiramente são.

O drama cristológico como um todo é narrado como uma série de *sinais*, que apontam para além deles mesmos, para a realidade última a ser introduzida. As ações de Jesus são simbólicas: transformar água em vinho e purificar o templo apontam para a transformação e cumprimento do ritual religioso no evento-Cristo; a cura do homem que nasceu cego aponta para a concessão definitiva da visão. Quando Maria unge os pés de Jesus, este é um ato simbólico; o ato de Jesus lavar os pés dos discípulos aponta para todo o evento salvífico da ação de Deus em Cristo. Aqueles que veem apenas pão e peixe no alimentar das multidões perdem a realidade que pode ser experimentada apenas pela participação no corpo e no sangue de Jesus (6,35-58).

Personagens e caracterização

O personagem principal. O caráter de Jesus é fixado desde o início; como Deus, ele não muda. Ele é o homem vindo do céu que recebeu sua comissão do Pai, é um estrangeiro no mundo, e executa sua missão sem luta, sem oscilar ou obter novos conhecimentos. Como Deus, o Jesus joanino não pode aprender nova informação, esforçar-se para tomar decisões ou ser surpreendido. A apresentação que João faz de Jesus é determinada por sua teologia, não pelo seu interesse de apresentar Jesus como um personagem atrativo com o qual o leitor possa identificar-se.

Os personagens secundários. Algumas vezes João manifesta mais interesse nos personagens secundários que os sinóticos, onde os endemoninhados, paralíticos, leprosos e doentes tipicamente aparecem com seus problemas, são curados, e desaparecem da narrativa sem deixar vestígios. João mostra mais interesse no que lhes acontece, e usa linhas de história secundária para desenvolver seu ponto teológico. Ele traça a história do homem nascido cego através de vários estágios de crescimento na fé e coragem (cap. 9). O relato de Nicodemos é continuado através de cenas em três diferentes capítulos (caps. 3, 7, 19). No entanto, por tal "desenvolvimento de personagens" João não enfoca o papel do novelista, e seu retrato dos personagens na narrativa ainda funciona para fazer pontos teológicos. Isso é verdade mesmo no caso daquelas figuras que recebem relativamente mais espaço na narrativa, incluindo Pedro (o personagem mais complexo), Tomé, Lázaro, Maria, Marta, Judas, Caifás e Pilatos. Destes, o primeiro exemplo de um papel narrativo expressando uma função teológica é o do "discípulo a quem Jesus amava".

O Discípulo Amado. Aparece a primeira vez no relato da última ceia em Jo 13,23, no final da história do que provavelmente é o último documento dos escritos joaninos. O evangelista introduz o Discípulo Amado como "um de seus discípulos, aquele a quem ele [Jesus] amava" (13,23, não *o* discípulo...). Um novo personagem na história é aqui identificado. O discípulo amado não aparece em nenhum outro lugar nem em 1ª, 2ª e 3ª João, nem no Apocalipse, nem em qualquer outra parte no Novo Testamento. O evangelista está aqui criando um novo papel para um dos discípulos. Todas as referências ao discípulo Amado estão nas adições do evangelista à tradição, exceto 21,18-25, adicionada na edição final do livro pelo redator. Isso mostra que o evangelista não identifica a si mesmo como o discípulo amado, mas considerou-o o portador das tradições joaninas.

- Em 13,23-24, o discípulo amado é descrito com as mesmas palavras usadas para retratar a relação de Jesus com o Pai, e tem uma função análoga. Assim como Jesus é o exegeta do Pai, assim o discípulo amado é o exegeta de Jesus para os outros discípulos e através deles para o mundo. Jesus dá a revelação ao discípulo amado, e Pedro deve perguntar-lhe o que Jesus disse.

- Em 18,15-16, após a prisão de Jesus, Pedro e o "outro discípulo" se aproximaram da corte do sumo sacerdote. O outro discípulo é conhecido e admite-se sua entrada, mas Pedro é barrado e fica do lado de fora. O outro discípulo avaliza Pedro, que então entra no pátio onde ele repetidamente nega Jesus. O "outro discípulo", é claro, nunca é vacilante.
- Em 19,26-27, o discípulo amado é o único dos discípulos de Jesus ao pé da cruz. Pedro e os outros desaparecem da cena no aprisionamento de Jesus, onde a incompreensão de Pedro acerca da missão de Jesus o levou a tentar defender Jesus com violência. Da cruz, Jesus confia sua mãe aos cuidados do discípulo amado, que a leva para sua própria casa.
- Em 19,34-35, este discípulo, testemunha ocular, testemunhou a realidade da morte de Jesus, o golpe da lança que tirou água e sangue do lado de Jesus, e seu testemunho valida a verdade da tradição joanina.
- Em 20.2,7-8, o discípulo amado e Simão Pedro correm para a tumba. O discípulo amado chega primeiro e, apesar de Pedro ser o primeiro a entrar na tumba, o discípulo amado é o primeiro a ter fé no Senhor ressuscitado.
- Em 21,7 no epílogo, é outra vez o discípulo amado que é o primeiro a reconhecer o Jesus ressuscitado, e quem diz a Pedro. Embora Pedro seja então restaurado e receba um tipo de primazia, o discípulo amado não necessita ser restaurado, antes tem seguido a Jesus em tudo (21,20).
- Em 21,24, as palavras finais do livro, o círculo de escritores joaninos ("nós") valida o discípulo amado como o autor do livro.
- Em retrospecto, o leitor pode ver que o discípulo provocativamente não identificado de 1,35.40, previamente um seguidor de João Batista, foi um dos primeiros a se tornar discípulo de Jesus, e foi ainda fundamental para levar Pedro a Jesus.

Em tudo isso, o leitor se torna ciente de certa competição entre o discípulo amado e Simão Pedro, uma competição na qual o discípulo amado sempre chega primeiro (cf. a corrida para a tumba). O retrato do discípulo amado parece representar a reivindicação da comunidade joanina em oposição ao desenvolvimento do cristianismo protocatólico representado por Pedro. Assim, para alguns intérpretes, o discípulo amado é inteiramente uma figura literária, uma criação do evangelista representando o discípulo ideal. Para outros, ele representa o cristianismo gentio, destinado por Jesus a tomar o lugar do cristianismo judaico representado por Pedro. Ainda para outros, o discípulo amado simbolizou a liderança carismática, profética em oposição à institucionalização do ministério. A opinião majoritária agora é que o discípulo amado representa uma figura histórica real, uma pessoa real que foi testemunha ocular dos eventos no ministério de Jesus, e para quem a comunidade joanina posteriormente olhou como seu fundador e autoridade de validação. Como Pedro, o discípulo amado foi uma pessoa histórica que assumiu um papel simbólico. Além disso, há pouca unanimidade. Ele tem sido identificado com João filho de Zebedeu, Lázaro, Filipe, Natanael, Tomé, Matias, Paulo, a figura do Benjamim de Dt 33,12, André, João Marcos, e o Presbítero João de Papias.[4] Provavelmente seja melhor ver o discípulo amado como uma pessoa real que desempenhou um papel formativo nos primeiros dias da comunidade joanina, que foi idealizado como uma figura simbólica pelo evangelista, e então finalmente considerado como o autor do Evangelho no tempo da última edição do quarto Evangelho.

27.2 Destinatários e propósito

É o Evangelho um escrito missionário, evangelístico direcionado aos de fora, ou uma composição edificante destinada aos de dentro da comunidade cristã, para aprofundar e esclarecer seu entendimento da fé? Ou é esta uma falsa alternativa?

O propósito primariamente evangelístico tem sido habilmente defendido. C. H. DODD argumentou que o Evangelho de João tem em vista o gentio instruído, pessoa familiarizada com o "mais elevado helenismo" religioso do mundo helenístico do primeiro século, para mostrar que a fé cristã não representava um judaísmo estreito, mas a religião universal do logos encarnado. O autor "tem em vista um público não cristão para o qual ele deseja apelar" e, portanto, é reservado no que diz respeito a alguns aspectos, tais como os sacramentos, pois ele está escrevendo "para um público que incluía pagãos que ele desejava influenciar em direção à fé cristã." No entanto, repetidas vezes DODD

[4] Todas estas possiblidades são bastante exploradas em R. ALAN CULPEPPER, *John, the Son of Zebedee: The Life of a Legend* (Minneapolis: Fortress, 1999).

indica que é "o instruído leitor cristão" que interpreta o livro.[5] Mais recentemente, D. A. CARSON, representando aqueles que entendem o Evangelho de João como dirigido a não cristãos, tem dado apoio exegético detalhado para a visão de que o Evangelho de João é dirigido aos de fora que já estavam familiarizados com o judaísmo, mas não são cristãos, a saber, "judeus da diáspora e prosélitos do judaísmo."[6]

É bem verdade que o Evangelho de João pressupõe um público predominantemente gentio, para quem os costumes e terminologia judaicos devem ser explicados (cf. a lista acima §25.3.2), e para o qual se deve informar que o Evangelho tem uma perspectiva universalista que olha para além da sinagoga e da igreja para o mundo mais amplo. É também verdade que o conceito da figura salvadora designada Cristo/Messias é assumido, e que a questão não é "Quem é Jesus?", mas "Quem é o Messias?", não "É Jesus o Cristo?", mas "É o Cristo *Jesus*?"[7] A importância desse ponto tem sido reconhecida e habilmente defendida por CARSON, mas isso não significa que o documento como um todo é uma mensagem evangelística destinada aos de fora. A intrigante descrição "dos judeus" e "do mundo" torna isso improvável, assim como a suposição de que os leitores já sabem muito da tradição cristã e estão lutando com questões teológicas cristãs tais como a reinterpretação da escatologia e o entendimento e importância dos sacramentos. O quarto Evangelho parece ter sido escrito para os membros da comunidade joanina com o fim de ajudá-los a aprofundar e esclarecer o significado de sua própria fé. Entretanto, isso não exclui a perspectiva evangelística. A comunidade tem uma missão, ela é chamada a dar testemunho ao mundo, olhar para além de suas próprias fronteiras, ganhar novos conversos e ser um agente para unir o disperso povo de Deus.

---

5 C. H. DODD, *The Interpretation of the Fourth Gospel* (Cambridge: Cambridge University Press, 1953), 8, 310; 138, 302, 309.

6 CARSON, *Gospel according to John*, 87-92. Visões similares têm sido defendidas por, e.g., J. A. T. ROBINSON, "The Destination and Purpose of St. John's Gospel," *NTS* 6 (1960). FORTNA, *Fourth Gospel and Its Predecessor*, 211-215 et passim, defende que o pré-joanino "Evangelho dos Sinais" tinha o propósito evangelístico de conquistar outros judeus na sinagoga, mas a presente forma do Evangelho de João, escrito depois da expulsão dos cristãos joaninos da sinagoga, é para a própria comunidade.

7 Alguns dos de fora, sob a influência dos mestres docéticos que ainda atormentavam a comunidade, são tentados a entender *Cristo* e o *Filho de Deus* de uma maneira que minimiza o ser humano Jesus.

Para testemunhar de forma competente, a comunidade deve ter um claro entendimento de sua própria fé.

27.3 Unidade, fontes e história composicional

Uma leitura atenta do Evangelho fornece várias indicações de que ele foi escrito em um período extenso, e levanta a questão das fontes – onde o autor conseguiu sua informação? – e se o texto foi todo escrito pelo mesmo autor. Uma amostra de alguns dados:

- Menos de dez por cento do texto de João tem paralelo substancial nos sinóticos (ao contrário por exemplo, noventa e cinco por cento de Marcos é encontrado em Mateus e/ou Lucas).
- Dos poucos lugares onde João e os sinóticos se sobrepõem, há alguns acordos verbais impressionantes (e.g., 2,14-17; 6,5-21; 12,3-8).
- A afirmação de que Jesus conduziu um ministério bem sucedido que batizava (3,22) está correta: Jesus não batizou ninguém pessoalmente; foram seus discípulos (4,2).
- Ao final do capítulo 5, Jesus está em Jerusalém, mas em 6.1, sem nenhuma transição, ele está na Galileia. O capítulo 7 se encaixa bem após o capítulo 5. Assim, em alguma etapa da composição, a narrativa parece ter seguido a ordem dos capítulos 4→6→5→7.
- Em 11,2, a cena de Maria ungindo Jesus é referido, mas só é narrado depois de 12,3.
- O ato simbólico de Jesus lavando os pés dos discípulos recebe duas interpretações separadas, uma símbolo da lavagem que acontece na morte de Jesus, com uma referência obliqua ao batismo (13,2-11), e a lavagem dos pés como um símbolo de humilde serviço (13,12-20).
- O discurso de despedida chega a um final adequado em 14,31, quando Jesus diz "Levantai-vos, vamo-nos daqui". O discurso então continua por mais três capítulos, e eles não saem até 18.1. Parte dos capítulos 15-16 é uma repetição do capítulo 14, como se duas versões do mesmo discurso tivessem circulado separadamente em algum momento. Além do mais, em 16.5 Jesus lamenta pelo fato de que ninguém lhe pergunta onde ele está indo, embora na presente forma do texto eles tenham acabado de fazer isso em 13,36 (cf. também 14,5).
- Uma parte do material dos "ditos" parece flutuar acima da narrativa, desconectada da cena na qual ele está atualmente localizado (e.g., 3,31-36; 12,44-50).

- O Evangelho chega ao fim em 20,31; a narrativa começa de novo, e tem um segundo encerramento em 21,24-25.
- O segundo encerramento por si mesmo indica mais do que uma fase de composição, enquanto 21,24 distingue "o discípulo que dá testemunho destas coisas e que as escreveu" do "nós" que compôs o texto existente.

Uma série de diferentes teorias têm sido desenvolvidas para explicar esses dados, mas elas podem ser representadas como modificações ou combinações de três modelos básicos:

(1) *O idoso apóstolo João escreve com base em sua memória.* Ver acima sobre autoria §25.2.2. A maioria dos estudiosos vê essa teoria como inadequada para explicar os dados acima.

(2) *João está completando, revisando ou substituindo um ou mais dos evangelhos sinóticos.* A visão comum na igreja primitiva era que João conhecia os outros evangelhos, e escreveu seu próprio evangelho como um complemento, correção, ou tentativa de substituí-los.[8] Estudiosos, no início do século vinte, parecem ter confirmado essa visão. Após um período de desacordo, o argumento de que as fontes de João incluíam os sinóticos tem sido vigorosamente reafirmado, e um número de recentes estudos e comentários pressupõe ou defende o uso joanino de um ou mais dos outros evangelhos canônicos.[9] Exemplos de alguns dados-chave na discussão:

- A similaridade geral da forma e proporção argumenta em favor do conhecimento dos sinóticos, especialmente pelo fato de que João menciona Jesus em Jerusalém em várias ocasiões, mas ainda, semelhante a Marcos,

---

[8] Notoriamente, Clemente de Alexandria no segundo século: "Último de todos, João, percebendo que os fatos externos tinham sido esclarecidos no Evangelho, sendo pressionado por seus amigos, e inspirado pelo Espírito, compôs um Evangelho espiritual" (citado de Eusébio *HE* 6.14.7).

[9] Entre aqueles que defendem que as fontes de João incluíam um ou mais dos sinóticos: C. K. BARRETT, *The Gospel According to St. John* (2nd ed.; Philadelphia: Westminster, 1978), 59-71 e THOMAS L. BRODIE, *The Quest for the Origin of John's Gospel: A Source-oriented Approach* (New York: Oxford University Press, 1993). Em 1991 uma conferência internacional de estudiosos do Novo Testamento foi dedicada a este tema. Os artigos estão publicados em ADELBERT DENAUX, ed. *John and the Synoptics* (BETL 101; Leuven: Leuven University Press, 1992). Todas as posições-chave e argumentos estão magistralmente resumidos em D. MOODY SMITH, *John among the Gospels* (2nd ed.; Columbia, SC: University of South Carolina Press, 2001), que permanece não convencido de que João conhecia os sinóticos.

tem a última semana do seu evangelho ocupando cinquenta por cento de seu texto.

- Nos relativamente poucos lugares onde João e os sinóticos se sobrepõem, a questão é se a similaridade na redação pode ser explica pela tradição oral comum.
- As concordâncias entre João e os sinóticos, na redação e ordem, consistem principalmente de concordâncias com *Marcos*. Um pequeno número coincide com Mateus. Embora João tenha numerosas concordâncias temáticas e de perspectiva com Lucas, existem poucas, se alguma, concordâncias verbais e sequenciais que sejam substanciais para sugerir dependência literária entre João e Lucas.
- Algo do vocabulário e fraseologia marcana não usual é encontrado em outro lugar apenas em João, e.g., a frase comumente usada em Marcos para introduzir os ditos de Jesus, καὶ ἔλεγεν αὐτοῖς (*kai elegen autois*, e ele lhes disse) é encontrada 12 vezes em marcos, em outro lugar no Novo Testamento apenas Lc 6,5, em dependência de Mc 2,8, e Jo 5,19; 8,23. O curioso diminutivo coloquial "earie", típico de Marcos (ver Excurso 3.4, p. 880) é encontrado apenas em Mc 14,47 e Jo 18,10. "Mar da Galileia", 4 vezes em Marcos, não é encontrado fora do Novo Testamento, exceto na literatura dependente de Marcos. No Novo Testamento, entretanto, ele ocorre em Jo 6,1, e apenas ali (onde ele é glosado com "Mar de Tiberíades", cf. Jo 21,1).
- Vários componentes da narrativa de João parecem combinar e reinterpretar elementos no Evangelho de Marcos (não apenas a sua tradição). Uma comparação de Jo 5,1-16 com os eventos combinados por Marcos nas séries Mc 2,1-3,6 sugere que João conhece as séries todas como arranjadas por Marcos, remete os elementos desta história e os reedita em seu próprio idioma: Jesus cura um paralítico, há uma controvérsia sobre o sábado, está envolvido o perdão de pecados, então as autoridades judaicas perseguem Jesus e finalmente decidem leva-lo à morte. É realmente provável que Marcos e João tenham colocado esses elementos juntos de forma independente?
- A questão crucial é se João mostra consciência da *redação* marcana (ou dos outros sinóticos). Aqui parece haver alguma evidência de que este é o caso, que João de fato reflete o texto de Marcos mesmo, não meramente a tradição pré-sinótica. GEORG STRECKER, por exemplo, defende que João claramente conhecia todas as três formas dos ditos sinóticos do Filho do Homem, incluindo as predições da paixão na forma peculiar de Marcos.[10]

---

[10] STRECKER, *Theology of the New Testament*, 486-87. ANTON DAUER, *Johannes und Lukas: Untersuchungen zu den johanneisch-lukanischen Parallelperikopen Joh 4, 46-54/ Lk 7, 1-10 – Joh 12, 1-8/Lk 7, 36-50, 10, 38-42 – Joh 20, 19-29/Lk 24, 36-49* (FzB 50;

Alguns estudiosos consideram tais argumentos como conclusivos, mas para outros a evidência está um pouco abaixo da prova.

- Não apenas o presumivelmente distintivo vocabulário e estilo marcanos, mas características tais como intercalações requerem explicação. A "técnica do sanduíche" marcana é encontrada, por exemplo, no relato da negação de Pedro, e também aparece na versão que João narra da história. Sabemos que a técnica é tipicamente marcana (ver Vol. I Excurso 3.4, p. 880); a questão é se João desenvolveu essa estrutura independentemente, ou se reflete o uso marcano.

Assim, parece provável que João conhecia um ou mais sinóticos, e que elementos deles são reinterpretados e incorporados dentro de sua própria narrativa. Ele não os considera, entretanto, documentos normativos ou definitivos que constituem a base de sua própria narrativa.

(3) *João está compondo com base em fontes escritas perdidas.* Convencidos de que o volume do material de João claramente não vem dos sinóticos ou de quaisquer outras fontes existentes, alguns estudiosos postularam fontes perdidas que podem ser identificadas com base na evidência interna do texto de João. De longe, a teoria das fontes mais influente dos últimos cem anos é a de RUDOLF BULTMANN (embora ninguém hoje a apoie na forma defendida por BULTMANN).[11] João está baseado em três fontes principais, todas escritas: (1) a narrativa foi principalmente fornecida pela *Fonte dos Sinais* (*Fonte Semeia*) que apresentou Jesus como um poderoso operador de milagres θεῖος ἀνήρ (*theios anēr*, homem divino), (2) os discursos de Jesus vieram primariamente da *Fonte dos Discursos* (*Offenbarungsreden*), monólogos reveladores adotados e adaptados dos discursos de uma reveladora figura gnóstica mandeísta, e (3) a narrativa da paixão derivada da *Fonte da Paixão*

Würzburg: Echter Verlag, 1984) defende que os materias redacionais lucanos mostram-se não apenas em João, mas já em sua fonte. Nem todos são convincentes, incluindo estudiosos que pensam que João é dependente dos sinóticos (e.g. Frans Neirynck, "John 4, 46-54: Fonte Sinais e/ou Evangelhos Sinóticos" *ETL* 45 (1984), 367-375).

[11] RUDOLF BULTMANN, *The Gospel of John: A Commentary* (trans. G. R. Beasley-Murray, R. W. N. Hoare, and John Kenneth Riches; Philadelphia: Westminster, 1971), 6-7 et passim; BULTMANN, *Theology of the New Testament*, 2.3-14. Uma discussão aprofundada da teoria das fontes de BULTMANN, com uma reprodução das fontes postuladas no grego, é provida em D. MOODY SMITH, *The Composition and Order of the Fourth Gospel. Bultmann's Literary Theory* (New Haven: Yale University Press, 1965).

com material similar à tradição por trás da narrativa da paixão nos evangelhos sinóticos. À hipótese das fontes de BULTMANN acrescente-se a hipótese da redação, na qual é importante distinguir três camadas do texto atual: as fontes usadas pelo evangelista, a própria edição e composição do evangelista e a edição posteriormente expandida por um redator eclesiástico.

Na visão de BULTMANN, *o evangelista* foi o gênio teológico que combinou estas fontes em uma poderosa expressão da teologia protocristã. Ele adotou o conceito mandeísta-gnóstico do Revelador ascendente e descendente como a forma primária de interpretar o evento-Cristo. Embora o evangelista acreditasse que os atos milagrosos de Jesus realmente tinham acontecido, estes milagres eram sinais que apontavam para Jesus como o Revelador. A menos que alguém respondesse com fé a esta Palavra de Deus encontrada na mensagem de e sobre Jesus, crer no milagre em si não teria nenhum valor. Similarmente, o evangelista demitologizou a escatologia futura, interpretando-a inteiramente em termos da experiência presente e autocompreensão do crente. Sacramentos materiais envolvendo água, pão e vinho reais foram desdenhados e espiritualizados. A comunidade escatológica é conduzida pelo Espírito com nenhuma liderança institucional.

O redator eclesiástico. O original e criativo escrito do evangelista sofreu algum tipo de acidente no qual algumas passagens foram deslocadas, mas o escrito mesmo foi preservado. Na história subsequente da comunidade joanina, assim que ela começou a fundir-se com a emergente igreja protocatólica, um editor revisou o Evangelho, mas não foi capaz de, e nem estava interessado em restaurar sua ordem original. O redator também adicionou o capítulo 21 e várias outras passagens que alinharam o escrito do evangelista com a teologia ortodoxa emergente; a escatologia futura e uma compreensão material dos sacramentos foram restauradas.

BULTMANN acreditava ter sido capaz de identificar as adições e modificações do redator eclesiástico ao texto original do evangelista. Seu clássico comentário é uma exegese deste texto restaurado, ou seja, ele não segue a ordem canônica.[12] O projeto de BULTMANN coloca a

[12] Outras dessas tentativas de restauração são representadas pela tradução do Novo Testamento de JAMES MOFFATT, e por comentaristas como G. H. C. MACGREGOR, *The Gospel of John* (New York: Harper & Brothers, 1928).

importante questão de se a forma canônica final do texto deve ser interpretada como tal, ou se deve ser pesquisada em busca de suas fontes ou de uma forma primitiva do texto que seja então considerada normativa.

A postulada *Fonte dos Sinais* de BULTMANN é o único elemento desta teoria que ainda tem apoio substancial entre alguns estudiosos joaninos, representados especificamente pela influente monografia de ROBERT T. FORTNA.[13] A teoria de FORTNA contrasta com a de BULTMANN em duas maneiras significativas: (1) antes de sua recepção pelo evangelista, a *Fonte Sinais* já tinha sido combinada com a *Fonte Paixão*, de modo que já era um *Evangelho Sinais*. A importância desses estudos se apoia sobre o tema da origem do gênero Evangelho. Se FORTNA está correto, a forma evangelho não foi criada por Marcos, mas por um predecessor desconhecido do Evangelho de João; o *Evangelho Sinais* é o mais antigo evangelho. (2) FORTNA afirma apenas dois níveis redacionais, a redação do documento básico que formou o *Evangelho Sinais* e a redação final do quarto evangelista que produziu a forma canônica do texto.

(4) *Tradição oral independente*. O fracasso da pesquisa para a construção de teorias geralmente convincentes de fontes escritas contribuiu para uma reação em favor da tradição oral. Um fator adicional foi que a pesquisa sobre a vida de Jesus tendeu a favorecer os sinóticos e a desconsiderar o quarto Evangelho, de modo que alguns estudiosos interessados em estabelecer informações confiáveis acerca da vida de Jesus reexaminaram o tema da dependência joanina dos sinóticos e concluíram que João representa uma tradição independente. A visão de que João é independente dos sinóticos se tornou a perspectiva dominante por uma geração, mas agora está retrocedendo.[14]

---

[13] ROBERT T. FORTNA, *The Gospel of Signs: A Reconstruction of the Narrative Source Underlying the Fourth Gospel* (SNTSmanuscript 11; Cambridge: Cambridge University Press, 1970), que imprime o texto grego reconstruído, 235-245; FORTNA, *Fourth Gospel and Its Predecessor*, que imprime um texto em inglês ligeiramente revisado. Vide também o próprio resumo de FORTNA sobre seu trabalho em ROBERT T. FORTNA, "Signs/Semeia Source," in *ABD*, 6.18-22.

[14] O estudo-chave é o pequeno livro de PERCIVAL GARDNER-SMITH, *Saint John and the Synoptic Gospels* (Cambridge: Cambridge University Press, 1938). A obra clássica de C. H. DODD, *Historical Tradition in the Fourth Gospel* (Cambridge: Cambridge University Press, 1963) abraça e amplia esse argumento.

(5) *Reelaborações sucessivas de tradições e textos, provavelmente envolvendo uma ou mais edições do evangelho escrito.* Parece claro que a forma canônica do texto tem uma história composicional envolvendo fontes e formas mais antigas do evangelho, incluindo tradições principais que remontam ao tempo de Jesus e do primitivo período pós-pascal, mas há pouca confiança na nossa capacidade tanto para identificar estas fontes de forma precisa, quanto para mapear a história de suas edições pré-canônicas. As fontes de João incluíram tanto tradição oral como documentos escritos. Ele estava ciente de elementos da tradição pré-evangelhos sinóticos, bem como do Evangelho de Marcos, e talvez Mateus e Lucas. O elemento gerador primário, entretanto, foi o próprio gênio teológico criativo do autor, guiado, como ele acreditava, pelo Espírito Santo.

A comunidade joanina funcionava com base numa consciência da presença do Cristo ressuscitado que continuava a falar. Os mestres profetas da escola joanina, compuseram e compilaram documentos de homilias e ensinos que eles consideravam expressões da presença do Parácleto entre eles (ver sobre o discurso de despedida abaixo). Combinações preliminares de discursos e relatos foram feitas, mas não publicadas fora da comunidade. Chegou um tempo, entretanto, quando a comunidade considerou unir-se com a emergente igreja protocatólica, então um documento abrangente, abarcando grande parte da história da comunidade e um espectro de suas visões teológicas, necessitou ser publicado, i.e., circulou no grupo de igrejas joaninas e outras congregações com as quais estavam cultivando relações mais próximas como uma expressão de uma única igreja. A edição final do evangelho, com a adição do capítulo 21, representa uma espécie de manifesto, para si mesmo, suas igrejas irmãs, e o mundo mais amplo abarcado na missão de Deus através de Jesus, o Único Enviado. Nem as fontes usadas na composição do quarto Evangelho, nem as diferentes etapas de seu processo de décadas de ampliação e revisão, podem agora ser recuperadas em detalhes. O atual estado tensivo do texto do Evangelho de João testifica da história dinâmica e da comunidade que o produziu. Mesmo se pudéssemos ser mais confiantes na identificação de fontes e etapas redacionais, nossa atenção exegética estaria focada sobre a forma canônica do texto.

27.4 Estrutura e esboço

A presente forma do Evangelho de João é composta de duas seções principais com um prólogo, introdução e epílogo:

Prólogo, Introdução Narrativa	1
Parte Um – *O Livro dos Sinais*	2 – 12
Parte Dois – *O Livro da Glória*	13 – 20
Epílogo	21

No *Livro dos Sinais*, Jesus, o Verbo encarnado que trás vida e luz de Deus confronta o mundo incrédulo. A estrutura geral é clara: Jesus realiza milagres excepcionais que são designados de *sinais*, os quais são mal compreendidos no nível literal, embora ele os interprete como símbolos cristológicos em longos diálogos que se transformam em monólogos.

No *Livro da Glória* Jesus instrui "os seus" no extenso *discurso de despedida* na última ceia, e então na crucificação e ressurreição retorna ao mundo celestial do qual ele veio. O relato da última ceia tem uma estrutura geral clara: Jesus lava os pés dos discípulos, interpreta o ato simbólico, e dá o mandamento do amor (13), seguido pelo discurso de despedida prometendo a vinda do Parácleto (14), muito do que é repetido em 15-16. Depois da longa *oração intercessora* de Jesus (17) tem lugar a narrativa do aprisionamento, julgamento, crucificação (18-19) e ressurreição (20).

O sinal/discurso padrão parece ser importante para entender o que João está prestes a relatar, mas a enumeração do primeiro e segundo sinais, ambos associados com Caná (2,1; 4,54) parece ser um sinal estrutural marcando os capítulos 2-4 como uma unidade temática discreta, em vez de uma indicação da perdida "fonte dos sinais". Nos capítulos 5-10, a narrativa está estruturada em termos do encontro de Jesus com os judeus nas principais festas judaicas (sábado, cap. 5; páscoa, cap. 6; tabernáculos, 7,1-10,21; dedicação, 10,22-39). Nos capítulos 11-12, ele se move em direção ao conflito e resolução final na última páscoa.

Estas considerações conduzem ao seguinte esboço:

1,1-18	Prólogo hínico
1,19-51	Introdução narrativa
2,1-12,50	Parte Um – *O livro dos sinais:* Jesus revela sua glória ao mundo
2,1-4,54	O ciclo de Caná: novos começos
2,1-11	Caná: festa de casamento, vinho novo
2,12-25	Jerusalém: o verdadeiro templo
3,1-21	O diálogo com Nicodemos
3,22-36	O testemunho final de João acerca de Cristo
4,1-42	Samaria: o diálogo com a mulher de Samaria
4,43-54	Caná: o oficial real de Cafarnaum como discipulado entre os gentios
5,1-10,42	A vida que leva ao conflito, morte e ressurreição
5,1-47	*Sábado:* Jesus trabalha como Deus trabalha, e gera conflitos
6,1-71	*Páscoa:* Jesus o Pão da Vida, discípulos o abandonam
7,1-10,21	*Festa dos Tabernáculos:* o conflito se intensifica
10,22-42	*Festa da Dedicação:* tentativa de aprisionamento, Jesus retira-se para a Transjordânia.
11,1-12,50	Clímax e conclusão do ministério público de Jesus na ressurreição de Lázaro; decisão para matar Jesus
13,1-20,31	Parte Dois – O livro da glória: Jesus revela a glória de sua morte e ressurreição aos discípulos
13,1-17,26	A última ceia e o discurso de despedida
18,1-19,42	A narrativa da Paixão
20,1-29	A ressurreição de Jesus e comissionamento dos discípulos
20,30-31	Conclusão e propósito do evangelho
21,1-25	Segunda conclusão

27.5 Síntese exegético-teológica

Prólogo hínico (Jo 1,1-18)

A igreja primitiva criou hinos com sólido conteúdo teológico para serem usados na adoração a Deus em quem a comunidade confessava sua fé, e como um meio de instrução (cf. Fp 2,6-11; Cl 1,1-15; 3,16). Praticamente todos os intérpretes identificam 1.1-18 como um hino corrente na comunidade joanina e expressando aspectos-chave de sua teologia. O evangelista o anotou, adicionando os versos 6-8, 12c-13, 15, 17-19, e o tornou o prólogo de sua narrativa. Em sua presente localização, este magnificente poema funciona como a estrutura hermenêutica dentro da qual a narrativa que segue deve ser interpretada. Alguns aspectos-chave são estes:

Ponte hermenêutica entre o mundo judaico cristão e greco-romano. O prólogo parece refletir a estrutura do hino original, com duas estrofes. A primeira apresenta o papel do Verbo na criação e na história (1,1-13), a segunda apresentando a encarnação do Verbo e a resposta de fé (1,14-18). O sujeito de cada estrofe é o Λόγος (*Logos*, usualmente traduzido por "Verbo"). Logos é um termo-chave tanto no mundo do Antigo Testamento Judaico quanto no da religião greco-romana. Leitores com um pano de fundo judaico não podem ler Jo 1,1 sem pensar nas primeiras palavras da Bíblia, as quais dizem que "no princípio" toda a criação veio a existência pela palavra de Deus. Muitos leitores gentios estavam cientes do Logos como o princípio racional último que permeia o universo (*logos* é a raiz linguística de *lógica* e do sufixo *"logia"*). Os estoicos falam do logos como a Razão imanente presente em todo o universo, não concebida por nenhum deus maior. Os platonistas pensavam do *logos* como o princípio racional divino de um universo ordenado. João deseja levar o leitor a entender Jesus como o Cristo, o Filho de Deus, mas orientado para a forma como estes termos-chave são entendidos na tradição bíblica e judaica (20,30-31), ele começa com uma forma de pensar universalmente humana que já faz sentido tanto para os leitores judeus quanto para os gentios. Todas as palavras-chave do vocabulário teológico joanino (logos, luz, vida, verdade, Pai, etc.: ver sobre 1,38 abaixo) têm profunda significância para ambos os pensamentos judeu e greco-romano.

O mito da sabedoria divina. Já nos tempos bíblicos, alguns pensadores judeus tinham começado a interpretar a fé monoteísta judaica no único Criador em termos da sabedoria universal (σοφία, *Sophia*). Esta *Palavra*/Sabedoria foi algumas vezes personificada e considerada como um ser celestial que esteve presente com Deus no momento da criação (Pv 8,1-31; Sab 7,22-26; 9,1-2). Filósofos judeus helenistas como Filo podiam falar desta *Palavra* transcendente em termos de divindade, como o Filho de Deus que pertence à categoria divina (e.g. *Heir* 205-206; *Dreams* 1.229-230, 239-241; *Alleg. Interp.* 2,86). Esta Sabedoria divina veio ao mundo, e foi rejeitada pela maioria da humanidade. Embora toda a figura mítica não seja encontrada em qualquer texto existente, a história da Sabedoria pode ser construída a partir de numerosas referências no Antigo Testamento e na literatura de Sabedoria Judaica:[15]

- Sabedoria, um ser pré-existente (Jó 28,27; Sir 24,9; Sab 7,22; Pv 3,19; 8,30; *2 Enoque* 30,8) foi companheira de Deus ou ajudante na criação (Pv 8,22-30; Sir 1,1-9; 24,3.9; Sab 8,3; 9,4.9. Cf. também Filo).
- Ela procurou, e ainda procura uma morada entre os seres humanos, mas sua busca foi em vão (*1 Enoque* 4,1-3; Pv 1,20-32; 9,5-6)
- Sua pregação foi, e é rejeitada (Pv 1,23, Sir 6,23, Bar 3,12).
- Ela veio para "os seus" (pois ela os tinha criado), mas os seus não a aceitaram (Sir 24,6, *1 Enoque* 42,1-3; 84,3).
- Assim ela retornou para o mundo celestial, onde vive oculta (Jó 28,12-17; Bar 3,15).
- Embora as pessoas a busquem agora, não podem mais encontrá-la. Só Deus sabe o caminho para ela (*1 Enoque* 5,8; 91,10; Sab 7,14.27; Jó 20-33; Bar 3,19-31).
- No entanto, existem raras exceções, pessoas a quem a sabedoria se autorrevelou, que a aceitaram, e a quem ela assim fez amigos de Deus e dos profetas (Sab 7,12).

---

[15] Adaptado de RUDOLF BULTMANN, Der religionsgeschichtliche Hintergrund des Prologs zum Johannes-Evangelium," in *Eucharistérion: Studien zur Religion und Literatur des Alten und Neuen Testaments: Hermann Gunkel zum 60. Geburtstage, dem 23. Mai 1922 dargebracht von seinen Schülern und Freunden und in ihrem Namen*, ed. Hans Schmidt, *Forschungen zur Religion und Literatur des Alten und Neuen Testaments.* (Göttingen: Vandenhoeck & Ruprecht, 1923), 10-35. Para paralelos adicionais ao prólogo joanino, ver BORING, BERGER, and COLPE, eds., *Hellenistic Commentary*, §§353-368.

- Ela reaparecerá nos últimos tempos quando seu espírito habitará no Filho do Homem; ele agirá no poder da Sabedoria e executará o juízo (*1 Enoque* 49,1-4).

O Deus absoluto, a relatividade da história, e o "escândalo da particularidade". Pensadores de cada geração têm ponderado como a reivindicação judaica e cristã poderia ser tomada seriamente, a reivindicação de que o Único Infinito, o Absoluto, o único Deus verdadeiro é definitivamente revelado na relatividade dos eventos históricos. "Se existe um Deus, Criador do universo e Senhor de toda história e de todos os povos, podemos crer que este Deus é unicamente revelado na história de Israel e em um ser humano, Jesus de Nazaré?" Como pode a universalidade de Deus ser enquadrada com a particularidade de uma revelação histórica? João deixa claro que a fé cristã lida com o Absoluto, o único Deus (17,3) representado pelo Logos universal através de quem todas as coisas e pessoas foram criadas (1,1-4). Este Logos Transcendente é a fonte de toda luz e vida, onde quer que seja encontrada, não apenas na história de Israel e no evento Jesus Cristo (1,9-10). Onde quer que a verdade exista no mundo, reconhecida ou não, pertence a esta única luz universal que brilha na escuridão humana. Toda verdade é uma, toda luz vem do único Deus, Criador de tudo. João não compromete o caráter absoluto de Deus. Esta é a afirmação da primeira estrofe do prólogo.

A segunda estrofe faz a radical reivindicação de que este Logos "se tornou carne" (1,14), que ele entrou no relativo mundo finito da história humana, que o Absoluto entrou na relatividade, que Deus se tornou um ser humano. Tais afirmações são normalmente entendidas como representando uma "alta" cristologia, e está correto – João insiste que em Jesus o mundo encontra não algum ser divino menor, mas o único Deus verdadeiro, e não hesita usar a linguagem-Deus para Cristo (1,1; 10,30; 20,28, no início, metade exata, e no fim do livro). A declaração não é apenas cristológica. Ela não fala apenas do significado de Cristo, mas do *valor e o mérito imputado à relatividade do mundo*. Quando o Absoluto não permanece absoluto, não vê as relatividades da vida e do pensamento humano com indiferença divina e à distância, mas entra no nosso mundo e se torna parte e participante dele, compartilhando nossa vida e experiência, isso não apenas diz algo sobre o entendimento de João acerca do Cristo Absoluto, o Logos – ele representa o Deus Absoluto – mas algo acerca do relativo mundo-da-carne. O Deus Absoluto afirma a relatividade, age dentro e através dela, afirma o mundo carnal humano no qual Deus se torna encarnado, e assim afirma a continuidade da obra de Deus nas comunidades humanas relativas, finitas e fundadas sobre sua fé no evento-Cristo. A própria comunidade de João era terrivelmente humana, dividida por desconfiança, mal-entendidos e debates. A visão de João era que a encarnação do Verbo absoluto em Jesus continua na relatividade da comunidade Cristã (ver sobre os capítulos 13-17 abaixo). É precisamente nesse mundo fétido que o poder da ressurreição é derramado (11,39).

A estrutura dualística da história é sinalizada antecipadamente. 1,11-12 antecipa a dupla resposta ao Logos: "veio para o que era seu [pois todas as coisas foram feitas através do Logos, 1.3], e os seus não o receberam". Isso corresponde à **Parte Um** da narrativa seguinte, o Livro dos Sinais dos caps. 2-12, no qual Jesus é rejeitado "pelos seus" – não apenas o povo judeu, mas a incrédula comunidade humana como um todo pela qual eles permanecem na história. "Mas todos quantos o receberam, deu-lhes o poder de serem feitos filhos de Deus." Isso corresponde à **Parte Dois**, o livro da glória, no qual a revelação de Deus em Jesus é aceita pelos "seus", aqueles que creram nele e recebem uma nova vida através dele.

O confessional e eclesiástico "nós" da comunidade joanina. O "nós" da comunidade da fé aparece no prólogo (1,14.16), unindo autores e leitores com a comunidade original da fé na primeira geração, e com cristãos leitores de todas as gerações (ver sobre 1 João 1,1-4).

Drama cósmico da salvação e narrativa histórica. O prólogo descreve um drama cósmico que se desenrola desde a criação através do brilhar da divina luz na história e a encarnação do Logos até a resposta da comunidade cristã no tempo dos próprios leitores. Como na teologia de Paulo, o drama salvífico é encenado em um palco cósmico (ver acima, §18.4; 20.1). Em contraste a Paulo e à teologia kenótica, o drama cósmico está combinado com detalhes da história deste mundo, a vida de João e Jesus. O hino é interrompido com seções em prosa sobre João (o Batista), e o drama cósmico torna-se então a estrutura abrangente dentro da qual a história do Jesus terreno é contada.

Introdução narrativa (1,19-51)

Quando a cortina narrativa se abre, a história já está em andamento. É uma cena de julgamento, e uma testemunha está sendo interrogada. Nos sinóticos, o julgamento vem ao final da história, e Jesus é condenado. No quarto Evangelho, não há julgamento judaico na narrativa da paixão, mas a história como um todo é uma cena de tribunal, com testemunhas, evidências, juiz e veredito. Isso reflete e inverte a experiência dos leitores, alguns dos quais têm sido julgados em tribunais nas sinagogas judaicas e expulsos da comunidade, ou condenados nos tribunais romanos (ver acima §25.3).

1,19-35 Quem é João?

Na cena inicial, João está sendo questionado acerca de sua identidade pelos sacerdotes e levitas enviados pelos judeus. Ele nunca é chamado "o Batista" no quarto Evangelho, mas os seus discípulos o chamam "Rabi" (3,25). Os seguidores de João Batista formaram uma comunidade distinta que se estendeu até o tempo e lugar da comunidade Joanina (ver sobre At 18,24-19,7 e §7.5 Vol. I). O quarto Evangelho está interessado em validar João como um autêntico mensageiro de Deus, mas o priva de qualquer status independente. Assim como as inserções narrativas no prólogo já indicaram com antecedência que João não era a luz (1,6-8), do mesmo modo no parágrafo de abertura da narrativa o próprio João insiste que ele não é o Messias (como alguns de seus seguidores no tempo do autor aparentemente afirmavam).

1,36-51 Quem é Jesus?

Quando Jesus aparece na narrativa, o testemunho de João já o tinha identificado com títulos cristológicos exaltados. Embora na história deste mundo João preceda Jesus, na realidade Jesus já existia antes de João, o qual se junta com o prólogo para confessar a preexistência de Jesus (1,15.30). O batismo de João não está relacionado a perdão, mas Jesus é o Cordeiro de Deus que tira o pecado do mundo (1,29.36). João identifica Jesus como o prometido "que vem" (1,15.27), o Senhor (1,23), o Filho de Deus (1,34).

João tem discípulos, mas no quarto Evangelho eles não têm uma função de destaque. Os discípulos de Jesus, por outro lado, formam uma nova comunidade de crentes, e desde o início eles melhoram a confissão já feita por João, projetando todo o repertório de títulos cristológicos da comunidade joanina posterior. Jesus é o Χριστός, *Christos* (Messias, Cristo; 1,41), Aquele de quem Moisés e os profetas escreveram (1,45), o rei de Israel (1,49), o Filho do Homem, a ponte entre o céu e a terra, o mediador entre Deus e a humanidade (1,51). Assim, antes de a própria narrativa se abrir, a introdução já tinha apresentado Jesus como sendo publicamente conhecido como o Messias e Filho de Deus, expressado em uma variedade de títulos e conceitos.

Isso contrasta fortemente com a maneira de os sinóticos contarem a história nos termos do segredo messiânico marcano (ver acima §§20.1.2).

Todavia, o quarto Evangelho tem sua própria versão do segredo messiânico, pois aqui também a história é contada de tal forma que seu real significado não é conhecido, e não pode ser conhecido antes do relato terminar e os discípulos pós-pascoa receberem o Espírito Santo (cf. 2,22; 7,39; 10,6; 11,11-12; 12,16; 13,7; 14,19-20; 15,26-27; 16,7.12-18; 20,9.22). Aqui, o narrador também é onisciente, e compartilha a identidade real de Jesus com o leitor pós-pascal, que sabe mais ou entende melhor que os personagens pré-pascal da narrativa. Em contraste com Marcos, o Jesus joanino revela sua identidade desde o início, em público e em particular, e os discípulos de Jesus aceitam essas reivindicações e creem nelas desde o início – mas não as entendem até depois da páscoa. Enquanto Marcos narra o relato diacronicamente, retendo a revelação da verdadeira identidade de Jesus até o fim da narrativa, em João ela é um paradoxo sincrónico: a revelação é dada abertamente a todos no início, mas seu mal entendido persiste até que a narrativa termine.

1,38 "Que procurais?"

Estas são as primeiras palavras de Jesus no Evangelho de João, programáticas para tudo o que se segue. O Revelador transcendente, que compartilha a divindade de Deus, veio ao mundo como seu Salvador. Todavia suas primeiras palavras são uma pergunta. Como grande parte do evangelho, seu significado não jaz na superfície. Ela representa a abordagem evangelística e hermenêutica de João. Sua comunidade está enraizada na tradição judaica que antecipa o ato salvífico de Deus com envio do Messias. Em tal contexto, o anúncio de que o Messias chegou evoca fé e celebração, ou incredulidade e hostilidade.

Mas a comunidade de João agora olha para além da sinagoga, com uma missão para aqueles que são criaturas amadas de Deus, mas que não são judeus buscando por um Messias. *Como pregar do Cristo para aqueles que não estão buscando por um Messias?*[16] Deve alguém primeiro tentar instruí-los na visão de mundo bíblica e judaica e só então inculcar-lhes lentamente a esperança messiânica? Ou pode alguém começar com eles no ponto onde estão? Pode a mensagem cristã, concebida e nascida no judaísmo, ser traduzida em termos novos, não judaicos? Aqui os mestres da escola joanina oferecem ajuda para a comunidade Joanina que luta com estas questões enquanto se engaja na missão ao mundo. Na narrativa de João, aqueles que expressam suas últimas esperanças em termos de messianismo judaico escutam Jesus dizer, "Eu sou o Cristo" (e.g., 1,41; 4,26; ver Vol. I §7.6.3). Ao final da história, o autor expressará o significado do evento-Cristo em tais termos messiânicos (20,31-31). Mas para a vasta maioria dos seres humanos que não esperam um Messias, Jesus pergunta: "Que *procurais*?" Se suas últimas esperanças são expressas em termos de ansiedade humana universal, o Jesus joanino se identificará como o caminho, a verdade, a vida, como a fonte da verdadeira luz, vida, pão, água. Em Jesus, o único Deus verdadeiro busca verdadeiros adoradores que reconheçam a Deus como seu Deus (4,23). Mas o Revelador começa com uma pergunta, *a* pergunta, e assim prepara para a narrativa seguinte.

2,1-12,50 Parte Um – O livro dos sinais: Jesus revela sua glória ao mundo

2,1-4,54 O ciclo de Caná: novos começos

Nesta subseção, a história de *Jesus* reflete o curso da *história protocristã*: Galileia → Jerusalém → Judeia → Samaria → Gentios (cf. o padrão similar em At 1,8). A história de Jesus é contada como uma antecipação do ministério do Senhor que conduz "os seus" desde suas raízes judaicas para o mundo mais amplo. A unidade é uma composição em círculo, começando e terminando em Caná. O primeiro relato de Caná reflete o início galileu do movimento de Jesus. Quando

[16] Cf. REINHOLD NIEBUHR, *The Nature and Destiny of Man* (2 vols.; Gifford Lectures; New York: Scribner, 1964), 2.1-34.

a narrativa se move através de Jerusalém, Samaria e de volta para Caná, o segundo sinal em Caná retrata a cura realizada por Jesus do membro de uma família gentia, da qual todos se tornam crentes. A cura é efetuada à distância; a presença física de Jesus não é necessária, do mesmo modo que o Cristo ressuscitado faz seu caminho a partir do território judeu para o mundo gentio.

2,1-11 Caná: festa de casamento, vinho novo

Embora o quarto Evangelho tenha muito material sem paralelos diretos nos sinóticos, esta é a única história em João que não tem contraparte ou ponte de contato com os evangelhos sinóticos. A história é composta pelo próprio evangelista com base em temas tradicionais. A ênfase teológica joanina presente através do evangelho já fez sua aparição nesta cena de abertura:

A ponte hermenêutica entre os mundos judaico e gentio: a imagem de uma festa de casamento, Deus como esposo e Israel como noiva provém da Escritura e da tradição judaica, e é tomada pelos mestres protocristãos e aplicada a Cristo e à igreja, especialmente proeminente na tradição paulina e em Éfeso, o cenário da escola joanina (cf. e.g., Os 1-3; Mt 9,15; 22,1-11; Jo 3,29; 2 Co 11,2; Ef 5,25-33; Ap 19,7.9; 22,2.9.17). As religiões pagãs conheciam várias histórias de divindades transformando água em vinho.[17]

Jesus o transformador das práticas rituais judaicas: o vinho não é criado *ex nihilo*. A água usada para rituais de purificação não é substituída para ser transformada. O templo, os sacrifícios, a lei, o sábado, a páscoa e outras festividades judaicas, não são substituídos, mas cumpridos e transformados. João não afirma que o cristianismo é o substituto do judaísmo, mas repetidamente, em uma variedade de imagens, apresenta Jesus Cristo como o transformador e cumprimento do que é procurado em toda aspiração religiosa, judaica e pagã.

Extravagância escatológica... O cumprimento final do propósito de Deus foi algumas vezes retratado como o fim das dificuldades e escassez, o tempo quando há plenitude de comida e bebida para todos. Na economia vitícola do Mediterrâneo, abundância de vinho simbolizava cumprimento escatológico:

---

[17] E.g., PLINY THE ELDER, *Natural History* 2.231. Vide outros dados e discussões em BORING, BERGER, and COLPE, eds., *Hellenistic Commentary*, §§371-375.

> "O que acontecerá naquele tempo pesará sobre toda a terra. Portanto, todos que vivem perceberão... o Ungido começara a ser revelado... A terra também produzirá frutos dez mil vezes mais. E uma videira terá mil ramos, e um ramo produzirá mil cachos, e um cacho produzirá mil uvas, e uma uva produzirá um coro de vinho. E os que estão famintos se regozijarão, e eles, além disso, verão maravilhas todos os dias. Os ventos sairão de diante de mim todas as manhãs para trazer a fragrância das frutas aromáticas e nuvens ao fim do dia para destilar o orvalho da saúde. E acontecerá naquele tempo que o tesouro do maná cairá novamente do alto, e eles comerão dele naqueles anos porque estes são os que terão chegado à consumação do tempo" (2 Bar 2-8).

Jesus transforma aproximadamente 120 litros de água em vinho da melhor qualidade. Salvação não significa meramente sobreviver, mas alegria extravagante, desinibida (ver 12,3-8).

A presença da glória escatológica na pessoa de Jesus. João retrata esta almejada glória escatológica como já presente na vida de Jesus. Assim, quando Jesus "manifestou sua glória, e os seus discípulos creram nele" (2,11; cf. 1,14!), a referência não é para a glória no sentido de celebridade, de fama e idolatria, mas refere-se à presença de Deus, a glória divina que desceu sobre o tabernáculo e o templo como a visível representação da habitação de Deus sobre esta terra. O tema é a localização da presença de Deus no mundo. Para onde é que alguém precisa se voltar para ver e experimentar a presença de Deus? Para João, a presença divina não está vinculada aos rituais e teologia de qualquer religião, seja judaica, gentia, *ou cristã.* Apesar de João deixar claro que a fé no único Deus verdadeiro não pode dispensar a religião, rituais ou a teologia, ele não retrata uma religião substituindo a outra, mas a presença pessoal de Deus em Jesus tanto relativizando quanto cumprindo todas as religiões. Isso é feito explícito na próxima cena na qual Jesus aparece pela primeira vez no templo.

2,12-25 Jerusalém: o verdadeiro templo

Quando o Jesus joanino se refere ao templo como sendo destruído e levantado em três dias (esta explicação está ausente no relato sinótico), naturalmente os personagens na narrativa não podem entender seu significado. Mas os leitores, que olham para trás tanto para a destruição do templo de Jerusalém quanto para a morte e ressurreição de Jesus, guiados pelo Espírito e interpretando a Escritura à luz do evento-Cristo, podem ver para o que o relato realmente está apontando (2,22-23). Os sinais joaninos assim têm uma ambiguidade inerente. Por um lado, a revelação de Deus que vem através dos sinais pode produzir fé autêntica; por outro lado, os sinais não podem se tornar "evidência", a base a partir da qual se pode descobrir a identidade de Jesus em seus próprios termos. Assim, também, torna-se um tema através do evangelho, e é ilustrado no próximo episódio.

A ambiguidade dos sinais. João afirma os sinais de Jesus como autênticos geradores de fé; pessoas se tornam crentes com base em seus sinais. Ele também vê sua ambiguidade, e suspeita daqueles cuja fé repousa apenas sobre os milagres. Ao assumir a forma história-milagre de comunicar a fé, a comunidade joanina aceitou sua inerente ambiguidade. Isso é diferente tanto de Paulo, que rejeitou tais sinais, quanto dos oponentes de Paulo, que os afirmavam (ver sobre 1 Co 1,22; 2 Co 10-13, Vol. I). Há uma dialética joanina aqui, correspondendo à tensiva combinação das cristologias epifânica e kenótica no gênero evangelho.

3,1-21 O diálogo com Nicodemos

Enquanto Jesus está em Jerusalém, ele é respeitosamente abordado pelo "mestre de Israel", um fariseu que é membro do sinédrio. Sua vinda à noite reflete não apenas o dualismo luz/trevas da teologia joanina, mas a situação do tempo do autor em que os reais ou potenciais crentes em Jesus deveriam manter-se discretos. Com base nos sinais de Jesus, Nicodemos professa aceitar Jesus como um mestre enviado de Deus. Em certo nível, este é o entendimento correto, mas a resposta de Jesus parece brusca e não relacionada à positiva afirmação de Nicodemos acerca da identidade de Jesus: "se alguém não nascer de novo/do alto não pode ver o reino de Deus." Outra vez, o evangelista usa um episódio definido na estrutura narrativa da vida de Jesus para comunicar perspectivas da teologia joanina para o leitor pós-pascal. A narrativa de uma conversação passada modula perfeitamente para o aqui-e-agora endereçado ao leitor, do mesmo modo que a voz de Jesus a Nicodemos se torna o "nós" da comunidade joanina no presente (vide sobre 1 Jo 1,1-4).

Reino de Deus, vida eterna e cristologia. Como retratado nos evangelhos sinóticos, a mensagem central de Jesus era a proclamação do vindouro, e de alguma forma já presente, reino de Deus (ver Vol. I §8.3). "Reino de Deus" ocorre apenas aqui no quarto Evangelho, em um encontro noturno privado com Nicodemos. Em contrapartida, a necessidade de nascer de novo/do alto não ocorre em nenhum lugar nos sinóticos. Outra vez, João reinterpreta temas tradicionais em categorias mais universais. O reino de Deus se torna vida eterna, que está inseparavelmente vinculada à revelação de Deus no evento-Cristo.

A pergunta inepta e a revelação de Deus em Cristo. O prólogo já tinha falado dos crentes como aqueles que entraram para uma nova vida que transcende o nascimento natural; eles têm sido gerados ou nascidos de Deus. Os leitores/ouvintes de João, não Nicodemos, leram ou ouviram o prólogo. Naturalmente, Nicodemos não pode (ainda) entender a revelação de Deus em Cristo. Jesus vem de cima. Nicodemos pertence a este mundo, e pode apenas entender as palavras e ações de Jesus no nível deste mundo, em termos da lógica deste mundo. Ele assim responde com uma pergunta sincera deste mundo, que falha em compreender o que Jesus está falando, mas a pergunta dá a Jesus a oportunidade de ensinar (ao leitor pós-pascal, que pode entender) acerca da realidade última, que é o conteúdo da revelação divina feita presente no evento-Cristo.

Dualismo e novo nascimento. Temos repetidamente notado que o pensamento joanino é moldado em categorias dualísticas. A apocalíptica representada pelo Apocalipse era principalmente cronológica e horizontal, um dualismo de duas eras. Sem abandonar inteiramente estas categorias, o evangelista muda a ênfase para um dualismo ontológico, simultâneo, vertical. Toda realidade está dividida em duas esferas:

Acima	⟷	abaixo
Céu	⟷	terra
Luz	⟷	trevas
Espírito	⟷	carne
Vida	⟷	morte
Bem	⟷	mal
Verdade	⟷	mentira
Israel	⟷	"o mundo" (algumas vezes); "os judeus" (algumas vezes)
Deus	⟷	Satanás

Todas as pessoas pertencem ou a uma ou à outra dessas esferas. No pensamento gnóstico com o qual João dialoga, cada pessoa pertence a uma ou outra pelo nascimento. Três considerações hermenêuticas devem ser notadas acerca deste dualismo:

(1) João não o inventou. Tal dualismo era parte do pensamento protognóstico do contexto do evangelista. Neste mundo de pensamento, a origem determina o destino (ver Vol. I §9.2.2). Quem é teu pai determina teu destino. Assim, quando os judeus são chamados "filhos do diabo", (8,44) é um dualismo gnosticista que caracteriza a expressão, não antissemitismo. *Todas* as pessoas (não apenas os judeus) são ou "filhos de Deus" ou "filhos do diabo". Esta é a versão joanina da visão paulina corrente no contexto efesino do quarto Evangelho: Entre os quais também *todos nós* andamos outrora, segundo as inclinações da nossa carne, fazendo a vontade da carne e dos pensamentos; e éramos, por natureza, filhos da ira, como também os demais (Ef 2,3).

(2) Tal dualismo não é definitivo. Há um Deus, o Criador de todas as coisas, que ama *o mundo*. Deus não é o Deus apenas da coluna esquerda acima, mas de todos, e deseja salvar a criação inteira (3,16).

(3) O dualismo é existencial, não ontológico; é um dualismo de decisão, não um destino predeterminado. Pensando a partir desse universo conceitual, o convite para crer no ato de Deus em Cristo é o convite para receber uma nova origem, nascer de novo, tornar-se um filho de Deus pela fé (1,12-13; 3,3-5). Assim, Jo 3,16, corretamente entendido como uma espécie de resumo da mensagem cristã, muda da linguagem de novo nascimento (inciativa de Deus; ninguém pode decidir nascer) para a linguagem da fé – pessoas decidem se querem ou não crer. Ainda assim, fé é tanto uma decisão humana como um dom de Deus (ver sobre 15,16 abaixo).

Duas comunidades que se dirigem uma à outra. O "nós" inicial de Nicodemos (3,2 *"sabemos" [nós]*) é correspondido pelo "nós" de Jesus em 3,11. Não se trata apenas de dois indivíduos conversando em particular, às escuras, mas de duas comunidades religiosas que se dirigem uma à outra.

Critério, evidência e fé. Nicodemos afirma aceitar que Jesus veio da parte Deus sobre a base de uma boa evidência: ele tem visto os sinais de Jesus, e assim concluiu que Jesus deve ter vindo de Deus. João considera isso uma resposta defectiva, embora não condene Nicodemos, que aparecerá mais tarde na história como alguém que chegou a uma fé mais autêntica (7,50-52; 19,38-41). Na visão de João, o problema com Nicodemos não é que ele tem os critérios errados ou evidência insuficiente, mas achar que ele pode abordar Jesus, olhar para ele e examiná-lo por quaisquer critérios, e então decidir sobre seus próprios termos se Jesus é ou não da parte de Deus (cf. 3,2; 6,42; 7,27.31.40-52; 9,16.29.31-33; 10,21). Chegar à fé não é uma questão de acúmulo de evidências a partir das quais deduções legítimas possam ser feitas. Isso é julgar κατὰ σάρκα (*kata sarka*, de acordo com a carne), i.e., de acordo aos padrões científicos, religiosos e de senso comum reconhecidos por este mundo (8,15). Assim como as pessoas más que tentam rejeitar a vontade de Deus para suas vidas não podem justificar sua rejeição com base em seus falsos critérios, assim também inquiridores honestos como Nicodemos não podem validar a afirmação de Jesus com base em seus bons critérios. A nova vida é um novo nascimento, um dom de Deus, não uma conquista humana; ela é uma questão de revelação da parte de Deus, não uma descoberta ou interferência da parte humana. Este é o significado das afirmações de João, que parece soar como predestinação, mas João tem uma forma de afirmar tanto a soberania divina como a responsabilidade humana (ver abaixo sobre 15,16). Da perspectiva de João, aqueles que desejam fazer a vontade Deus, e apenas eles, reconhecerão que Jesus vem de Deus (7,17).

Sinais e fé. Em 2,11, os discípulos de Jesus veem seus sinais e creem. Em 2,24, Jesus não aceita aqueles que veem seus sinais e creem. Logo no início, o quarto Evangelho apresenta aos leitores um problema para ponderar. Não é Jesus na história, mas o narrador que coloca o problema – qual é a diferença entre os dois tipos de crentes, já que ambos veem os sinais e creem? Será que é porque acreditar deve levar à confissão pública e a identificar-se como discípulo de Jesus? Será que é porque há uma inerente ambiguidade nos sinais que pode gerar fé autêntica ou não, mesmo quando os milagres são aceitos como tendo realmente acontecido?

A perspectiva pós-pascal da história se torna explícita em 3,13 onde Jesus, falando como a comunidade joanina, olha retrospectivamente para a ressurreição e ascensão (cf. a perspectiva do discurso de despedida caps. 13-17, especialmente cap. 17).

3,22-36 O testemunho final de João acerca de Cristo

Apenas o quarto Evangelho tem os ministérios de Jesus e João sobrepostos, e apenas o quarto Evangelho tem Jesus batizando discípulos (3,22, explicado em 4,1-2), ressaltando o fato de que João não tinha ainda sido preso (3,24). Esta ênfase aparentemente reflete a comunidade joanina e sua situação histórica, na qual a comunidade do Batista não deixou de existir quando a igreja começou, mas continuou ao seu lado como uma espécie de concorrente. A narrativa já tinha enfatizado que João não é a luz e nem o Cristo, mas é apenas a voz que testifica a Jesus. Agora o evangelista descreve os discípulos de Jesus superando os discípulos de João em número de batismos.

4,1-42 Samaria: o diálogo com a mulher de Samaria

Não há evidência de que o Jesus histórico esteve mesmo em Samaria. Não há referência a Samaria ou samaritanos em Marcos. A única referência de Mateus é 10,5, na qual Jesus proíbe seus discípulos de irem até lá (a proibição é rescindida após a páscoa, quando os discípulos são encarregados de evangelizar todas as nações). Embora o Jesus lucano seja parcial aos samaritanos, seu único esforço para visitar uma cidade samaritana é rejeitada (Lc 9,52-56), e é somente depois da páscoa que seus discípulos se engajam em uma obra missionária bem sucedida em Samaria (At 8,5-25; 9,31; 15,3). Em João, esta missão pós-pascal sob a égide do Cristo ressuscitado é retratada em uma cena retrojetada para a vida de Jesus, outra vez ilustrando o nível duplo em que a narrativa deve ser lida. Aspectos pertinentes da teologia joanina e a vida da comunidade joanina são descritos na forma narrativa:

Uma comunidade inclusiva que desafiou as fronteiras tradicionais. A barreira que separava os judeus dos samaritanos era bem conhecida de ambos os lados, e é reconhecida no quarto Evangelho (Jo 4,9b; ver Vol. I §7.4.1). Cedo em sua história, as igrejas joaninas tinha evangelizado Samaria e acolheram samaritanos na comunidade. Isso os fez ainda mais censuráveis para o emergente judaísmo ortodoxo, e pode ter contribuído para a expulsão de alguns cristãos joaninos da sinagoga. Quando os judeus ortodoxos acusam Jesus de ser um samaritano e de ter demônio (8,48), nós provavelmente estamos ouvindo acusações feitas contra os cristãos joaninos. Qualquer acusação, se estabelecida, os desqualificaria como membros do autêntico povo de Deus. Todavia, o Jesus joanino não assume simplesmente o lado joanino contra os judeus,[18] mas transcende a disputa sobre qual comunidade tinha o

[18] Em Samaria, o Jesus joanino claramente afirma que a "Salvação vem dos Judeus" (4,22), e João repetidamente cita os profetas, e não apenas o Pentateuco, como

culto ortodoxo, e libera a adoração a Deus em Espírito e em verdade a partir de qualquer lugar ou comunidade (4,21-24). Com o templo de Jerusalém em ruinas, os mestres joaninos apresentam a comunidade de crentes como a "habitação de Deus no Espírito" (Ef 2,22 RSV – tanto Efésios como o quarto Evangelho refletem ideias teológicas correntes na igreja em Éfeso na virada do século).

Mulheres em funções de liderança. Os discípulos de Jesus estão surpresos de que ele converse com uma mulher (4,27). No entanto, a mulher não é apenas uma total interlocutora de Jesus que gradualmente chega a ter fé nele, ela é fundamental para a conversão de muitos dos samaritanos (4,39). "A ironia de pessoa proscrita, uma mulher samaritana, chegando a algum entendimento enquanto o instruído mestre de Israel era ignorante, não passa despercebida aos olhos do autor deste evangelho, nem deveria passar despercebida aos olhos do leitor".[19] A conversação que começa no nível da sede física e água terrenal acaba sendo sobre o Espírito Santo que dá vida (4,13-14; cf. 7,38-39). A conexão entre água e Espírito já havia sido feita na conversa com Nicodemos, 3,5. Semelhante às protoigrejas paulinas, a comunidade joanina valorava a liderança carismática, e hesitava em aceitar o desenvolvimento da institucionalização do ministério. Com a chegada de um ministério estruturado, os costumes culturais da liderança predominantemente masculina exerceu uma poderosa influência (ver sobre as Pastorais e os códigos domésticos §16.1; Cl 3,18-4,1, Vol. I). Mas o Espírito "sopra onde quer" (3,8, com o duplo significado joanino de πνεῦμα, *pneuma* = vento/Espírito). O Espírito não está vinculado às estruturas, nem compartilha o preconceito cultural focado em uma liderança masculina, de modo que as congregações que continuaram

Escritura autoritativa, o que não teria sido aceito por samaritanos não convertidos. Havia um senso em que os samaritanos que se tornaram cristãos também se juntavam ao que o autor via como judaísmo autêntico, i.e., se tornavam "verdadeiros israelitas" (1,47).

[19] D. MOODY SMITH, *John* (ANTC; Nashville: Abingdon, 1999), 109. Cf. "Female Characters in the Gospel of John," in Kysar, *Maverick Gospel*, 149-154. Jesus é o único personagem principal no quarto Evangelho. O papel de todos os outros personagens é definido por sua resposta a ele. Alguns são negativos (e.g., Pilatos), alguns são positivos (e.g., o homem cego do cap. 9), alguns são ambíguos e variáveis (e.g., Nicodemos). Todos os personagens mulheres respondem positivamente, todas são modelos para os crentes: a mãe de Jesus, a mulher samaritana, Marta e Maria, as mulheres junto à cruz, e especialmente Maria Madalena.

a enfatizar a liderança carismática tenderam a manter mulheres em funções de liderança – cf. a liderança de igrejas pentecostais modernas neste contexto. Este era o caso na comunidade joanina, e é uma razão para a proeminência de mulheres na narrativa (cf. 2,1-11; 4,27; 12,1-8; 19,25-27; 20,1-18).

Contração de categorias cristológicas. O diálogo com samaritanos e a inclusão, na comunidade joanina, de samaritanos que chegaram a crer em Cristo, afetaram as maneiras como ela confessava sua fé em Jesus. Os samaritanos honravam Moisés e o Pentateuco (ver Vol. I §7.4.1), acreditavam em Moisés como o revelador definitivo de Deus, e o Monte Gerizim era o autêntico lugar de adoração, como ensinado em sua versão da Torá. Eles rejeitavam toda a tradição de Jerusalém, bem como seu templo no Monte Sião, sua celebração do reinado davídico, e sua expectação de um futuro Messias davídico. O influxo samaritano na comunidade joanina pode ter contribuído para sua antipatia por Jerusalém e afetado a forma distintiva da cristologia joanina, que é modelada em Moisés em vez de Davi. A cristologia do Filho de Davi está completamente ausente. O modelo de Moisés, por outro lado, está presente tanto como modelo quanto como contraste (cf. 1,17.45; 3,14; 5,45; 6,32; 7,19; 9,28-29). Moisés é honrado, mas é Jesus, não Moisés, que viu Deus e desceu para declarar sua revelação de Deus.

4,43-54 Caná: o oficial real de Cafarnaum como discipulado entre os gentios

Neste sinal encerrando o ciclo de Caná, o poder de Jesus de dar vida alcança o filho de um líder gentio, cuja família inteira se torna crente, um modelo do que tinha acontecido nas igrejas-domésticas da comunidade joanina e representando seu entendimento da expansão da igreja desde a Galileia através de Jerusalém, Judeia, Samaria e aos gentios. Esta história na qual o Espírito Santo está em atuação será agora representada em outras histórias da vida de Jesus que representam o evento-Cristo como o cumprimento das instituições do judaísmo.

5,1-10,42 A vida que leva ao conflito, morte e ressurreição

Enquanto o evangelista compõe o quarto Evangelho, o judaísmo está em processo de reestruturação logo depois da desastrosa revolta que tinha destruído seu templo, devastado sua liderança, e gerado profunda reconsideração da teologia e identidade judaica. A questão de que rumo seguir era, para a comunidade da fé, o povo de Deus, uma questão candente tanto para o judaísmo quanto para os cristãos joaninos. Como deveriam ser entendidas as festas de peregrinação à Jerusalém, ordenadas na Torá, agora que Jerusalém estava em ruínas? Para os crentes joaninos, como continuar a entender sua própria relação com o sábado e com as festas que estruturavam o ano religioso e a vida de fé que eram preocupações vitais. O evangelista estrutura esta extensa seção do livro dos sinais ao redor destes temas. O tema geral é introduzido em 5,1, com a não especificada "festa dos judeus", então desenvolvida em relação com o sábado (cap. 5), páscoa (cap. 6), tabernáculos (7,1-10,21), dedicação/Hanucá (10,22-42) e culminando nos caps. 11-12 na simbólica páscoa.[20]

5,1-47 Sábado: Jesus trabalha como Deus trabalha e gera conflitos

Neste ponto a narrativa dá uma guinada. No ciclo de Caná 2,1-4,54, Jesus foi recebido com mal-entendidos e sem resposta positiva, mas não hostilmente. Nesta seção, uma ostensiva oposição começa quase que imediatamente e se torna mortal. O relato da cura do homem que tinha estado doente por 38 anos revela o soberano e unilateral ato de Jesus. O homem não pede para ser curado, não é dito em momento algum que ele teve fé, após ter sido curado ele não sabe quem é Jesus, e o relata às autoridades religiosas. Assim, em contraste com os sinóticos, a cura não é uma expressão de compaixão de Jesus, mas a base para a interpretação simbólica e monólogo que segue. Assim também, a questão problemática acerca de "trabalhar no sábado" não é que Jesus viola a Torá, como nos sinóticos, mas que ele "fazia-se igual a Deus" (5,18). O debate se move rapidamente da guarda do sábado para cristologia e escatologia. Não é sua visão do sábado que faz os cristãos joaninos inaceitáveis na sinagoga, mas sua cristologia.

Igual a Deus? Neste conflito inicial com os judeus, eles entendem o Jesus joanino como se fazendo igual a Deus. A acusação se repetirá na cena do conflito final (cf. 10,30-33), formando uma faixa em torno do confronto de Jesus e o judaísmo, reduzindo-o ao tema cristológico. Aqui vemos um reflexo da repulsa da sinagoga pelas reivindicações cristológicas feitas pela igreja acerca de Jesus. Os judeus devotos

---

[20] Estranhamente, o Pentecostes não ocorre nos escritos joaninos, a despeito da ênfase joanina no Espírito.

entendiam que as afirmações cristãs acerca de Jesus faziam dele um segundo Deus, uma violação contra a mais sagrada convicção do judaísmo – há apenas um Deus. Em outros lugares, o quarto Evangelho não nega a acusação "igual a Deus" – embora essa não seja a maneira própria de João de expressar sua cristologia – mas a explica de uma forma que não compromete o monoteísmo. Aqui, Jesus responde que ele nada fazia de si mesmo, mas que tinha sido enviado pelo Pai, e que sua unidade com o Pai é aquela de Filho e Pai, não uma questão de "igualdade".

O papel de Jesus não repousa sobre sua própria reivindicação. O ato realizado por Jesus no sábado criou um julgamento em movimento. O encontro é retratado como uma cena de tribunal (veja sobre Jo 1,19 acima). O termo διώκω (*diōkō*) de 5,16, usualmente traduzido como "perseguir", refere-se à ação legal (cf. REB "começaram a tomar medidas [legais] contra Jesus"). Testemunhas são convocadas e evidências apresentadas, mas Jesus fala em sua própria defesa, e apenas sua voz é ouvida. Os cristãos joaninos pensariam em suas próprias experiências na sinagoga. Jesus não testemunha por si mesmo, é Deus quem dá testemunho dele, através de João Batista, através das obras de Jesus nas quais Deus está ativo (suas palavras e ações, sua morte e ressurreição), e nas Escrituras – que devem ser lidas através dos olhos cristológicos da comunidade joanina. A comunidade joanina não aceita a alternativa "ou Moisés ou Jesus" que lhes tinha sido apresentada, mas eles mesmos reivindicam Moisés.

6,1-71 Páscoa: Jesus o pão da vida, discípulos o abandonam

Apesar de definida especificamente no período da páscoa (6,4), na presente forma do evangelho a linha histórica se afasta de Jerusalém e retorna para a Galileia, onde Jesus alimenta as multidões, então se engaja em disputas acerca do significado do milagre tanto com judeus quanto com os discípulos. Temas pascais são refletidos nas cenas do deserto (6,31.49), nas referências ao maná, e especialmente nas alusões eucarísticas – Jesus e seus discípulos assistem a esta celebração da páscoa, mas a atenção está focada sobre a eucaristia. No quarto Evangelho, não há instituição da eucaristia na última ceia; toda a linguagem eucarística é encontrada no contexto do milagre da multiplicação dos pães na Galileia. Esta é outra indicação de que o leitor implícito é a comunidade joanina pós-pascal. Nem as multidões, nem os judeus, e nem os discípulos no relato poderiam ter entendido as referências a comer a carne de Jesus e beber seu sangue, mas os leitores do evangelho sabiam que a igreja estava engajada em uma disputa acerca da realidade da encarnação e da veracidade do corpo humano de Jesus no evento salvífico. Alguns discípulos se escandalizam pela rudeza de tal entendimento, e a abandonam, enquanto o evangelista representa os discípulos autênticos como reunidos em torno da fé dos Doze, fé essa expressada na confissão de Pedro (Jo 6,51c-71).[21] A disputa interna da comunidade Joanina documentada em 1 João tem sido projetada para esta cena na vida de Jesus; em cada caso, aqueles que se opuseram à confissão de que o Cristo divino veio "em carne" deixaram a comunidade (cf. 2 Jo 7; 1 Jo 2,18-21; 4,1-3, e a palavra-chave σάρχ [*sarx*, carne]). Na teologia dualista do evangelista, os dois grupos são aqui representados por Pedro e Judas. O papel de Pedro é outra indicação da data tardia do evangelho, no qual a comunidade tem percebido sua necessidade de se unir com a emergente principal corrente do cristianismo sob a liderança simbólica de Pedro (ver sobre o capítulo 21 abaixo).

Os ditos "Eu sou" de Jesus. Quatro vezes neste contexto Jesus identifica-se usando a solene fórmula reveladora "Eu sou", que está enraizada tanto na tradição bíblica quanto na religião helenística (6,20.35.41.48). Os gentios podiam entender isso como a reivindicação definitiva da deidade para suprir as necessidades humanas últimas, i.e., o universal desejo humano por salvação. Tais declarações são encontradas, por exemplo, nos ditos "Eu sou" de Ísis.[22] O próprio evangelista entende os ditos primariamente em sua estrutura bíblica, onde Deus profere o revelador "Eu sou" (Êx 3,14; Is 43,10-11; 45,12). Em uma série de dito-chaves, peculiar ao quarto Evangelho, "Eu sou" está ligado a uma metáfora abrangente que designa a busca humana por vida e salvação:

- 6,35 – "Eu sou o pão da vida".

---

[21] 8,31-36 também reflete o cisma de 1 João: discípulos creem nele, mas não continuaram em sua palavra aqueles que tinham estado "desde o princípio" (cf. 8,25!). Verdade, mentiroso, pecado, "ser de Deus", liberdade, são slogans aqui, como nas cartas joaninas.

[22] Cf. o hino de Ísis e outros exemplos citados em BORING, BERGER, and COLPE, eds., *Hellenistic Commentary*, §417.

- 8,12 – "Eu sou a luz do mundo."
- 10,7.9 – "Eu sou a porta".
- 10,14 – "Eu sou o bom pastor".
- 11,25 – "Eu sou a ressurreição e a vida".
- 14,6 – "Eu sou o caminho, a verdade, e a vida."
- 15,1.5 – "Eu sou a videira".

Neste conjunto de ditos – provavelmente não é um acidente que existam sete deles – o "Eu" é o predicado, e a tão desejada realidade salvífica é o sujeito, de modo que os ditos devem ser ouvidos na forma "o pão da vida, sou Eu", ou mais coloquialmente, "o pão da vida que vocês estão procurando – esse sou Eu" (cf. a frase atribuída a Luís XIV, "L'État, c'est moi", e as notas sobre 1,38 acima, "que procurais?"). Na visão de João, a particularidade do significado da Páscoa, que não mais podia ser celebrada em Jerusalém, é cumprida na celebração do evento-Cristo, que é celebrado em todo o mundo e apresentado como o cumprimento do desejo universal humano por uma vida autêntica, sendo por este meio expressa.

7,1-10,21 Festa dos Tabernáculos: o conflito se intensifica

Após os eventos do capítulo 6, Jesus deixa a Galileia para seu bem, e a linha histórica retorna para Jerusalém e Judeia. O evangelista reuniu uma variedade de tradições do repertório de ensino da escola joanina e os agregou como uma série de eventos na festa dos tabernáculos (cf. Êx 23,14-19; 34,22-24; Lv 23,33-36; 39-43; Nm 29,12-38; Dt 16,16-17; 31,9-13). A apresentação pressupõe em algum estágio da tradição uma consciência da ênfase particular da festa no modo como ela era celebrada no primeiro século, como refletido em Josefo e na Mishná. Uma impressionante procissão ritual levando uma libação de água extraída do tanque de Siloé focava na dependência de Israel do início das chuvas de outono. Neste contexto, Jesus declara que ele é a fonte de água viva (7,38).[23] Um ritual noturno de iluminação com

[23] O texto grego diz: "rios de água viva fluirão de dentro dele", i.e., de Jesus, a fonte de vida (cf. 4,12-14; 13,5; 19,34). No interesse de uma linguagem inclusiva, algumas traduções modernas têm substituído "do crente" por "seu", o que ignora o ponto cristológico joanino.

menorás no pátio das mulheres (o "tesouro do templo", 8,20) simbolizava a Torá como a luz de Deus para o mundo. Neste contexto, Jesus declara que ele é a luz do mundo (8,12).

Em toda esta seção, o tema controverso continua sendo a identidade de Jesus. O leitor ouve argumentos e contra-argumentos formulados pelos mestres joaninos em seus debates com a sinagoga.

Objeção: Jesus, e seus seguidores pós-pascal na escola joanina, não são mestres autorizados, eles não têm autoridade como intérpretes do significado da Escritura (7,15; cf. 7,48, "Porventura, creu nele alguém dentre as autoridades ou algum dos fariseus?"). *Resposta:* Jesus fala diretamente com autoridade divina, e não necessita credenciais humanas (7,28; 8,26.38; 10,30); os mestres carismáticos da escola joanina apelam para o Espírito Santo como mestre deles, não à educação rabínica.

Objeção: Jesus, e os mestres joaninos, não podem ser de Deus, visto que eles não respeitam o sábado (9,16; cf. 5,16). *Resposta:* Deus trabalha no sábado; Jesus e os mestres joaninos fazem o trabalho de Deus (5,17). A Torá manda circuncidar no oitavo dia, o que algumas vezes cai no sábado. Se a circuncisão pode ser realizada no sábado, a cura de uma pessoa também pode ser realizada no sábado (7,20-24).

Objeção: Jesus vem da Galileia, mas de acordo com a Escritura, nem um profeta veio da Galileia, e o Messias deve vir de Belém da Judeia, não da Galileia (7,41-42.52). *Resposta:* os judeus estão errados em supor que podem julgar a validade da reivindicação de Jesus com base em sua origem, pois dado o fato de que Jesus não é deste mundo, sua origem está em Deus, e isso os incrédulos não podem conhecer.[24] Assim, eles podem também afirmar que, por ocasião da vida do Messias, as pessoas não saberão sua origem (contradizendo sua outra visão; cf. 7,27.40-42), de modo que Jesus não pode ser o Messias já que eles sabem de onde ele é. Na visão de João, tudo isso simplesmente mostra a perversidade e cegueira daqueles que acham que podem julgar o Messias pelos critérios humanos (8,15).

---

[24] Os leitores não deveriam supor que o evangelista aqui esteja dando uma piscada de olhos, como se soubéssemos que Jesus vem de Belém e, assim, é qualificado para ser o Messias davídico. O quarto Evangelho nunca menciona que Jesus nasceu em Belém, mas mesmo isso não é o verdadeiro ponto. Ele não pensa na cristologia em categorias davídicas.

Objeção: Jesus, um ser humano, faz-se Deus a si mesmo, e é culpado de blasfêmia (10,33; ver sobre 5,18). Esta objeção repetida mostra que o uso da linguagem-Deus para Jesus por parte da escola joanina era o ponto nevrálgico em seus debates com a sinagoga. *Resposta:* os mestres joaninos vasculharam as Escrituras para encontrar lugares onde a linguagem-Deus é usada para seres humanos, e responderam à acusação com o Sl 82,6, entendido como significando que certos israelitas (mestres, juízes, profetas?) eram chamados "deuses". A lógica desse argumento é que se os líderes de Israel podiam ser chamados "deuses" em um sentido, esta linguagem é completamente bíblica e não infringe a afirmação monoteísta do único Deus verdadeiro. O evangelista, entretanto, não pretende defender a divindade de Jesus a partir da Bíblia. Ele começa com esta convicção, e encontra um texto bíblico que pode ser usado para assegurar aos cristãos joaninos que seu entendimento de Jesus é verdadeiro e bíblico, a despeito das objeções da sinagoga. O estilo da interpretação bíblica é similar ao uso de Êx 3,6 em Mc 12,18-27. Considerado objetivamente, tal argumento não é convincente para o leitor moderno, assim como não era convincente para os antigos objetores judeus, mas isso não vem ao caso. Os mestres joaninos se recusam a voltar atrás em sua fé de que o único Deus verdadeiro é definitivamente revelado em Jesus, e que sua linguagem para expressar isso vem de suas Escrituras, das quais eles se recusam a abrir mão.

9,1-41 O homem que nasceu cego

Vários aspectos da cristologia joanina estão concentrados nesta história magistral. Que o homem *nasceu* cego não apenas amplia a difícil situação e o poder de Jesus em superá-la, mas mostra que o poder de Jesus de dar vida não meramente restaura algo que foi perdido. O homem cego representa a condição humana como tal; os seres humanos não perderam sua visão e a tiveram restaurada pelo evento-Cristo. Eles nunca tiveram visão, mas podem ganhar (não recuperar) visão autêntica (9,39). O comentário final de Jesus mostra que o sinal, como todos seus sinais, não é meramente um milagre literal para um indivíduo, mas a representação simbólica do evento-Cristo como tal. O homem é ungido, lavado, e recupera sua visão, todas as ações que simbolizam a conversão ao Enviado – João explica que "Siloé" significa "enviado" (cf. Jo 9,7.39-41; 13,1-11; 1 Jo 2,20.27). O que Jesus faz pelo homem cego é o que Deus faz pelo mundo no evento-Cristo. Neste relato, João enfatiza que aqueles que recebem este dom de Deus devem tomar uma posição; não é suficiente acreditar em Cristo como salvador "pessoal" e manter-se em discrição, como se a transação fosse apenas entre Deus e o indivíduo. João retrata a hesitação dos pais em reconhecer o que tinha acontecido quando desafiados pelas autoridades judaicas (9,18-23), tal como ele condena aqueles que creram mas não desejam tornar pública sua fé e identificar-se com a comunidade perseguida (12,42-43).

O retrato de João transparece aqui sua própria situação, onde aqueles que confessam sua fé cristã são expulsos da sinagoga (9,22; cf. 16,2; Lc 6,22). O cego curado, entretanto, é um modelo de progressivo aprofundamento na fé, discernimento e coragem. Ele é o primeiro no evangelho a confessar Jesus em uma situação hostil. Seu entendimento da identidade de Jesus não chega todo de uma vez; sob exame, ele primeiro identifica Jesus como "um homem" (9,17), logo como "um profeta" (9,19) que é "de Deus" (9,33), chegando à total confissão de Jesus como "Filho do Homem"[25], i.e., o Messias (9,35-38; ver 9,22).

10,1-21 Jesus como o verdadeiro pastor

Do mesmo modo que "caminho", "verdade", "vida", assim também "pastor" é uma metáfora hermenêutica amplamente usada no mundo helenístico para o bom governante, uma metáfora que também desempenha um poderoso papel na Escritura e tradição judaicas (cf. e.g. Sl 23, 100; Ez 34,11-16). Assim, quando Jesus declara que ele é o Bom Pastor (10,11.14), outra ponte hermenêutica é construída, a qual facilita que o entendimento acerca de Jesus esteja disponível tanto para judeus quanto para gentios. A metáfora era o foco de intensiva atenção no desenvolvimento da comunidade joanina, enquanto as igrejas eram ameaçadas com heresia e cisma. Se o próprio Jesus

[25] *Filho do Homem* é um título-chave para o quarto Evangelho, "o coração da teologia joanina" (KYSAR, *Maverick Gospel*, 40). Do começo ao fim, é o termo que Jesus usa para si mesmo. Ergue-se no lugar culminante na série de ditos cristológicos em 1,19-51. No pressuposto mito da Sabedoria, a sabedoria preexistente se torna encarnada no Filho do Homem (*1 Enoque* 49,1-4, vide acima 27.5.1). Conota tanto divindade preexistente como humanidade terrena. Era provavelmente a confissão fundamental da comunidade joanina, preservada desde os primeiros dias (ver Vol. I em §9.2.2).

é o único Pastor da igreja, que continua conduzindo-a por meio de sua presença no Espírito, (ver sobre o discurso de despedida abaixo), necessitaria a igreja ministros autorizados para que fossem seus pastores e a protegessem dos "lobos", os falsos mestres? Este debate estava também ocorrendo na escola paulina, vizinha da comunidade joanina, comunidades cristãs irmãs com quem estavam em diálogo (cf. At 20,29, e o desenvolvimento da institucionalização do ministério nas Pastorais). Em João 10, Cristo mesmo é o único Pastor da igreja, e os mercenários são desdenhados (10,12-13). Isso pode ser um reflexo de debates acerca da introdução de ministros oficiais pagos na comunidade joanina carismática. João 21 provavelmente representa uma etapa posterior ou, talvez, final, dessa discussão (ver abaixo).

10,22-42 Festa da Dedicação: Tentativa de aprisionamento, Jesus retira-se para Transjordânia

O conflito acerca das reivindicações cristológicas feitas por Jesus é outra vez tornado explícito na cena final do conflito (ver sobre 5,18 acima). Enquanto Jesus se retira para o local onde João havia batizado, a seção forma um parêntese com as cenas de abertura: batismo e testemunho de João, sinais de Jesus, reivindicações cristológicas e conflito, Jesus desaparece, pessoas creem – um minidrama de toda a narrativa do evangelho. Em algum momento no desenvolvimento do Evangelho de João, isso pode ter formado a conclusão do Livro dos Sinais.

11,1-12,50 Clímax e conclusão do ministério público de Jesus

Na presente edição do Evangelho de João, Jesus permanece na Transjordânia até que é chamado a Betânia por causa da enfermidade de Lázaro. A ressurreição de Lázaro então constitui o último e maior sinal de Jesus, apontando tanto para a própria morte e ressurreição de Jesus quanto ironicamente se tornando a ocasião para uma renovada tentativa de levar Jesus à morte (11,17-53). Jesus outra vez se retira, desta vez para Efraim, aparentemente a vila judaica na extremidade do deserto, cerca de 25 quilômetros à nordeste de Jerusalém, onde ele permanece com seus discípulos até a Páscoa, no início da primavera (11,54). Em meio à intensa discussão acerca do paradeiro de Jesus entre os peregrinos da Páscoa em Jerusalém, onde um mandato de prisão contra ele tinha sido expedido, Jesus veio para perto de Betânia seis dias antes da

Páscoa (11,55-12,1). Em um jantar de sábado à noite na casa de Lázaro, Marta e Maria, Jesus é ungido por Maria em antecipação de sua morte e sepultamento (12,2-11). No dia seguinte, Domingo de Ramos, Jesus é recebido por uma multidão de peregrinos da cidade que o saúdam como "Rei de Israel". Os fariseus respondem irritados: "eis aí vai o mundo após ele" (12,12-19). A aparente boas-vindas do mundo gentio para a mensagem de Jesus é também sinalizada pela vinda de alguns gregos até Jesus (12,20-22). Jesus responde com um resumo da teologia joanina, e então se retira para esconder-se pela terceira vez (12,23-36). O narrador então apresenta uma lamentação resumida sobre a descrença do povo e da recusa de alguns crentes em confessar sua fé (12,37-43). O livro dos sinais é então concluído com um resumo final da teologia joanina na forma de palavras de Jesus, uma proclamação não localizada em qualquer cena particular, mas representando a palavra do Senhor transcendente que não está preso ao tempo e espaço. Sem transição, a próxima cena leva o leitor à última ceia e ao livro da glória.

13,1-20,31 Parte Dois – O livro da glória: Jesus revela a glória de sua morte e ressurreição aos discípulos

O livro da glória tem duas partes, discurso/sinal, a imagem espelhada da estrutura sinal/discurso do livro dos sinais. A narrativa da paixão e ressurreição (caps. 18-20) é precedida pela última ceia e o discurso de despedida (caps. 13.17).

13,1-17,26 A última ceia e o discurso de despedida

13,1-30 A última ceia

O narrador move a cena abruptamente para a última ceia. No quarto Evangelho não há preparação para este longo relato, que dura até 17,26, de longe o módulo mais longo na narrativa. Não é uma refeição pascal, assim como não houve nenhum contato preliminar de Judas com os sumos sacerdotes para combinar a traição de Jesus (cf.Mc 14,10-17 sobre todos os pontos). Não há instituição da Eucaristia (instruções eucarísticas já haviam sido dadas em 6,53-58), mas Jesus age em conformidade com o significado do evento-Cristo como um todo, ao realizar o trabalho de um escravo, lavando os pés dos discípulos.

O lava-pés tem vários paralelos com o hino paulino de Fp 2,6-11. Em ambos, Jesus se despoja e desce, realiza o serviço de um escravo, ressuscita, está assentado, então é designado como "Senhor". Em ambos, Jesus está presente não meramente como um ser humano humilde, mas como aquele que se entregou pelos outros. Esta autodoação então se torna o modelo para o discipulado. Filipenses foi provavelmente escrito em Éfeso, uma geração antes de o Evangelho de João ter sido escrito ali (ver Vol. I §11.2.2). Filipenses e/ou o hino provavelmente circularam na comunidade Joanina. Para a escola joanina, entretanto, Jesus deixando suas vestes de lado não representa a cristologia kenótica. No livro dos sinais, o Cristo preexistente retém sua glória como o Jesus encarnado. Aqui, Jesus mostra que o sinal supremo manifesta o poder de Deus como amor altruísta.

Como nos sinóticos, Jesus anuncia que um dos discípulos o trairá. Jesus e os leitores já sabem que este é Judas (6,71; 12,4; 13,2), mas os outros discípulos não sabem. Pedro deve pedir ao discípulo amado, que está reclinado na mesa entre Pedro e Jesus, para identificar o traidor.

13,31-17,26 Discurso de despedida e oração

Judas sai para a escuridão, e a Luz do mundo começa o discurso de despedida, que continua como monólogo e oração quase sem interrupção até que a narrativa da paixão começa em 18,1. Algumas características-chave:

Partida de Jesus e promessa de retorno – a reinterpretação da apocalíptica. Seguindo o esboço marcano, cada um dos evangelhos sinóticos apresenta Jesus fazendo um longo discurso e olhando para o período pós-pascal e para a vinda do Filho do Homem na consumação da história (Mc 13; Mt 23-25; Lc 21). O Jesus marcano prometeu que o fim estava "próximo", seria "em breve", que a geração para a qual Jesus falou "não passará sem que tudo isso aconteça" (Mc 9,1; 13,29-30). Em João, esta linguagem do breve retorno de Jesus é retomada novamente, enquanto Jesus fala a seus discípulos antes de sua partida para o Pai e repetidamente promete que será apenas por "pouco tempo" antes de vê-lo novamente (14,19; sete vezes em 16,16-19). Os perplexos discípulos perguntam-se uns aos outros, "que vem a ser esse – um pouco? Não compreendemos o que quer dizer" (16,18). Aqui ouvimos as discussões internas da escola joanina, esforçando-se para reinterpretar a escatologia tradicional.

A primeira geração de cristãos tinha entendido a ressurreição de Jesus não como um evento isolado, mas como o início da ressurreição de todos no fim da história, Jesus foi "as primícias" (1 Co 15,20); o restante da colheita escatológica seria logo a seguir. Como a história continuou até a segunda e terceira gerações depois da morte de Jesus, quatro diferentes respostas à esperança expressada nas palavras "Jesus está voltando em breve" podem ser identificadas no cristianismo primitivo.

(1) *Reafirmação* – em tempos de ameaça e perseguição, cristãos da segunda e terceira gerações reviveram as antigas expectativas apocalípticas com a convicção de que mesmo que os cálculos anteriores tivessem estado equivocados, *agora* o fim de fato estava próximo. Em tal situação, a linguagem apocalíptica mais uma vez fez sentido e proveu uma forma urgentemente necessária de manter a fé mesmo em face de toda evidência empírica contrária. No interior da comunidade joanina, o Apocalipse representa esta opção. Nos anos 90 do primeiro século, João trata a crise das igrejas com a renovada promessa de que *agora* a parousia realmente está chegando (ver acima §26.1.2).

(2) *Rejeição* – Tomada literalmente, esta renovada expectação também acabou por ser confundida. Assim, alguns dos primeiros cristãos decidiram que a expectação apocalíptica como tal era um erro, e simplesmente a rejeitaram. Correntes gnósticas do cristianismo abandonaram a convicção de que Deus redimiria este mundo, e trocaram a esperança de que Deus redimiria a linha horizontal da história em um poderoso ato escatológico por um verticalismo no qual almas são salvas de forma individual, sendo levadas deste mundo para o reino transcendente e/ou já desfrutavam as realidades escatológicas em sua presente experiência religiosa (ver Vol. I §9.2.2). Tais visões eram aparentemente defendidas pelos oponentes de 2 Pedro (ver acima em 2 Pd 3,1-13). No interior da comunidade joanina, esta pode ter sido a perspectiva dos Nicolaítas, os seguidores de "Jezabel" que promoviam os ensinos de "Balaão" (Ap 2,6.14-15.20). Os mestres da escola joanina adotaram algo desta conceitualidade e linguagem, mas não rejeitaram inteiramente a futura esperança escatológica.

(3) *Reinterpretação do "em breve"*. Alguns dos primeiros teólogos cristãos mantiveram a esperança na vitória de Deus ao final da história, mas adiaram-na para um momento futuro indefinido. Eles reafirmaram a fé protocristã de que "o fim está chegando", mas reinterpretaram o significado do "em breve" em uma maneira não literal. Esta era a

visão do autor de 2 Pedro, que encontrou um texto em sua Bíblia explicando que mil anos aos olhos do Senhor é como um dia (Sl 90,4). Similarmente, Lucas reescreve a história de Jesus e da igreja de modo a permitir um período de tempo estendido para história da igreja, o tempo da missão cristã. O Cristo não vem no final, mas no meio da história; o tempo de Cristo é seguido pelo tempo da igreja, um tempo de missão, que durará indefinidamente antes do fim finalmente chegar (ver acima §23.1).

(4) *Reinterpretação da "segunda vinda de Jesus"*. Em contraste a Lucas, os mestres da escola joanina responderam de várias maneiras a morte da primeira geração de cristãos sem desenvolver uma periodização da história da salvação (ver abaixo sobre 21,20-23). Sua abordagem primária para reinterpretar a esperança da primeira geração de que "o fim está chegando" foi redefinir o significado de "fim": o fim de fato chegou em breve, como Jesus prometeu, com o derramamento do Espírito no início da Igreja. Os autores das Cartas e do Evangelho de João reinterpretam todas as realidades esperadas no eschaton como realidades já presentes: a teologia do Logos preexistente permite que a vinda do Filho do Homem ao final da história seja entendida como a vida de Jesus, o Filho do Homem que já veio do céu (Jo 3,13); os problemas que afligem o mundo e o povo de Deus pouco antes do fim ("dores de parto", "tribulação") são entendidas como a experiência cristã como tal (16,20-21); o esperado anticristo é visto como sendo os falsos mestres já presentes (1 Jo 2,18-22; 4,3; 2 Jo 7); a segunda vinda de Cristo é reinterpretada como sendo a vinda do Espírito, o Parácleto (Jo 14-16); a derrota de Satanás aconteceu no ministério de Jesus (Jo 12,31); a ressurreição acontece na nova vida do cristão (Jo 11,21-26; cf. 8,51); o renascimento cósmico, apocalíptico esperado no fim (παλιγγενεσία, *palingenesia*, Mt 19,28; cf. *1 Enoque* 25,6; 50,1; *2 Bar* 51,1-10) acontece na conversão de cristãos individuais (João 1,11-12; 3,3-5); o julgamento final acontece no presente encontro com Cristo, o juiz (Jo 3,18-19; 12,31.48), e a vida eterna já é a presente possessão do crente (Jo 3,36; 6,47; 17,3). Todo isso pode ser considerado como explicação da fé que o Messias, que havia de vir no fim, já chegou.

Assim, alguns intérpretes, por exemplo, RUDOLF BULTMANN e seus seguidores, defendem que o autor original do quarto Evangelho foi um teólogo radicalmente criativo que reduziu completamente a teologia futurista para a experiência presente dos crentes. Nesta visão, os textos joaninos que claramente afirmam escatologia futura são atribuídos ao Redator eclesiástico, que reintroduziu alguns elementos da escatologia apocalíptica para colocar a teologia joanina em linha com principal corrente da emergente Grande Igreja protocatólica (5,28-29; 6,27.39-40.44.54; 12,25.48; 11,24; 14,2-3; 17,24). A questão está ainda em discussão, mas a maioria dos estudiosos atualmente não traçaria uma linha tão acentuada entre a forma final do Evangelho de João e sua edição(s) anterior, e veria a tensão entre escatologia futura e presente como estando presente do começo ao fim na tradição joanina – embora com diferentes ênfases. Embora o centro de gravidade tenha se deslocado em direção à escatologia presente, a comunidade joanina mantém a esperança na consumação futura.

O Parácleto. O mais distintivo aspecto da reinterpretação joanina da parousia é o entendimento de que a imagem da vinda de Jesus tende a ser substituída pela vinda do Espírito Santo (cf. Jo 14,23 "Eu virei", Jo 14,25, "o Espírito Santo virá"). Na escola joanina, o nome distintivo para o Espírito Santo é ὁ παράκλητος, *ho paraklētos*, transliterado Parácleto, da preposição *para-* e o adjetivo *klētos*, que é derivado do particípio passado do verbo *kaleō, chamar.* Assim, etimologicamente, a palavra significa "alguém chamado para estar ao lado", e era usado em uma variedade de sentidos no grego extrabíblico: ajudante, aquele que aparece em nome de outro como mediador ou intercessor, ocasionalmente no sentido técnico jurídico "advogado", "procurador", alguém que representa o outro no tribunal. Este último sentido, embora raro fora da Bíblia, se encaixa no entendimento joanino: nos julgamentos de cristãos joaninos, incluindo sua aparição diante da sinagoga ou tribunais romanos, Jesus não os abandona, mas está com eles como seu "advogado" na pessoa do Espírito Santo. A promessa do Jesus sinótico (Mc 13,9-11) é assim expandida para abarcar a experiência cristã como um todo, do mesmo modo que foca sobre o papel do Espírito como Conselheiro divinamente enviado no sentido forense. Cinco "ditos do Parácleto" dentro do discurso de despedida retratam a obra distinta do Parácleto (Jo 14,15-17.25-26; 15,26-27; 16,7-11.12-15). Como Advogado, o Parácleto não é apenas o advogado de defesa que permanece ao lado dos cristãos joaninos e lhes concede poder quando tiverem que enfrentar julgamentos hostis, mas é também o advogado de acusação que julga o caso de Deus contra o mundo incrédulo (16,8-11). Como na narrativa da paixão, a aparente realidade vista na superfície não é a verdadeira realidade; o acusado é na verdade o juiz (ver sobre os caps. 18-19, esp. 19.13). Assim como ocorreu com Jesus, assim também ocorre com seus seguidores.

O Parácleto abrange os horizontes do passado, presente e futuro. Como mestre e hermeneuta, ele interpreta o ministério passado de Jesus e capacita a comunidade joanina a relembrar o ensinamento de Jesus. Uma reprodução mecânica das palavras passadas de Jesus não é aqui prometida, como comparação entre os ditos provenientes da tradição de Jesus nos sinóticos e no quarto Evangelho deixa claro. A obra do Espírito Santo é vista como atuando na memória criativa da tradição joanina, que combina e reconfigura o ensinamento de Jesus herdado do passado com as novas revelações do Senhor ressuscitado, através das quais Jesus continua a falar (cf. 16,12-14). As palavras de Jesus no Evangelho de João representam essa fusão de passado e presente, Jesus-lá-atrás-na-história, com Jesus-lá-em-cima-no-céu e Jesus-ainda-presente-na-comunidade-cristã, uma fusão gerada e interpretada pelos profetas cristãos no interior da comunidade joanina.[26]

A missão e "o mundo". O quarto Evangelho não é um tratado missionário ou evangelístico objetivando a conversão dos incrédulos (ver sobre §27.2, e Jo 20,30-31 abaixo). Durante a narrativa do ministério de Jesus no livro dos sinais, os incrédulos em geral são frequentemente designados como "os judeus". No discurso de despedida, esta frequentemente hostilizada comunidade externa é chamada "o mundo".[27] Assim como Jesus não pertence ao mundo, os crentes, embora num sentido diferente, também não (João 15,18-19; 16,28; 17,14-16). Jesus é o único preexistente que pertence ao mundo divino; os crentes, por sua vez, não pertencem ao mundo porque nasceram para uma nova vida por sua decisão de fé. O mundo não é visto meramente como o poder hostil dominado pelo Maligno, mas como a amada

[26] BORING, *Sayings of the Risen Jesus*, 48-50; M. EUGENE BORING, "The Influence of Christian Prophecy on the Johannine Portrayal of the Paraclete and Jesus," *NTS* 25, no. 4 (1978), 113-123; JOHN ASHTON, *Understanding the Fourth Gospel* (New York: Oxford University Press, 1991), 182-183, 303, 515.

[27] Das 63 referências a "os judeus" no quarto Evangelho, a única dessas referências que aparece na última ceia e no discurso de despedida é retrospectiva (13,33). Das 78 referências a κόσμος (*kosmos*, mundo) em João, 40 estão no discurso de despedida. "Os judeus" da primeira metade do Evangelho de João são análogos a "o mundo" da segunda metade.

criação de Deus (1,1-2; 3,16). Portanto, os discípulos de Jesus não devem se isolar do mundo, quer seja por meio de uma experiência individual própria de ter Jesus como seu "salvador pessoal", quer seja por meio de uma seita que se fecha do resto do mundo, lançando acusações não apenas contra "o mundo" de incrédulos, mas contra outros cristãos que não mais pertencem ao seu grupo.[28] A escola joanina entendia a si mesma como tendo tanto um mandato ecumênico para a igreja mais ampla, quanto um mandato missionário para o mundo. Assim como Jesus é o Enviado, assim também seus seguidores são enviados para o mundo (Jo 20,21).

Unidade dos crentes com Deus, Cristo e outros cristãos. Jesus e o Pai são um (10,30). Este texto, bem no centro da narrativa, está também no centro da teologia de João. Os discípulos de Jesus participam dessa unidade, eles estão unidos uns aos outros e com Cristo do modo como os ramos estão unidos à videira (Jo 15,1-8). Cristo é a videira toda, não apenas o tronco; a comunidade tem uma dada unidade por estar já unida a Cristo. No entanto, o evangelho se volta ao passado, sobre dois conflitos principais: um envolvendo a separação de suas raízes e de companheiros cristãos que permaneceram na sinagoga, e outro envolvendo uma divisão nas fileiras da própria comunidade joanina (ver sobre cap. 6 acima). A forma canônica do quarto Evangelho, entretanto, embora carregue as cicatrizes de batalhas anteriores, já não está em um modo combativo, e agora deseja integrar os cristãos dispersos e os que estão se dispersando. O evangelho representa a fase final da vida da comunidade, visível para nós em seus escritos, enquanto se move em direção à integração com a corrente principal em desenvolvimento (ver sobre cap. 21). Assim, o Jesus joanino ora por unidade (17,21-23), e o discurso do Bom Pastor conclui com a declaração "Ainda tenho outras ovelhas, não deste aprisco; a mim me convém conduzi-las; elas ouvirão a minha voz; então haverá um rebanho e um pastor".

Predestinação? Em João 15,16 Jesus declara: *"não fostes vós que me escolhestes a mim; pelo contrário, eu vos escolhi a vós outros..."* Seria isso a predestinação joanina? Duas séries de textos podem facilmente ser

---

[28] A perspectiva de missão do quarto Evangelho é desenvolvida especialmente na obra da erudita nigeriana Teresa T. Okure, *The Johannine Approach to Mission* (WUNT 2.31; Tübingen: Mohr, 1989).

reunidas. *Por um lado*, em várias passagens, João indica que a salvação está inteiramente nas mãos de Deus. Os crentes nascidos de Deus nascem do alto (1,12-13; 3,3-5). Ninguém decide nascer; nascimento é um dom. Fé é um dom de Deus, a obra de Deus nos crentes (6,29). Deus "dá" determinadas pessoas para Cristo, elas não podem vir a ele, a menos que seja determinado e concedido por Deus (6,44.65; 10,29; 17,2.6.9.24). Apenas aqueles que já são ovelhas de Jesus e pertencem a Deus podem reconhecer sua voz e seguí-lo (8,47; 10,3-4). Os discípulos de Jesus não pertencem ao mundo, porque Jesus os escolheu para sair do mundo (15,19).

Por outro lado, vários textos afirmam, implícita ou diretamente, que os seres humanos são responsáveis por decidir a favor ou contra Deus, que se alguém acredita ou não é uma decisão humana que está nas mãos de cada um, que aqueles que não acreditam poderiam, e deveriam ter tomado outra decisão, e são eles mesmos responsáveis (3,16.36; 6,27a; 10,38; 12,36.46; 14,1.11; 20,31). Não há forma de resolver este conflito conceitualmente – pelos menos não de forma fácil e simples. As duas séries de afirmações jazem em planos diferentes, e não podem ser combinadas num único sistema. Uma série sustenta e protege a soberania de Deus, a outra, a responsabilidade humana. Tanto João, quanto o Novo Testamento em geral, afirmam ambas, e as sustentam plenamente. Deus não pode ser "parcialmente soberano" e os humanos "parcialmente responsáveis".

Cada conjunto de afirmações é válido em sua própria esfera de discurso, mas elas não podem ser combinadas em um conjunto discursivo lógico de afirmações proposicionais. O Jesus joanino não está fazendo afirmações filosóficas abstratas sobre o problema do determinismo e livre arbítrio. Nenhum *ensaio* pode afirmar que ambos são verdadeiros, mas uma *narrativa* pode fazer justiça a cada reivindicação. Assim, João pode compor uma história em que ambos estão presentes, completamente presentes. Assim, 1,29-51 apresenta diferentes maneiras pelas quais os discípulos se tornaram seguidores de Jesus: alguns ouvem acerca de Jesus por meio de outros, apenas um é diretamente chamado por Jesus, todos são descritos como tomando suas próprias decisões, e é assim que eles teriam descrito suas experiências. Todavia, em retrospecto, lhes é dito por Cristo que eles não o escolheram, mas ele os tinha escolhido (15,16). Quando me torno um discípulo, penso de mim mesmo como um voluntário, que poderia ter feito outras escolhas; em retrospecto, aprendo que em sou um recruta, e em vez de parabenizar-me por minha boa escolha, dou graças a Deus que me escolheu.

Para João, tanto a soberania divina quanto a escolha humana são reais, um paradoxo simultâneo, a consequência inevitável de falar da realidade divina em linguagem e conceitos humanos, o resultado do *Verbo* tornando-se *carne*. A linguagem do discipulado é um reflexo da linguagem da cristologia; uma comunidade que confessa a divindade e humanidade de Jesus Cristo recebeu uma chave linguística e teológica de como falar da soberania divina e da liberdade humana. Tais questões não são teorias que podem ser proclamadas aos incrédulos a fim de convertê-los, em vez disso, estas questões são a reflexão teológica interna, expressada na linguagem confessional da comunidade dos crentes.

18,1-19,42 A narrativa da paixão

A história joanina da paixão segue o mesmo esboço geral dos sinóticos: após a última ceia com seus discípulos na quinta-feira à noite, Jesus e seus discípulos vão para o Monte das Oliveiras, onde ele é preso, levado a uma audiência noturna diante do sumo sacerdote(s), então é levado a Pilatos, onde é condenado à morte, e levado imediatamente para ser crucificado na sexta-feira à tarde (19,31). Ele é sepultado na sexta-feira à tardinha, e o túmulo vazio é aberto no domingo de manhã. A similaridade com o relato sinótico é vista não apenas na ordem e estrutura similar, mas em várias instâncias há palavras similares ou idênticas (e.g., Jo 18,15-27/Mc 14,53-65/Mt 26,57-68/ Lc 22,54-71). Aspectos distintivos da reescrita joanina:

O julgamento judaico desaparece, e o encontro é inteiramente com o Estado Romano representado por Pilatos. Os romanos estão envolvidos na prisão de Jesus desde o início, diferente dos sinóticos que o retratam sendo preso pela guarda judaica e entregue aos romanos somente depois do "julgamento judaico". No quarto Evangelho, entretanto, o julgamento de Jesus diante "do mundo" se estendeu através de toda a narrativa, e os líderes judeus oficialmente decidiram sobre sua morte ao final do livro dos sinais (Jo 11,47-54). Assim, não há lugar para um julgamento judaico que revelasse a pretensão messiânica de Jesus – isso tem sido evidente em todo o tempo. O Jesus joanino declara especificamente que todos seus ensinamentos foram públicos. Não existe segredo messiânico (Jo 18,19-21). Este cenário provavelmente reflete os julgamentos aos quais os cristãos estavam sujeitos no tempo do evangelista. Cristãos tidos como suspeitos testificaram que, como Jesus, eles não eram uma sociedade secreta com ensinos esotéricos, mas tinham declarado suas visões abertamente nas sinagogas. Aparentemente, as autoridades judaicas algumas vezes entregaram cristãos condenados nas cortes judaicas às autoridades romanas para punição, o que poderia significar pena de morte. A experiência dos crentes era paralela à de Jesus; a história de Jesus se reflete na dos crentes.

O calendário é ajustado para que Jesus morra na Páscoa, *assim como os cordeiros estão sendo mortos.* Os judeus não entram no pretório, o quartel general do governador romano, para não se tornem cerimonialmente impuros, o que os impediria de participar da ceia pascal (18,28). Os cordeiros pascais deveriam ser mortos na sexta feira à tarde, e a ceia comida após as 18 horas; no calendário judaico este é o início do próximo dia. Desde o início da narrativa, Jesus é saudado como "o Cordeiro de Deus que tira os pecados do mundo", e Jesus morre como os cordeiros pascais eram mortos no templo. Ele é poupado de ter as pernas quebradas (o que é infligido aos dois homens crucificados com ele), em cumprimento das especificações para o abate do cordeiro pascal, "nenhum dos seus ossos será quebrado" (19,36; cf. Êx 12,46; Nm 9,12). Esta provavelmente também é a explicação para o uso de um ramo de hissopo para tocar a esponja de vinho nos lábios de Jesus (19,29). Hissopo, mencionado apenas aqui nos evangelhos, é uma planta frágil, pequena, pouco útil para a finalidade descrita, mas ela era ritualmente usada na Páscoa (Êx 12,22).

A ênfase joanina mais marcante está sobre a autoridade soberana de Jesus, que não é a vítima, mas sim o vencedor soberano que comanda os eventos durante toda a história da paixão. Nos sinóticos, seguindo Marcos, o Jesus poderoso, divino, aparece na primeira parte da história, e o Jesus fraco, humano, na narrativa da paixão (cf. acima §21.6). João tem ambas as visões simultaneamente, mas na narrativa da paixão o Cristo triunfante, soberano, certamente prevalece. Alguns fatos da apresentação de João:

- Antes da paixão, Jesus declarou que ninguém toma a sua vida. Ele a dá por sua própria vontade, e a toma outra vez por seu próprio poder; ele recebeu esta autoridade do Pai (10,17-18).

- Jesus não é pego de surpresa, mas sabe todas as coisas com antecedência.
- Não há nenhuma oração no Getsêmani enquanto Jesus enfrenta a morte, agonizando sobre sua decisão, e não pode haver nenhuma após a suprema oração de 17,1-26 (cf. o comentário antecipado em 12,27-28, e 18,11b).
- Jesus não vai para o jardim a fim de orar, como nos sinóticos, mas vai porque Judas conhece o lugar e Jesus pode ser encontrado ali.
- Quando os oficiais e soldados chegam com Judas, Jesus lhes pergunta quem eles estão buscando, e eles respondem. Jesus não é questionado, mas ele mesmo é o questionador.
- Judas não identifica a Jesus. Jesus mesmo se identifica, com o soberano "Eu sou", ressonante com o nome bíblico divino. Os soldados caem, são incapazes de prendê-lo, e Jesus mesmo se entrega em suas mãos.
- Os discípulos não fogem, é Jesus quem os despede, após pedir aos oficiais que os deixem ir.
- Jesus repreende a tentativa de Pedro de defendê-lo, pois ele não necessita de defesa, uma vez que está indo por sua própria vontade soberana (18,10-11).
- Ele recusa ser interrogado pelo sumo sacerdote, e desafia o oficial que o fere (18,20-23).
- Durante o julgamento romano detalhado, enquanto Pilatos oscilava entre Jesus, que estava dentro do palácio, e os judeus, que estavam fora, Jesus permanece calmo e controlado e Pilatos fica sem ação. Jesus interroga Pilatos (18,34), e declara que Pilatos não tem autoridade sobre ele, exceto a que Deus lhe deu (19,11). Quando Pilatos cede à pressão para condená-lo, e após Jesus ter sido ridicularizado com a coroa de espinhos e o manto de púrpura (19,2), Pilatos ironicamente coloca Jesus na cadeira do juiz, como se Jesus agora fosse o juiz, e os judeus e Pilatos os que estavam sendo julgados. Embora Pilatos pretendesse zombar de Jesus ao fazer isso, os leitores sabem que isso é a verdade.[29]
- Nos sinóticos, Simão de Cirene carrega a cruz de Jesus (Mc 15,21/Mt 27,32/Lc 23,26); o Jesus joanino não precisa de ajuda (19,12).
- Enquanto está pendurado na cruz, as palavras de Jesus "tenho sede" não são ditas para expressar sua própria necessidade, mas para cumprir a Escritura (19,28).

---

[29] O verbo grego de 19,13 pode ser traduzido tanto intransitivamente: "Pilatos sentou-se na cadeira do Juiz" (assim na NRSV e na maiorias da traduções inglesas), quanto transitivamente: "Pilatos o sentou [Jesus] na cadeira do juiz" (assim NAB, BJ, TEB, CEB, Justino *Apology* 1.35.6 e vários comentadores modernos). De qualquer jeito, a cena é profundamente irônica: ou a tentativa irônica de Pilatos revela a verdade real, ou Pilatos mesmo se assenta sobre a cadeira do juiz *como se* ele fosse o juiz, quando os leitores sabem a realidade da situação.

- Não há o grito "Meu Deus, por quê..." desde a cruz, mas suas petições soberanas para o discípulo amado e sua mãe, fazendo provisão para o futuro dela (19,25-27). O sofrimento só dura até o momento em que Jesus mesmo anuncia: "Está consumado" (19,30).

A realidade, importância salvífica, e poder transformador da morte de Jesus. Paralelamente a esta descrição do Jesus divino e soberano que preside sobre os eventos de sua própria morte, João enfatiza que a morte de Jesus foi humanamente e cruelmente real. A lança que tirou sangue e água do lado de Jesus não apenas confirmou a realidade de sua morte, mas revelou Jesus como a fonte de água viva, cujo sangue remove o pecado, seu poder salvador comunicado no batismo e na Eucaristia (cf. 3,5; 6,53-56; 7,37-39; 1 Jo 1,7; 5,6-8). Ao morrer, Jesus transmite o Espírito para a pequena comunidade de crentes ao redor da cruz, fundando a Igreja como uma nova família, enquanto ele é levantado e começa a atrair todas as pessoas para si mesmo/Deus (12,32).

Tal como a realidade do Pentecostes já permeia as cenas da Páscoa (cf. 20,21-23), assim também, aqui, a concessão do Espírito já é antecipada na sexta-feira santa. José de Arimateia, já conhecido nos sinóticos, se torna, no quarto Evangelho, um discípulo entre a liderança judaica, e agora ousa dar um passo adiante e se identifica publicamente com Jesus. João adiciona que Nicodemos, o qual tinha vindo até Jesus de noite e gradativamente foi manifestando disposição de associar-se a ele, agora avança em dar a Jesus um sepultamento digno (19,39-40; cf. 3,1-15; 7,50-52). A escola joanina tomou José de Arimateia e Nicodemos como modelos para os cristãos joaninos que ainda permaneciam na sinagoga, mas relutavam em confessar Jesus publicamente (cf. 7,13; 12,42-43).

20,1-29 A ressurreição de Jesus e o comissionamento dos discípulos

O relato joanino da ressurreição são reminiscentes das narrativas sinóticas: o encontrar a tumba vazia, contar aos discípulos, as aparições do Jesus ressuscitado que a princípio não é reconhecido, o comissionamento dos discípulos. Nenhuma destas quatro cenas, entretanto, tem um paralelo direto nos sinóticos:

20,1-10 A descoberta da tumba vazia

Maria Madalena descobre a tumba vazia e corre contar a Pedro e ao discípulo amado, que então correm para a tumba. O discípulo amado chega na frente, mas Pedro entra na tumba primeiro. Eles veem os panos de linho. O discípulo amado crê.

20,11-18 Aparição a Maria Madalena

Junto à tumba, Jesus aparece a Maria Madalena, que só o reconhece quando ele fala o nome dela. Ela é proibida de tocá-lo, se dirige a ele como "Mestre", e relata aos discípulos que tinha visto o Senhor.

20,19-23 Aparição aos discípulos, na ausência de Tomé

No mesmo domingo à tarde, Jesus aparece aos seus discípulos, que estão escondidos com medo dos judeus, mostra-lhes suas mãos e o lado, concede-lhes o Espírito Santo e os comissiona a continuar sua missão.

20,24-20 Segunda aparição aos discípulos, incluindo Tomé

Quando Tomé fica sabendo disso, declara que não acreditará a menos que veja o sinal dos cravos e o lado de Jesus. Uma semana depois, i.e., no domingo seguinte, Jesus outra vez aparece aos discípulos, e convida Tomé a tocar suas mãos e lado. O Evangelho de João conclui com a confissão de fé de Tomé, a mais exaltada no evangelho, "Meu Senhor e Meu Deus", formando um "fecha parênteses" com as palavras de abertura do evangelho (1,1 "... e o Verbo era Deus"). Jesus pronuncia uma benção sobre aqueles que não viram e creram.

20,30-31 Conclusão e propósito do evangelho

Este epílogo era a conclusão original do evangelho, expressando o propósito que governa o todo. É comumente traduzido "...para que creiais que Jesus é o Cristo" (ARA), com a alternativa representada pela NRSV, "...para que possais vir a crer que Jesus é o Cristo". A diferença representa a distinção entre o tempo verbal aoristo encontrado em alguns manuscritos, e o tempo presente encontrado em outros. Entretanto, mesmo que o aoristo seja original, não é necessário que seja traduzido "para que possais vir a crer". O Evangelho de João não foi escrito para converter os de fora; (ver acima §27.2 sobre o propósito do evangelho). É importante ver que, a despeito da perspectiva universalista do Evangelho de João e suas pontes hermenêuticas para os mundos de pensamento não judaicos, a crença em Jesus como o Cristo é um elemento indispensável da fé cristã. O Enviado por Deus como salvador do mundo é o Messias. Esse é um dado essencial do pensamento do autor. Sua fé é que este Messias veio e que ele é Jesus de Nazaré.

21,1-25 Segunda conclusão

A maioria dos estudiosos está convencida de que o capítulo 21 é uma segunda conclusão, composta por uma mão diferente da do autor do restante do evangelho.[30] A seguir, uma seleção da evidência detalhada nos comentários críticos:

1. A narrativa chega a uma conclusão apropriada em 20,30-31, assim que o cap. 21 parece representar uma adição secundária.

2. O vocabulário e estilo diferem do restante do evangelho. Este texto breve contém 21 palavras não encontradas em João 1-20, incluindo palavras diferentes para "cordeiro" (ἀμνός, *amnos*, 1,29.36; ἀρνίον, *arnion*, 21,15) e "novo" (καινός, *kainos*, 13,34; 19,41; νεός, *neos*, 21,18).

3. Itens de conteúdo são pressupostos da tradição cristã geral, mas não encontrados em Jo 1-20, por exemplo, que Pedro era um pescador, que os discípulos de Jesus incluíam dois filhos de Zebedeu, e que as aparições da ressurreição ocorreram na Galileia. O capítulo 21 parece inclinado a harmonizar a distintiva tradição joanina e a tradição sinótica dominante na igreja mais ampla.

4. Tensões históricas e teológicas entre os caps. 1-20 e 21 incluem:

- Em 1-20, o discípulo amado e Pedro têm uma relação competitiva na qual o discípulo amado é sempre superior (ver acima, §27.1.3), mas no cap. 21 Pedro é reabilitado e recebe autoridade pastoral como o pastor de toda a igreja.
- O cap. 21 começa como se aparições anteriores da ressurreição não tivessem acontecido, os discípulos retornam as suas antigas vidas, um tanto desapontados. Isso se encaixaria após o capítulo 19, como um novo começo

[30] Exceções significativas: WALTER BAUER, *Das Johannesevangelium* (2nd rev.1925, 3ª rev. & expanded, 1933 ed.; HNT 2.2 (6 in 1925 2nd ed.); Tübingen: Mohr, 1912), 234-235; PAUL S. MINEAR, "The Original Functions of John 21," *JBL* 102, nº 1 (1983), 85-98; CARSON, *Gospel according to John*, 665-668; BERGER, *Im Anfang war Johannes*, 21-25.

independente, mas não depois do cap. 20, quando todos os discípulos viram e alegremente reconheceram o Senhor ressuscitado, de quem eles recebem o Espírito Santo e são comissionados e capacitados a continuar o ministério de Jesus.

- A escatologia futurista é minimizada nos caps. 1-20, mas ocupa um papel dominante no cap. 21.

"Secundário" se refere apenas à história composicional do evangelho, e não significa "de segunda categoria". Assim como o prólogo apresentou a estrutura inicial, dentro da qual toda a narrativa deve ser entendida, assim os mestres da escola joanina fornecem uma conclusão que reformula toda a narrativa dentro de seu contexto hermenêutico final – note o "nós" de 21,24 formando um "fecha parênteses" com o "nós" do prólogo, 1,14.16. Algumas dimensões deste movimento hermenêutico:

A liderança carismática da escola joanina, representada pelo discípulo amado, é integrada nas estruturas em desenvolvimento da Grande Igreja, representada por Pedro. Pelo tempo em que o cap. 21 foi escrito, a escola joanina não mais era impulsionada por questões cristológicas. As questões primárias agora eram eclesiológicas. Primeira Pedro mostra que as igrejas paulinas da Ásia estavam sendo dirigidas por um líder presbítero/ancião que, em nome de Pedro, estava convidando os cristãos da tradição paulina a se verem como sob a liderança pastoral de Pedro, mas sem abrir mão de sua tradição paulina. João 21 representa a resposta da escola joanina a este mesmo movimento. Pedro tinha sido o segundo melhor na narrativa precedente, e finalmente falhou ao negar Jesus. O discípulo amado tinha sido fiel, e ao pé da cruz, foi a ele que Jesus comissionou para cuidar de sua família.

Em 21,9-19, Pedro é reabilitado. As brasas do fogo relembram a cena da negação de Pedro (21,9, cf. 18,18), o partir do pão tem conotações eucarísticas (cf. 6,1-15), Jesus se faz conhecido no partir do pão (cf. Lucas 24), e as três negações de Pedro são substituídas com três afirmações de seu amor por Jesus. Apesar de novamente ser o discípulo amado o primeiro a reconhecer Jesus, desta vez é Pedro que chega primeiro. Pedro apenas arrasta e rede para a praia, cheia até transbordar com uma incrível quantidade de peixes, mas sem romper a rede – do mesmo modo que a túnica de Jesus, feita de uma só peça, não foi rasgada (19,23-24), assim a rede não se rompeu. Só Jesus tinha sido o Bom Pastor, que dá sua vida pelas ovelhas e as preserva como um rebanho (10,1-18); outros são considerados "mercenários". Aqui, entretanto, Jesus confere a responsabilidade pastoral por seu rebanho somente a Pedro. O discípulo amado é honrado como um seguidor fiel, mas seu ministério carismático é incorporado dentro da comunidade que agora olha para Pedro como seu pastor. Esta comunidade sabe que Pedro foi fiel até a morte, foi martirizado em Roma, que ele foi de fato o bom pastor que deu sua vida pelas ovelhas (21,18-20), e é encorajada a aceitar as estruturas pastorais em desenvolvimento que ele representa. Embora não escrita em Roma, a versão final do Evangelho de João, com o cap. 21 como conclusão, trás a escola joanina para a órbita da Grande Igreja Romana. Éfeso, fora de Roma, agora se vê como incluída na igreja ecumênica na qual Pedro (Roma) tem um papel de liderança. Isso não era uma questão de imperialismo eclesiástico romano, mas um grupo sectário encontrando sua verdadeira identidade dentro da grande igreja, algo parecido com a forma pela qual os discípulos de João Batista foram integrados na corrente principal em At 18-19 – também em Éfeso. A escola joanina deve ser vista como definindo o modelo para o cristianismo emergente ecumênico; eles foram proativos, não reativos. A comunidade joanina seria, assim, um modelo de cristianismo canônico na medida em que reinterpreta as tradições mais antigas, sem abandoná-las ou estar vinculada a elas.

A escatologia futurista é reafirmada a despeito da morte da primeira geração. Os mestres joaninos aproveitam a ocasião do intercâmbio entre Jesus e Pedro para corrigir um mal entendido que perturbava a igreja. O fundador e líder da escola joanina, que chegou a ser conhecido como o discípulo amado, não morreu como mártir na perseguição dos anos 60, como Pedro, mas viveu entre os cristãos na Ásia até que morreu em avançada idade. Alguns acreditavam que o discípulo amado não morreria, mas viveria até a parousia. Isso reflete tanto a convicção da primeira geração de que o fim viria antes de sua morte (Mc 9,1; 13,30; 1 Ts 4,15), quanto o lugar especial que atribuíram a ele na história da salvação. Sua morte precipitou uma espécie de crise, pois era esperado que vivesse até a parousia. Os mestres joaninos não abandonam a esperança pela parousia, mas explicam que a expectativa de que a primeira geração viveria para vê-la foi um mal entendido (21,20-23). Estes versos não devem ser vistos como uma reintrodução da escatologia futurista no intuito de chegar a um acordo com a teologia da Grande Igreja. A escatologia futurista nunca desaparecera da comunidade joanina, mas tinha permanecido ao lado da escatologia realizada, que se tornou dominante. A segunda e as seguintes gerações de crentes não mais vivem na presença de testemunhas oculares cujos olhos tinham visto e cujas mãos tinham tocado o Verbo da Vida (cf. 1 Jo 1,1-4; Jo 20,24-29). Eles receberam a benção do Cristo ressuscitado pronunciada sobre aqueles que creem sem ter visto. Eles não estão à deriva; sua fé no Ressuscitado continua a ser fortalecida pelas Escrituras (5.39; 20,9; cf. Lc 16,27-31). E eles agora têm o testemunho escrito do discípulo amado. Com a formação das Cartas e o Evangelho de João, falta apenas um passo para o Novo Testamento.

27.6 Para leitura adicional

ASHTON, J. *Understanding the Fourth Gospel*. New York: Oxford University Press, 1991.

BARRETT, C. K. *The Gospel According to St. John*. 2nd ed. Philadelphia: Westminster, 1978.

BROWN, R. E., and F. J. Moloney. *An Introduction to the Gospel of John*. Anchor Bible Reference Library. New Haven: Yale University Press, 2003.

BULTMANN, R. *The Gospel of John: A Commentary*. Translated by Beasley -Murray, G. R., R. W. N. Hoare and John Kenneth Riches. Philadelphia: Westminster, 1971.

CARSON, D. A. *The Gospel according to John*. Grand Rapids: W.B. Eerdmans, 1991.

CARTER, W. *John: Storyteller, Interpreter, Evangelist*. Peabody, Mass.: Hendrickson, 2006.

CULPEPPER, A. *The Gospel and Letters of John*. Interpreting Biblical Texts. Nashville: Abingdon, 1998.

DODD, C. H. *Historical Tradition in the Fourth Gospel*. Cambridge: Cambridge University Press, 1963.

__________. *The Interpretation of the Fourth Gospel*. Cambridge: Cambridge University Press, 1953.

KÄSEMANN, E. *The Testament of Jesus. A Study of the Gospel of John in the Light of Chapter 17*. The New Testament Library. London: SCM Press, 1968.

KEENER, C. S. *The Gospel of John: A Commentary*. 2 vols Peabody, Mass.: Hendrickson, 2003.

KYSAR, R. *John The Maverick Gospel*. 2nd ed. Louisville: Westminster John Knox, 1993.

SMITH, D. Moody. *John*. Abingdon New Testament Commentary. Nashville: Abingdon, 1999.

28

EPÍLOGO: O NOVO TESTAMENTO COMO PALAVRA DE DEUS

O tipo de estudo histórico representado nas páginas precedentes apresentou o Novo Testamento como uma seleção díspar de literatura cristã que se originou nos primeiros cem anos da igreja cristã, representando vários pontos de vista no protocristianismo. Autoria, fontes, e datas de vários documentos são desconhecidas ou controversas. Todos testemunham a fé na ação de Deus em Cristo; todos compartilham a falibilidade humana e a cosmovisão antiga de seus autores.

Entretanto, nos domingos de manhã quando a Escritura é lida no culto, nenhum leitor diz algo do tipo "agora vamos ouvir uma passagem de uma coleção de literatura antiga que a igreja selecionou como seus documentos normativos." O que nós dizemos e ouvimos é "a Palavra do Senhor"... "Graças a Deus".

O que significa chamar *esse* tipo de livro a *Palavra de Deus?*

Neste ponto da discussão, 2 Tm 3,16 é algumas vezes citado: "Toda Escritura é inspirada por Deus...". Este é um texto importante, mas é melhor não começar daqui. Este é o único texto na Bíblia que fala explicitamente da inspiração da Escritura. Tanto a tradução como o significado é discutível.[1] Embora a igreja tenha afirmado ao longo

---

[1] Ver os comentários críticos. A palavra-chave θεόπευστος (*theopneustos*, literalmente "Deus soprou"), é encontrada apenas aqui na Bíblia. Ela pode ser entendida como

dos séculos que a Bíblia é inspirada, a questão para os crentes pensantes não é se a afirmação é verdadeira, mas o que ela significa. *Esta* pergunta só pode ser respondida de forma satisfatória após um cuidadoso exame do tipo de livro que o Novo Testamento é de fato. Assim, estes parágrafos são o *Epílogo*, e não o *Prólogo*.

28.1 A Bíblia retrata o Deus que fala

A primeira sentença da Bíblia retrata Deus como aquele que fala (Gn 1,3). O Deus da Bíblia é preeminentemente o Deus que fala, o Deus que chama o mundo à existência e molda as vidas de indivíduos, comunidades, e nações pela Palavra divina. Frases tais como "disse Deus" e "o Senhor falou" ocorrem centenas de vezes no Antigo Testamento. O verbo mais comum tendo Deus como sujeito é alguma forma de um verbo relacionado à fala (mais de 2200 vezes, muito mais do que seu concorrente mais próximo). A fórmula profética "Assim diz o Senhor" ocorre 428 vezes, "a palavra de Deus/do Senhor" um adicional de 308 vezes.

Os autores bíblicos retratam o evento de Deus falando de variadas formas. Deus pode ser apresentado *antropomorficamente* como um personagem na história, que caminha no jardim pela viração do dia, e conversa com Adão e Eva do mesmo modo que um ser humano fala com o outro (Gn 3,8-19). Deus pode reunir os membros da corte celestial e dialogar com eles do modo como um rei humano faz com os seus subordinados no palácio (1 Rs 22,1-28; Jó 1,6-12). Deus pode falar diretamente do céu, de uma maneira que os seres humanos ouvem e entendem, tal como aconteceu na Transfiguração (Mt 17,1-8).

---

significando que as palavras da Escritura representam o sopro de Deus, embora não exista nenhum outro exemplo bíblico em que Deus "sopra" a Escritura. Ela pode ser entendida sobre a analogia de Gn 2,7, onde Deus sopra vida no homem de barro, e Sl 104,29-30, onde o sopro de Deus aviva toda a criação. Em 2 Co 3,3, a comunidade de crentes é a carta inspirada pelo Espírito. Uma vez que não há textos bíblicos em que o sopro de Deus dá vida a um livro, mas textos em que Deus sopra vida na humanidade, na comunidade de crentes, e mesmo para vida animal, 2 Tm 3,16 pode ser visto como um aspecto da presença universal vivificante de Deus (cf. At 17,28). Além do mais, a falta de um verbo significa que a sintaxe do verso não é clara (ver Vol. I §4.2). Tais considerações mostram que este único texto é uma linha fraca para sustentar uma doutrina das Escrituras.

Deus pode dar a mensagem a um anjo ou grupo angélico, que a entrega aos destinatários humanos, algumas vezes de uma maneira tal que as figuras do anjo(s) e Deus se intercambiam (cf. e.g. Gn 16,7-9; 18,1-19,21; 22,1-19). Em Êx 3,1-12, o anjo do SENHOR aparece a Moisés na sarça ardente, mas é o SENHOR que fala da sarça. Deus fala em *visões* (Gn 20,3.6; 1 Rs 3,5; Mt 2,13.19.22).

A imagem de Deus falando é, como toda linguagem humana para as ações de Deus, *metafórica*. Tudo o que os seres humanos podem denominar "falando" requer não apenas o aparato físico da voz (cordas vocais, língua, lábios, para não falar do cérebro), mas uma história na qual uma linguagem particular foi adquirida. Assim "Palavra de Deus" é uma expressão inteiramente metafórica, assim como "amor de Deus" ou "reino de Deus". Dizer "metaforicamente" não significa "irreal", é claro; aqui como em outros lugares, toda linguagem e conceitualidade humana acerca da realidade pode apenas ser metafórica. Assim, é relevante a questão quanto ao tipo de metáforas que se utiliza para retratar a realidade de Deus.

Falar é uma metáfora pessoal. Falar e ouvir estão entre os mais fundamentais aspectos da personalidade humana. Linguagem e comunicação nos fazem o que somos enquanto seres humanos, nos permite realizar nosso potencial humano e nos relacionarmos com outros. Nós somos transformados pelo falar e ouvir. Quando falamos, compartilhamos não meramente informação, mas a nós mesmos.

O Deus que fala é um Deus mais pessoal. Assim, o clímax e o centro definitivo do falar revelador de Deus é uma pessoa (Hb 1,1-4). Para a fé cristã, a Palavra de Deus não é um livro, mas uma pessoa, uma pessoa em particular (Jo 1,1.14; Ap 19,13).

28.2 A Bíblia retrata o Deus que capacita e inspira outros a falar

Deus não apenas fala; Deus autoriza e capacita outros a falar sua própria palavra. Uma das formas mais comuns disso é comunicada nos termos da fórmula do mensageiro real. Neste modelo, o mensageiro é convocado à frente do rei, que lhe profere a mensagem que deve ser entregue, e o mensageiro a repete aos destinatários na primeira pessoa, falando como o rei. Após a fórmula introdutória "Assim diz o rei", o mensageiro fala as próprias palavras do rei, e os ouvintes são abordados pela palavra do rei enquanto escutam o mensageiro (cf. 1 Rs 22,27; 2 Rs 18,29.31). Analogamente, o profeta é retratado como tomado pelo mundo visionário da sala do trono celestial, onde ele ou ela é comissionado e escuta a mensagem divina. Quando o profeta entrega a mensagem, ela é a Palavra de Deus ouvida nas palavras do profeta. Assim, no primeiro dos 428 casos desta fórmula, Deus diz a Moisés, "Tu dirás ao Faraó, 'Assim diz o Senhor': Israel é meu primogênito... deixe o meu povo ir." Este é um padrão diferente do padrão informativo, no qual Moisés diria a mensagem de Deus em terceira pessoa: "O Senhor disse para deixar seu povo ir". No modelo profético, os ouvintes são diretamente abordados pela palavra de Deus, não pelo que é dito acerca dela.

Este modelo profético do Antigo Testamento continua até certo ponto na igreja primitiva e em documentos do Novo Testamento. Determinados líderes cristãos são considerados profetas (e.g., Ágabo, At 21,10; João da Ásia, Ap 22,9) e, ocasionalmente, falam ou escrevem na forma oracular em primeira pessoa, característica da Palavra de Deus, no intuito de apresentar suas palavras como sendo as próprias palavras de Deus ou do Cristo ressuscitado (Ap 2,1-3,22; 1 Co 2,13 podem também ser entendidos desta maneira). Aqueles que ouvem a mensagem de tais figuras proféticas cristãs não meramente ouvem um registro de suas experiências reveladoras, mas são diretamente confrontados em sua pregação pela Palavra de Deus. No Novo Testamento, este paradigma profético recebe duas importantes transformações:

1. O Senhor Jesus ressuscitado algumas vezes muda para a figura do único Deus e Senhor, de modo que nem sempre está claro se a "Palavra do Senhor" representa a Palavra de Deus ou a mensagem do Cristo ressuscitado, ou se esta é uma distinção significativa.[2]

2. O papel profético é expandido de determinados indivíduos escolhidos para abarcar a comunidade cristã como um todo (cf. At 2,17). A igreja como tal recebe a vocação profética e proclama a Palavra de Deus. A Palavra de Deus é identificada não apenas com o discurso oracular, mas com o evangelho, a mensagem cristã como tal. A forma profética na qual o Senhor fala na primeira pessoa se torna menos frequente, mas o destinatário direto é mantido. Na proclamação das boas novas acerca do ato de Deus em Jesus, Deus fala através das

[2] Cf. At 15,36; 16,32; 19,10.20; 1 Ts 1,8; 4,15; 2 Ts 3,1; 1 Pd 1,25.

palavras dos pregadores cristãos, e sua mensagem é chamada de a Palavra de Deus que produz fé e vida nova (Hb 13,7; 1 Pd 1,22-25). Não apenas o apóstolo Paulo fala a Palavra de Deus aos tessalonicenses, esta Palavra continua em ação nos crentes tessalonicenses (1 Ts 2,13), e eles mesmos comunicam a Palavra de Deus a outros (1 Ts 1,8). Assim como a mensagem cristã é chamada de a Palavra de Deus (At 18,11; 1 Co 14,36; 1 Pd 1,25), assim também a disseminação da fé cristã pode ser chamada de o crescimento da Palavra de Deus (At 6,7; 12,24; 19,20).

Mediação *oracular* e *eclesial* da Palavra de Deus. Em uma simplificação excessiva e útil, a variedade de maneiras nas quais a Bíblia retrata a Palavra de Deus vindo a seres humanos pode ser englobada em duas categorias. Por *oracular* me refiro ao tipo de revelação associado com profetas individuais como Moisés e Amós, que entregaram a Palavra de Deus diretamente, e cujas palavras são as mesmas palavras de Deus, recebidas de Deus e entregues ao povo.[3] Revelação *oracular* é direta, vertical, descontínua com seu contexto, uma erupção na história, enquanto o profeta permanece diante da comunidade. É a revelação "do alto". Mediação *eclesial* da Palavra de Deus é "de baixo", à medida que a Palavra de Deus brota de dentro da comunidade da fé guiada pelo Espírito Santo. Revelação *oracular* está associada com profetas, que se destacam claramente da comunidade. Revelação *eclesial* está associada com sacerdotes, líderes, sábios, escribas, e a comunidade como um todo.[4] O *profeta* inspirado que entrega oráculos não reúne um grupo de discussão; os profetas tendem a ser monológicos e fazem pronunciamentos em palavras vindas diretamente de Deus. A *comunidade* inspirada tende a ser dialógica, reflete sobre espectro de visões, avalia afirmações, e então emite uma decisão em suas próprias palavras.

A igreja primitiva e o Novo Testamento incluem ambos os tipos. O Cristo ressuscitado de Mateus dota sua igreja não apenas com profetas,

---

[3] O Novo Testamento fala frequente e tipicamente da Palavra de Deus no singular, raramente de palavras de Deus. A Palavra de Deus é tipicamente identificada não com um livro, mas com o Evangelho, a mensagem cristã, a ação de Deus em falar e chamar pessoas à fé. Uma concordância cataloga as palavras da Bíblia, mas não pode haver concordância da Palavra de Deus.

[4] Os dois tipos são, naturalmente, abstrações. No mundo real elas são categorias sobrepostas, mescladas. Os profetas bíblicos pertencem à comunidade; a comunidade inclui profetas e avalia suas afirmações.

mas com sábios e escribas (Mt 23,34). As igrejas paulinas, com profetas em seu meio, são exortadas não apenas a ouvi-los, mas também a ponderar e avaliar suas afirmações, pois o Espírito não é dado apenas para os profetas, mas para a igreja como um todo (1 Co 12-14; 1 Ts 5,19-20). A igreja de Atos tem profetas capacitados pelo Espírito Santo que falam a Palavra de Deus diretamente (At 11,27-28; 13,1-2; 15,32; 21,10-11). No entanto, quando uma decisão crucial precisou ser tomada de acordo com a Palavra de Deus, a questão não foi resolvida com Deus enviando um profeta para anunciar a vontade divina. A igreja reuniu um grupo de líderes representativos em Jerusalém, ouviu vários pontos de vista, decidiu sobre o tema em questão, formulou a decisão em suas próprias palavras, e entregou-a como uma prescrição a ser seguida em outras igrejas, justificada pelas palavras "pareceu bem ao Espírito Santo e a nós..." (At 15,28).[5]

28.3 Em tempos pós-bíblicos, o entendimento oracular da Palavra de Deus começou a ser aplicado à Bíblia como um todo.

Nenhuma das formas na qual a Palavra de Deus é descrita na própria Bíblia resulta na produção de um texto bíblico canônico. Como então explicar o fato de que a comunidade cristã posteriormente se refira à Bíblia toda como a "Palavra do Senhor"? Uma coisa é alguém compor um documento que fala da revelação de Deus através dos profetas, tal como em Êxodo, 1 Reis, ou Atos. Outra coisa inteiramente diferente é afirmar que estes documentos em si mesmos são a Palavra de Deus. A igreja profere o pronunciamento "a Palavra do Senhor" não apenas quando ela lê o relato dos Dez Mandamentos transmitidos por Deus a Moisés no monte Sinai, mas também quando ela lê as narrativas do nascimento e milagres de Moisés ou as histórias da igreja primitiva em Atos. Embora haja centenas de textos que descrevem Deus falando, há bem poucos que relacionam a Palavra de Deus a textos escritos, e nenhum que identifique uma coleção canônica de

[5] Para alguns escribas, pareceu então inapropriado que Lucas descrevesse seu próprio escrito como baseado em suas próprias fontes e reflexão em vez de inspirado pelo Espírito Santo, de modo que eles suplementaram o "me pareceu bem" de Lucas com o "e ao Espírito Santo" (Lc 1,3).

textos como sendo a Palavra de Deus. Nenhum texto na Bíblia fala acerca da Bíblia como um todo. A ideia de que a coleção canônica dos textos da Escritura é, em algum sentido, a Palavra de Deus, vem a ser uma construção da teologia pós-bíblica.

28.3.1 A convergência entre os eventos que revelam o ato de falar de Deus e a palavra da Escritura já começa na Bíblia

Embora não exista um texto bíblico que se refira a um documento bíblico como um todo como sendo a Palavra ou palavras de Deus, havia, já no Antigo Testamento, alguns textos relacionando a revelação e as falas de Deus com a textualidade. O evento em que Deus fala é registrado em silenciosas palavras sobre uma página ou rolo, que se tornam palavras vivas outra vez quando lidas diante da comunidade, de modo que o evento linguístico original continua a ocorrer. Ouvintes posteriores não são apenas informados, mas mencionados.

Livro da Aliança. Deus escreveu o Decálogo diretamente sobre tábuas de pedra (Êx 24,12; 31,18, "pelo dedo de Deus"). Em Êx 20,22-23,53 uma coleção adicional de leis são representadas como ditas diretamente por Deus a Moisés no Monte Sinai. Moisés escreveu estas leis em um livro que deveria ser lido para todo o povo, presumivelmente por ordem de Deus (Êx 24,7). Esta composição foi chamada o *Livro da Aliança,* e foi posteriormente incorporado no livro de Êxodo. Mas Deus não é descrito como escrevendo ou ditando o livro de Êxodo.

Deuteronômio. Do mesmo modo, muito de Deuteronômio contém leis dadas a Israel, apresentadas como palavras diretas de Deus faladas em primeira pessoa (ex., 5,6-21). A forma literária do todo, entretanto, é a de uma série de discursos que Moises dá a Israel pouco antes de eles entrarem na terra prometida. Assim, o discurso direto no *Livro da Aliança* em Êxodo, por exemplo, em Deuteronômio se torna Moisés citando Deus (ex., Êx 21,16; Dt 24,7). Moisés disse o que Deus disse... Estes discursos de Moisés, por sua vez, estão inseridos em uma extensiva estrutura narrativa na qual Moisés é mencionado na terceira pessoa: o narrador anônimo disse o que Moisés disse que Deus disse... Este complexo de materiais, por sua vez, está colocado no relato abrangente do Pentateuco. É facilmente compreensível como o Decálogo ou Livro da Aliança poderiam ser pensados como sendo a Palavra/palavras de Deus. Mas independentemente da validade dessa afirmação, o que significa chamar as histórias e sermões em que elas estão incorporadas de a Palavra de Deus? Em Gn 1,1, Deus ordena ao mundo que passe a existir. Mas na Bíblia, Deus não ordena ao *Gênesis* que passe a existir.

Apocalipse é o exemplo mais marcante do Novo Testamento sobre esta situação. O autor-profeta ouve as palavras de Deus e do Cristo ressuscitado e as apresenta em um discurso direto, em primeira pessoa (ex., Ap 1,8; 2,1-3,22). No entanto, também aqui, a voz celestial direta é transmitida dentro de um encadeamento revelatório que alcança o leitor, iniciando com Deus, e então segue com Jesus, o anjo, o Espírito, e por fim o profeta João, todos envoltos no relatório da narrativa contida numa carta (cf. Ap 1,1-2). Além do mais, estes elos na cadeia não permanecem distintos, mas variam entre si.[6] Em Apocalipse, como em todos os textos canônicos, o termo *Palavra de Deus* nunca é aplicado a um texto, livro, ou coleção de livros, mas é reservado para Jesus Cristo (Ap 19,13) e para a mensagem de testemunho da igreja sobre ele (Ap 1,2.9; 6,9; 20,4).

28.3.2 O entendimento oracular da revelação divina foi aplicado a toda a Escritura em algumas correntes do judaísmo pós-bíblico

Enquanto Israel estava em sua própria terra, a comunidade se manteve unida por uma viva tradição e cultura que incluíam livros sagrados, mas não estava incorporada ou restrita a eles. No exílio, esta situação foi interrompida, para nunca mais ser restaurada. Os teólogos e mestres de Israel que estavam entre a liderança deportada editaram, em um todo unificado, os documentos e tradições que tinham se tornado normativos, e reuniram a comunidade dispersa em torno da Torá, a vontade revelada de Deus para a vida do povo de Deus em uma terra estranha. Textos díspares e tradições que vieram a existir no curso de gerações foram editados em uma única e unida história, na qual algumas diferenças prévias foram niveladas. No judaísmo pós-bíblico, à medida que se tornou mais urgente a necessidade de uma Bíblia uniforme e homogeneizada, que pudesse ser considerada uniformemente autoritativa, algumas correntes da tradição judaica levaram esta tendência aos extremos. Tudo da Escritura

[6] Para uma análise detalhada, ver BORING, "Voice of Jesus in the Apocalypse," 334-359.

se tornou verbalmente Palavra inspirada de Deus, cuja verdade foi miraculosamente mantida. Esta tendência pode ser ilustrada em dois textos, nenhum dos quais representam o que se tornou a principal corrente do Judaísmo.

2 Esdras (4Ezra). Por volta de 90 d.C., um mestre judeu descreveu como a presente Escritura Judaica veio a existir. Ele escreve pseudonimamente sob o nome de Esdras, o líder escriba que viveu ao final do período bíblico. Em sua visão, toda revelação de Deus – incluindo não apenas os profetas e a literatura sapiencial, mas também a literatura apocalíptica extracanônica – tinha sido dada originalmente a Moisés no Sinai, mas os textos tinham sido destruídos. Como poderia a Palavra de Deus ser proclamada no tempo do autor e para as gerações futuras? Enquanto o autor lamenta esta triste situação, Deus aparece a Esdras em uma sarça e ordena-lhe preparar muitos tabletes de escrita e conseguir cinco escribas qualificados que tenham sido treinados para escrever rapidamente:

> E tu virás aqui, e eu vou acender em teu coração a luz do entendimento, que não se apagará até que o que você está prestes a escrever esteja terminado... então eu tomei os cinco homens, como ele me ordenou, e seguimos para o campo e permanecemos ali. E no dia seguinte uma voz me chamou, dizendo "Esdras, abra tua boca e beba o que eu te dou a beber." Então eu abri minha boca, e um copo cheio me foi oferecido; ele estava cheio de algo parecido com água, mas sua cor era semelhante a fogo. Eu o tomei e bebi; e quando eu o bebi, meu coração destilou entendimento, e a sabedoria aumentou em meu peito, pois o meu espírito reteve sua memória, e minha boca foi aberta e não mais foi fechada. Além disso, o Altíssimo deu entendimento aos cinco homens, e por turnos, eles escreveram o que foi ditado, usando caracteres que eles não conheciam. Sentaram-se quarenta dias; eles escreveram durante o dia, e comiam seu pão à noite. Mas quanto a mim, falei durante o dia e não fiquei em silêncio à noite. Assim, durante os quarenta dias, noventa e quatro livros foram escritos. E quando os quarenta dias terminaram, o Altíssimo me disse, "torne públicos os vinte e quatro livros que escrevestes primeiro, e deixe que os dignos e indignos os leiam; mas mantenha os setenta que foram escritos por último, a fim de dar-lhes aos sábios entre seu povo.[7] Porque neles está a fonte do entendimento, a fonte da sabedoria, e o rio do conhecimento." E fiz assim (*2 Esdras* 14,23-48).

[7] Os 24 livros são os textos canônicos. Os 70 livros esotéricos pretendidos apenas para os sábios são documentos adicionais, tais como o próprio 2 Esdras, considerado autoritativo pela comunidade sectária representada pelo autor.

O significado é claro. Os textos da Escritura que tinham vindo à existência através das gerações da história de Israel, representando muitos autores e várias perspectivas, são aqui homogeneizados em uma revelação de superfície plana miraculosamente dada toda de uma vez. Tanto Esdras como os escribas são divinamente inspirados. Não apenas os oráculos proféticos contidos na Escritura, mas toda a Escritura é agora verbalmente inspirada a infalível Palavra de Deus.

A Lenda da LXX. A tradução das Escrituras Judaicas para o grego apresentou sérias questões teológicas para alguns. A formação da LXX (ver Vol. I, §4.3.1) enfrentou a questão de quais livros deveriam ser considerados canônicos, e se uma tradução, não importa quão precisa, podia ser considerada tão normativa quanto o original. Na versão da história contada por Filo, cada um dos setenta tradutores foi confinado a um pequeno quarto onde trabalhou independentemente em sua tradução, mas após a conclusão todas as 72 traduções eram verbalmente idênticas. Assim, mais uma vez, o processo histórico de séculos que produziu as Escrituras foi reduzido a uma ocasião que miraculosamente gerou um texto autoritativo e infalível. Tanto em 2 Esdras como em Filo, o modelo oracular foi estendido para o todo da Bíblia, que não mais apenas continha registros de revelação oracular, mas era *en toto* um livro de oráculos inspirados dados do céu todos de uma única vez. Nem a principal corrente do judaísmo primitivo nem a principal corrente em desenvolvimento do cristianismo primitivo adotou este modelo para o entendimento da Bíblia como Palavra de Deus, mas ela estava destinada a ter outra vida nos círculos cristãos posteriores.

28.3.3 Correntes posteriores da história da igreja focam mais especificamente sobre uma doutrina da Escritura Sagrada

Por alguns séculos, o cristianismo não desenvolveu declarações de credo a respeito da Bíblia. Os sete credos ecumênicos lidam com linguagem para Deus, Cristo e o Espírito Santo, mas não consideram necessário definir uma doutrina da Escritura como parte do núcleo da fé.[8] Isso é análogo à teologia sacramental e doutrina do ministério

[8] Os credos ecumênicos nunca desenvolveram um artigo sobre o que os cristãos deveriam crer acerca da Bíblia. A doutrina da Palavra de Deus foi incluída no

– todas estas eram áreas importantes da teologia cristã, mas a igreja como um todo compartilhava pressupostos bastante comuns de que estas doutrinas não eram tópicos de controvérsia fundamental.

No século XVI e depois, duas revoluções na história da Igreja e da cultura abalaram os alicerces dessas premissas fundamentais, e focou os holofotes do pensamento teológico sobre a doutrina da Escritura como Palavra de Deus. (1) A Reforma Protestante resultou em igrejas que não mais consideravam a tradição da igreja a matriz autoritativa para a interpretação bíblica. A Inspiração da *Escritura* foi afirmada, e a inspiração da *igreja* foi suspeita e minimizada. De uma forma que não acontecia antes, igrejas que mantinham a *sola scriptura* necessitaram esclarecer o significado da afirmação de que a Bíblia é a Palavra de Deus. (2) A renascença, e então o iluminismo, criou uma lacuna entre a visão de mundo dos autores bíblicos e a moderna visão de mundo dos leitores. Quando o estudo histórico da Bíblia revelou discrepâncias entre os autores bíblicos e entre eles e a história e a ciência secular, como poderiam os pressupostos antigos sobre a natureza da revelação bíblica ser mantidos? Quando a cosmologia e demonologia da Bíblia não mais eram diretamente transferíveis para o mundo dos leitores, o que significava chamar tal livro de a Palavra de Deus? Se a Bíblia não é um guia infalível em geologia e astronomia, e se ela tem tensões internas de dados históricos e doutrina, como poderia ela ser uma guia infalível para a fé cristã?

Quando o tema era colocado como "ciência versus a Bíblia", as opções poderiam ser esboçadas em traços bastante ousados:

(1) *Escolher a ciência e rejeitar a Bíblia*. Esta opção foi tomada não apenas pelos não crentes de fora da comunidade cristã, mas por crentes que continuaram a honrar a Bíblia como sendo, em alguns aspectos, uma fonte para honrar a fé cristã, mas não mais podiam afirmá-la como Palavra de Deus e apelar a ela como autoridade para a igreja e a vida cristã.

(2) *Escolher a Bíblia e rejeitar a ciência moderna*. Os resultados dos estudos científicos eram simplesmente rejeitados ou entendidos de

---

primeiro artigo do credo, a doutrina de Deus. A doutrina da Escritura foi incluída no terceiro artigo, a obra do Espírito Santo na igreja. Foi somente na Reforma que credos denominacionais particulares começaram a indicar apenas quais livros estavam na Bíblia, como foram inspirados, e o que significava usar a terminologia Palavra de Deus com respeito à Bíblia.

uma forma tal que o assumido ensino da Bíblia permanecia intacto. Em todos os conflitos entre a ciência e a Bíblia, a Bíblia como Palavra de Deus dever ser mantida. Todos os conflitos internos entre os textos bíblicos são apenas aparentes, e resolvíveis em princípio, mesmo se no presente estado de nosso conhecimento não saibamos como podem ser explicados. Uma vez que sabemos, a priori, o que significa chamar a Bíblia de a Palavra de Deus, ela pode não ter nem conflitos com a ciência autêntica, nem contradições insolúveis.

Nenhuma destas opções, tão mal afirmadas, foi atrativa para a maioria das principais correntes do cristianismo. A teologia liberal do décimo nono e início do vigésimo séculos tentou acomodar o entendimento bíblico ao mundo moderno, classicamente expressado pelo liberalismo americano em obras como a de HARRY EMERSON FOSDICK (*The Modern Use of the Bible, 1924; e A Guide to Understanding the Bible, 1938*). A reação a tal acomodação entre os conservadores produziu uma doutrina completamente alarmante da infalibilidade verbal, classicamente expressada no final do décimo nono e início do vigésimo séculos nas obras dos eruditos de Princeton BENJAMIN B. WARFIELD, *The Inspiration and Authority of the Bible* e A. A. HODGE & BENJAMIN B. WARFIELD, *Inspiration* (1881). WARFIELD e HODGE viam-se como os herdeiros das *Institutas da Religião Cristã (1536)* de João Calvino, e elaboraram suas visões dinâmicas de inspiração bíblica de um modo mais rígido e racionalista.

A teologia liberal capturou a maioria das principais correntes denominacionais na América do Norte, tornou-se identificada com erudição e respeitabilidade acadêmica, e a preocupação com a Bíblia como Palavra de Deus foi associada mais e mais com o fundamentalismo, falta de erudição e de profundidade teológica, com foco na salvação individual e negligência da ética social. Na segunda metade do século vinte, uma renovação da erudição evangélica focou sua atenção sobre a autoridade bíblica mais uma vez, e a "batalha pela Bíblia"[9] foi reavivada.

[9] A frase é de HAROLD LINDSELL, *The Battle for the Bible* (Grand Rapids: Zondervan, 1976), uma defesa do evangelicalismo agora obsoleta, que desenvolveu expressões mais sofisticadas de sua posição.

28.4 Bíblia e Palavra de Deus na teologia contemporânea

Mais uma vez, correndo o risco de necessárias simplificações de todos os lados, as seguintes posições podem ser delineadas no cenário teológico no início do século XXI:

28.4.1 Neo-evangelicalismo

A afirmação unânime e onipresente do cristianismo evangélico é que toda a Bíblia é a infalível Palavra de Deus. O que isso significa, entretanto, é definido em uma ampla variedade de maneiras. Por um lado, a defesa erudita do fundamentalismo por JAMES I. PACKER (1960), que encontrou mais ressonância entre eruditos evangélicos e foi recentemente republicada, insiste que "palavra de Deus" não é uma metáfora, e que a Bíblia é "palavra por palavra dada por Deus".[10] Por outro lado, uma teologia sistemática evangélica padrão defende que "nossa doutrina da inerrância sustenta simplesmente que tudo o que as declarações da Bíblia afirmam são totalmente verdadeiras quando corretamente interpretadas em termos de seu significado em seu cenário cultural e do propósito para o qual foram dadas."[11] Da mesma forma, embora a "inerrância" seja afirmada por todos os evangélicos, o termo é definido em uma variedade surpreendente de maneiras.[12]

28.4.2 Liberalismo clássico

A herança do liberalismo vive, da mesma forma que compreende um amplo espectro de visões particulares. Tipicamente, os teólogos liberais hesitam em usar a terminologia Palavra de Deus com relação

---

[10] J. I. PACKER, *Fundamentalism and the Word of God* (London: Inter-Varsity Fellowship, 1960), 47, 113; J. I. PACKER, *God Has Spoken: Revelation and the Bible* (Grand Rapids: Baker, 1994), 63.

[11] MILLARD J. ERICKSON, *Christian Theology* (2nd ed.; Grand Rapids: Baker, 1998), 1.221-240.

[12] Um espectro de nove diferentes posições é listado DAVID S. DOCKERY, "Variations in Inerrancy," *SBC Today* (May 1986, as cited in J. Terry Young, "The Relationship between Biblical Inerrancy and Biblical Authority," in *The Proceedings of the Conference on Biblical Inerrancy, 1987* (Nashville: Broadman, 1987), 404. See Louis Igou Hodges, "New Dimensions in Scripture," in *New Dimensions in Evangelical Thought*, ed. David S. Dockery (Downer's Grove, Ill: InterVarsity Press, 1998), 212.

à Bíblia, e insistem que é errônea e sem sentido para identificar toda a Bíblia como Palavra de Deus. FOSDICK era típico na utilização de um modelo evolutivo no qual o entendimento humano acerca de Deus evoluiu do início primitivo para os profundos vislumbres dos profetas do oitavo século e o ensinamento de Jesus. Assim, pode ser dito da Bíblia que ela "contém" a Palavra de Deus. O carácter distintivo e a autoridade normativa da Bíblia podem ser expressos em termos que são contínuos com o melhor da cultura humana, tais como "gênio religioso" (C. H. DODD) ou "religião clássica" (DAVID TRACY).[13]

28.4.3 A herança da neo-ortodoxia e o Vaticano II[14]

O explosivo poder teológico da teologia Bartiana no início do século vinte, e as mudanças revolucionárias no pensamento Católico Romano representado pelo Vaticano II na última parte do século, geralmente não são considerados juntos, mas em alguns aspectos eles compartilham importantes características com relação à doutrina da Escritura. A favor do evangelicalismo, e contra o liberalismo, ambos sustentam que a linguagem Palavra de Deus é teologicamente apropriada para a Bíblia como um todo. Ouvintes e leitores podem ser abordados pela Palavra de Deus que vem através de qualquer texto bíblico. A favor do liberalismo, e contra algumas correntes do evangelicalismo, tanto bartianos quanto católicos romanos afirmaram os métodos e resultados do criticismo histórico, mesmo quando eles desafiam o entendimento tradicional de autoria, fontes e datação de documentos bíblicos. Ambos argumentam que a interpretação bíblica autêntica deve ter plenamente em conta a natureza historicamente condicionada dos textos bíblicos, que devem ser interpretados em termos das visões de mundo e gêneros do mundo antigo. Nem os exegetas bartianos, nem os recentes exegetas católicos romanos, entendem a

---

[13] Cf. C. H. DODD, *The Authority of the Bible* (Rev. 1960 ed.; New York: Harper & Row, 1928), 13-40; DAVID TRACY, *The Analogical Imagination: Christian Theology and the Culture of Pluralism* (New York: Crossroad, 1981), 99-338. Nem a visão de DODD nem a de TRACY devem ser reduzidas a estas categorias.

[14] Cada uma destas correntes da teologia inclui considerável variedade e nuance. Eu estou aqui usando *Dogmatics* I/1 de BARTH para representar a estendida sombra de KARL BARTH, e o *Dogmatic Constitution on Divine Revelation* do Vaticano II como fundamental para o recente entendimento Católico Romano.

veracidade ou infalibilidade da Escritura como significando que a Bíblia é infalível. O Espírito Santo utiliza a falibilidade humana para comunicar a Palavra de Deus. O modelo encarnacional, cristológico, ilumina a natureza da Escritura. Para a fé cristã, a definitiva Palavra de Deus foi dita de uma vez por todas em uma pessoa, o verdadeiramente humano Jesus de Nazaré, que é o verdadeiramente divino Filho de Deus. Em Calcedônia, a igreja explicou o significado do evento-Cristo de tal modo que o Cristo não é verdadeiramente divino de uma forma que exclua sua humanidade, nem verdadeiramente humano de uma forma que exclua sua divindade. Nem pode a pessoa de Cristo ser dividida em "partes" humana e divina.[15] Assim também com a Escritura: a Bíblia é um livro completamente humano, assim como a Bíblia como um todo é a divina Palavra de Deus.

A questão mais complicada é qual verbo expressa melhor a relação entre a Palavra de Deus e a Bíblia. "É" deve ser rejeitado, se identifica as palavras da Bíblia com as palavras de Deus. "Contém" deve ser rejeitado, se entendido quantitativamente, como se o intérprete pudesse codificar o texto bíblico por cor, com vermelho para Palavra de Deus, e azul para palavras meramente humanas. Isso não pode ser feito, assim como o Cristo não pode ser dividido em "partes" humana e divina. BARTH e seus sucessores têm prestativamente empregado a linguagem de testemunha e testemunho: o texto bíblico não é por si só a palavra de Deus, mas aponta para além de si mesmo, para a Palavra que somente Deus pode falar, a Palavra falada através dos profetas e apóstolos, e de uma vez por todas em Jesus Cristo. Relacionado a isso está a linguagem de mediação e facilitação: a Bíblia *medeia* a Palavra de Deus, o soberano Deus pode falar através dela, Palavra divina vinda através de palavras humanas sem ser identificada com elas. Em eventos de proclamação e fé, o soberano Deus pode falar de tal maneira que a Bíblia *se torna* a Palavra de Deus, mas isso não pode ser manipulado pelo teólogo ou pregador.

BARTH é mais específico que os alguns teólogos católico-romanos ao falar da forma tríplice da Palavra de Deus: (1) os principais eventos reveladores, dos quais Jesus Cristo como o Verbo de Deus é o centro definidor; (2) a Palavra de Deus como testemunhada e mediada pela Escritura; (3) a Palavra de Deus que se torna contemporânea na comunicação

[15] Cf. BORING, *Truly Human/ Truly Divine*, 91-113.

do Evangelho pela igreja, especialmente na pregação. A igreja deve fazer mais do que pregar – ela deve fazer e ser – mas ela não pode fazer menos que pregar, ela não pode reter do mundo a Palavra que lhe foi confiada. No entanto, esta pregação não pode ser isolada, ela só pode existir como a extensão da Palavra de Deus feita conhecida em Cristo e na Escritura.

Existe, portanto, um aspecto *eclesial* inerentemente necessário para toda discussão cristã autêntica da Palavra de Deus. A questão tem sido frequentemente discutida em termos individualistas (Deus → Bíblia → eu). Tanto o evangelicalismo quanto o liberalismo, basicamente continuam a operar dentro do paradigma que define a Bíblia como Palavra de Deus em termos *oraculares*, com evangélicos afirmando-a e liberais negando-a. Bartianos e católicos romanos tomam a opção *eclesial*, com o trabalho do Espírito Santo na vida da igreja como a categoria primordial. O Espírito é dado para a comunidade da fé, e a inspiração da Escritura é entendida dentro do contexto da comunidade inspirada. O Novo Testamento é o livro da igreja "...temos, porém, este tesouro em vasos de barro, para que a excelência do poder seja de Deus e não de nós" (2 Co 4,7). Tanto o tesouro como os vasos são absolutamente reais – verdadeiramente tesouro/verdadeiramente barro – e ambos são de Deus.

28.5 Para leitura adicional

ACHTEMEIER, Paul J. *The Inspiration of Scripture: Problems and Proposals.* Philadelphia: Westminster Press, 1980.

BARR, James. *Beyond Fundamentalism.* Philadelphia: Westminster Press, 1984.

____________. *The Scope and Authority of the Bible.* Philadelphia: The Westminster Press, 1980.

BARTH, Karl. *Church Dogmatics,* Volume I: *The Doctrine of the Word of God.* Translated by Thomson, G. T. Edinburgh: T. T. Clark, 1936.

BERKOUWER, G. C. *Studies in Dogmatics: Holy Scripture.* Grand Rapids: Wm. B. Eerdmans Publishing Co., 1975.

BONHOEFFER, D. *Reflections on the Bible: Human Word and Word of God.* Translated by M. Eugene Boring. Peabody, Mass.: Hendrickson, 2004.

BULTMANN, Rudolf, "How Does God Speak to Us Through the Bible," in *Existence and Faith: Shorter Writings of Rudolf Bultmann.* Selected, translated, and introduced by Shubert M. Ogden. Meridian Books, Inc.; New York, 1960, pp. 166-170.

___________, "The Concept of the Word of God in the New Testament," in *Neues Testament und christliche Existenz: Theologische Aufsätze*, edited A. Lindemann (Tübingen: Mohr Siebeck, 2002).

CALVIN, John. *Institutes of the Christian Religion*. Ed. J. T. McNeill, ed. 2 vols. Vol. 20-21, Library of Christian Classics. Philadelphia: Westminster, 1960. Book One, vi-xi, Book Four, viii.

COLLINS, Raymond F., "Inspiration," in Brown, Raymond E., S.S.; Fitzmyer, Joseph A., S.J.; Murphy, Roland E., O. Carm., eds. *The New Jerome Biblical Commentary*. Englewood Cliffs, New Jersey: Prentice Hall Inc., 1990, 1968, pp. 1023-1033 [em port. *Novo Comentário S. Jerônimo, Novo Testamento e Artigos Sistemáticos*. São Paulo, 2010, Editora Academia Cristã/Paulus].

FRETHEIM, Terence E. and Karlfried Froehlich, *The Bible as Word of God in a Postmodern Age*. Minneapolis: Fortress 1998.

FOSDICK, H. E. *The Modern Use of the Bible*. New York: Macmillan, 1924.

___________. *A Guide to Understanding the Bible*. New York: Harper & Brothers, 1938.

GOLDINGAY, John. *Models for Scripture*. Grand Rapids: Eerdmans, 1994.

HODGE, A. A., and B. B. Warfield. *Inspiration*. Grand Rapids: Baker Book House, 1979. (Reprint of 1881 work, one of the foundation texts of modern scholarly fundamentalism.)

LINDSELL, Harold. *The Battle for the Bible*. Grand Rapids: Zondervan Publishing House, 1976.

MCKIM, Donald K. *What Christians Believe About The Bible*. Nashville & New York: Thomas Nelson Publishers, 1985.

PACKER, J. I. *Fundamentalism and the Word of God*. London: Inter-Varsity Fellowship, 1960.

ROGERS, Jack B. & McKim, Donald K. *The Authority and Interpretation of the Bible: An Historical Approach*. New York: Harper & Row, 1979.

VATICAN II, "Dogmatic Constitution on Divine Revelation," section 3, "The Divine Inspiration and Interpretation of Holy Scripture," *The Documents of Vatican II. All 16 official texts promulgated by the Ecumenical Council 1963-1965*. (The America Press, 1966).

WARFIELD, Benjamin Breckinridge. *The Inspiration and Authority of the Bible*. Grand Rapids: Baker Book House, 1948. (Reprint of articles written in the 19th and 20th centuries, one of the foundation texts of modern scholarly fundamentalism.

Índice de Autores Citados

Índice de Passagens Bíblicas

ANTIGO TESTAMENTO

NOVO TESTAMENTO

Mateus

João

Atos

2 Coríntios

Gálatas

PALESTINA
DO NOVO TESTAMENTO
10 5 0 10 20 30Km.
Monte Hermon
SIRO-FENÍCIA
TRACONÍTIDE
GALILÉIA
Monte Carmelo
Monte Tabor
DECÁPOLE
GRANDE
MAR
SAMARIA
Monte Ebal
Monte Garizim
PERÉIA
JERUSALÉM
JUDÉIA
MAR DA ARABÁ
(MAR MORTO)
IDUMÉIA
900m
600m
400m
100m
0
-300m

FSC
www.fsc.org
MISTO
Papel produzido
a partir de
fontes responsáveis
FSC® C108975